21世纪经济管理精品教材
国际贸易系列

International Trade Geography

国际贸易地理

（第2版）

王凯 ◎ 编著

清华大学出版社
北京

内 容 简 介

本书共八章,其中前五章是关于国际贸易地理的总论,后三章为国别贸易地理。总论部分主要包括影响国际贸易的自然地理环境和人文地理环境、国际贸易运输、世界三次产业的生产布局与贸易格局、世界区域经济贸易集团。国别贸易地理介绍主要经济体的经济贸易状况,分为三部分:一是包括美、日、德、英、法在内的发达的经贸大国;二是涵盖俄罗斯、印度、巴西、南非的金砖国家;三是主要的新兴市场国家和地区。

本书主要面向国际贸易专业的本科教学,也适用于职业院校的相关专业,同时对于从事贸易实践工作的读者也有较高的参考价值。

本书封面贴有清华大学出版社防伪标签,无标签者不得销售。
版权所有,侵权必究。侵权举报电话:010-62782989,beiqinquan@tup.tsinghua.edu.cn。

图书在版编目(CIP)数据

国际贸易地理/王凯编著. —2版. —北京:清华大学出版社,2021.6(2025.1重印)
21世纪经济管理精品教材.国际贸易系列
ISBN 978-7-302-58248-9

Ⅰ.①国… Ⅱ.①王… Ⅲ.①国际贸易－商业地理－高等学校－教材 Ⅳ.①F742

中国版本图书馆 CIP 数据核字(2021)第 093774 号

责任编辑:贺　岩
封面设计:李召霞
责任校对:王荣静
责任印制:沈　露

出版发行:清华大学出版社
  网　　址:https://www.tup.com.cn,https://www.wqxuetang.com
  地　　址:北京清华大学学研大厦 A 座　　　　邮　编:100084
  社 总 机:010-83470000　　　　　　　　　　 邮　购:010-62786544
  投稿与读者服务:010-62776969,c-service@tup.tsinghua.edu.cn
  质量反馈:010-62772015,zhiliang@tup.tsinghua.edu.cn
印 装 者:北京同文印刷有限责任公司
经　　销:全国新华书店
开　　本:185mm×260mm　　印　张:25.5　　字　数:582 千字
版　　次:2017 年 6 月第 1 版　2021 年 7 月第 2 版　印　次:2025 年 1 月第 11 次印刷
定　　价:69.00 元

产品编号:091282-02

第2版前言

近年来,影响国际贸易的地理分布和地理格局的因素以及经济体间的经贸关系发生了较大变化,第1版中的大部分数据和资料难以准确描述当前的贸易格局、产业布局,因此第2版从如下几个方面做了修订:

第一,对第1版中的全部数据进行更新、补充和订正。

第二,基于新数据,对三次产业地理中的主要产品、主要行业的生产分布和贸易格局进行修订。

第三,对主要国家和地区的地理概况、主要产业、贸易发展形势以及对外经贸关系进行修订。

第四,补充美墨加三国协定、CPTPP、RCEP、中日韩FTA谈判及中国签署的FTA等区域经济一体化发展的新动向。

第五,补充2009年至2021年2月向WTO/GATT通报且生效的区域贸易安排。

第六,在"扩展阅读"中,更新国际范围内发生的与国际贸易地理的研究对象密切相关的新闻事件及对有关重要问题的最新研究进展。

刘仁军参加了本书的审稿,在此表示感谢。

王 凯

2021年5月

前言

"国际贸易地理"是国际贸易专业的一门专业基础课,在学科建设和专业建设中有重要的作用。这门课程的学习有助于学生了解国际贸易的地理分布与地理格局,形成清晰的国际贸易的空间概念,为对外经贸研究与工作打下坚实基础。选择一本好的教材,对推动学科建设、提高教学效果、更好地培养外经贸人才将有重要意义。

笔者自十多年前开始讲授"国际贸易地理"时,对教材的选择就比较困扰。国际贸易地理学探究的是关于国际商品生产和流通的地理分布的规律,而总结这些规律需要对影响产业布局、经济体间的经贸关系以及世界经济和国际贸易形势的因素进行深入分析。随着世界经济与贸易的发展及各经济体经济发展策略、对外贸易政策的调整,这些影响因素也会发生较大的变化。体现在教材中,就会产生这样一个问题,那就是就"国际贸易学"这门学科而言,十多年前的经典教材到现在仍有很高的参考价值,因为理论与政策部分,尤其是传统的国际贸易理论并没有太多变化,但是在"国际贸易地理"的教学和学习中,多年前的教材可供参考的可能更多的是体系框架,具体的内容则因各影响因素日新月异的变化而显得太过陈旧。用多年前哪怕就是三五年前的数据和资料来说明当前国际贸易格局、产业分布格局,确实没有太大的说服力。例如,一条新运河的开通、一个新港口的建设可能会改变一个地区的运输格局乃至贸易格局,可能会令一个重要的转口贸易国变得不再那么重要,甚至其经济在较长时期内会受到较大的冲击。当然,教材毕竟不是期刊,不可能时换时新,而且现象的描述是为推演规律服务的,如果仅仅执着于数据与资料的更新,那也就丢掉了"国际贸易地理"真正的研究对象。但是尽可能把握国际贸易、世界经济、经济地理、人文地理的新动向,以更新颖的数据和资料分析商品生产、商品交换的地理分布与贸易地理格局,令教材无论在体系上还是具体内容上都尽可能地具有一定的前瞻性,在笔者看来仍然是十分重要的,而这也是在编写这本教材时尽可能追求的目标。

本书主要有以下几点创新:首先,在内容体系上,考虑到地区经济一体化的迅猛发展以及集团内贸易的迅速增长,增加了对区域经济集团的较为详细的介绍。其次,一国(地区)的对外贸易结构、对外贸易地理方向主要建立在本国(地区)的产业发展的基础上,因此,为深入理解国际商品交换的地理分布与地理格局的特征,本教材也将三次产业地理纳入内容体系中,主要包括农业地理,能源工业地理,汽车、钢铁产业地理,国际旅游业,等等。再次,考虑到国际贸易的发展以及各经济体之间经济联合的变迁,使已有的国际贸易地理教材存在引用资料不适用、数据陈旧等问题,本书将运用最新资料和权威机构发布的数据,尤其是外文资料,以每章之中的"扩展阅读"的形式,介绍相应国家(地区)或区域经济集团的最新贸易动态以及与中国之间的经贸关系,增强教材的知识性、可读性。最后,本教材更有参考价值,增添了与贸易地理相关的知识性内容,如中国与主要贸易伙伴的贸易数据,中英文对照的国家、集团名称,世界主要港口,主要经济体签署的贸易协定等,将以附录的形式罗列在教材中,使教材对从事外经贸研究与工作的读者更有参考价值。

　　本书由作者历时两年多编著而成。北京科技大学阚宏副教授和中国现代关系研究院的倪建军研究员在评审过程中对教材的编写提出了中肯、可行的建议,在此表示感谢。更重要的是,本教材的编写得到了北京科技大学校级规划教材建设项目的支持,这是本教材能够顺利完成的重要依托。

王　凯

2017 年 5 月

目录

第一章　绪论 …………………………………… 1
　一、国际贸易地理的研究对象 ………………… 1
　二、国际贸易地理的学科属性 ………………… 2
　三、国际贸易地理的研究和学习方法 ………… 2
　四、国际贸易地理学的研究任务 ……………… 3
　【思考题】 ………………………………………… 4

第二章　地理环境与国际贸易 …………………… 5
　第一节　自然地理环境与国际贸易 …………… 5
　　一、地理位置对国际贸易的影响 ……………… 6
　　二、大陆和洋底地形对国际贸易的影响 ……… 9
　　三、气候条件对国际贸易的影响 ……………… 10
　　四、水资源对国际贸易的影响 ………………… 12
　第二节　人文地理环境与国际贸易 …………… 16
　　一、国家类型与国际贸易 ……………………… 16
　　二、世界人口与国际贸易 ……………………… 19
　　三、种族、民族与国际贸易 …………………… 25
　　四、文化与国际贸易 …………………………… 26
　　五、科技创新与国际贸易 ……………………… 30
　　六、政治因素与国际贸易 ……………………… 31
　【思考题】 ………………………………………… 32

第三章　国际贸易运输 …………………………… 33
　第一节　国际贸易运输概况 …………………… 33
　　一、国际贸易运输的含义 ……………………… 33
　　二、国际贸易运输的特点 ……………………… 34
　　三、国际贸易运输的作用 ……………………… 34
　　四、国际贸易运输组织机构 …………………… 35

第二节　国际海洋货物运输 ……………………………………………… 35
一、国际海洋货物运输概况 ………………………………………… 35
二、世界主要航线 …………………………………………………… 39
三、世界主要港口 …………………………………………………… 42
四、世界主要运河和海峡 …………………………………………… 49

第三节　国际铁路货物运输 ……………………………………………… 52
一、国际铁路货物运输概况 ………………………………………… 52
二、国际铁路运输通道系统 ………………………………………… 54
三、中国与邻国的铁路线和国境站 ………………………………… 57

第四节　国际公路货物运输 ……………………………………………… 58
一、公路货物运输概况 ……………………………………………… 58
二、国际公路货物运输线 …………………………………………… 61
三、中国对外贸易公路口岸分布 …………………………………… 62

第五节　国际航空货物运输 ……………………………………………… 65
一、国际航空运输的重要意义 ……………………………………… 65
二、国际航空运输的地区分布 ……………………………………… 66
三、世界主要航空站及航线 ………………………………………… 66

【思考题】 ………………………………………………………………… 69

第四章　世界主要产业的布局与贸易 ……………………………………… 70

第一节　世界农业的布局与贸易 ………………………………………… 70
一、世界农业生产的概况 …………………………………………… 70
二、世界种植业的布局与贸易 ……………………………………… 76
三、世界畜牧业的布局与贸易 ……………………………………… 86
四、世界林业的布局与贸易 ………………………………………… 90
五、世界渔业的布局与贸易 ………………………………………… 95

第二节　世界能源工业的布局与贸易 …………………………………… 99
一、世界能源的生产布局与消费概况 ……………………………… 99
二、世界煤炭工业地理 ……………………………………………… 102
三、世界石油工业地理 ……………………………………………… 107
四、世界天然气工业地理 …………………………………………… 116

第三节　世界钢铁产业的布局与贸易 …………………………………… 118
一、钢铁生产的发展历程 …………………………………………… 118
二、"二战"之后钢铁产业的地域结构变化 ………………………… 122
三、当前世界钢铁产业的贸易格局 ………………………………… 124

第四节　世界汽车产业的布局与贸易 …………………………………… 126
一、20世纪末之前的世界汽车生产格局 …………………………… 126
二、21世纪以来汽车生产与消费的地域分布 ……………………… 129

三、世界汽车企业的兼并重组 ··· 132
　　四、世界汽车市场的贸易格局 ··· 133
第五节　国际旅游业的布局与贸易 ··· 136
　　一、国际旅游业的发展概况 ··· 136
　　二、世界旅游区域与主要旅游大国 ··· 140
【思考题】 ··· 144

第五章　世界区域经济贸易集团 145

第一节　区域经济一体化的概述 ··· 145
　　一、区域经济一体化的发展历程 ··· 146
　　二、新一轮区域经济一体化的特点 ··· 147
　　三、几个重要的区域经济一体化谈判 ··· 148
　　四、新一轮区域经济一体化的动因 ··· 152
　　五、区域经济一体化对世界经济贸易的影响 ····································· 152
第二节　世界主要区域贸易集团 ··· 154
　　一、欧洲联盟 ··· 154
　　二、北美自由贸易区 ··· 162
　　三、亚太经济合作组织 ··· 166
　　四、南方共同市场 ··· 168
【思考题】 ··· 171

第六章　发达的经贸大国 172

第一节　美国 ··· 172
　　一、美国的地理概况 ··· 172
　　二、美国的经济发展历程 ··· 176
　　三、美国的产业结构及生产分布 ··· 180
　　四、美国的对外贸易 ··· 190
　　五、美国的主要港口和城市 ··· 201
第二节　日本 ··· 204
　　一、日本的地理概况 ··· 204
　　二、日本的经济发展历程 ··· 208
　　三、日本的产业结构及生产分布 ··· 210
　　四、日本的对外贸易 ··· 218
　　五、日本的主要港口和城市 ··· 223
第三节　德国 ··· 224
　　一、德国的地理概况 ··· 224
　　二、德国的经济发展历程 ··· 226
　　三、德国的产业结构及生产分布 ··· 228

  四、德国的对外贸易 …………………………………………………………… 234
  五、德国的主要港口和城市 ………………………………………………… 238
 第四节 英国 ……………………………………………………………………… 240
  一、英国的地理概况 ………………………………………………………… 240
  二、英国的经济发展历程 …………………………………………………… 243
  三、英国的产业结构及生产分布 …………………………………………… 244
  四、英国的对外贸易 ………………………………………………………… 249
  五、英国的主要港口和城市 ………………………………………………… 253
 第五节 法国 ……………………………………………………………………… 254
  一、法国的地理概况 ………………………………………………………… 254
  二、法国的经济发展历程 …………………………………………………… 257
  三、法国的产业结构及生产分布 …………………………………………… 260
  四、法国的对外贸易 ………………………………………………………… 265
  五、法国的主要港口和城市 ………………………………………………… 268
【思考题】………………………………………………………………………………… 269

第七章 金砖国家 ………………………………………………………………… 270

 第一节 金砖国家概述 …………………………………………………………… 270
  一、金砖国家的由来 ………………………………………………………… 270
  二、金砖国家概况 …………………………………………………………… 271
  三、中国和其他金砖国家的经贸关系 ……………………………………… 273
 第二节 俄罗斯 …………………………………………………………………… 276
  一、俄罗斯的地理概况 ……………………………………………………… 276
  二、俄罗斯的经济发展历程及特点 ………………………………………… 280
  三、俄罗斯的产业结构及生产分布 ………………………………………… 283
  四、俄罗斯的对外贸易 ……………………………………………………… 290
  五、俄罗斯的主要港口和城市 ……………………………………………… 297
 第三节 印度 ……………………………………………………………………… 299
  一、印度的地理概况 ………………………………………………………… 299
  二、印度的经济发展历程 …………………………………………………… 303
  三、印度的产业结构及生产分布 …………………………………………… 304
  四、印度的对外贸易 ………………………………………………………… 311
  五、印度的主要港口和城市 ………………………………………………… 317
 第四节 巴西 ……………………………………………………………………… 319
  一、巴西的地理概况 ………………………………………………………… 319
  二、巴西的经济发展历程 …………………………………………………… 322
  三、巴西的产业结构及生产分布 …………………………………………… 323
  四、巴西的对外贸易 ………………………………………………………… 327

　　　　五、巴西的主要港口和城市 ·· 332

　第五节　南非 ·· 334

　　　　一、南非的地理概况 ·· 334

　　　　二、南非的经济发展状况及产业布局 ··································· 336

　　　　三、南非的对外贸易 ·· 340

　　　　四、南非的主要港口和城市 ·· 345

　【思考题】 ··· 346

第八章　主要新兴市场国家和地区 ·· 347

　第一节　韩国 ·· 347

　　　　一、自然与人文概况 ·· 348

　　　　二、经济发展历程与当前经济状况 ······································ 349

　　　　三、产业结构及生产分布 ·· 351

　　　　四、对外贸易 ·· 356

　　　　五、主要城市和港口 ·· 362

　第二节　新加坡 ··· 363

　　　　一、自然与人文概况 ·· 363

　　　　二、经济发展历程与经济特点 ··· 364

　　　　三、主要产业部门 ··· 366

　　　　四、对外贸易及中新经贸关系 ··· 369

　　　　五、新加坡港 ·· 372

　第三节　中国台湾 ·· 373

　　　　一、自然与人文概况 ·· 373

　　　　二、经济发展历程和发展原因 ··· 374

　　　　三、主要产业部门 ··· 376

　　　　四、对外贸易 ·· 377

　　　　五、主要港口 ·· 380

　第四节　中国香港 ·· 381

　　　　一、自然与人文概况 ·· 381

　　　　二、经济发展历程及主要产业 ··· 383

　　　　三、对外贸易 ·· 386

　　　　四、香港回归以来与内地的经贸关系 ··································· 391

　【思考题】 ··· 392

参考文献 ··· 393

第一章 绪 论

 学习目的与要求

1. 掌握"国际贸易地理"具体的研究对象；
2. 了解"国际贸易地理"的学科性质；
3. 了解如何更好地学习"国际贸易地理"这门课程；
4. 掌握"国际贸易地理"研究的任务及学习这门课程的重要意义。

一、国际贸易地理的研究对象

国际贸易地理是介于国际贸易学和地理学之间的边缘学科，要明确国际贸易地理学的研究对象，首先要明确地理学的研究对象和国际贸易学的研究对象。

地理学的研究对象主要是地理环境，包括自然地理环境、人文地理环境和经济地理环境。自然地理环境是指自然条件、自然资源，它包括一个国家（地区）的地理位置、地形条件、气候条件、各种自然资源，以及由于历史变迁、人类活动和科学技术发展所带来的变化。人文地理学是研究人类活动空间组织以及人类与环境关系的科学，主要研究各种人文现象的地理分布、扩散和变化，以及人类社会活动的地域结构的形成和发展规律。具体包括以下内容：

（1）社会经济发展的全球化特征与地区差异之间的关系。

（2）人类与其周围生活环境之间的相互关系。

（3）不同空间尺度，包括世界、国家、地区和城市的政治、经济演化特征与趋势。

（4）与民族、种族、性别、年龄、阶级等因素相连的社会文化特征及其对空间发展的影响。

国际贸易学是研究国际间商品与劳务交换过程中的生产关系及有关上层建筑发展规律的科学。作为一门学科，它的任务是要研究国际贸易产生与发展的原因和贸易利益在各国间进行分配的制约因素，并要揭示其中的特点与运动规律。国际贸易是一种活动或一个过程，是世界各国（地区）之间的商品（服务和技术）交换，即世界各国对外贸易的总和。从一个国家的角度看，这种越出国界的商品交换活动是对外贸易；从国际范围看，这种各国间的商品交换活动是世界贸易，即国际贸易。因为在商品经济或市场经济条件下，各国间经济方面相互联系的基本表现形式即商品交换，这是世界各国间在国际分工条件下内在的、客观的、必然的经济行为。国际贸易学与国际贸易有明显区别。前者是指一种理论或一门学科，是研究并阐释国际商品交换关系及其规律性的科学。它从宏观经济的角度出发，从总体上考察国际商品交换的各个方面，分析支配或影响国际商品交换关系发展变化的国内和国际的自然、经济、政治、文化等因素，研究国际商品交换关系的发展变化对各国经济和国际经济关系的影响与作用,说明国际贸易的原因、条件、特点、趋势等。

国际贸易地理的研究对象是地理学与国际贸易学研究对象的交叉,同时有其独特的范畴,主要研究世界各国、各地区在世界商品生产和交换中的作用和所处的地位,分析其形成、发展和变化的规律。具体来看,国际贸易地理的主要研究对象包括:

(1) 研究世界贸易格局变化、世界贸易运输地理、主要商品的世界分布及其形成原因和变化发展。

(2) 研究国际贸易与地理环境的关系,即一个国家或地区的自然地理环境、人文地理环境、经济地理环境对其贸易规模、贸易商品结构、贸易流向、贸易条件、贸易模式的影响;反之一个国家或地区贸易的发展对其自然地理环境、人文地理环境和经济地理环境产生了怎样的影响。

(3) 研究世界上单个国家或地区地理环境、商品生产、商品交换的地理分布与贸易地理格局的特征及其形成原因和变化发展。

二、国际贸易地理的学科属性

国际贸易地理学介于国际贸易学与地理学之间,是一门兼有自然科学和社会科学性质的边缘学科。该学科具有综合性、地域性、动态性、社会性特点。

国际贸易地理属于部门地理学,它与世界经济地理的关系最为密切,两者都侧重于从地理学角度研究有关的经济活动。不同的是,世界经济地理学是研究地理条件与生产活动的关系,主要侧重于研究生产力分布规律的一门学科;而国际贸易地理则是以世界经济地理学为基础,研究地理环境与国际贸易活动关系的学科,着重于研究国际商品流通与市场的地理分布,具有自己学科的明显特性。同时,世界自然地理学与国际贸易地理也不可分割,因为前者是研究世界范围内地理环境结构及其形成发展规律的学科,而后者随时都会涉及自然地理环境知识,两者相辅相成、相得益彰。

国际贸易地理作为地理学与自然、社会、经济等学科之间的边缘学科,主要体现在地理学科与经济学科的关系上。政治经济学是研究生产关系发展的学科,它阐述人类社会发展各个历史阶段物质资料生产和分配的规律,以此来认识不同国家、不同地区商品流通地区分布及组合的规律性。国际贸易地理学就是要运用其基本理论、观点来研究贸易活动与地理条件的关系、商品流通地域分布及其规律性的形成。所以政治经济学对国际贸易地理学具有重要的理论指导意义。

除上述学科外,国际贸易、国际商品学、国际经贸实务等学科也和国际贸易地理有着千丝万缕的联系。如国际贸易虽然研究的对象与国际贸易地理完全不同,但却都是以贸易经济活动为其重要的研究内容。国际贸易侧重从经济角度去研究国际间的贸易活动和商品流通领域中经济关系及其发展变化的规律。它与国际贸易地理在许多方面互相渗透、互为作用,形成学科之间十分明显的交叉现象。

三、国际贸易地理的研究和学习方法

国际贸易地理的内容相当丰富,研究和学习国际贸易地理必须掌握正确的观点和方法。

区域性是国际贸易地理学研究的最基本方法。区域指地球表面的一个地点、一个场所或一个部分。社会的经济活动,不管是何种部门或产业,也不管是处于什么发展阶段,都必须落实到一定的区域,并在当地自然、技术、社会、经济等条件的综合影响下,形成特殊的空间地域组合。对于国际贸易地理学来说,离开了空间分析及对具体地区的研究,就等于离开了科学本身。

综合性是地理学的传统思想和方法。国际经济贸易活动离不开一定的地理环境,地理环境从不同的角度,以不同的机制和方式直接或间接地给各国各地区的产业分布、经济地域体系及国际贸易等活动施加了深刻的影响。为了揭示经济过程与地理环境之间相互发生的本质联系,就不能不涉及地理环境中各种自然要素和人文要素,包括自然条件、自然资源评价、自然环境对人类经济活动质与量的影响的分析研究。这诸多要素彼此密切联系、互相制约。为了弄清其相互作用过程,需要进行全面的分析论述,由此也就决定了国际贸易地理学的研究必然是综合的研究。

研究和学习国际贸易地理学还须重视其社会性特征。在社会中,商品流通的地域分布及其组合都是整个国民经济总体活动的组成部分,它处于连接生产和消费的中介地位,比其他产业部门的经济活动,具有更广泛的社会联系,更加直接地关系到社会经济和人们的生活利益。

学习和研究国际贸易地理,应重视对地理信息资料的收集与整理,并善于有效利用,从而去考察和解决问题。还必须重视地图和图表的运用,在对国家或地区经贸地理数据的比较研究中,地图、图表与文字互相配合,大量地理信息借助形象的语言来表达,常可使学习与研究起到事半功倍的效果。

四、国际贸易地理学的研究任务

国际贸易地理学研究的主要任务是进一步拓展理论研究空间,指导一个国家或地区的对外贸易实践,提高外经贸工作人员的素质。

1. 拓展理论研究空间

国际贸易地理学是一门新兴学科,无论是研究的内容还是方法都有待进一步完善。怎样把国际贸易与世界经济地理进行有效的结合,是国际贸易地理研究的一项重要任务。

2. 指导中国对外贸易实践

通过学习和研究国际贸易地理,揭示人类进行商品生产和交换与地理因素的关系,找出规律,以便在中国对外贸易活动中自觉地按规律办事,做到扬长避短,以取得更大的经济效益和社会效益。同时,进一步提高国际贸易地理学的实践性和操作性也是本学科有待发展和不断完善的一个重要宗旨。因此,了解世界主要经贸区域的经贸特点,各国和各地区在国际经贸中的地位、市场特点、进出口商品结构,各国各地区的自然地理环境(包括地理位置、气候条件、地质地貌)和人文地理环境(包括科学、政治、经济、风俗习惯等),中国与各国各地区之间的经贸关系都是国际贸易地理学研究的主要任务。

3. 提高外经贸工作人员的素质

国际贸易地理学涉及多个学科,其中涉及自然地理、人文地理和经济地理等多方面的知识。通过这门学科的学习,有助于扩展学生的知识领域,有助于从经济、自然、人文、政治、风俗习惯等方面全面了解一个国家或地区,为日后开展跨国业务打下良好的基础。

【思考题】

1. 简要介绍"国际贸易地理"的学科属性。
2. "国际贸易地理"的主要研究对象是什么?
3. 如何正确地研究与学习"国际贸易地理"?
4. 学习"国际贸易地理"有何重要的意义?

第二章 地理环境与国际贸易

学习目的与要求

1. 了解地理位置的分类及其对国际贸易的影响；
2. 了解地形的类别及其对国际贸易的影响；
3. 掌握气候条件及水资源分布对经贸活动的影响；
4. 掌握人文地理环境的主要内容；
5. 了解与人口有关的因素、主要宗教教规与国际贸易的关系；
6. 了解科技创新、政治因素与国际贸易的关系。

扩展阅读 2-1
气候变化对全球粮食安全和贸易的影响

地理环境由自然地理环境、经济地理环境和社会文化环境构成。国际贸易活动是离不开一定的地理环境的，国际贸易产生与发展的基础是自然资源的分布不均。任何国家的双边贸易或多边贸易都是在具体的、特定的地理环境下进行的，因而地理环境对国际贸易有着广泛而深远的影响。不同类别地理环境中的不同因素从不同的方面，以不同的方式和程度影响着国际贸易。尤其当今国际市场竞争日益激烈，地理环境的作用更为明显和突出。积极开展地理环境对国际经贸活动的影响及其规律性的探索研究，对预测国际经济社会的发展趋势、国际贸易变化和做好对外经援工作等方面，均有重要的理论和现实意义。

第一节 自然地理环境与国际贸易

自然地理环境是人类赖以生存的基础，包括作为生活空间、生产资料和劳动对象以及其他人类活动条件的各类自然要素，如地理位置、地形地貌、气候条件、河流和湖泊、土地资源、森林资源、矿产资源、动物和植物等。自然地理条件的优越与否是国际贸易能否顺利发展的外部环境条件。国际贸易的根本是物品的买卖，而不同的自然地理环境下的地区所盛产的物品是不同的，这些物品的交换就促成了国际贸易，自然条件的差异就成为能否进行国际贸易的先决条件。此外，地形地貌也影响着一个国家和地区的矿产资源状况，地理位置决定了一个国家或地区是否拥有便利的运输条件，这些自然要素也成为国际贸易的自然地理基础。

一、地理位置对国际贸易的影响

地理位置是用来描述地理事物之间的空间联系的。按地理位置的相对性和绝对性,可分为绝对自然地理位置和相对自然地理位置。绝对自然地理位置是以整个地球表面为坐标系,用经纬度为度量标准,来具体刻画每个地理事物的经纬度值。相对自然地理位置是依据参考点的周围事物来确定位置,例如中国位于亚洲的东部,太平洋的西北岸。此外,也可按照人类社会的需要,将地理位置划分为政治地理位置、经济地理位置等功能性地理位置。

(一)海陆位置

1.大洲和大洋的概述

地球表面总面积为5.1亿平方千米,分为陆地和海洋两部分,其中陆地面积为1.49亿平方千米,约占地表总面积的29%;海洋面积为3.61亿平方千米,约占71%。海陆面积之比约为7:3。

地球表面陆地按照面积大小的不同可分为大陆和岛屿。全球共有六块大陆,按面积大小依次为:亚欧大陆、非洲大陆、北美大陆、南美大陆、南极大陆和澳大利亚大陆。岛屿面积较小,散布在海洋、河流和湖泊中。大陆和岛屿并没有明显界限,习惯上把澳大利亚大陆作为最小的大陆,其面积为763万平方千米;把格陵兰岛作为最大的岛屿,其面积是217.5万平方千米。

人们习惯上将大陆及其附近的岛屿称为洲。全球共有七大洲,按面积大小依次为亚洲、非洲、北美洲、南美洲、南极洲、欧洲和大洋洲。

亚洲(Asia)位于东半球的东北部,全称亚细亚洲,面积约为4 400万平方千米,在七大洲中面积最大,同时也是跨纬度最广,东西距离最长,人口最多的一个洲。位于亚洲西南部的阿拉伯半岛是世界上最大的半岛。亚洲也拥有众多岛屿,其中加里曼丹岛是世界第二大岛屿。亚洲的东面、北面和南面分别濒临太平洋、北冰洋、印度洋,西北则以乌拉尔山、乌拉尔河、里海、大高加索山脉、黑海海峡(土耳其海峡)为分界线,与欧洲相邻。亚洲西南隔苏伊士地峡(后开凿了苏伊士运河)、亚丁湾、曼德海峡、红海与非洲相邻,东北隔白令海峡与北美洲相望。

扩展阅读 2-2
亚洲的区域划分

非洲(Africa)全称阿非利加州,位于亚洲的西南面,东濒印度洋,西临大西洋,北隔地中海与欧洲相望。赤道横贯非洲大陆中部。非洲海岸线平直,半岛和海湾很少,岛屿也很少,最大的岛屿是马达加斯加岛。

北美洲(North America)面积为2 422.8万平方千米,全称北亚美利加洲,位于西半球北部。东濒大西洋,西临太平洋,北濒北冰洋,南以巴拿马运河为界与南美洲相邻。北美洲北宽南窄，北部海岸曲折，岛屿海湾众多，其中就有世界最大的岛屿格陵兰岛。除巴拿马运河以北的美洲外，北美洲还包括加勒比海中的西印度群岛。

南美洲(South America)全称南亚美利加洲，面积 1 797 万平方千米。与北美洲一样，南美洲东西两侧分别是大西洋和太平洋，北濒加勒比海，南隔德雷克海峡与南极洲相望。南美大陆与火地岛之间的麦哲伦海峡，是连接太平洋和大西洋的主要通道。

扩展阅读 2-3
南、北美洲的区分

欧洲(Europe)全称欧罗巴洲，位于亚洲的西面，是亚欧大陆的一部分。它的北、西、南三面分别濒临着北冰洋、大西洋、地中海和黑海，东部和东南部与亚洲毗连，宛如亚欧大陆向西突出的一个大半岛。欧洲是世界上第二小的洲，面积仅有 1 017 万平方千米。欧洲有 1/3 以上的面积属于半岛和岛屿，其中半岛面积又占全洲面积的 27%。众多的半岛和岛屿把欧洲大陆边缘的海洋分割成许多边缘海、内海和海湾，如巴伦支海、北海等边缘海，白海、波罗的海、地中海等内海。

大洋洲(Oceania)位于太平洋西南部和南部的赤道广大海域中，西临印度洋，东临太平洋，并与南北美洲遥遥相对。它包括澳大利亚大陆、塔斯马尼亚岛、新西兰南北二岛、新几内亚岛，以及广布在赤道两侧太平洋中的波利尼西亚、密克罗尼西亚、美拉尼西亚三大群岛。大洋洲面积为 897 万平方千米，是世界上最小的洲。

南极洲(Antarctica)位于地球的最南端，土地几乎都在南极圈内，四周全被大洋包围。

地球表面的海水相互贯通，但在陆地的包围下，形成了 4 个相对封闭的区域，即太平洋、大西洋、印度洋和北冰洋。

太平洋(Pacific Ocean)是世界第一大洋，面积超过 1.8 亿平方千米。太平洋北到白令海峡，南到南极洲，西侧是亚欧大陆，东侧是美洲大陆，南北长约 15 900 千米，东西最大宽度约 19 900 千米，最大深度 11 033 米，位于马里亚纳海沟。

大西洋(Atlantic Ocean)位于欧洲、北美洲、南美洲、非洲和南极洲之间，面积为 8 221.7 万平方千米，是世界第二大洋。

印度洋(Indian Ocean)位于亚洲、非洲、大洋洲、南极洲之间，面积为 7 411.8 万平方千米，是世界第三大洋。

北冰洋(Arctic Ocean)位于地球最北端，以北极圈为中心，被亚欧大陆和北美大陆环绕，通过狭窄的白令海峡与太平洋相通，与大西洋也通过一些海峡和海相连。北冰洋是世界上最小、最浅、最冷的大洋，面积仅为 1 475 万平方千米，不到太平洋的 10%。

扩展阅读 2-4
南冰洋

扩展阅读 2-5
大洋间的分界线

2. 海陆分布的特点及其对人类经济活动的影响

全球海陆分布很不均匀，存在以下特点：

（1）陆地主要集中于北半球。陆地占北半球总面积的 2/5，且在北半球的中、高纬度，陆地的分布几乎连绵不断。相连的陆地为人们的交往，尤其是交通工具尚不发达时期的交往提供了方便，因此北半球是人类经济活动最活跃的地区。相比之下，南半球陆地只占其总面积的 1/5，且在南半球的中、高纬度，陆地显著收缩，特别是在 56°S～65°S 之间，除仅有少数岛屿外，几乎全部为海洋，且风大浪高，对船舶的航行不利。总体来看，地球陆地系统的形状有一个显著的特点，即除南极大陆和澳大利亚大陆以外，亚欧、非洲、北美和南美都是北宽南窄，呈不规则的倒三角形。

（2）多数大陆南北成对分布。除南极大陆外，所有大陆南北成对分布，即亚洲和澳大利亚、欧洲和非洲、北美和南美。而且每对大陆之间都是地壳破裂地带，形成规模较大的陆间海，即亚澳之间的亚澳陆间海、欧非之间的地中海、南北美之间的加勒比海。陆间海风浪相对大洋来说较小，在航海技术不发达的时期，便利了各大陆之间的来往。

（3）除南极大陆和澳大利亚大陆以外，多数大陆通过狭窄的海峡或地峡（运河）断续相连，如亚非之间的苏伊士地峡（运河）、欧非之间的直布罗陀海峡、亚洲与北美之间的白令海峡、南北美之间的巴拿马地峡（运河）。这种状况对早期的人类迁徙，后期的洲际交往以及对陆地生物系统的扩散、交融提供了便利条件。

（4）在亚洲的东部、东南部、南部，欧洲的西部和南部，北美的北部、东部和东南部，海岸曲折，多岛屿、半岛、海湾、海峡、边缘海和内海，形成了许多著名的港口。位于这里的沿海国家，充分利用这种优势，发展航运、捕捞、养殖等海洋事业。许多国家如日本、美国、英国、法国、中国、意大利、德国等均是世界著名的海运大国，促进了各国经济贸易的发展。

（二）经纬度位置及其对经贸活动的影响

纬度位置的不同会影响不同地区的水热状况，从而带来地区间的气候差异，进而影响到农牧业的发展条件和农牧产品的种类。由气候差异而带来的各国家、地区间的产品的差异，是国际贸易发生的主要原因之一。经度位置的差异是导致各地区间存在时差的直接原因，在从事国际贸易的过程中，尤其是在交货、付款等时间点上，要特别考虑时差问题。

扩展阅读 2-6
亚洲的纬度位置及其气候类型的分布

(三) 政治地理位置

政治地理位置是指国家领土与有关政治地理要素和条件的空间关系，例如一国首都的位置，一国或地区的邻国的政治状况、外交政策、国力强弱及其对本国的影响等。一国的政治地理位置，尤其是邻国位置，会极大地影响其贸易规模和贸易商品结构。世界各大区域经济组织，如欧盟、北美自由贸易区、东盟等无不体现了加强邻国之间或地区之间的经贸往来对于一国或地区经济贸易的重要性。美国的政治地理位置就非常优越，远离旧大陆，未遭战争破坏，发展过程中所受到的旧制度的约束也很少，且仅有加拿大和墨西哥两个邻国，彼此间没有大的历史积怨，没有严重的边界争端。相比美国而言，中国的政治地理位置就复杂得多，陆上邻国就有14个，包括俄罗斯、朝鲜、蒙古、哈萨克斯坦、塔吉克斯坦、吉尔吉斯斯坦、阿富汗、巴基斯坦、印度、尼泊尔、不丹、缅甸、老挝、越南等国。这一方面为中国发展边境贸易提供了有利条件，但另一方面也存在许多不确定性因素。

扩展阅读 2-7
美国的政治地理位置

二、大陆和洋底地形对国际贸易的影响

(一) 大陆地形

大陆地形高低起伏悬殊，最高点是喜马拉雅山脉的珠穆朗玛峰，海拔为 8 848.86 米，最低点是西南亚的死海海面，海拔为 −422 米。陆地的高差大约为 9 270 米。高低起伏的陆地表面形成了不同的地形，常态地形主要包括山地、高原、盆地、丘陵与平原。

山地是陆地的基本地形，主要集中在两条巨大的高山带：一条是环太平洋褶皱带，包括太平洋东岸的科迪勒拉山系和太平洋西岸的澳大利亚大分水岭、亚洲的日本群岛和中国台湾岛上的山脉；另一条是西起欧洲南部向东延伸的阿尔卑斯—喜马拉雅褶皱带。

平原是人类从事经济活动的主要地区，约占陆地面积的1/4。在南、北美洲和澳大利亚，平原主要分布在大陆中部，主要有南美洲的亚马孙平原、北美洲的密西西比平原、澳大利亚大陆的大自流盆地等，其中亚马孙平原是世界面积最大的平原。亚欧大陆上的平原主要分布在阿尔卑斯—喜马拉雅高山带以北和各大河流的中下游，主要有东欧平原、西西伯利亚平原，中国的东北、华北、长江中下游平原，南亚的恒河和印度河平原，以及西亚的美索不达米亚平原。

高原主要分布在非洲、亚洲、澳大利亚和南美洲，主要有巴西高原、东非高原、德干高原、阿拉伯高原、青藏高原、中西伯利亚高原。其中巴西高原是世界上面积最大的高原（除南极大陆的冰雪高原外），青藏高原是世界上海拔最高的高原。

盆地主要分布在非洲和亚洲，最大的是非洲的刚果盆地，亚洲的盆地主要包括中国的塔里木盆地、准噶尔盆地、柴达木盆地、四川盆地等。

除常态地形外,地球上的特殊地貌类型也应有尽有,如冰川地貌、冻土地貌、风沙地貌、黄土地貌、岩溶地貌(喀斯特地貌)、流水地貌、火山地貌、丹霞地貌、海岸地貌,等等。

(二) 洋底地形

深厚的海水掩盖了洋底的本来面貌,事实上洋底的地势起伏的高差要远远超过陆地,也有高山、丘陵、海沟、平原、盆地。洋底地形可分为大陆架、大陆坡和大洋底三部分。大陆架是指大陆周围的浅水地带,地形一般较为平坦,平均坡度为0°~0.7°,水深在0~200米,宽度在数千米至1 500千米。全球大陆架总面积为2 710万平方千米,占海洋总面积的7.5%。大陆坡是大陆架外缘向洋底过渡的斜坡,分布在水深200~2 000米的海底,平均坡度为3°~5°,大约占海洋总面积的8.5%。大洋底是大洋的主体,约占海洋总面积的82.7%,大部分深度为2 500~6 000米。

(三) 地形对人类经贸活动的影响

地形的差异和地势的高低,会对气候、河流的流向和分布、土壤和动植物的种类产生影响,进而影响到工农业生产和交通运输,影响到对外贸易。

(1) 一个国家或地区如果地形种类多样,就有利于发展多种生产。平原和高原有利于发展种植业,铁路、公路等交通线路的建设投资少、见效快。山地、丘陵地区有利于发展林业、畜牧业和采矿业,但对交通业的发展却造成了一定的障碍。从目前世界各国情况来看,人口稠密、经济发达的地区,往往集中在平原和高原地区,而山区一般经济发展较为滞后。

(2) 岩溶、冰川等特殊地貌为旅游业的发展提供了独特的资源,从而促进了旅游业的发展。例如中国广西桂林、云南石林等著名的游览区,均为岩溶地形,有"千湖之国"之称的芬兰多为冰川地貌。

(3) 一些盆地、洼地等地势低洼的地区,由于周围有山脉的阻挡,往往空气对流不畅,工业烟尘的排放十分困难,从而造成了酸雨、粉尘污染等环境问题,影响了那些要求清洁度与精密度高的工业的生产,并且治污成本也较高,从而降低了产品的竞争力。

(4) 海底的大陆架由于地势平坦,水温高,光照充足,适宜发展水产养殖和海洋捕捞业。此外,大陆架有丰富的矿藏和海洋资源,已发现的有石油、煤、天然气、铜、铁等20多种矿产;其中已探明的石油储量是整个地球石油储量的1/3。根据国际法,沿岸国有权对其大陆架行使主权,勘探和开发自然资源。例如中国的渤海、黄海、东海以及西亚的波斯湾、欧洲的北海、美洲的墨西哥湾都是世界重要的石油开采地。

(5) 世界两大高山带,由于正处于大陆板块与大洋板块相碰撞的地带,火山、地震频繁,为工农业生产带来不确定性,但丰富的地热资源可供人们使用,且部分地区可发展旅游业。

三、气候条件对国际贸易的影响

由于纬度位置、海陆位置、距海洋的远近、地势高低等方面的差异,世界不同国家和地区的气候是不一样的,即使在同一国家和地区也会有不同的气候类型。

（一）主要的气候类型及其地理分布

1. 热带雨林气候

也可称为赤道多雨气候，全年高温多雨，平均气温在25℃～28℃，年平均降水量多在2 000mm以上。地带性土壤为热带雨林砖红壤。热带雨林气候主要分布在赤道两侧南、北纬5°～10°之间，包括南美洲的亚马孙平原、非洲的刚果盆地和几内亚湾沿岸以及亚洲的马来群岛的绝大部分地域。

2. 热带草原气候

终年高温，有明显的干、湿季之分。干季干燥少雨，湿季湿润多雨。植被土壤类型为热带稀树草原红棕色土。热带草原气候主要分布在热带雨林气候的南北两侧，在非洲、南美洲、澳大利亚地区分布最为广泛。

3. 热带沙漠气候

常年处于副热带高压和信风控制之下，气候炎热干燥。主要分布在南、北回归线两侧的内陆和西部，大体介于南、北纬15°～30°之间。植被土壤类型为热带荒漠土。典型的热带沙漠气候分布在非洲的撒哈拉沙漠、卡拉哈里沙漠和纳米布沙漠，西亚的阿拉伯大沙漠，南亚的塔尔沙漠，澳大利亚西部和中部沙漠以及南美洲西海岸的阿塔卡马沙漠。

4. 热带季风气候

终年高温，年平均气温在22℃以上，最冷月一般在16℃以上。一年分为旱雨两季。旱季在干燥的东北季风控制下，降水稀少，气温较低；雨季则盛行西南季风，多对流雨，降水量有时甚至能超过热带雨林地区。主要分布在亚洲的中南半岛、印度半岛、菲律宾群岛北部，以及中国的海南岛、台湾岛等地。

5. 亚热带季风气候

夏季盛行由海洋吹向大陆的季风，炎热多雨；冬季盛行由陆地吹向海洋的季风，降水较少，气温温和。土壤类型为红壤和黄壤。主要分布在南、北纬30°～40°的大陆东岸，以中国秦岭—淮河一线以南、朝鲜半岛南部、日本南部最为典型，其次是美国东南部的佛罗里达半岛和墨西哥湾沿岸地区。

6. 亚热带夏干气候

也可称为地中海式气候。夏季受副热带高气压带控制，炎热干燥；冬季受西风带控制，温和多雨。植被以常绿灌木丛林为主，发育着褐色土。主要分布在南、北纬30°～40°大陆西岸，以地中海沿岸的范围最大，特征最明显，此外还包括美国西南部太平洋沿岸、智利中部、非洲南端和澳大利亚南端等地。

7. 温带大陆性气候

冬季寒冷干燥，夏季炎热少雨，全年降水量在500mm以下，主要集中在夏季。气温的年较差、日较差较大，大陆性强。主要分布在北纬40°～60°的大陆内部，以亚欧大陆内部和北美大陆内部最为典型。

8. 温带海洋性气候

冬暖夏凉，气温年较差较小，降雨全年较均匀，云雾多，日照较少。主要分布在南、北纬40°～60°的大陆西部，包括欧洲斯堪的纳维亚半岛的西部和南部，西欧和中欧的大部，北美和南美的西海岸以及澳大利亚的塔斯马尼亚岛和新西兰等地。

9. 温带季风气候

夏季暖热多雨,南北温差小,冬季寒冷干燥,南北温差大,四季分明,天气的非周期性变化显著。主要分布在中国秦岭—淮河一线以北的区域、朝鲜半岛、日本的北部以及俄罗斯远东地区的南部。

10. 亚寒带针叶林气候

又称为亚寒带大陆性气候,大陆性强烈,冬季漫长严寒,暖季凉爽而短促,气温年较差大,降水量少,且集中在暖季,蒸发弱,属于冷湿环境。这种气候下,人口稀少,地面生长着茂密的针叶林。主要分布在北亚大部、欧洲北部、北美的阿拉斯加和加拿大的中北部。

除上述气候类型外,还有极地气候、高山气候等对人类经济活动影响较小的气候类型。

(二) 气候对人类经贸活动的影响

(1) 世界气候类型的多样性,空间分布的地域性和时间变化的季节性,使世界农作物的生长也具有多样性、地域性和季节性的特点,从而影响了国际贸易中大宗农产品的构成和流向。例如,咖啡、可可、油棕、橡胶等热带经济作物主要适宜种植在热带雨林和热带草原气候区,因此巴西、哥伦比亚、印度尼西亚、马来西亚、加纳等国就成为这些农产品的主要生产国;而小麦、玉米、棉花适宜种植在温带大陆性气候、温带季风和亚热带季风气候区,所以美国、加拿大、中国、乌克兰、法国等位于温带中纬度的国家是重要的粮食生产国和出口国;而俄罗斯、加拿大由于有大面积的亚寒带针叶林气候,因此成为世界上重要的木材及木制品的生产国和出口国。

(2) 气候的差异影响了农产品的品质,从而影响国际贸易中农产品的价格。例如,在温带大陆性气候区种植的农作物,由于温差大、光照充足,因此农作物的籽实饱满、瓜果含糖量大、品质好,在国际市场上售价高。

(3) 气候的差异影响了居民的消费习惯,因此影响了消费品的种类与数量。例如,生活在寒冷气候条件下的居民,多需要富含脂肪和热量的食品以及保暖效果好的服装;而生活在热带气候条件下的居民,则多需要清淡食品、防暑药品和降温空调等设备。

(4) 灾害性的气候,如水、旱、风灾,常常使工农业减产,交通中断,从而影响了国际贸易中工农业产品供应数量、价格和履约的时间。

(5) 气候影响对外贸易中商品的包装、储存和运输。例如,商品运往冬季气候寒冷的国家或地区,储存、包装、运输过程中要注意防冻;而易腐烂、霉变的商品在运往气温高、降水多的国家时,则要注意防腐、防霉和防雨。

(6) 适宜的气候也可以成为一种重要的旅游资源,可以大力发展旅游业。例如,葡萄牙、西班牙等国属亚热带夏干气候,春夏气温高,阳光明媚,对瑞典、挪威等处于高纬度、气候寒冷的国家的居民而言是旅游胜地。

四、水资源对国际贸易的影响

水是人类生产、生活不可或缺的资源,但地表可被人类使用的淡水资源极其有限,只占全球总储水量的2.53%。这些水资源中的一小部分分布在湖泊、河流、土壤和地表以下浅层地下水中,大部分则是以不易使用的冰川、永久积雪和多年冻土的形式储存。其中冰川储量约占世界淡水总量的69%,大多储存在南极和格陵兰岛地区。人类比较容易利用的淡水资源主要是河流水、淡水湖泊水以及浅层地下水,储量约占全球淡水总储量的0.3%,只占全球总储水量的十万分之七。

全球淡水资源不仅短缺,而且地区分布极不平衡。按地区分布,巴西、俄罗斯、加拿大、中国、美国、印度尼西亚、印度、哥伦比亚和刚果民主共和国等9个国家的淡水资源占了世界淡水资源的60%。约占世界人口总数40%的80个国家和地区约15亿人口淡水不足,其中26个国家约3亿人极度缺水。更可怕的是,预计到2025年,世界上将会有30亿人面临缺水,40个国家和地区淡水严重不足。

河流和湖泊不但是人类淡水的主要来源,而且具有航行、灌溉、发电、水产养殖的价值,与人类经济活动关系极为密切。

(一) 各大洲河流和湖泊的概况

1. 亚洲

亚洲面积广大,许多河源远离海洋,形成长河,河流年径流总量居各洲首位,占世界河流年径流总量的33.9%。但亚洲河流分布不均,在降水丰富的东亚、东南亚和南亚,河网密度大,年径流量也较大;但在降水稀少的中亚和西亚,河网稀疏,有广大的内流区和无流区,河流径流量也较小。

亚洲地形中部高四周低,因此水系呈不均匀的辐射状分布,河流分别注入北冰洋、太平洋、印度洋,另外还有少数短小河流分别注入黑海和地中海。注入太平洋的河流主要有长江、黄河、黑龙江、珠江和湄公河等;注入印度洋的有发源于青藏高原南侧的印度河、恒河、布拉马普特拉河、萨尔温江、伊洛瓦底江,以及发源于安纳托利亚高原和亚美尼亚高原的底格里斯河和幼发拉底河;注入北冰洋的河流主要有鄂毕河、叶尼塞河和勒拿河。内流河主要有阿姆河、锡尔河、伊犁河和塔里木河。其中长江、黄河、恒河和湄公河等外流河,不但流程长,流域面积广,而且中下游流经的大多是平原地区,人口稠密,对沿岸国家经济的发展具有十分重要的意义。向北注入北冰洋的河流因处于高纬度地区,结冰期长,春季经常导致凌汛,形成广大的沼泽地带。

亚洲的湖泊主要有里海、咸海、青海湖、贝加尔湖、洞庭湖、鄱阳湖、太湖等。前三者是咸水湖,水源虽不能灌溉和饮用,但富含钾盐、石油、天然气等矿产资源。后者皆为淡水湖,可用以灌溉、养殖、捕捞。

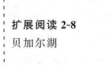
扩展阅读 2-8
贝加尔湖

2. 欧洲

欧洲面积虽小,但河流众多,且平原广阔,气候湿润,大多数河流水量丰富,水流平缓,通航里程长。欧洲河网密布,分水岭低矮,利于开凿运河。各河流通过运河沟通,形成了完整的航运体系,极利于航行。欧洲最长的河流是伏尔加河,同时也是世界上最长的内流河,注入里海。多瑙河是欧洲第二长的河流,也是世界流经国家最多的河流(自西向东流经德国南部,奥地利、斯洛伐克、匈牙利、克罗地亚、塞尔维亚、保加利亚、罗马尼亚、摩尔多瓦、乌克兰等十个国家),具有很高的航运价值,注入黑海。此外还有莱茵河、易北河、塞纳河、卢瓦尔河、波河等河流。

欧洲湖泊众多,主要是由冰川作用形成的湖泊,面积较大的有拉多加湖、奥涅加湖、维纳恩湖等。北欧是欧洲湖泊分布最集中的地区,有大小湖泊10多万个。其中芬兰境内由于湖泊众多,被称为"千湖之国"。欧洲的湖泊多为淡水湖,不仅能提供丰富的淡水资源,而且湖区风光秀丽,成为重要的旅游区。

3. 非洲

非洲地势由东南向西北倾斜,因此其水系大多注入大西洋(包括地中海)。外流流域面积共2 030万平方千米,其中印度洋流域约占1/4,位于东南部的赞比西河水系就注入印度洋;大西洋流域占3/4,刚果河、尼日尔河注入大西洋,尼罗河注入地中海。尼罗河全长6 670千米,是世界上最长的河流,但由于大段河道流经热带沙漠,因此水量较少。尼罗河下游分成许多汊河,形成面积达2.4万平方千米的尼罗河三角洲。这里地势平坦,河渠交织,孕育了灿烂的古埃及文明。

刚果河又称扎伊尔河,是非洲第二长河。由于主要流经热带雨林地区,因此水量大且年内变化小。刚果河水量充沛且穿行于山地、高原、平原之间,河道上多急流、险滩和瀑布,因此水力资源十分丰富。

尼日尔河是非洲第三大河,上下游多流经多雨区,因此为中游所流经的热带沙漠地区提供了灌溉的水源。此外尼日尔河也蕴藏着丰富的水力资源。

赞比西河流入莫桑比克海峡,河水补给充足,水量充沛,多瀑布急流,水力资源丰富。赞比西河上的维多利亚瀑布宽1 700多米,落差108米,是世界上著名的瀑布奇观之一。

非洲湖泊较多,面积大小悬殊,较大的湖泊集中分布在东非裂谷带内,如坦噶尼喀湖和马拉维湖。位于东非高原上的维多利亚湖是非洲第一大湖。

4. 北美洲

北美洲平均年径流总量约8 200立方千米,仅次于亚洲和南美洲,居各洲第三位。大部分河流发源于落基山脉,其中科罗拉多河和哥伦比亚河注入太平洋,密西西比河注入墨西哥湾,育空河和马更些河注入北冰洋。密西西比河全长6 262千米,是世界第四长河,同时也是世界上内河航运最发达的水系之一。哥伦比亚河水量大,大部分流经深谷,多急流瀑布,落差大,是世界上水力资源最丰富的河流之一。圣劳伦斯河注入大西洋。

北美洲湖泊最主要的是五大湖群。五大湖按面积从大到小分别是:苏必利尔湖、休伦湖、密歇根湖、伊利湖和安大略湖,是世界上最大的淡水水域,总面积达24.6万平方千米,其中苏必利尔湖是世界上面积最大的淡水湖。除密歇根湖独属于美国外,其余四个湖都由美加共有。圣劳伦斯河沟通五大湖和大西洋,构成了一条重要航道,将五大湖沿岸各城市的大宗货物运往海外。

5. 南美洲

南美洲河流年平均径流总量11 759立方千米,仅次于亚洲。靠近太平洋沿岸的安第斯山脉是南美大陆重要的分水岭,山脉东侧是面积广大的平原和高原,再加上高温多雨的气候,因此南美洲的河流普遍注入大西洋,且有水量大、流程长、流域面积广、支流多的特点。主要大河有亚马孙河、奥里诺科河、拉普拉塔河以及圣弗朗西斯科河等。其中亚马孙河全长6 440千米,流经热带雨林地区,是全球水量最大及流域面积最大的河流。由于水流平缓、流程长,因此便于航行。奥里诺科河和拉普拉塔河多瀑布,水力资源丰富。

南美洲湖泊不多,最大的是位于委内瑞拉西北部的马拉开波湖;位于科亚奥高原上的的的喀喀湖则是南美洲最大的淡水湖。

6. 大洋洲

大洋洲的河流主要分布在澳大利亚大陆,河流稀少而短小,水量不丰,季节变化较大,不利于航行。由于大部分地区气候干旱,因此无流区和内流区面积很大。唯一较长的外流河是墨累—达令河。澳大利亚地下水丰富,在昆士兰州、新南威尔士和南澳州有著名的大自流盆地。蕴藏丰富的地下水为农牧业提供了灌溉水源。

(二)河流与湖泊的经济价值

1. 航运功能

水量大、流程长、水流平稳、无结冰期或结冰期短、沿岸人口密集、经济发达的河流具有较高的航运价值,尤其像多瑙河、莱茵河这样的流经多个国家的河流,更具有国际航运的意义。相比铁路、公路、航空等运输方式,内河航运在运输成本上具有绝对优势,在一定程度上能缓解沿岸地区的交通压力,为环境保护减压。

2. 灌溉功能

自古以来人类就有引水灌溉农田,发展农业生产的做法。许多国家尤其是气候处于干旱和半干旱地区的国家,都大力修建水利工程,实现河水的梯级利用和开发,为发展当地的农业提供了重要的水源。中国、印度、古巴比伦和埃及都修建了许多著名的水利工程。

3. 发电功能

流经高山峡谷地区、落差大、多急流瀑布的河流蕴藏着丰富的水能资源。从20世纪初开始,人类就在河流上筑坝蓄水,利用水流落差来发电。世界著名的水利工程有中国长江上的三峡大坝、埃及尼罗河上的阿斯旺高坝、美国科罗拉多河上的胡佛大坝、巴西和巴拉圭之间的巴拉那河上的伊泰普水电站,等等。相比其他能源,水力发电是清洁的电力生产,不排放有害气体、烟尘和灰渣,没有核辐射,并且水能是可再生资源,且发电效率高,常规水电站水能利用率高达80%左右,而火力发电的热效率只有30%~50%。除用于发电以外,水电站的水库可以综合利用,还具有防洪、灌溉、航运、城乡生活用水和工矿生产供水、养殖、旅游等功能。

世界河流水能资源理论蕴藏量为40万亿kW·h,但是分布很不平衡。中国水能资源的可开发量居世界第一位,其次为俄罗斯、巴西和加拿大。世界能源会议1974年的《能源调查》中,美国可开发水能资源为7 015万kW·h,居巴西之后,但比加拿大多。但在2000年的统计中,美国可开发水能资源相比之前几乎下降了一半,低于加拿大、刚果民主共和国和印度,居世界第七位。

第二节 人文地理环境与国际贸易

人文地理环境是指人类自身长期在社会生产和生活实践中所形成的民族、语言、宗教信仰、风俗习惯、政治、经济、技术和法律等诸因素。它们是人类创造的,反过来又影响人类的生产和生活,也对国际贸易产生了重要的影响。

一、国家类型与国际贸易

(一)国家的类型

国家是一个历史的产物。广义的国家是指拥有共同的语言、文化、种族、领土、政权或历史的社会群体。狭义的国家是指一定范围内的人群所形成的共同体形式。自从19世纪后期以后,全世界所有可居住的土地都已经被各国划分了。随着阶级、社会、历史以及经济的发展,国家的数目越来越多。截至2020年,全世界有233个国家和地区,其中主权国家196个。各大洲按国家数目的多少依次是:非洲(54个)、亚洲(46个)、欧洲(45个)、北美洲(23个)、大洋洲(16个)、南美洲(12个)。世界各国无论在自然地理环境方面,还是在人文地理环境方面,都有很大差异,这使得国家之间的差别十分大,国家类型多样。

世界国家的类型由于划分标准的不同,存在着多种分类和组合。世界银行按人均国民收入将国家和地区划分为低收入、中低收入、中高收入和高收入四类。2020年7月,世界银行对世界218个国家和地区按人均国民收入进行分类,高收入国家和地区的人均国民收入不低于12 536美元;中高收入国家和地区的人均国民收入水平为4 046～12 535美元;中低收入国家和地区的人均国民收入为1 036～4 045美元;低收入国家和地区的人均国民收入不高于1 035美元。按这一标准,2020年低收入国家和地区共29个,中低收入国家和地区共50个,中高收入国家和地区共56个,高收入国家和地区共83个。中国是中高收入国家。

扩展阅读2-9 世界银行2020年按人均国民收入划分的国家类型

按人均国民收入来划分国家类型,能够从一个侧面反映其生产力发展水平和人均财富的状况,并且人均收入水平的确在一定程度上决定着一国或地区的消费水平,但是这种划分方法不可能全面反映出一个国家的经济实力和综合国力状况以及其他特征等实质性内容。

从一国或地区在世界经济贸易中所处的地位和作用的角度,通常把国家或地区划分为发达国家和发展中国家这两种类型。对于这种划分方法,不同的机构有不同的结果,目前并没有一套普遍接受的指标来衡量哪些国家属于发达国家,哪些国家属于发展中国家。联合国按照人类发展指数,将具有极高人类发展水平的国家视为发达国家,其余的则为发展中国家。根据2020年联合国人类发展报告,具有极高人类发展水平的国家共66个。

扩展阅读2-10
人类发展指数

与发展中国家相比,发达国家通常是经济发展水平较高的国家,其中以加拿大、意大利、美国、法国、日本、德国、英国等7个国家最为发达。第二次世界大战后,在第三次科技革命推动下,一些经济实力比较雄厚的资本主义国家,率先采用最新的科学技术,使资本主义的劳动生产率提高,经济增长,成为经济发达国家。这些国家的经济在世界上占据重要地位,对世界经济、政治有较大的影响。20世纪50年代中期至70年代初期经历了经济高速发展时期,被称为资本主义的黄金时代;70年代初期至80年代出现了经济滞胀,之后便是经济低速增长。这些国家随着生产的发展,资本的集中,垄断也有很大发展,并且垄断资本国际化达到了空前的规模。这些国家之间的经济联系与合作有所发展,但矛盾也随之发展和趋向激化。

发达国家又分为超级大国和第二世界。超级大国是谋求世界霸权的具有强大的军事和经济力量的大国,其特点是依靠自己强大的军事力量和经济力量,在世界范围内推行霸权主义,对其他国家进行经济剥削、政治压迫和军事侵略或控制,企图独霸整个世界。苏联解体后,美国成为世界上唯一的超级大国。第二世界是处于超级大国和发展中国家之间的发达国家。这是毛泽东将世界各国划分为三个世界时提出来的。这些国家的经济实力和军事实力不如超级大国,不同程度地受超级大国的控制和威胁。但是,它们的经济实力和军事实力比发展中国家雄厚,不少国家还保留着对一些发展中国家的不同形式的殖民统治。

发展中国家情况比较复杂,就其经济发展水平而言,大体上可以分为四类:

一是高收入的石油输出国,主要是指波斯湾地区的沙特阿拉伯、阿拉伯联合酋长国、科威特、卡塔尔、巴林和阿曼等。它们实行以石油出口和石油加工带动整个国民经济发展的战略。20世纪70年代以后,石油价格的大幅提升使石油输出国积累了大量的盈余资金,许多石油输出国成为高收入国家。如2019年,阿拉伯联合酋长国的人均国民收入(GNI)为43 470美元,沙特阿拉伯为22 850美元,科威特2018年的人均国民收入为34 290美元,比许多公认的发达国家都高。石油输出国出口石油换取的外汇收入通常被称为石油美元。目前的石油美元估计有8 000亿到1万亿美元,成为国际资本市场上一支令人瞩目的巨大力量。

二是新兴工业化国家和地区,是指那些经济上还没有达到发达国家的标准,但是在宏观经济学的角度已经超过了其他发展中国家的国家和地区。新兴工业化国家和地区这一概念由OECD在20世纪70年代末提出,主要包括韩国、中国台湾、中国香港、新加坡、巴西、阿根廷、墨西哥等国家和地区。这些国家和地区正在经历快速的经济增长(通常是出口导向型),进入工业化初期或正处于工业化进程中,在国际贸易中发挥了重要作用。

三是经济转型国家,是指近几十年来发生的经济社会从计划经济向市场经济转变的国家,尤其是指原苏联国家和中东欧国家,也包括中国及其他社会主义国家。经济发展模式的转换使经济转型国家的经济发展迸发出巨大的能量。近几年,转型国家商品进出口贸易增长率超过了12%,为世界贸易平均增长率的两倍以上,是贸易发展中最具活力的地区。

四是最不发达国家,是指那些社会、经济发展水平以及联合国所颁布的人类发展指数最低的一系列国家。这一概念由联合国在1971年首次提出,截至2020年,按照联合国1991年确定的标准,最不发达国家共47个,其中非洲有33个,亚洲9个,加勒比地区1个,太平洋区域4个。这些国家缺乏资金,基础设施薄弱,人民生活贫困。

按资源与生产的关系状况来划分,可以把世界各国和地区划分为资源型、加工型和混合型等三种类型。俄罗斯、加拿大、澳大利亚、巴西等国属于典型的资源型国家,这些国家有丰富的工业和农业自然资源,其国民经济基本上是在本国丰富的自然资源基础上发展起来的,有些能源、原材料和农牧产品还可大量出口。日本和新加坡等国是典型的加工贸易型国家,其工业资源贫乏,几乎全靠进口,而其工业产品又主要销往国外市场。有些国家则是混合型的,如美国、德国、法国、英国等,它们蕴藏的工业资源也比较丰富,但由于长期开发或因消耗量过大,其中一些重要工业资源已供不应求,需要从国外大量进口,所以具有资源型和加工型的双重特点。

(二)国家或地区对国际贸易的影响

发达国家由于在政治、经济、军事上占有绝对优势,倾向于利用自己垄断地位力图维持旧的国际政治经济秩序,谋取单方面的利益。主要表现为:

一是利用联合国等国际政治组织制定和推行有利于西方发达国家的协议和条约,宣扬自己的价值观、人生观,对任何与其意见相左的主张和行动,轻则进行政治、经济制裁,重则进行军事干涉,如近年的伊拉克战争、阿富汗战争就是通过战争的方式企图改变别国的政治经济制度。

二是通过世界银行(IBRD)、国际货币基金组织(IMF)等国际经济组织,对给予发展中国家的贷款或经济援助,附加种种政治和经济条件,妄图干涉别国的内政,控制发展中国家的经济发展。

三是对外利用世界贸易组织(WTO)大力推行贸易自由化,使其顺畅地打入发展中国家市场。对内进一步加强国内立法,强化管理贸易制度,实施种种关税或非关税壁垒,大搞"灰色区域",限制发展中国家产品或劳务的进口,使发展中国家的贸易条件日益恶化。

四是积极组建以发达国家为中心的经济贸易集团,在国际贸易规则的制定中有更多的话语权,以加强自身的垄断地位,许多发展中国家在此过程中被进一步地边缘化。

发展中国家虽然面积广大、人口众多、资源丰富,但由于过去经过长期殖民地、半殖民地统治和旧的经济秩序的束缚,经济一般比较落后。发展中国家为改变旧的国际政治经济秩序,正在进行持续不断的斗争,从而使发展中国家的权益和经济状况有了相应的改善。它们采取的主要措施有:

一是在国内对外国企业实行限制、管理和监督,甚至实行国有化,以反对发达国家的剥削和掠夺;在国际上,发展中国家通过联合国及其附属机构,谈判并制定《跨国公司行动守则》和《海洋法公约》,以争取对自然资源和经济活动享有并充分行使主权。

二是打破国际垄断资本对世界市场和价格的垄断,改善贸易条件,改革国际贸易制度。如在第六届特别联大上提出并实施的"商品综合方案"和为实施该方案而设立的"共同基金",就是为了保证原料和初级产品的价格取得的重要成果。自20世纪70年代,发达国家开始给予发展中国家"普惠制"关税待遇,以改善发展中国家的贸易条件。

三是要求目前的国际金融机构为发展中国家提供更多的资金;扩大在国际货币基金组织等机构的份额和股权;要求增加贷款项目和数额,放宽贷款条件;要求改变特别提款权的分配办法等,以改革国际货币金融制度。

四是组织各种原料出口国组织和地区性的经济贸易集团,以达到保护本国资源,稳定能源和原材料的产量和价格,保护本国市场,提高产品竞争能力的目的。原料出口国组织中尤以石油输出国组织在实现上述目的方面成果最为显著。

五是加强"南南合作",发展中国家在改变旧经济秩序斗争中走上了联合的道路。其中1955年召开的万隆会议,1961年召开的第一届不结盟首脑会议和1964年召开的第一届联合国贸易和发展会议上组建的"七十七国集团",正是这种联合斗争的重要标志。"南南合作"中最令人瞩目的当数"金砖国家"(BRICS)。

二、世界人口与国际贸易

(一)世界人口的特征

1. 人口增长过快,且各大洲增速不均

自人类产生以来,在较长时期内人口增长缓慢,有时甚至停滞不前,但自进入20世纪以后,世界人口急剧增长,而且增长速度日益加快。19世纪初,世界总人口只有10亿,但到2012年突破了70亿。世界人口中每增加10亿所用的时间在迅速缩短(见表2-1),从第一个10亿到第二个10亿用时123年,但自"二战"结束后,经济的恢复和增长以及生活、医疗水平的提高等因素使得人口迅猛增加,新增10亿人口仅用10多年时间就可完成。从各年的平均增速来看(见表2-2)也能看出这一特点,从1950年到1995年,世界人口年均增长速度均在1.5%以上,在20世纪60年代,甚至达到2.37%的最高值。截至2019年12月,世界人口规模达到76.74亿。

表2-1 世界人口每增加10亿所需要的时间

	达到的大致时间	增加10亿所需要的时间
第一个10亿	1804年	近300万年
第二个10亿	1927年	123年
第三个10亿	1959年	32年
第四个10亿	1974年	15年
第五个10亿	1987年	13年
第六个10亿	1999年	12年
第七个10亿	2012年	13年
第八个10亿(预计)*	2025年	13年
第九个10亿(预计)	2040年	15年

数据来源:联合国人口基金会。

* 2022年,据联合国数据,世界人口已达到80亿。

表 2-2 世界各大洲人口年均增长速度   %

年 份	世界	非洲	亚洲	欧洲	拉丁美洲*	北美洲**	大洋洲
1750—1800	0.47	0.02	0.53	0.49	1.00	5.00	0.00
1800—1850	0.58	0.07	0.55	0.72	1.17	5.43	0.00
1850—1900	0.61	0.40	0.34	0.96	1.89	4.31	4.00
1900—1950	1.05	1.33	0.95	0.68	2.52	2.19	2.27
1950—1955	1.88	2.31	2.05	1.01	2.84	1.78	2.26
1955—1960	1.64	2.48	1.72	0.91	1.94	1.85	2.29
1960—1965	2.37	2.62	2.69	1.09	3.93	1.51	2.23
1965—1970	2.14	2.78	2.57	0.69	2.75	1.13	2.02
1970—1975	2.03	2.85	2.37	0.60	2.60	0.99	2.18
1975—1980	1.80	3.01	1.96	0.50	2.45	1.04	1.18
1980—1985	1.79	3.07	1.94	0.39	2.22	1.05	1.61
1985—1990	1.79	2.98	1.94	0.44	2.00	1.05	1.63
1990—1995	1.56	2.73	1.66	0.16	1.79	1.12	1.68
1995—2000	1.40	2.49	1.46	0.02	1.63	1.10	1.47
2000—2005	1.26	2.32	1.29	−0.09	1.46	1.03	1.26
2005—2010	1.17	2.82	1.03	0.07	1.17	0.72	1.28
2015—2020	1.09	2.51	0.92	0.12	0.94	0.65	1.37

数据来源：根据维基百科提供的数据计算得出。2015—2020数据来自联合国人口署。

*北美洲：包括北美洲北部的国家和地区：加拿大、美国、格陵兰、百慕大及圣皮埃尔和密克隆群岛。

**拉丁美洲：包括中美洲的国家（墨西哥、加勒比海沿岸国家等）及南美洲的国家。

世界人口增长迅猛，但各大洲的人口增速并不均匀。从1950年到2010年，全世界人口增长171.2%。如此之大的增幅主要是来自非洲、拉丁美洲、亚洲等发展中国家。由表2-2可知，20世纪以前，除北美洲和拉丁美洲由于移民的迅速增加导致人口增长迅猛外，其他地区的人口增速都较慢。但"二战"结束之后，非洲大多数年份的增速都在2.5%以上，某些年份甚至超过3%，拉丁美洲和亚洲的增速也很可观。欧洲则一直保持低速增长，从2000年到2005年，甚至出现负增长。

虽然有观点认为随着经济的发展，人们的生育观开始发生改变，人口增速在未来将逐渐下降，但是过大的基数使人口在未来数十年内可能突破100亿。世界人口剧增，尤其是亚、非、拉等发展中国家人口增长过快，必然导致资源蓄积量减少，甚至枯竭，出现诸如过度开垦土地、沙漠化日益严重、不合理的砍伐森林、绿色空间缩小、能源紧张等问题。世界人口剧增还会带来空气污染，引起全球气候变化异常、温室效应、酸雨、臭氧层变薄和空洞、水体污染、核污染、噪声等环境问题，造成全球性生态平衡失调。

2. 人口分布不均

从世界范围来看，人口分布很不平衡。目前，地球表面的陆地部分尚有30%～40%的地域基本无人定居，全世界2/3的人口集中在陆地表面1/7的土地上。

从大洲来看，亚洲一直是全世界人口最多的大洲。目前有大约46亿人居住在亚洲，占世界人口比例超过60%。非洲是世界第二人口大洲，约有13亿人，占全世界人口的17%；欧洲有7.47亿人，占比9.7%；拉丁美洲约有6.48亿人，占比8.4%；以美国和加拿大为主的北美洲有3.67亿人，占比4.75%；大洋洲人口最少，只有约4 213万人，占比0.55%。位于地球最南端的南极洲没有任何常住人口，仅有极少数在当地进行科学考察的科研与探险人员在南极科学考察站短期居住。

从国家来看，中国是当今世界人口最多的国家，超过14亿（2020年）。紧追其后的是印度，超过13亿，2019年仅比中国少3 130万人；由于印度的人口增长率远超中国，因此在未来若干年内印度的人口将会超越中国成为世界人口最多的国家。排名第三的是美国，拥有3亿多人，并正在稳健增长；跟随其后的是印度尼西亚、巴基斯坦、巴西等国，这些国家都是新兴或开发中国家。根据2019年的人口统计数据，可知前十大人口国仅有美国一个西方发达国家。俄罗斯和日本的人口增长都已经停滞，尤其是日本，自2004—2019年15年间，日本人口非但没有增长，还减少了150万（见表2-3）。

表2-3 世界全球各国人口数目（前12位）　　　　　　　　　　　　　　万人

排序	2019年		2015年		2004年		15年增长人数
	国家	人口数量	国家	人口数量	国家	人口数量	
1	中国	139 772	中国	137 122	中国	129 650	10 122
2	印度	136 642	印度	131 105	印度	107 972	28 670
3	美国	32 824	美国	32 142	美国	29 351	3 473
4	印度尼西亚	27 063	印度尼西亚	25 756	印度尼西亚	21 759	5 304
5	巴基斯坦	21 657	巴西	20 785	巴西	17 872	3 233
6	巴西	21 105	巴基斯坦	18 892	巴基斯坦	15 206	6 451
7	尼日利亚	20 096	尼日利亚	18 220	俄罗斯	14 281	156
8	孟加拉国	16 305	孟加拉国	16 100	孟加拉国	14 049	2 256
9	俄罗斯	14 437	俄罗斯	14 410	尼日利亚	13 982	6 114
10	墨西哥	12 758	日本	12 702	日本	12 776	−150
11	日本	12 626	墨西哥	12 696	墨西哥	10 380	2 378
12	埃塞俄比亚	11 208	菲律宾	10 070	菲律宾	8 299	2 513

资料来源：世界银行WDI数据库。

即使在一个大洲或一个国家内部，人口的分布也是不均匀的。人口一般倾向于密集分布于经济较为发达、气候宜人、交通便利、水热条件有利于工农业发展且地势较为平坦的地区。从世界范围来看，东亚、东南亚及南亚等亚洲季风区、欧洲的西欧平原及意大利北部、北美洲的美国东部、加拿大的东南部以及美国西海岸的加利福尼亚等地以及拉丁美洲的墨西哥高原、巴西东南沿海平原、阿根廷的东北部是世界人口最稠密的地区。而在两极地区、沙漠、高山高原、热带雨林等地，因为寒冷、干旱、地势险峻、潮湿等不适合人类居住的因素存在，人口十分稀疏。

3. 人口趋于老龄化

人口老龄化是指总人口中因年轻人口数量减少、年长人口数量增加而导致的老年人口比例相应增长的动态。国际上通常把60岁以上的人口占总人口比例达到10%，或65岁以上人口占总人口的比重达到7%作为国家或地区进入老龄化社会的标准。老龄人口比重之所以上升，一方面出于减轻经济压力的考虑或受到计划生育政策的约束，适龄妇女生育率不断下降。按0～14岁的人口在总人口所占的比重来衡量，日本、意大利、西班牙等国家都低于15%，属于超少子化国家，而德国、乌克兰、中国、俄罗斯等则属于严重少子化。另一方面，医疗技术的进步、公用卫生水平的提高所带来的人均寿命的延长，也是老龄人口增多的重要原因。

据联合国统计，全世界65岁以上的人口2019年达到6.98亿，到2050年预计将达到15亿，占总人口的比重将达到21%。按世界银行的数据，65岁以上人口在世界人口中所占比重1960年不到5%，2002年首次超过7%，到2019年已达到9.1%，也就是目前整个世界人口已进入老龄化阶段。在老年人口的数目和比例上，不同区域之间有显著的差距。在较发达国家，2000年有接近1/5的人口年龄在60岁或以上；预计到2050年这一比例将达到1/3。其中欧盟老龄化程度最高，2019年65岁以上人口已达到20.5%。中低收入国家的这一比重为5.64%，最不发达国家为3.56%。由于发展中国家的人口老龄化的速度比发达国家快得多，因此没有太多时间去调整适应人口老龄化的后果。而且，发展中国家的人口老龄化是发生在比发达国家更低的社会经济水平之上，也就是通常所说的未富先老。

从单个国家来看，目前老龄化程度最严重的是日本。自2006年开始，日本就超过意大利，成为65岁以上人口占总人口比重最高的国家，且这一比重维持着较高的增速，由2006年的20.18%上升到2019年的28%。在人口大国中，印度是老龄化程度最低的国家之一，2019年，65岁以上人口占比仅为6.37%，而0～14岁的人口占比高达26.6%，而日本的这一比重为12.6%。按世界银行的数据，中国自2002年开始进入老龄化阶段，且老龄化程度逐年加深，65岁以上人口占比由2002年的7.0%上升到2019年的11.5%，0～14岁的人口占比则从23.2%下降到17.8%。

4. 城市人口所占比重不断增加

人口向城镇聚集、城镇规模不断扩大的趋势被称为城市化。战后，随着科学技术的发展和产业结构的调整，无论是发达国家还是发展中国家，第一产业所占比重都在下降，第二、第三产业在上升，使农村人口向城市迁移，城市化进程加快。2019年，根据世界银行发布的数据，世界城市化率达到55.7%，在2000年，这一数据仅为46.3%。发达国家的城市化水平普遍较高，均在70%以上，新加坡更是达到100%；而发展中国家由于经济落后，农业在许多国家还处于主导地位，因此城市人口所占比重较低，平均约占30%。由各主要国家和地区20世纪60年代以来的城市化率（见表2-4）变动可知，几乎所有国家数十年来城市化水平都有较大幅度的提升,如中国内地由 1960 年的 16.2% 上升到 2019 年的 60.3%,美国也由 70.0% 上升到 82.5%。城市人口的增加,无疑会促进工业和服务业的发展,加快现代化的进程,但也产生了就业困难、交通拥挤、污染严重等社会问题。因此,目前发达国家城市人口出现了由市中心向城市郊区,由中心城市向卫星城转移的趋势。而发展中国家则仍然趋向大的中心城市。

表 2-4 世界主要国家和地区的城市化率统计 %

国家或地区	1960 年	1970 年	1980 年	1990 年	2000 年	2010 年	2015 年	2019 年
阿根廷	73.6	78.9	82.9	87	89.1	91	91.8	92
澳大利亚	81.5	85.3	85.8	85.4	87.2	88.7	89.4	86.1
巴西	46.1	55.9	65.5	73.9	81.2	84.3	85.7	86.8
加拿大	69.1	75.7	75.7	76.6	79.5	80.9	81.8	81.5
中国内地	16.2	17.4	19.4	26.4	35.9	49.2	55.6	60.3
德国	71.4	72.3	72.8	73.1	73.1	74.3	75.3	77.4
西班牙	56.6	66	72.8	75.4	76.3	78.4	79.6	80.6
欧盟	61.2	65.7	68.9	70.5	71.6	73.7	74.8	74.7
法国	61.9	71.1	73.3	74.1	75.9	78.3	79.5	80.7
英国	78.4	77.1	78.5	78.1	78.7	81.3	82.6	83.7
中国香港	85.2	87.7	91.5	99.5	100	100	100	100
印度	17.9	19.8	23.1	25.5	27.7	30.9	32.7	34.5
印度尼西亚	14.6	17.1	22.1	30.6	42	49.9	53.7	56
日本	63.3	71.9	76.2	77.3	78.6	90.5	93.5	91.7
韩国	27.7	40.7	56.7	73.8	79.6	81.9	82.5	81.4
墨西哥	50.8	59	66.3	71.4	74.7	77.8	79.2	80.4
马来西亚	26.6	33.5	42	49.8	62	70.9	74.7	76.6
俄罗斯	53.7	62.5	69.8	73.4	73.4	73.7	74	74.6
新加坡	100	100	100	100	100	100	100	100
南非	46.6	47.8	48.4	52	56.9	62.2	64.8	66.9
美国	70	73.6	73.7	75.3	79.1	80.8	81.6	82.5

资料来源:世界银行 WDI 数据库。

(二)人口因素对国际贸易的影响

人是在社会中生产和生活的,人口作为社会生产力的要素和生产关系的体现者,是社会行为和全部社会经济活动的主体。同样,人口作为生活资料的消费者,其增长、分布、数量、结构等,还对社会生产中的产品、数量、流通等各个方面直接产生影响。人口和劳动力是国际贸易的主体,人既是国际贸易中物质财富的生产者,又是国际贸易中生产资料和生活资料的消费者,所以世界上的人口分布状况是与经济发展和国际贸易紧密相连的。人口的分布,人口、劳动力的构成,人口、劳动力的移动和增长速度等都对国际贸易有着深远的影响。

1. 人口数量

作为生产者,人口数量多、密度大的地区和国家,必然劳动力资源丰富,劳动成本低,有利于发展纺织、服装、玩具、电子装配等劳动密集型产业,并在这些产业上获取较强的国际竞争力。战后,亚洲"四小龙"为代表的新兴工业化国家和地区的经济腾飞,正是通过发展劳动密集型产品的生产和出口而取得的。作为消费者,人口数量多、密度大,必然对商品的需求量大,市场广阔,本国产业将有条件获取规模递增的收益。此外广阔的市场也能吸引外资,带来新技术和管理经验。反之,人口稀少,则缺乏劳动力,劳动力成本高,国内市场狭小,在一定程度上限制了经济贸易的发展。

对人口数量和经济贸易的关系,应当持辩证的观点。人口过多也会带来诸多环境、治安、资源不足等问题,而这些都会影响到经济贸易的发展。此外,当一国过于依赖廉价的劳动力所带来的优势时,就会缺乏提升科技水平的动力,同时会忽视其他新要素的培育,由此所带来的生产效率的降低、产品质量的下降,最终将导致本国产品国际竞争力的下降。

2. 人口素质

人口素质并没有一个统一的确切的概念,一般包括人口的身体素质、文化素质以及思想道德素质三个方面。人口素质的高低是一个社会历史范畴,在不同生产力水平下对人口素质有不同的要求。当一国进入"知识经济"时代后,社会对人的素质要求会越来越高。

作为生产者,人口素质高的国家或地区,有利于发展知识和技术密集型产品的生产和出口,产品的档次、质量和附加值高,竞争力强,例如美国的"硅谷"、北京的中关村,正是依靠高素质人才生产高科技产品的。

作为消费者,人口素质的高低影响消费层次,从而对产品的需求产生差异。人口素质高、经济发达的国家和地区,人们对高档、时尚、新潮的商品需求旺盛。而人口素质低、经济欠发达的国家或地区,消费需求多为基本生活用品,购买时追求物美价廉、坚固耐久,对新产品不太感兴趣。

3. 人口结构

人口结构是指一个国家或地区的总人口中,根据生理特征、社会经济或地域特征而划分的各种人口占总人口的比例。前者如年龄、性别结构,后者如职业、民族、地区结构。人口结构状况与国际贸易密切相关。如果青壮年人口占比例大,该国就会拥有丰富的劳动力资源、生产成本低、效率高且消费需求旺盛;反之,则劳动力资源相对缺乏,消费需求不旺。

4. 人口的移动

人口的移动既包括国内迁移,也包括国际迁移,既可以短期流动,也可以长期移居别地。无论是哪种移动,都会对移出国和移入国的经济贸易带来影响。例如地理大发现后,欧洲、非洲的居民大规模移到美洲,有力地促进了新大陆的开发,同时也为旧大陆提供了新的市场。战后,大量亚洲、非洲的居民短期移动到欧洲,给欧洲提供了大量的劳动力,加快了欧洲的恢复和发展。但是,目前一些发展中国家高素质人才大量流往发达国家,造成了发展中国家人才的流失,对其经济贸易发展不利。

扩展阅读 2-11
中国和加纳:谁能从人口红利中获益?

三、种族、民族与国际贸易

(一)种族

种族也称人种,主要是指在生理上和体态外貌上具有共同生物学和遗传学特征的人的群体。种族所具有的特征与其生活的自然环境关系甚为密切,与其生存区域的历史文化发展也有一定的关系。世界上的种族比较复杂,也没有统一标准对其进行分类。根据人种的自然体质特征,生物学家以本质主义方式(即以体质特征为标准)通常将全世界的现代人类划分为四大人种:欧罗巴人种(又称白色人种或高加索人种或欧亚人种)、蒙古人种(又称黄色人种或亚美人种)、尼格罗人种(又称黑色人种或赤道人种)和澳大利亚人种(又称大洋洲人种或棕色人种),俗称白种人、黄种人、黑种人和棕种人。

蒙古人种主要分布于中国、朝鲜、日本、西伯利亚、中南半岛、美洲和北极地区。欧罗巴种族主要分布在欧洲、非洲北部、亚洲西部以及亚洲南部的巴基斯坦、孟加拉国和印度等地区。北美洲、澳大利亚、新西兰、南美洲及南非等地区也有许多欧罗巴种族,他们多为欧洲移民的后裔。尼格罗种族主要分布在非洲的中部和南部以及美国和南美洲。澳大利亚种族主要分布在澳大利亚、太平洋的若干岛屿。

由于人类社会不断进步,交往日益频繁,异族通婚,血缘混杂,从而造成种族混杂的局面,形成了一些新型的混血人种,人数较多的,在美洲有美斯的索人(印第安人与欧洲人的混血种)、摩拉人(黑人和白人的混血种)和桑鲍人(印第安人和黑人的混血种),在非洲有开普有色人(欧洲人与霍屯督人的混血种)等。

(二)民族

马克思主义认为,民族是"人们在历史上形成的一个有共同语言、共同地域、共同经济生活以及表现于共同文化上的共同心理素质的稳定的共同体"。因此民族与人种不同,是长期历史形成的社会统一体,是由于不同地域的各种族(或部落)在经济生活、语言文字、生活习惯和历史发展上的不同而形成的。

世界约有 2 000 多个大小不同的民族,其中汉族人口最多,其次如大和民族、俄罗斯族、朝鲜族、美利坚族、阿拉伯族、日耳曼族、印度斯坦族、孟加拉族等,都是人口数量较多的民族。某些国家是多民族国家,如中国、俄罗斯;有些国家的民族构成较单一,如日本、蒙古、朝鲜等国。多民族的国家由于各个民族经济发展水平的差异、宗教、风俗习惯的不同,民族之间的矛盾是客观存在的。如果执政当局的民族政策失误,常常会造成民族冲突,影响国内局势的稳定和经济的发展。此外,许多民族由于长期生活在特定的自然地理环境和人文地理环境之中,各自形成了较为独特的生活习惯、风土人情和宗教信仰等,在生产、生活和消费等方面有特殊的需求,这些都会直接或间接地影响着生产活动和贸易活动。例如蒙古族和阿拉伯族聚居地区大多是荒漠、半荒漠草原地带,气候干旱,一般适宜畜牧业生产,日常生活以牛羊肉和奶类为主食,男女老幼都有饮茶习惯。所以这些民族日常的需求就是大量的肉类、奶类、茶叶制品,这方面的贸易活动就很频繁。在进行贸易之前应该将对方的风俗习惯和生活习惯调查清楚,要尊重对方的风俗习惯。

四、文化与国际贸易

文化并没有统一的定义,其最基本的定义是在特定社会中传承、共享的传统信仰和价值观,主要包括语言、教育、宗教信仰、风俗、艺术、道德情操等方面。文化是影响人类生产和生活的最持久、最深刻的因素。先进的、健康的文化会促进政治、经济的发展,而落后、腐朽的文化则会阻碍政治、经济的发展。世界上每个民族、每个国家都有自己的独特的文化,其语言、宗教信仰、风俗习惯有明显的差异。在国际经济交往中,既要认同本民族文化,又要尊重其他民族的文化,相互借鉴、求同存异,尊重世界文化的多样性。

(一)语言对国际贸易的影响

语言是人类最重要的交际工具,是人们进行沟通交流的各种表达符号。人们借助语言保存和传递人类文明的成果。语言是民族的重要特征之一。世界现存的语言近7 000种,其中有2 000多种语言有书面文字,还有2 500种语言濒危。当一种语言的使用人数低于2 500人时,想要将其保存维持下去是非常困难的。根据联合国教科文组织的报告,一种语言至少需要10万个使用者,才能使其一代代传递。

一般来说,各个民族都有自己的语言。汉语、英语、法语、俄语、西班牙语、阿拉伯语,是世界上的主要语言,也是联合国的工作语言。汉语是世界上使用人口最多的语言,英语是世界上使用最广泛的语言。

语言对国际贸易的影响主要表现在以下几个方面:

(1)语言的不同会给国际贸易的开展带来诸多不便。以最常用的英语为例,即使在同操英语的英国和美国,参与国际贸易活动的人员都要注意由语言差异所带来的问题,因为美式英语和英式英语有鲜明区别。例如在表述同一事件时两种语言使用不同单词。美语中的"apartment"和"elevator"在英语中则分别是"flat"和"lift"。纽约人表示地铁用"subway",而伦敦人则用"underground"。在美语中,"table a motion"是搁置起来不再讨论,但在英语中的含义则是要立刻提上日程进行讨论。即使是同一单词,且有同样的含义,但是在拼写上也可能有差别。例如美国使用"color"和"theater",而英国则用"colour"和"theatre"。当仅用数字来表示日期时,就更容易引起困扰。比如2/3/2011,美国人将其读作2011年2月3日,而其他人则将其视为2011年3月2日。我们可以很容易就想象到这方面的差异会在交货和支付日期方面给美国公司和外国顾客带来麻烦。

(2)语言方面的差异可能会需要对营销战略进行调整。在许多情形下,将说明书译成不止一种语言还是很有必要的。例如计算机的市场推广者就不得不将软件和硬件加以调整用外语来进行操作。会计和金融计划必须全部重写,因为国与国之间的会计准则和金融报告制度差异很大。

（3）多种语言的存在,还会引起语言冲突。在同一国家群体内部或群体之间、政府和民众之间因语言政策、语言规划及应用问题会引发冲突,国家之间因语言问题也可能引发冲突。以印度为例,在殖民时期,英语文化在印度占优势。印度独立后,引入苏联语言政策模式,规定印地语为国语,其他少数民族语言为地方语言,英语仍可在官方场合使用,但15年后由印地语取代,不得再用。结果该项政策引发了激烈的语言冲突,最后不得不达成妥协,中学实行英语、地方语言和印地语三种语言教育,至此印度的语言生活才基本恢复平静。

（4）国际贸易中出口商品品名、商标、说明等文字的翻译,要注意国家（地区）语言文字的差异,否则会引起误解,影响市场开拓。由于不同语言文化里对同一事物的文化感情色彩可能完全不同,产生的联想也大不相同,甚至相反,因此在翻译以动物、植物、颜色等命名的商品品牌的名称时,必须正确理解原名的文化内涵。译名不能有违目标市场所在地的文化习惯及风俗,不能与其宗教信仰发生抵触,不能让目标客户产生不好的联想。例如中国的"紫罗兰"牌男士衬衣在出口时受挫,是因为其英译名"Pousy"所引起的歧义。"Pousy"原意为没有丈夫气的男子或男同性恋。山羊在中文里是洁白、可爱的,但是若把"山羊"牌羊毛衫直译为"Goat",在英语里就有"色鬼"的意思,显然是不妥的。在国际贸易中,也有不少商品因在目标市场中将名称译成恰当的当地语言,而获得更多的经济利益。最好的例子莫过于 Cocacola 的译名"可口可乐",既保留了原名的发音及对称美,又体现了产品所带给顾客的感受。还有 Giant 自行车,译名为"捷安特",喻其安全、快捷。美国的 Revlon 化妆品公司译名"露华浓",据说是摘自李白的诗"云想衣裳花想容,春风拂槛露华浓",引经据典,充满了中国味,同时音义并重,既女性化,又高雅、艳丽,主题鲜明,作为化妆品公司的名称非常贴切。

（二）宗教对国际贸易的影响

宗教是一种社会意识形态,对人们的生活习惯、经济、文化、政治都有着深刻的影响。在向一个国家或地区出口商品时,要充分考虑到该国居民主要的宗教信仰,在市场宣传、贸易谈判、合同履行的过程中要时刻注意尊重客户的宗教信仰,重视某些宗教的消费习惯及特殊的生活方式,达到开拓市场的目的。

目前世界上的宗教种类众多,但信仰人数多,影响范围广的主要有三大宗教,即基督教、伊斯兰教和佛教。

1. 基督教（Christianity）

基督教是世界上信仰人数最多的宗教,产生时间为1世纪上半叶。基督教形成于亚洲的西部,目前主要集中分布在欧洲、美洲和大洋洲。基督教是以信仰耶稣基督为救主的宗教。基督教分为三大派：天主教、东正教和新教。天主教是最早建立的基督教派。公元395年,罗马帝国分裂成为东西罗马帝国,东西方教会之间的分歧越来越大。公元1054年,巨大的分歧最终导致东罗马帝国教会由天主教分裂出去,成立东正教。公元1517年,天主教奥斯定会的马丁·路德神父"另立门户",由天主教分离出去,成立新教。

现今基督教徒约有25亿,其中天主教徒约为13亿。

与基督教信仰者打交道时,不宜对其尊敬的上帝、圣母、基督以及其他圣徒、圣事说长道短,不宜任意使用其圣像与宗教标志。对神职人员,不应表现不敬之意。"666"在基督徒眼里代表魔鬼撒旦,"13"与"星期五"也被其视为不祥的数目,所有的基督徒都会对其敬而远之,因此不应有意令对方接触它们。有些教派的基督徒有守斋之习。守斋时,他们绝对不食肉、不饮酒。在一般情况下,基督徒不食用蛇、鳝、鳅、鲇等无鳞无鳍的水生动物。就餐之前,基督徒多进行祈祷。非基督徒虽然不必照此办理,但也不宜在其前面抢先而食。在基督教的专项仪式上,讲究着装典雅、神态庄严、举止检点。服装"前卫",神态失敬,举止随便者,均不受欢迎。教堂为基督教的圣殿,允许非基督徒进入参观,但禁止在其中打闹、喧哗,或者举止有碍其宗教活动。

基督教的主要节日有:圣诞节(12月25日,东正教为1月7日)、复活节(3月21日到4月25日之间,每年春分月圆后的第一个星期日)、感恩节(北美基督教的传统节日,在美国是11月的第四个星期四,加拿大是10月的第三个星期六)。

2. 伊斯兰教(Islam)

伊斯兰教是以《古兰经》和圣训为教导的一神论宗教。伊斯兰教的教徒称为穆斯林(Muslim),其意为"顺服者"。穆斯林信仰独一无二的真主,即安拉。伊斯兰教主要分为逊尼派和什叶派。皮尤研究中心(Pew Research Center)估计,截至2015年,全世界有18亿穆斯林,约占全球人口的24%。世界范围内约有50个穆斯林为多数的国家。在穆斯林当中,阿拉伯人占大约20%。全球穆斯林里约62%住在亚洲,主要分布在印度尼西亚、印度、巴基斯坦、孟加拉国、伊朗和土耳其等国。非洲的埃及和尼日利亚拥有人口最密集的穆斯林社群。在许多欧洲国家,伊斯兰教是第二大宗教,仅次于基督教。但中南美洲、大洋洲和东亚的日本、朝鲜半岛、蒙古国等地区穆斯林人口非常稀少。

伊斯兰教有很多禁忌。在饮食方面,忌食猪肉、动物血液、自死之物和一切非诵安拉之名宰杀的动物,忌饮酒,忌与非清真食品混杂。衣着方面,穆斯林男性要戴礼拜帽(不同地区款式有不同),穆斯林女性要戴头巾,有黑色、白色、咖啡色等颜色。婚俗方面,伊斯兰教规定结婚的男女双方都必须为穆斯林,婚礼仪式要以伊斯兰教形式进行。丧俗方面,穆斯林逝世后要速葬(是指逝世后三天内必须安葬)、土葬和薄葬。方位、颜色方面,伊斯兰教尚右,以右方为尊;伊斯兰教尚白、黑和绿色。社会交往方面,与穆斯林见面,女士应尽可能避免穿着无袖、超短裙或透明的衣物,男士避免穿背心和短裤。未经本人许可,不得对穆斯林妇女拍照。不能将酒类作为礼物送给穆斯林。在穆斯林做礼拜时不要打扰,也不要驻足观看。游览清真寺应获准后方可进入,进入礼拜殿需脱鞋,女士进大殿要围头巾遮住头发,并穿长裤。与穆斯林接、送东西时,要注意用右手或者双手,切忌用左手,为穆斯林倒水送餐时只能用右手。

伊斯兰教有很多重要的节日和纪念日。其一是开斋节。伊斯兰教规定,9岁以上的女性和12岁以上的男性穆斯林,每年斋月即伊斯兰教历的莱麦丹月,都要封斋一个月。在封斋期间每日两餐,大约在日出前1小时和日落后1小时进餐,白天禁食、禁水、禁止一切娱乐,因此斋月期间不宜进行商务交往活动。希吉来历10月1日,在封斋30天后开斋,即开斋节,庆祝一个月的斋戒圆满完成。其二是古尔邦节,也称宰牲节。宰牲节这一天,全世界的穆斯林有条件的都要宰牛、羊等牲畜,而且还要到清真寺举行会礼等宗教活动。在穆斯林欢庆节日的同时,世界五大洲数以百万计的穆斯林云集到圣城麦加进行朝觐仪式。伊斯兰教历12月10日是朝觐的最后一天,在这一天朝觐者要宰牲献祭,所有人共餐。其三是圣纪节,也称圣忌节。圣纪节是穆斯林纪念伊斯兰教传播人穆罕默德的盛大节日,在伊斯兰教历每年的3月12日举行。

3. 佛教（Buddhism）

佛教创始于公元前6世纪的古印度,创始人为乔达摩·悉达多(释迦牟尼),后来传入亚洲其他地区,现在主要分布在亚洲的东部和东南部。截至2010年,全世界约有12亿佛教信众,是世界第三大宗教。佛教在亚洲国家的影响最深,佛教思想已经融入信仰佛教的人民的生活中。

佛教有三个主要的派别,分别是上座部佛教(又称南传佛教、声闻乘、小乘佛教)、大乘佛教(又称北传佛教、汉传佛教),以及密乘佛教(又称金刚乘、藏传佛教)。这三个大的派别之下,又分成众多的各种宗派。

对于出家的僧人和在家修行者,佛教的禁忌或者说清规戒律有所区别。饮食方面不食荤是最基本的。个人生活方面的禁忌主要有不结婚,不蓄私财等。对于在家的居士,佛教只要求在每月一定的日子里实行一种克制的生活,即不涂香装饰,不观听歌舞剧等。

在国际商务交往中,必须重视宗教活动。佛教徒重视与佛出生和死亡有关的日子,以及满月、半月和没有月亮的日子。斋月的一整个月都是穆斯林的节日,在这一个月中他们从拂晓到黄昏都要禁食。因此,劳动者必须利用晚上正常睡觉的时间来就餐,工作效率也会受到影响。

毫无疑问,国际经济活动会受到宗教信仰的影响。沙特阿拉伯的出版机构不接受任何带有妇女图片的广告。无袖装被视为是对伊斯兰教义的冒犯,任何含有无袖装图片的广告在马来西亚都是被禁止的。此外,宗教方面的要求也会禁止消费某些商品。穆斯林因宗教禁忌不能饮酒和食用猪肉,印度教徒不吃牛肉,犹太教徒不吃猪肉和贝类动物,罗马天主教徒曾经规定在周五禁食猪肉。

(三)风俗习惯对国际贸易的影响

风俗习惯是指一个国家或民族在长期生活实践和社会交往中所形成的习惯行为模式。它涵盖了社会生活的各个方面,包括消费习惯、婚丧习惯、节日习惯、商务习俗、礼仪、禁忌等。风俗习惯具有多样性、相对稳定性和影响的广泛性等特点,世界各国、各地区因所处的地理环境和社会历史发展过程不同,民族、居民有区别,因此各自有各自的传统特点和风土人情,而这些区别往往会对国际贸易活动带来直接、具体的影响。例如,信奉基督教的国家往往把"圣诞节"作为最重要的节日,而中国和东亚一些国家则把"春节"作为最重要的节日。这些节日是各国商业活动的旺季。

许多国家对花卉、颜色、商标等都有不同的要求和爱好。例如,荷花在中国是品质高洁的象征,很受欢迎,而在日本传统上认为它是不吉祥的标志;大象是东南亚各国喜爱的象征吉祥如意的动物,美国的共和党也把大象作为其党徽,尊重有加,但在大多数欧洲人眼里,大象则是笨头笨脑的家伙,是笨拙、无用的代名词,因此中国的"白象"电池在欧洲就销售不畅。

东方人在交往中询问年龄、收入等往往是关心的一种表示,而西方人则视年龄、收入等为个人隐私,打听别人的年龄、收入以及婚姻状况、宗教信仰等信息都是不礼貌的。

五、科技创新与国际贸易

1. 科技创新能促进生产力的发展

国际贸易发展的推动力之一是在科技革命带动下的产业革命及其生产力的高速增长。第一次科技革命促进了整个世界工业生产的发展,并推动了国际贸易的发展。到第二次科技革命末期的1929年,世界出口贸易额由1867年的60.1亿美元增加到320.24亿美元。"二战"后,以电子技术、原子能、空间技术为标志的第三次科技革命,不只是个别科学理论和个别技术上获得突破,而是几乎在各门科学和技术领域都发生深刻变化并引起社会生产力的巨大发展,同时也有力地推动了国际贸易的高速发展。20世纪90年代以来,新的科技革命兴起,高科技产业迅速发展,生产力水平空前提高,国际贸易额也从1989年的3.1万亿美元增长到2005年的10.34万亿美元,首次突破10万亿美元大关。到2019年,尽管比往年回落,但全球贸易额还是达到18.93万亿美元。

2. 科技创新促进国际贸易商品结构的巨大变化

科技创新不仅能节约原材料,而且能促进新的产业的出现,进而促进国际贸易商品结构的巨大变化。随着世界科技革命的发展,初级产品在世界贸易中的比重大幅下降,工业制成品的比重大幅上升。在制成品中科技含量高的技术密集型产品比重迅速增加。另外科技进步以及技术信息的迅速传播,也促进了国际技术贸易的发展。据联合国有关资料统计,1975年世界技术贸易额由1965年的25亿美元上升到110亿美元,到1988年已超过600亿美元,到2000年就达到5 000多亿美元,增长速度远超国际货物贸易。随着科学技术尤其是信息技术的发展,许多消费需求可借助信息技术的存储和输送功能异地异时进行,使服务贸易的比重也大幅提高。

3. 科技创新促进国际贸易的基础设施和交易方式的变化

科技创新使交通运输、通信、邮政等基础设施获得很大发展,国际贸易的物流速度和效率随之大大提高。例如信息技术的发展及其在商务领域的运用催生出电子商务这种新型的交易方式,使国际贸易的交易方式发生革命性变化。当前,以网络技术为基础的电子商务已成为国际贸易的重要方式。电子商务这种贸易方式,打破了地域差异,缩短了信息流动时间,使生产和消费更为贴近,降低了物流、资金流以及信息流传输的成本。对海关而言,开展电子商务可以提高自身效率,还能促进企业进出口,同时杜绝逃税现象。此外,电子商务在国际贸易宏观管理和贸易政策方面也都带来了深刻的影响。今后的国际贸易还将逐步实现无纸化,即"无纸贸易"。

4. 科技创新决定国际贸易的地理格局

发达国家凭借着强大的科技创新能力,在当代世界贸易中占据主导地位。而发展中国家由于科技创新能力落后,出口额占世界的比重很低。一国或地区科技创新能力决定了其进出口商品结构和地理流向。由于欧美日发达国家的科技创新能力比较强,导致其产业结构和产品结构不断升级和优化,相应地,出口也从资本密集型制成品为主转向以技术、知识密集型产品为主。由于其国民收入很高、需求层次高,因而进口也是以附加值高的资本、技术、知识密集型产品为主,资源密集型和劳动密集型产品的进口比重较低。发展中国家由于科技落后,导致其产业结构以附加值低的资源密集型和劳动密集型产业为主,相应地,出口商品也以这两类产品为主,进口则以资本和技术密集型产品为主。

5. 科技创新决定企业在国际竞争中的地位

跨国公司拥有强大的科技创新实力,是科技创新的主要力量,具有很强的国际竞争力。因此,科技革命和科技革命的主要执行者——跨国公司有力地推动了国际产业结构的调整和转移。跨国公司通过国际直接投资和产业转移极大地推动了产业贸易和跨国公司内部贸易的发展,其规模可占国际贸易总额的1/3。中小企业科技实力一般弱于大型跨国公司,相应的国际竞争力和影响力也较小。

六、政治因素与国际贸易

政治环境的差异性,是影响国际贸易的最为复杂的因素。这种复杂不仅包括各国的社会性质和政治体制,该国执政党的基本政策,当前乃至以后政府的稳定性,甚至还包括国家间的政治关系、外交关系及其发展趋势,以及各国所参加的政治经济组织等。因此,企业在从事国际市场营销、国际贸易活动时,首先应该重视政治环境,在想要实现经济利益的目标时,无论政府还是企业都不可能忽视政治。

1. 国内利益集团对国际贸易政策的影响

贸易上的自由主义或保护主义都涉及利益的分配问题。贸易保护主义政策在国内产生的结果是将利益的再分配从消费者和社会转向被保护的生产者和国家。在理论上,自由主义倡导者强调消费者的利益和全球性资源的有效分配;保护主义倡导者强调生产者和国家的利益。但在实践中,如何保护对国家安全至关重要的行业,保护受外国竞争者不公平行为影响的工作岗位等,都是国内政治中敏感的问题。

一国的对外贸易不可避免地要受到国内不同阶级和利益集团的影响,而不同的阶级和利益集团又通过其拥有的政治资本影响国家对外贸易政策的制定,以达到更有利于自身阶级或利益集团的利益。所以,各国在制定贸易政策时不得不考虑国内利益集团的利益,甚至有时会迫于国内利益集团的压力,制定一些不利于国家利益或其他集团利益的政策,像挑起贸易争端、坚持贸易保护等。在美国,贸易引发的冲突主要存在于国会内和国会与行政机关之间。因为,国会有权决定关税和贸易政策,总统有权决定对外政策。而国会议员都代表了一定的利益集团,要对其选区负责。此外,由于美国经济的绝大部分合法地掌握在私人手中,并且受公司的控制,政府不能就经济的根本问题单独作出决定。因此,关于对外贸易的决策,既有赖于国会委员的决议,又有赖于企业董事会的决定。

2. 战争对国际贸易的影响

无论是地区性的局部战争,还是全球范围的大战,对于各国乃至世界经济均会产生严重影响。西亚地区的伊朗和伊拉克,在20世纪80年代曾经爆发历时8年的"两伊战争"。由于战事的摧残,两国经济都遭到严重破坏,不仅使两国间的贸易活动中止和石油出口剧减,而且导致国力衰败,资金短缺,进口大减,国际贸易也由此受到冲击。而和平时期,国际贸易往往发展迅速。"二战"结束后,全世界出现了和平环境,为世界各国、各地区的经济贸易发展创造了良好的条件,一些国家和地区的国民生产总值增长迅速,有的甚至超过10%,成为世界性国民经济增长速度最快的时期,国际贸易也突飞猛进,出现了空前繁荣的局面。

3. 地区经济一体化对国际贸易的影响

地区经济一体化是战后经济发展的重要特征之一。西欧国家为了抗衡美国和苏联,于1958年成立了欧洲经济共同体,加强了相互间的分工合作,协调了彼此间的贸易关系,并实施关税同盟和共同农业政策、对外贸易政策,共同体成员国间的贸易由此迅速攀升,而对美国经济的依赖程度也因此相对下降。此后,欧共体一方面扩大一体化组织的范围,吸纳更多欧洲国家加入;另一方面深化一体化的程度,于1993年11月建成经济联盟,区域内的经济联系愈发紧密。欧洲一体化的成功对其他地区产生了强烈的示范效应,尤其是在拉美和非洲地区。经济上相对落后、政治上实力弱小的国家普遍有通过联合提升自身实力的愿望。当然,拉美和非洲的经济一体化由于多方面的原因,对彼此间贸易的影响远未达到欧洲经济一体化所达到的水平。而在东南亚地区,东南亚国家也于1967年成立区域性合作组织——东南亚国家联盟(简称"东盟"),政治上坚持相互协调,经济上加强联系协作,使各国经济和贸易获得了较快发展。

【思考题】

1. 地理位置可以划分为哪几种?各种地理位置分别对国际贸易产生什么影响?
2. 当今世界人口有什么特点?人口的数量和质量对国际贸易有什么影响?
3. 世界有哪些主要的气候类型?其主要特征是什么?各种气候类型对国际贸易有什么影响?
4. 请简述各大洲的水资源分布状况,并分析其对各大洲经贸活动的影响。
5. 举例分析宗教教规对经贸活动的影响。

附录2-1
主要国家/地区的英文名称及代码

第三章 国际贸易运输

学习目的与要求

1. 了解国际贸易运输的含义、特点及其在国际贸易中所发挥的重要作用;
2. 了解国际海洋运输的特点及海上运输的地区分布;
3. 掌握世界主要航线、港口和主要运河、海峡,掌握主要港口间的通航路线;
4. 掌握国际铁路运输的主要干线,熟悉中国与邻国间的主要铁路线和边境站;
5. 掌握国际公路运输的优势及其发展趋势,了解主要的国际公路干线;
6. 了解世界主要航空站和航线。

扩展阅读 3-1
中欧班列见证"一带一路"8 年巨变

第一节 国际贸易运输概况

一、国际贸易运输的含义

交通运输是指利用各种运输工具,使人或物品发生空间位置的移动,从而增加物品的价值并实现其使用价值的物质生产部门。在人类社会再生产过程中,运输是一个不可缺少的环节,是生产领域在流通过程中的继续。

根据运输的对象,可把运输分为货物运输和旅客运输两大类。从货物运输来说,又可按国家地域划分为国内货物运输和国际货物运输两类。国际货物运输,就是货物在国家与国家、国家与地区之间的运输。在国际贸易中,货物运输是国际商品流通过程中的一个重要环节,是国际贸易的实现方式。国际货物运输可分为贸易物资运输和非贸易物资(如个人携带物品、救援物资等)运输两种。其中,最主要的是贸易物资的运输,非贸易物资的运输往往只是贸易物资运输部门的附带业务。所以,国际货物运输也通常被称为国际贸易运输,从一国来看,就是对外贸易运输。

在国际贸易中,运输费用会影响到进口价格,进而影响到中间投入品价格和消费品价格。运输费用在货物价格中所占比重与货物的运输方式、运输距离以及货物品类及自身的价值有关。根据联合国贸发会议(UNCTAD)测算的数据,在全球层面上,综合海运、空运及陆运等运输方式,2016 年进口货物的运输成本与离岸价格之比约为 9.4%。商品的运价也和商品的生产价格一样,随着国际市场供求关系的变化而围绕着价值上下波动。

商品的运价随着商品的物质形态一起进入国际市场进行交换,商品运价的高低直接影响到国际贸易商品本身的价格变化。可以说,国际货物运输本身属于贸易的范畴,只是其交换的不是有形物品,而是一种服务,因此国际贸易运输属于服务贸易。

二、国际贸易运输的特点

与国内贸易运输相比,国际贸易运输具有如下几个特点:

1. 国际货物运输是一项政策性强的涉外工作

国际货物运输是国际贸易的重要组成部分,它与国际贸易一样要受国际政治、经济形势变化的影响。在处理货物运输过程中,经常会涉及国际关系和国家对外政策等问题,因此,国际货物运输既是一项经济活动,也是一项外事活动。

2. 国际货物运输路线长、环节多

由于国际货物运输是实现国与国之间的商品流动,一般运输距离长、环节多,需要使用不同的运输工具,经过不同的国家和地区,中途需经过多次装卸和搬运。在整个运输过程中,如果其中任何一个环节发生问题,都会影响整个国际货物运输的进度。因此,在办理国际货物运输时,要认真做好运输组织工作,注意各环节之间的衔接,共同做好国际货物运输工作。

3. 国际货物运输涉及面广,情况复杂多变

国际货物运输会涉及国内外的许多单位和部门。在办理国际货物运输过程中,需要同国内外的进出口商、交通运输部门、保险公司、商检机构、银行、海关以及各种代理人发生业务联系。由于各国的政治、经济制度不同,政策、法令、法规不同,贸易和运输习惯也有差异,加之国际货物运输经常受到各国政治、经济形势变化以及自然条件的影响,可变因素多,如果某一方面发生问题,可能会影响整个国际货物运输。

4. 国际货物运输时间性强

在国际贸易中,能否按时将进出口货物从发货地运到目的地交给收货人是非常重要的,因为货物按时发运是市场竞争的需要。如果货物不能及时装运,运输迟缓,到货慢,就会影响国际贸易的开展,甚至会减少销路或丢失市场。尤其是某些鲜活商品或季节性商品的运输,就更要抢时间、争速度、及时完成运输任务。另外,在进出口贸易合同中,按时交货也是卖方应履行的义务之一。如果发货人没有按合同约定的时间交货,买方可以以卖方违反合同要件为由,取消合同。

5. 国际货物运输风险大

国际货物运输要远涉重洋,跨越山河,沿途可能要经过各种不同社会制度、不同文化的国家和地区。国际形势的变化、社会动乱、战争、封锁禁运、各种自然灾害以及意外事故的发生都会影响到国际货物运输,甚至会带来严重的后果。因此,国际货物运输要承担较大的风险。

三、国际贸易运输的作用

国际贸易运输是交通运输的重要组成部分。运输是随着商品生产和商品交换而产生、发展的,没有运输,即商品的位移,要进行商品交换是不可能的。在国际贸易中,进出口商品在空间上的流通范围更为广阔,运输工作更是不可缺少的重要环节。商品成交后,通过运输,按照约定的时间、地点和条件把商品交给对方,贸易的全过程才最后完成。随着商品生产的不断发展和交换范围日益扩大,运输业也得到了相应的发展,而运输业的发展又为开拓越来越广阔的市场提供了可能性。这是因为运输业的发展,加快了货运速度,增加了货物运载量,缩短了流通时间,节省了流通费用,扩大了各国对外贸易商品的流通量,从而推动了国际贸易的发展。由此可见,运输在国际贸易中所占的地位日益重要。

四、国际贸易运输组织机构

从事运输的机构很多,其中从事国际贸易运输的机构比从事国内贸易运输的机构要多。国际贸易运输不但涉及运输企业、进出口企业,而且还要与包装、仓储、检验、海关、保险、银行、装卸公司、港口、车站、机场及各种代理人发生联系。尽管从事国际贸易运输的机构很多,但归纳起来主要涉及以下三个方面:

1. 外贸部门

外贸部门也可称为进出口商,是指有外贸经营权的进出口贸易公司。这些公司专营国际间的进出口业务,被称为货主。在商品买卖中,贸易合同签订以后,无论这些公司是买方还是卖方,都必须根据合同条款的规定,办理进出口商品的运输事宜。它们是货物运输工作中的托运人或收货人,是运输合同的当事人。

2. 交通运输部门

交通运输部门是专门经营水上、铁路、公路、航空等客货运输的机构。它们一般都拥有大量的运输工具,为货主提供运输服务,是货物运输工作中的承运人。

3. 货运代理人

货运代理人是根据委托人的要求,代表委托人办理货物运输业务的机构。有的代理人受承运人的委托,向货主揽取货物;有的代理人受货主委托,向承运人办理货物的托运事宜;也有的代理人兼营承托双方的业务。在运输合同中,货运代理人不是合同中的当事人,它们属于中间人的性质,在承运人和托运人之间起桥梁作用。

第二节　国际海洋货物运输

一、国际海洋货物运输概况

海洋运输是历史悠久的国际贸易运输方式。海洋运输简称海运,是指使用船舶(或其他水运工具)通过海上航道运送货物和旅客的一种运输方式。海洋运输是货物运输的主要载体,远洋运输承载量最多、最经济。目前,国际贸易总运量的70%是通过海洋运输完成的。中国对外贸易运输量则有90%是通过海上运输完成的。海洋运输已成为国际贸易中最重要的运输方式。

(一)国际海洋运输的特点

1. 运输量大

海上运输的工具是船舶,目前船舶正在向大型化方向发展,如50万～60万吨的巨型油轮,以及大型集装箱货船等。船舶的承载能力远远大于火车、汽车和飞机,是运输能力最大的工具。

2. 通过能力大

海洋运输利用天然航道四通八达,不像火车、汽车受轨道和道路的限制,因而通过能力要超过火车和汽车。如果政治、经济贸易条件发生变化,还可随时改变航线驶往目的港。

3. 运费低

海洋航道天然形成,港口设备一般均为政府修建,再加之运量大、航程远,分摊于每吨中的费用成本较低,充分发挥了规模经济效益,因此,运费相对来说较低。据统计,海运运费一般为铁路运费的 1/5、公路运费的 1/10、航空运费的 1/30。这就为低值大宗货物的运输提供了有利的运输条件。

4. 适应运输各种货物

由于上述特点使海洋运输适应运输各种货物,尤其是一些火车、汽车无法运输的特种货物,如石油井架、机车等均可利用海洋运输。

5. 速度慢

与其他运输方式比较,海洋运输速度较慢,班轮的航行速度也只有 30 海里/小时左右,其他商船的速度则更慢,因而不宜用来运输易腐烂的货物。

6. 风险大

商船在海上航行,受气候和自然条件影响较大,航期有时不能得到保证,遇险的可能性很大。同时,海洋运输也存在着社会风险,如战争、罢工、贸易禁运等。因此,海洋货物运输需要保险,以转嫁损失。

尽管海上运输存在着速度慢、风险大等不足之处,但由于具有运量大、运费低等其他运输方式不可比拟的优越性,因此,在国际贸易中占有重要地位和作用,国际贸易运输主要靠海洋运输来完成,海洋运输是国际贸易中最重要的运输方式。

(二)世界海上运输量的地区分布

海洋运输是各国对外贸易的主要运输方式。近年来,世界海上运输发展速度仅次于公路,比铁路、航空、内河运输快许多。联合国发布的海上运输数据表明(见表 3-1),自 20 世纪 70 年代以来,国际海上运输的货量呈快速增长的态势,除 2009 年受国际金融危机的影响有所下降外,其他年份都保持着较高幅度的增长。1970 年,世界海上运输总量不过 26 亿吨,到 2015 年,已超过 100 亿吨,2019 年增至 110.76 亿吨。

表 3-1 国际海上货物运输量　　　　　　　　　　百万吨

年份	石油[a]	主要大宗货物[b]	其他干货[c]	总量
1970	1 440	448	717	2 605
1980	1 871	608	1 225	3 704
1990	1 755	988	1 265	4 008
2000	2 163	1 186	2 635	5 984
2010	2 752	2 232	3 423	8 407

续表

年份	石油[a]	主要大宗货物[b]	其他干货[c]	总量
2015	2 932	2 930	4 161	10 023
2016	3 058	3 009	4 228	10 295
2017	3 146	3 151	4 419	10 716
2018	3 201	3 215	4 603	11 019
2019	3 169	3 225	4 682	11 076

注：a 油轮贸易包括原油、成品油产品、天然气和化学品。

b 主要大宗货物包括铁矿石、谷物、煤炭、铝土矿/氧化铝和磷酸盐。

c 包括小批量商品、集装箱贸易和一般货物。

数据来源：联合国《REVIEW OF MARITIME TRANSPORT 2020》。

由于海洋运输有通过能力大、运载力强、运费低等特点，选择海上运输方式的大多是一些大宗货物，其中最重要的是石油。依据2019年的数据，海上运输总量中，原油、成品油及化学制品运输占到24.4%，煤炭、钢材、铁矿石、粮食、林木产品等大宗货物占比35.9%，也是海上运输的主要货物（见图3-1）。

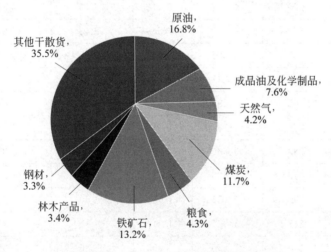

图3-1　2019年海上货物运输量结构

数据来源：联合国《REVIEW OF MARITIME TRANSPORT 2020》。

海上货运量的地区分布不平衡。分国家类型来看，无论是装船量还是卸货量，发展中经济体在海上货物运输中所占比重都是最高的。例如在2019年，发展中经济体装船货物量占总量的比重为54.9%，而发达国家只有35.5%，这主要是因为许多发展中国家通过海上运输向外输出石油、铁矿石等大宗货物。

从地区分布来看，亚洲国家占有最大的份额，2019年装船货物量占总量之比为38.1%，主要是西亚的原油出口和东亚、东南亚的工业品出口。而在亚洲地区卸载的货物量占总量之比为54.7%，主要包括工业制成品和矿物燃料。美洲地区向外输出的货运量占总量的12.52%,非洲和大洋洲分别为6.88%和0.13%。

依据联合国2020年的数据,世界商船队的载重吨位为20.48亿载重吨(dwt),其中发达国家控制了世界商船队的绝大部分,其商船队总吨位占世界的70%以上。日本、美国等贸易大国以及具有航海传统的国家,如希腊、挪威等,大都拥有规模庞大的商船队(见表3-2)。2020年,希腊商船队的总规模居世界第一位;其次是日本;中国大陆商船队规模超过德国,位居第三。此外,新加坡、中国香港、德国、韩国、挪威、百慕大、美国也位列世界十大海上运输国家(地区)。发达国家的商船队虽然规模庞大,但其商船的绝大部分属于方便旗船。如希腊和日本的方便旗船载重吨位占其商船队总载重吨位的比重都超过75%,德国超过90%,中国大陆相对较低,为33.48%。

表3-2 世界主要国家和地区商船队概况(2020年)

国家或地区	船舶数量				总载重量/万dwt*	占比/%
	本国(地)旗船	方便旗船	总数	方便旗船占比/%		
世界	23 375	29 586	52 961	55.86	204 798	100.00
希腊	671	3 997	4 668	85.63	36 385	17.77
日本	909	3 001	3 910	76.75	23 313	11.38
中国大陆	4 569	2 300	6 869	33.48	22 838	11.15
新加坡	1 493	1 368	2 861	47.82	13 730	6.70
中国香港	883	807	1 690	47.75	10 096	4.93
德国	205	2 299	2 504	91.81	8 940	4.37
韩国	778	837	1 615	51.83	8 058	3.93
挪威	383	1 660	2 043	81.25	6 394	3.12
百慕大	13	529	542	97.60	6 041	2.95
美国	799	1 131	1 930	58.60	5 722	2.79
英国	317	1 027	1 344	76.41	5 319	2.60
中国台湾	140	850	990	85.86	5 089	2.48
摩纳哥	—	473	473	100.00	4 383	2.14
印度	859	183	1 042	17.56	2 584	1.26
印度尼西亚	2 132	76	2 208	3.44	2 391	1.17
俄罗斯	1 403	339	1 742	19.46	2 311	1.13

注:* dwt是Dead Weight Tonnage的缩写,是表示"载重吨",计算方式为:该船舶的"最大排水量"(mdt)减去"船舶自重"(ldt);

数据来源:联合国《REVIEW OF MARITIME TRANSPORT 2020》。

扩展阅读 3-2
方便旗船

二、世界主要航线

世界各地水域在港湾、潮流、风向、水深及地球球面距离等自然条件限制下,可供船舶航行的一定路径称为航路。海上运输承运人在许多不同的航路中,根据主观和客观条件,为达到最大的经济效益所选定的营运通路称为航线。

根据不同标准,海运航线可分为不同类型。按照船舶经营方式,可将航线分为定期航线和不定期航线。定期航线是指使用固定的船舶,按固定的船期航行,靠泊固定的港口,以相对固定的运价经营客货运输业务的航线。定期航线的经营,以航线上各港口有持续的和比较稳定的往返货源为先决条件,所以定期航线又称为班轮航线。不定期航线是相对于定期航线而言的,是指使用不固定的船舶,按不固定的船期航行,靠泊不固定的港口,以租船市场的运价,经营大宗、低价货物运输业务为主的航线。按航程远近,可将航线分为远洋航线、近洋航线和沿海航线。远洋航线是指使用船舶跨越大洋的运输路线;近洋航线是指一国内部各港口和邻近国家港口间的海上运输路线,如中国各港口到日本各港口的航线;沿海航线是指一国各港口间的海上运输路线。

(一)大西洋航线

(1)西北欧—北美东海岸航线。西北欧—北美东海岸航线为北美至西欧间的运输线,西起北美的东部海岸,北经纽芬兰横跨大西洋至西欧,是世界上两个最发达地区之间的海运航线,两岸拥有众多重要港口,是世界上最繁忙的货运航线之一。该航线冬季风浪大,并常有浓雾与冰山,对航运安全有威胁。

(2)西北欧、北美东海岸—加勒比海航线。是出英吉利海峡后横渡北大西洋,到达加勒比海沿岸各港口的航线。行驶该航线的船舶在到达加勒比海沿岸各港口后,还可继续经巴拿马运河到达美洲太平洋沿岸的港口。

(3)北美东海岸、西北欧—直布罗陀—地中海—苏伊士运河—印度洋—亚洲、太平洋地区航线。是欧洲通往亚洲的重要通道,也是世界上最繁忙的航线之一。西向货物以初级产品和农矿原料为主,是海湾国家出口石油至欧洲、北美的主要运输线,东向货物主要是工业制成品。

(4)地中海、西北欧—南美东海岸航线。该航线一般经过西非大西洋岛屿(加纳利群岛、佛得角群岛),到达南美东海岸各港口。

(5)北美东海岸、西北欧—西非—中南非—好望角—远东航线。是波斯湾地区通往西欧、北美的石油运输线。驶往西欧、北美的25万吨以上的巨型油轮必须经过这条航线。

(6)南美东海岸—好望角—远东航线。是南美东海岸国家从海湾地区进口石油,或巴西出口铁矿石至远东地区的运输线。中国从南美东海岸进口的石油和铁矿石也走该航线。

(二) 太平洋航线

(1) 远东—北美西海岸航线。包括从中国、朝鲜、韩国、日本和俄罗斯远东各港口到加拿大、美国、墨西哥等北美西海岸各港口的航线。

(2) 远东—巴拿马运河—加勒比海、北美东海岸航线。从远东区出发,经夏威夷群岛至巴拿马运河后,到达加勒比海、北美东海岸各港口。

(3) 远东—南美西海岸航线。是指从远东出发的船舶,途经夏威夷群岛南部的莱恩群岛附近穿越赤道进入南太平洋,至南美西海岸各港口。

(4) 远东—东南亚及印度洋航线。是中国、朝鲜、日本、韩国等国家至东南亚各国主要港口,以及向西经马六甲海峡去往印度洋、大西洋沿岸各港口的航线。东海、台湾海峡、巴士海峡、南海是该航线船只的必经之路,也是日本从中东和东南亚各国进口石油的运输线。

(5) 远东—澳新航线。该航线分为两条:一条是从中国北方和日本各港口去澳大利亚东海岸和新西兰港口的航线,走琉球、加罗林群岛进入所罗门海、珊瑚海;但中澳之间的集装箱航线则由中国北方港口南下经香港加载后途经南海、苏拉威西海、班达海、阿拉弗拉海,后经托雷斯海峡进入珊瑚海、塔斯曼海。另一条是从中国和日本去澳大利亚西海岸的航线,多半经菲律宾海、苏拉威西海,然后经望加锡海峡、龙目海峡南下。

(6) 南太平洋航线。是澳大利亚、新西兰跨越太平洋至北美东西海岸各港口的航线。澳、新至北美西海岸航线大多途经苏瓦、檀香山等太平洋上的重要航站。澳、新至北美东海岸航线则多半取道社会群岛中的帕皮提,后经巴拿马运河到达。

(7) 北美—东南亚航线。该航线途经夏威夷、关岛、菲律宾等地,而北美东海岸和加勒比海各港口要经巴拿马运河才能到达东南亚各国。

(三) 印度洋航线

印度洋是连接大西洋和太平洋的重要通道。印度洋航线过往的货物以石油运输为主,但也有不少大宗货物往来于该航线。

(1) 波斯湾—好望角—西欧、北美航线。该航线过往的主要是 25 万吨级以上的巨型油轮,是世界主要的海上石油运输线。

(2) 波斯湾—东南亚—日本航线。该航线东行经马六甲海峡或经龙目、望加锡海峡至日本。

(3) 波斯湾—苏伊士运河—地中海—西欧、北美航线。该航线可通行 25 万吨级以下的油轮,石油是该航线的主要货种。

此外,印度洋还有以下一些航线:远东—东南亚—东非航线;远东—东南亚—地中海—西北欧航线;远东—东南亚—好望角—西非、南美航线;澳新—地中海—西北欧航线;印度洋北部地区—亚太航线;印度洋北部地区—欧洲航线。

(四) 世界集装箱运输航线

集装箱运输是指以集装箱这种大型容器为载体,将货物集合组装成集装单元,以便在现代流通领域内运用大型装卸机械和大型载运车辆进行装卸、搬运作业和完成运输任务,从而更好地实现货物"门到门"运输的一种新型、高效率和高效益的运输方式。集装箱运输具有高效益(节约包装费用、减少货损货差、降低运输成本)、高效率(装卸效率很高)等优越性,同时也需要对船舶、集装箱、港口进行巨额的投资以及运输系统中各环节的高度协作。

目前,世界集装箱货物贸易主要在北美、西欧、远东和澳大利亚之间进行,这些地区的经济发达程度高,适箱货源丰富,集装箱货运量大。集装箱船的运营一般是在主要贸易港口之间进行,其他港口到主要港口间的运输是以支线船的运输来进行的。国际定期班轮航线的集装箱运输,就是以这些地区的航线为中心来经营的。

目前,世界上规模最大的三条主要集装箱航线是远东—北美航线,远东—欧洲、地中海航线和北美—欧洲、地中海航线。其中远东—北美航线是运量最大的集装箱运输线路,其次是远东—欧洲、地中海航线(见表3-3)。

表3-3 主要集装箱航线集装箱贸易量　　　　百万TEU*

年份	远东—北美	北美—远东	欧洲、地中海—远东	远东—欧洲、地中海	北美—欧洲、地中海	欧洲、地中海—北美
2014	16.2	7	6.3	15.5	2.8	3.9
2015	17.4	6.9	6.4	15	2.7	4.1
2016	18.2	7.3	6.8	15.3	2.7	4.3
2017	19.4	7.3	7.1	16.4	3	4.6
2018	20.8	7.4	7	17.3	3.1	4.9
2019	20	6.8	7.2	17.5	2.9	4.9
2020	18.1	7	6.9	16.1	2.8	4.7

注:* TEU是英文Twenty-foot Equivalent Unit的缩写。是以长度为20英尺的集装箱为国际计量单位,也称国际标准箱单位。通常用来表示船舶装载集装箱的能力,也是集装箱和港口吞吐量的重要统计、换算单位。

数据来源:联合国《REVIEW OF MARITIME TRANSPORT 2020》。

(1) 远东—北美航线。又称北太平洋航线,分为两条,一条是远东至北美西岸航线,另一条是远东至北美东岸航线。远东至北美西岸航线主要由远东至加利福尼亚航线和远东至西雅图、温哥华航线组成。该航线是世界集装箱运输的主干线之一。它除了承担太平洋沿岸附近地区的货物运输外,还连接墨西哥湾和北美东岸各港口以及通往美国中西部的内陆联合运输。该航线连接的主要港口有:北美太平洋沿岸的洛杉矶、长滩、西雅图、温哥华和西太平洋沿岸的东京、名古屋、横滨、釜山、仁川、上海、香港、基隆、高雄等港口。

远东至北美东岸集装箱航线上的主要干线是日本至纽约航线。该航线将远东地区的东京、名古屋、横滨、大阪、釜山、仁川、上海、香港、基隆、高雄以及澳大利亚各港口,与北美东岸的纽约、波士顿、费城、休斯敦、新奥尔良等港口相连。

(2) 远东—欧洲、地中海航线。远东—欧洲、地中海航线由远东至欧洲以及远东至地中海航线组成。该航线涉及的港口主要有：欧洲的鹿特丹、汉堡、不来梅、安特卫普、勒阿弗尔、南安普敦以及上面提到的远东地区的主要港口。而北欧的一些港口，则是通过支线集装箱运输同远东和欧洲航线相连的。地中海地区的港口主要有：西班牙南部的阿尔赫西拉斯、意大利的焦亚陶罗和位于地中海中央、马耳他岛南端的马尔萨什洛克等港口。

（3）北美—欧洲、地中海航线。又称北大西洋航线，由欧洲、英国至北美东岸航线、地中海至北美东岸航线、五大湖至欧洲航线组成。该航线以美国东岸为中心开展对西北欧、地中海及澳大利亚地区的集装箱运输。

三、世界主要港口

（一）世界主要港口的吞吐量

港口是具有水陆联运设备和条件，供船舶安全进出和停泊的运输枢纽。港口是海上运输的重要元素，尤其是规模大的港口，更是发挥着重要作用。港口规模的大小，通常以吞吐量来衡量。港口吞吐量(port handling capacity)是指一年间经水运输出、输入港区并经过装卸作业的货物总量，单位为吨。

作为世界最大的贸易国，中国拥有数个年吞吐量超过 3 亿吨的大港，在国际海上运输中发挥着重要作用。在全球 10 大港口中，2005 年中国占有 5 席，其中上海港是全球货物吞吐量最大的港口，到 2019 年已增至 7 席，宁波—舟山港为全球最大港口，吞吐量为 11.2 亿吨(见表 3-4)。全球前 10 大港口货物吞吐量累计中，2010 年中国大陆港口吞吐量所占比重为 78.2%，到 2014 年达到 81.51%，反映出中国港口在全球前 10 大港口的绝对优势和分量不断加重。2019 年，世界经贸持续放缓，经贸摩擦和地缘政治冲突使得全球经贸环境整体不乐观，全球主要港口生产增速逐渐分化。全球前 20 大港口中，除中国港口吞吐量整体保持稳定上涨外，其余均维持较低增速。

表 3-4 全球 10 大港口

排名	2005 年				2019 年			
	港口	所在国家	吞吐量/亿吨	年增长/%	港口	所在国家	吞吐量/亿吨	年增长/%
1	上海港	中国	4.43	16.9	宁波—舟山港	中国	11.2	7.9
2	新加坡港	新加坡	4.23	7.7	上海港	中国	7.17	0
3	鹿特丹港	荷兰	3.7	5.2	唐山港	中国	6.57	3.1
4	宁波港	中国	2.69	18.9	新加坡港	新加坡	6.26	−0.6
5	南路易斯安那港	美国	2.6	4.4	广州港	中国	6.06	12.6
6	广州港	中国	2.5	16.5	青岛港	中国	5.77	6.6
7	天津港	中国	2.41	16.8	苏州港	中国	5.23	−1.7
8	香港港	中国	2.3	4.1	黑德兰港	澳大利亚	5.22	0.8
9	釜山港	韩国	2.23	1.4	天津港	中国	4.92	4.1
10	休斯敦港	美国	2	9.8	鹿特丹港	荷兰	4.71	0.5

资料来源：中国港口网、2019 全球港口发展报告。

由于集装箱运输的优越性,海上运输为主导的国际集装箱运输发展迅速,各港纷纷建设专用集装箱泊位,集装箱船舶的行踪已遍布全球范围,海运货物的集装箱化已成为不可阻挡的发展趋势。1970年,全球集装箱吞吐总量仅为23万TEU(国际标准箱单位)左右,1998年增长到579万TEU,到2012年已超过6亿TEU。从单个集装箱港口来看,吞吐量也有大幅的增长。以香港为例,1992年其吞吐量为797万TEU,2002年增长到1 914万TEU,到2012年上升到2 311万TEU,几乎是20年前的3倍。此外,在世界集装箱运输中,中国所处的地位日益上升。1992年,除香港外,中国在全球20大集装箱港口中未占一席,最大的上海港吞吐量仅为73万TEU,但到2002年,上海、深圳、青岛已位列全球20大集装箱港口,其中上海港吞吐量为861万TEU,是世界第四大集装箱港口。2019年,除香港和台湾的高雄港以外,中国在全球20大集装箱港口中占有8席,其中上海港以4 331万TEU的吞吐量成为世界最大的集装箱港口(见表3-5)。多年来,新加坡

表3-5 全球20大集装箱港口的吞吐量

排名	1992年			2002年			2019年		
	港口	所在国	吞吐量/万TEU	港口	所在国	吞吐量/万TEU	港口	所在国	吞吐量/万TEU
1	香港	中国	797	香港	中国	1914	上海	中国	4331
2	新加坡	新加坡	756	新加坡	新加坡	1680	新加坡*	新加坡	3720
3	鹿特丹	荷兰	413	釜山	韩国	945	宁波—舟山港	中国	2753
4	高雄	中国	396	上海	中国	861	深圳	中国	2577
5	釜山	韩国	275	高雄	中国	849	广州	中国	2283
6	神户	日本	261	深圳	中国	761	釜山	韩国	2191
7	汉堡	德国	227	鹿特丹	荷兰	652	青岛	中国	2101
8	纽约/新泽西	美国	201	洛杉矶	美国	611	香港	中国	1836
9	基隆	中国	194	汉堡	德国	537	天津	中国	1730
10	横滨	日本	189	安特卫普	比利时	478	鹿特丹*	荷兰	1492
11	安特卫普	比利时	184	巴生	马来西亚	453	迪拜	阿联酋	1411
12	长滩	美国	183	长滩	美国	452	巴生*	马来西亚	1320
13	比雷埃夫斯	希腊	174	迪拜	阿联酋	419	安特卫普	比利时	1186
14	东京	日本	173	纽约/新泽西	美国	375	厦门	中国	1112
15	圣胡安	美国	156	青岛	中国	341	高雄	中国	1043
16	菲利克斯托	英国	154	东京	日本	303	洛杉矶	美国	934
17	迪拜	阿联酋	148	不来梅	德国	298	汉堡*	德国	933
18	不来梅	德国	131	焦亚陶罗	意大利	296	丹戎帕拉帕斯*	马来西亚	916
19	曼谷	泰国	130	马尼拉	菲律宾	294	大连	中国	876
20	奥克兰	美国	129	兰乍邦	泰国	275	长滩	美国	763

资料来源:中国港口网、2019全球港口发展报告。

*表示2019年的数据是基于历史数据预测得出。

一直是众所周知的全球最大集装箱港口,在亚洲穿梭的船舶几乎都要经停新加坡港。但自 2012 年起,新加坡港已连续数年被上海港超越。

扩展阅读 3-3
全球集装箱失衡

(二)世界主要港口

1. 鹿特丹港(Rotterdam)

鹿特丹是荷兰第二大城市,位于莱茵河与马斯河河口,西依北海,东溯莱茵河、多瑙河,可通至黑海。鹿特丹港是欧洲第一大海港,甚至曾是世界上最大的海港,港区面积约 100 平方千米,码头总长 42 千米,吃水最深处达 22 米,可停泊 54.5 万吨的特大油轮。鹿特丹距北海约 25 千米,有新水道与北海相连。港区水域深广,内河航船可通行无阻,外港深水码头可停泊巨型货轮和超级油轮。

鹿特丹港是荷兰和欧盟的货物集散中心,运入西欧各国的原油、石油制品、谷物、煤炭、矿石等都经过这里,有"欧洲门户"之称。该港是国际间水陆空交通的重要枢纽,每年约有 3.5 万艘次远洋货轮在这里挂靠,是世界上最大的商品集散中心之一。从吞吐量来看,目前鹿特丹港仍位居全球十大港口之列,进口货物主要有石油、矿产品、谷物、煤炭、木材与杂货。出口主要为煤炭、化工产品、生铁、钢铁制品、石油和化肥等。

2. 纽约港(New York)

纽约是美国第一大城市和第三大港口。纽约位于美国东北部哈得孙河河口,东临大西洋,是世界上天然深水港之一,有两条主要航道,港内淤积量小。由于有墨西哥湾暖流的影响,港口全年不冻,是大西洋沿岸一个天然良港。

纽约港腹地广大,公路网、铁路网、内河航道网和航空运输网四通八达,同时也是两条横贯美国东西大陆桥的桥头堡,即北太平洋铁路(东起纽约,西至西雅图)以及联合太平洋铁路(东起纽约,西至旧金山),因此成为美国最大的交通枢纽,也是北美洲最繁忙的港口之一。1980 年吞吐量达 1.6 亿吨,多年来都在 1 亿吨以上,每年平均有 4 000 多艘船舶进出。由于纽约位居的大西洋东北岸为全美人口最密集、工商业最发达的区域,又邻近全球最繁忙的大西洋航线,在位置上与欧洲接近;再加上港口条件优越,又以伊利运河连接五大湖区,使得纽约港成为美国最重要的产品集散地,也因此奠定了其成为全球重要航运交通枢纽及欧美交通中心的地位。

纽约港进口货物主要有杂货、石油、木材、汽车、蔬菜、金属、工业品和纺织品等。出口货物有散装货、机械、纺织品、石油制品和化工产品等。

3. 新加坡港(Singapore)

新加坡港位于新加坡的南部沿海,西临马六甲海峡(Straits of Malacca)的东南侧,南临新加坡海峡的北侧,扼太平洋及印度洋之间的航运要道,战略地位十分重要。新加坡港自然条件优越,水域宽敞,很少风暴影响,港区面积达 538 万平方米,水深适宜,吃水在 13

米左右的船舶可顺利进港靠泊,港口设备先进完善。

新加坡是全球最大的海洋转口运输中心之一,是亚太地区最大的转口港,也是世界第二大集装箱港口,2019年集装箱吞吐量为3 720万TEU,仅次于上海港。该港迄今至少有250家船公司,将新加坡与全世界123个国家和地区的600多个港口相连接。每天都有船只从新加坡港开往全世界各主要港口。进口货物主要有石油,约占70%,另外有粮食、蔬菜、橡胶、纺品和杂货等。出口货物有橡胶、石油制品、纺织品与杂货。

4. 南路易斯安那港(Port of South Louisana)

南路易斯安那港位于密西西比河下游新奥尔良港与巴吞鲁日港之间,是世界有名的优良深水港。南路易斯安那港是西半球吞吐量最大的港口,2012年吞吐量为24 144万吨,居世界第16位。该港有60多座码头,大部分为私营码头,公用码头仅9座。港口集疏运条件优越,港区与美国铁路主干道和州际高速公路相连;密西西比河与美国内河水网相连,河口毗邻墨西哥湾和巴拿马运河。

南路易斯安那港主要进出口货物为干散货和液体散货,是美国出口货物的门户。干散货以密西西比河流域的出口粮食为主,美国60%的出口粮食在该港装船。液体散货主要是原油和石油化工产品。港区设有6条油气管线,日输油量80万桶,通往美国中部的国家主输油管线以该港为起点。港口还有美国唯一通往海岸的管线,日输油量50万桶。

5. 休斯敦港(Huston)

休斯敦位于墨西哥湾加尔维斯顿的西北岸上,恰巧处于墨西哥湾沿海的中央,地理位置优越,是美国西部和中西部地区货物进出口的门户和目的港。从休斯敦港出发到美国中西部地区的任何地点,均比任何其他港口要便捷得多。此外,休斯敦常年受墨西哥湾季风的影响,气候温和、雨量适中,除偶有热带风暴经过外,很少遭遇很强的飓风袭击。

休斯敦港由几十家公共码头公司和170多家私营码头组成,分布在休斯敦运河两岸,绵延长达25英里。该港号称美国第二大国际商港,货物吞吐量超过2亿吨,是美国主要出口小麦、进口钢材的大港之一。该港进出口主要货物有:原油、石油制品、钢铁制品、纸张、糖、咖啡、棉花、小麦等。

6. 釜山港(Busan)

釜山位于韩国东南沿海,东南濒朝鲜海峡,西临洛东江,与日本对马岛相峙,是韩国最大的港口,也是世界第六大集装箱港,2019年集装箱吞吐量为2191万TEU。釜山港装卸设备有各种岸吊、门吊、可移式吊、集装箱吊、浮吊、皮带输送机、装船机及滚装设施等,装卸效率很高。韩国海上进出口货物的年增长率达20%左右,几乎全部由釜山港进出。该港的集装箱码头起着骨干作用,码头面积达63万平方米,每年停靠约2 000艘集装箱船,码头可同时为4艘5万载重吨的大型集装箱船进行装卸作业。

港口主要出口货物为工业机械、水产品、电子、石化产品、纺织品等,进口货物主要有原油、粮食、煤、焦炭、原棉、原糖、铝、原木及化学原浆等。该港能承接各种船舶修理,最大干船坞可容纳15万载重吨的船舶。

7. 巴生港(Port Swettenham)

巴生港是马来西亚最大的港口,1973年建成,是红海与马六甲海峡之间的第一个集装箱货运港。该港位于马六甲海峡沿岸,地理位置优越,是远东至欧洲贸易航线的理想停靠港,在航运市场中具有明显的竞争优势。巴生港拥有广阔的腹地,产业发达,已发展成为区域性的配发中心。

巴生港优越的地理位置对船公司有很大的吸引力,是马来西亚全国木材、棕油与橡胶的主要出口港,进口的产品主要有钢铁、化肥、砂糖、小麦、大米、石油及化工产品。2019年,巴生港的集装箱吞吐量近 1 320 万 TEU,是世界第十二大集装箱港口。

8. 汉堡港(Hamburg)

汉堡港是德国最大的港口,有"德国迈向世界的门户"之称,同时也是欧洲仅次于鹿特丹港、安特卫普港的第三大港。2019 年,汉堡港的集装箱吞吐量为 933 万 TEU,排名第 17 位。

汉堡港位于易北河下游距北海入口处约 100 千米的汉堡市,是一个河港,同时有铁路与腹地相连。汉堡港所处地理位置得天独厚,是通往波罗的海、斯堪的纳维亚地区的门户,港口货物运输中 72% 涉及波罗的海沿岸港口;同时该港也是通往中欧和东欧的口岸,如俄罗斯、芬兰、波兰、匈牙利、捷克、斯洛伐克等国。随着 2004 年 5 月 1 日欧盟的东扩,世界上的各大物流公司选择了汉堡港作为东西向集装箱的中转枢纽,也吸引了更多的亚洲公司到汉堡做生意。经汉堡出口的商品有机器、电气与电子产品、加工后的石油燃料与润滑油、钢材、药品等。主要进口商品为植物油和油脂、茶叶、咖啡、石油、热带水果与烟草等。

9. 迪拜港(Dubai)

迪拜港是阿联酋最大的港口,位于阿联酋东北沿海,濒临波斯湾的南侧,又名拉希德港(Mina Rashid)。该港地处亚欧非三大洲的交汇点,是中东地区最大的自由贸易港,尤以转口贸易发达而著称。迪拜港背靠阿拉伯地区的广袤市场,多年来集装箱年吞吐量一直雄踞中东地区首位。目前,迪拜港不仅是物资运往国内市场的中转中心,而且作为周边地区的物流基地,也发挥了重要的作用。这里的周边地区既包括海湾合作组织的各成员国(沙特阿拉伯、科威特、巴林、阿曼、阿联酋等),还包括南亚次大陆以及南非、东非、北非的广大地区。

迪拜港的港口使用费和码头费率属世界上最低之一,吞吐量的年均增速超过世界平均水平,2004 年起即跻身于全球十大集装箱港口之列。2019 年该港集装箱吞吐量为 1 411 万 TEU,退居第 11 位。迪拜港之所以成为全球重要的集装箱港口,其主要原因是该港不断增加投资改善码头设施,以扩大集装箱的吞吐能力。

10. 安特卫普港(Antwerp)

安特卫普港位于比利时北部,在斯海尔德河的下游,距北海约 80 千米,是比利时最大的港口。由于斯海尔德河和海口航道的改善,该港可容纳 10 万吨级的船舶泊靠装卸货物,吃水 47 英尺的船可自由进出。

安特卫普港在欧洲—非洲班轮航线上发挥了巨大的作用,其欧洲—非洲航线班轮挂靠率和装卸量居欧洲港口之首。安特卫普的欧洲—非洲集装箱货物贸易的主要客户是南非,大约占欧洲—非洲集装箱贸易总量的 1/4,运量为欧洲—非洲贸易航线之最。尼日利亚是仅次于南非的欧洲—非洲集装箱贸易第二大客户,第三是塞内加尔。

安特卫普港进口货物主要有石油、煤、矿砂、粮食、木材、棉花和羊毛等。出口货物有钢铁、机械、铁路设备、水泥、石油、化工产品和纺织品等。

11. 丹戎不碌港(Tanjung Priok)

丹戎不碌港又称丹戎普瑞克港,位于印度尼西亚爪哇岛的西北部,是印度尼西亚首都雅加达的外港,货运吞吐量居全国之首。丹戎不碌是东南亚重要的集装箱港口,发展迅速,2007年集装箱吞吐量达390万TEU,位居全球集装箱港口吞吐量的第23位;到2012年该港的集装箱吞吐量上升至638万TEU,排名也上升至全球第20位。2018年,其集装箱吞吐量达到780万TEU。但排名降至全球第22位。

12. 横滨港(Yokohama)

横滨港位于日本本州岛中部东京湾西岸,2012年的货物吞吐量为12 281万吨,是日本最大的海港,也是亚洲的重要港口。

横滨港在"二战"后曾多次改扩建,港区水域面积7 339公顷,码头岸线40千米,其中水深9米以上的超过17千米。码头港区总共有10个,大中小泊位共245个,其中万吨级以上120个,最大水深23米,可停靠20万吨级油轮。

横滨港已与60多个国家和地区有贸易往来,主要是美国、中国和东南亚以及中东各国。横滨港以输出业务为主,出口额占贸易额的2/3以上。出口商品主要是工业制成品,有机器、汽车、钢铁、化工品、日用品等;进口货物主要有原油、重油、铁矿石等工业原料和粮食。

13. 上海港(Shanghai)

上海港地处长江入海口南岸的黄浦江畔,位于长江三角洲东端的上海市境内,居中国南北海岸线的中心,濒临东海的西侧,地理位置十分优越。上海港港区总面积3 618.3平方千米,其中长江口水域3 580平方千米、吴淞口内水域33平方千米、陆域5.3平方千米。2008年,港口拥有生产用码头泊位604个,万吨级码头泊位137个,港口水深达10米以上,集装箱专业泊位42个;生产用库场面积210.5万平方米;装卸机械3 344台。上海港是中国最大的综合性港口,也连续数年成为世界最大的货运港和集装箱港口。

上海港的交通非常便利:地处长三角水网地带,水路交通十分发达;有沪宁、沪杭、沪青平、沪乍、嘉浏等高速公路与江苏和浙江对接,并联通全国高速公路网;港区内有铁路与沪杭、沪宁铁路干线相连,可通达中南、西南及浙东地区。港口主要经营的货类为集装箱、煤炭、金属矿石、石油及其制品、钢材、矿建材料、机械设备等。

14. 高雄(Kaohsiung)

高雄港位于台湾岛西南沿海的高雄市,濒临南海,隔台湾海峡与福建省相望,扼台湾海峡与巴士海峡航运要道,处于中国南北航线和环太平洋航运要冲,航运地理位置十分重要。高雄港设在台湾海峡南口的高雄湾内,湾内港阔水深、风平浪静,为一天然良港。

高雄港区水域面积1 276公顷,有两个入海口门,进出港航道长18千米,港区海域设有两套防波堤。航道和港区水域水深11.3米到16米,可供15万吨级海轮进出港和停泊。全港现有营运码头100多座,其中万吨级以上深水码头30多座,码头线长达22千米以上,其中有集装箱码头15座,集装箱堆场3处,供集装箱堆存转运。港区码头拥有装卸搬运机械1 000多台(辆),其中岸边集装箱装卸桥及装卸搬运机械170多台。码头装卸作业已实现了现代化管理。

高雄港主要进出口货物有集装箱、石油、液化气、煤炭、矿石、化工产品、钢材、废钢铁、机械设备、食糖、加工食品、农副土特产品和文化用品等。目前,年货物装卸量达2亿吨左右,承担台湾进出口货物的一半以上,为台湾省最大的对外开放门户和货物集散中心,也是台湾省第一大国际贸易港。2019年高雄港集装箱吞吐量1 043万TEU,是全球第15大集装箱港。

15. 香港港(Hongkong)

香港港位于中国南部沿海珠江口外东侧,是南中国海岸最大的深水港。香港背靠大陆,地处亚洲、太平洋中心位置,为世界航道要冲,海陆空交通发达。优越的条件和适中的位置,先进的港口设备和高效率的港口服务,使香港港成为国际上著名的中转港和自由港。港区内港阔水深、风平浪静、不冻不淤,是世界天然良港之一。港区水面有50平方千米,宽度1.2千米到9.6千米不等,水深2米到14.5米,可同时停泊150多艘万吨级轮船,吃水12米的远洋轮船可自由进出。

香港港亦是世界上最大的集装箱港之一,现有100多条国际远洋班轮航线,每周有600个航班的集装箱通往全球100多个国家的500多个目的地。香港港现有9个集装箱码头,24个泊位,码头岸线长2 300米,可同时停靠10多艘万吨级货轮。香港港集装箱吞吐量曾多年居世界集装箱港口吞吐量排行榜的第一位。2012年,香港港的集装箱吞吐量为2 311万TEU,是世界第三大集装箱港口,但2019年已退居第8位。

16. 宁波—舟山港(Ningpo-Zhoushan)

宁波—舟山海域位于中国东南沿海、杭州湾湾口及长江、钱塘江、甬江入海口处,背靠长江经济带与东部沿海经济带"T"型交汇的长江三角洲地区,其直接腹地是中国经济发展水平最高、最具活力和发展潜力的地区之一。宁波港历经由内河港到内河港、河口港共存,再到目前的内河港、河口港和海港共同发展的时期,成为中国大陆仅次于上海港的第二大港和举世闻名的深水港。舟山港由一个渔港逐步发展成渔业和货物运输并重的港口,目前成长为长江三角洲及长江沿线地区原油、矿石和煤炭等大宗散货转运基地之一。宁波港和舟山港毗邻,水上距离最近不足3海里。2006年1月1日原宁波港和舟山港正式合并,正式启用"宁波—舟山港"这一名称,原"宁波港"和"舟山港"名称不再使用。

宁波—舟山港目前已成为集装箱远洋干线港、国内最大的矿石中转基地、国内最大的原油转运基地、国内沿海最大的液体化工储运基地和华东地区重要的煤炭运输基地。2009年,宁波—舟山港年货物吞吐量超过上海港,跃居世界第一。目前,该港已成为中国货物吞吐量最大的港口,同时也是世界第一大港。2010年,其集装箱吞吐量一度跃居世界首位,但此后被上海港超越。2019年,宁波—舟山港是世界第三大集装箱港口。

扩展阅读3-4
瓜达尔港

四、世界主要运河和海峡

海峡是指两个水域之间的狭窄水上通道,其地理位置特别重要,是海上交通要道、航运枢纽,人称海上交通"咽喉",历来是兵家必争之地。运河狭义来讲就是人工开凿的通航河。海峡和运河是海上运输航线必不可少的一部分,它们的存在能够大大缩短航程,节约航运成本。

(一)世界主要运河

1. 苏伊士运河(Suez Canal)

苏伊士运河处于埃及西奈半岛西侧,纵贯苏伊士地峡,处于地中海侧的塞得港和红海苏伊士湾侧的苏伊士两座城市之间,全长约190千米,是全球仅次于京杭大运河的无船闸运河。苏伊士运河建成后,大大缩短了从亚洲各港口到欧洲去的航程,相比绕道南非的好望角,大致可缩短8 000~10 000千米以上。它沟通了红海与地中海,使大西洋经地中海和苏伊士运河与印度洋和太平洋连接起来,是一条具有重要经济意义和战略意义的国际航运水道。

苏伊士运河从1859年4月25日正式动工开凿,前后经过十年多时间,于1869年11月17日正式通航。运河建成后,由英、法等国组成的"国际苏伊士运河公司"所掌握,名义上虽受埃及的法律和习惯所管辖,但实际成为埃及"国中之国"。1956年7月埃及政府宣布将运河收归国有。1967年6月5日,以色列侵埃,埃及关闭了运河。1975年6月5日重新恢复通航。

运河深度约22.5米,水面宽度从南端280米到北端345米不等,目前至少允许21万吨排水量的船只载货通过,允许最大吃水深度可达19米。苏伊士运河是埃及的重要外汇收入来源,每年约25 000艘船只通过苏伊士运河,占世界海运贸易的14%。为提高通航量,苏伊士运河在1981年和2005年两次进行扩建,以允许更大的超级油轮通过。

2. 巴拿马运河(Panama Canal)

巴拿马运河位于中美洲的巴拿马,横穿巴拿马地峡。该运河连接太平洋和大西洋,是一条有战略意义的国际航道。运河开通后,大大缩短了太平洋和大西洋之间的航程,如从美国的纽约到日本的横滨,经巴拿马运河比绕道麦哲伦海峡缩短航程5 300多千米;从纽约到智利的瓦尔帕莱索,可缩短航程5 900多千米,从纽约到加拿大的温哥华可缩短航程12 500多千米。

巴拿马运河最初在1881年由法国动工开凿,后来又由美国承包运河的工程,并于1914年完工。自1914年通航至1979年间一直由美国独自掌控。1979年,运河的控制权转交给由美国和巴拿马共同组成的巴拿马运河委员会。1999年12月31日,巴拿马获得了该运河的全部控制权。

巴拿马运河全长81.3千米,水深13~15米不等,河宽150~304米。巴拿马运河是世界最大的水闸式运河。运河连接的大西洋和太平洋水位相差较大,运河大部分河段的水面比海面高出26米。为调整水位差,建造了6座船闸。船只通过运河,一般需要8至9小时,可以通航76 000吨级的轮船。

相比日益增多的来往船舶,巴拿马运河通航能力有限、通过时间过长的弊端日益显现。2007年9月,巴拿马运河扩建工程正式开工,斥资52.5亿美元,预计在2014年完工。历时十年后,到2016年6月26日,扩建工程正式竣工,中国远洋海运集团旗下的"中远海运巴拿马"号货轮成为运河扩建后的首航船只。扩建后的新船闸长427米、宽55米、深18.3米,比此前的老船闸加长40%、加宽64%。新巴拿马运河将不再受限于"巴拿马极限",集装箱运力将从现有的4 000~5 000TEU上升到1.3万TEU。预计每年将有1.7万艘船舶从运河通过,货物年通过量也将从现在的3亿吨增加到6亿吨。

新巴拿马运河将有望再一次改写全球航运业格局,在允许通过的各类型船舶尺寸大幅提升的背景下,将有利于其与苏伊士运河等其他交通要道展开竞争。巴拿马运河正式进入新时代。

3. 基尔运河(Kieler Canal)

基尔运河位于德国北部,横贯日德兰半岛,全长98.7千米,是连接北海和波罗的海的重要航道,故又名"北海—波罗的海运河"。运河的通航大大缩短了两海的航程,从北海到波罗的海,走基尔运河比经过斯卡格拉克海峡、卡特加特海峡和厄勒海峡能缩短航程685千米。每年通过基尔运河的船舶为8万多艘,货运量约5 000万吨。

基尔运河由德国开凿,1895年通航。该运河也是水闸式运河,航道底宽22米,水深9米,可通航载重2万吨以下的船舶。为提高通航能力,德国先后三次投资扩建基尔运河。

扩展阅读3-5
尼加拉瓜运河

(二)世界主要海峡

1. 马六甲海峡(Strait of Malacca)

马六甲海峡位于马来半岛与苏门答腊岛之间,呈东南—西北走向。它的西北端通印度洋的安达曼海,东南端连接南中国海,全长约1 080千米,西北部最宽达370千米,东南部最窄处只有37千米,是连接沟通太平洋与印度洋的国际水道。马六甲海峡由印度尼西亚、马来西亚、新加坡三国共管。

马六甲海峡在国际航运中的重要性堪比苏伊士运河和巴拿马运河。该海峡地处太平洋、印度洋的交界处,是沟通太平洋与印度洋的咽喉要道,也是亚洲与大洋洲的十字路口。马六甲海峡连接了世界上三个大国:中国、印度与印度尼西亚,同时也是西亚石油到东亚的重要通道,经济大国日本常称马六甲海峡是其"生命线"。近年来,马六甲海峡的通航船只急剧增多。过往海峡的船只每年达10万多艘,成为仅次于英吉利—多佛尔海峡的世界最繁忙的海峡之一。然而海峡宽度较窄,其中还有沙滩和沙洲,浅于23米的地方就有37处,再加上过去的沉船等有碍巨型油轮通行,因而不断发生巨轮搁浅事件,载重20万吨以上油轮只得绕道印尼的龙目海峡,多航行2 000多千米。同时两岸泥沙不断向海峡内淤积,海岸线每年大约向前伸展60~500米。如按此淤积速度,马六甲海峡1 000年内就会消失。因而加强航道疏浚和综合治理是艰巨任务。

2. 英吉利—多佛尔海峡（English Channel；Strait of Dover）

英吉利—多佛尔海峡由英吉利海峡和多佛尔海峡组成，位于欧洲大陆和大不列颠岛之间，是沟通北海和大西洋的重要海上通道。海峡总长约600千米，以法国塞纳河口到英国南岸朴次茅斯为界，西南是英吉利海峡，东北为多佛尔海峡。海峡东窄西宽呈喇叭形，最窄处仅33千米，最宽处则达180千米。由于大西洋与北海海水在此交汇，使得英吉利海峡浪潮汹涌，多有强风浓雾，给船只航行造成很大困难。

英吉利—多佛尔海峡地处国际海上航线要冲，有几十条航线途经这里，是国际航运量最大的水道之一。每年经此海峡的船只总量在10万艘以上，稳居世界第一。由于海峡东西两岸皆为西方发达国家，运输货轮横渡往来异常频繁。该海峡也是美国通向欧洲的重要通道。纵横交错的航线使海峡交通十分拥挤，再加上恶劣的气候条件，撞船沉船事故经常发生。为缓解交通拥堵状况，加强海陆联系，英法两国自1987年开始动工在海底建设长达50千米的英吉利海峡隧道，1994年隧道工程完工。

3. 霍尔木兹海峡（Hormuz Strait）

霍尔木兹海峡介于伊朗与阿拉伯半岛之间，东接阿曼湾，西连波斯湾，呈人字形，东西长约150千米，最宽处97千米，最狭处只有38.9千米，平均水深70米。霍尔木兹海峡是连接波斯湾和印度洋的唯一通道，地理位置十分重要。这里是世界上最繁忙、最重要的海上通道之一，全球石油产量的20%、油轮运输量的40%及数量可观的天然气，都要经此再通过波斯湾—好望角—大西洋、波斯湾—苏伊士运河—地中海和波斯湾—马六甲海峡三条航路输往世界各地。2020年，每天由霍尔木兹海峡通过的原油达到3 000万～4 000万桶。由于海湾国家的石油大都供应西方发达国家，所以霍尔木兹海峡被称为"石油海峡"或"海湾咽喉"。

4. 直布罗陀海峡（Gibraltar Strait）

直布罗陀海峡位于欧洲西南角的伊比利亚半岛南端和非洲西北角之间，西连大西洋，东通地中海。海峡东西长约90千米，宽14～21千米，平均深度是866米，西部较浅，东部较深，最深处有1 180多米。

直布罗陀海峡是大西洋和地中海之间唯一的海上通道，有地中海西部"咽喉"的称号。从直布罗陀海峡向南可以到非洲西部，向西可以到美洲东部，向东可以联系地中海沿岸各国，然后通过苏伊士运河远达亚洲、大洋洲的一些港口。因此，直布罗陀海峡是沟通世界各大洲海上交通的枢纽，在海运和战略上占有十分重要的地位。

5. 土耳其海峡（Turkey Strait）

土耳其海峡又称黑海海峡，是连接黑海与地中海的唯一通道，包括博斯普鲁斯海峡（又称伊斯坦布尔海峡）、马尔马拉海和达达尼尔海峡（又叫恰纳卡莱海峡），全长345千米，整个海峡呈东北—西南走向，是亚欧两洲的分界线。土耳其海峡是海上交通要道，它沟通黑海和地中海，是罗马尼亚、保加利亚、乌克兰、格鲁吉亚等国唯一的出海口。峡区属地中海式气候，全年大部分时间风平浪静，海流缓慢，滩礁亦少，航运条件优越，故海上航运十分繁忙。

6. 曼德海峡（Mandab Strait）

曼德海峡位于亚洲阿拉伯半岛西南端和非洲大陆之间，连接红海和亚丁湾、印度洋。

苏伊士运河通航后,曼德海峡成为从大西洋进入地中海、穿过苏伊士运河、红海通印度洋的海上交通必经之地,战略地位重要。海峡宽约26~32千米,平均深150米,其间分散着一些火山岛,其中最大的丕林岛面积13平方千米,扼红海南端的门户。这些岛屿的存在大大降低了曼德海峡的通行能力。

第三节 国际铁路货物运输

一、国际铁路货物运输概况

铁路运输是国际贸易运输中的主要运输方式之一,尤其在陆上运输中充当着主力军的角色。世界上第一条铁路出现在1825年的英国,其后铁路建设迅速发展,到19世纪末,世界铁路总里程达65万千米。20世纪铁路运输发展速度更快,截至2016年,据世界银行数据,世界总计铁路总长度为105万千米。但自21世纪以来,公路运输、管道运输以及航空运输的迅速发展,使得铁路运输在陆上运输中的垄断地位不断受到冲击。

(一) 铁路网分布不均衡

铁路运输是经济技术发展到一定阶段的产物。世界各国、各地区铁路里程与自然条件、国土面积有关,同时更与该国的经济发展息息相关。由于各国的情况差异较大,因此世界铁路在各国的分布也很不平衡。从地区来看,铁路主要分布在经济发达、交通条件优越的欧美及亚太地区,其中欧洲铁路里程占世界铁路总里程的比重是18.7%,美洲为36.2%,亚洲为25.3%。从国别来看,美国作为国土辽阔、经济发达的国家,铁路里程遥遥领先于其他国家,2018年铁路长度达到15.05万千米。俄罗斯与美国差距较大,2018年底达到8.55万千米。依据世界银行的数据,印度和中国的铁路里程基本相当,但据中国交通运输部的数据,中国铁路里程在2019年底已超过13万千米,居全球第二位。此外,加拿大、德国、法国、乌克兰、日本、波兰等国也是铁路长度排名前列的国家。

从路网密度来看,欧洲的铁路密度居世界之冠。德国是铁路密度最大的国家,平均每一万平方千米的国土上有936.3千米的铁路,其次是英国,路网密度为668.9千米/万平方千米,日本为506.2千米/万平方千米,居第三位。中国的这一指标为145.4千米/万平方千米,远低于欧洲国家的水平,也低于印度的207.3千米/万平方千米。但中国的铁路运输效率居世界第一位。2013年,中国铁路以约占世界铁路7%的营业里程,承担了全世界铁路超过25%的运输量。从经济发展程度对应的路网密度角度来分析,未来中国铁路投资依然有较大的上升空间。2017年,中国的客货运输量均居世界第一位,俄罗斯的货运量和印度的客运量分别居于第二位。其余铁路货运和客运大国见表3-6。

中国铁路的电气化和高速化居世界首位。截至2017年底,中国电气化铁路里程达8.7万千米,电气化率达68.2%。根据中国铁道学会电气化委员会提供的数据,目前世界上68个国家和地区拥有电气化铁路。此外,中国高速铁路营业里程达3.5万千米,占世界高铁营业里程的66%以上,而排名第二、第三的西班牙、日本高速铁路营业里程仅为3 000多千米。此外法国、德国、意大利、韩国和中国台湾的高速铁路里程排名全球前八位。

表 3-6 世界铁路长度和铁路客货运输居于前列的国家

国家	铁路长度（2018年）/万千米	国家	货运量（2017年）/亿吨千米①	国家	客运量（2017年）/亿乘客千米①
美国	15.05	中国	26 962.2	中国	13 456.9
俄罗斯	8.55	俄罗斯	24 934.28	印度	11 613.33
印度	6.82	美国	24 451.38	日本	4 373.63
中国	6.81②	印度	6 542.85	俄罗斯	1 230.96
加拿大	4.77	加拿大	4 201.43	法国	1 104.69
德国	3.34	哈萨克斯坦	2 062.58	德国	955.3
法国	2.82	乌克兰	1 919.14	韩国	899.64
乌克兰	2.16	德国	1 312.04	英国	802.61
日本	1.912	墨西哥	863.16	意大利	532.31
波兰	1.85	波兰	547.97	美国	332.56
阿根廷	1.79	白俄罗斯	485.38	乌克兰	280.75
意大利	1.68	法国	334.42	西班牙	274.87
英国	1.63	伊朗	302.99	巴基斯坦	224.76
哈萨克斯坦	1.61	乌兹别克斯坦	229.4	瑞士	208.65
西班牙	1.57	意大利	223.35	波兰	203.19
罗马尼亚	1.08	奥地利	222.56	哈萨克斯坦	192.412

数据来源：世界银行 WDI 数据库。

① "吨千米"是货物运输的计量单位，例如 100 吨千米表示所运输货物的吨数与公里数的乘积为 100，可以表示 100 吨货物运输距离为 1 千米，也可以表示 1 吨货物运了 100 千米。"乘客千米"是客运计量单位，100 乘客千米表示 100 个乘客运输距离 1 千米，或 1 位乘客运输距离 100 千米。

② 据中国交通运输部发布的数据，截至 2019 年底，中国铁路通车总里程为 13.9 万千米，居全球第二位。截至 2020 年 7 月底，中国铁路营业里程达到 14.14 万千米。

（二）国际铁路运输的发展趋势

为了适应社会和经济发展的需要，适应货物运输安全、准确、快速的要求，各国铁路纷纷进行大规模的现代化技术改造，同时改革运输组织工作，积极采用高新技术，在重载、高速运输和信息技术方面取得了新的突破，再加之现代管理和优质服务以及铁路的区域联网、洲际联网，使铁路增添了新的活力，在陆上运输中仍继续发挥着骨干作用，在现代化运输方式中占有重要的地位。

首先，在货物运输方面，集中化、单元化和大宗货物运输重载化是各国铁路发展的共同趋势。重载单元列车是用同型车辆，固定编组、定点定线循环运转，首先用于煤炭运输，后来扩展到其他散装货物,对提高运能,减少燃油消耗,节省运营车、会让站、乘务人员等都有显著效果,经济上受益很大,如美国铁路货运量有 60% 是由单元列车这种方式完成的。俄罗斯曾试验开行了重量为 43 407 吨的超长重载列车,列车由 440 辆车组成,全长 6.5 千米,由 4 台电力机车牵引,情景十分壮观。

其次,铁路运输致力于软件方面的改革,即改进管理和控制,以使得铁路的技术设备发挥更高效能。由电子计算机、光导纤维、数字技术构成的信息系统,将改变传统的通信、信号两个领域的关系。发展的趋势是以计算机取代目前的电气—机械。另外,自动排列进路,可使密集列车运行作业最优化,并使调度员摆脱人脑速度和能力的限制。

另外,随着新材料的不断涌现,耐大气腐蚀的耐候钢、热镀锌钢板等金属材料,玻璃钢、泡沫聚氨酯、合成纤维布等聚合材料以及精密陶瓷材料,还有光导纤维、超导材料都逐步在铁路机车车辆、集装箱、线路、隧道、桥梁、通信以及接触网等各方面被普遍采用。

二、国际铁路运输通道系统

国际铁路运输通道由运营中的、具有一定通过能力的铁路干线及其相应设施构成,国际上又称"运输走廊"。每条通道相对独立,一些通道又相互联系,有时还相互交织,构成运输通道网。其中一部分仅在内陆,更多地则与海运、空运、管道运输等共同构成多式联运系统。根据功能,运输通道可以分为区域性通道和过境通道。区域性通道指为一定区域内少数国家服务的运输通道,通常仅在相邻国家之间。这类通道里程不长,但运量有时很大,如:泛亚铁路南部通道,朝鲜半岛北南铁路,天津—乌兰巴托(俗称"小陆桥")通道等。过境通道指为多个国家之间过境运输服务的通道。这类通道通常开展洲际间运输和海铁联运,如:连云港—欧洲通道(即所谓的"新亚欧大陆桥"),俄罗斯东方港经西伯利亚铁路至欧洲的运输通道,中国东北经绥芬河—俄罗斯东方港至日本、韩国的运输通道等。根据意义,运输通道可以分为现实性通道和战略性通道。现实性通道指已经具有一定运量规模,对当前国际贸易有重要意义的通道。如:天津—乌兰巴托通道、连云港—阿拉木图(泛亚铁路北部通道)等。战略性通道指目前虽运量不大,但从长远看具有战略意义或发展潜力的通道,如:中国—欧洲—北美(N.E.W.)通道等。

扩展阅读 3-6
铁路合作组织

(一)欧亚大陆铁路运输通道系统

欧亚大陆铁路运输通道系统的概念在 1996 年 3 月由铁路合作组织(简称铁组)首次提出。当时提出的欧亚大陆铁路通道系统共包括 13 条穿越欧亚大陆的国际铁路。13 条通道中,经过实践考验和市场筛选,逐渐凸显生命力并引起国际社会广泛关注的主要有:

1. 西伯利亚大铁路

西伯利亚大铁路是世上最长的铁路,修建于 1891 年到 1916 年,西起俄罗斯首都莫斯科,东到日本海海岸的符拉迪沃斯托克(海参崴),途经梁赞、萨马拉、车里雅宾斯克、鄂木斯克、新西伯利亚、伊尔库茨克、赤塔、哈巴罗夫斯克(伯力),全长9 289千米,从莫斯科到符拉迪沃斯托克跨越8个时区,是世界上最壮观的铁路线之一。该铁路东连朝鲜和中国,西接北欧、西欧、中欧各国,南由莫斯科往南可接外高加索诸国、伊朗,并且可以接中亚诸国。中国与俄罗斯、东欧国家及伊朗之间的贸易,主要经西伯利亚大铁路。2014年7月,俄罗斯投入巨资,启动西伯利亚大铁路的现代化改造工程。该线路的改造不仅能巩固俄罗斯运输大国的地位,同时也将为俄罗斯的经济合作伙伴带来经济效益。

2. 新亚欧大陆桥

新亚欧大陆桥又称"第二亚欧大陆桥",是从中国连云港到荷兰鹿特丹的铁路联运线。东起中国江苏连云港和山东日照市,途经江苏、山东、河南、安徽、陕西、甘肃、山西、四川、宁夏、青海、新疆11个省区,西出新疆穿越哈萨克斯坦、俄罗斯、白俄罗斯、乌克兰、波兰、德国等国,抵达荷兰的鹿特丹港,辐射世界30多个国家和地区。新亚欧大陆桥全程1.1万千米左右,将亚欧大陆的陆上运输距离缩短了2 000千米,比绕道印度洋和苏伊士运河的水运距离缩短了1万千米。此外,新亚欧大陆桥的东端桥头堡自然条件好,位置适中、气候温和,一年四季可不间断地作业。

新亚欧大陆桥于1990年9月贯通,所辐射的亚洲与欧洲的国家和地区有30余个,占世界国家数的22%;居住人口22亿,占世界人口的36%。大陆桥在中国境内全长4 213千米,贯穿11个省区的主要中心城市。这些地区人口约4亿,约占全国的30%,面积360万平方千米,约占全国的37%。是一条横穿中国的新亚欧大陆桥经济带,是横跨亚欧两大洲,连接太平洋和大西洋,实现海—陆—海统一运输的国际大通道。

新亚欧大陆桥贯通后,与西伯利亚大铁路之间存在着竞争。从运距来看,从连云港到鹿特丹比从俄罗斯的东方港道路缩短2 721千米;但是由于中国采用1 435毫米的欧洲标准轨,而哈萨克斯坦、白俄罗斯采用1 520毫米的宽轨,因此新亚欧大陆桥需在中国和哈萨克斯坦、白俄罗斯和波兰(轨距为1 435毫米)边境进行两次换装,但西伯利亚大铁路需在白俄罗斯和波兰边境进行一次换装。

3. 第三亚欧大陆桥

"第三亚欧大陆桥"的构想于2007年11月在云南昆明由中国的学术界提出。第三亚欧大陆桥以深圳港为代表的珠三角港口群为起点,经由云南昆明、缅甸、孟加拉、印度、巴基斯坦、伊朗,从土耳其进入欧洲,最终抵达鹿特丹港,横贯亚欧17个国家,全长约15 000千米左右,比目前经东南沿海通过马六甲海峡进入印度洋要少3 000千米左右。它将使整个亚洲从东到西、从南到北的广大地区第一次通过铁路网完整地联系起来,成为联系三亚(东亚、东南亚、南亚)、连接三洲(亚洲、欧洲、非洲)、沟通三洋(太平洋、印度洋、大西洋)的桥梁和中国陆路最便捷和安全的国际大通道。构想中的第三亚欧大陆桥其路线之长、涉及国家和地区之多,都是前所未有的,因而国际协调难度之大也是空前的。目前来看,大陆桥的建设缺乏一个能够有效协调沿线国家的合作机制,而大陆桥建设和运行需要沿线国家在外交、基础设施建设、交通政策、贸易政策等方面进行全面的沟通和协调。

2012年9月,被称作第三亚欧大陆桥的渝新欧国际铁路正式开通运营,为中国西部地区产品开辟了一条经铁路进入欧洲市场的黄金通道。渝新欧铁路从重庆西站始发,经西安、兰州、乌鲁木齐,从边境口岸新疆阿拉山口进入哈萨克斯坦,再经俄罗斯、白俄罗斯、波兰到达德国的杜伊斯堡,全程 11 179 千米。与西伯利亚大铁路及新亚欧大陆桥相比,渝新欧铁路实行一站通关的运营模式,大大压缩了运输成本。

(二) 北美铁路干线

北美大陆是世界铁路密度最大的地区之一,特别是有许多横贯大陆的干线。这些铁路干线以货运为主,货运量占铁路运输的 99%,集装箱运输和多式联运是北美铁路最主要的业务之一。

北美横贯大陆的铁路干线在加拿大境内有两条:

鲁珀特王子港—埃德蒙顿—温尼伯—魁北克线;

温哥华—卡尔加里—温尼伯—蒙特利尔—哈利法克斯线。

在美国境内有四条:

西雅图—斯波坎—圣保罗—俾斯麦—芝加哥—底特律;

奥克兰—奥格登—芝加哥—匹兹堡—费城—纽约;

洛杉矶—堪萨斯城—圣路易斯—辛辛那提—华盛顿—巴尔的摩;

洛杉矶—图森—埃尔帕索—休斯敦—新奥尔良。

在墨西哥境内有一条:

马萨特兰—瓜达拉哈拉—墨西哥城—韦拉克鲁斯。

北美大陆桥是世界上历史最悠久、影响最大、服务范围最广的陆桥运输线。北美大陆桥运输对巴拿马运河的冲击很大,由于陆桥运输可以避开巴拿马运河宽度的限制,许多海运承运人开始建造超巴拿马型集装箱船,增加单艘集装箱船的载运箱量,放弃使用巴拿马运河,使集装箱国际海上运输的效率更为提高。

(三) 欧洲铁路网

欧洲是铁路网最稠密的大洲,但铁路客货运量在总运量中的比重不大。自 20 世纪 50 年代以来,欧盟各国铁路市场份额一直在减少,由 1970 年的 35% 降至 1997 年的 15%。在汉堡、鹿特丹、安特卫普等大港口,向内陆运输的集中箱中,铁路运量只占 5%~35%;大部分靠公路、内河运输。但欧洲公路一直很拥挤,因此欧洲各国目前正采取各种措施来发展铁路运输。

欧洲共有三条主要的铁路线:

巴黎—慕尼黑—维也纳—布达佩斯—贝尔格莱德—索非亚—伊斯坦布尔—巴格达;

巴黎—科隆—柏林—华沙—莫斯科—与西伯利亚大铁路相连;

里斯本—马德里—巴黎—科隆—柏林—华沙—圣彼得堡—赫尔辛基。

(四) 拉丁美洲的铁路线

拉丁美洲的主要铁路线是布宜诺斯艾利斯—圣地亚哥—瓦尔帕莱索。此线沟通南美大陆东西两岸,特别是与邻国的贸易起着重要作用,也为开展集装箱水陆联运创造了良好条件。

(五) 东南非纵贯铁路线

纵贯东南非的铁路线是达累斯萨拉姆—卢萨卡—布拉瓦约—哈博罗内—开普敦。这条铁路穿越5个国家和地区,沿线矿产丰富,一旦大量开采,运输将会十分繁忙。

(六)亚洲的铁路线

亚洲目前重要的国际铁路线是巴士拉—巴格达—科尼亚—伊斯坦布尔—巴尔干。这条铁路线全长3 100多千米,向西经索非亚、贝尔格莱德、布达佩斯、维也纳等,与其他中、西欧铁路相连,是中东地区连接欧洲最重要的铁路线之一。

亚洲经济的快速发展对便捷高效的交通运输系统提出史无前例的要求。与此同时,亚洲也拥有世界上前20大集装箱货运港口中的13个。但是亚洲严重缺少"干港",即内陆货运集散中心。亚洲目前的"干港"不到100个,而欧洲有200个"干港",美国有370个。泛亚铁路的开通,有助于提高海港的货物集散能力;同时,那些被陆地"封锁"的国家在泛亚铁路网的连接下,等于获得了出海口,可以促进这些国家发展国际贸易,使经济发展的地域分布更趋平衡。因此修建覆盖亚洲的铁路就成为亟待解决的问题。在这一方面,引人注目的是泛亚铁路计划。

泛亚铁路是一个统一的、贯通欧亚大陆的货运铁路网络。泛亚铁路的计划始于1960年,其目标是建设一条完整铁路,连接新加坡及土耳其伊斯坦布尔,并计划延伸至欧洲及非洲。但由于政治、经济等方面的原因,该计划未能推进。2006年11月,亚洲18个国家的代表在韩国釜山正式签署《亚洲铁路网政府间协定》,筹划了近50年的泛亚铁路网计划最终得以落实。但目前有关国家尚不得不面临统一技术标准,协调海关、检疫和安全检查程序,筹措巨额建设资金,统一建设步伐的艰巨任务。

构想中的泛亚铁路网将包括四个部分:东北亚走廊32 500千米,连接中国、朝鲜半岛、蒙古、哈萨克斯坦和俄罗斯;东南亚走廊12 600千米,覆盖东盟,连接马来半岛、柬埔寨、越南和中国;南部走廊22 600千米,从云南和泰国,经缅甸、孟加拉国、印度、巴基斯坦和伊朗最后到达土耳其;北部走廊13 200千米,从芬兰起,经俄罗斯,至伊朗、哈萨克斯坦、土库曼斯坦和乌兹别克斯坦,总长8.1万千米,联通28个国家。

三、中国与邻国的铁路线和国境站

中国铁路与俄罗斯、蒙古、哈萨克斯坦、朝鲜、越南等邻国的铁路相连接,为中国与这些国家并通过这些国家与亚洲、欧洲其他国家间的经贸往来开辟了重要通道。目前,中国通往这些邻国的铁路干线主要有10条。

1. 与俄罗斯相连的铁路

中国铁路与俄罗斯相连的铁路有三条:一是滨洲线,由哈尔滨至满洲里;二是滨绥线,由哈尔滨至绥芬河;三是图珲线,由图们至珲春。三条铁路线对应着三对铁路国境站,分别是满洲里—后贝加尔、绥芬河—格罗迭科沃、珲春—卡梅绍娃亚。

中国铁路使用标准轨(1 435毫米),而俄罗斯铁路是宽轨(1 520毫米),两国铁路轨距不同,进出口货物和车辆需要办理换装和交接后才能继续运送。中国进口货物和车辆在满洲里站和绥芬河站办理换装和交接;出口货物和车辆则在俄方对应国境站办理换装和交接。按进出口货运量统计,满洲里站是目前中国最大的铁路对外口岸。

2. 与蒙古相连的铁路

与蒙古相连的铁路是集二线,由集宁至二连浩特,铁路国境站是二连浩特—扎门乌德。

蒙古铁路也是使用宽轨(1 524毫米),因此在铁路国境站进出口货物和车辆也需要办理换装和交接后才能继续运送。中国铁路同蒙古间经由二连浩特的联运进出口货物和车辆暂时都在二连浩特办理换装和交接。中国经由二连浩特国境站发往蒙古用罐车运送的汽油和柴油,则在对方国境站办理换装运送。

3. 与哈萨克斯坦相连的铁路

与哈萨克斯坦相连的是北疆线,由乌鲁木齐至阿拉山口,对应的铁路国境站是阿拉山口—多斯特克(俄语为德鲁日巴)。

哈萨克斯坦的铁路与俄罗斯和蒙古的一样,也是宽轨,因此进出口货物和车辆也要办理换装和交接,其中中国进口货物和车辆在阿拉山口站办理,出口货物和车辆在哈方国境站办理。

4. 与朝鲜相连的铁路

中国与朝鲜相连的铁路共有三条:一是沈丹线,由沈阳到丹东;二是长图线,由长春到图们;三是梅集线,由梅河口到集安。与三条铁路线对应的是三对国境站,分别是丹东—新义州、集安—满浦、图们—南阳。

朝鲜铁路是标准轨(1 435毫米),与中国铁路轨距相同,双方联运火车可以原车过轨,货物无须换装。中国进口货物和车辆在我方国境站办理交接;出口货物和车辆则在朝方国境站办理交接。

5. 与越南相连的铁路

中国与越南相连的铁路共两条:一是湘桂线,由衡阳至凭祥;二是昆河线,自昆明至河口。与两条铁路线相对应的是两对铁路国境站,分别是凭祥—同登、山腰—新埔。

越南铁路使用的是米轨(1 000毫米),与中国铁路轨距不同,因此进出口货物和车辆要办理换装和交接。中国铁路同越南铁路间经由凭祥的联运进出口货物和车辆暂时都在凭祥站办理换装和交接。由于连接中国铁路昆河线山腰站的一段铁路也是米轨,因此经由山腰站的进出口联运货车可以原车过轨,货物无须换装。中国进口货物和车辆在山腰站办理交接;出口货物和车辆则在越南国境站新埔办理交接。

扩展阅读 3-7
轨距

第四节 国际公路货物运输

一、公路货物运输概况

公路运输是现代运输的主要方式之一,它和铁路运输构成陆上运输的整体。国际公路货物运输是指起运地点、目的地点或约定的经停地点位于不同的国家或地区的公路货物运输。目前,世界各国的国际公路货物运输一般以汽车作为运输工具,因此,国际公路货物运输与国际汽车货物运输这两个概念往往是可以相互替代的。在有些国家,如美国,在短途货运方面,公路运输已出现逐渐取代铁路运输的趋势。

(一) 公路货物运输特点

1. 公路货物运输的优越性

(1) 公路运输是以汽车为运输工具,具有机动灵活、快捷方便的优势,能深入厂矿、铁路车站、码头、农村、山区等各点,加之公路网纵横交错、布局稠密,因而公路运输既是联系点与点之间的主要运输方式,也是面上的运输方式。相比铁路运输、航空运输而言,公路运输在短途货运及集疏运转方面更具有优势,尤其在实现"门到门"运输方面,更具有重要性。尽管其他各种运输方式有其特点和优势,但都或多或少地要依赖公路运输来完成两端的运送任务。这一点在开展集装箱"门到门"运送服务时更为明显。正是由于这一特点,公路运输可以广泛参与国际多式联运,同时也是邻国间边境贸易货物运输的主要方式。

(2) 公路运输事业投资较少,回收快,设备容易更新。

(3) 一般公路的技术要求较低,受到破坏后较易恢复。因此,公路运输对国民经济和社会发展,以及战时的军事运输,都起着重要的作用。

2. 公路货物运输的局限性

(1) 公路货运所用汽车与铁路车辆、船舶等相比,装载量小,单位运输量的能源消耗大。

(2) 公路货运成本及费用较水运和铁路运输高,容易发生交通事故,同时也容易排放污染物和产生噪声污染等。

(3) 行进中震动大,易造成货损事故。

(二) 公路运输在国际物流中的作用

公路作为一种方便快捷的运输方式,在国际物流中起到不可替代的作用,虽然公路运输成本较高,并且适用于小范围内的运输,却可为其他运输方式起到了良好的衔接作用。国际物流货物运输方式的选择不但需要考虑成本因素,还需要考虑运输时间以及运输的可预测性,因此,在国际物流货物运输中对时间性要求较高,并且运输距离较短时,公路运输是不可缺少的运输方式。目前,在中国对外贸易运输中,主要是利用公路运输在中短程货物运输方面的优势,承担以下三个方面的进出口货物运输业务。

1. 公路过境运输

指根据相关国家政府间有关协定,经过批准,通过国家开放的边境口岸和公路进行出入国境的汽车运输。根据途经国家多少,公路过境运输可分为双边汽车运输和多边汽车运输。

2. 中国内地与港澳地区之间的公路运输

由于澳门、香港的特殊地位,对于澳门、香港与内地之间的公路运输,并不完全按照国内货物运输进行运作和管理,而是依照国际公路运输进行管理,但管理模式又不是完全一样。

3. 内陆口岸间的公路集疏运

公路承担中国出口货物由内地向港口、铁路、机场集中,进口货物从港口、铁路、机场向内地疏运,以及省与省之间、省内各地间的外贸物资的调拨。

(三)公路运输发展的趋势

公路运输是19世纪末随着现代汽车的诞生而产生的。初期主要承担短途运输业务。第一次世界大战结束后,基于汽车工业的发展和公路里程的增加,公路运输走向发展的阶段,不仅是短途运输的主力,并进入长途运输领域。第二次世界大战结束后,公路运输发展迅速。欧洲许多国家和美国、日本等国已建成比较发达的公路网,汽车工业又提供了雄厚的物质基础,促使公路运输在运输业中跃至主导地位。发达国家公路运输完成的客货周转量占各种运输方式总周转量的90%左右。公路运输的发展趋势主要显示出如下几个特点:

1. 专业化

专业化是构建和提升运输市场竞争力的一种有效途径。专业化的创新不仅可以争得更多的市场份额,还可以降低内部运行成本,提高总体利益水平。

2. 多样化

公路运输的多样化主要包括长途客运、城市公交、小汽车出租、旅游运输、货运和汽车场站等。其中,长途客运包括高速公路客运、长途干线客运、高档长途卧铺客运等;货运包括零担、集装箱运输、快件、联运等。这些相关性运输业务可以分享相近或相同的技术、经营方式和管理技巧,实现产品互补、市场相互交叉等,其目的是增加运输品种和市场份额,产生协同效益,分散经营风险,扩大企业规模。

3. 物流化

现代物流与传统运输业在功能上有继承性。现代物流的主要功能是运输、仓储、装卸、包装、流通加工和信息处理等,运输是物流系统的核心环节。公路运输企业具有一定数量的运力装备和场站设施、一定规模的经营网络和丰富的运输经验,适宜着力向现代物流业转化,扩大经营范围,应用信息技术和电子商务等,提高经营管理和服务水平。

4. 信息化和智能化

对于公路运输企业而言,信息化和智能化包括管理、生产和技术创新在内的综合创新,因而是企业自身升级的一种形式,更是实现运输现代化,提高市场竞争力的一种必然途径。公路运输企业信息化和智能化面临的主要课题,是消除企业内外的信息孤岛现象,整合包括客户管理、车辆管理、生产调度、安全监控、财务管理等系统资源,建立起运行迅捷高效的以信息系统为基础的企业运营机制。

5. 行业联盟

运输行业联盟是企业战略联盟的具体表现。战略联盟改革了传统的以竞争对手消失为目标的对抗性竞争,联盟中竞争与合作并行不悖,为竞争而合作,靠合作来竞争。通过联盟合作、核心竞争力互补作用,实现双赢。行业联盟既包括行业内部不同企业的联盟,也包括公路运输企业与其他行业企业间的联盟。前者可以避免面对面的同质竞争造成的损失,实现技术资源和市场资源两方面的互补,既可减少专业设备投资,又可减少车辆的空驶率,提高企业运营效率;后者对运输企业而言可以扩大市场,对其他行业企业而言则可通过物流社会化降低生产成本,提高市场竞争力,从而实现双赢。

表3-7为世界主要国家的公路总里程及高速公路总里程。

表 3-7　世界主要国家的公路总里程及高速公路总里程

国　家	公路里程/万千米	数据日期	国　家	高速公路里程/万千米	数据日期
美国	655.1	2013	中国	13.65	2017
中国	435.6	2013	美国	7.5	2017
印度	523.2	2013	俄罗斯	3	2017
巴西	156.2	2013	加拿大	1.7	2017
日本	343.7	2013	德国	1.28	2017
加拿大	104.23	2013	法国	1.11	2017
俄罗斯	139.6	2013	西班牙	1.51	2017
法国	106.5	2013	意大利	0.67	2017
澳大利亚	87.3	2013	日本	0.780 3	2017
西班牙	66.6	2013	英国	0.351 9	2017
德国	64.3	2013	墨西哥	0.627 9	2017

资料来源：国际公路协会《世界公路统计》。

二、国际公路货物运输线

（一）亚洲公路网

亚洲公路网由亚洲境内具有国际重要性的公路线路构成，包括穿越东亚和东北亚，南亚和西南亚，东南亚以及北亚和中亚等一个以上次区域的公路线路。整个亚洲公路网就像一组大动脉，连接亚洲各国首都、工业中心、重要港口、旅游及商业重镇，覆盖除西亚外的几乎整个亚洲地区，全长14万千米，贯穿亚洲32个国家。菲律宾、日本、斯里兰卡等岛国，也通过轮渡线同陆地国家"血脉"相连。

早在1959年，亚太经社会就制订了建造亚洲公路网的计划，但直到2004年4月才有了实质性进展，26个成员国在上海举行的亚太经社会第六十次会议上，共同签署了《亚洲高速公路网政府间协定》，并于2005年7月4日正式生效。目前，这个协定的签署国已有中、日、韩、俄、印度、泰国、越南、缅甸、老挝等28个。

宏伟的路线图虽然已经画出，但并不意味着国家间运输权益的全面开放。由于国家间公路运输的执行标准、政策法规等并不一致，亚洲公路网始终只是局限在地图上的概念，具体实施需要制定进一步的协定。目前，公路网的总投资已经超过260亿美元，83%的路段已经竣工。中国境内的2.5万千米路网，96%以上已经修通。

亚洲公路网的技术质量、路面标志等有统一标准，路线也有统一编号。编号使用Asian Highway的前两个字母"AH"加上数字来表示。10～29号路在东南亚，30～39号路在东亚和东北亚，40～59号路在南亚，60～89号路在中亚和西亚。支线路段则用相应的三位数来表示。贯穿以上多个分区的路段，编号为AH1到AH9。AH1起于东京，经轮渡到达朝鲜半岛，进而穿越中国、越南、柬埔寨、泰国、缅甸、印度、巴基斯坦、阿富汗、伊朗，最后到达土耳其，并在土耳其和保加利亚交界处与欧洲公路网接通。中国境内连云港—郑州—西安高速公路,在亚洲公路网中的编号是 AH34。亚洲公路网协定签署时,该路段在地图上还是一条虚线,但如今早已车水马龙。目前,中国与越南、中国与缅甸、越南与柬埔寨等多条公路也正在修建,亚洲公路网这条经济大动脉正在不断延伸。

中国虽然与俄罗斯、哈萨克斯坦、吉尔吉斯斯坦等上海合作组织(简称"上合")成员国都签署了双边的公路运输协议,但是由于很多历史遗留问题,在交通运输方面,存在很多政策性的问题。其中最显著的是通关问题。各国通关政策多变,并且在贸易中存在特有的灰色清关情况,因此造成了货物在口岸积压,不能及时运输,公路运输并不畅通。然而在"上合"各成员国之间,塔吉克斯坦、吉尔吉斯斯坦等内陆国家与中国并没有相应的铁路运输,公路运输成了首要的贸易手段。"上合"成员国之间贸易合作,交通必须先行。交通问题解决不好,开展大规模的贸易合作是不可能的。

(二) 泛美公路

泛美公路(Pan-American Highway)是贯穿整个美洲大陆的公路系统。它北起阿拉斯加,南至火地岛,全长约 48 000 千米,主干线自美国阿拉斯加的费尔班克斯至智利的蒙特港,将近 26 000 千米。除了巴拿马到哥伦比亚之间(达连隘口)至今仍未修建公路以外,美洲大陆各国通过这个公路网被连接起来。在巴拿马的达连隘口,丛林将公路阻断了约 161 千米。驾驶汽车的人通常将汽车放在船上,航行到委内瑞拉或哥伦比亚后,再开始驶上公路。

泛美公路不单是从美国和墨西哥边界开始,以直线延伸至智利,它还通往南美洲的东部和西部,把美洲 17 个国家连接起来。这条公路为农产品和原材料的运输提供了通道。

1923 年,修建泛美公路的想法在第五次美洲国家国际会议上被提出。1925 年第一次泛美公路会议在布宜诺斯艾利斯举行。自此,美国与拉丁美洲各国共同规划和修建这一公路系统。墨西哥是第一个完成境内路段修建的拉美国家。

泛美公路经过许多不同类型的气候带和自然环境,包括沙漠、热带雨林和高山。由于穿越十几个国家,因而没有统一的道路标识,并且路况差异也很大,有的路段只有在干季才能通行,不少地方行车时有危险,因此被认为是全世界 40 大危险公路之一。

(三) 欧洲高速公路

欧洲高速公路是欧洲国家的国际道路网,道路网络包括欧盟国家、欧洲委员会参加国以及中亚的哈萨克斯坦。很多国家针对欧洲高速公路都建立了统一的道路标识,树立在高速公路上及公路附近。欧洲高速公路网连接欧洲主要城市,专供高速汽车连续行驶。

三、中国对外贸易公路口岸分布

公路口岸是指在国际货物公路运输中,供人员、货物和运输工具出入境的国境车站。中国国土辽阔,有 14 个国家与中国毗邻。除同俄罗斯、蒙古、哈萨克斯坦、朝鲜、老挝和越南有铁路相通外,西南广大地区与周边其他国家和地区之间的货物运输,因暂无铁路相通,只能通过公路来实现。由于铁路线路不能涵盖所有地区,即使同有铁路相连的一些国家,中国的进出口货物运输仍然难以离开公路和公路国境站。目前中国通往周边国家的公路国境车站主要有:

1. 中国与俄罗斯之间的公路运输口岸

(1) 满洲里—后贝加尔。满洲里口岸始建于1903年,位于内蒙古呼伦贝尔草原西部,为国家一类口岸,分为铁路口岸和公路口岸。1989年国务院批准建立满洲里公路口岸,与俄罗斯的后贝加尔公路口岸相连,货物年吞吐能力在20万吨以上。

(2) 黑河—布拉戈维申斯克。黑河口岸位于黑龙江省黑河市,与俄罗斯阿穆尔州布拉戈维申斯克相对,该对口岸为国际客、货水运和公路运输口岸,明水期进行水运,冰冻期为公路运输。

(3) 绥芬河—波格拉尼奇内。绥芬河口岸位于黑龙江省东南部的绥芬河市,该口岸有一条铁路和两条公路与俄罗斯相连接,绥芬河口岸为国家一类口岸,其铁路口岸与俄罗斯的格罗迭科沃口岸相对应,年进出口过境货物100多万吨。

(4) 同江—下列宁斯科耶。同江口岸位于黑龙江省同江市,与俄罗斯下列宁斯科耶相连,为水陆两用口岸,明水期进行水运,冰冻期进行公路运输。

(5) 珲春—库拉斯基诺。珲春口岸位于吉林省延边朝鲜族自治州东南部的图们江下游地区,地处中、俄、朝三国接壤地带。珲春公路口岸于1991年正式开通,海关、联检机构及其辅助设施设置齐全。与之相对的俄罗斯库拉斯基诺公路口岸相距32千米,口岸年过货量达60万吨。

2. 中国与朝鲜之间的公路运输口岸

(1) 丹东—新义州。丹东口岸位于辽宁省,与朝鲜新义州口岸有铁路、公路和水路相通。

(2) 图们—南阳。图们口岸位于吉林省图们市,为国家一类口岸,与朝鲜咸镜北道南阳市隔图们江相望,两口岸仅相距0.6千米。图们口岸有铁路和公路通往南阳口岸,是中朝之间的重要口岸。

(3) 沙坨子—赛别尔。沙坨子公路口岸位于吉林市珲春市西南,与朝鲜咸镜北道的赛别尔郡仅相距2千米。该口岸为地方二类口岸,年过货能力达20万吨。

除上述口岸外,中朝间的公路运输口岸还有:开山屯—三峰里、三合—会宁、南坪—七星、临江—中江、古城里—三长里、长白—惠山、老虎哨—渭源。

3. 中国与蒙古间的公路运输口岸

(1) 二连浩特—扎门乌德。二连浩特口岸位于内蒙古自治区二连浩特市,建于1965年,为国家一类口岸,设有海关、边检、商检等机构。该口岸分为铁路口岸和公路口岸。公路口岸年过货能力为10万吨。

(2) 阿日哈沙特—哈比日嘎。阿日哈沙特口岸位于内蒙古自治区,是国家一类公路口岸,年过货能力为5万吨,查验机构由满洲里口岸代管,与该口岸相对的是蒙古的哈比日嘎口岸。

(3) 珠恩嘎达不其—比其格图。珠恩嘎达不其口岸位于内蒙古自治区,是国家一类公路口岸,年过货能力5万吨,查验机构由二连浩特口岸代管,与该口岸相对的是蒙古的比其格图口岸。

除上述边境口岸外,中蒙之间的公路运输口岸还有:甘其毛道—嘎顺苏海图、策克—

西库伯伦、二卡—阿巴盖图、阿尔山—松贝尔、满都拉—哈登宝力格、马鬃山—阿尔泰、塔克什肯—布尔干、老爷庙—布尔嘎斯台。

4. 中国与越南之间的公路运输口岸

（1）山腰—老街。山腰口岸位于云南省红河哈尼族彝族自治州东南部河口瑶族自治县，距中越国境线6.5千米，分为铁路口岸和公路口岸。20世纪50年代该铁路口岸曾是中越之间的重要口岸，1978年12月至1996年8月关闭，关闭期间主要依靠公路运输。与该口岸相对的是越南老街口岸。

（2）友谊关—同登。友谊关公路口岸位于广西凭祥，与之相对的是越南的同登口岸。

位于中国广西的中越之间的口岸还有水口、东兴口岸等，位于中国云南的中越之间的口岸还有麻栗坡口岸等。

5. 中国与缅甸之间的公路运输口岸

中缅之间的国家一类口岸有畹町、瑞丽、景洪等，地方二类口岸有打洛、孟连、勐定、章风、盈江等。

6. 中国与老挝之间的公路运输口岸

磨憨口岸位于云南省西双版纳傣族自治州勐腊县，是云南中路勐腊口岸的重要组成部分，又是中老边境贸易的主要通道。

7. 中国与巴基斯坦之间的公路运输口岸

红其拉甫—苏斯托。红其拉甫口岸位于新疆西部，是中国与巴基斯坦之间的唯一口岸，每年5月1日至10月31日开放，属季节性口岸。自1992年起，红其拉甫口岸业务迁移至塔什库尔干塔吉克县办理，口岸海关、边检、商检等职能机构也一并迁至新址。与该口岸相对的是巴基斯坦的苏斯托口岸。

8. 中国与哈萨克斯坦之间的公路运输口岸

（1）霍尔果斯—霍尔果斯。霍尔果斯口岸位于新疆伊犁地区霍尔果斯市，为新疆西部最大公路口岸，年过货量20万吨。20世纪60年代中苏关系恶化时货运业务中断，1993年恢复。与该口岸相对的是哈萨克斯坦的同名口岸霍尔果斯。

（2）阿拉山口—德鲁日巴。阿拉山口口岸位于新疆博尔塔拉蒙古自治州境内，是中国西部地区唯一的铁路、公路并用口岸，是国家一类口岸。1990年经国务院批准成立口岸，1992年12月1日铁路口岸正式开放，年过货量为300多万吨，列全国第二。阿拉山口公路口岸开通于1992年，年过货量为20多万吨。与阿拉山口口岸相对的是哈萨克斯坦境内的德鲁日巴口岸。

（3）巴克图—巴克特。巴克图口岸位于新疆塔城地区，在新疆各口岸中，距城市最近，距边界线也最近。自中华人民共和国成立至1962年，一直为新疆对苏联最大进出口口岸，1962年停止过货，1990年恢复。与该口岸相对的是4千米以外的哈萨克斯坦的巴克特口岸。

除上述主要公路运输口岸外，中国与其他邻国之间还有许多口岸，如与吉尔吉斯斯坦之间的吐尔尕克口岸；与尼泊尔之间的樟木口岸、普兰口岸；与不丹、印度之间的亚东口岸，等等。此外，内地与香港、澳门之间也有几个公路运输口岸。

第五节　国际航空货物运输

一、国际航空运输的重要意义

随着全球供应链的发展和国际竞争加强,作为现代物流的一个重要组成部分的航空物流,在经济发展中发挥着越来越重要的作用。一方面,全球供应链的发展要求原材料和商品在全球范围内快速流通,以降低存货成本,提高经济效率;另一方面,随着生活节奏的加快,人们越来越强调和追求交易和服务的时效性,航空物流因其快速、安全、远距离配送的特点而受到现代经济发展的欢迎。虽然从整个社会的货运量运输构成和国际贸易货物运输方式来看,航空货运所占比例依然很小,但由于所运输的货物具有体积小、高科技、高附加值的特点,航空货运所承载的价值却相当高。国际航空运输协会(IATA)数据显示,2013年航空货运仅承载世界贸易2%的重量,却完成了其总价值的35%,这说明航空物流在国际贸易甚至整个经济生活中都有着举足轻重的作用。

航空货运市场的发展状态通常被视为经济发展的"晴雨表"。对于许多大型航空公司而言,航空货运是其收入的重要组成部分。

在全球经济增长方面,航空运输发挥着如下5个方面作用。

(1) 国际航空运输作为一种重要的运输方式,通过帮助各国增加接近主要市场的机会,并使其产品参与全球化,来促进世界贸易的发展。

(2) 国际航空运输对旅游业来说是不可缺少的,特别是偏远地区和岛屿国家。旅游业直接为航空公司和机场提供了就业机会,同时乘坐飞机的游客所进行的各种消费支出也为旅游业创造了相当数额的就业机会。

(3) 国际航空运输增加了运输线路,有助于拓宽企业运营的市场,企业可以更好地通过降低成本挖掘规模经济效益,更好地在其具有竞争优势的领域发挥专长。

(4) 国际航空运输提高了供应链的效率,作为其及时交货系统的一部分,使用航空运输方式,可以缩短交货时间,企业可以向客户快速可靠地运送货物。

(5) 国际航空运输促进了国际投资,因为可行的航空运输线路是影响企业在全球范围内选择投资目标地的关键因素之一。

航空运输业的发展对国际贸易也起着重要的推动作用。

航空运输业在全球化经济体系的发展过程中扮演着重要角色。2018年全球贸易中超过6.7万亿美元的货物是通过航空运输来完成的,约占全球贸易的1/3。航空运输业带来的经济方面最重要的利益之一是它对国际贸易的推动效应,对处于不同发展阶段的国家来说,国际贸易是推动其经济增长的关键因素。航空运输业扩展了企业的全球业务覆盖范围,加快了产品投入市场的速度并能够更好地满足客户需求,从而推动了国际贸易的发展。

绝大多数由飞机空运的货物是已经制造完毕的成品或在生产链中将要使用的半成品。世界贸易增长越来越依靠于这些成品交易的增长。地区间成品贸易量的40%是通过空运的方式进行运输的。地区内部的商品贸易流通则更多地依靠其他运输方式,包括公路和铁路运输。如果将地区内的贸易也包含在内,那么国际成品贸易总额的25%要通过空运方式流通。

航空运输为某些特定行业参与贸易提供了优越的条件,例如提供即日或次日快递服务,对紧急或时效要求高的货物(包括邮政包裹、国外报刊、新鲜水果和蔬菜等易变质物品)进行运输等。此外,航空客运在制造商机方面作用非常显著:企业由此可以在全球范围寻找市场,并面对面与客户交流。由于买卖双方可以借助空中旅行进行更好的人际沟通,更有效的交流,因此航空业不但可以帮助企业找到新的销售机会,还可以使其更好地满足现有客户的需求。

二、国际航空运输的地区分布

航空货运市场与世界经济和世界贸易紧密相关,各国、各地区经济发展的不平衡直接影响到全球航空货运的分布。

据国际航空运输协会(IATA)发布的数据,2017年全球航空货物运输量达到6 150万吨,同比增长7.9%,创2010年以来最大的增幅。2018年继续小幅增长至6 330万吨。但2019年,受不断加剧的贸易摩擦的影响,全球航空货运量降至6 120万吨。其中亚太地区的航空货运量占全球航空货运总量的35.4%,而后依次是北美(23.7%)、欧洲(23.3%)、中东(13.3%)、拉美(2.6%)和非洲(1.7%)。世界的航空货运市场高度集中,前30名的航空货运中心处理全球航空货运量的53%。

除货物运输外,运输旅客也是航空运输的主要功能。各地区旅客吞吐量除了受经济发展水平、对外经贸关系的影响外,还与人口规模、地缘政治关系以及突发事件(如2014年发生在非洲的埃博拉疫情以及2020年的新冠肺炎疫情)有关。国际航空运输协会发布的数据显示,2019年,得益于旅游发展和商务需求这两大动力,全球航空客运量呈现稳健增长的态势,达到45.4亿人次,较2018年的43.77亿人次增长3.72%。2020年,受新冠肺炎疫情的影响,全球航空客源量锐减67%,抹去了过去21年的全部增长,使2020年的客运量降至1999年的水平。从地区来看,2019年全球航空客运需求量最高的地区是亚太地区,航空客运量占全球航空客运总量的34.5%。欧洲处于第二位,占比26.8%,北美、中东、拉美、非洲所占比重依次是22.3%、9.2%、5.1%、2.1%。其中,中国国内航空客运市场在全球航空客运市场中名列榜首。

国际航空运输协会在2018年发布的报告显示,2036年全球航空客运量将达78亿人次;全球航空客运市场重心东移,发展中市场成为焦点,亚太地区将成为推动需求增长的最大驱动力。此外,新兴经济体航空自由化开放进程、人口基数优势和人均收入的稳定增长也将使其成为航空运输发展的持续动力和引擎。

三、世界主要航空站及航线

(一)世界主要航空站

航空站也称机场、飞机场或空港,是专供飞机起降活动的飞行场以及组织、保障飞机活动的场所。除了跑道之外,机场通常还设有塔台、停机坪、客运站、维修厂等设施,并提供机场管制服务、空中交通管制等其他服务。

1. 世界各大洲的主要航空站

亚洲：北京、上海、东京、香港、马尼拉、曼谷、新加坡、雅加达、仰光、加尔各答、孟买、新德里、卡拉奇、德黑兰、贝鲁特、吉达。

欧洲：伦敦、巴黎、法兰克福、苏黎世、罗马、维也纳、柏林、哥本哈根、华沙、莫斯科、布加勒斯特、雅典、里斯本。

北美洲：纽约、华盛顿、芝加哥、蒙特利尔、亚特兰大、洛杉矶、旧金山、西雅图、温哥华及位于太平洋上的火奴鲁鲁（檀香山）。

非洲：开罗、喀土穆、内罗毕、约翰内斯堡、布拉柴维尔、拉各斯、阿尔及尔。

拉丁美洲：墨西哥城、加拉加斯、里约热内卢、布宜诺斯艾利斯、圣地亚哥、利马。

大洋洲：悉尼、奥克兰、楠迪、帕皮提。

2. 世界主要机场客运量和货运量

表3-8与3-9分别是2011年和2019年客运量、货运量排名前20位的机场。

表3-8　世界机场客运量排名　　　　　　　　　　　　百万人次

2011年				2019年				
排名	城市	机场	客运量	排名	城市	机场	所在国家	客运量
1	亚特兰大	哈兹菲尔德机场	92.39	1	亚特兰大	哈兹菲尔德机场	美国	107.39
2	北京	首都国际机场	78.68	2	北京	首都国际机场	中国	100.98
3	伦敦	希思罗国际机场	69.43	3	迪拜	迪拜国际机场	阿联酋	89.15
4	芝加哥	奥黑尔国际机场	66.79	4	洛杉矶	洛杉矶国际机场	美国	87.53
5	东京	羽田国际机场	62.58	5	东京	羽田国际机场	日本	87.5
6	洛杉矶	洛杉矶国际机场	61.86	6	芝加哥	奥黑尔国际机场	美国	83.34
7	巴黎	戴高乐机场	60.88	7	伦敦	希思罗国际机场	英国	80.13
8	达拉斯	达拉斯—沃斯堡国际机场	57.81	8	香港	香港国际机场	中国	74.52
9	法兰克福	法兰克福机场	56.44	9	上海	浦东国际机场	中国	74
10	香港	香港国际机场	52.98	10	巴黎	戴高乐机场	法国	72.23
11	丹佛	丹佛国际机场	52.85	11	阿姆斯特丹	斯希普霍尔机场	荷兰	71.05
12	迪拜	迪拜国际机场	50.8	12	新德里	英迪拉·甘地国际机场	印度	69.9
13	阿姆斯特丹	斯希普霍尔机场	49.76	13	广州	白云国际机场	中国	69.77
14	马德里	巴拉哈斯国际机场	49.54	14	法兰克福	法兰克福机场	德国	69.51
15	曼谷	素万那普国际机场	47.8	15	达拉斯	达拉斯—沃斯堡国际机场	美国	69.11
16	雅加达	苏加诺—哈达国际机场	47.65	16	仁川	仁川国际机场	韩国	68.35
17	纽约	肯尼迪机场	47.64	17	伊斯坦布尔	阿塔图尔克国际机场	土耳其	68.19
18	新加坡	樟宜机场	45.43	18	雅加达	苏加诺-哈达国际机场	印度尼西亚	66.91
19	广州	白云国际机场	45.04	19	新加坡	樟宜机场	新加坡	66.91
20	上海	浦东国际机场	41.45	20	丹佛	丹佛国际机场	美国	64.5

资料来源：《2011年国际民航组织(ICAO)年度报告》《2019年国际民航组织(ICAO)年度报告》。

表 3-9　世界机场货运量排名　　　　　　　　　万吨

2011年			2019年		
排名	机　　场	货运量	排名	机　　场	货运量
1	中国香港国际机场	397	1	中国香港国际机场	512.1
2	美国孟菲斯国际机场	391	2	美国孟菲斯国际机场	447
3	中国上海浦东国际机场	308	3	中国上海浦东国际机场	376.9
4	美国泰德·史蒂文斯安克雷奇国际机场	254	4	韩国仁川国际机场	295.2
5	韩国仁川国际机场	253	5	美国泰德·史蒂文斯安克雷奇国际机场	280.7
6	法国巴黎夏尔·戴高乐机场	230	6	阿联酋迪拜国际机场	264.1
7	德国法兰克福国际机场	221	7	美国路易斯维尔国际机场	262.3
8	阿联酋迪拜国际机场	219	8	中国台湾桃园国际机场	232.2
9	美国路易斯维尔国际机场	218	9	日本成田国际机场	226.1
10	日本成田国际机场	194	10	美国洛杉矶国际机场	221
11	新加坡樟宜机场	189	11	卡塔尔多哈机场	219.8
12	美国迈阿密国际机场	184	12	新加坡樟宜机场	219.5
13	美国洛杉矶国际机场	169	13	德国法兰克福国际机场	217.6
14	中国北京首都国际机场	164	14	法国巴黎夏尔·戴高乐机场	215.6
15	中国台湾桃园国际机场	162	15	美国迈阿密国际机场	207.4
16	英国伦敦希思罗国际机场	156	16	中国北京首都国际机场	207.4
17	荷兰史基浦机场	154	17	中国广州白云国际机场	189
18	约翰·菲茨杰拉德·肯尼迪国际机场	134	18	美国奥黑尔国际机场	180.7
19	泰国素万那普机场	132	19	英国伦敦希思罗国际机场	177.1
20	美国奥黑尔国际机场	131	20	荷兰史基浦机场	173.8

资料来源：《2011年国际民航组织年度报告》《2019年国际民航组织年度报告》。

(二) 世界主要航线

目前，世界上的主要航空线有：

(1) 北大西洋航线，即西欧—北美航线。它是当今世界最繁忙的航线，主要往返于西欧的巴黎、伦敦、法兰克福和北美的纽约、芝加哥、蒙特利尔等机场。

(2) 北太平洋航线。它是远东地区与北美间的重要航线。由香港、东京、北京等国际机场经北太平洋上空到达北美西海岸的温哥华、西雅图、旧金山、洛杉矶等国际机场，再接北美大陆其他航空中心。太平洋中的火奴鲁鲁、阿拉斯加的安克雷奇是该航线的途中加油站。

（3）西欧—中东—远东航线。它是西欧与远东两大重要经济区间的往来航线,主要连接西欧主要航空港与远东的香港、北京及东京、首尔等机场,中途经开罗、德黑兰、卡拉奇、曼谷等航空港。

此外,还有北美—澳新、西欧—东南亚—澳新、西欧—南美、西欧—非洲、北美—南美、远东—澳新等航线。

【思考题】

1. 分析国际贸易运输在国际贸易中的作用。
2. 介绍国际海洋运输的特点,并阐述国际海洋运输的地区分布。
3. 一艘15万吨的货轮,从厦门港驶向鹿特丹港,若按最短路径来选择航程,请按顺序列出途经的海峡和运河。
4. 请介绍欧亚大陆的铁路运输概况,并分析铁路运输在欧亚国家的贸易中所发挥的作用。
5. 概述公路运输发展的趋势。
6. 介绍当前航空运输的地区分布。

第四章 世界主要产业的布局与贸易

学习目的与要求

1. 了解世界农业生产的概况；
2. 掌握主要粮食作物、经济作物、畜牧业、林业、渔业的生产布局及贸易；
3. 了解煤炭、石油、天然气等能源资源的分布及世界能源消费结构的变化；
4. 掌握煤炭、石油、天然气等能源的生产和消费状况；
5. 掌握煤炭、石油、天然气等能源的贸易格局；
6. 了解战后国际旅游业发展概况；
7. 了解世界主要旅游区域，掌握各旅游区域国际旅游业发展情况。

扩展阅读 4-1
中国加速迈向碳中和的路径

第一节 世界农业的布局与贸易

一、世界农业生产的概况

（一）世界农业发展现状

农业是国民经济中的重要产业部门，属于第一产业，有广义和狭义两种概念。广义农业包括种植业、林业、畜牧业、渔业、副业五种产业形式；狭义农业是指种植业，包括生产粮食作物、经济作物、饲料作物和绿肥等农作物的生产活动。20世纪50年代以来，世界农业表现出下面几个特点。

1. 世界农业发展不平衡

世界农业分布范围十分辽阔，在地球表面，除两极和沙漠外，几乎都可用于农业生产。在近1.31亿平方千米的实际陆地面积中，约11%是可耕地和多年生作物地，24%是草原和牧场，31%是森林和林地。海洋和内陆水域则是水产业生产的场所。虽然农业自然资源很丰富，但是在各大洲的分布不平衡，可耕地主要集中在亚洲、欧洲和北美。按世界银行最新统计数据，世界耕地面积最大的国家是印度，约为1.565亿公顷（见表4-1），其后依次是美国、俄罗斯、中国、巴西、澳大利亚、加拿大等国，日本国土面积狭小，仅有耕地418.4万公顷。人均耕地地区间差距悬殊，北美为0.546公顷，欧洲与中亚地区为0.369公顷，拉丁美洲与加勒比海地区 0.279 公顷,撒哈拉以南非洲地区 0.21 公顷。而南亚、中东与北非地区、东亚及太平洋地区的人均耕地都不到 0.2 公顷,分别为 0.117 公顷、0.122 公顷和 0.107 公顷。按国家来看,澳大利亚是人均耕地面积最高的国家,2016 年达到 1.9 公顷,耕地面积最高的印度人均值只有 0.12 公顷,中国更低,为 0.09 公顷,远低于世界 0.2 公顷的平均值。而人均耕地最低的国家是新加坡,仅有 0.000 1 公顷。

表 4-1　部分国家的农业资源(2016 年)

国家	耕地面积/万公顷	国家	人均耕地面积/公顷	国家	森林面积/万平方千米	国家	森林覆盖率/%
印度	15 646.3	澳大利亚	1.90	世界	3 995.82	世界	30.72
美国	15 226.25	哈萨克斯坦	1.65	俄罗斯	814.89	苏里南	98.26
俄罗斯	12 312.18	加拿大	1.21	巴西	492.55	塞舌尔	88.41
中国	11 890	阿根廷	0.90	加拿大	347.02	帕劳	87.61
巴西	8 097.6	俄罗斯	0.85	美国	310.37	圭亚那	83.9
澳大利亚	4 604.8	尼日尔	0.81	中国	209.86	老挝	82.11
加拿大	4 376.6	立陶宛	0.75	刚果民主共和国	152.27	巴布亚新几内亚	74.1
阿根廷	3 920	乌克兰	0.73	澳大利亚	125.06	芬兰	73.11
尼日利亚	3 400	巴拉圭	0.71	印度尼西亚	90.33	日本	68.46
乌克兰	3 277.6	乌拉圭	0.70	秘鲁	73.81	韩国	63.35
巴基斯坦	3 104	巴西	0.39	印度	70.86	巴西	58.93
哈萨克斯坦	2 939.5	法国	0.28	墨西哥	65.95	加拿大	38.16
印度尼西亚	2 350	美国	0.47	哥伦比亚	58.48	美国	33.93
墨西哥	2 256.2	中国	0.09	安哥拉	57.73	印度	23.83
土耳其	2 038.1	日本	0.03	玻利维亚	54.48	中国	22.35
日本	418.4	印度	0.12	赞比亚	48.47	南非	7.62

数据来源:世界银行 WDI 数据库。

森林以欧洲和拉丁美洲的分布面积较大;草原面积则非洲居首位,亚洲其次。不同国家、地区之间也有很大差异。2016 年,世界森林面积最广阔的国家是俄罗斯,近 815 万平方千米。其次是巴西,近 493 万平方千米。加拿大、美国、中国等国土辽阔的国家森林面积也居世界前列。但是位于热带、亚热带的小国往往是森林覆盖率很高的国家,如南美洲北部的苏里南达到 98.3%,是全球森林覆盖率最高的国家。塞舌尔、帕劳、圭亚那、老挝等国也超过了 80%。芬兰、日本、韩国也是森林覆盖率很高的国家。20 世纪 90 年代以来,中国十分重视植树造林,森林覆盖率逐年上升,到 2016 年达到 22.35%,尽管仍低于世界 30.72% 的平均水平,但是相比 1990 年的 16.74% 而言已有较大幅度的提高。阿曼、埃及、利比亚、沙特阿拉伯等北非、西亚国家的森林覆盖率很低,尚不到 1%。

据 2019 年联合国粮农组织发布的数据,世界农业 GDP 为 3.5 万亿美元,从各国农业 GDP 占世界农业总 GDP 的比重来看,中国(占比 29.1%)、印度(占比 13.1%)、美国(5.14%,2017 年数据)、印度尼西亚(占比 4.07%)、尼日利亚(占比 2.8%)以及巴西(占比

2.33%)都是世界重要的农业生产大国。

由于农业发展水平不同,因此农业人口在总人口中所占比重也有差异。从各大洲来看,根据2018年的数据,农业人口的比重非洲最高,达到58%,亚洲为50%,北美洲(美国、加拿大、墨西哥)17.8%,拉丁美洲19.6%,欧洲25.4%,大洋洲31.6%。

根据生产力的性质和状况,农业可分为原始农业、传统农业、近代农业和现代农业。近代农业指手工工具和畜力农具向机械化农具转变、由劳动者直接经验向近代科学技术转变、由自给自足的生产向商品化生产转变的农业。现代农业指广泛应用现代科学技术、现代工业提供的生产资料和现代生产管理方法的社会化农业。

目前,各洲、各国的农业处于不同发展阶段。欧洲、北美、日本、澳大利亚等已进入现代化农业阶段,大多数亚非拉发展中国家仍处于传统农业阶段,还有少数的非洲国家尚处于原始农业时代。发展中国家的农业以大洲而论,拉丁美洲在当前来说农业现代化水平较高,亚洲国家次之,非洲国家仍然落后。总之,农业发展在世界范围内是不平衡的。

2. 农业在国内生产总值中的比重及农业人口的比重普遍下降

进入20世纪以来的100多年,随着世界工业化、城市化和现代市场经济的深入发展,农业资本化、企业化经营一直推动着现代大农业的发展,由此引发了农业生产技术、组织形式、劳动力结构、产业结构和社会经济结构等方面一系列深刻的变革。世界农业人口在总人口中的比重下降,由1980年的60.7%降至2018年的44.7%。巴西、中国、印度等主要的发展中农业生产大国以及法国、美国等农业发达国家都出现农业人口占比下降的趋势(见表4-2)。

表4-2 世界各大洲及主要国家农业人口占总人口的比重

国家或地区	1980年			2018年		
	总人口/亿	农业人口/亿	占比/%	总人口/亿	农业人口/亿	占比/%
世界	44.58	27.04	60.7	76.31	34.13	44.7
非洲	4.76	3.51	73.8	12.76	7.40	58.0
拉美	3.61	1.29	36.0	6.42	1.26	19.6
北美	2.54	0.66	26.1	3.64	0.65	17.8
亚洲	25.94	18.97	73.1	45.61	22.79	50.0
欧洲	7.49	2.54	33.9	7.46	1.90	25.4
大洋洲	0.23	0.07	28.8	0.42	0.13	31.6
中国	10.00	8.01	80.1	13.93	5.78	41.5
日本	1.18	0.28	23.8	1.27	0.11	8.4
美国	2.29	0.60	26.3	3.27	0.58	17.7
印度	6.99	5.36	76.7	13.53	8.93	66.0
法国	0.54	0.14	26.8	0.65	0.13	19.6
巴西	1.21	0.42	34.7	2.09	0.28	13.5

数据来源:根据联合国粮农组织(FAO)统计年鉴计算得出。

在农业人口占比下降的同时,农业增加值在国内生产总值中所占比重也呈下降趋势。全球农业增加值占 GDP 的比重由 1970 年的 8.63% 下降到 2015 年的 3.58%。在一些主要国家,这一比重也出现明显的下降,例如韩国在 1970 年为 26.36%,到 2018 年则降至 1.98%,下降幅度非常大。在美国的 GDP 中,农业增加值占比虽然不高,但下降趋势也非常明显(见表 4-3)。

表 4-3　主要国家农业增加值①占 GDP 的比重　　　　　　　　　　　%

国家或地区	1970 年	1980 年	1990 年	2000 年	2010 年	2015 年	2018 年
世界	8.63	6.43	5.35	4.96	3.7	3.58	—
阿根廷	9.64	6.35	8.12	4.68	7.13	5.16	6.14
澳大利亚	—	7.88	4.21	3.12	2.2	2.37	2.6
巴西	10.37	9.95	6.87	4.75	4.12	4.32	4.36
德国	3.67	2.4	1.49	0.95	0.65	0.56	0.68
韩国	26.36	14.14	7.6	3.94	2.24	2.09	1.98
俄罗斯	—	—	15.46	5.75	3.34	4.13	3.15
法国	6.63	3.61	3.14	2.1	1.6	1.61	1.62
加拿大	4.72	4.32	2.86	2.28	1.33	—	—
墨西哥	12.12	8.31	7.18	3.32	3.22	3.2	3.34
美国	3.54	2.9	2.06	1.15	1.14	1.07	—
南非	6.76	5.84	4.21	2.99	2.39	2.08	2.18
日本	5.13	3.08	2.09	1.54	1.1	1.11	—
沙特阿拉伯	4.24	0.99	5.71	4.92	2.64	2.62	2.23
土耳其	39.08	26.15	17.48	10.08	9.03	6.9	5.76
英国	2.86	2.12	1.33	0.78	0.66	0.59	0.57
印度尼西亚	44.94	23.97	21.55	15.68	13.93	13.49	12.81
印度	40.39	33.44	27.21	21.86	17.52	16.17	14.46
意大利	8.75	6.02	3.17	2.55	1.77	2.02	1.88
中国	34.8	29.63	26.58	14.68	9.53	8.83	7.19

数据来源:世界银行国民经济核算数据,以及经济合作与发展组织国民经济核算数据文件。

注:①农业增加值为所有产出相加再减去中间投入得出的部门的净产出。

总之,世界农业现代化的发展是与工业化、城市化相伴而生的,其中最实质、最核心的内容是化"农",就是农民比重大幅减少、农业比重大幅下降、城市化水平大幅提高的历史演进过程。经济越发达,人均国内生产总值越高,农业所占比重就越低,这是经济发展的必然趋势,也是农业作为国民经济基础作用日益强化的结果。但是,农业作为人类社会生存的基础,仍是提供食物等生活必需品的最基本的物质生产部门;作为国民经济的基础,仍是工业和其他产业部门发展的前提条件。农业发展特别是粮食增产,仍是世界各国密切关注的热点问题。此外,农业的环保作用日益强化。世界各国的实践也证明,凡是重视农业和正确处理工农关系的国家和地区,其经济发展就越好,否则会陷入各种困境。所以世界各国都趋于重视农业。

3. 农业的产业结构发生了水平结构和垂直结构的演变

农业水平结构的演变,主要指农业内部的分工分业日益发展,并形成农业企业专业化和农业地区专业化的结构。在这种演变的过程中,粮食在农业中的比重虽然下降,但始终是世界农业中最重要的产品。在世界粮食增长的同时,世界经济作物特别是畜牧业和水产业等都有更快的发展(见表4-4)。

农业垂直结构的演变,主要指农业的分工分业向纵向发展,逐渐形成农业产前部门、农业产中部门和农业产后部门的产业系统。产中部门是这个系统的基础,但产前部门特别是产后部门发展更快,农业与分布在第二产业、第三产业的关联产业形成食品与纤维生产系统,构成了更广泛的农业概念。这种结构演变是随着农业现代化发展程度而发展的,是农业产业化发展水平的重要标志。

表4-4 世界主要农产品的产量

主要农产品	1950年		1995年		2017年	
	总产量/万吨	人均产量/千克	总产量/万吨	人均产量/千克	总产量/万吨	人均产量/千克
谷物	67 330	267	188 364	335	298 000	397
大豆	1 800	7	12 696	23	33 600	31
棉花	541	2.1	1 916	3.4	2 615.7(2014年)	3.6
肉类	3 864	15.3	20 931	37.4	33 383.7	44.5
鸡蛋	876	3.5	3913	7	7 559.8	10
鱼、海鲜类	2 110	8.4	10 940	19.5	16 802.7	22.4

数据来源:根据联合国粮农组织(FAO)《生产年鉴》资料整理。

4. 世界农产品国际贸易发展迅速

"二战"后,农业国际化首先表现在农产品国际贸易空前发展。尽管农产品在国际贸易中所占比重随着农业在国内生产总值中的比重下降而下降,但农产品仍然是世界上最重要的贸易商品之一。农产品贸易进一步扩大,世界农产品贸易额的增加幅度远远超过生产增长幅度。1961—2001年,世界农产品生产增加了1.5倍,而农产品贸易额增加了12.5倍;粮食生产增加了1.3倍,粮食贸易却增加了2.6倍。鉴于农产品的重要性,世界各国都在不同程度上保护本国农业,但农产品国际贸易正日益趋于自由化。

美国、欧盟和凯恩斯集团这三大集团在世界农产品贸易中占据着主导地位。例如,1988年,美国农产品出口为573.52亿美元,占世界农产品出口总额的13.10%,进口额为418.64亿美元,占世界农产品进口额的9.16%;欧盟农产品进出口额达3 000亿美元,占世界农产品贸易额的1/3以上;由加拿大、澳大利亚、阿根廷农业输出国组成的凯恩斯集团,农产品进出口总额约 600 亿美元,占世界农产品贸易总额的约 7%。三大集团农产品出口总额占世界农产品出口额的 50% 以上。

除国际贸易外,农业还表现出另外一个国际化特点,即农业对外直接投资增加以及跨国公司在农业中的扩展。"二战"前,跨国公司在农业中主要表现为欧、美等资本主义国家在亚非拉的土地和农业的殖民色彩的开发与经营。"二战"后,跨国农业公司在发达国家相互之间也发展起来,反映了农业生产和农业投资的国际化。跨国农业公司也在发展中国家相互之间交错存在,甚至出现发展中国家对发达国家的农业投资。跨国农业公司发展了农业以外的综合经营,各种非农的跨国公司也日益在农业中插足。跨国公司经营农业生产、加工、贸易正成为世界农业较普遍的经济现象。

(二) 世界农业的发展趋势

在经济全球化发展过程中,以发达国家为代表的世界农业实现了由传统农业向现代农业的转变,并在此基础上获得了新的发展。其主要表现是:农业生产水平稳步增长,农畜产品生产总量不断提高,农产品进出口贸易额的增长速度超过了农业生产的增长速度。总体来看,世界农业在稳步发展的同时,呈现出较以前不同的新特点和趋势:

1. 科技在农业生产中的作用越来越大

20 世纪 70 年代初,科技进步对农业生产的贡献率就达到了 70%～80%。90 年代以来,以生物技术和信息技术为代表的高科技在农业生产中得到了广泛应用。以生物技术为核心的农业科学技术在新物种的塑造、快速繁育技术、新农业工厂构建、新人造食品和饲料生产等方面出现重大突破;信息技术的使用使农事操作更加标准化、精准化和高效化,如美国农民已经在利用卫星信息系统监视农作物的生长情况,利用传感器监视农作物产量。农业生产的高科技化,不仅进一步推动了农业生产率的提高,而且使农业的内涵和外延发生了深刻的变化。

2. 农业结构呈现高级化趋势

在发达国家的农业生产中,高品质、高附加值、高收入弹性的农畜产品在农业总体中所占比重不断增加。动物性食品、水果、花卉等由于具有较高的需求收入弹性,因而得到了较快的发展。而动物性食品的发展又带动了畜牧业以及向后关联产业即饲料产业的快速发展。与此同时,绿色食品、健康食品以及各种功能性食品不断增加。进入市场的农产品一般不再是原始产品,农产品加工率超过了 90%,加工食品占食物总消费量的比重高达 80%,农产品加工产值已超过农业产值的 3 倍以上。

3. 农业生产经营实现了规模化、组织化和一体化

美国、澳大利亚、加拿大等国家的农业实行了大规模经营,每个农业劳动力平均耕作面积都有大幅增长。虽然法国农户经营规模比较小,但由于政府大力推动土地集中,也使经营规模不断扩大。在土地规模化经营的基础上,发达国家的农业主要通过两种方式实现了一体化经营:一是农场主通过参加各种合作性组织,把生产、加工、销售等各个环节连接起来;二是大型工商企业进入农业,生产的各阶段和各环节都由一个企业完成,从而实现了生产经营的组织化和一体化。

4. 政府对农业的投资保护力度加大

农业生产的生物性以及农产品收入需求弹性低的特点,决定了农业具有其他产业所没有的自然风险和市场风险,因而受到了国家特殊化的支持和保护。美国和欧洲国家通过输血式的农业政策,给农业生产以各种补贴和优惠贷款,对农业科技成果的研究和推广、农民素质的提高、水利基础设施建设、生态环境的治理和改善给予了大量的投入。此外,农业保险也成为政府支持农业发展的一个重要手段。

5. 农业可持续发展受到了世界各国的普遍重视

在农业发展战略和科技战略上,各国都把农业环保技术列为重点发展领域,采用恰当的农业技术进行生产,强调和注重传统有机农业技术与现代科学技术和管理方法的结合,从而把农业发展和环境保护有机统一起来。

二、世界种植业的布局与贸易

种植业是第一产业的基础,与国民经济中其他部门的发展关系密切。种植业主要包括粮食作物的种植和经济作物的种植。

(一)世界粮食的生产布局与贸易

1. 世界粮食生产的基本态势

粮食是人类赖以生存和发展的最基本食物,所以粮食生产和储备受到各国政府的高度重视。随着世界人口的持续增长,为了满足人类对粮食的基本需求,世界各国都致力于提高粮食生产的单产和总量。20世纪50年代以来,粮食产量的增长较快,如20世纪60年代,在绿色革命的推动下,粮食产量大幅上升,但此后粮食生产受到经济危机的影响,有所放缓。70年代的增速为3%,80年代的增速为1.6%,90年代的增速下降到1%。21世纪以来,世界粮食生产呈稳定增长的趋势,总产量已由2000年的20.59亿吨上升到2010年的24.76亿吨,到2018年又增长到29.63亿吨。人均产量也有明显提升,由2010年的359.2千克提高到2018年的393.82千克(见表4-5)。但当前的粮食生产仍然主要靠天吃饭,全球粮食主产区气候变化对粮食生产会产生直接影响,因此即使粮食总产量有所提升,但粮食安全仍是各国需要高度关注的问题。

表4-5 世界各地区的粮食产量及人均产量

地区或国家	2010年			2018年		
	总产量/亿吨	占比/%	人均粮食产量/千克	总产量/亿吨	占比/%	人均粮食产量/千克
世界	24.76	100	359.2	29.63	100	393.82
亚洲	12.29	49.62	296.8	14.50	48.95	322.69
北美洲	4.47	18.06	1 270.8	5.26	17.75	1 443.99
欧洲	4.07	16.44	551.1	4.99	16.83	671.69
拉丁美洲和加勒比地区	1.94	7.84	323.6	2.50	8.45	399.51
非洲	1.65	6.64	165.4	2.03	6.84	161.50
大洋洲	0.35	1.39	956.7	0.35	1.18	850.77

数据来源:根据联合国粮农组织和世界银行公布的数据计算得出。

由于世界各地区和各国家的自然条件和生产水平存在着很大差异,导致粮食生产很不平衡,粮食单产和总量的差异很大。这也是造成世界各国和地区贫富差异的重要原因之一。从全世界粮食生产的总体格局来看,粮食生产主要集中在亚洲和北美洲,2010年亚洲粮食总产量达到12.29亿吨,占世界粮食总产量的近一半;北美洲粮食产量为4.47亿吨,占世界粮食总产量的比重为18.06%(见表4-5)。2018年两个大洲粮食产量占比有小幅下降,但合计仍占世界粮食总产量的近70%。从国家来看,粮食产量最高的中国2018年产量为6.1亿吨,占世界总产量的比重超过20%,比2000年占比增长近1个百分点;居于第二、第三位的美国和印度产量也分别超过4亿吨和3亿吨,占比都在10%以上。此外,2018年,印度尼西亚、俄罗斯、巴西的产量也超过1亿吨,阿根廷、乌克兰、法国等国也是粮食生产大国(见表4-6)。但是日本、韩国等国的产量相对于其人口规模来说较低,并且近些年来呈下降趋势,低于2000年的产量。

表4-6 世界粮食生产分布的不均衡

排序	2000年			2018年		
	国家或地区	总产量/万吨	占比/%	国家或地区	总产量/万吨	占比/%
	世界	205 865.63	100	世界	296 286.76	100
1	中国	40 522.41	19.68	中国	61 003.58	20.59
2	美国	34 263.15	16.64	美国	46 795.11	15.79
3	印度	23 493.12	11.41	印度	31 832.00	10.74
4	法国	6 573.22	3.19	印度尼西亚	11 329.09	3.82
5	俄罗斯	6 424.27	3.12	俄罗斯	10 983.79	3.71
6	印度尼西亚	6 157.50	2.99	巴西	10 306.47	3.48
7	加拿大	5 109.04	2.48	阿根廷	7 059.10	2.38
8	巴西	4 652.72	2.26	乌克兰	6 910.93	2.33
9	德国	4 527.12	2.20	法国	6 274.03	2.12
10	孟加拉国	3 950.30	1.92	孟加拉国	6 081.78	2.05
11	阿根廷	3 808.70	1.85	加拿大	5 809.58	1.96
12	越南	3 453.71	1.68	越南	4 892.37	1.65
13	澳大利亚	3 444.69	1.67	巴基斯坦	4 274.19	1.44
14	土耳其	3 224.01	1.57	德国	3 795.58	1.28
15	泰国	3 052.93	1.48	泰国	3 756.46	1.27
16	巴基斯坦	3 046.07	1.48	墨西哥	3 606.90	1.22

数据来源:根据FAO数据库数据计算。

粮食生产的不平衡不仅体现在总量上,更重要的指标是人均粮食产量。从大洲来看,亚洲粮食总产量居于首位,但由于人口众多,2018年人均产粮虽然升至322.69千克,但低于世界平均水平。人均产粮最高的是北美洲,达到 1 443.99 千克,其次是大洋洲和欧洲。非洲人均粮食产量最低,仅有 161.5 千克,不到世界平均水平的一半。从国家来看,产粮大国的人均产量差异也很大,美国人均粮食产量高达 1 442.25 千克,而总产量居世界第三位的印度仅有 237.7 千克,低于世界平均水平。中国的人均粮食产量 437.18 千克,超出世界平均水平。

2. 世界粮食作物的分布

粮食作物可分为谷类作物、薯类作物、豆类作物,其中谷物是最主要的粮食,主要品种有小麦、水稻、玉米、大麦、高粱、小米等。世界各国地理位置的不同及气候的差异,使粮食作物分布广泛,种类多样。而在众多的粮食作物种类中,分布地域最为广泛、占粮食作物总产量最大的粮食作物主要就是小麦、水稻和玉米。2018 年,谷物的种植面积是 7.28 亿公顷,其中小麦、水稻、玉米的种植面积为 5.75 亿公顷,占谷物种植总面积的 79%。同年,世界谷物的产量为 29.63 亿吨,小麦、水稻、玉米的产量达到 26.64 亿吨,占谷物产量的 90%。

(1) 小麦

小麦是全球种植面积最广的粮食作物,广泛分布于世界各大洲,2018 年其种植面积约占谷物种植总面积的近 30%,产量约占世界粮食总产量的 25%。据联合国粮农组织数据,近 60 年来世界小麦总产量由 1961 年的 2.22 亿吨上升到 2017 年 7.73 亿吨的历史峰值,总产量增加了近 2.5 倍。受天气的影响,2018 年小麦产量有所下降,总产量为 7.34 亿吨。小麦的单产也由 1961 年的 1 088.9 千克/公顷,增至 2017 年的 3 541.2 千克/公顷,是 60 年代的 3 倍多。因此,不论从总产量还是单产来看,近 60 年来世界小麦的生产能力都得到了大幅提高。进入 2000 年以来,世界小麦总产量一直处在波动的境况,总体上呈波动中上升的趋势。2018 年,若按世界 76 亿人口计算,当今世界人均占有小麦约为 96.6 千克,占到世界人均谷物 389 千克的 24.8%。

小麦的种植主要集中于北纬 27°~57°和南纬 25°~40°的温带地区,特别是在海拔 200 米以下的平原谷地和较低的高原山地。2018 年,世界小麦的种植面积为 21 428.45 万公顷,其中将近一半分布在亚洲地区,欧洲是第二大小麦种植地区,种植面积占世界的 28.28%(见表 4-7)。非洲由于大部分地区都位于南北回归线以内,主要是热带草原、热带雨林或沙漠地区,因此小麦种植面积很低,2018 年只有 1 022.74 万公顷。与种植面积相适应,亚洲 2018 年小麦总产量为 32 822.02 万吨,占世界小麦总产量的 44.71%,是世界小麦产量最高的大洲。欧洲产量为 24 213.97 万吨,占世界总产量的 32.99%。此外,从大洲来看,欧洲也是小麦单位产量最高的大洲,每公顷产量为 3.99 吨。

从国家来看,小麦的种植主要分布在中国、印度、美国、俄罗斯、法国、德国、巴基斯坦、加拿大、澳大利亚等国。其中中国是小麦产量最高的国家,2010 年达到 1.15 亿吨,占世界总产量的 17.6%;到 2018 年增长至 1.31 亿吨,占比 17.91%。印度是种植面积最广的国家,产量则居于第二位,2018 年为 9 970 万吨,占比 13.58%。从单位产量来看,德国每公顷产出 6.67 吨,远超世界平均水平。

表 4-7 2018 年世界及各地区、国家的小麦种植面积及产量

国家或地区	种植面积 万公顷	占世界种植面积的比重/%	产量/万吨	占世界总产量的比重/%	单位产量（吨/公顷）
世界	21 428.45	100	73 410.92	100	3.43
亚洲	9 696.38	45.25	32 822.02	44.71	3.38
欧洲	6 061.12	28.28	24 213.97	32.99	3.99
北美洲	2 590.88	12.09	8 305.57	11.31	3.21
大洋洲	1 096.06	5.11	2 131.22	2.90	1.94
非洲	1 022.74	4.77	2 928.97	3.99	2.86
拉美	800.20	3.73	3 022.76	4.12	3.75
印度	2 958.00	13.80	9 970.00	13.58	3.37
俄罗斯	2 647.21	12.35	7 213.61	9.83	2.72
中国	2 426.62	11.32	13 144.05	17.91	5.42
美国	1 602.78	7.48	5 128.65	6.99	3.20
哈萨克斯坦	1 135.44	5.30	1 394.41	1.90	1.23
澳大利亚	1 091.92	5.10	2 094.11	2.85	1.92
加拿大	988.10	4.61	3 176.92	4.33	3.22
巴基斯坦	879.72	4.11	2 507.61	3.42	2.85
土耳其	728.86	3.40	2 000.00	2.72	2.74
乌克兰	661.96	3.09	2 465.28	3.36	3.72
法国	582.20	2.72	3 579.82	4.88	6.15
德国	303.60	1.42	2 026.35	2.76	6.67

数据来源：根据 FAO 数据库数据计算。

（2）水稻

水稻是世界第二大粮食作物，2018 年种植面积约占世界谷物种植面积的 23%，产量约占世界谷物总产量的 26.4%。水稻适合生长在温暖湿润、雨热同期的热带及亚热带季风气候区。

据联合国粮农组织数据，2018 年世界水稻总产量为 7.82 亿吨左右，是 1961 年 2.16 亿吨的 3.6 倍，在近 60 年间世界水稻总产量呈稳步增加的趋势，近十年来世界水稻总产量年均增长 1.48%。而总产量的稳步增加主要得益于水稻单产的持续提高，水稻单产从 1961 年的 1 869.2 千克/公顷一直增加到 2018 年的 4 678.9 千克/公顷。若按世界 76 亿人口计，当今世界人均水稻约 102.9 千克。

2018 年世界水稻种植面积为 1.67 亿公顷。水稻的种植相比小麦来说分布更为集中，表现出更显著的地域不平衡性，主要分布在东亚、东南亚、南亚、西非以及拉美地区。从大

洲来看,亚洲是水稻种植面积最广的大洲,约占世界的87.4%,同时亚洲的水稻产量也居各洲之首,占世界总产量的90%以上。水稻产量居世界前列的国家也基本都处于亚洲,如中国、印度、印度尼西亚、孟加拉国、越南、泰国、缅甸、菲律宾等。发达国家中,美国、日本以及韩国是水稻产量较高的国家。其中中国是产量最高的国家,2018年达到2.12亿吨,占世界的近30%。其次是印度,产量为1.73亿吨,占世界的22%以上,仅中国和印度两国就生产了世界一半的水稻。从水稻的生产率来看,大洋洲和北美洲的单位产量最高,其中美国的单位产量为8.62吨/公顷,高于中国、印度等发展中水稻生产大国(见表4-8)。

表4-8 2018年世界及各地区、国家的水稻种植面积及产量

国家或地区	种植面积 万公顷	占世界种植面积的比重/%	产量/万吨	占世界总产量的比重/%	单位产量 (吨/公顷)
世界	16 713.26	100.00	78 200.01	100.00	4.68
亚洲	14 607.04	87.40	70 539.34	90.20	4.83
非洲	1 424.31	8.52	3 317.40	4.24	2.33
拉美	494.80	2.96	2 859.38	3.66	5.78
北美	117.97	0.71	1 017.00	1.30	8.62
欧洲	62.59	0.37	402.30	0.51	6.43
大洋洲	6.56	0.04	64.59	0.08	9.85
印度	4 450.00	26.63	17 258.00	22.07	3.88
中国	3 018.95	18.23	21 212.90	27.13	7.03
印度尼西亚	1 599.50	18.06	8 303.70	10.62	5.19
孟加拉国	1 191.04	9.57	5 641.73	7.21	4.74
泰国	1 040.73	7.13	3 219.21	4.12	3.09
越南	757.07	6.23	4 404.63	5.63	5.82
缅甸	670.56	4.53	2 541.81	3.25	3.79
菲律宾	480.04	4.01	1 906.61	2.44	3.97
尼日利亚	334.60	2.87	680.93	0.87	2.04
柬埔寨	298.17	2.00	1 064.72	1.36	3.57
巴基斯坦	281.00	1.78	1 080.29	1.38	3.84
巴西	186.13	1.68	1 174.92	1.50	6.31

数据来源:根据FAO数据库数据计算。

(3) 玉米

玉米是世界粮食生产中的大宗作物,其产量居三大粮食作物之首,2018年产量占到世界谷物总产量的38.7%,在工业发达国家主要用作饲料,发展畜牧业,而在发展中国家

用作口粮的比例较大。从全世界耗用玉米趋势看,近 15 年来,无论是发展中国家还是发达国家用作饲料的玉米都逐年增加,用作口粮的数量在减少,用作工业原料和食品加工的玉米在增加。

据联合国粮农组织统计,从 20 世纪 60 年代以来,世界玉米总产量从 2.05 亿吨持续增加到 2010 年的 8.50 亿吨,翻了近两番,到 2018 年进一步增长至 11.48 亿吨。近些年来,除 2006 年因受金融危机影响有所下降之外,世界玉米总产量呈稳步增加趋势。同时,玉米的单产也从 1961 年的不到 2 000 千克/公顷稳步增加到 2018 年的 5 924 千克/公顷,单产的提高是世界玉米总产量增加的重要因素。玉米产量的大幅度提高,是世界工业及畜牧业得以持续发展的基本保障。总之,近 50 年来,尤其是 70 年代以来,无论是玉米总产量,还是玉米单产都在大幅度地持续增加,2010 年在世界小麦和水稻都有所下降的情况下,玉米总产量还是比上年增加了 2%。

玉米是世界上分布最广泛的粮食作物之一,种植范围从北纬 58°(加拿大和俄罗斯)至南纬 40°(南美),分布较为均匀。世界上整年每个月都有玉米成熟。玉米原产于中美洲,是一种喜温作物,因此大多集中在夏季高温多雨,生长季节较长的地区。从种植面积来看,北美洲、东亚、南亚、东欧以及西非分布最广。北美洲同时也是玉米产量最高的地区,占世界总产量的 35% 以上,亚洲其次,占比也超过 30%。从国家来看,美国的产量居世界首位,2018 年达 3.92 亿吨,中国、巴西、墨西哥、阿根廷、印度等国也是生产大国(见表 4-9)。美国和中国的玉米带被称为世界两大黄金玉米带,分别位于美国的中部和中国的华北平原、东北平原、关中平原、四川盆地。

表 4-9 2018 年世界及各地区、国家的玉米种植面积及产量

国家或地区	种植面积 万公顷	占世界种植面积的比重/%	产量/万吨	占世界总产量的比重/%	单位产量(吨/公顷)
世界	19 373.36	100.00	114 762.19	100.00	5.92
亚洲	6 729.62	34.74	36 156.50	31.51	5.37
非洲	3 867.32	19.96	7 890.09	6.88	2.04
拉美	3 612.91	18.65	17 161.91	14.95	4.75
北美	3 451.01	17.81	40 633.56	35.41	11.77
欧洲	1 704.89	8.80	12 859.53	11.21	7.54
大洋洲	7.60	0.04	60.60	0.05	7.98
中国	4 213.01	21.75	25 717.39	22.41	6.10
美国	3 307.94	17.07	39 245.08	34.20	11.86
巴西	1 612.11	8.32	8 228.83	7.17	5.10
印度	920.00	4.75	2 782.00	2.42	3.02
阿根廷	713.86	3.68	4 346.23	3.79	6.09
墨西哥	712.27	3.68	2 717.00	2.37	3.81
印度尼西亚	568.04	2.93	3 025.39	2.64	5.33
尼日利亚	485.33	2.51	1 015.50	0.88	2.09

续表

国家或地区	种植面积 万公顷	占世界种植面积的比重/%	产量/万吨	占世界总产量的比重/%	单位产量（吨/公顷）
乌克兰	456.42	2.36	3 580.11	3.12	7.84
罗马尼亚	244.26	1.26	1 866.39	1.63	7.64
俄罗斯	237.56	1.23	1 141.90	1.00	4.81

数据来源：根据 FAO 数据库数据计算。

3. 世界粮食作物的贸易格局

（1）粮食贸易的总体格局

从 18 世纪末开始，一些欧洲国家就开始进口小麦，国际间的粮食贸易随之产生。但直到 20 世纪 40 年代，粮食贸易量一直很小，对社会经济生活尚未产生大的影响。"二战"后，粮食贸易开始持续增长，尤其是 70 年代以来迅速扩大，对世界各国的经济、社会、政治等产生了广泛而深远的影响。1990 年以来，乌拉圭回合谈判逐步深入展开并于 1994 年取得成功，世界贸易自由化程度进一步提高，同期世界经济高速增长，国际粮食贸易（主要是指谷物贸易）有了迅猛发展。2010 年世界谷物出口量为 3.43 亿吨，比 1990 年增加了 1.16 亿吨，增幅超过 50%，年均增长 2.57%。此后，谷物出口量的增速加快，到 2018 年上升到 4.81 亿吨，比 2010 年增长近 1.39 亿吨。

从大洲来看，欧洲和北美洲是世界粮食出口的主要来源。其中 2018 年欧洲粮食出口为 19 412.13 万吨，北美为 12 976.70 万吨，分别占世界总出口量的 40.35% 和 26.98%；亚洲则是粮食进口大洲，2018 年进口量为 20 103.12 万吨，占世界进口量比重为 43.13%，此外欧洲和非洲也是粮食进口量较高的大洲（见表 4-10）。从国家来看，世界主要粮食出口国有美国、法国、阿根廷、加拿大、澳大利亚、俄罗斯、德国、巴西等，进口国有日本、埃及、墨西哥、德国、韩国、沙特阿拉伯、中国、意大利等。其中美国是最大的粮食出口国，而日本是最大的粮食进口国。2018 年，美国出口粮食 9 999.04 万吨，日本进口粮食 2 411.3 万吨，中国的粮食出口量为 258.59 万吨，进口量为 2 050.45 万吨。

表 4-10　2018 年世界各大洲粮食的进出口量

地区	出口量/万吨	占世界出口量的比重/%	进口量/万吨	占世界进口量的比重/%
世界	48 104.48	100.00	46 609.92	100.00
大洋洲	1 935.17	4.02	172.71	0.37
欧洲	19 412.13	40.35	10 023.05	21.50
亚洲	6 252.57	13.00	20 103.12	43.13
拉美	7 014.67	14.58	6 753.22	14.49
北美洲	12 976.70	26.98	1 008.15	2.16
非洲	513.23	1.07	8 549.66	18.34

数据来源：根据 FAO 数据库数据计算。

(2) 小麦的贸易格局

小麦是贸易量最大的粮食作物,2018年世界小麦出口量为19 085.4万吨,占粮食总出口量的近40%,是1961年出口量的4.83倍。世界小麦出口国主要集中在北美洲、欧洲和大洋洲,其中北美洲和大洋洲气候温和、地广人稀,小麦产量大,而国内消费量很小,因而小麦大量出口,成为世界小麦净出口主要地区。而亚洲、非洲和南美洲大多数为发展中国家,人口集中,消费量大,成为小麦净进口地区。

从国别来看,世界小麦出口大国主要有俄罗斯、加拿大、美国、法国、乌克兰、澳大利亚、阿根廷、哈萨克斯坦等国。表4-11中所列的世界十大小麦出口国的小麦出口量占世界出口总量的87%,仅俄罗斯就占23.04%。由此可知,小麦的出口国集中度是很高的。小麦的进口国主要有印度尼西亚、埃及、阿尔及利亚等国。表4-11中所列的全球十大小麦进口国进口小麦的数量占世界进口量不到40%,其中进口量最高的印度尼西亚占比也只有5.57%,因此小麦的进口国是比较分散的。

表4-11 主要国家小麦进出口量及其在世界总出口、总进口中所占比重

排序	国家或地区	出口量/万吨	占比/%	国家或地区	进口量/万吨	占比/%
	世界	19 085.36	100	世界	18 112.76	100
1	俄罗斯	4 396.56	23.04	印度尼西亚	1 009.63	5.57
2	加拿大	2 287.42	11.99	埃及	933.09	5.15
3	美国	2 249.90	11.79	阿尔及利亚	842.21	4.65
4	法国	1 894.03	9.92	意大利	745.33	4.11
5	乌克兰	1 637.34	8.58	巴西	681.71	3.76
6	澳大利亚	1 235.28	6.47	菲律宾	669.08	3.69
7	阿根廷	1 172.48	6.14	西班牙	602.81	3.33
8	哈萨克斯坦	619.84	3.25	土耳其	578.17	3.19
9	罗马尼亚	588.05	3.08	日本	565.22	3.12
10	德国	522.89	2.74	荷兰	556.70	3.07
	合计	16 603.79	87.00	合计	7 183.94	39.66

数据来源:根据FAO数据库数据计算。

(3) 玉米的贸易格局

玉米的贸易量仅次于小麦,2018年世界出口量为17 364.6万吨,占粮食出口总量的36.1%,是1961年世界玉米出口量的12倍以上。从大洲来看,北美洲、欧洲和南美洲都是玉米出口地区,只有亚洲和非洲依然处于进口状态。从国别来看,玉米出口大国主要有美国、巴西、阿根廷、乌克兰、法国、俄罗斯、罗马尼亚、匈牙利、南非等国。美国是最大的出口国,2018年出口量达7 066.6万吨。玉米的出口国高度集中,仅美国、巴西、阿根廷三国的出口量占世界出口总量的比重就接近70%。进口国则较为分散,主要有墨西哥、日本、越南、韩国、西班牙、伊朗、埃及、荷兰、印度尼西亚、意大利等国。最大的进口国墨西哥

2018年的进口量为1 709.5万吨,占世界进口总量的10.07%。

(4) 水稻的贸易格局

水稻是产量仅次于玉米的世界第二大粮食作物,产量虽大,但以就地消费为主,是三大粮食作物中贸易量最小的作物。根据联合国粮农组织的数据,1997年之前,世界水稻贸易量一直维持在较低水平,每年出口量不到2 000万吨,规模较小。直到进入21世纪以来,水稻贸易量才得到明显增加,到2018年出口总量已达到4 680.12万吨。

世界六大洲中,只有北美洲成为世界水稻出口大洲。而欧洲、大洋洲水稻进出口贸易处于近乎持平的状态;虽然亚洲水稻产量最大,但人口密集,消费量也相当大,导致亚洲水稻生产与进出口贸易呈倒挂状态,因而与非洲和拉丁美洲一同成为世界水稻进口地区。水稻的出口国较为集中,主要有印度、泰国、越南、巴基斯坦、美国、中国、缅甸、巴西、乌拉圭等,其中印度、泰国、越南三国的出口量就占全球水稻出口总量的近60%;进口国相对分散,主要有中国、印度尼西亚、尼日利亚、菲律宾、伊朗、阿富汗、贝宁等国。泰国是世界著名的水稻生产国和出口国,水稻出口是泰国外汇收入的主要来源之一,2018年其出口量约占全球水稻出口量的23.7%。中国水稻的进口量和出口量均较高,2018年进口302.7万吨,出口213.6万吨。

(二) 世界经济作物的生产布局与贸易

经济作物是指具有某种特定经济用途的农作物,按用途来划分,主要包括棉花、麻类等纤维作物,花生、大豆等油料作物,甜菜、甘蔗等糖料作物,茶叶、咖啡、可可等饮料作物,橡胶、油棕等热带作物,等等。目前世界经济作物的播种面积约占可耕地的1/8,高度集中于少数地区,尤其是集中在发展中国家。

1. 棉花

棉花是重要的纤维类经济作物。棉花种植面积增长缓慢,从1961年的3 185.79万公顷增长到1995年的3 553.6万公顷,增幅为11.5%。此后棉花的种植面积在波动中有所回落,2018年为3 242万公顷。籽棉产量由1961年的2 747.9万吨增长到2018年的7 102.9万吨,年均增长2.8%。

棉花原产于热带,是一种喜温、好光的亚热带、热带和温带作物,世界棉花的种植主要集中于北纬20°~40°,包括亚洲大陆的中部、东南部、美国南部、拉丁美洲、北非、西非等地。其中亚洲是世界最大的棉产区,占全球籽棉产量的62.5%。从国别来看,中国是籽棉产量最高的国家,2018年达到1 771.2万吨,占世界总产量的25%;其次是印度,占比20.6%;第三是美国,占比16.1%。此外,巴西、巴基斯坦、土耳其、澳大利亚、乌兹别克斯坦、墨西哥等也是重要的产棉大国。非洲产量虽然不高,但埃及、苏丹的长绒棉非常著名,居世界首位。

棉花生产的地域性、季节性决定了棉花的国际贸易在世界棉花生产中占有特别重要的地位。1970—2002年世界棉花产量年均1 659.72万吨,棉花贸易量年均为596.2万吨,贸易量占生产量的35.92%,超过了任何一种大宗农作物(小麦、玉米、大豆和水稻)的贸易产量比。到2018年,世界棉花出口量达到824.3万吨,最大的出口国是美国,其产量的40%以上都用于出口,2018年出口量为357.5万吨,占世界总出口量的43.4%。此外,印度的出口量也很大,占世界出口量的13.8%。巴西、澳大利亚、贝宁、希腊、布基纳法索、科特迪瓦、乌兹别克斯坦等国也是主要的棉花出口国,但相比美国和印度,出口量较小。中国棉花产量虽然居世界首位,但由于消费量巨大,因此也是世界最大的棉花进口国,2012年进口量为531.5万吨,占世界皮棉进口总量的52.5%,此后由于国内棉花供大于求且进口棉花相对于国产棉花的价格优势不明显,中国皮棉进口量巨幅下降,2016年仅为不到90万吨。2018年,中国皮棉进口量回升到157.3万吨,仍居全球之首。除中国外,越南、孟加拉国、印度尼西亚、土耳其、巴基斯坦、印度、泰国等致力于发展棉纺工业的发展中国家也是皮棉的进口国。

2. 糖料作物

甘蔗和甜菜是世界上重要的糖料作物。甘蔗是热带、亚热带作物,具有喜高温、喜水、生长期长等特点。世界的甘蔗生产广泛分布在南、北纬30°之间的90多个国家,其中南亚、东南亚、东亚以及南美洲、中美洲是最主要的产区。甜菜则集中分布在欧洲与北美洲的温带、寒带地区,近年来随着栽培技术的进步开始向气候较温暖的地区扩展,但分布范围仍比甘蔗小得多。

甘蔗年产量在10亿吨以上,2018年达到19.1亿吨。巴西、印度、中国、泰国、巴基斯坦、墨西哥、哥伦比亚、危地马拉、澳大利亚、美国、菲律宾都是甘蔗生产大国,其中巴西年产量为7亿吨以上,占世界总产量的40%以上。印度产量约占世界的20%。2018年,世界甜菜总产量2.75亿吨,产量居世界前列的国家有俄罗斯、法国、美国、德国、土耳其、乌克兰、波兰等国,2018年俄罗斯产量最高,占世界的比重为15.3%。

蔗糖和甜菜糖也是世界贸易中的大宗农产品。2018年,世界原糖的出口量为6 604.9万吨,其中出口量最大的是巴西,达到2 157.5万吨,占世界总出口量的32%以上。泰国、澳大利亚、法国、印度、德国、危地马拉、墨西哥等也是重要的出口国,但出口量远低于巴西。原糖的进口国不像出口国那么集中,美国曾是原糖最大的进口国,2011年进口量为171.6万吨,占世界进口总量的比重为6.4%。但近年来印度尼西亚的进口量超过了美国。2018年印度尼西亚的进口量为504.7万吨,占世界总进口量的7.9%。另外中国、阿尔及利亚、马来西亚、孟加拉国、韩国、印度等也是主要的原糖进口国,这些国家的进口量和印度尼西亚、美国相比差别并不太大。

3. 饮料作物

茶叶、咖啡、可可是世界三大主要饮料作物。

茶原产于中国,分布和栽培遍及世界六大洲的许多国家和地区,其中以亚洲的栽培面积和产量最大。2018年全世界收获面积为419.3万公顷,收获面积超过10万公顷的国家有中国、印度、肯尼亚、斯里兰卡、越南、印度尼西亚。2018年世界茶叶产量共633.8万吨,其中年产量超过80万吨的有中国和印度,两国的产量占世界总产量的60%以上。年产量超过10万吨的国家还有肯尼亚、斯里兰卡、土耳其、越南、印尼、伊朗、缅甸。茶叶作为一种自然健康的饮品,随着人们健康消费观念的普及,正被越来越多的人接受与喜爱。自20世纪90年代以来,世界茶叶贸易在波动中不断增长,从1990年的27.75亿美元增长到2008年的55.21亿美元,到2018年进一步增长到81.9亿美元。肯尼亚是茶叶出口量最大的国家,中国、斯里兰卡、印度、越南紧随其后。巴基斯坦、俄罗斯、英国、美国、阿联酋是主要的进口大国,每个国家的进口量都在10万吨以上。其中俄罗斯、英国、美国进口的茶

第四章 世界主要产业的布局与贸易

叶主要以红茶为主,其次是绿茶、花茶、乌龙茶等。

咖啡原产于非洲,分布广泛。拉丁美洲是世界最大的咖啡产地,巴西、哥伦比亚、秘鲁、洪都拉斯、危地马拉、尼加拉瓜、哥斯达黎加都是产量居世界前列的国家,其中巴西2018年产量为355.7万吨,居世界首位,哥伦比亚居第四位。非洲是世界第二大咖啡产地,埃塞俄比亚的产量居世界第六位,乌干达、科特迪瓦也是主要生产国。亚洲咖啡的发展势头也很迅猛,越南、印度尼西亚产量分列世界第二、第三位,印度的产量也较高。生产大国同时也是咖啡的出口大国,巴西生产的咖啡一半以上用于出口,2018年出口量为182.9万吨,居世界首位。越南、哥伦比亚、德国、洪都拉斯、印度尼西亚、秘鲁也是重要的出口国。咖啡的进口国主要是发达国家。2018年美国进口158.2万吨,是世界进口咖啡最多的国家,其他进口大国依次是德国、意大利、巴基斯坦、日本、法国、比利时、西班牙、荷兰等国。

相比茶叶和咖啡而言,可可树由于对温度、雨量条件要求较高,不适合在贫瘠的土壤种植,因此其地理分布仅限于北纬8°到南纬16°之间的部分地区,分布相当集中。西非是世界最大的可可产区,包括科特迪瓦、加纳、尼日利亚和喀麦隆。其中科特迪瓦是世界可可产量最高的国家,2018年产量达196.4万吨。加纳、尼日利亚、喀麦隆分居世界第二、四、五位。东南亚是可可生产的后起之秀,印尼的产量仅次于科特迪瓦和加纳,居世界第三位。拉美产区主要包括厄瓜多尔、秘鲁、多米尼加、哥伦比亚等国。可可的生产大国同时也是出口大国。科特迪瓦所产可可的近80%都提供给国际市场,2018年出口152.6万吨,居世界第一位。加纳、尼日利亚、印度尼西亚、喀麦隆、厄瓜多尔等也是重要的出口国。可可的进口国主要以发达国家为主,2018年进口量排名前列的依次是荷兰、德国、美国、马来西亚、印度尼西亚、比利时、法国、英国等。

总体来看,三大饮料作物的生产国主要是发展中国家,而发达国家则是消费国。出口茶叶、咖啡、可可为发展中国家尤其是非洲国家带来了较丰厚的外汇。

三、世界畜牧业的布局与贸易

(一) 世界畜牧业的发展概况

畜牧业是从事动物的饲养、繁殖以及动物产品生产、加工和流通的产业。畜牧业是世界农业的重要组成部分之一。与种植业并列为农业生产的两大支柱。畜牧业的发展水平,一般能反映一个国家农业整体发达程度,衡量一个国家人民的生活水平,常以其膳食结构中有无足够的动物性食品和动物性蛋白质作为主要指标之一。此外,由于畜牧业的附加值较种植业高,因此发展畜牧业是农民增收的重要途径,而且畜牧业发展必然会带动畜禽鱼的食品加工业、饲料加工业、轻纺业、皮革业和服务行业的发展。

不少发达国家都是农牧并重,美国畜牧业产值占农业总产值的一半;西欧各国畜牧业在农业总产值的比重大都超过1/2,如德国占51%,法国占70%以上,英国占60%以上;北欧则以畜牧业为主,丹麦、瑞典是欧洲肉奶及其制品的供应基地;大洋洲的澳大利亚和新西兰畜牧业占农业总产值的比重分别为60%和80%;亚洲畜牧业产值在农业总产值中所占比重相对较低,日本占30%以上。一些发展中国家的畜牧业占农业总产值的比重也在逐步增长,一般也在20%以上。

从全球畜牧业生产制度看,大体可分为3类:一是放牧型。世界草地面积30亿公顷,占实际陆地总面积的24%,是耕地的1.2倍,主要分布在非洲、亚洲和拉丁美洲。放牧型经营一般较为粗放,致使草地资源退化,在一些半干旱地区正逐步向集约化和农牧结合的混合农作制发展,其肉奶产量约占世界的10%。二是农牧结合的混合农作制。充分利用谷物和农副产品加工业的优势,饲养牲畜,实行农牧结合经营。发展中国家则以自给性家庭经营为主,但近年来也逐步走向专业化、规模化发展,提供较多的畜产品。三是城郊生产制(商品化、工厂化生产)。由于城市化发展,畜产品的消费需求迅速增长,畜牧业生产日益向集约化、工厂化生产制发展,并开展区域合作,实行农牧结合、产供销一体化经营,能更好地提供肉、奶、蛋产品,保障供应,满足城市居民的生活需要。

由于各国政府重视,科技进步,畜牧业生产逐步向专业化、规模化、集约化、产业化发展,畜产品产量和质量有了很大提升,对增加农村收入、活跃市场、改善人们生活起了重要作用。联合国粮农组织统计资料显示,世界肉类产量1980年为13 653万吨,1990年为17 977万吨,2000年达到23 201万吨,2010年达到29 610.7万吨,是1980年的两倍多,到2018年进一步增长到34 239.6万吨。

(二)养牛业

牛分布广、数量多、效益大。世界牛存栏数1975年为11.8亿头,1995年为13.06亿头,到2018年增长到16.9亿头。牛不但可为人类提供肉、奶、皮等副食品和轻工业原料,同时也是有机肥料的来源,在发展中国家还是畜力的主要来源。世界牛的存栏数中,发展中国家占70%以上,以亚洲居多,主要以役用牛为主,肉牛、奶牛占次要地位,因此生产的牛肉和奶量占世界牛肉和奶量的比重并不太高。

印度是世界牛的存栏数最多的国家,2018年为2.99亿头,但印度受宗教影响,不屠宰牛,因此老残牛很多。巴西居第二位,为2.15亿头,美国和中国分列三、四位,但数量上要比巴西少1亿多头,分别是0.94亿头、0.91亿头。此外巴基斯坦、埃塞俄比亚、阿根廷、墨西哥、苏丹等国也是养牛较多的国家。

牛的存栏数的增长也使得牛肉和奶类产品的产量增长迅速。从2000年到2010年,世界牛肉产量年均增速1.8%,2018年达到7 160.1万吨。从大洲来看,拉美和加勒比地区牛肉产量最高,占世界比重超过1/4。其次是亚洲。按国别来看,美国是世界生产牛肉最多的国家,2018年达到1 221.8万吨,巴西、中国、阿根廷也是生产牛肉的大国。牛奶营养丰富,各国都很重视牛奶的生产。美国牛奶产量最高,2018年为9 869万吨,印度居第二位,为8 983.3万吨。此外,中国、巴西、德国、俄罗斯的产量都超过3 000万吨。

(三)养猪业

猪肉是世界最为普遍的肉食品,占人们肉食消费的30%多。养猪业是畜牧业中发展较快的产业之一。世界猪存栏数1975年为6.84亿头,1995年达到9亿头,2010年为9.64亿头,2018年增长到9.78亿头。养猪业以亚洲、欧洲、北美洲为主,中国是生猪存栏数最高的国家,2018年达到4.42亿头,接近世界存栏数的一半。其次是美国,但远低于中国,仅有7 445万头。虽然生猪的存栏数低于牛,但由于猪提供的产品主要是猪肉,因此猪肉的产量远高于牛肉。2018年,世界猪肉总产量为12 008万吨,其中亚洲产量最高,接近世界总产量的56%，欧洲、北美的产量也较高。从国别来看，中国和美国是猪肉生产大国，其中中国的产量高达5 154.5万吨，接近世界总产量的46%，而居于第二位的美国猪肉产量仅为中国的10%。世界养猪业的发展趋势主要是：猪的选用品种由脂肪型向瘦肉型发展；养猪业由副业生产向集约化、商品化、专业化、工厂化方面发展；发达国家养猪场主体规模由1 000头扩大到1万头以上。

（四）养羊业

"二战"前，国际养羊业一般以饲养毛用羊为主，肉用羊为辅。随着化纤合成工业和服装业的迅速发展，羊毛在纺织工业中的比重逐步下降，而由于人民生活改善的需要，对羊肉的需求量逐步增加，羊肉的生产效益显著高于羊毛生产。因此，世界养羊业由毛用型向肉用型或毛肉兼用型方向发展。羊肉生产也向提高质量方面发展，着重生产瘦肉率高、脂肪含量少的优质羊肉。此外，随着良种、畜牧机械、草原改良及配合饲料工艺等方面的技术进步，过去靠天养畜的粗放经营逐渐被集约化生产经营所取代，实现了品种改良，采用了围栏、划区轮牧，建立了人工草地，许多生产环节都使用机械操作，从而大大提高了劳动生产率，使养羊生产向集约化、现代化方向迈进。

2004年，世界羊存栏数为18.18亿只，其中山羊7.8亿只，绵羊10.38亿只。2018年，存栏数增长为22.55亿只，其中山羊为10.46亿只，绵羊为12.09亿只，山羊的增长幅度大于绵羊。从国别来看，中国是世界养羊最多的国家，山羊、绵羊的存栏数均居世界首位，2009年存栏数为2.81亿只，2018年增长到3.02亿只。印度居第二位，2018年存栏数为1.94亿只。此外，尼日利亚、巴基斯坦、伊朗、澳大利亚的羊的存栏数也超过7 000万只。澳大利亚、新西兰的绵羊居世界前列，但山羊存栏数很低，例如澳大利亚是世界仅次于中国的第二大绵羊饲养国，2018年绵羊有7 006.7万只，但山羊仅有363.2万只。

相比猪肉和牛肉，羊肉的产量相对较少，2018为1 576.5万吨。亚洲是羊肉产量最高的大洲，其次是非洲，欧洲、大洋洲产量也较高。中国是羊肉产量最高的国家，2018年为475.07万吨。澳大利亚和印度产量也较高，分居世界第二、三位。世界羊毛产量1980年为279万吨，1990年为334万吨，此后呈下降趋势，2000年为232.3万吨，2009年为204.4万吨，2018年为197.4万吨。中国和澳大利亚是羊毛产量最多的两个国家，2018占世界的比重分别是21.1%和19.5%。新西兰、英国、土耳其的羊毛产量也较高。

（五）畜产品的贸易

畜产品包括牛、羊、猪、家禽等活动物、肉品、乳品、蛋品以及毛皮等产品。国际畜产品贸易是一项重大的商业活动，就贸易额而言占所有农产品贸易的1/6左右。牛肉、猪肉、禽肉等肉类产品的出口额约占畜产品出口总额的一半。20世纪80年代以来，世界畜产品贸易出现如下趋势：一是畜产品进出口总额在农产品中所占份额呈下降趋势，从1990年的22.9%下降到2007年的18.1%。二是随着世界经济的发展和贸易自由化的速度加快，畜产品的贸易量呈现快速增长的趋势。三是由于人口密度、社会与经济发展程度的不同，以及畜牧业资源与畜牧业生产水平的差异，洲际之间和国家之间的畜产品贸易情况也存在很大差异。

肉类产品的贸易增长速度较快，1990年出口总量为1 362.3万吨，到2010年上升到

4 011.5万吨，2018年进一步攀升到4 953.4万吨，是1990年的3.64倍。世界最大的肉类产品出口国是美国，2018年出口量为759.5万吨，占世界总出口量的15.3%。巴西是第二出口大国，占比13.7%。肉类产品最大的进口国是日本，2018年进口量达352.7万吨，占世界进口总量的7.38%。中国的进口量是344.7亿吨，略低于日本。德国、意大利、美国、法国等国家虽然本国肉类产品产量也较大，但由于市场需求更高，因此也成为肉类产品的进口大国（见表4-12）。

表4-12　2018年主要国家或地区肉类产品贸易量

排名	国家或地区	出口量/万吨	占比/%	国家或地区	进口量/万吨	占比/%
	世界	4 953.44	100.00	世界	4 778.82	100.00
1	美国	759.53	15.33	日本	352.73	7.38
2	巴西	679.20	13.71	中国内地	344.73	7.21
3	德国	340.58	6.88	德国	262.89	5.50
4	荷兰	340.06	6.87	英国	252.86	5.29
5	波兰	248.96	5.03	墨西哥	217.22	4.55
6	西班牙	235.57	4.76	美国	212.29	4.44
7	澳大利亚	209.46	4.23	中国香港	189.24	3.96
8	加拿大	183.30	3.70	意大利	170.07	3.56
9	比利时	170.51	3.44	荷兰	160.94	3.37
10	丹麦	161.89	3.27	法国	151.75	3.18

数据来源：根据FAO数据库数据计算。

在肉类产品贸易中，猪肉和牛肉所占比重接近60%。2018年猪肉最大的出口国和进口国分别是美国和日本，牛肉最大的出口国和进口国分别是巴西和中国（见表4-13和表4-14）。

表4-13　2018年主要国家或地区猪肉贸易量

排名	国家或地区	出口量/万吨	占比/%	国家或地区	进口量/万吨	占比/%
1	世界	1 561.02	100.00	世界	1 555.86	100.00
2	美国	242.21	15.52	日本	139.44	8.96
3	德国	230.75	14.78	中国内地	126.39	8.12
4	西班牙	184.01	11.79	德国	113.93	7.32
5	丹麦	134.91	8.64	意大利	110.34	7.09
6	加拿大	120.53	7.72	英国	101.08	6.50
7	荷兰	119.01	7.62	墨西哥	98.83	6.35

续表

排名	国家或地区	出口量/万吨	占比/%	国家或地区	进口量/万吨	占比/%
8	比利时	81.11	5.20	波兰	82.11	5.28
9	巴西	75.10	4.81	韩国	70.39	4.52
10	波兰	70.10	4.49	美国	54.59	3.51

数据来源：根据 FAO 数据库数据计算。

表 4-14 2018 年主要国家或地区牛肉贸易量

国家或地区	出口量/万吨	占比/%	国家或地区	进口量/万吨	占比/%
世界	1 285.96	100.00	世界	1 260.07	100.00
巴西	189.27	14.72	中国内地	131.29	10.42
澳大利亚	151.32	11.77	美国	129.63	10.29
美国	132.16	10.28	日本	80.15	6.36
印度	111.12	8.64	越南	65.70	5.21
荷兰	62.16	4.83	中国香港	59.23	4.70
波兰	58.54	4.55	韩国	51.42	4.08
新西兰	57.44	4.47	荷兰	48.54	3.85
爱尔兰	54.52	4.24	德国	46.21	3.67
阿根廷	51.91	4.04	埃及	44.06	3.50

数据来源：根据 FAO 数据库数据计算。

乳制品的世界出口量增幅也较大，由 2000 年的 7 115 万吨增长到 2010 年的 10 311.9 万吨，增幅 40% 以上，2018 年进一步增长到 13 055.6 万吨。新西兰是乳制品出口量最高的国家，2018 年出口 1 867.1 万吨，占世界总出口量的 14.3%；其次是德国、荷兰、美国，出口量均超过 1 000 万吨。中国是乳制品进口量最高的国家，2018 年进口 1 259.7 万吨，占世界总进口量的 9.65%。德国乳制品进口量居第二位，荷兰、比利时、意大利、法国、英国的进口量也较高。

羊毛的出口国则集中在澳大利亚、南非、新西兰、罗马尼亚、西班牙、阿根廷等国。其中澳大利亚是最大的羊毛出口国，2018 年出口量为 28.59 万吨，而排在第二、三位的南非和新西兰均仅有 4 万多吨的出口量。中国则是进口羊毛最多的国家，2018 年进口 26.8 万吨，远高于排在第二位的印度（进口量 3.47 万吨）。此外，捷克、埃及、土耳其、意大利也是羊毛的主要进口国。

四、世界林业的布局与贸易

森林是陆地生态系统的主体，是人类生存和社会发展的基础。林业是第一产业的重要部门，是国民经济的重要组成部分。森林具有涵养水源、保持水土、固碳制氧、净化空气、平衡生态、滋养万物的功能,同时也具有巨大的经济效益,为人类提供木材和多种林副产品,满足人们的生产、生活需要。森林属于可再生的自然资源,也是一种无形的环境资源和潜在的"绿色能源",因此,一个国家或一个地区森林资源的多少和分布状况对其农业、畜牧业、工业的发展以及人民的生活会产生很大的影响。

(一)世界森林资源的特点

世界森林面积广阔,根据联合国粮农组织的《全球森林资源评估报告 2020》,世界森林总面积 40.69 亿公顷,占陆地总面积的 31%,人均森林面积 0.52 公顷。从世界各国情况看,森林资源呈现如下特征:

1. 森林资源分布不均衡

欧洲的温带、北美洲的寒温带和南美洲的热带雨林依然是世界上最主要的森林资源分布地区。欧洲(含俄罗斯)森林面积最大,占世界森林总面积的近 25%,其次为拉丁美洲、北美洲,大洋洲最少(见表 4-15)。世界森林覆盖率 2018 年为 30.17%。各大洲中,森林覆盖率最高的是拉丁美洲,达到 46.04%,欧洲、北美洲的森林覆盖率也在世界平均水平以上,分别为 43.59% 和 32.63%。非洲、大洋洲和亚洲则在世界平均水平以下,其中亚洲的森林覆盖率最低,仅有 19.38%。联合国粮农组织的报告表明,全球森林砍伐尽管速度有所放缓,但仍在继续。自 2015 年以来,每年有 1 000 万公顷森林被转换为其他用途。自 2010 年以来,10 年中亚洲、大洋洲和欧洲的森林面积有所增加;森林净损失率最高的大洲是非洲,其次是南美洲。

表 4-15　2018 年各大洲的森林面积及森林覆盖率

地　　区	森林面积/亿公顷	森林面积占世界比重/%	森林覆盖率/%
欧洲(含俄罗斯)	10.17	24.99	43.59
拉丁美洲	9.45	23.22	46.04
北美洲	6.57	16.15	32.63
非洲	6.45	15.85	21.25
亚洲	6.2	15.24	19.38
大洋洲	1.85	4.55	21.64

数据来源:联合国粮农组织(FAO)。

从国别来看,全球 2/3 的森林集中分布在俄罗斯(20.04%)、巴西(12.26%)、加拿大(8.53%)、美国(7.61%)、中国(5.31%)、澳大利亚(3.29%)、刚果民主共和国(3.15%)、印度尼西亚(2.29%)、秘鲁(1.79%)和印度(1.76%)等 10 个国家,其中前 5 个国家森林面积占全球的 50% 以上。有 105 个国家的森林面积占土地面积(不含内陆水域)的比重超过全球平均水平。但世界上也有 62 个国家的森林面积占土地面积(不含内陆水域)的比重不到 10%,其中,有些国家如莱索托、吉布提、埃及、利比亚、毛里塔尼亚、科威特、摩纳哥和瑙鲁不足 0.5%。

2. 世界各地区的森林蓄积量差距大

森林蓄积量是指一定森林面积上存在着的林木树干部分的总材积,它是反映一个国家或地区森林资源总规模和水平的基本指标之一,也是反映森林资源的丰富程度、衡量森林生态环境优劣的重要依据。2020年世界树木总蓄积量为5 570亿立方米,较1990年的5 600亿立方米稍有下降,其中欧洲(含俄罗斯)和南美洲各占1/3。按人均占有量来看,大洋洲第一,人均约360立方米;南美洲第二,人均约320立方米;北美洲和中美洲排行第三,约为140立方米。从国家占有量来看,前几位为俄罗斯、巴西、澳大利亚、新西兰、巴布亚新几内亚以及加拿大和美国等。从每公顷蓄积量来看,世界平均水平为110立方米/公顷,瑞士、奥地利和法属圭亚那地区高于300立方米,分别为368立方米、300立方米和350立方米。巴西、美国、加拿大、俄罗斯也较高,中国、印度和印度尼西亚则远低于全球平均水平。

3. 全球1/3的森林是原生林,人工林不足8%

原生林即原始森林,2018年全球原生林占森林总面积的31.4%,人工林占7.29%。原生林集中分布在俄罗斯(21.35%)、加拿大(16.12%)、巴西(15.87%)、刚果民主共和国(8.04%)、美国(5.9%)和秘鲁(5.15%)6国。原生林占本国森林面积的比重大于50%的国家和地区有21个,其中秘鲁90.33%,加拿大59.34%,墨西哥50.03%。此外巴西和印度尼西亚占比也较高,分别是40.53%和48.99%。人工林是通过种植和/或有意播种本地或引进树种而形成的森林,中国是全球人工林面积最大的国家,2018年达到8 247万公顷,占世界人工林总面积的27.8%。此外美国(9.28%)、俄罗斯(6.37%)、加拿大(5.84%)、瑞典(4.58%)、印度(4.44%)也是人工林面积较大的国家。人工林占森林面积的比重大于20%的国家和地区有47个,其中荷兰人工林占本国森林总面积比重为89.5%,波兰77.9%,德国50%,日本40.8%,中国38.1%,韩国36%。有些国家如阿联酋、阿曼、科威特、佛得角、利比亚和埃及的森林全为人工林。联合国粮农组织对中国在森林保护和植树造林方面对全球的贡献给予充分肯定,近十年中国森林面积年均净增加量全球第一,且远超其他国家。2010—2020年亚洲地区森林净增加面积最多,而且主要集中于东亚地区,这主要得益于中国年净增约194万公顷森林。

4. 全球森林的1/3用于木质和非木质产品生产,11%的森林指定用于生物多样性保护

用于生产木质和非木质产品的森林比重大于50%的国家和地区全球有43个,有些国家如克罗地亚、芬兰、法国、希腊和爱尔兰的比重超过90%。有22个国家和地区将30%以上的森林指定用于生物多样性保护,有些国家如中非共和国、新加坡、塔吉克斯坦和新西兰指定用于生物多样性保护的森林比重大于70%。全球指定用于水土保持的森林面积比重为9.3%,其中有31个国家的比重超过30%,有些国家如肯尼亚、利比亚、科威特、土库曼斯坦和乌兹别克斯坦90%以上的森林用于水土保持。全球指定用于提供休闲、旅游、教育及宗教场所等社会服务的占3.7%,有些国家如塞拉利昂、亚美尼亚、德国和巴西指定用于提供社会服务的森林比重超过20%,德国达42.3%。

(二)世界各国森林资源演变趋势

20世纪90年代以来,世界各国政府强化森林资源的保护与管理,完善法律法规,制定森林政策,开展植树造林,人工林面积持续增加,森林正由木材生产向多功能利用转变,森林可持续经营取得新进展。但全球森林面积,尤其是原生林面积继续呈减少趋势。

1. 全球森林面积总体上继续呈下降趋势,但减少的速度变缓

1990年世界森林面积为41.68亿公顷,到2010年减少到40.33亿公顷,20年共减少1.35亿公顷。1990年至2000年,森林面积共减少8 323万公顷;从2000年到2010年,共减少5 217万公顷;从2010年到2018年,共减少3 793.4万公顷。由此可见,全球森林减少速度变缓。世界上有56个国家和地区森林面积年均增加合计为556.4万公顷,其中中国、西班牙、越南、美国和意大利5国增加最多。但仍有77个国家和地区森林面积呈下降趋势,年均减少合计为1 288万公顷,减少较多的国家有巴西、印度尼西亚、苏丹、缅甸、赞比亚、坦桑尼亚和尼日利亚。其中尼日尔、刚果民主共和国、几内亚、文莱、尼泊尔、菲律宾、泰国、特立尼达和多巴哥、尼加拉瓜、巴拿马、墨西哥、澳大利亚和马达加斯加等13个国家减速变缓。

2. 全球人工林面积增速加快

1990年,世界人工林总面积为17 831万公顷,到2010年,已增长到26 408万公顷,增长近8 600万公顷。1990—2000年,人工林年均增长365.3万公顷,年均增速1.88%;2000—2010年,年均增长上升到492.5万公顷,年均增速2.09%。到2018年,世界人工林面积为2.97亿公顷,比2010年增长2 563万公顷。世界上有85个国家和地区的人工林面积呈增加趋势,其中年均增加面积较多的国家有中国、俄罗斯、美国、越南、印度、印度尼西亚、智利和澳大利亚。但仍有许多国家和地区的人工林面积呈减少趋势,其中年均减少面积较多的国家有苏丹、菲律宾和哈萨克斯坦。

3. 全球原生林面积迅速减少

受毁林开荒、择伐及其他人类活动影响,在20世纪90年代,全球的原生林面积每年下降约470万公顷;在2000—2010年间,每年下降约420万公顷。这一损失相当于在10年期间每年减少0.4%的原生林。从2010年到2018年,原生林又损失掉1 091.2万公顷。南美洲原生林的损失最大,其次是非洲和亚洲。巴西是原生林面积最大的国家,其原生林的损失率也最大,从1990年到2017年共损失1 554.9万公顷。除大洋洲之外,损失率在所有区域都趋于稳定或有所下降。大洋洲的损失率有所上升,主要是由于巴布亚新几内亚在2005—2010年间损失有所增加。欧洲及北美洲和中美洲的原生林则出现净增长。

4. 森林由木材生产向多功能利用转变

在全部的森林中,将近12亿公顷的森林的主要用于生产木材和非木材林产品。还有9.49亿公顷森林(24%)具有多种用途。自1990年以来,用于木质和非木质产品生产的森林面积减少了4 046.9万公顷;用于水土保持的森林面积增加了4 134.2万公顷,在森林总面积中的比重增加了1.3个百分点;用于生物多样性保护的森林面积增加了9 600万公顷;用于提供休闲、旅游、教育及宗教场所等社会服务的森林面积增加了约1.05亿公顷。全球森林向多功能利用转变。

(三) 林产品的生产与贸易

林产品是指林木产品、林副产品等与森林资源相关的产品,主要包括原木、板材、纸浆、纸张等产品。

1. 林产品的生产

全世界34%的森林是以生产木材和非木质林产品为目的。世界木质林产品产量在

20世纪80年代末达到最高点,90年代初期出现短暂下降之后,10余年中虽然有小幅波动,但总体呈上升趋势,到2018年达到40.05亿立方米的最高点。2019年,世界原木产量为39.64亿立方米,其中工业用原木19.44亿立方米,锯材4.91亿立方米,人造板4.01亿立方米(见表4-16)。

世界各地区林业产品结构已基本形成。欧洲和北美地区在原木、锯材、人造板等生产方面产量较高,森林经营、林产品加工和贸易均衡发展,初级林产品与加工产品按比例布局;而亚洲、非洲、拉丁美洲等地区,初级产品所占比重较大,同时加工产品的生产也出现了一定的提升,特别是亚洲林产品加工业的发展,对于改变世界林产工业格局起到了一定作用。

表4-16 2019年世界主要林产品的产量及出口量

产　品	产量	出口量
原木/百万立方米	3 964.35	146.84
木材燃料/百万立方米	1 944.45	7.62
工业原木/百万立方米	2 019.90	139.21
木屑、颗粒和残留物/百万立方米	509.02	80.90
锯材/百万立方米	491.37	157.55
人造板/百万立方米	401.64	89.07
纤维板/百万立方米	116.83	25.76
总纤维配料/百万吨	421.62	113.37
造纸用纸浆/百万吨	193.35	62.68
木浆/百万吨	189.65	66.86
纸和纸板/百万吨	404.05	113.07

数据来源:FAOSTAT-Forestry 数据库。

森林资源分布的不均衡也导致各地区、各国家各林产品的产量不均衡。就原木而言,亚洲的产量最高,2019年为11.6亿立方米,占世界总产量的29.3%。其次是欧洲,为8.05亿立方米。美国2019年的工业原木产量为4.59亿立方米,是世界原木产量最高的国家。印度和中国的产量分别为3.53亿立方米和3.43亿立方米,居世界第二、三位。巴西、俄罗斯、加拿大、印度尼西亚、埃塞俄比亚的产量也超过了1亿立方米。

2. 林产品贸易

近几十年来,随着信息和通信技术的快速发展及全球化步伐的加快,社会变化加速,也促使各层面的林业部门发生了巨大的变化。人口、经济、制度和技术的变化已经改变了森林产品和服务的需求格局。全世界范围内投资自由化,全球金融市场一体化极大地推动了林业资本的全球性流动,发达国家林业跨国公司的资本不断向发展中国家流动,从事资源培育和生态保护、森林开发和木材加工以及木材产品销售;发展中林业大国的大型企业也不断增加海外投资,进行海外森林开发,配置资源。这使得全球各个地区的林产品进出口结构发生了变化。从历史上来看,在全世界都关注经济发展与林业生态保护之间的关系的背景下,发达国家仍然是进出口贸易的主力,而发展中国家的崛起则受到了较多技术和贸易上的限制。

世界林产品进出口贸易总额在波动中呈增长态势,其中出口额由1990年的1 003亿美元增长到2008年的2 373.7亿美元。受金融危机的影响,2009年急转回落至1 882.4美元。此后又有所增长,到2018年增至2 694.9亿美元的高点,2019年又降至2 478.9亿美元。

由于世界森林资源分布的不均衡性,各国林产品的生产和贸易重点也有许多不同。在全球气候与环境问题日益受到关注的背景下,林产品的生产和消费出现了追求生态需要的共同趋势,并促使林产品贸易从规模到结构都在迅速发生变化。传统的木材资源出口国逐步减少原木出口,发展自己的木材加工工业;单纯的资源型林产品贸易正在受到抑制,加工产品,特别是精加工产品贸易迅速扩大,如人造板、纸及纸板等。

从区域角度来看,欧洲、亚洲、北美洲是经济发达地区,也是森林资源储备比较丰富的地区,林产品贸易在这些区域十分活跃。2019年,在世界林产品的出口贸易中,欧洲、亚洲和北美洲占世界林产品出口总额的85%。欧洲林产品的贸易额居世界首位,其中出口额占世界林产品总出口额的48.3%,进口额占世界总进口额的54%。欧洲的贸易主要在内部的各个国家之间进行。伴随经济的快速增长,特别是人工林供给木材能力的快速增强,亚洲成为林产品贸易发展的重要区域,出口额和进口额分别占世界总出口额和总进口额的18.4%和41.4%,是世界最大的林产品进口地区。由于大量进口木材,亚洲在林产品贸易中有巨额贸易逆差,2019年达到642.4亿美元。而欧洲和北美洲得益于其林产品加工业的优势,在林产品贸易中有较大的贸易顺差。南美、非洲和大洋洲虽然是森林资源较为丰裕的地区,但由于经济发展相对滞后,林产品贸易尚处于起步阶段,贸易形式主要表现为以单向的原木、锯材出口为主。从国别来看,美国是最大的林产品出口国,2019年出口额为244亿美元。加拿大、德国、瑞典、芬兰、中国、巴西、俄罗斯的出口额也在100亿美元以上。中国是最大的林产品进口国,2019年进口额为478.2亿美元,占世界林产品进口的近18%。美国、德国、日本、英国、意大利也是进口大国。

五、世界渔业的布局与贸易

渔业是第一产业的重要部门之一,也是国民经济的重要组成部分。目前,世界上有一半以上的人口依赖鱼、虾、贝类等作为动物蛋白质的主要来源,鱼类是人类食品的重要组成部分。渔业所提供的水产品是仅次于谷类和牛奶的人类食用的食物蛋白质的第三大来源,有助于人类营养均衡和健康。

(一)世界渔业的生产布局

1. 总体状况

渔业包括捕捞业和水产养殖业,其中捕捞业又分为内陆捕捞和海洋捕捞,水产养殖也分为内陆养殖和海洋养殖。世界渔业的产量近几十年来呈不断上升的趋势,由1950年的不到2 000万吨增长到2010年的1.48亿吨(其中约1.28亿吨供人类食用)。2018年产量进一步增加至1.785亿吨,其中1.56亿吨供人类食用(见表4-17)。随着水产品产量持续增加和销售渠道不断改善,全球食用水产品供应在过去 50 年中出现了大幅增加,1961—2009 年间的年均增长率为 3.2%,高于同期世界人口年均 1.7% 的增长率。

表 4-17　世界渔业产量　　　　　　　　　　　　百万吨

年份 项目	2006	2008	2010	2012	2014	2015	2016	2017	2018
捕捞	90	89.7	88.6	89.6	91.2	92.6	89.7	93.1	96.4
内陆	9.8	10.2	11.2	11.2	11.3	11.4	11.4	11.9	12
海洋	80.2	79.5	77.4	78.4	79.9	81.2	78.3	81.2	84.4
水产养殖	47.3	52.9	59.8	66.4	73.7	76.1	76.5	79.6	82.1
内陆	31.3	36	41.7	42	46.9	48.6	48	49.6	51.3
海洋	16	16.9	18.1	24.4	26.8	27.5	28.5	30	30.8
世界渔业合计	137.3	142.6	148.4	156	164.9	168.7	166.2	172.7	178.5

数据来源:FAO《2020 世界渔业和水产养殖状况》。

2. 海洋捕捞业

按 2018 年的数据,捕捞业在世界渔业总产量中所占比重为 54%,而海洋捕捞业是其中主要的组成部分,2018 年产量为 8 440 万吨,占世界渔业产量的比重为 47.3%。

世界海洋渔业的分布是不均衡的,其分布主要受两方面因素的影响,一是渔业资源多少,二是各地对渔业资源的研究和利用的程度。渔业资源的多寡,主要由鱼类的主要食料——浮游生物的丰富程度决定。因此,不同海域浮游生物的多少,决定了海洋鱼类和渔场的分布。大陆架由于海水较浅,阳光透入好,水温较高,宜于浮游生物繁殖,来自大陆的河流也带来了丰富的浮游生物,因此成为海洋鱼类云集的场所。海洋渔业资源丰富的区域往往也是寒暖流交汇的地方。如西北太平洋渔场是世界最大的渔场,特别是日本暖流和千岛寒流交汇处的日本北海道和中国东部沿海渔场,占世界渔场面积的 1/4;东北太平洋渔场有北太平洋暖流与阿留申寒流交汇;以纽芬兰为中心的西北大西洋渔场,主要是墨西哥湾暖流和拉布拉多寒流汇合;以北海为中心的东北大西洋渔场,则是北大西洋暖流与北冰洋寒流的交汇处。

为便于统计各大洋的渔获量,联合国粮农组织将世界海洋分为 19 个渔区。按 2018 年的数据,西北太平洋产量最高,为 2 060 万吨,占全球海洋渔获量 24.4%,随后是中西太平洋的 1 354 万吨(16%)、东南太平洋的 1 027 万吨(12.2%)和东北大西洋的 932 万吨(11%)。世界海洋渔业产量曾从 1950 年的 1 680 万吨大幅度增加到 1996 年顶峰时期的 8 640 万吨,随后开始回落,稳定在 8 000 万吨左右。据联合国粮农组织的数据,除西南大西洋和西南太平洋有所减少外,温带地区的渔获量稳定在每年 3 750 万~3 960 万吨。热带地区的渔获量则呈上升趋势,特别是东印度洋一直在稳步增加。南极渔区的渔获量增幅较大,主要原因是南极磷虾由 20 世纪 90 年代的不足 10 万吨增长到 2018 年的 31.3 万吨。

据联合国粮农组织的估计,目前约有 34.2% 的鱼类种群是在生物不可持续水平上被捕捞,总体比例过高。过度开发、过度捕捞不仅会导致负面生态后果,还会降低水产品产量,从而进一步造成负面的社会、经济后果。为了加大海洋渔业对沿海社区的粮食安全、经济发展及人民福祉的贡献,必须制订有效的管理计划来恢复已遭过度开发的种群。

扩展阅读 4-2
渔区

3. 内陆捕捞业

21 世纪以来,全球内陆水域捕捞量一直呈大幅增长,2018 年达到 1 200 多万吨,创历史最高水平,内陆水域捕捞量占全球捕获总量的比例也从 20 世纪 90 年代的 8% 上升到 2018 年的 12.5%,抵消了自 20 世纪 90 年代末以来海洋捕获量的下降。尽管如此,内陆水域捕捞量在一些地区仍被大大低估。但在世界很多地区,内陆水域被认为也存在过度捕捞现象,人类造成的压力及环境变化已导致部分湖泊出现严重退化,如咸海和乍得湖。此外,一些内陆水域捕捞大国(如中国),渔获量中很大一部分来自经过人工增殖的水域。因此内陆渔业产量的大幅增长很难说清楚有多少是统计工作覆盖面进一步完善以及人工增殖的结果。

亚洲是内陆捕捞量最大的地区,自 2005 年以来,一直占内陆水产量的 2/3。全球排名前六位的内陆捕捞大国都在亚洲,其中中国是内陆捕捞量最高的国家,过去 20 年年均捕捞 210 万吨。全球内陆捕捞量增加还主要得益于印度、孟加拉国、缅甸、柬埔寨等亚洲国家。非洲占全球内陆捕获量的 25%,内陆捕捞是非洲人民食物的重要来源。欧洲和美洲的总捕获量占全球的 9%,大洋洲的捕获量则非常有限。

4. 水产养殖业

全球水产养殖产量中占主导地位的是淡水鱼类,随后是软体类、甲壳类、海河水洄游鱼类、海洋鱼类和其他水生动物。水产养殖产品几乎全部供人类食用,是重要的食品生产部门,在 20 世纪 80 年代和 90 年代维持高速增长,年均增速分别为 10.8% 和 9.5%,2000 年以后虽然增速放缓,但仍高于其他主要的食品生产部门。水产养殖在全球水产总产量(包括捕捞和养殖)中的比重逐步提升,从 2000 年的 25.7% 上升到 2016—2018 年的 46.0%。全球水产养殖量在 2018 年达到 11 450 万吨。2001—2018 年期间,全球水产养殖产量平均每年增长 5.3%,而 2017 年和 2018 年的增长率仅为 4% 和 3.2%。最近的低增长率主要是因为养殖量最大的中国在 2017 年和 2018 年仅增长了 2.2% 和 1.6%。2018 年水产总产量最大的前十个国家中,有 4 个国家的水产养殖产量占总产量的比例超过 50%(即中国 76.5%,印度 57%,越南 55.3%,孟加拉国 56.2%);而其他国家则远低于 50%(即秘鲁 1.4%,俄罗斯 3.8%,美国 9%,日本 17%,挪威 35.2%)。

水产养殖产量在经济发展水平各异的各区域和各国仍然分布很不均衡。2018 年,亚洲在世界水产养殖产量中占 88.69%,这主要归功于中国,其水产养殖产量在 2018 年达 4 775.9 万吨,占世界水产养殖总产量的 58%。印度、印度尼西亚、越南、孟加拉国、泰国、缅甸、菲律宾和日本也是亚洲的水产养殖大国。挪威是发达国家中水产养殖量最大的国家,但远低于中国,2018年仅有135.5万吨。北美的水产养殖量近年来维持稳定,而南美却保持了强劲的增长势头。欧洲尤其是西欧的水产养殖大户停止扩大生产,甚至收缩规模。非洲在过去10年里对全球总产量的贡献率已从1.2%上升为2.2%,主要原因是撒哈拉以南非洲地区的淡水养殖业出现了快速增长。

(二)水产品的贸易

水产品是海洋和淡水渔业生产的动植物及其加工产品的统称。水产品是世界贸易中最常见的食品类商品,2018年,其出口额约占世界农产品出口额(不包括林木产品)的10%和货物出口总额的1%。从1976年到2018年,全球水产品出口额年均增长8%,2018年水产品的出口额是1976年的20多倍,然而出口量在此期间仅以年均3%的速度增长。贸易额的增速远高于贸易量说明水产品的价格在稳步上升。水产品贸易的增长主要受到持续强劲的需求、贸易自由化政策、食品体系全球化以及技术革新等因素的影响,但近些年来,受到贸易冲突以及新冠疫情的影响,其发展有很多不确定性。

对许多发展中国家而言,水产品贸易都很重要。自2002年起,中国一直是最重要的水产品出口国,在2016年世界水产品出口总量中占14%以上(见表4-18),出口额约为201.31亿美元。除中国外,越南、泰国等发展中国家在全球渔业中都发挥着主要作用。2016年,发展中国家水产品出口值占世界水产品出口总值的50%以上,出口量占世界出口总量的60%以上。对许多发展中国家来说,水产品贸易代表着外汇的重要来源,并在提高国民收入、提供就业岗位、增强粮食安全、均衡营养方面发挥重要作用。发展中国家出口的水产品有67%是销往发达国家。发达国家中,挪威、美国、加拿大、丹麦都是水产品出口大国。

表4-18 2016年鱼和渔业产品前十位进出口国

排序	出口国	出口额/百万美元	占世界百分比/%	进口国	出口额/百万美元	占世界百分比/%
1	中国	20 131	14.1	美国	20 547	15.1
2	挪威	10 770	7.6	日本	13 878	10.2
3	越南	7 320	5.1	中国	8 783	6.5
4	泰国	5 893	4.1	西班牙	7 108	5.2
5	美国	5 812	4.1	法国	6 177	4.6
6	印度	5 546	3.9	德国	6 253	4.5
7	智利	5 143	3.6	意大利	5 601	4.1
8	加拿大	5 004	3.5	瑞典	5 187	3.8
9	丹麦	4 696	3.3	韩国	4 604	3.4
10	瑞典	4 418	3.1	英国	4 201	3.1
	前十位合计	74 734	52.4	前十位合计	82 250	60.7
	全球总计	142 530	100	全球总计	135 037	100

数据来源:FAO《2018年世界渔业和水产养殖状况》。

2016年,世界水产品进口额为1 350.4亿美元,比2006年增长65.2%。美国和日本的水产品消费高度依赖进口,是鱼和渔业产品的主要进口国。由于人口增长和海产品消费的长期增长趋势,2016年美国进口达到205.5亿美元,比2006年增长64.89亿美元。日本鱼和渔业产品的进口近年来也呈增长趋势。作为世界最大的水产品生产和出口国,中国也是水产品进口大国,其中部分原因是中国从事相关水产品的加工业务,从南美洲、北美洲以及欧洲进口本国不生产的原料,加工后再出口。从地区来看,欧盟是水产品的最大单一市场,其消费对进口鱼的依赖度增加。除上述主要进口国外,许多新兴市场国家也成为重要进口国,主要是巴西、墨西哥、俄罗斯等国。

第二节 世界能源工业的布局与贸易

能源是一种特殊的自然资源,是世界经济发展的重要物质基础。世界上的许多经济问题和政治问题都与能源的分布与生产有着直接或间接的关系,人类社会的发展离不开优质能源的出现和先进能源技术的使用。概括来说,能源可分为常规能源和新能源两大类。常规能源也叫传统能源,是已经大规模生产和广泛利用的能源,主要包括煤炭、石油、天然气、核能等一次性非再生的常规能源以及水电这一可再生能源。新能源是在新技术基础上系统开发利用的能源,如太阳能、风能、海洋能、地热能,等等。

一、世界能源的生产布局与消费概况

(一)世界能源的生产布局

在能源的生产和消费结构中,常规能源仍占据着不可替代的绝对优势地位。这些常规能源的生产分布是很不均衡的。从分布来看,主要由地质规律决定,如煤炭和石油的形成与生物演化和地质作用相关;从生产供给来看,不仅受地质规律的影响,而且还与经济发展速度、规模、发展阶段和发展水平有着直接的关系。此外,能源的开采成本、科学技术的发展及其应用也会影响到能源的生产。

世界能源的分布规律决定了不同国家或地区的能源生产结构与布局类型。有的国家石油、天然气、煤炭等各种能源都很丰富,结构合理,能源生产全面发展,如美国、俄罗斯;有的国家以煤炭为主,如中国、印度、南非、澳大利亚、波兰、德国等,结构比较单一;有的国家以石油和天然气为主,如中东各国、尼日利亚、委内瑞拉、阿尔及利亚、墨西哥等;有的国家水力资源蕴藏丰富,并得到较充分的开发利用,如加拿大、巴西、瑞典、瑞士等;有的国家核能开发利用较多,如法国;有的国家地热利用充分,如冰岛。而像日本这样的国家,因常规能源贫乏,只能依靠进口。

(二)世界能源的消费趋势

能源的消费与经济发展水平密切相关。随着经济的发展,能源消费的数量越来越大,且增长迅速,无论是世界能源总消费量还是人均消费量都保持着持续增长的势头。从

1965年到1985年,世界一次能源①消费量由155.69 EJ(Exajoules,艾焦耳)增长到302.23 EJ,增幅为94%;受金融危机的影响,2009年能源消费量较2008年有所回落,此后消费量一直呈增长趋势,到2019年上升到583.9 EJ。

从国家来看,能源消费主要集中在经济发展水平高的国家。2019年OECD国家能源消耗占世界能源消耗的比重为40%。作为世界经济规模最大的国家,美国很长一段时间以来都是能源消费最多的国家,1965年起消费量就达52.43 EJ,占当年世界消费总量的33.7%,而当时中国的消费量近5.52 EJ,仅有美国的1/10。但随着中国经济的迅速发展,能源消费量也在迅速增加,到2009年,中国已超越美国成为世界一次能源消费最多的国家,消费量达97.52 EJ,占世界总消费量的20.2%,2019年,中国的一次能源消费量已达到141.7 EJ,占比也上升到24.3%。美国居第二位,消费量为94.65 EJ。印度近年来的能源消费量增长也很快,到2019年达到34.06 EJ,是第三大能源消费国。俄罗斯、日本、加拿大、德国、巴西也是能源消费大国。

世界能源消费迅速增长的原因,归纳起来主要有:世界各国经济的迅速增长,使能源消费量增加;人口增加也是影响需求增加的重要因素,特别是城市人口增加与能源消费增长呈正比;第二次世界大战后,发达国家工业结构加快向重化工业转换,特别是资源密集型工业的发展,使能源消费量呈现前所未有的增长速度;许多发展中国家的重工业也有较大发展,这更加大了能源消费量。

由于全球经济增长放缓,以及个人和企业为应对高涨的能源价格而提高能源的使用效率,全球能源消费的增速放缓,2008年至2018年年均增长1.6%,而2019年相比上年增长1.3%。此外,能源消费主体也正在由发达国家转向新兴经济体。

(三)世界能源消费结构的变化

能源的开发利用与生产力发展水平相适应,能源消费结构的变化也是生产力发展的一个重要标志。能源生产结构与消费结构基本是吻合的。随着生产力的发展和科学技术的进步,人类在能源消费上经历了三个阶段,目前正酝酿走向第四阶段。

在整个前资本主义时期,生产力不发达,人力和畜力是主要生产动力,木柴等在能源消费中居首位,被称为能源的"木柴时代"。以蒸汽机为标志的18世纪的资产阶级产业革命促进了煤炭的大规模使用,大约经过一个多世纪的发展,到19世纪70年代,煤炭在世界能源消费结构中占24%,之后电力开始进入社会经济各个领域,对煤炭的需求量猛增,到20世纪初达95%,取代木柴成为主要能源,进入了能源的"煤炭时代",完成了世界能源消费结构的第一次重大变革。直到20世纪50年代末、60年代初,煤炭还占消费总量的1/2以上。早在20世纪初,内燃机问世,汽车、飞机制造业兴起,各工业部门和运输业相继采用石油为燃料的动力装置,一些新型军事装置也广泛应用石油为动力,致使石油消费量显著增加。"二战"后,60年代初石油(气)产量与消费量超过煤炭,世界能源迈入了"石油时代"。结构迅速转换的主要原因:一是石油产量的增加。第二次世界大战后,新的特大油田的不断发现,科学技术的发展,勘探能力的提高,使大陆架和海底石油的开发

---

① 一次能源(primary energy)是指自然界中以原有形式存在的、未经加工转换的能量资源,又称天然能源。一次能源包括化石燃料(如原煤、原油、天然气等)、核燃料以及用于发电的可再生能源等。

成为可能。新油田多分布在以西亚地区为代表的亚非拉发展中国家。这些国家在独立后适应民族经济发展的需要,大力开采石油,增加出口换取外汇收入。因此,石油产量迅速增加。二是石油自身条件优越,可燃性强,单位热量比煤炭约高一倍,利用价值大;石油开采条件好,费用低,按热量计算,石油成本只等于煤炭的 1/3;又便于运输,陆上管道与海上油轮,既方便又便宜。这些都为满足世界石油消费量巨量增长提供了有利条件,并为石油取代煤炭提供了现实的可能性。三是国际石油垄断组织为了从亚非拉地区掠夺大量廉价石油,控制了石油贸易,压低国际石油价格,使石油价格比煤炭便宜一半,主要资本主义国家纷纷弃煤用油,从而加速了石油取代煤炭的进程。当然煤炭开采条件日益恶化也是一个因素。

20 世纪 60 年代以来,结构变化总的特点是:煤炭基本呈下降趋势,油(气)在 70 年代中期占比高达 65% 以上(见表 4-19)。2010 年以来,石油占比一直稳定在 33% 以上,相比 70 年代石油危机发生前减少了十多个百分点。天然气一直较为稳定,约为 24%。核能在 20 世纪末曾占比 6% 以上,但此后逐渐回落至 4% 以上。水电占比小幅增长,可再生能源占比增幅较大。

表 4-19 世界一次能源消费构成 %

年份	石油	天然气	煤炭	核能	水电	可再生能源
1965	40.01	17.02	37.34	0.15	5.48	—
1975	45.91	20.17	26.98	1.40	5.54	—
1985	38.47	22.59	28.20	4.60	6.14	—
1995	37.39	24.40	25.79	6.01	6.42	—
2000	37.33	25.21	25.08	6.11	6.27	—
2005	35.57	25.32	27.42	5.70	5.99	—
2010	33.14	26.07	29.25	5.15	6.39	1.38
2015	33.12	24.01	28.88	4.45	6.74	2.80
2016	33.28	24.13	28.04	4.46	6.86	3.16
2018	33.22	24.06	27.56	4.19	6.48	4.48
2019	33.06	24.23	27.03	4.27	6.45	4.96

数据来源:根据《BP Statistical Review of World Energy》各年数据计算。

世界各国能源消费结构是有差异的。影响世界各国能源消费结构变化的因素,一是取决于经济发展与生产力发展水平;二是能源资源条件。如 20 世纪 50 年代中期,美国成为世界第一个以油气为首位能源的国家(油气占 69%)。日本能源贫乏,60 年代中期实现转换(现占 69.8%)。而煤炭资源丰富国家的进程则更为迟缓,如德国、法国、英国到 60 年代末、70 年代初才相继以油气为主要能源。至今有的国家仍以煤炭为主,如南非(70.6%)、中国(57.6%)、哈萨克斯坦(53.9%)、印度(54.7%)、波兰(48.7%),但相比之前已经有了较大幅度的下降,如中国一次能源消费中煤炭占比就从 2010 年的 69.2% 下降到了2019年的57.6%。今后能源消费结构变化的趋势,从长远看,将从传统的矿物燃料(煤、油、气等)转化为可再生能源(太阳能、核聚变能、生物质能等)为基础的持久能源系统。到2019年,再生能源在一次能源消费中的占比已由2010年的1.38%上升到4.96%。在转换的过渡时期,仍以油气为主,煤炭、核能、新能源的比重可望有所提高,将是能源的"多极化时代",完成转换需用半个到一个世纪。

二、世界煤炭工业地理

(一)煤炭资源的分布

煤炭是世界上储量最大、分布最广的常规能源,素有"黑金"之称。根据世界能源委员会的调查,2012年全球煤炭可探明储量为8 609.38亿吨,按目前的开采速度,能够开采109年。2019年探明储量升至10 696.4亿吨,可开采年限132年。煤炭是目前为止化石燃料中储产比最高的燃料。

煤炭资源的分布很广,同时也很不均匀。地球上含煤层的面积约占陆地面积的15%,全球含煤地层煤炭密度每平方千米地质储量约为200万吨。世界煤炭资源的储量、密度,北半球均高于南半球,特别是高度集中在亚洲、北美洲和欧洲的中纬度地带,合占世界煤炭资源的96%。世界上已有80多个国家发现煤炭资源,共有大小煤田2 370多个。按2019年探明总储量计,以美国(占23.3%)、俄罗斯(占15.2%)、澳大利亚(占13.9%)、中国(占13.2%)最为丰富,其次为印度、印度尼西亚、德国、乌克兰、波兰、哈萨克斯坦等国,上述10国的煤炭储量共占世界煤炭总储量的90.7%(见表4-20)。

表4-20 各国煤炭的探明储量

国家或地区	2011年			2019年		
	煤炭总储量①/亿吨	占总量比例/%	储产比②	煤炭总储量①/亿吨	占总量比例/%	储产比
美国	2 372.95	27.60	239	2 495.37	23.30	390
俄罗斯	1 570.1	18.20	471	1 621.66	15.20	369
澳大利亚	764	8.90	184	1 490.79	13.90	294
中国	1 145	13.30	33	1 415.95	13.20	37
印度	606	7.00	103	1 059.31	9.90	140
印度尼西亚	55.29	0.60	17	398.91	3.70	65
德国	406.99	4.70	216	359	3.40	268
乌克兰	338.73	3.90	390	343.75	3.20	*⑤
波兰	57.09	0.70	41	269.32	2.50	240
哈萨克斯坦	336	3.90	290	256.05	2.40	222
土耳其	23.43	0.30	30	115.25	1.10	140
南非	301.56	3.50	118	98.93	0.90	39

续表

国家或地区	2011年			2019年		
	煤炭总储量①/亿吨	占总量比例/%	储产比②	煤炭总储量/亿吨	占总量比例/%	储产比
加拿大	65.82	0.80	97	65.82	0.60	130
亚太地区③	2 658.43	30.90	53	4 568.13	42.70	77
北美	2 450.88	28.50	228	2 573.3	24.10	367
欧洲/欧亚大陆④	3 046.04	35.40	242	1 351.09	12.60	244
中东和非洲	328.95	3.80	126	160.4	1.50	57
中南美洲	125.08	1.50	124	136.89	1.30	152
世界	8 609.38	100.00	112	10 696.36	100.00	132

数据来源：BP Statistical Review of World Energy Full Report 2012，2020。

注：①煤的探明储量通常是指：通过地质与工程信息以合理的确定性表明，在现有的经济与作业条件下，将来可从已知储层采出的煤炭储量。

② 储产比即储量/产量(R/P)比率，是用任何一年年底所剩余的储量除以该年度的产量，所得出的计算结果即表明如果产量继续保持在该年度的水平，这些剩余储量的可供开采的年限。

③ 亚太地区包括的国家和地区：文莱、柬埔寨、中国大陆、印度尼西亚、日本、老挝、澳门、马来西亚、蒙古、朝鲜、菲律宾、新加坡、缅甸、南亚(阿富汗、孟加拉国、印度、尼泊尔、巴基斯坦和斯里兰卡)、韩国、中国台湾、泰国、越南、澳大利亚、新西兰、巴布亚新几内亚。

④ 2019年的数据统计范围是欧洲，包括经合组织欧洲成员国加上阿尔巴尼亚、波斯尼亚和黑塞哥维那、保加利亚、克罗地亚、塞浦路斯、格鲁吉亚、直布罗陀、拉脱维亚、立陶宛、马耳他、黑山、北马其顿、罗马尼亚和塞尔维亚。2011的数据统计范围是欧洲及欧亚大陆，除欧洲地区外，还包括原为苏联15个加盟共和国的国家。

⑤ 储产比超过500年。

（二）世界煤炭的生产与消费

19世纪中叶到20世纪初，两次工业革命后现代工业的大发展推动了煤炭生产的大发展，煤炭的产量大幅增加，且主要集中在英国、德国、美国等现代工业发展较快的国家。此后世界煤炭产量保持着稳定增长，达18亿吨左右。但在20世纪50年代后，煤炭的开采开始走向萧条，石油逐渐取代煤炭成为世界第一能源。到20世纪70年代两次石油危机发生后，世界煤炭生产又开始出现缓慢的增长。20世纪90年代以来，煤炭产量徘徊在45亿~50亿吨之间，自1999年以来，世界煤炭生产的年均增速为4.3%，到2019年，煤炭产量已达81.29亿吨。

与煤炭的分布相适应，煤炭的生产在全球的分布也是不均衡的。目前世界上进行煤炭开采、生产原煤的国家与地区约50个。自1984年以来，中国一直都是世界煤炭最大的生产国，2019年达到38.46亿吨，占世界总产量的47.3%。其次是印度，年产量为7.56亿吨，占世界总产量的9.3%。其他主要煤炭生产国还有美国、印度尼西亚和澳大利亚等(见表4-21)。

表 4-21 全球主要煤炭生产国煤炭产量　　　　　　　　百万吨

国家或地区	1981年	1990年	2000年	2010年	2015年	2016年	2017年	2018年	2019年	2019年产量占比/%
中国	621.6	1 079.9	1 384.2	3 428.4	3 746.5	3 410.6	3 523.6	3 698.0	3 846.0	47.3
印度	130.1	223.3	334.8	572.3	674.2	689.8	711.7	760.4	756.4	9.3
美国	747.3	933.6	974.0	983.7	813.7	660.8	702.7	686.0	639.8	7.9
印度尼西亚	0.4	10.7	77.0	275.2	461.6	456.2	461.2	557.8	610.0	7.5
澳大利亚	128.5	213.1	313.9	434.4	503.7	502.1	487.2	505.5	506.7	6.2
俄罗斯	—	405.2	262.2	322.9	372.5	386.6	412.5	441.6	440.4	5.4
南非	130.4	174.8	224.2	254.5	252.2	249.7	252.3	253.3	254.3	3.1
德国	492.8	427.4	201.6	182.3	184.3	175.4	175.1	168.8	133.9	1.6
哈萨克斯坦	—	131.4	74.9	110.9	107.1	103.1	112.3	118.5	115.4	1.4
波兰	198.6	215.3	162.8	133.2	135.8	131.1	127.1	122.4	112.4	1.4
土耳其	21.0	47.4	63.3	73.4	58.4	73.0	74.1	83.9	84.0	1.0
哥伦比亚	4.0	20.5	38.2	74.4	85.5	90.5	90.5	84.3	82.2	1.0
世界	3 916.5	4 764.3	4 707.8	7 459.9	7 946.8	7 478.2	7 700.7	8 090.9	8 129.4	100.0

数据来源：BP Statistical Review of World Energy June 2020。

煤炭产量要以各国、各地区的煤炭储量为基础。总体来看，经济较不发达国家的储产比要低于经济发达国家，也就是相对于储量而言，前者的开采速度更快。例如 OECD 的煤炭储量在 2019 年占全球总储量的 46.9%，但其当年产量仅占总产量的 20.3%。从储产比来看，OECD 国家为 308 年，而非 OECD 国家为 88 年，产量最高的中国储产比只有 37 年，远低于世界平均水平。

随着不可再生能源的逐步枯竭以及世界气候环境的恶化，燃烧时排放出更多二氧化碳的煤炭将会逐渐被清洁、安全、可再生的能源替代，这将是未来世界能源发展的趋势。但是受到基数和经济性等因素的制约，短期内煤炭在世界能源消费中仍将占有重要的地位。煤炭消费的最重要行业是热力发电，目前全球燃煤发电量占总发电量的 39%～40%，在未来 30 年中这一占比将保持稳定。

20 世纪 80 年代中前期，欧洲的煤炭消费量居世界第一，随后是亚太地区，北美和欧亚大陆的消费量差别不大。进入到 80 年代后期，全球煤炭消费格局产生了重大变化，亚太地区经济的快速发展带动了煤炭消费的增长，其煤炭消费迅速超过其他地区，跃居世界第一。2005 年亚太地区的煤炭消费达到了 35.37 亿吨，相当于 1980 年消费水平的 3.24 倍。同期，欧洲由于煤炭资源有限，尤其是其他能源品种得到推广，煤炭消耗量呈下降趋势。例如法国目前电力生产的 80% 左右来自核电；北欧的冰岛地热等清洁能源得到了长足发展。北美地区的煤炭消费量没有太大变化，仅有小幅增长，但在全球煤炭总消耗中所占比例大幅下降。

目前煤炭最大的消费市场是亚洲,2019 年该地区的煤炭消费占全球煤炭消费的77.4%。

从国别来看,2019 年,76.2%的煤炭被 5 个国家消费：中国、印度、美国、日本以及南非。如果再加上另外 5 个煤炭消费大国,即俄罗斯、韩国、印度尼西亚、德国、越南,那么前十个煤炭消费大国的消费量约占总量的 85.7%。中国作为最大的煤炭消费国,消费了世界一半以上的煤炭(见表 4-22)。

表 4-22　主要煤炭消费国的消费量及比重　　　　　　　　　　　　　　　　EJ*

国家或地区	1981 年	1990 年	2000 年	2010 年	2015 年	2016 年	2017 年	2018 年	2019 年	2019 年消费量占比/%
世界	76.14	93.22	98.70	151.19	157.84	155.50	156.09	158.79	157.86	100.0
中国	12.67	22.08	29.56	73.22	80.13	79.09	79.28	79.83	81.67	51.7
印度	2.67	4.59	6.88	12.16	16.55	16.86	17.46	18.56	18.62	11.8
美国	15.94	19.22	22.63	20.88	15.58	14.26	13.87	13.28	11.34	7.2
日本	2.73	3.27	4.00	4.87	5.03	5.02	5.10	4.99	4.91	3.1
南非	2.12	2.82	3.12	3.89	3.52	3.78	3.72	3.76	3.81	2.4
俄罗斯	—	7.63	4.43	3.79	3.86	3.74	3.51	3.63	3.63	2.3
韩国	0.64	1.01	1.80	3.23	3.58	3.41	3.61	3.63	3.44	2.2
印度尼西亚	0.01	0.14	0.55	1.65	2.14	2.23	2.39	2.84	3.41	2.2
德国	6.02	5.51	3.57	3.23	3.29	3.20	3.01	2.90	2.30	1.5
越南	0.11	0.09	0.20	0.61	1.10	1.19	1.19	1.59	2.07	1.3
波兰	3.79	3.28	2.35	2.31	2.04	2.07	2.08	2.08	1.91	1.2
澳大利亚	1.20	1.60	2.13	2.19	1.95	1.94	1.88	1.84	1.78	1.1
土耳其	0.30	0.67	0.94	1.32	1.45	1.61	1.65	1.71	1.70	1.1
哈萨克斯坦	—	1.62	0.75	1.40	1.43	1.42	1.52	1.70	1.67	1.1

数据来源：BP Statistical Review of World Energy June 2020。

注 *：EJ 即 Exajoules,艾焦耳。

(三)世界煤炭贸易格局

煤炭的消费区与生产区基本吻合,产出多在生产国国内自销,产煤大国一般也是消费大国,因此煤炭相比石油而言的贸易量较小。煤炭贸易的主要动因在于有些国家和地区的资源比较匮乏,不足以支持本国、本地区的能源消费需求,因而需要大量进口能源产品,例如日本、中国台湾地区和韩国都进口大量的动力煤用于发电和炼焦煤用于钢铁生产。本地煤炭资源储备的匮乏和生产供应的不足并不是唯一的煤炭进口原因,对于特殊煤炭品种的需求也同样促使一些国家大量进口煤炭产品。很多煤炭生产大国,例如中国、美国和印度,出于煤炭质量或物流等原因,依然进口大量的煤炭产品。快速发展的亚洲地区由于未来对电力、建筑、钢铁、汽车、电器产品的需求激增,将成为动力煤和炼焦煤需求增长最快的地区。

在20世纪70年代以前,世界煤炭贸易量很少。1950年仅6 400万吨,60年代初仅1亿吨左右。由于世界钢铁产量的增长带动了炼焦煤需求的上升,国际贸易中的煤种多为优质炼焦煤。90年代前期,世界煤炭年贸易量在3亿~4亿吨的水平,2007年达到9.23亿吨,到2018年,上升至14.2亿吨。

煤炭作为价格低、体积大的大宗商品,运费占交付价格的比重较大,因而根据运距自然形成了大西洋和太平洋两大煤炭贸易圈。其中太平洋地区的动力煤贸易量通常占全球煤炭海运贸易量的60%以上。太平洋煤炭贸易圈的主要需求方为日本、韩国、中国台湾、印度,澳大利亚、印度尼西亚和中国大陆是主要的煤炭输出方。大西洋煤炭贸易圈动力煤需求方主要是西欧各国,其中英国、德国和西班牙是主要进口国,主要供给方是南非、哥伦比亚和俄罗斯等。与动力煤相比,炼焦煤供给相对集中,主要是澳大利亚、美国、加拿大以及俄罗斯。在供给充裕、煤炭价格高且海运费低廉的时候,两大煤炭市场之间也会进行跨圈贸易,南非充当其中的跨市场的卖方。

世界煤炭出口国的分布很集中。很长一段时间以来,除2011年和2012年被印度尼西亚超越外,澳大利亚都是世界最大的煤炭出口国,2019年出口量占煤炭出口总量的27.5%。澳大利亚、印度尼西亚、俄罗斯以及美国是煤炭年出口量超过2EJ的国家,仅这四个国家,在2019年就占煤炭出口总量的76.9%。此外,南非、哥伦比亚、加拿大、蒙古也是主要的出口国(见表4-23)。

表4-23 煤炭的主要出口国、进口国 EJ

国家或地区	出口量				国家或地区	进口量			
	2000年	2010年	2019年	2019年占比/%		2000年	2010年	2019年	2019年占比/%
世界	16.08	25.39	35.28	100	世界	16.08	25.39	35.28	100
澳大利亚	4.75	7.46	9.69	27.5	中国	0.06	4.45	6.40	18.1
印度尼西亚	2.30	6.20	9.18	26.0	印度	0.54	2.00	5.69	16.1
俄罗斯	1.12	2.50	5.87	16.6	日本	3.94	4.84	4.90	13.9
美国	1.60	2.02	2.39	6.8	韩国	1.71	3.11	3.73	10.6
南非	1.77	1.98	2.20	6.2	墨西哥	0.09	0.22	0.24	0.7
哥伦比亚	0.87	1.78	2.10	5.9	加拿大	0.57	0.36	0.21	0.6
加拿大	0.79	0.92	1.03	2.9	美国	0.42	0.51	0.17	0.5

数据来源:BP Statistical Review of World Energy June 2020。

世界煤炭的进口也相对集中,东亚和西欧地区是主要的进口地区。从国家来看,中国虽然是最大的煤炭生产国,但是由于经济的快速增长以及煤炭在能源消费结构中占有主体地位,因此还需要通过进口来满足煤炭的需求。中国自2011年开始超过日本,成为全球最大的煤炭进口国,2019年煤炭进口量占全球煤炭进口总量的18.1%。中国、印度、日本、韩国四国的进口量约占世界煤炭总进口量的58.7%。此外,墨西哥、加拿大、美国也是主要的煤炭进口国。

德国煤炭进口协会发布的报告称受新冠肺炎疫情蔓延的影响,2020年全球海运煤炭贸易规模预计萎缩10.9%。其中,2020年全球海运动力煤将由2019年的9.37亿吨下降到8.28亿吨,同比下降11.6%。由于大西洋区域煤炭市场需求大幅下滑,哥伦比亚和美国的煤炭出口都下降30%左右。另外,由于东南亚经济体从疫情危机中相对较快恢复,南非、澳大利亚等亚太区域市场的煤炭出口国家遭受影响也相对较轻。

三、世界石油工业地理

(一)世界石油资源的分布

世界石油资源是很丰富的。1980年世界原油探明储量为6 826亿桶,1999年是12 770.8亿桶,到2009年上升至15 317.5亿桶,2019年为17 338.6亿桶。地球上已探明石油资源的1/4和最终可采储量的45%埋藏在海底,因此世界石油探明储量的蕴藏重心,将逐步由陆地转向海洋。据估计,2019年世界石油的储产比为49.9,即按目前的开采速度,地球上目前可探明的石油能够使用49.9年。

世界石油资源的分布从总体上来看极端不平衡:从东西半球来看,约有3/4的石油资源集中于东半球,西半球占1/4;从南北半球看,石油资源主要集中于北半球;从纬度分布看,主要集中在北纬20°~40°和50°~70°两个纬度带内。波斯湾及墨西哥湾两大油区和北非油田均处于北纬20°~40°内;50°~70°纬度带内有著名的北海油田、俄罗斯伏尔加和西伯利亚油田,以及阿拉斯加湾油区。

世界石油主要分布于六大区域:

1. 中东波斯湾沿岸

中东海湾地区地处欧、亚、非三洲的枢纽位置,原油资源非常丰富,被誉为"世界油库"。2019年,中东地区的石油探明储量为8 338.1亿桶,是当年世界石油探明储量的48.1%。在世界原油储量排名的前十位中,中东国家占了五位,依次是沙特阿拉伯、伊朗、伊拉克、科威特和阿联酋。其中,2009年以前,很长一段时间沙特阿拉伯已探明的储量都居世界第一位,但从2010年开始,委内瑞拉超过沙特阿拉伯,成为世界石油探明储量最高的国家。2019年,沙特阿拉伯的石油探明储量为2 975.8亿桶,居世界第二位。伊朗已探明的原油储量为1 556.0亿桶,居世界第四位(见表4-24)。

表4-24 世界各地区及主要国家的石油探明储量　　　　　　　　亿桶

国家或地区	1999年底	2009年底	2019年底 总储量	占比/%	储产比
OPEC	8 218.0	1 0407.6	12 147.1	70.1	93.6
中东	6 858.3	7 531.2	8 338.1	48.1	75.3
中南美洲	959.4	2 333.0	3 241.5	18.7	143.8
北美	2 327.5	2 177.5	2 443.8	14.1	27.2

续表

国家或地区	1999 年底	2009 年底	2019 年底 总储量	2019 年底 占比/%	2019 年底 储产比
独联体	1 201	1 440	1 457	8.4	27.3
非洲	847.2	1 229.7	1 257	7.2	41.0
亚太地区	370.3	466.0	457.2	2.6	16.4
欧洲	207.3	140.0	144.4	0.8	11.6
世界	12 770.8	15 317.5	17 338.6	100.0	49.9
委内瑞拉	768.5	2 111.7	3 038.1	17.5	*
沙特阿拉伯	2 627.8	2 645.9	2 975.8	17.2	68.9
加拿大	1 815.6	1 750.2	1 696.9	9.8	82.3
伊朗	931.0	1370.1	1 556.0	9.0	120.6
伊拉克	1 125.0	1 150.0	1 450.2	8.4	83.1
俄罗斯	1 121.1	1 055.6	1 072.1	6.2	25.5
科威特	965.0	1 015.0	1 015.0	5.9	92.8
阿联酋	978.0	978.0	978.0	5.6	67.0
美国	296.7	308.7	688.9	4.0	11.1
利比亚	295.0	464.2	483.6	2.8	107.9
中国	151.1	216.2	261.9	1.5	18.7

数据来源：BP Statistical Review of World Energy June 2020。

注*：超过 500 年。

2. 中南美洲

中南美洲是世界重要的石油生产和出口地区之一，也是世界原油储量和石油产量增长较快的地区之一，委内瑞拉、巴西和厄瓜多尔是该地区原油储量最丰富的国家。其中委内瑞拉在 1994 年探明储量仅为 649 亿桶，到 2012 年，就已上升到 2 976 亿桶，到 2019 年进一步上升到 3 038.1 亿桶，占世界总量的 17.5%，居世界第一位。委内瑞拉最主要的石油蕴藏区是位于东南部的奥里诺科石油带。奥里诺科石油带是目前世界上最大的重油富集带，因奥里诺科河而得名，面积 5.4 万平方千米，重油地质储量约 2 000 亿吨，可采储量约 500 亿吨。除奥里诺科重油带外，国境西北角的拉丁美洲第一大湖——马拉开波湖的沿岸是另外一个重要的石油蕴藏区。已开采的油田集中分布在马拉开波湖周围和瓜里科、安索阿特吉、莫纳加斯三个州。巴西是中南美洲第二储油大国，2019 年底探明储量为 127 亿桶。巴西东南部海域坎普斯和桑托斯盆地的原油资源，是巴西原油储量最主要的构成部分。

3. 北美洲

北美洲包括美国、加拿大、墨西哥三国，其中加拿大的原油储量最丰富。2019 年，加拿大原油探明储量为1 696.9亿桶,居世界第三位。勘探技术的提升以及页岩油的发现使得美国石油探明储量近年来增幅很大,由2009年的309亿桶增长到2019年689亿桶,10年间增长了一倍多。墨西哥原油探明储量为58亿桶,在北美地区排在第三位。

4. 独联体(CIS)

独联体包括亚美尼亚、阿塞拜疆、白俄罗斯、哈萨克斯坦、吉尔吉斯斯坦、摩尔多瓦、俄罗斯、塔吉克斯坦、土库曼斯坦、乌克兰、乌兹别克斯坦等11个国家,2019年底石油探明储量1 457亿桶。其中,俄罗斯原油探明储量为1 072亿桶,居世界第六位。中亚的哈萨克斯坦也是该地区原油储量较为丰富的国家,已探明的储量为300亿桶。

5. 非洲

非洲是近几年原油储量和石油产量增长最快的地区,被誉为"第二个海湾地区"。2019年,非洲探明的原油总储量为1 257亿桶,主要分布于西非几内亚湾地区和北非地区。随着石油勘探的进一步推进,非洲石油储量有望进一步增长。

6. 亚太地区

亚太地区原油探明储量2019年底约为457亿桶,也是目前世界石油产量增长较快的地区之一。中国、印度、越南、马来西亚、印度尼西亚、澳大利亚是该地区原油探明储量最丰富的国家,其中中国为262亿桶,其他国家都在20亿桶以上。印尼的苏门答腊岛、加里曼丹岛,马来西亚近海的马来盆地、沙捞越盆地和沙巴盆地是主要的原油分布区。

7. 欧洲

欧洲原油探明储量2019年底为144.4亿桶,约占世界总储量的0.8%,是石油探明储量最低的地区。其中探明储量最高的是挪威,2019年底为85亿桶。英国以27亿桶列于第二位。

(二)世界石油的生产与消费

石油是关系到一国经济、政治和军事安全的重要战略物资,也是现代工业和经济发展的主要动力和"血液"。自20世纪60年代开始,石油在世界一次能源消费结构中比例达到40%以上,成为世界第一大消费能源。自那以后,石油的安全供应就成为世界各国普遍关注的热点问题。

1. 世界石油的生产格局

近50多年来,随着世界经济的发展,世界石油产量呈稳步上升态势(见图4-1)。1965—1979年,国际石油产量呈强劲增长势头,日产量由3 180万桶增长到6 605万桶,但随后就出现下降态势,从1979年的6 605万桶下降到1983年的5 660万桶;1983年后世界石油产量稳步上升,到1990年为日产6 541万桶,整个80年代石油产量先跌后涨,呈"V"形趋势;进入90年代后,世界石油日产量呈稳步增长趋势,没有大的波动,21世纪后,除2009年稍有回落外,其他年份也依然保持增长。到2019年,世界石油日产量达到9 519.2万桶,是1965年的2.99倍。

从地区分布来看,世界主要产油区主要集中在中东、欧洲及欧亚大陆和北美洲。中东由于拥有数个产油大国,因此自20世纪60年代以来都是最大的石油产区。2019年产量为14.17亿吨,占全球产量的31.6%。由于美国解禁境内石油开采,以及水力压裂等技术的提高,使得美国石油产量大幅增加,因此北美地区成为世界第二大石油产区,2019年产

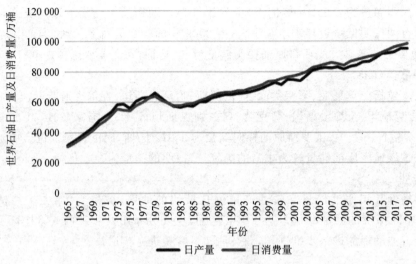

图 4-1　世界石油日产量和日消费量（1965—2019 年）
数据来源：2020BP《世界能源统计年鉴》。

量为 11.17 亿吨，占比为 24.9%。此外，近年来，欧佩克国家（OPEC）的石油产量趋于下降，2019 年产量为 16.6 亿吨，占比为 37.5%，较 2016 年减少 1.24 亿吨。

从国家来看，2019 年八大产油国依次是美国、沙特阿拉伯、俄罗斯、加拿大、伊拉克、阿联酋、中国、伊朗。8 个国家的石油日产量占世界石油日产量的比重为 65%。其中美国石油产量近年来增长迅速，日产量由 1990 年 891.43 万桶上升到 2019 年 1 704.46 万桶，自 2014 年超过沙特阿拉伯成为世界第一产油大国（见表 4-25）。此外，委内瑞拉、尼日利亚、巴西的石油产量也位于较高水平。

表 4-25　世界各地区石油产量及主要产油国

国家或地区	1990 年		2000 年		2019 年	
	日产量/万桶	占总量比例/%	日产量/万桶	占总量比例/%	日产量/万桶	占总量比例/%
世界	6 502.19	100.0	7 471.78	100.0	9 519.25	100.0
中东	1 724.24	26.5	2 329.16	31.2	3 032.92	31.9
北美	1 382.28	21.3	1 407.23	18.8	2 461.35	25.9
独联体	1 140.32	17.5	794.78	10.6	1 461.41	15.4
非洲	666.66	10.3	778.85	10.4	839.85	8.8
亚太地区	671.2	10.3	788.32	10.6	764.98	8.0
欧洲	466.78	7.2	704.46	9.4	341.28	3.6
美国	891.43	13.7	773.27	10.3	1 704.46	17.9
沙特阿拉伯	710.55	10.9	912.12	12.2	1 183.23	12.4

续表

国家或地区	1990年		2000年		2019年	
	日产量/万桶	占总量比例/%	日产量/万桶	占总量比例/%	日产量/万桶	占总量比例/%
俄罗斯	1 034.24	15.9	658.28	8.8	1 153.96	12.1
加拿大	196.77	3.0	288.37	3.9	565.08	5.9
伊拉克	214.89	3.3	261.30	3.5	477.95	5.0
阿联酋	198.46	3.1	259.89	3.5	399.77	4.2
中国	277.76	4.3	325.68	4.4	383.60	4.0
伊朗	327.02	5.0	385.04	5.2	353.46	3.7

数据来源：BP Statistical Review of World Energy，June 2020。

扩展阅读 4-3
页岩油与美国的石油生产与进口

2. 世界石油的消费格局

一国或地区的石油消费量与经济规模、经济增速密切相关。美国既是全世界的经济大国，也是全世界石油消耗大国。自20世纪70年代以来，美国的石油年消耗量都在7亿吨以上，在2005年达到创纪录的9.27亿吨，此后虽有下降，但也都在8亿吨以上。在世界石油消费总量中，美国的消费量都占到20%左右。2019年消费量为8.42亿吨，占比18.9%（见表4-26）。中国虽然是发展中国家，但近年来经济飞速增长，已跃居世界第二经济大国，与此相适应，中国也成为石油消费量增长最快的国家。1965年，中国年消费石油仅为1 100万吨，但到2010年已增长到4.37亿吨，成为仅次于美国的世界第二大石油消费国。到2019年，中国石油消费量进一步上升到6.5亿吨，占比14.6%。日本目前的经济总量居世界第三位，其石油消费量也常年居世界第三位。不过由于油价的攀升、经济增速的下降且非常注重节能技术的开发与应用，日本的石油消费量增速并不快，进入21世纪后甚至出现绝对的下降，由2005年的2.47亿吨下降到2019年的1.74亿吨。自2015年起，印度的石油消费量就超过了日本，居世界第三位，日本退居第四位。

表4-26 世界主要石油消费大国　　　　　　　　　百万吨

国家或地区	1965年	1985年	1995年	2005年	2015年	2019年	2019年消费量占比/%
世界	1 528.2	2 822.5	3 287.4	3 898.7	4 226.3	4 445.2	100.0
亚太地区	162.5	507.9	864.5	1 150.0	1 495.9	1 657.3	37.3
北美	620.0	842.0	948.6	1 117.2	997.4	1 019.5	22.9

续表

国家或地区	1965年	1985年	1995年	2005年	2015年	2019年	2019年消费量占比/%
欧洲	422.3	759.6	759.4	802.5	678.9	703.2	15.8
中东	43.6	145.5	219.9	295.8	395.9	408.4	9.2
中南美	84.1	150.4	198.1	235.8	294.9	274.1	6.2
独联体	168.3	332.9	191.4	159.3	181.6	192.3	4.3
非洲	27.4	84.0	105.5	138.0	181.6	190.4	4.3
美国	551.3	709.9	791.7	926.8	812.8	841.8	18.9
中国	11.0	89.7	160.2	327.9	558.3	650.1	14.6
印度	12.6	43.3	75.0	122.9	197.0	242.0	5.4
日本	87.9	210.1	269.1	247.1	189.0	173.6	3.9
沙特阿拉伯	19.6	46.8	60.2	94.2	167.3	158.8	3.6
俄罗斯	n/a	247.4	150.6	125.0	144.2	150.8	3.4
韩国	1.3	26.1	94.8	104.7	113.8	120.0	2.7
巴西	14.8	49.6	72.0	88.4	118.5	109.7	2.5
德国	86.3	126.3	135.1	120.4	106.7	106.9	2.4
加拿大	53.8	71.2	81.1	100.0	99.8	102.8	2.3

数据来源：BP Statistical Review of World Energy, June 2020。

除上述4个国家外，沙特阿拉伯、俄罗斯、韩国、巴西、德国、加拿大也是石油消费大国。2019年，10个国家的石油消费量占世界石油消费总量的59.7%（见表4-26）。

在全球经济迅速发展的形式下，新兴国家由于经济发展处于上升进步阶段，对石油等能源资源需求旺盛。以中国为代表的新兴发展中国家，由于经济发展和社会进步，对石油消费有着越来越严重的依赖性。从世界范围看，新兴国家是未来石油消费的主要增量市场，传统发达国家面临着新的竞争对手，诸如像俄罗斯、巴西、印度这样的发展中国家近几年的发展极为迅猛，而且这些国家基本上都是以重工业化带动轻工业发展的国家，都大力发展类似汽车、钢铁、化工等产业，因此对石油的需求量也与日俱增。

（三）世界石油的贸易格局

石油资源的分布严重不均衡，其主要生产地和主要消费地也存在严重的不平衡、不一致，世界三个最大石油消费地区依次是亚太、北美和欧洲，但这三个地区的石油产量却远远不能满足需求，产量增长速度远远落后于消费量的增长，两者之差日益扩大；消费量较小的中东和非洲却是产量远远大于消费量。这种地区间的供需严重不平衡以及主要消费区产量与消费量差距逐年扩大的趋势，促使世界石油贸易活动日趋活跃。自20世纪80年代后期，世界石油贸易就迅速增长。1988年世界石油贸易总量为2 847.8万桶/日，到2008年增长幅度已经超过90%，增长到5 656.1万桶/日；其间，石油消费量增长了31%，石油贸易量占石油消费量的比例从44%增至65%;世界石油贸易量占总产量的比例也从44%增至66.7%。2009年,受2008年全球金融危机的影响,石油贸易量降至5 432万桶/日,但此后又开始回升,到2019年已升至7 092.5万桶/日(见表4-27)。

表4-27 世界石油进出口量及分布　　　　　　　　　　　千桶/日

国家或地区	1980年	1990年	2000年	2010年	2015年	2017年	2018年	2019年	2019年占比/%
进　口									
美国	6 735	8 026	11 092	11 689	9 451	10 148	9 943	9 094	13
欧洲	12 244	9 801	11 251	12 407	13 993	14 700	14 896	14 867	21
中国	—	—	1 893	5 886	8 333	10 241	11 024	11 825	17
印度			1 638	3 749	4 380	4 920	5 196	5 379	8
日本	4 985	4 802	5 329	4 567	4 332	4 142	3 940	3 779	5
世界其余地区	8 635	9 140	13 284	17 048	22 026	25 663	26 154	25 980	37
世界	32 599	31 769	44 488	55 346	62 515	69 814	71 154	70 925	100
出　口									
加拿大	445	955	1 703	2 599	3 836	4 241	4 513	4 683	7
墨西哥	875	1 387	1 814	1 539	1 323	1 290	1 314	1 268	2
美国	555	889	890	2 154	4 521	5 888	7 054	8 016	11
中南美洲	3010	2 367	3 079	3 568	4 107	3 958	3 741	3 422	5
欧洲	n/a	n/a	2 061	1 966	2 926	3 392	3 419	3 159	4
俄罗斯	n/a	n/a	4 198	7 397	8 313	8 992	9 080	9 186	13
沙特阿拉伯	9 630	5 806	7 461	7 595	7 968	8 404	8 638	8 397	12
中东(除沙特)	8 155	8 713	11 826	11 976	13 537	16 255	16 098	15 010	21
北非	2 820	2 604	2 733	2 878	1 701	2 226	2 410	2 420	3
西非	2 475	2 248	3 311	4 755	4 880	4 531	4 552	4 560	6
亚太(除日本)	2 099	2 203	3 832	6 226	6 780	7 811	7 568	7 963	11
世界其余地区	495	1 938	945	653	525	625	565	577	1
世界	32 599	31 769	44 488	55 346	62 515	69 814	71 154	70 925	100

数据来源:BP Statistical Review of World Energy,2020。

从地区来看,世界主要石油出口地区是中东、北美和俄罗斯,这三个地区占世界石油出口贸易总量的68.8%。中东地区石油出口量占世界出口总量的33%,一直以来都是出口石油最多的地区,但近年来中东地区的石油出口速度有放缓的迹象,而北美地区的石油出口则快速增长,石油贸易地位大幅提高。2008—2018年美国的石油出口年均增速达到13.6%,加拿大也达到6.1%,远超过世界2.3%的年均增速水平。目前,美国和加拿大出口合计已经接近世界出口总量的19.9%。从国别来看,俄罗斯是出口量最大的国家,沙特阿拉伯和美国分居第二、三位。

美国、欧洲和亚太地区是世界三大石油流入地。2012年美国进口原油1 059万桶/日,进口油品240万桶/日,占世界石油进口总量的23.6%,石油净进口量达到1 090.5万桶/日。近两年由于页岩油产量迅速提高,美国对进口石油的依赖不断下降,2013年日进口量为985.9万桶,2019年日进口量进一步下降到909.4万桶,比2005年高峰时期减少430多万桶。近年来欧洲的石油进口量增加较为明显,2019年占世界石油进口总量的21%。中国、日本是亚太地区的石油进口大国。近年来日本的石油进口量一直呈下降趋势,2012年净进口量达474.3万桶/日,约占世界的8.6%,此后就一直呈下降趋势,到2019年进口量为377.9万桶/日,占世界进口总量的比重也降至5.3%。中国的石油进口量则呈上升趋势,从2009年就超过日本,达到510万桶/日。中国海关发布的数据表明,2015年4月中国日进口石油740万桶,超过美国每日720万桶的进口量,成为世界最大石油进口国。到2019年中国日进口石油已上升至1 182.5万桶,占世界总进口量的比重为16.7%。

全球原油生产地和消费地的错位分布决定了国际原油贸易的主要流向。从中东、独联体国家和非洲的出口去向分布看,其贸易流向受地理位置的影响比较大。中东石油的69%流向地理位置比较临近的亚太地区,尤其是日本和中国。亚太地区对中东石油的依存度也在不断增长。独联体国家和北非的石油出口都主要流向欧洲,分别占其出口量的79%和63%。西非的石油出口量中40%通过大西洋输往美国。美国的石油进口来源呈现多样化,而且这种趋势仍将继续。

世界石油贸易的绝大部分是以原油的形式进行的。2008年,世界原油贸易总量为3 945.1万桶/日(19.70亿吨),约占世界石油贸易总量的72.2%;油品贸易总量为1 517.5万桶/日(7.28亿吨),约占世界石油贸易总量的27.8%。相比之下,2019年原油和油品贸易量分别为22.39亿吨和12.42亿吨,占比分别为64.3%和35.7%(见表4-28)。原油贸易比例有所下降而油品贸易比例逐年增加的主要原因是:随着中东、非洲等产油国纷纷开建炼油项目,更多的原油留在本地加工从而出口更多的油品,以获得较高的产品附加值。中东地区炼油能力占该地区石油产量的比例已经从20世纪70年代的14%左右增长到目前的约30%。随着中东地区炼油能力的迅速增长,未来几年原油贸易所占比例将继续下降。2019年,世界主要油品出口地区是美国、俄罗斯和欧洲,这三个地区占世界油品出口总量的43.6%。亚太地区是油品进口量最大的地区,其次是欧洲。从单个国家来看,新加坡的油品进口量最大,超过美国。中国处于第三位。

表4-28　2019年原油和油品的进出口贸易量　　　　　　百万吨

国家或地区	原油进口	油品进口	原油出口	油品出口
加拿大	32.9	32.5	197.0	34.7
墨西哥	0.1	60.9	58.1	4.8
美国	338.4	109.9	137.7	251.1
中南美洲	21.3	110.2	146.2	23.3

续表

国家或地区	原油进口	油品进口	原油出口	油品出口
欧洲	522.5	209.2	26.7	125.4
俄罗斯*		9.4	286.1	164.6
其他独联体国家	18.5	5.6	91.5	20.4
伊拉克*		4.5	200.8	11.0
科威特*		0.8	99.2	25.4
沙特阿拉伯	0.1	11.4	358.4	57.4
阿联酋	12.3	34.9	139.4	77.0
其他中东国家	27.8	17.8	125.2	62.1
北非	6.4	37.6	93.4	26.1
西非	0.4	38.5	219.0	7.7
东南非	19.6	39.0	5.5	3.0
澳大拉西亚①	22.9	32.2	13.0	5.5
中国	507.2	78.4	0.4	66.9
印度	221.7	44.4	0.1	60.7
日本	146.9	39.7	*	19.3
新加坡	49.6	112.4	1.9	86.1
其他亚太地区	290.4	212.7	39.2	109.3
世界总计	2239.0	1241.9	2239.0	1241.9

数据来源：BP Statistical Review of World Energy，June 2020。

注：* 表示低于0.05。

① 指澳大利亚和新西兰。

世界石油贸易量的增长使得消费国对产油国的依赖程度日益加强，同时消费国面临石油供应中断的风险也在不断增加。因为从地域性来看，供应多样化实际上在向相反方向发展，而世界石油运输也越来越依赖少数几个航运通道。未来，更多的新增进口将来自中东，但该地区也一直是存在最大供应中断风险的地区。因为几乎所有中东石油外输都要通过波斯湾的出口——霍尔木兹海峡，该地区发生的任何供应中断都将推高油价，造成东西方石油市场的波动。确保霍尔木兹海峡、马六甲海峡和博斯普鲁斯海峡等"咽喉要道"的通畅无阻，是世界石油贸易能够正常进行的根本保障。

扩展阅读 4-4

石油输出国组织（OPEC）

四、世界天然气工业地理

天然气是一种清洁高效的能源。随着世界天然气需求持续增长,天然气在世界能源结构中的地位不断上升。预计到 2030 年以前,天然气仍将是世界各国能源发展的重点,消费量将以年均 1.7% 的速度增长。根据国际燃气联盟预测,未来在更注重环保的情形下,2030 年天然气在世界一次能源结构中所占比例将上升到 28%。按照上述增长速度,天然气最迟将在 21 世纪上半叶末超过石油,成为全球第一大能源。

(一)世界天然气资源的分布

世界天然气资源丰富,2019 年探明储量为 198.8 万亿立方米,储产比为 49.8。近 30 年来,每年新增天然气储量平均为 4 万亿~5 万亿立方米(大于产量水平),天然气储采比一直保持在 60 左右。总体来看,全球天然气的勘探开发程度仍然很低,按目前天然气资源量计算仅为 15% 左右,巨大的资源量有待开发。随着技术进步和探明程度的提高,天然气资源量将逐渐转化为可采储量,其剩余探明可采储量仍将保持增长态势。因此,天然气资源量在较长时期内可以保证天然气的稳定供给。

2019 年的探明储量表明,天然气主要分布在中东、独联体国家。其中中东探明储量占世界探明总储量的 38%,是储量最大的地区。从单个国家来看,俄罗斯是天然气最丰富的国家,2019 年其探明储量为 38 万亿立方米,占世界总探明储量的 19.1%,而伊朗仅次于俄罗斯,探明储量为 32 万亿立方米,占比 16.1%。此外,卡塔尔、土库曼斯坦、美国、中国、委内瑞拉、沙特阿拉伯、阿联酋、尼日利亚、阿尔及利亚、伊拉克等国也是天然气储量丰富的国家。

(二)世界天然气的生产与消费

自 20 世纪 70 年代以来,世界天然气的产量就呈现出快速增长的态势,除 2009 年因金融危机有所回落外,其他年份都有较高的增长率。到 2019 年,世界天然气的总产量就由 1970 年的 9 761 亿立方米增长到 39 893 亿立方米,年均增速约为 5.23%。

世界各地区天然气产量最高的地区并不是储量最高的中东地区,而是北美和独联体国家。2019 年,北美的产量为 11 280 亿立方米,占全球总产量的 28.3%,独联体国家的产量为 8 964.5 亿立方米,占比 21.2%,而同期中东的产量仅为 6 953 亿立方米。也正是因为如此,中东是储产比最高的地区,而北美的储产比则处于最低水平。美国是天然气产量最高的国家,2019 年产量为 9 209 亿立方米,约占世界总产量的 23.1%;俄罗斯的产量仅次于美国,为 6 790 亿立方米,占比约为 17%。此外,伊朗、卡塔尔、中国、加拿大、澳大利亚、挪威、沙特阿拉伯也是天然气的生产大国。

20 世纪 70 年代以来,除个别年份外,其他年份天然气的世界消费量均保持快速的增长。1998—2008 年世界天然气消费经历了连续 11 年的增长,2008 年突破 3 万亿大关,达到 3.02 万亿立方米。2009 年,受国际金融危机等因素影响,世界天然气消费下降至 2.94 万亿立方米。2010 年,全球天然气消费量为 3.17 万亿立方米,增长 7.4%,是 1984 年以来增幅最大的一年;2019 年又进一步增长到 3.93 万亿立方米。

目前,世界天然气消费以北美、亚太地区为主。综合国际能源机构(IEA)、美国能源信息署(EIA)等多家机构预测结果,2030年世界天然气需求将达到4.5万亿~4.6万亿立方米。亚太和中东地区是未来需求增长最快的地区,占世界需求增量的50%以上。从国家来看,产量最高的国家也是消费量最大的国家。天然气消费量最大的国家是美国,2019年其消费量达8 466亿立方米,占世界总消费量的21.5%;其次是俄罗斯,消费量为4 443亿立方米,占比11.3%。中国同期消费量在3 000亿立方米以上,伊朗在2 000亿立方米以上,加拿大、沙特阿拉伯和日本的消费量也超过1 000亿立方米。这些国家都是目前的天然气主要消费国。从增长趋势来看,中国、秘鲁、智利等国的天然气消费量快速增长。2008—2018年,中国天然气消费量年均增长13.2%,是全球仅次于美国和俄罗斯的第三大消费国。

(三)世界天然气的贸易格局

随着跨国管道和LNG(Liquefied Natural Gas,液化天然气)快速发展,天然气贸易量呈现快速增长态势。从2003年到2019年贸易量由5 813亿立方米增长至12 866亿立方米,其中,管道天然气贸易量由4 300亿立方米增至8 015亿立方米;LNG贸易发展更为迅速,由1 513亿立方米增至4 851亿立方米,增长超过一倍。

从国别来看,日本是液化天然气第一进口大国,2019年进口量为1 055亿立方米,德国是管道天然气的第一大进口国,2019年进口量是1 096亿立方米。中国在2019年管道天然气和液化天然气的进口量分别是477亿立方米和848亿立方米,是全球最大的天然气进口国。此外,意大利、韩国、土耳其、英国、法国、西班牙等也是主要的天然气进口国。俄罗斯是最大的天然气出口国,2019年出口量为2 566亿立方米,其中管道天然气2 172亿立方米,液化天然气394亿立方米。美国天然气出口量增速很快,成为全球第二大天然气出口国,总出口量为1 229亿立方米,管道天然气和液化天然气出口量分别是754亿立方米和475亿立方米。挪威居第三位,其管道天然气出口量为1 091亿立方米。卡塔尔居第四位,但它液化天然气的出口量为1071亿立方米,居世界首位。加拿大也是管道天然气的主要出口国,澳大利亚的液化天然气出口量也在1 000亿立方米以上(见表4-29)。

表4-29　2019年管道天然气和液化天然气的主要进出口国家或地区　　　　10亿立方米

国家或地区	管道天然气进口	国家或地区	管道天然气出口	国家或地区	液化天然气进口	国家或地区	液化天然气出口
德国	109.6	俄罗斯	217.2	日本	105.5	卡塔尔	107.1
美国	73.3	挪威	109.1	中国大陆	84.8	澳大利亚	104.7
意大利	54.1	美国	75.4	韩国	55.6	美国	47.5
墨西哥	50.8	加拿大	73.2	印度	32.9	俄罗斯	39.4
中国大陆	47.7	荷兰	38.2	法国	22.9	马来西亚	35.1
荷兰	40.0	土库曼斯坦	31.6	中国台湾	22.8	尼日利亚	28.8
法国	37.2	哈萨克斯坦	27.5	西班牙	21.9	特立尼达和多巴哥	17.0
英国	33.2	阿尔及利亚	26.7	英国	18.0	阿尔及利亚	16.6

续表

国家或地区	管道天然气进口	国家或地区	管道天然气出口	国家或地区	液化天然气进口	国家或地区	液化天然气出口
土耳其	31.3	卡塔尔	21.5	意大利	13.5	印度尼西亚	16.5
俄罗斯	26.8	伊朗	16.9	土耳其	12.9	阿曼	14.1
加拿大	24.6	乌兹别克斯坦	13.2	巴基斯坦	11.8	巴布亚新几内亚	11.6

数据来源：BP Statistical Review of World Energy, June 2020。

天然气国际贸易具有明显的地域性。作为全球第一大天然气进口国，中国进口的天然气主要来自亚太地区，其中液化天然气最主要的进口来源国是澳大利亚和卡塔尔，2019年两国在中国液化天然气总进口量中的占比超过60%，此外来自马来西亚的进口占比也达到11.7%。中国管道天然气主要来自中亚国家，其中从土库曼斯坦的进口量占2019年中国管道天然气进口总量的66.3%，来自哈萨克斯坦和乌兹别克斯坦的进口量占比分别是13.7%和10.2%。德国的管道天然气进口则主要来自欧洲国家，其中从俄罗斯的进口超过50%，挪威、荷兰也是其主要进口来源国。日本作为一个岛国，其液化天然气的进口来源相对比较分散，但亚太国家仍是主要进口来源，其中澳大利亚在其2019年天然气进口总量中占比接近40%，此外马来西亚、卡塔尔、俄罗斯也是其主要进口来源国。

总体来看，天然气的进口主要遵循以下几个原则：一是就近原则，且势力范围划分明显。按照就近原则，美欧分别把美洲及欧洲和欧亚大陆划入自身的势力范围，而亚太的天然气进口来源地则主要集中在中东。二是进口国与天然气进口来源地关系良好，在当地拥有天然气权益并积极开展天然气等能源国际合作。三是邻近国家集中策略。由于天然气具有较强的地域性，长距离运输增加成本，严重影响其经济性，因此，各国进口天然气主要是从临近的几个国家集中进口。

第三节　世界钢铁产业的布局与贸易

钢铁产业是国民经济的重要基础产业，迄今已有200多年的历史。走工业化发展道路的国家都十分重视该产业，美国、日本、西欧等经济发达国家无不经历了以钢铁为支柱产业的重要发展阶段。钢铁行业生产需要消耗大量的铁矿石、煤炭、电力和水等原材料，与采矿业、能源工业、交通运输业等上游产业关联。同时，钢铁行业所提供的产品又是其他许多产业的基本原材料，与建筑业、机械工业、汽车制造业、家电业、交通运输业等下游行业存在着密切的联系。

一、钢铁生产的发展历程

现代钢铁工业始建于19世纪初期，依据产量的变动，该产业到目前为止经历了如下几个发展阶段。

（一）"二战"前的缓慢发展阶段

第二次世界大战之前，世界钢铁产量有限，生产国不多，且分布十分集中。1937年总产量1.1亿吨，多分布在大西洋北部沿岸地区，美国、西欧和苏联是战前世界三大钢铁产地，三方产量之和占总产量的87.5%。西欧作为资本主义工业化的发源地，最早发展钢铁工业；美国起步虽晚，但后来居上；俄国十月革命后，由于经济发展与国防的需要，大大加快了钢铁工业的发展。丰富的煤铁资源，有利的经济技术和方便的运输条件都给各国钢铁工业发展提供了物质基础。

（二）"二战"后到20世纪70年代初的迅速发展阶段

战后，特别是20世纪50年代以来，世界钢铁工业迅猛发展，产量倍增，钢铁工业地域结构也随之发生变化。1950年只产1.89亿吨，到1970年已达到5.95亿吨。从年均增速来看，1950—1970年，钢铁产量年均增速约为5.9%，其中1950—1955年的年均增速最快，达到7.4%。

从20世纪50年代中期开始，日本钢铁工业发展极为迅速，先后超过法国、英国、西德，到1980年超过美国跃居世界第二位。同期，苏联大力发展钢铁工业，于1971年超过美国，登上"冠军"宝座。进入70年代后，亚非拉发展中国家钢铁工业日益壮大，产量成倍增长。亚洲的中国、印度、朝鲜发展迅速，拉美的巴西、阿根廷、墨西哥产量增长也较快。过去非洲除南非外，钢铁产业几乎空白，但在这一阶段，北非的埃及、阿尔及利亚都有发展。

战后世界钢铁产量之所以持续增长，首先是因为战后初期英国、法国、西德、日本等资本主义国家为了恢复经济，并使本国的产业结构向重化工业发展，美国为了巩固自身在"二战"后取得的垄断地位，都大力发展钢铁生产。而战后获得独立解放的发展中国家和社会主义国家，为了实现工业化，也把钢铁工业作为工业化的主导产业，从而推动了钢铁产量的增长。其次，20世纪70年代以前，原油、煤炭、铁矿砂等能源和原材料价格低廉，供应充足，为钢铁生产奠定了坚实的物质基础。再次，"二战"后随着汽车、造船、建筑业的迅速发展，对钢材的需求量急剧增长。最后，由于顶吹转炉、电路、连铸等新的炼钢技术的发明和采用，不但大大提高了生产效率，而且降低了原材料的消耗量，进一步推动了钢铁生产的迅速增长。

（三）20世纪70年代到90年代中期的低速发展时期

20世纪70年代以后，钢铁产量虽然仍在增长，由1970年的5.95亿吨增长到1995年的7.53亿吨，但增幅较"二战"后的前20年的241%大幅回落，25年仅增长不到27%。1970—1975年均增速为1.6%，1975—1980年为2.2%，1980—1990年仅为1.4%，1990—1995年甚至出现了负增长(−0.5%)。钢铁产量年均增长率之所以出现急剧下降，首先是因为自70年代初到80年代初接连发生了两次能源危机，导致以美国为首的西方发达国家经济低迷，通货膨胀加剧，失业严重，企业破产。发达国家为了摆脱危机纷纷调整产业结构，淘汰像钢铁等资源密集且对环境造成严重污染的产业，转而发展高科技产业，从而使钢铁产量下降。其次，90年代初由于苏联解体，俄罗斯经济改革出现了重大失误，导致国内严重的经济危机，所有工业全面下滑，俄罗斯由解体前的世界第一产钢大国，下降到世界第四位。最后，随着新技术革命的深入，汽车机械等大量消耗钢材的产业开始采用新材料(如铝合金、硬质陶瓷等),从而使钢材的使用量减少。

(四)20世纪90年代中期后快速增长阶段

20世纪90年代中期后,钢铁产量又再次步入快速增长的通道,由1995年的7.53亿吨增长到2015年的16.2亿吨,20年间增幅达到115%。1995—2000年的年均增速还较缓慢,为2.5%,2000—2005年就上升到6.2%。2010年以来,增速回落到年均2.5%。除2009年因全球金融危机的影响产量由2008年的13.43亿吨降至12.39亿吨外,2015年相比2014年也出现了下降,由16.7亿吨降至16.21亿吨。图4-2为1950—2015年世界粗钢产量走势。

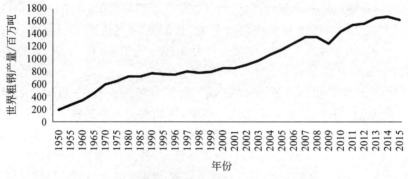

图4-2　1950—2015年世界粗钢产量走势
数据来源:世界钢铁联合会《WORLD STEEL IN FIGURES 2016》。

90年代末以来,中国等新兴工业化国家成为新一轮钢铁增长的主要原动力,尤其是中国的粗钢产量以两位数的增速迅猛发展,远超其他国家和地区,成为促进全球钢铁行业发展的主要因素。在这一阶段,钢铁工业向大型化、现代化、国际化方向发展,总体特点是钢铁企业合并重组甚至跨国的合并重组。从20世纪80年代大型钢铁企业就开始通过合并来增强自身的竞争力。进入21世纪,在巨大的产能过剩中,美国和欧洲的钢铁企业发生一系列的并购巨变。2001年法国于其诺尔钢铁公司、卢森堡阿尔贝德钢铁公司和西班牙阿希雷利亚钢铁公司合并成阿塞洛钢铁公司(Arcelor)。2005年米塔尔公司以45亿美元收购了美国国际钢铁公司(ISG),而后者则在21世纪初完成了对伯利恒(Bethlehem)等多家钢铁公司的收购。2006年印度塔塔钢铁公司(Tata)以80亿美元收购克鲁斯公司(Corus),同年印度的米塔尔公司(Mittal)以330亿美元收购了阿塞洛钢铁公司。2019年,世界最大的钢铁企业安赛乐米塔尔集团粗钢产量接近1亿吨,排名前二十的大型钢企产量都在1 500万吨以上(见表4-30)。

短期来看,钢铁产业前景还比较乐观,但是也面临困难和挑战。挑战之一是产能过剩。全球钢铁产能与需求之差的不断拉大已经导致钢铁企业财务状况更趋恶化,并使人们对钢铁产业长期生存能力和效益更加关注。进入21世纪以来,全球钢铁产能迅速增加,其中新增产能的绝大部分出现在非经合组织国家,扩建钢铁产能的目的是满足其日益发展的建筑业和制造业以及基础设施建设需求。据经合组织估计,2014年全球名义钢铁产能达到22.41亿吨,约为2000年10.60亿吨的两倍。由于许多国家仍继续投资建设钢

表 4-30 2019年世界前20大钢厂粗钢产量及排名　　　　　　　　百万吨

排名	公司	英文名称	粗钢产量
1	安赛乐米塔尔	ArcelorMittal	97.31
2	中国宝武集团①	China Baowu Group	95.47
3	新日铁住金（NSSMC）	Nippon Steel and Sumitomo Metal Corporation	51.68
4	河钢集团	Hesteel Group	46.56
5	浦项制铁	POSCO	43.12
6	沙钢集团	Shagang Group	41.10
7	鞍钢集团	Ansteel Group	39.20
8	建龙集团	Jianlong Group	31.19
9	塔塔钢铁集团	Tata Steel Group	30.15
10	首钢集团	Shougang Group	29.34
11	山东钢铁集团	Shandong Steel Group	21.692
12	日本钢铁工程控股公司	JFE Steel Corporation	27.37
13	华菱集团	Valin Group	24.31
14	纽柯钢铁公司	Nucor Corporation	23.09
15	现代制铁株式会社	HYUNDAI Steel Company	21.56
16	伊朗矿业开发和革新组织	IMIDRO	16.79
17	京德勒西南钢铁	JSW Steel	16.26
18	印度钢铁管理局有限公司	SAIL	16.18
19	本溪钢铁集团	Benxi Steel	16.18
20	方大特钢	Fangda Steel	15.66

数据来源：世界钢铁协会。

① 2016年6月，宝钢集团与武钢集团启动战略重组，同年11月，宝钢集团正式更名为中国宝武钢铁集团，武钢集团成为其全资子公司。

铁产业，因此全球钢铁产能仍在继续增长，到2019年达23.625亿吨。产能过剩主要因为钢铁产业力图摆脱全球经济和金融危机所触发的钢铁产业周期性低迷，但许多经济体的钢材需求并未同步复苏。钢铁产能的调整是漫长而艰难的，一方面是因为退出门槛高，即关闭产能时拆除钢厂，清理整顿时增加相关环保设施以及与劳动力有关的成本非常高，致使有些企业选择推迟退出；另一方面，由于钢铁产业在许多国家具有战略意义，因而在市场需求低迷时政府倾向于保护本国钢铁产业产能，以缓和关闭产能带来的工人失业和其他社会问题。另外一个挑战是目前钢铁行业存在的一个普遍问题就是原料价格过高。废钢、生铁、直接还原铁、炼焦煤、天然气和石油，再加上运输，这些因素都造成了钢厂成本的增加，在供应链中太多的费用投向了原料和能源，致使钢铁企业利润微薄。

第四章　世界主要产业的布局与贸易

二、"二战"之后钢铁产业的地域结构变化

（一）在国家间的布局

"二战"后，世界钢铁工业地域结构变化的显著特点是打破了过去被去西欧、美国、苏联高度垄断的局面，工业地域自西向东扩散的趋势日益明显。从 20 世纪 50 年代中期开始，日本钢铁工业发展极为迅速，先后超过法国、英国、德国，到 1980 年超过美国跃居世界第二位。同期，苏联大力发展钢铁工业，于 1971 年越过美国，登上"冠军"的宝座。进入 70 年代后，亚非拉发展中国家钢铁工业日益壮大，产量成倍增长（见表 4-31）。亚洲的中国、印度、韩国、朝鲜发展迅速，特别是中国 1982 年超过德国成为世界第四钢铁生产大国，1991 年已生产 7 000 多万吨。拉丁美洲的巴西年产 2 200 多万吨，居世界第八位。阿根廷、墨西哥产量都增长较快。过去非洲除南非外几乎是空白。近年来，埃及、阿尔及利亚都有发展。实际上又呈现由"北"向"南"扩散的新趋势。

表 4-31 不同历史阶段世界钢铁产量排名前三的国家

阶　段	第一名	第二名	第三名
1800—1880 年	英国	美国	德国
1910—1950 年	美国	德国	英国
1953—1970 年	美国	苏联	德国
1971—1989 年	苏联	日本	美国
1990—1996 年	日本	中国	美国
1997—2014 年	中国	日本	美国
2015—2017 年	中国	日本	印度
2018—2019 年	中国	印度	日本

数据来源：根据世界钢铁协会数据整理。

2019 年，中国的粗钢产量达到 9.96 亿吨，占世界粗钢产量的 53.3%。日本、印度、美国、俄罗斯、韩国、德国、巴西等国也是主要产钢国（见表 4-32）。产钢大国一般来说也是钢材的消费大国。2019 年，中国钢材表观消费量约为 9.08 亿吨，占世界消费总量的近 51.3%。印度、美国、日本、韩国、俄罗斯、德国等汽车、机械或造船等需消耗大量钢材的产业规模大的国家，也是钢材的主要消费国。

表 4-32　2019 年世界主要粗钢生产国和成品钢消费国　　　　　百万吨

国家或地区	粗钢产量	占比/%	国家或地区	钢材表观消费量[①]	占比/%
世界	1 868.8	100.0	世界[②]	1 767.5	100.0
中国	996.3	53.3	中国	907.5	51.3
印度	111.2	6.0	印度	101.5	5.7
日本	99.3	5.3	美国	97.7	5.5

续表

国家或地区	粗钢产量	占比/%	国家或地区	钢材表观消费量[①]	占比/%
美国	87.8	4.7	日本	63.2	3.6
俄罗斯	71.9	3.8	韩国	53.2	3.0
韩国	71.4	3.8	俄罗斯	43.5	2.5
德国	39.7	2.1	德国	34.9	2.0
土耳其	33.7	1.8	土耳其	26.1	1.5
巴西	32.2	1.7	意大利	25.5	1.4

数据来源：世界钢铁协会《世界钢铁统计数据2020》。

注①：表观消费量是指当年产量加上净进口量（当年进口量减出口量）。表观消费量的数据较易取得，而实际消费量的数据较难取得。

注②：世界成品钢消费量是全球74个最重要的成品钢消费国的消费量之和。

（二）空间结构布局

世界钢铁工业空间结构变化的特点为：从内陆资源指向型向临海消费指向型布局转变。

第二次世界大战前的相当长时间属内陆资源指向型布局。早期木炭炼铁阶段，炼铁业分布在木材、铁矿石、河流运输方便和剩余劳动力充足的地方。进入煤炭炼铁阶段后，工厂向大煤田、大铁矿集中，煤铁复合区是最理想的区位。随着冶炼技术的改进，特别是炼铁焦比的下降，则由就煤转向就铁布局。总体来看，共有三种钢铁工业地域类型：在大煤田区建钢铁联合企业，以德国的鲁尔区、乌克兰的顿巴斯区、美国的阿巴拉契亚区为代表；在铁矿区形成钢铁工业基地，以法国洛林区，俄罗斯的马格尼托哥尔斯克，我国的包钢、马钢、武钢为代表；介于煤铁资源运输线上的基地（钟摆式），以美国五大湖沿岸钢铁工业基地、俄罗斯的乌拉尔—库兹巴斯为代表。

"二战"之后新建的钢铁企业多向沿海、河、湖布局。全世界大型厂的3/5在沿海分布，其中半数以上是20世纪50年代后建成的，这成为带有普遍性的特征。如法国的福斯、敦刻尔克，德国的不来梅，意大利的塔兰托，美国的雀点厂，中国的宝钢，特别是日本大型钢铁厂几乎都建在沿海地区。德国鲁尔区经过调整，钢铁工业逐渐向莱茵河畔集中。尽管各地区钢铁工业发展条件有差异，但都受到经济发展水平的制约。分析其原因，首先是布局条件变化所引起的，如能源消费构成的变化，运输条件的改善，特别是海上运输的发展，运输工具的革新，新资源来源地的出现等。以铁矿石生产为例，战前开采和加工主要集中在西欧和北美洲的几个国家。60年代后，在南部三大洲相继发现大型铁矿区。巴西、澳大利亚铁矿石产量跃居世界第二、三位，并成为世界最大的两个铁矿石出口国。还有加拿大、印度、委内瑞拉、秘鲁、利比里亚和毛里塔尼亚等都有出口。老的铁矿石产地产量减少，自给率下降，如法国原为净出口国，现今60%靠进口，使钢铁工业与铁矿石生产地脱节，而靠进口原料、燃料的钢铁工业多趋向消费区建厂。其次是技术经济的合理性，就地生产，就地消费，既节约时间又减少运费，可以降低成本，经济效益最高。日本走出一条无资源国家靠进口原料、燃料,在临海消费区建大厂的成功之路。

三、当前世界钢铁产业的贸易格局

20世纪90年代以来,钢铁工业保护程度逐渐减弱,虽然关税和自愿出口限额等非关税壁垒仍然存在,但钢材的国际贸易量仍然逐渐扩大。1975年,世界钢材出口量为1.15亿吨,占当年总产量的22.6%,到2000年增长到3.07亿吨,占当年产量之比也上升到39.2%。此后除2009年较2008年有大幅回落外,其他年份钢材的贸易额基本保持上升态势,到2015年已达到4.63亿吨。但是相对于产量的增长,进入21世纪后,钢材的贸易量增速放慢,2013年贸易量占产量之比仅有26.8%,此后有所回升,2015年为30.7%。

从国别来看,20世纪80年代以来,钢材的出口贸易格局发生了较大的变化。1980年,前三大出口国分别是日本、德国(西德)、法国,三国占世界钢材出口贸易总额的34.7%(见表4-33)。其余主要出口国有比利时—卢森堡、意大利、美国、瑞典等国。到2000年,名列前三位的国家与1980年相同,但是三国所占比重已降至26.7%,俄罗斯、韩国、乌克兰、中国大陆及中国台湾成为主要出口方。2010年,日本仍然是第一钢铁出口大国,但占比进一步下落,降至9.9%;钢产量居世界首位的中国已超过德国成为第二大钢材出口国,德国则退居第三位。韩国、俄罗斯的出口增长也非常显著,分居第四、五位。2019年,中国钢材出口额远超德国和日本,占比达13.18%,居世界首位,德、日、韩分列二、三、四位。

表4-33 世界主要钢材出口国(地区) 亿美元

1980年			2000年			2019年		
国家或地区	出口额/亿美元	比重/%	国家或地区	出口额/亿美元	比重/%	国家或地区	出口额/亿美元	比重/%
世界	767.5	100.0	世界	1 428.8	100.0	世界	4 177.96	100.00
日本	154.5	20.1	日本	148.3	10.4	中国大陆	550.81	13.18
德国	115.5	15.1	德国	139.3	9.7	德国	283.60	6.79
法国	72.9	9.5	法国	94.6	6.6	日本	281.95	6.75
比利时—卢森堡	64.1	8.4	比利时	82.8	5.8	韩国	261.19	6.25
意大利	37.7	4.9	俄罗斯	71.3	5.0	意大利	201.02	4.81
美国	32.4	4.2	意大利	68.5	4.8	俄罗斯	193.51	4.63
瑞典	22.8	3.0	韩国	66.8	4.7	比利时	166.72	3.99
英国	22.0	2.9	美国	63.2	4.4	法国	140.00	3.35
荷兰	21.2	2.8	乌克兰	51.6	3.6	美国	132.04	3.16
西班牙	19.5	2.5	中国台湾	46.0	3.2	荷兰	127.36	3.05
加拿大	17.8	2.3	中国大陆	43.9	3.1	印度	120.64	2.89

续表

1980年			2000年			2019年		
国家或地区	出口额/亿美元	比重/%	国家或地区	出口额/亿美元	比重/%	国家或地区	出口额/亿美元	比重/%
澳大利亚	16.8	2.2	英国	43.5	3.0	巴西	115.46	2.76
韩国	16.5	2.2	瑞典	37.9	2.6	土耳其	115.06	2.75
南非	12.3	1.6	西班牙	36.3	2.5	中国台湾	97.80	2.34
巴西	8.8	1.1	巴西	36.3	2.5	乌克兰	94.23	2.26

数据来源：WTO 数据库。

进口贸易格局变化不是很大，主要进口国集中在美国、德国、中国、意大利、韩国、英国、法国等工业发达的国家（见表 4-34）。美国是最大的钢材进口国，进口额由 1980 年的 81.5 亿美元增长到 2019 年的 336.11 亿美元。其次是德国。中国虽然是产钢大国，同时也是钢材出口大国，但同时也进口钢材，2000 年后已成为第三大进口国，当然进口额要远低于出口额。另外，进入 21 世纪后，一些新兴工业化国家在大力发展工业生产的过程中对钢材的需求加大，因此泰国、印度尼西亚、墨西哥、土耳其、印度、越南等国的钢材进口量也居于世界前列。

表 4-34　世界主要钢材进口国（地区）

1980年			2000年			2019年		
国家或地区	进口额/亿美元	比重/%	国家或地区	进口额/亿美元	比重/%	国家或地区	进口额/亿美元	比重/%
世界	808.6	100	世界	1 517.0	100	世界	4 285.5	100
美国	81.5	10.1	美国	192.3	12.7	美国	336.11	7.84
德国	67.3	8.3	德国	116.9	7.7	德国	284.09	6.63
法国	53.7	6.6	中国大陆	96.9	6.4	中国大陆	254.17	5.93
意大利	41.0	5.1	法国	88.2	5.8	意大利	197.10	4.60
英国	33.6	4.2	意大利	84.3	5.6	韩国	148.46	3.46
荷兰	23.7	2.9	韩国	53.2	3.5	法国	140.05	3.27
中国大陆	22.2	2.7	加拿大	52.6	3.5	荷兰	121.66	2.84
比利时—卢森堡	18.6	2.3	比利时	50.9	3.4	泰国	117.02	2.73
沙特阿拉伯	18.6	2.3	中国台湾	47.2	3.1	印度尼西亚	111.23	2.60
墨西哥	17.5	2.2	西班牙	44.5	2.9	越南	109.82	2.56

数据来源：WTO 数据库。

第四章　世界主要产业的布局与贸易

第四节　世界汽车产业的布局与贸易

汽车产业是世界上规模最大的产业之一，在国民经济和社会生活中发挥着巨大作用。汽车产业具有产业关联度高、涉及面广、技术要求高、综合性强、零部件数量多、附加值大等特点，对工业结构升级和相关产业发展有很强的带动作用。许多国家的历史证明，发展汽车工业是强国富民的手段，美国、日本、德国、法国等发达国家都无一例外的将其作为国民经济的支柱产业。

一、20世纪末之前的世界汽车生产格局

世界汽车工业已有100多年的发展历史，经历了漫长的萌芽和发育时期。汽车的诞生地在欧洲，但是，以大规模生产为标志的汽车工业的形成在美国，以后又扩展到欧洲、日本直至世界。

（一）汽车的发明阶段

1886年，德国人本茨和戴姆勒发明了汽车，接着欧洲出现了生产汽车的公司。最早成立的汽车公司有德国的奔驰公司、戴姆勒公司、法国的标致公司、雷诺公司、英国的奥斯汀公司、罗孚公司，意大利的菲亚特公司等，欧洲是世界汽车工业的摇篮。德国人发明了汽车，而促进汽车最初发展的是法国人。1891年，法国人阿尔芒·标致首次采用前置发动机后驱动形式，奠定了汽车传动系的基本构造。1898年，法国人路易斯·雷诺将万向节首先应用于汽车传动系中，并发明了锥齿轮式主减速器。不过尽管以法国为主的欧洲汽车公司占据了当时世界汽车工业的统治地位，但都是以手工方式生产汽车，讲究豪华，价格昂贵，限制了汽车工业的发展。

（二）世界汽车工业快速发展阶段

19世纪末至20世纪30年代，奔驰、福特、通用等20多家汽车公司相继成立，汽车生产进入标准化流水线生产，生产效率大幅度提高。在汽车产量大幅提高的同时，汽车技术也有了很大进步，变速器、四轮制动、独立悬挂技术、液压减震器都是在这一时期发明的。

对于汽车工业的形成，美国汽车大王亨利·福特作出了突出贡献。福特首先提出并实现了"让汽车成为广大群众的需要"，并于1883年开始从事汽车制造业。他制造的第一辆汽油车，结构简单而实用，最高时速可达32千米/小时。1903年，福特（Ford）汽车公司诞生，积极研制结构简单、实用、性能完善而售价低廉的普及型轿车。1908年10月，该公司正式投产T型汽车，并于1913年创建世界上第一条汽车装配生产流水线，实行工业大生产管理方式，实现了产品系列化和零件标准化。1914年，福特汽车公司年产量达到30万辆，1926年达到200万辆。而每辆汽车售价由首批的850美元下降到1923年的265美元。到1929年T型车停产时，总共生产了1 500万辆。福特T型车使汽车在美国得到了普及，让汽车进入了普通的美国家庭。福特生产T型车的经验不仅为美国，也为世界汽车工业的发展奠定了基础，因此福特汽车公司被誉为"汽车现代化的先驱"。

美国汽车工业的形成和发展与当时美国在资本、国民收入、石油资源、市场等各方面

都存在优于欧洲的具体条件有关,而且美国政府十分重视国民交通工具的现代化,有意识地引导人们购买汽车。巨大的国内市场成就了美国汽车工业的大发展,出现了一大批汽车生产企业,诸如后来闻名世界的通用汽车公司(General Motors),克莱斯勒汽车公司(Chrysler)。最多时美国曾有181家汽车厂。到了1927年,经过残酷的市场竞争仅存留了44家,其中福特、通用、克莱斯勒三大汽车巨头公司的销售量占美国汽车总销售量的90%以上。

这一时期在汽车大规模生产的组织模式上,出现了以福特公司为代表的全能的生产模式,以及以通用汽车公司为代表的通过专业化协作,由一些汽车制造企业联合起来,建立集中管理和销售体系的生产模式。以后的事实表明,后者优于前者,并为世界上许多企业所仿效。那时,由于第一次世界大战的影响,欧洲刚刚形成的汽车工业几乎停产了5年,这使得美国成为第一个以汽车工业为支柱产业的国家,美国汽车工业的突飞猛进,也使美国率先进入了现代化。

(三)以欧洲为重心的汽车工业发展的时期

1930年后,欧洲各国为了保护本国民族工业,开始对美国汽车进口提高关税,特别是对汽车零部件进口课以重税,迫使美国在欧洲各国的汽车总装厂改造成汽车制造厂,由此也促进了欧洲各国汽车工业的发展。欧洲各国还利用本国的技术优势,以多品种和轻便普及型新产品与美国汽车进行竞争。例如,意大利的菲亚特轿车、德国大众的甲壳虫普及型轿车等。

第二次世界大战期间,各国汽车工业均为军事目的服务,生产坦克、装甲车等军用装备和物资。战后,随着经济复苏与政府的支持,欧洲汽车工业开始大发展。特别是西德在战后仅用了5年时间,就使汽车产量达到30万辆,超过其战前的最高水平。1960年,西德汽车年产量已达205.5万辆,超过了英国,成为当时仅次于美国的世界第二汽车制造国。西德汽车高速发展的主要动力是将轿车迅速普及到国内劳动阶层。以国内市场为基础,同时扩大国际市场,如大众汽车公司的甲壳虫普及型轿车对德国轿车的普及起到了关键作用。1970年后,西欧共同体的汽车制造公司还纷纷到美国去投资建厂,明显地改变了第二次世界大战前美国福特汽车公司和美国通用汽车公司到欧洲投资建厂的格局。

欧洲汽车工业的大发展使世界汽车工业的重心逐渐由美国转移到欧洲。例如,"二战"以前,西欧各国的汽车产量仅为北美的11.5%;而到战后的1950年,这一数字提高到16%;而到1970年,北美仅生产749.1万辆汽车,而欧洲各国却超过北美产量的38.5%,达到1037.8万辆。许多欧洲汽车生产厂家,如德国大众、奔驰、宝马、法国雷诺、标致、雪铁龙,意大利菲亚特,瑞典沃尔沃等,均已闻名遐迩。欧洲汽车工业的特点,既有美国式的大规模生产的特征,又有欧洲式多品种高技术的趋势。

(四)日本汽车工业的腾飞时期

日本汽车工业在20世纪50年代形成完整体系,20世纪60年代是突飞猛进的时期。1960年,正当美国与欧洲的汽车工业激烈竞争的时期,日本推行了终身雇佣制及全面质量管理(TQC),使工业发展出现了飞跃,特别是汽车工业,出现了有名的丰田精益生产方式,在生产组织管理上出现了突破,生产出高质量、低消耗、廉价精巧的汽车并畅销全世界。1961年,日本汽车产量超过意大利跃居世界第五位;1965年,超过法国居第四位;1966年,超过英国升为第三位;1968年追上德国居世界第二位。

20世纪70年代的两次石油危机使日本认识到包括能源在内的资源短缺是日本的致命弱点,因此日本汽车工业放弃了向大功率、高车速、豪华大型车辆发展的意图,形成了经济、实用的风格。与此同时,日本政府对国外进口汽车进行了严格限制,并鼓励各公司积极引进美国的汽车技术,从而保护了日本的民族汽车工业。

日本汽车工业在20世纪70年代引进电子技术,并广泛用于汽车设计、试制、试验、制造及产品等各个领域。目前,日本汽车产品的开发周期普遍比欧美国家短。日本民用轿车的电子化程度和各种自动设施也远远高于欧美国家。

1980年,日本汽车产量首次突破1 000万辆大关,达到1104万辆,一举击败美国成为世界第一。到1987年,日本汽车的年总产量占世界年总产量的26.6%,而美国和西欧四国各分别占23.7%和24.8%。此时,世界汽车工业的重心已转移到日本。

(五)韩国汽车工业异军突起

20世纪80年代,韩国利用学习、消化国外生产技术和实现主要技术的国产化,使其汽车工业得到了飞速发展。韩国最早从事汽车生产的公司是始建于1944年的起亚汽车公司。但韩国汽车公司的真正起步是在20世纪60年代初,各汽车厂商以组装进口零部件生产整车的方式开始试制汽车,直到1970年,韩国的汽车年产量仅为2.8万辆。20世纪70年代初,韩国人均国民收入为300多美元,较好的经济状况提供了生产汽车的良好环境。韩国政府实行汽车国产化政策,各汽车公司开始大规模引进国外生产技术,开始自己开发生产汽车,并大量向非洲出口。

随着汽车国产化的实现,韩国政府又实施出口导向战略,从20世纪80年代开始,韩国汽车开始大量出口。与此同时,韩国致力于与美、欧等地的汽车企业合作,引进它们的技术,同时利用其渠道将产品打入欧美市场。1988年,韩国在美国共销售了50万辆汽车,占美国市场的4%。进入20世纪90年代中后期,韩国汽车业在西欧、美洲、东欧、中亚、亚洲和大洋洲均建立了生产基地,实现生产本地化,在此基础上建立了海外生产体系和全球营销网络。

(六)汽车工业的全球化

除上述主要的汽车生产国家外,汽车生产的全球化在现阶段把越来越多的发展中国家和地区纳入汽车工业的发展版图中。汽车生产的全球化是随着世界经济一体化的进程而加快的。20世纪70年代以后,美、日、欧等发达国家的汽车生产企业在国内经济不景气的条件下纷纷向海外投资,在发展中国家建立零部件和装配厂,以降低成本并绕过各种关税和非关税壁垒。而许多发展中国家,尤其是新兴工业化国家也在淘汰劳动密集型产业,发展技术密集型产业的趋势下,纷纷建立和发展汽车工业,从而使汽车生产日益走向全球化。目前,除美、欧、日、韩外,亚洲的中国、马来西亚、印度,拉丁美洲的巴西、墨西哥等国已成为世界重要的汽车生产国。

二、21世纪以来汽车生产与消费的地域分布

(一)汽车生产的地域分布

进入21世纪以来,汽车生产的地域分布发生了较大的变化,由欧洲、北美地区逐渐转向亚太地区。2000年,欧洲和北美自由贸易区(包括美国、加拿大、墨西哥三国)的产量之和将近3 800万辆,占世界汽车总产量的65.2%,亚太地区产量为1 792.8万辆,占比30.8%。但到2019年,亚太地区的产量已上升到近5 000万辆,占比53.68%,相比欧洲和北美地区的产量总和(约3 900万辆)高出1 117万辆。亚太地区在世界汽车生产中的地位之所以上升如此迅速,主要得益于中国、印度等发展中国家汽车产业规模的扩张,同时日本、韩国仍维持着其汽车生产强国的地位。2000年,美国仍旧是最大的汽车生产国,总产量为1 280万辆,占比22%。日本是仅次于美国的产量超过1 000万辆的国家,占比17.4%。德国、法国、韩国分列第三、四、五位。中国当年的产量为206.9万辆,占比3.5%,是世界第八大汽车生产国。由此可见,2000年世界汽车生产仍主要集中于欧美日等老牌生产强国。到2019年,中国的汽车产量相比19年前扩张了10倍以上,达到2 572.1万辆,占比28.02%,超过美国和日本产量的总和,是世界最大的汽车生产国。印度和墨西哥的产量迅速攀升,分别为451.6万辆和398.7万辆,而韩国则由第五汽车生产大国退居第七位(见表4-35)。英国、意大利等20世纪初的汽车强国的产量则出现了绝对下降。南美洲和非洲的汽车产量相对亚太和欧美地区规模较小,占世界总产量的比重分别为3.62%和1.2%。其中巴西是南美洲最大的生产国,南非是非洲最大的生产国。

表4-35 2019年、2000年世界汽车生产的地域分布

洲别、国别或地区	2019年产量/万辆	占比/%	洲别、国别或地区	2000年产量/万辆	占比/%
亚太地区	4 926.7	53.68	欧洲	2 027.5	34.8
欧洲	2 131.2	23.22	亚太地区	1 792.8	30.8
北美自由贸易区	1 678.3	18.29	北美自由贸易区	1 769.9	30.4
南美洲	331.9	3.62	南美	207.6	3.6
非洲	110.5	1.20	非洲	31.7	0.5
中国	2 572.1	28.02	美国	1 280	22
美国	1 088.0	11.85	日本	1 014.4	17.4
日本	968.4	10.55	德国	552.7	9.5
德国(仅轿车)	466.1	5.08	法国	334.8	5.7
印度	451.6	4.92	韩国	311.5	5.3
墨西哥	398.7	4.34	西班牙	303.3	5.2
韩国	395.1	4.30	加拿大	296.4	5.1
巴西	294.5	3.21	中国	206.9	3.5
西班牙	282.2	3.07	墨西哥	193.5	3.3

第四章 世界主要产业的布局与贸易

续表

洲别、国别或地区	2019年产量/万辆	占比/%	洲别、国别或地区	2000年产量/万辆	占比/%
法国(轿车和LCV)	220.2	2.40	英国	181.4	3.1
泰国	208.1	2.27	意大利	173.8	3
加拿大	191.7	2.09	巴西	167.1	2.9

数据来源：国际汽车制造商协会(OICA)。

汽车分为两大类：乘用车和商用车。其中乘用车主要用于运载人员及其行李，或偶尔运载物品，包括驾驶员在内，最多为9座的汽车，主要包括轿车、吉普车及某些多用途车辆。商用车指的是除乘用车以外，主要用于运载人员、货物及牵引挂车的汽车；所有的商用车又分为客车和货车两大类，其中货车又分为重型商用车和轻型商用车。2019年，世界乘用车的产量为6 714.9万辆，占汽车总产量的比重为73.2%；商用车产量为2 463.8万辆，占总产量之比为26.8%。商用车中，82.1%是轻型商用车，16.8%是重型商用车，客车仅占1.1%。

从各类车型生产的国家分布来看，中国是乘用车、客车、重型商用车产量最高的国家，而美国的轻型商用车产量居世界首位。此外，日本、德国、印度、韩国、美国、巴西、西班牙是主要的乘用车生产国；客车则主要由印度、巴西、土耳其等发展中国家生产，此外也包括俄罗斯、韩国、日本；重型商用车的主产国包括日本、美国、印度、墨西哥、韩国、巴西、印度尼西亚等；墨西哥、中国、加拿大、泰国、日本、印度的轻型商用车的产量也名列前茅。

(二) 世界汽车市场的格局变化

21世纪以来，随着全球经济的发展、人均收入水平提升及汽车科技的大力发展，全球汽车销量迅猛增长，由2005年的6 593.5万辆增长到2019年的9 135.8万辆，增幅达38.6%。从地区来看，2005年，欧洲是最大的汽车销售市场，销量占当年世界汽车总销量的31.9%，其次是亚太地区，占比31.0%。到2019年，亚太地区销量增长迅速，由2005年的2 040.9万辆上升到2019年的4 400.3万辆，占世界总销量的比重也攀升到48.2%，是扩张最快的汽车市场。而欧洲市场则出现萎缩，下降到2 086.9万辆，所占比重也下降了近10个百分点，低于北美市场，位列第三。

从国别来看，美国曾长期保持世界第一汽车市场的地位，2005年销量为1 744.4万辆，占世界总销量的比重达26.5%，而同期日本和中国占比仅为8.9%和8.7%。2008年开始，从美国开始的金融危机席卷全球，全球经济受到冲击，美国等主要国家的汽车产业受到了严重打击，同比大幅降低，美国失去全球第一大汽车市场的地位。2010年，中国的汽车销量为1 380万辆，是2005年的2.4倍，已经超过美国成为世界上最大的汽车市场。到2019年，中国汽车销量已超过2 500万辆，比2010年增长1 000多万辆，而美国销量已退居第二位，其汽车市场规模较2005年几乎没有什么变化。日本汽车市场规模则出现绝对下降，由2005年的585.2万辆下降到519.5万辆，占全球总销量的比重也由8.7%下降到5.7%。整体来看，发达国家的汽车市场已臻成熟，销量较为稳定，而新兴市场国家则迅速崛起。除中国外，印度、巴西、墨西哥等新兴市场国家的汽车销量都有显著增长。尤其是印度,由 2005 年的 144 万辆增长到 2019 年的 381.7 万辆,已成为全球第五大汽车销售市场(见表 4-36)。

表 4-36　2019 年、2005 年世界各国、各地区汽车销量对比

洲别、国家或地区	2019年销量/万辆	占比/%	洲别、国家或地区	2005年销量/万辆	占比/%
合计	9 135.8	100.0	合计	6 593.5	100.0
亚太地区	4 400.3	48.2	欧洲	2 106.3	31.9
北美	2 530.9	27.7	亚太地区	2 040.9	31.0
欧洲	2 086.9	22.8	北美	2 024.3	30.7
中南美地区	449.4	4.9	中南美地区	309.2	4.7
非洲	117.7	1.3	非洲	112.7	1.7
中国	2 576.9	28.2	美国	1744.4	26.5
美国	1 748.0	19.1	日本	585.2	8.9
日本	519.5	5.7	中国	575.8	8.7
德国	401.7	4.4	德国	361.5	5.5
印度	381.7	4.2	英国	282.8	4.3
巴西	278.8	3.1	法国	259.8	3.9
法国	275.6	3.0	意大利	249.5	3.8
英国	267.7	2.9	西班牙	195.9	3.0
意大利	213.2	2.3	俄罗斯	180.7	2.7
加拿大	197.6	2.2	巴西	171.5	2.6
韩国	179.5	2.0	加拿大	163.0	2.5
俄罗斯	177.9	1.9	印度	144.0	2.2
西班牙	150.1	1.6	墨西哥	116.9	1.8
墨西哥	136.0	1.5	韩国	114.5	1.7

数据来源:国际汽车制造商协会(OICA)。

不过尽管销量大增,新兴市场国家的人均汽车拥有量还是远低于发达国家,例如中国汽车人均拥有量依然仅及全球平均水平的一半。中国汽车市场还有很大的增长空间,如果中国的汽车拥有率能够达到美国的 3/4,中国还需要 9 亿辆汽车。

从各车型来看,2019 年中国是乘用车销量最高的国家,但是美国仍是商用车第一大销售市场,销量是中国的 2.95 倍。在商用车中,美国主要占据的是轻型商用车市场,而中国则是客车、重型商用车最大的市场。除中、美两国外,加拿大是全球第三大商用车市场,日本、印度、墨西哥、泰国、巴西、法国、德国也是商用车的主要销售国。日本是全球第三大乘用车销售国,德国、印度、英国、巴西、法国、意大利、俄罗斯、韩国也是乘用车的主要销售市场。印度、巴西是全球第二、第三大客车销售国,日本、美国则是重型商用车第二、第三

大市场,轻型商用车第二、第三大市场分属中国和墨西哥。从各车型的市场分布来看,也能看出新兴市场国家越来越成为主要的汽车销售国,尤其是客车和乘用车。

三、世界汽车企业的兼并重组

为了扩大生产规模,获取规模经济效益,同时提高市场份额,增强市场势力,获得包括技术、品牌、专利研发团队、当地分销网络等战略性资产,主要跨国汽车企业都倾向于采取某种程度和形式的并购和联合来实现发展壮大的目标。

100多年以来,世界汽车产业的兼并重组大致经历了以下5个阶段。

1. 1916—1945年的兼并重组大规模发生阶段

在此期间,世界汽车产业兼并重组发生数量达到历史最高。通用汽车公司1908—1910年收购了20多家公司(包括奥兹莫比尔、奥克兰、凯迪拉克等品牌),1918年收购雪佛兰,1925年收购沃克斯豪,1929年并购欧宝;福特汽车公司在1910—1920年收购了大量的汽车制造业上游行业企业以降低成本,包括钢铁厂、铁路、铁矿、煤矿等,并在1922年收购林肯汽车;戴姆勒公司和奔驰公司于1926年宣布合并,成立戴姆勒-奔驰公司。

2. 1946—1965年兼并重组小规模发生阶段

1961年福特汽车公司收购Philco Corp(飞歌公司,汽车收音机的制造商);1964年大众汽车公司收购奥迪公司等。

3. 1966—1985年兼并重组市场成熟阶段

随着世界汽车市场的发展和成熟,汽车产业兼并重组也逐渐步入成熟阶段。1969年菲亚特汽车公司收购法拉利50%的股份,后增持到90%;1970—1980年通用汽车公司分别收购多家日本汽车公司的股权,如五十铃(Isuzu)、铃木(Suzuki)、富士重工(Subaru)等;1979年福特汽车公司收购马自达(Mazda)24%的股份;1985年大众汽车公司收购西亚特公司。

4. 1986—2008年的兼并重组全球化发展阶段

汽车产业兼并重组向全球化方向发展,各国汽车企业纷纷参与进来。通用汽车公司在1986年收购莲花汽车,1990年收购萨博汽车,1999年收购悍马汽车,2000年购得菲亚特20%的股权;福特汽车公司在1986年购得起亚汽车10%的股份,1989年收购捷豹汽车,1994年购得世界最大的汽车租赁公司赫兹(Hertz)54%的股份,1999年收购沃尔沃轿车;大众汽车公司在1990年收购斯柯达汽车,1998年收购布加迪、兰博基尼、宾利、奥迪和劳斯莱斯;戴姆勒-奔驰公司在1998年并购克莱斯勒汽车公司,2002年购得三菱汽车34%的股份;现代汽车公司在1999年收购起亚汽车;大宇汽车公司1995年收购波兰的FSO(波罗乃兹);宝腾(Proton)公司1996年收购莲花汽车。

5. 2009年以来国际金融危机下的兼并重组

随着国际金融危机的蔓延,全球汽车市场急剧萎缩,整车制造企业掀起了一股破产重组和并购浪潮。2009年上半年,克莱斯勒和通用汽车相继申请了破产保护;2009年12月,大众汽车正式宣布完成对保时捷公司49.9%股份的收购;2010年6月,菲亚特与克莱斯勒达成协议,结成战略联盟。

经过数次大规模兼并重组浪潮之后,全球汽车企业的数量日益减少,汽车企业的规模也在扩大,2017年全球最大的汽车企业丰田产量达到1000万辆以上(见表4-37)。与此同时汽车企业对待兼并重组的态度也趋于理性,因此虽然兼并重组的趋势仍将继续,但兼并重组的数量正不断减少。同时,随着世界汽车市场的不断成熟以及技术的不断提高,大型汽车企业将更具有市场竞争力,未来强强联合式的兼并重组将增多,私募基金的积极参与以及各国主权财富基金的投资增加,都将进一步放大兼并重组交易金额。据统计,2009年比2005年汽车兼并重组交易数量减少了36.6%,2009年只有532起,但交易金额却大幅增加,2009年汽车产业交易金额跃升至1 219亿美元,相对于2008年的316亿美元增长了286%。

表4-37 2017年、2000年全球汽车制造商总产量排名

排名	制造商	2017年产量/万辆	占比/%	制造商	2000年产量/万辆	占比/%
1	丰田	1 046.6	10.80	通用	813.3	11.5
2	大众	1 038.2	10.71	福特	732.3	10.9
3	现代	721.8	7.45	丰田	595.5	10.6
4	通用	685.7	7.07	大众	510.7	8.8
5	福特	638.7	6.59	戴姆-克莱斯勒	466.7	6.6
6	尼桑	576.9	5.95	雪铁龙	287.9	5.6
7	本田	523.7	5.40	菲亚特	264.1	5.4
8	菲亚特	460.1	4.75	日产	262.9	5.0
9	雷诺	415.4	4.29	雷诺	251.5	3.3
10	标志雪铁龙	365.0	3.77	现代	250.5	3.2

数据来源:国际汽车制造商协会(OICA)。

近年来,全球兼并重组的主体、模式等方面都出现了一些变化,以中国为代表的发展中国家汽车企业正快速成为全球海外兼并市场的参与者。2008年印度塔塔汽车公司收购捷豹和路虎品牌;2009年12月北汽控股公司收购萨博汽车公司相关知识产权;2010年3月吉利收购沃尔沃轿车公司等。但从数量和资金规模上看,目前发展中国家汽车产业的海外兼并尚处于起步阶段。

金融危机之后,随着亚洲(除日本)和东欧(含俄罗斯)经济的强势复苏,这两个地区正快速成长为世界新兴的汽车市场,市场潜力巨大,其发展前景被国际汽车强国看好,跨国汽车公司纷纷转移其战略中心,谋求在这两个地区的投资、合作或兼并重组,并加紧建立和完善其营销体系与服务网络。

四、世界汽车市场的贸易格局

随着汽车在全球范围内分散生产的程度不断加深,整车和汽车零部件贸易范围越来越广泛、贸易联系越来越频繁。1980年世界汽车出口额为1 318.0亿美元,2000年为5 764.6亿美元,到2019年增至15 021.63亿美元(见表4-38)。整车出口贸易大多集中分

布在汽车产地,主要包括欧盟、东亚和北美三大汽车主产区。从国别来看,欧盟的德国、法国、英国(2020年脱离欧盟)、西班牙、比利时、意大利、瑞典,东亚的日本、韩国,北美的美国、加拿大、墨西哥都是主要的汽车出口国。其中德国是汽车产品的第一出口大国,1980年、2000年、2019年的出口额分别为277.1亿美元、1007.5亿美元、2 466.5亿美元,占世界汽车总出口额的比重分别是21%、17.5%和16.4%。日本和美国则分列二、三位,占世界总出口额的比重也较高。但德、日、美三国在汽车出口中所占的份额有所下降,由1980年的52.7%下降到2000年的44.5%,到2019年进一步下降到35.8%。前十大出口国的汽车出口额之和在汽车出口总额中所占比重也出现下降的趋势,在上述三年中分别是89%、83.8%和67.3%,这说明越来越多的国家加入到出口汽车产品的行列,出口市场的集中度下降。

表 4-38　世界汽车产品*出口格局

1980年			2000年			2019年		
世界及国家	出口额/亿美元	比重/%	世界及国家	出口额/亿美元	比重/%	世界及国家	出口额/亿美元	比重/%
世界	1 318.0	100.0	世界	5 764.6	100.0	世界	15 021.63	100.0
德国	277.1	21.0	德国	1 007.5	17.5	德国	2 466.49	16.4
日本	261.0	19.8	日本	880.4	15.3	日本	1 523.82	10.1
美国	156.7	11.9	美国	672.0	11.7	美国	1 392.77	9.3
法国	131.1	9.9	加拿大	606.6	10.5	墨西哥	1 240.36	8.3
加拿大	91.6	6.9	法国	391.8	6.8	韩国	651.61	4.3
英国	73.0	5.5	墨西哥	306.5	5.3	加拿大	608.27	4.0
比利时—卢森堡	64.4	4.9	西班牙	278.6	4.8	中国	593.09	3.9
意大利	58.7	4.5	英国	256.5	4.4	西班牙	569.55	3.8
瑞典	36.4	2.8	比利时	246.7	4.3	法国	553.04	3.7
西班牙	23.6	1.8	意大利	184.9	3.2	比利时	530.88	3.5
荷兰	15.1	1.1	韩国	151.9	2.6	英国	518.19	3.4
巴西	14.3	1.1	瑞典	99.2	1.7	捷克	424.07	2.8
匈牙利	8.2	0.6	荷兰	89.1	1.5	意大利	394.4	2.6
波兰	8.1	0.6	奥地利	83.0	1.4	波兰	319.81	2.1

数据来源:WTO数据库。

注:* 汽车产品指WTO数据库分类产品中的automotive products,包括整车和零部件。

中国的出口规模相对于生产规模而言较小,与西方发达国家存在较大差距。1980年仅有0.6亿美元,2000年增长到15.8亿美元,此后出口出现了迅速增长,到2019年已升至593.1亿美元,是世界汽车第7大出口国。

作为世界汽车最大的生产国,中国之所以汽车出口规模较小,很大程度上是因为许多汽车企业并没有明确的出口战略,海外销售服务体系不完善,导致国产汽车出口批量小,远未形成规模,在售后服务网络建设方面大都依赖当地经销商。同时缺少核心的技术、品牌,成本控制以及内部管理的不完善严重制约着中国汽车产品出口贸易的增长。此外,复杂多变的国际贸易环境、严格的技术、排放标准将考验中国汽车产品出口贸易的增长。中国在设计生产中高端技术产品方面存在巨大的发展空间,同时,中国的自主品牌汽车也面临着国际技术标准的检验。

  相比出口贸易,汽车产品进口贸易的集中度较低。前三位进口大国的进口额在总进口额中所占比重在1980年、2000年、2019年所占比重分别为35.2%、45.5%和34.9%,前十大进口国的这三年的比重分别是64.3%、75.4%和62.3%(见表4-39)。美国一直保持世界第一汽车进口大国的地位,其进口额占比均在20%以上,2000年达到29.4%。2019年,德国的进口额位列第二,但只有美国的大约43%。总体来看,近几十年来,主要的汽车进口国变化不大,除美、德外,还包括英国、加拿大、法国、西班牙、意大利等国,主要以发达国家为主。近年来,经济的发展、消费水平及本国生产规模的扩大所需中间投入品提高使中国成为汽车产品的主要进口国之一,2019年进口额达到800.3亿美元,是世界第三进口大国。

表4-39 世界汽车产品进口格局

1980年			2000年			2019年		
世界及国家	进口额/亿美元	比重/%	世界及国家	进口额/亿美元	比重/%	世界及国家	进口额/亿美元	比重/%
世界	1 328.7	100.0	世界	5 793.9	100.0	世界	15 270.5	100.0
美国	269.4	20.3	美国	1 702.0	29.4	美国	3 177.2	20.8
加拿大	115.1	8.7	德国	467.5	8.1	德国	1 359.9	8.9
德国	82.0	6.2	加拿大	462.8	8.0	中国	800.3	5.2
英国	75.7	5.7	英国	360.8	6.2	加拿大	755.0	4.9
意大利	73.6	5.5	法国	301.7	5.2	英国	735.3	4.8
法国	72.3	5.4	西班牙	263.5	4.5	法国	703.9	4.6
比利时—卢森堡	71.2	5.4	意大利	254.4	4.4	比利时	569.7	3.7
沙特阿拉伯	36.0	2.7	比利时	225.7	3.9	墨西哥	497.4	3.3
荷兰	34.7	2.6	墨西哥	200.0	3.5	西班牙	468.0	3.1
瑞士	23.8	1.8	荷兰	127.5	2.2	意大利	462.8	3.0
墨西哥	23.5	1.8	日本	99.6	1.7	荷兰	323.5	2.1
奥地利	21.4	1.6	澳大利亚	85.5	1.5	波兰	263.1	1.7
瑞典	19.9	1.5	奥地利	82.4	1.4	澳大利亚	258.6	1.7
澳大利亚	16.8	1.3	瑞典	69.7	1.2	俄罗斯	252.0	1.7
阿根廷	7.4	0.6	巴西	41.5	0.7	日本	234.8	1.5
中国	7.3	0.6	沙特阿拉伯	38.1	—	捷克	209.8	1.4

数据来源:WTO数据库。

从贸易差额来看,美国是汽车贸易的最大逆差国,2019 年有 1 784.5 亿美元的贸易逆差;澳大利亚、英国、俄罗斯、中国的贸易逆差也超过 200 亿美元。日本则是最大的顺差国,汽车贸易顺差同年为 1 289.03 亿美元。德国的顺差额也超过 1 000 亿美元,墨西哥也有超过 700 亿美元的顺差,韩国、捷克、泰国的顺差额也较高。

第五节 国际旅游业的布局与贸易

国际旅游业已成为全球发展最快的行业之一。世界各国各地区都越来越重视旅游业的发展,积极开发新的旅游目的地,吸引更多的旅游者,拓展本国本地区的旅游市场。国际旅游业属于国际服务贸易的范畴,也是世界各国各地区通过建立旅游设施和提供旅游服务从而获得旅游外汇收入的一种劳务合作方式。国际旅游业一般由国际旅游者、旅游资源、旅游设施三个要素构成。

一、国际旅游业的发展概况

旅游活动是一种历史十分悠久的社会现象,大致经历了古代旅游、近代旅游和现代旅游三个发展过程。古代旅行主要表现为人类的迁徙活动,是从原始社会末期直到工业革命初期;近代旅游则从工业革命到"二战"结束;从"二战"结束至今是现代旅游业。国际旅游是指跨越国界的旅游活动,包括入境旅游和出境旅游。前者指外国居民到本国的旅游活动,后者指本国居民到他国的旅游活动。人们常将国际旅游业称为"无烟工业",国外游客的到来会给一国带来大量外汇收入。国际旅游者以休闲度假为主,其余一小部分则属于商务需要、探亲访友或者参加学术会议活动等。现代国际旅游业一般被认为发端于 19 世纪中叶的英国。然而在"二战"以前,国际旅游主要为特权阶层所享有,大众化的国际旅游业发展进程相当缓慢。"二战"结束后,随着一些西方国家经济的恢复,国际旅游业才真正进入大众化的繁荣时期,并进而成为一个新兴的产业,是第三产业的重要组成部分。

(一) 战后国际旅游业发展的动因

战后,国际旅游活动之所以有了大发展,其主要动因有:

(1) 和平环境为国际旅游大发展提供了必要的前提条件和环境保证。第二次世界大战结束后,各国都开始致力于本国的经济建设,医治战争创伤。虽然仍不时有局部战争发生,但就世界总体环境而言,和平与缓和始终占据主导地位。这为战后世界经济的增长和国际旅游的发展提供了必要的前提和保证。

(2) 战后世界经济的迅速发展,个人收入的提高,使国际旅游成为可能。战后,几乎所有国家经济增长速度都大大超过了战前。经济的发展使得这些国家的人均收入,或者更确切地说使得这些国家的家庭平均收入也迅速增加,尤其是发达国家更是如此。人们收入的增加和支付能力的提高对国际旅游的迅速发展起到了极其重要的推动作用。西方发达国家在 20 世纪六七十年代,年收入超过 25 000 美元的家庭已占到各国家庭总数的 30%。有资料表明,当一国人均国内生产总值达到 300 美元时,居民就具有国内旅游动机,达到 1 000 美元时,则会产生国际旅游动机,而超过 3 000 美元时,就可以进一步产生洲际旅游的动机。这充分反映了国民收入水平与旅游客源市场形成的内在因果关系。

（3）战后世界科学技术的发展，特别是交通运输工具的进步，缩短了时空距离，使国际旅游有了实现的可能性。第二次世界大战后，铁路和轮船虽曾为人们的旅行方式，但就世界范围而论，代之而起的是汽车和飞机。在经济发达的工业化国家中，拥有私人小汽车的家庭比例不断增大，长途公共汽车运营网不断扩大和完善，成为人们中、短途外出旅游的主要交通工具。与此同时，民航运输的发展也使得人们有机会在较短的时间内作较长距离的旅行，特别是国际旅游。

（4）随着科学技术的进步，生产效率不断提高，人们的闲暇时间增多，外出旅游具有了必要的客观条件。战后生产自动化程度的提高，使劳动时间得以缩短，加之工人阶级不懈的斗争和争取，工人和职员的带薪假日时间逐渐延长，为国际旅游提供了时间上的可能性。早在20世纪六七十年代，一些发达国家就开始执行每周5日、每天6~8小时的工作制，并由法国带头通过了每年有一个月的带薪休假福利的法律。这些制度使得个人可支配时间增多，为跨国旅游提供了前提。

（5）战后世界各国的教育事业不断向新的广度和深度发展，加之信息技术的影响，越来越多的人对本地或本国以外其他地区或国家的事物产生兴趣，促进了国际旅游的大发展。

（6）各国政府为发展本国旅游业和便利旅游者来访而采取的支持态度和措施。世界各国鼓励旅游的政策不断出台，旅游接待和信息服务日益完善，特别是区域一体化和全球贸易自由化的发展，使各国间人员往来更加方便。尤其是90年代"冷战"结束后，许多国家宣布执行对外开放政策，实行市场经济体制，提供了空前宽松的世界和平环境，更为国际旅游业的大力发展奠定了稳定而坚实的政治经济基础。

（二）战后国际旅游业发展的阶段

战后国际旅游业可分为四个阶段。

第一阶段是起步阶段。1950年，世界经济从第二次世界大战的废墟中开始复苏，作为世界经济一部分的世界旅游业也开始起步。世界旅游组织资料显示，这一年，国际旅游者达2500万人次，国际旅游收入达21亿美元。从此，世界旅游业的发展就与世界经济的发展息息相关。

第二阶段是发展阶段。20世纪50年代到70年代初，欧美各国经历了整整20年的经济发展"黄金时代"。在以电子技术、信息技术、生物工程技术和航空航天技术为代表的第三次科技革命浪潮的推动下，世界经济的发展与新技术革命日益紧密地融合在一起。1964年国际旅游收入突破100亿美元。这说明经济发展既是旅游业发展的基础，又是旅游业发展的条件和动力。

第三阶段是腾飞阶段。1970—1980年，世界旅游业在这10年间年均增长率高达19%，旅游收入翻了两番半，10年净增844亿美元。旅游业因此成为许多新兴国家的发展亮点和支柱产业，世界旅游业跃上了一个大台阶。

第四阶段是成熟阶段。20世纪80年代至今，世界旅游业在激烈动荡的世界经济中形成了越来越强的应变能力，逐步走向成熟。和1980年相比，1990年世界旅游收入总量翻了一番多，净增1 276亿美元。进入21世纪之后，世界旅游业仍然保持着旺盛的发展势头，充分显示了旅游业在世界范围内的勃勃生机。

（三）国际旅游业的发展特点

在过去的数十年中，世界旅游业的发展呈现出如下特点。

(1) 世界旅游业呈波动增长趋势，地区发展不平衡。进入 21 世纪以来，生产力的持续发展，生活水平的逐步提高，有力地推动着旅游活动大众化的程度，频繁的国际经济、文化交流和生活方式的演变也进一步推动了商务旅游、求知旅游、探险旅游、度假旅游、购物旅游、奖励旅游等需求形式的多样化与精细化，世界旅游业总体呈上升趋势。但旅游业对外界环境变化较为敏感，它会受到多种因素的影响，其增长呈现出波动性（见表 4-40）。此外，由于旅游资源具有很强的地域性，各地区旅游资源禀赋不同，加上各国旅游发展战略和旅游开发能力的制约，各国旅游业发展水平也参差不齐。

表 4-40　近年来国际旅游业发展情况

年　份	2001	2005	2010	2012	2013	2014	2015	2016	2017	2018
国际入境旅游人数/亿人次	6.91	8.23	9.74	10.70	11.23	11.77	12.28	12.72	13.63	14.42
增长率/%	0.1	6.2	6.8	5.6	4.9	4.8	4.3	3.6	7.2	5.8
国际入境旅游收入/亿美元	5 498	8 105	10 994	12 751	13 694	14 454	13 919	14 178	15 361	16 493
增长率/%	-2.2	7.0	8.8	3.6	7.4	5.5	-3.7	1.9	8.3	7.4

数据来源：世界旅游组织（UNWTO）。

由图 4-3 可知，欧洲地区是最受欢迎的旅游目的地，一半以上的出境旅游者会选择到欧洲旅游，这与欧洲地区经济发展和一体化水平以及优美的自然景观、深厚的文化底蕴是分不开的。但是，其份额从 2001 年的 57.9% 下滑到 2010 年的 51.1%，到 2018 年更是降至 45.6%，表明欧洲地区对出境旅游者的吸引力正在下降。而增长最快的亚太地区市场份额自 2001 年的 17.9% 上升到 2010 年的 21.9%，2018 年又上升至 24.8%，反映出世界经济重心由欧美向亚太地区转移的趋势。亚太地区经济高速增长首先带动了商务旅游的快速增长，各国政府对旅游业也重视有加，加大投入，并纷纷调整旅游战略，使该地区的旅游潜力逐步发挥出来。2001 年之后，亚太地区取代了长期居第二大旅游市场的美洲地区，其在世界旅游业中的市场份额逐年增长。而非洲与中东地区由于经济落后、旅游资源相对贫乏、自然气候条件较为恶劣，加上种族、宗教矛盾、地区冲突不断，严重制约了这两个地区的旅游业的发展。

(2) 旅游业在世界经济中的地位不断提高，若将各国的国内旅游收入加总在一起，旅游业已成为世界第一大产业。国际旅游市场竞争越来越激烈，旅游企业的经营管理水平在竞争中日渐提高，供给项目越来越多，内容越来越丰富。世界旅游与观光理事会的报告指出：旅游业是创造高附加值的产业，已成为各国财政中的主要纳税产业。越来越多的国家加入到竞争日益激烈的世界旅游业中，它们大力开发本国旅游资源，加快建设旅游基础设施，竞出新招。旅游业经营者的增多，旅游产品数量和质量的提高，满足了即期的需求，诱发了潜在的需求，并且创造了新的需求。旅游业已经成为服务贸易的主体性产业，

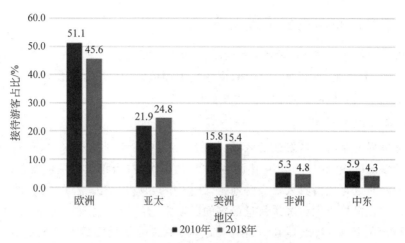

图 4-3 全球五大地区占世界入境旅游市场份额
数据来源：UNWTO。

是当前促进世界经济发展的主要动力,它促进了出口,吸引了投资,创造了大量的利润和税收,提供了众多的就业机会,前景十分辉煌。

(3) 旅游业对环境高度敏感,经济波动、政治状况、自然灾害以及疫病暴发对特定地区乃至世界旅游业的影响巨大。例如 2001 年,美国发生的"9·11"恐怖袭击事件使国际航空业迅速恶化,并进而导致饭店业等其他相关行业客源减少,旅游业遭受沉重打击,导致 2001 年旅游业出现负增长。美国所受冲击尤其大,据美国旅游协会指出,"9·11"之后 10 余年,美国国际旅游收入损失约 6 060 亿美元,美国占世界国际旅游市场份额亦由 17% 缩减到 12.4%,其国际旅游业迟迟未能摆脱反恐安全的阴霾。2003 年,亚洲地区又遭受"非典"袭击,同年伊拉克战争爆发,多国卷入战事,使世界入境旅游人次大幅下滑,再次出现负增长。2008 年,全球金融危机的爆发使得许多国家经济状况急速恶化,全球经济陷入衰退,给世界旅游业带来巨大冲击。2009 年,国际入境旅游人次和收入增长率双双跌入谷底,形成了近 10 年来世界旅游业的最大波动。

尽管偶遇震荡,旅游整体增长并未受重大中断和影响。全球国际游客到访量从 1950 年的 2 500 万人次,到 1980 年的 2.78 亿人次,1995 年的 5.27 亿人次,到 2018 年达到 14.42 亿人次。全球范围内旅游目的地的国际旅游花费在 1950 年为 20 亿美元,1980 年增加到 1 040 亿美元,1995 年增长至 4 150 亿美元,在 2018 年达到 16 493 亿美元。在过去 60 年中,旅游经历了持续扩张和多元变化,已经成为全球经济中最大和增长最快的行业。许多新兴目的地已经成为继欧洲、北美等传统热门目的地之外的新宠。

扩展阅读 4-5
世界旅游组织

第四章　世界主要产业的布局与贸易

二、世界旅游区域与主要旅游大国

世界旅游组织将全球划分为五大旅游区域：欧洲（北欧、西欧、中东欧、南欧、地中海）、亚太地区（东北亚、东南亚、大洋洲、南亚）、美洲地区（北美、加勒比地区、中美洲、南美洲）、非洲地区（北非、撒哈拉沙漠以南）和中东地区。

（一）欧洲旅游区域

欧洲是世界上旅游业最发达的区域。从UNWTO公布的数据来看，欧洲是国际游客接待人数最多的区域，2018年共接待游客6.39亿人次，占当年世界国际游客总数的一半以上。欧洲同时也是旅游收入最高的地区，2018年共收入5 705亿美元，占世界旅游总收入的39.3%。在世界十大游客接待量最多的国家中，有6个国家来自欧洲（见表4-41），包括法国、西班牙、意大利、土耳其、德国、英国，其中法国是最受游客欢迎的旅游目的地，2018年接待游客8 932.2万人次。欧洲旅游业之所以如此发达，主要得益于其丰富的旅游资源及旅游的便利化。

表4-41　2018年国际游客接待和国际旅游收入位居前列的国家或地区

排名	国家或地区	国际游客接待数/万人	排名	国家或地区	国际旅游收入/亿美元
1	法国	8 932.2	1	美国	2 561.5
2	西班牙	8 277.3	2	西班牙	812.5
3	美国	7 974.6	3	法国	731.3
4	中国内地	6 290.0	4	泰国	652.4
5	意大利	6 156.7	5	德国	602.6
6	土耳其	4 576.8	6	意大利	516.0
7	墨西哥	4 131.3	7	英国	485.2
8	德国	3 888.1	8	澳大利亚	473.3
9	泰国	3 817.8	9	日本	452.8
10	英国	3 631.6	10	中国香港	418.5
11	日本	3 119.2	11	中国内地	403.9
12	奥地利	3 081.6	12	中国澳门	403.6

数据来源：UNWTO。

从旅游资源来看，首先，欧洲自然景观优美丰富。欧洲地势低平，海岸线曲折，半岛众多，高山湖泊密布，气候类型多样，大西洋沿岸夏季凉爽，冬季温和。这样的地形地势、气候条件等地理因素，使欧洲的自然景观呈现出多样化的特点。法国花都的夜景，德国的浪漫之路，地中海的蔚蓝海岸，意大利水城威尼斯的贡多拉、古城罗马的雕塑，西班牙的斗牛比赛，奥地利蓝色多瑙河之旅，阿尔卑斯山的亮丽雪景等，都令人流连忘返。其次，由于欧洲工业发达，大部分国家都属于发达国家，经济条件相当好，人民生活水平较高，人们对于精神的追求相对落后地区要高一个档次，故而在人文思想、旅游景观等方面的建设也比较强势，人文旅游资源丰富。从世界各大洲、各国等旅游发展上看，到欧洲的游客数量一直处于世界领先地位。最后,欧洲的建筑物颇具特色,独特的风格自成一派。比如仅教堂就包括诸多风格:早期的基督教风格、拜占庭风格、罗马式风格、哥特式风格、文艺复兴风格、巴洛克风格、古典主义风格,以及由于文化交流而产生的混合样式和风格。

欧洲地区的旅游便利化也为区域内旅游者的自由流动以及欧洲以外的游客进入创造了良好的条件。首先是交通便利化。由铁路、公路、航空以及水运构成的强大的交通网络是欧洲旅游业赖以发展的重要基础。其次是旅游手续的便利化。欧洲各国尤其是欧盟成员国之间建立了内部政策的协调机制,为旅游手续的便利化提供政策上的保障。例如申根协定的签署和实施、护照和驾照的标准化、边境障碍的拆除以及卫生检查的一致性促进了人员的自由流动,并进而促进了旅游业的发展。最后,服务的便利化。欧洲是旅游服务比较完善的地区,旅游电子商务的广泛开展、交通通用卡的使用、跨国旅游线路的设计等都为国际旅游者提供了方便。此外,欧洲各国的旅游景区、景点早已形成联合促销、联合经营,欧元的使用也大大方便了欧洲内外部的旅游者,免去了以前在欧洲旅游频繁兑换货币的麻烦。

接近旅游客源国,也是欧洲旅游业发达的重要原因之一。据统计,欧洲地区历来都是国际游客产生最多的区域,2018年,欧洲地区外出旅游人数约6.18亿人次,约占全球游客人数的39.5%。2018年,在全球出境旅游客源最多的10个国家或地区中,有6个来自欧洲,分别是德国、英国、俄罗斯、意大利、乌克兰、法国(见表4-42)。

表4-42 近年来主要国家或地区国际游客产生数量　　　百万人次

国家或地区	2000年	2010年	2012年	2014年	2015年	2016年	2017年	2018年	2018年占比/%
世界	733.4	1 073.4	1 179.1	1 283.6	1 336.3	1 413.0	1 504.6	1 563.6	100.0
中国内地	10.5	57.4	83.2	116.6	127.9	135.1	143.0	149.7	9.6
德国	80.5	85.9	82.7	83.0	83.7	91.0	92.4	108.5	6.9
美国	61.3	61.1	60.7	68.2	74.2	80.2	87.7	92.6	5.9
中国香港	58.9	84.4	85.3	84.5	89.1	91.8	91.3	92.2	5.9
英国	—	53.8	54.6	58.4	64.2	69.4	71.4	70.4	4.5
俄罗斯	18.4	39.3	47.8	45.9	34.6	31.7	39.6	42.0	2.7
意大利	20.1	28.2	27.4	26.9	27.5	29.1	31.8	33.3	2.1
韩国	5.5	12.5	13.7	16.1	19.3	22.4	26.5	28.7	1.8
乌克兰	13.4	17.2	21.4	22.4	23.1	24.7	26.4	27.8	1.8
法国	19.9	25.0	25.3	27.9	26.6	26.5	29.1	26.9	1.7
印度	4.4	13.0	14.9	18.3	20.4	21.9	23.9	26.3	1.7

数据来源:UNWTO。英国2010年之前的统计数据缺失。

(二)亚太旅游区域

亚太地区包括东亚的中国、朝鲜、韩国、蒙古、日本、泰国、马来西亚、新加坡、印度尼西亚、菲律宾、文莱、东帝汶、越南、老挝、柬埔寨、缅甸,南亚地区的斯里兰卡、马尔代夫、巴基斯坦、印度、孟加拉国、尼泊尔、不丹等国,以及澳大利亚、新西兰。亚太地区是新近兴起、成长很快的旅游区域,已逐步超过美洲旅游区,成为世界第二大旅游接待市场。2018年,亚太地区接待外国游客3.48亿人次,占全球总数的24.82%,尽管与欧洲区域相比仍存在较大差距,但是亚太地区的国际旅游业的发展速度要远高于欧洲。2010—2018年,欧洲地区接待国际游客的数量增幅为31.4%,而亚太地区则达到67%。亚太地区的旅游收入仅次于欧洲地区,2018年达到4 355亿美元,占全球旅游收入的30%。2018年,亚太地区接待了全球24.82%的入境人数。此外,亚太地区也是仅次于欧洲的客源地,2018年出境旅游超过4.15亿人次,占全球总数的26.5%。

亚太地区国际旅游业之所以能取得如此迅速的发展,主要得益于以下几方面原因:

首先,在过去20多年时间里,亚太地区经济增长速度一直高于全球其他任何地区。随着亚太地区经济的迅速崛起和不断发展,一方面,人们可支配收入和闲暇时间增加,将有更多的区内国际客源产生;另一方面,亚太地区旅游业也在不断发展,各种旅游基础设施也加以完善,也会吸引更多的区外旅游者来访。亚太地区各国彼此间的经济合作以及与区外其他国家间的合作也刺激了商务游、购物游等旅游项目。

其次,亚太地区地域广阔,旅游资源多种多样,极具特色,既有自然的又有人文的,既有景观性的又有文化性的,既有古代遗存的又有现代兴建的,既有实物性的又有体察性的。

最后,亚太各国十分重视旅游业的发展,均把旅游业当做朝阳产业给予大力扶持,把旅游业纳入国家经济发展的决策中。1974年以前,入境旅游的市场份额基本上被中国香港、新加坡和泰国瓜分。70年代后期以来,则几乎所有的国家都开始大力发展国际旅游业,如中国内地、马来西亚、印度尼西亚,甚至越南、老挝、柬埔寨等。中国内地已成为亚太地区接待国际游客人数最多的国家,2018年共接待6 290万人次,仅次于法国、西班牙和美国。同时,中国内地超过了美国、德国、俄罗斯,成为全球出境游客最多的国家,2018年出境游人次达到1.5亿人次,占全球的9.6%。中国内地作为全球第一大旅游客源市场,持续超常规增长,2018年中国内地游客海外花费达2 772.65亿美元,是2010年的五倍多。受可支配收入提高、人民币汇率坚挺、旅行设施改善和出境旅游限制减缓等利好因素的影响,中国内地出境游市场在过去20年增长迅速。中国内地贡献了全球旅游收入的13%,让全球一批旅游目的地,特别是亚太地区的目的地获益匪浅。

(三)美洲旅游区域

美洲包括北美洲、南美洲和西印度群岛等区域,曾是仅次于欧洲的世界第二大旅游区域,但近年来已被亚太地区超越,目前位居第三位。2012年美洲接待国际游客1.63亿人次,旅游收入达2 126亿美元。

美洲地域广阔,有山地、沙漠、湖泊、平原、沼泽等不同类型的自然景观,如加拿大的冰雪景观、美加边境上的尼亚加拉大瀑布、加勒比的海岛旅游胜地以及巴西的热带雨林风光等。从北极圈以北到南回归线以南,美洲气候类型多样,有从极地到热带地区的多种气候类型,大部分地区均冬季严寒,夏季炎热。因此,尽管旅游者在附近地区能找到适合于自己需要和满足自己兴趣的地方度假或旅游,但是在气候等因素的综合作用下,美洲地区尤其是北美地区形成了一个较强大的由北向南的旅游客流,沿着大陆东侧向亚热带和热带的佛罗里达、墨西哥和加勒比海的沿海流动。

与欧洲相比,北美洲历史和文化旅游资源较少。北美洲大陆的土著居民印第安人虽然有悠久的历史,但是游牧的生活方式使其留下的遗迹较少。但是,北美地区尤其是美国高度发达的科学技术以及由此而修建的人工旅游景点,如好莱坞影城、迪士尼乐园等,也吸引了大量的国际游客。美国在国际游客接待量上仅次于法国,且是旅游收入最高的国家。2018 年其国际旅游收入为 2 561.5 亿美元,远超过排在第二位的西班牙(812.5 亿美元)。

与北美洲相比,加勒比和南美地区既有优美的自然风光,同时也有诸多历史文化遗址和遗迹。南美洲拥有灿烂的印加文化,印加帝国的首都——秘鲁南部的历史古城库斯科,现已成为该国最重要的旅游胜地。厄瓜多尔的基多也保留着许多古代印第安人的建筑。南美洲殖民地历史和各国人民反对殖民主义、帝国主义的解放运动史,也留下了众多的历史遗存,成为重要的旅游资源。

(四)非洲旅游区域

非洲是一个人文和自然旅游资源都十分丰富的大陆。在独立后的较长时期,由于绝大部分非洲国家没有充分认识到旅游业在减轻贫困、增加就业机会和外汇收入等方面的特殊作用,导致非洲旅游业的发展十分落后。20 世纪 70 年代,部分非洲国家开始重视旅游业的发展。20 世纪 90 年代中期以来,旅游业已逐渐发展成为非洲的一个新兴产业。特别是 21 世纪以来,旅游业已成为非洲众多国家国民经济的支柱产业,是非洲国家脱贫的重要途径之一。尽管非洲接待国际游客的总量在 2012 年只有 5 200 万,但是其旅游业发展迅速,从 2005 年到 2012 年,接待国际游客的年均增速为 6%,增速仅次于亚太地区,高于 3.6% 的世界平均增长水平。但从 2010 年到 2018 年,非洲接待国际游客人次增速有所放缓,在此期间增幅为 33.13%,低于亚太和美洲地区,略高于欧洲地区。

非洲旅游业发展如此强劲,主要取决于该地区拥有丰富而独特的自然旅游资源和独特的人文资源。自然旅游资源如尼罗河、金字塔、狮身人面像、东非大裂谷、马萨伊马拉禁猎区、南非国家森林公园等,不但有阳光、沙漠等粗犷的自然景观,而且有森林、大海、清泉、草地等别具特色的景致,对游客有巨大的吸引力。非洲富有独特旅游资源的国家很多,除了有世界奇迹金字塔的埃及和被誉为"彩虹之国"的南非,还有迷人岛国毛里求斯、享有"非洲夏威夷"之称的塞舌尔、堪称天然野生动物园的肯尼亚等。不少国家都有奇特的动物和植被,充满异国情调的人文环境,这里的动植物很少遭到人类的侵扰和破坏,保持着自然和原始的本色,很好地体现了人与自然的和谐。非洲是人类文明的发祥地之一,历史人文景观丰富,如世界最古老的古人类遗址、部族文化和独特的习俗等,吸引外国游客到此观光。

旅游业的发展为非洲创造了大量就业岗位,带动了水、电、交通、卫生等基础设施发展,并获得了大量外汇。旅游业也是很多非洲国家减贫的重要途径。当然,作为一个新兴的旅游区域,非洲旅游业的发展还存在不少问题:缺乏完善的发展规划、资金短缺、旅游基础设施不完备、旅游项目单一、存在旅游安全隐患、信息产业落后、旅游合作有待加强等。因此,非洲国家必须采取相应的措施,以促进非洲旅游业健康快速地发展,从而有力地推动经济社会的发展。

(五)中东旅游区域

中东地区是指地中海东部到波斯湾的大片地区。"中东"不属于正式的地理术语,一般说来包括巴林、埃及、伊朗、伊拉克、以色列、约旦、科威特、黎巴嫩、阿曼、卡塔尔、沙特、叙利亚、巴勒斯坦、阿联酋和也门等国家。中东是世界文明发祥地之一,也是基督教、伊斯兰教、犹太教的发源地。尤其是伊斯兰文化在该地区最为鲜明,具有独特的社会习俗和人文风貌,并同干旱景观、石油经济以及动荡的政治风云等结合在一起,构成一个独特的旅游区域。2018年,根据世界旅游理事会公布的数据,中东地区吸引了来自世界各地的近5 610万名游客,游客在中东地区的消费总额超过500亿美元。其中阿拉伯联合酋长国成为该地区重要的旅游市场。尽管一些中东国家和地区局势动荡,但阿联酋仍然保持了自身的安全与稳定,加之拥有较完善的旅游设施和旅游资源,能够向游客提供综合完善的旅游服务,宾馆、酒店的入住率一直保持在本地区最高水平。2018年约有2 000多万人选择到阿联酋旅游观光,占整个地区吸引国际游客总数的35%以上,游客在阿联酋的消费额也占到在中东地区消费总额的43%左右。除阿联酋外,中东地区旅游业较发达的国家还有土耳其、黎巴嫩、巴林、沙特阿拉伯、约旦、以色列、塞浦路斯、也门和阿曼等。其中尤以宗教圣地麦加、麦地那、耶路撒冷等对朝圣者最具有吸引力。

扩展阅读 4-6
全球各国出口什么最赚钱?

【思考题】

1. 分析当今世界农业发展的特点及发展趋势。
2. 分析世界三大粮食作物的生产布局及贸易状况。
3. 论述当前世界林产品贸易的情况。
4. 分析当前世界能源消费结构的特点,阐述中国当前的能源消费结构及其形成的原因。
5. 选择石油、煤炭、天然气三种能源中的任一种,分析其生产和消费的布局。分析当前世界石油的贸易格局。
6. 阐述当前国际旅游业的发展特点。

第五章 世界区域经济贸易集团

学习目的与要求

1. 了解区域经济一体化的形式及其基本特征;
2. 了解区域经济一体化的发展历程、各阶段的特征及发展动因;
3. 掌握当前区域经济一体化的发展态势;
4. 掌握区域经济一体化的进程对全球经济贸易的影响;
5. 熟知世界范围内主要的区域经济贸易集团的发展历程及其成员国间的经贸关系。

扩展阅读 5-1
RCEP:对亚太地区有什么好处?

区域经济集团是指在一定区域范围内,地理位置邻近的两个或两个以上的国家(地区),由于经济发展水平具有一致性或互补性,政治文化背景具有相似性,通过一系列协议和条约建立的区域经济合作组织,也可称其为区域贸易安排(regional trading arrangements,RTA)。RTA 有多种,从单纯的关税优惠到全面的经济一体化。从贸易安排的水平看,可以分为 5 类:优惠贸易安排(preferential trade arrangements)、自由贸易区(free trade areas)、关税同盟(customs unions)、共同市场(common markets)和经济联盟(economic unions)。优惠贸易安排是给予一些贸易伙伴部分优惠,属于最为松散的一种 RTA。这包括单向安排,例如普惠制安排,也包括互惠安排。当优惠贸易安排的成员之间取消了所有关税和进口数量限制,就形成了自由贸易区。具有代表性的区域经济集团有欧洲联盟、北美自由贸易区、亚洲太平洋经济合作组织。此外,还有次区域性的组织,如中美洲共同市场、加勒比共同体等。这些区域经济集团在推动区域内以及全球自由贸易方面,发挥着越来越重要的作用。

第一节 区域经济一体化的概述

按照 WTO 的统计,区域性贸易协定的实施数量在 1950—1989 年有 75 个,到 2001 年底,在世贸组织注册的区域经济一体化协定有 170 个。近年来,伴随着经济全球化的汹涌浪潮,区域经济一体化也呈现出强劲的发展势头。根据世贸组织的统计,截至 2021 年 2 月 19 日,已向关贸总协定(GATT)或世界贸易组织(WTO)通报的 RTA 总数达到 601

个,已生效的有 341 个。

一、区域经济一体化的发展历程

尽管区域经济一体化的雏形可以追溯到 1921 年成立的比利时和卢森堡经济同盟(1948 年荷兰加入,组成比荷卢同盟),但是区域经济一体化真正形成并迅速发展,却是始于第二次世界大战后,并经历了三个发展阶段。

(一)20 世纪 50—60 年代的高潮时期

战后,生产力的发展和科学技术的进步使各国间的联系日益紧密,许多国家也汲取战前贸易壁垒导致世界经济大危机的教训,纷纷建立区域性贸易集团,以实现区域内的贸易自由化。1951 年,法国、德国等西欧 6 国建立煤钢共同体;1960 年,英国等 7 国正式成立欧洲自由贸易联盟。20 世纪 60 年代,发展中国家也建立了一些区域性经济组织。其中比较著名的有亚洲的东南亚国家联盟(1967 年),拉美的中美洲共同市场(1961 年)、安第斯集团(1969 年)和非洲的中部非洲关税及经济同盟(1964 年)、南部非洲关税同盟(1969 年)。发达国家和发展中国家均致力于组建区域经济集团,使区域经济一体化组织在战后出现了第一次发展高潮。

(二)20 世纪 70—80 年代的停滞不前时期

20 世纪 70 年代西方国家经济处于"滞胀"状态,区域经济一体化也一度停滞不前。在这一时期,欧洲经济共同体原定的一体化计划并未完全实现,而发展中国家的一体化尝试没有一个取得完全成功。以欧洲经济共同体为例,两次石油危机、布雷顿森林体系崩溃、全球经济衰退、日美贸易摩擦上升等因素使其成员国遭受巨大打击,各成员国纷纷实施非关税壁垒措施进行贸易保护,导致第一阶段关税同盟的效应几乎丧失殆尽,欧共体国家经济增速急剧下降。

(三)20 世纪 80 年代中期以来的第二次发展高潮

20 世纪 80 年代中期以来,特别是进入 90 年代后,世界政治经济形势发生了深刻变化,西方发达国家在抑制通货膨胀、控制失业率方面取得成功,经济的发展推动着区域经济联合。此外,关贸总协定乌拉圭回合谈判迟迟不能达成协议,也使世界各国普遍感到失望,更加重视区域性贸易自由化。这次高潮的出现是以 1985 年欧共体关于建立统一市场"白皮书"的通过为契机,该"白皮书"规定了 1992 年统一大市场建设的内容与日程。欧共体的这一突破性进展,产生了强大的示范效应,极大地推动了其他地区经济一体化的建设。尤其是美国开始改变长期奉行的单一多边主义原则,开始重视实行地区主义和双边主义,积极参与区域经济一体化。这一时期,欧共体由共同市场发展成为经济联盟(1993 年)。美国和加拿大建立了美加自由贸易区(1989 年)。发展中国家建立的区域性经济集团也很多,主要有亚洲的阿拉伯合作委员会(1989 年)、拉美的南方共同市场(1991 年)等。这一时期,还出现了亚太经合组织(1989 年)和北美自由贸易区(1994 年)这样的南北国家之间组建的区域经济贸易集团。

二、新一轮区域经济一体化的特点

进入20世纪90年代以来,区域经济一体化出现了以下几方面的特点。

1. 区域经济一体化组织呈现出加速发展的态势

区域贸易安排虽然早已有之,但在最近10年明显提速。从跨太平洋战略经济伙伴关系协定(TPP)、跨大西洋贸易和投资伙伴关系协定(TTIP),到区域全面经济伙伴关系协定(RCEP)、中日韩自贸区,各种区域、次区域和自贸区安排,不仅以前所未有的迅猛之势在全球遍地开花,而且个头越来越大,经济体量排名前列的大国都积极参与其中。据WTO统计,截至2021年2月,向世贸组织通报并仍然有效的区域贸易安排共341个,70%左右是近10年出现的;仅2015年之后通报的就有87个。到2014年底,世贸组织成员国中仅有蒙古未参与任何一个区域贸易协定;2015年2月,日本和蒙古签署了经济伙伴关系协定,至此,世贸组织164个成员都参与了一个或多个区域贸易安排。

2. 世界贸易日益向各个区域经济贸易集团集聚

目前,全球贸易的一半以上都是在各个区域经济贸易集团内部进行的,区域经济合作对世界贸易和经济发展的影响越来越大。除少数国家和经济体外,绝大多数贸易伙伴与其区域贸易协议成员间的贸易比重不断提高。据世贸组织专家估计,当前全球贸易的一半左右在各区域经济集团内部进行。

3. 自由贸易区迅猛发展,由大国带动的特点非常突出

截至2021年2月,美国、欧盟、中国、日本、韩国、墨西哥已签署且生效的地区贸易协定分别为14个、57个、23个、17个、16个。英国自脱欧后,也积极参与区域经济一体化进程,目前已签署生效的RTA共34个。美国、欧盟、日本还通过发展跨洲的自由贸易协定关系,在全球合纵连横,抢占势力范围。

4. 区域经济一体化内容广泛深入

新一轮的区域协定涵盖的范围大大扩展,不仅包括货物贸易自由化,而且包括服务贸易自由化、农产品贸易自由化、投资自由化、贸易争端解决机制、统一的竞争政策、知识产权保护标准、共同的环境标准、劳工标准,甚至还要求具备共同的民主理念等。

5. 跨洲、跨区域经济合作的兴起和发展

进入20世纪90年代,区域经济合作的构成基础发生了较大变化,打破了狭义的地域相邻概念,出现了跨洲、跨洋的区域合作组织。例如日本与墨西哥签署自由贸易协定。不同区域经济集团之间也展开了连横合作。自1995年开始,南方共同市场和欧盟之间开始探讨建立自由贸易区的问题,而东盟与欧盟外长会议之间就政治、经济领域内广泛的问题进行探讨业已制度化。

6. 发达国家在自由贸易区中力推国际经贸新规则

由于多哈回合谈判长期陷入困境,全球贸易投资自由化、便利化裹足不前,发达国家正通过加快自由贸易区建设,尤其是美国着力推动跨太平洋战略经济伙伴关系协定、跨大西洋贸易与投资伙伴关系协定等自由贸易谈判,试图推行高标准的国际经贸新规则,抢占未来竞争和发展的制高点,重塑全球贸易投资规则体系。

扩展阅读 5-2
中国的区域经济一体化进程

三、几个重要的区域经济一体化谈判

(一) TPP 和 CPTPP

"跨太平洋战略经济伙伴协定"(Trans-Pacific Partnership Agreement,TPP),也被称作"经济北约",最初只是由新西兰、新加坡、智利三国领导人倡议发起的,之后文莱加入,被称为 P4,影响力有限。2005 年 6 月,智利、新西兰、新加坡、文莱签署协定,2006 年 5 月生效。2009 年 11 月,美国总统奥巴马赴新加坡参加 APEC 峰会前,宣布美国加入 TPP,强调这将促进美国的就业和经济繁荣,为设定 21 世纪贸易协定标准做出重要贡献。与此同时,秘鲁、越南和澳大利亚也宣布加入谈判,由此实现了 P4 向 P8 的转变,影响随之扩大。2011 年 11 月 10 日,日本正式决定加入 TPP 谈判。2012 年 10 月 8 日,墨西哥正式成为 TPP 的第十个成员国。2012 年 10 月和 2013 年 9 月,加拿大、韩国分别宣布正式加入 TPP。

美国之所以选择 TPP 这一最初并不起眼的区域贸易安排,主要是 2008 年全球金融危机后美国经济复苏面临巨大挑战,必须依靠向亚洲出口来推进本国经济增长。亚洲地区现已成为世界经济增长重要的推动力量,美国需要也希望通过亚洲市场来实现出口翻番和增加就业的目标。东亚地区追随全球区域经济一体化趋势,建立了"10+6""10+3""10+1"经济合作模式,亚洲区域内部的贸易额也迅速增长。美国希望借助 TPP 来参与到亚洲一体化的进程中。

在先后进行了 19 轮谈判和多次部长级会议后,2015 年 10 月 5 日,TPP 取得实质性突破,12 个国家结束谈判,达成 TPP 贸易协定。该协定覆盖范围广泛的贸易和贸易相关问题,包括货物贸易、海关和贸易设施、卫生检疫措施、贸易的技术壁垒、贸易救济、投资、服务、电子商务、政府采购、知识产权、劳动、环境等议题。依据协定,相关国家间约 1.8 万种商品的关税将在未来一段时间内逐步减少或完全取消。

TPP 的 12 个成员国,遍布北美、南美、东亚、东南亚和大洋洲,横跨太平洋。据 IMF 数据测算,2014 年 TPP 成员国的经济规模占全球经济总量的 36.21%,其贸易规模占全球贸易总量的 27.64%。这些国家中,既有人口大国,也有人口小国;既有资本主义国家,也有社会主义国家;既有基督教国家,也有佛教国家,还包含儒家文化圈;既有发达国家,也有发展中国家;既有以制造业为主导产业的国家,也有以资源为主导产业的国家。TPP 主张全面市场准入,取消或削减所有货物和服务贸易以及投资的关税和非关税壁垒,促进区域内生产和供应链的发展。

然而 TPP 的建设路程并非一帆风顺。2016 年 11 月,新当选的美国总统特朗普表示,他将会在上任的第一天发布总统行政令,退出 TPP。2017 年 1 月 23 日,特朗普上任后签署行政令,正式宣布美国退出 TPP,称退出对美国工人是一件好事。

2017年11月11日,日本宣布除美国外的11国就继续推进TPP正式达成一致,2018年3月8日,11国代表在智利首都圣地亚哥签署CPTPP协定,即"全面与进步跨太平洋伙伴关系协定"。2018年12月30日,CPTPP协定正式生效。CPTPP与TPP在市场准入、贸易便利化、电子商务和服务贸易等方面均无差异,最大区别在于新协定冻结了旧协定中关于知识产权等内容的20项条款。

可以说,虽然CPTPP的新框架仍然保留着迄今为止最高水平的经贸规则,但是与TPP框架中的内容相比,还是有了一定程度的缩水。此外,缺少第一大经济体的美国以后,CPTPP覆盖约5亿人口,GDP的全球占比为13%,而原来的TPP则是世界上规模最庞大的区域性自由贸易协定。美国"缺席"以后,CPTPP区域内的人口和经济总量以及对全球经济和贸易的影响力都有了很大程度的下降。

2021年2月1日,英国贸易大臣利兹·特拉斯明确表达了加入CPTPP的意愿,成为第一个申请加入的新成员,受到了CPTPP全部成员国的欢迎。担任CPTPP轮值主席国的日本认为"英国的加入请求带来了巨大的潜力,有望将CPTPP高标准的规则拓展至亚太地区之外"。此外,自2018年起,中国、韩国、菲律宾、印度尼西亚、泰国、哥伦比亚等国也先后公开表达了加入CPTPP的可能意向,进一步扩展了该协定的前景。

(二)跨大西洋贸易和投资伙伴关系协定(TTIP)

"跨大西洋贸易和投资伙伴关系协定"(Transatlantic Trade and Investment Partnership,TTIP)是美国和欧盟这两个巨型经济体之间就建立一个横跨北大西洋的自由贸易区而进行谈判的一个协定。欧美双方早在1990年代初就有建立跨大西洋自由贸易区的设想。全球金融危机后,这一设想逐步变为现实。2013年2月,美欧领导人就尽快启动双边自由贸易协定谈判达成一致。2013年6月17日,欧盟委员会主席巴罗佐和美国总统奥巴马在英国北爱尔兰举行的八国集团峰会期间宣布,欧盟与美国正式启动双边自由贸易协定谈判,并计划于2015年年底完成所有议题的谈判。

美国是当今世界最大的单一经济体,欧盟是世界经济一体化程度最高的区域国家集团,美国与欧盟的贸易与投资关系也是世界最大、最复杂的经济关系。2013年开始进行谈判时,美国和欧盟的GDP占到全世界总量的46%,货物贸易占到全世界总量的33%,而服务贸易更是高达42%。美国贸易代表办公室的数据表明,2012年跨大西洋贸易流量(包括商品贸易、服务贸易、投资收益等)平均每天超过40亿美元,双方的货物与服务贸易额每年约为1万亿美元。美国对欧盟货物与服务出口占美国出口总额的21%,自欧盟货物与服务进口占美国进口总额的19%。美国购买了欧盟货物出口总额的17%和服务出口总额的25%;而欧盟货物进口的11%和服务进口的31%由美国提供。2011年跨大西洋两岸对外直接投资(FDI)总规模高达3.7万亿美元。美国政府估算,跨大西洋贸易与投资活动支持了美国和欧盟约1 300万个就业岗位。毋庸置疑,如果欧美达成协议,将会建起世界最大的自贸区。据欧盟估计,一旦欧美自贸协定生效,每年将分别给欧盟和美国经济创造1190亿欧元和950亿欧元产值,同时也将对国际经贸规则的制定产生深远影响。如果TTIP生效,将引领世界贸易、投资规则制订,重新树立西方世界在经济领域的领导权。

由于谈判双方均面临选举以及缺乏民意支持等因素而进度缓慢,原定于2016年之前结束的TTIP并没有如期在奥巴马政府任内结束。特朗普上任后,奉行"美国优先"的贸易保护主义,直接叫停 TTIP 的所有谈判,TTIP 就此退出人们的视野。

除 TTIP 外,欧盟还与加拿大进行全面经济和贸易协定谈判。2016 年 10 月 31 日,经过七年的漫长谈判,欧盟与加拿大在比利时布鲁塞尔签订了历史性的双边自贸协定"综合性经济贸易协定"(Comprehensive Economic and Trade Agreement,CETA)。协定将把拥有五亿人口的欧盟单一市场,同加拿大这个全球第 10 大经济体连结起来。协定落实后,欧盟与加拿大之间的关税种类将减少 99%,并因此每年新增 120 亿美元的贸易量。

(三) 区域全面经济伙伴关系协定(RCEP)

2012 年 11 月东盟 10 国、日本、韩国、澳大利亚、新西兰、印度和中国宣布启动"区域全面经济伙伴关系协定"(RCEP)谈判。自 2002 年以来,中国、日本、韩国、澳大利亚、新西兰、印度分别与东盟 10 国签署了五个"10+1"自贸协定。在此基础上,东亚区域经济一体化进程不断加快,并呈现多元化的发展趋势。2012 年 11 月 20 日,在柬埔寨金边举行的东亚领导人系列会议期间,温家宝总理会同上述其他 15 国的领导人,共同发布《启动"区域全面经济伙伴关系协定"(RCEP)谈判的联合声明》,正式启动这一覆盖 16 个国家的自贸区建设进程。这标志着东亚更大范围的经济一体化迈出了关键一步,充分展现了东亚各国加速整合并推进区域经济一体化的坚定决心。2013 年 5 月 9 日至 13 日,RCEP 第一轮谈判正式成立货物贸易、服务贸易和投资三个工作组,并就货物、服务和投资等议题展开磋商。2017 年 11 月 14 日,RCEP 首次领导人会议在菲律宾首都马尼拉举行,与会各国领导人在会后发表联合声明,称需要整合现有的"东盟+1"自由贸易协定,并在尚未签订双边自由贸易协定的东盟自贸伙伴国之间建立新的经济联系,并提出在 2018 年加紧努力结束谈判的目标。2019 年 11 月,印度称有重要问题未得到解决,决定退出 RCEP,其余成员国则结束全部文本谈判及实质上所有市场准入的谈判。2020 年 11 月 15 日,覆盖东盟 10 国及中国、日本、韩国、澳大利亚、新西兰 15 个国家的"区域全面经济伙伴关系协定"(RCEP)签署。

RCEP 协定除序言外包括 20 个章节和 4 个附件,涉及货物贸易,原产地规则,海关程序和贸易便利化,卫生和植物卫生措施,标准、技术法规和合格评定程序,贸易救济,服务贸易,自然人临时流动,投资,知识产权,电子生物,竞争,中小企业,经济技术合作,政府采购,等等,超过世贸组织规定的范畴。在货物贸易方面,中方承诺对 86%～90% 的产品实现零关税。在原产地规则方面,RCEP 在货物贸易领域规定了区域内原产地累积规则。大多数自由贸易协定采用的都是双边原产地规则,即商品从 A 国进入到另一成员国 B,需要达到 A 国的增值标准或生产要求,才能被认定为是 A 国原产货物,享受 B 国优惠关税。RCEP 则规定商品从 A 国进入 B 国,可以用协定中多个缔约方的中间品,来达到所要求的增值标准或生产要求,由此使得 A 国享受 B 国零关税的门槛明显降低。RCEP 缔约国间的服务贸易开放水平显著高于各自的"10+1"协定,其中中方在入世承诺的 100 个部门的基础上,新增开放 22 个部门,提高 37 个部门的承诺水平,开放承诺已达到已有自贸协定的最高水平。在投资方面,采用负面清单对制造业、农业、林业、渔业、采矿业 5 个非服务业领域做出高水平开放承诺,这也是中国在国际协定中的首张负面清单。

RCEP 是全面、现代、高质量、互惠的自贸协定,也是全球人口最多、经贸规模最大、最具发展潜力的自贸协定。2019 年,RCEP 的 15 个成员国总人口达 22.7 亿,GDP 达 26 万亿美元,出口总额达5.2万亿美元,均占全球总量约30%。RCEP的签署对世界经济发展格局、东亚区域经济一体化进程、所有成员国的经济发展以及中国自贸区战略的实施都有十分重要的意义:

(1) RCEP是构建新发展格局的重要平台,是贯彻新发展理念的成功实践,有利于在新发展阶段拓展国际合作空间。

(2) 签署RCEP对东亚区域经济发展意义重大,将有力提振各方对经济增长的信心,显著提升东亚区域经济一体化水平,优化区域内的整体营商环境,进一步提升自贸协定带来的贸易创造效应;促进区域产业链、供应链和价值链的融合。

(3) RCEP标志着中国自贸区战略实施进入新阶段。党的十九届五中全会提出实施自由贸易区提升战略,构建面向全球的高标准自由贸易区网络。签署RCEP,为自贸区提升战略实现"开门红",在"扩围""提质""增效"三方面均实现了突破。

(四) 中日韩自贸区

中日韩自由贸易区这一设想是2002年在中日韩三国领导人峰会上提出的。2012年11月20日,在柬埔寨金边召开的东亚领导人系列会议期间,中日韩三国经贸部长举行会晤,宣布启动中日韩自贸区谈判。2013年3月、7月中日韩自贸区第一轮谈判、第二轮谈判分别在首尔和中国举行。到2019年12月,三国已进行了16轮谈判。

中日韩作为东亚地区三个大国,同为RCEP成员国,2019年GDP总量已达到21.1万亿美元,占全球GDP的24%,亚洲GDP的70%,东亚GDP的约90%,已超过美国和欧盟。若三国达成自由贸易协定,将成为推动亚太经济一体化和促进世界经济复苏的新引擎。中日韩三国达成自贸协定有很强的必要性和可行性。

(1) 中日韩经济与产业互补性强,经济相互依存度很高,三国之间的贸易额从1999年的1320亿美元提高到2019年的6220亿美元,20年间大幅提高了370%。韩国是中国第五大贸易伙伴、第一大进口来源地,日韩互为第三大贸易伙伴,日本是中国的第四大贸易伙伴,而中国已经连续多年成为韩国、日本的第一大贸易伙伴。但三国之间的贸易量只占三国对外贸易总量的23%,不仅低于欧盟的65%,也低于北美自贸区的40%。因此中日韩之间的贸易还有很大的发展潜力,自贸区的达成将使得贸易创造和贸易转移效应更为显著。建立中日韩自贸区将逐步实现货物、人员和资本的自由来往,促进各国产业调整和经济发展。

(2) 中日韩之间具备天然的区位优势和互补的产业与经济优势,三国间的产业链和供应链联系密切,互动良好。以半导体为例,日本主要生产上游的原材料,而韩国则生产中游的芯片等产品,最后由中国来生产下游最终产品并交付使用。中日韩自贸协定的达成有助于推进中日韩区域经济合作,进而稳固全球产业链供应链,促进世界经济复苏。

(3) 中日韩自贸协定的达成将为三国提供广阔的发展前景。对中国而言,由于日韩两国都属于发达国家,购买力水平较高,技术实力较强,协定有助于中国加大对日韩两国市场和技术引进利用的便利程度。对日韩而言,中国庞大的市场将为两国带来巨大的市场容量和利益。

然而中日韩自贸协定在谈判进程中多次受到某些事件的负面冲击与影响,因此三国间良好的双边关系成为促进中日韩自贸协定签署的大前提。2019年12月,中日韩三国峰会在成都举行,三国共同发表的《中日韩合作未来十年展望》,表示将"加快中日韩自贸协定谈判,力争达成全面、高质量、互惠且具有自身价值的自贸协定"。

四、新一轮区域经济一体化的动因

(一) 经济动因

(1) "二战"后,科学技术的发展使各国各地区之间的分工与依赖日益加深,生产社会化、国际化程度不断提高,使各国的生产和流通及其经济活动进一步越出国界。越来越多的国家进行经济体制改革,消除了商品、生产要素、资本以及技术在国家之间进行流动的制度上的障碍,促成了区域经济一体化的发展。

(2) WTO多边贸易体制本身的局限性以及近年来多边贸易谈判所遭遇的挫折和困难,刺激了区域经济一体化的发展。WTO自身庞大,运作程序复杂,其"一揽子接受"方式要求成员对各项议题的谈判只有在一致同意的基础上才能进行,这使得2001年11月启动的多哈回合自由贸易谈判一直举步维艰。多边贸易谈判前景的不可预测性,为双边和区域性贸易协议提供了发展空间与机遇。与多边贸易谈判相比,区域经济一体化组织因其成员常常是地理位置相邻、社会政治制度相似、生产力发展水平相近、有类似的文化历史背景,因而具有开展经济合作的诸多优势。

(二) 政治动因

(1) 谋求地区和平,缓解甚至消除矛盾和冲突。例如欧洲地区合作的初始动机和最终目标都是政治。1999年东亚领导人关于东亚合作的联合声明,明确提出了开展政治、安全对话与合作的议题。印度和巴基斯坦之间政治紧张局势的缓解,与南亚自由贸易区的构建也密不可分。

(2) 推动国内的体制改革。一些发展中国家和转轨国家把区域贸易协议作为锁定贸易自由化或国内体制改革进程的机制,即通过外部的条约责任和有形具体的承诺来促进国内的体制改革。20世纪90年代,东欧转型国家与欧盟签署区域贸易协议的目的之一,就在于以此推动向市场经济的转化过程。

(3) 寻求区域层面的政治保护以抗衡其他区域集团。这是世界大国加紧组织和巩固区域经济集团的一个重要动因。美国参与跨地区的亚太经合组织,意在抗衡不断扩大的欧盟。而欧盟希望作为一个更强大的整体,用一个强音在国际上更有力地与美、日等大国抗争。日本也极力在亚太地区构建"大东亚经济圈",同时采取各种措施打入欧美腹地。

五、区域经济一体化对世界经济贸易的影响

(一) 积极影响

(1) 区域贸易协定促进了世界贸易额的增长。一方面,区域贸易协定大幅度降低关税和削减非关税壁垒,并使绝大部分货物的关税在一定的时间内趋于零。区域贸易协定通过贸易自由化和便利化,降低交易成本和流通费用,促进了国际贸易。另一方面,区域经济贸易集团建立后,为各国经济发展提供了更多的机遇,其成员国自身会增强经济活力,促进经济加速发展,扩大对外需求,加速其对区外的贸易发展,从而在一定程度上促进

了世界贸易总量的增长。自1950年以来，世界货物出口额已经增长了25倍。在全球贸易总额中，进入21世纪以后，有50%～60%的贸易额是发生在区域贸易协定内部，因此，国际贸易量的增长在一定程度上是建立在区域贸易协定内部贸易快速发展的基础之上的。

(2) 区域贸易协定促进了国际投资自由化，并且起到了优化世界产业结构和资源配置的效果。区域经济一体化，是实现全世界产品贸易自由化、产品市场一体化、生产过程一体化的一个重要步骤，还可能对区域共同货币的产生，对世界各国经济利益共同性的强化，产生积极影响。此外，由于区域经济一体化在技术开发领域创造的新成果也会向外扩散，使得区外国家也可受益。欧共体优惠的科技合作政策，会集了区内各国的科技精英，推动新技术产品的联合开发，这些成果也随出口的增长转移到其他国家，提高了世界的科技开发水平。

(3) 促进地区范围内的南北合作和南南合作。区域贸易协定都有程度不同的合作形式和规范，把成员的利益较为紧密地结合在一起，发达国家比较注意尊重发展中国家的权益。这就为南北合作和南南合作提供了制度保证，有利于促进南方国家的发展。

(二) 消极影响

(1) 对非成员国的贸易份额减少。由于区域贸易协定内部的优惠并不给予区域外的非成员，从而使其对区域外非成员国的贸易额减少，对区域外的国家产生了一定的消极影响，表现出其排他性的特征。

(2) 对发展中国家出口及利用外资不利。由于区域经济一体化内部实现贸易自由化的同时，仍保留对区域外国家的贸易壁垒，使区域外发展中国家产品难以进入区域内的市场。为应对区域经济贸易集团的贸易壁垒，资本更倾向于流入区域性经济贸易集团内部，尤其是北美、欧洲及亚太等区域贸易集团内部的国家，这使得本来就缺少资金的广大发展中国家更加难以吸引外资，加剧了发展中国家资金短缺的矛盾，阻碍了其经济贸易的发展和竞争力的提高，可能拉大发达国家和发展中国家的贫富差距。

(3) 区域贸易协定加大管理成本和贸易成本。对于政府来说，要对来自不同协定的产品征收不同的关税，对来自不同协定成员的投资者适用不同的管理方式，无疑加大了监管成本；对于企业来说，由于不清楚具体哪些规则适用于它们，不清楚究竟享有哪些权利，要确定某一具体产品或服务的贸易待遇，将由于成员资格的交叉重叠而变得错综复杂，这无疑会增加贸易成本。区域贸易协定复杂的规则增加了政府的行政运作成本，透明度的缺乏更加重了出口商的负担。

(4) 区域贸易协定改变了国际贸易的地区分布与世界经济格局的发展方向。大量区域贸易协定的签署，形成了各自的投资贸易区，改变了世界经济格局。在20世纪60年代、70年代以前，美国经济地位处于上升时期。随着欧共体的发展，美国经济在世界经济中地位下降，于是联合加拿大与墨西哥建立北美自由贸易区。与此同时，东盟自由贸易区建立，亚洲区域贸易协定发展。全球区域贸易协定向广度与纵深发展，逐步形成了北美自由贸易区、欧盟和亚洲三大地区经济圈，改变了世界经济格局的发展方向。

第二节　世界主要区域贸易集团

近年来,区域经济贸易集团数目激增。由于区域经济贸易集团的内容、形式多样,且规模大小不一,大中套小,大小并联,许多组织交叉重叠,因此对目前究竟有多少区域经济贸易集团尚难确切统计。在众多的区域经济贸易集团中,对世界经济贸易最具影响力的有欧盟、北美自由贸易区、亚太经合组织。这三大区域经济集团已成为世界经济三大板块的核心,世界其他区域合作组织基本处于其边缘或之间,在空间上呈现相互渗透的格局。此外,在拉美地区的南方共同市场也有着重要的影响。

一、欧洲联盟

欧洲联盟(简称欧盟,European Union,EU)是由欧洲共同体(简称欧共体,European communities)发展而来的,是一个集政治实体和经济实体于一身、在世界上具有重要影响的区域一体化组织。1991年12月,欧共体马斯特里赫特首脑会议通过《欧洲联盟条约》,通称《马斯特里赫特条约》(简称《马约》),1993年11月1日,《马约》正式生效,欧盟正式诞生。欧盟的经济一体化态势成为区域经济贸易集团的表率,在全球区域经济一体化进程中起着重要的典范作用。

(一)欧洲联盟的发展历程

欧盟作为欧洲地区联合的一个具体形式,是欧洲历史上长期存在的"欧洲统一思想"在"二战"后的实践。欧洲统一的思想最早可追溯至公元5世纪,公元8世纪末的法兰克国王查理大帝和公元16世纪的查理五世,以及公元17世纪的路易十四都曾就建立统一的欧洲帝国做过尝试。法国大革命中,拿破仑也曾力求建立统一的欧洲政权。但这些尝试均以失败告终。从19世纪中叶到"二战",关于欧洲统一的思想有了进一步的发展,尤其在"一战"后,统一的构想开始有了地理、经济和政治的具体轮廓。"二战"结束后,欧洲统一的思想进入了一个全新的高潮,开始从单纯的观念形态向具体的结构形态发展。其原因主要是"二战"后新的国际政治、经济环境给欧洲统一提供了一个很好的实践机会。

1. 从欧洲共同体到欧洲联盟

"二战"后,欧洲的战胜国和战败国均遭到削弱,因此西欧各国比任何时候都更渴望统一。以联合的力量来反对美国的控制、反对来自军事大国的威胁,成为西欧各国的共识,这无疑是欧洲共同体产生的一种内在动力。

1950年5月,法国外长舒曼提出建立一个超国家的管理机构,联合经营法国和德国的煤炭、钢铁工业,并欢迎其他国家参加,此即"舒曼计划"。根据这一计划,法国、德国、意大利、荷兰、比利时、卢森堡6国政府于1951年4月签署《建立欧洲煤钢共同体条约》(即《巴黎条约》)。1952年7月,该条约生效,欧洲煤钢共同体建立。1957年3月,上述六国在罗马签署《建立欧洲原子能共同体条约》和《建立欧洲经济共同体条约》(两个条约合称《罗马条约》)。1958年1月1日《罗马条约》生效,欧洲原子能共同体和欧洲经济共同体正式建立。1967年7月这两个共同体和欧洲煤钢共同体的主要机构合并,统称为欧洲共同体。

欧共体建立后,为实现经济一体化目标,在各个领域协调成员国的行动,实行了一系列共同政策。这些共同政策构成了欧共体经济一体化的基本内容。欧共体是以关税同盟为起点,建立起一个共同市场,并向经济与货币联盟这种经济一体化的最高形式发展。关税同盟的特征是对内取消关税,对外设置统一关税。按《罗马条约》规定,共同体成员国应当在12年的过渡期里建成关税同盟,但在1968年7月1日,削减内部关税的进程就全部完成,各国对外关税税率也实现了统一,关税同盟正式建成,比《罗马条约》规定的时间提前了一年半。1962年,欧共体成员国开始逐步实施共同农业政策,以促进成员国农业的发展,为国民经济的增长打下坚实的基础。为巩固已取得的成果并在此基础上向更高级的经济一体化发展,欧共体在1969年12月提出了建立经济与货币联盟的计划。20世纪70年代末,欧洲货币体系建立。进入80年代,建立经济与货币联盟重又提上议事日程。进入90年代,欧盟开始紧锣密鼓的准备推出单一货币。1999年1月1日,欧元正式亮相,表明欧盟一体化正在向纵深发展。1985年3月,欧共体执委会主席德洛尔提出建立单一欧洲市场的宏伟蓝图。1992年年底,欧洲统一大市场由理想变为现实,成员国内部基本实现四大流通。1993年1月1日,欧洲统一大市场正式启动,在欧共体边境内部逐步实现人员、货物、服务和资本的自由流通。

　　欧共体各成员国在1987年就提出了建立"欧洲联盟"的目标,统一大市场的建立为实现这一目标奠定了坚实的基础。1992年,欧共体12国政府代表签署了《欧洲经济与货币联盟条约》和《政治联盟条约》,即《欧洲联盟条约》,于1993年11月1日正式生效,欧盟正式取代了欧共体。从"欧洲共同体"到"欧洲联盟",不仅是一个简单的名称更换的问题,而是表明欧洲一体化进程发生了重大进展,成员国经济的聚合程度进一步提高。

　　根据《欧洲联盟条约》,欧盟的目标是建立欧洲经济货币联盟和欧洲政治联盟。欧洲经济货币联盟作为欧洲经济一体化发展的一个重要的新阶段,带来的是意义深远的广泛的制度变化。欧元的启动是国际金融领域自布雷顿森林货币体系以来最重要的历史事件。欧元的问世和欧洲中央银行的成功建立,与统一市场一起创造了一个崭新的经济实体,使得"欧洲经济"成为真实的存在。欧洲经济货币联盟的建立已经使得欧洲一体化进入一种具有本身能动发展和扩张的自主进程,其内在发展动力使得欧元成为进一步一体化的强有力的催化剂。在政治联盟方面,各成员国朝着巩固基础、消除壁垒、实现进步、改善民生、促进均衡发展的目标前行,并主张通过实行共同外交和安全政策。在实现这些目标的道路上,欧盟不断迈出新的步伐。

2. 欧盟的扩大

　　欧洲区域经济一体化的进程除表现为一体化程度的加深外,还包括成员国数目的不断扩大。《罗马条约》规定,任何一个欧洲国家都可以申请加入欧共体(欧盟),但必须得到成员国的一致同意。自欧共体创立以来,欧盟已实现了7次扩大。

　　第一次扩大。1973年1月1日,英国、丹麦、爱尔兰加入欧共体,使其成员国由6国扩大为9国。这一次扩大对欧共体来讲意义重大,3国特别是英国的加入提高了共同体在世界上,尤其在欧洲的地位。

　　第二次扩大。1981年1月1日,希腊成为欧共体的第10个成员国。希腊与东欧国家毗邻,吸纳希腊,可以加强欧共体对东欧国家的影响。与其他欧共体成员国相比,希腊经济发展水平较低,经济结构相对落后。因此希腊的加入使得欧共体成员国之间的经济差距拉大。

第三次扩大。1986年1月1日,西班牙、葡萄牙加入欧共体,欧共体扩展为12国。西班牙和葡萄牙的经济发展水平都较低,两国的加入加剧了共同体内部的经济不平衡。但两国处于欧非大陆的通道要冲上,战略地位十分重要。欧共体之所以接纳这两个国家,主要出于政治考虑,壮大西欧联合的声势,同时可以使得欧共体同地中海、非洲国家和拉美国家更为接近。

第四次扩大。1995年1月1日,经过长达一年的艰苦谈判,瑞典、芬兰和奥地利加入欧盟,欧盟成员国扩大为15国。这3个国家都是原欧洲自由贸易联盟国家,经济发达,它们的加入使欧盟的市场容量得以扩展,也有助于欧盟加强与其他欧洲国家的联系。

第五次扩大。2004年5月1日,10个中东欧国家加入欧盟,分别是塞浦路斯、捷克共和国、爱沙尼亚、匈牙利、拉脱维亚、立陶宛、马耳他、波兰、斯洛伐克和斯洛文尼亚,这是"二战"后欧洲一体化进程中规模最大的一次扩容。至此,其成员国达25个,人口4.53亿。欧盟的这次东扩有深刻的背景。进入20世纪90年代,欧洲发生了重大变化。一是超级大国苏联不复存在,它的继承者俄罗斯在世界各地特别是欧洲进行全面战略收缩;二是东欧各国体制发生了急剧变化,开始向西欧靠拢,一些中东欧国家谋求加入欧盟。随着冷战结束后的国际形势的发展以及欧盟实力和国际政治影响力的增强,欧盟希望成为在国际政治舞台上有影响的一极,东扩本质上是欧盟实施国际政治战略的一个重要步骤。10个中东欧国家加入欧盟,使欧洲一体化建设跨越了冷战时期遗留在欧洲大陆上的历史鸿沟,使欧盟在经济上变得更强,在政治、外交和安全领域的分量更重。尽管这次扩大也会给欧盟带来新的困难和挑战,但它为欧洲建设进一步向纵深发展奠定了更加坚实的基础。

第六次扩大。2007年1月1日,罗马尼亚、保加利亚加入欧盟,欧盟成员国增至27国。这两个国家的加入可以说是第五次扩大的余波。

欧盟的第五次和第六次东扩,使得欧盟内部经济实力差距进一步扩大。欧盟东扩后人口增加27%,但国内生产总值只增加了6%。拉脱维亚的人均GDP只有欧盟平均水平的42.7%,而世界人均GDP最高的卢森堡是欧盟平均水平的238.3%。新入盟国家之间的差距也很大,斯洛文尼亚和捷克的人均收入是欧盟平均水平的79%和70%,与葡萄牙和希腊的水平大体相当,而罗马尼亚和保加利亚的人均收入只有欧盟平均水平的30%。到2019年,成员国间经济发展水平的差距进一步拉大(见表5-1)。2019年欧盟人均GDP为34918.5美元,最高的卢森堡是欧盟平均水平的328.5%,最低的保加利亚只有平均水平的28.1%。后入盟的13个国家中,人均GDP最高的是马耳他,是平均水平的85.4%。

巨大的经济差距及新成员国对欧盟财政补贴和支持的渴望,无疑将增加欧盟的财政负担。而对于老成员国来说,新成员国利用廉价劳动力和低税率的优势,吸引了大量老成员国的投资,加剧了西欧产业空心化的趋势,引起了西欧国家的不满,认为这是"不公平竞争"。同时,欧盟公民也普遍担心欧盟继续扩大将带来安全、移民、失业和有组织犯罪等一系列问题。

表 5-1　2019 年欧盟成员国人均 GDP

序号	世界排名	国　家	人均 GDP /美元	占欧盟平均值的比/%	序号	世界排名	国　家	人均 GDP /美元	占欧盟平均值的比/%
		欧盟	34 918.5	100.0			欧盟	34 918.5	100.0
1	1	卢森堡	114 704.6	328.5	15	37	塞浦路斯	27 858.4	79.8
2	4	爱尔兰	78 661.0	225.3	16	38	斯洛文尼亚	25 946.2	74.3
3	11	丹麦	60 170.3	172.3	17	39	爱沙尼亚	23 723.3	67.9
4	13	荷兰	52 331.3	149.9	18	41	捷克	23 494.6	67.3
5	14	瑞典	51 615.0	147.8	19	42	葡萄牙	23 252.1	66.6
6	15	奥地利	50 137.7	143.6	20	46	立陶宛	19 601.9	56.1
7	16	芬兰	48 782.8	139.7	21	47	希腊	19 582.5	56.1
8	18	德国	46 445.2	133.0	22	48	斯洛伐克	19 266.3	55.2
9	19	比利时	46 420.7	132.9	23	50	拉脱维亚	17 828.9	51.1
10	23	英国*	42 330.1	121.2	24	54	匈牙利	16 731.8	47.9
11	26	法国	404 93.9	116.0	25	58	波兰	15 692.5	44.9
12	29	意大利	33 228.2	95.2	26	60	克罗地亚	149 36.1	42.8
13	35	马耳他	29 820.6	85.4	27	63	罗马尼亚	12 919.5	37.0
14	36	西班牙	29 600.4	84.8	28	74	保加利亚	9 828.1	28.1

数据来源：根据世界银行发布的数据整理所得。

注*：英国 2020 年 1 月 30 日正式脱离欧盟。

2005 年，法国和荷兰这两个欧盟创始国在全民公决中否决了《欧盟宪法条约》，使欧盟的一体化进程遭受严重挫折，人们开始对欧洲一体化前景感到迷茫，不少人甚至开始质疑欧盟的扩大政策。虽然欧盟吸纳了 12 个中东欧国家，但同时也表示今后的扩大将量力而行。

第七次扩大。2013 年 7 月 1 日，克罗地亚加入欧盟，成为欧盟的第 28 个成员国。

2016 年 6 月 23 日，英国通过全民公投确立脱离欧盟，并于 2017 年 3 月正式启动"脱欧"程序。历经各种拉锯战后，2020 年 1 月 30 日，欧盟正式批准了英国脱欧。后经多轮激烈谈判，欧盟与英国终于就包括贸易在内的一系列合作关系达成协议，2021 年 1 月 1 日英国实现全面的政治和经济独立。

扩展阅读 5-3
英国脱欧

3. 欧元区的扩大

欧元区是指欧洲联盟成员中使用欧盟的统一货币——欧元的国家区域。1998 年，欧盟 11 个成员国德国、法国、荷兰、比利时、卢森堡、西班牙、葡萄牙、奥地利、意大利、芬兰、爱尔兰制订了欧元趋同标准，并随着 1999 年 1 月 1 日欧元的正式出现而成立了欧元区。此后，又有若干个欧盟成员国陆续加入欧元区：2001 年 1 月 1 日，希腊加入；2007 年 1 月

1日,斯洛文尼亚加入;塞浦路斯和马耳他于2008年1月1日加入;斯洛伐克于2009年1月1日加入;爱沙尼亚、拉脱维亚、立陶宛分别于2011年1月1日、2014年1月1日、2015年1月1先后加入欧元区。到2016年,欧元区共有19个成员国,人口超过3.3亿。在欧盟的15个老成员国中,只有英国、瑞典、丹麦未加入欧元区。

要加入欧元区,欧盟成员国必须达到下列标准:第一,每个成员国的政府开支不能超过GDP的3%;第二,国债必须保持在国内生产总值的60%以下或正在快速接近这一水平;第三,在价格稳定方面,通货膨胀率不能超过三个最佳成员国上年通货膨胀率的1.5%;第四,该国货币至少在两年内必须维持在欧洲货币体系的正常波动幅度以内。欧盟对成员国加入欧元区的时间并没有固定的要求,每一个成员国将根据自己国家的情况,按照自己的时间表加入。

4. 申根国家

1985年6月14日,法国、德国、荷兰、比利时、卢森堡5国在卢森堡小镇申根签署了相互开放边境的协定,因签字地点在申根,故称"申根协定"(Schengen Accord)。"申根协定"是涉及欧盟内部统一大市场四大自由流通中"人员自由流通"的一项特殊协定。它最初是由部分欧洲国家自发达成的,后来被纳入欧盟管辖范畴。协定的主要内容包括在协定签字国之间不再对公民进行边境检查;外国人一旦获准进入"申根领土"内,即可在协定签字国领土上自由通行。"申根协定"的成员国亦称"申根国家"或者"申根公约国",成员国的整体又称"申根区"。截至2011年,共有26个欧洲国家加入了"申根协定",其中包括22个欧盟成员国。瑞士、冰岛、列支敦士登、挪威这4个国家不是欧盟和欧元区的成员国,仅是申根国家(见表5-2)。到2016年年底,没有新的国家加入申根区。

表5-2 欧洲国家所加入组织或协定的情况统计

国家	欧盟	欧元区	申根国	国家	欧盟	欧元区	申根国
德国	V	V	V	捷克	V	—	V
法国	V	V	V	爱沙尼亚	V	V	V
意大利	V	V	V	拉脱维亚	V	V	V
比利时	V	V	V	立陶宛	V	V	V
荷兰	V	V	V	斯洛伐克	V	V	V
卢森堡	V	V	V	斯洛文尼亚	V	V	V
英国*	V	—	—	匈牙利	V	—	V
丹麦	V	—	V	马耳他	V	V	V
爱尔兰	V	V	—	波兰	V	—	V
希腊	V	V	V	罗马尼亚	V	—	—
西班牙	V	V	V	保加利亚	V	—	—
葡萄牙	V	V	V	克罗地亚	V	—	—
奥地利	V	V	V	瑞士	—	—	V
芬兰	V	V	V	列支敦士登	—	—	V
瑞典	V	—	V	冰岛	—	—	V
塞浦路斯	V	V	—	挪威	—	—	V

注:资料收集截至2016年;"V"表示是成员国,"—"表示不是成员国。

*英国于2020年1月31日脱离欧盟。

（二）欧盟经济贸易的发展状况

经济体一体化程度的不断深化以及成员国数目的扩大使欧盟经济实力不断增强,在全球政治舞台上的影响力也不断提升。

1. 经济发展概况

欧盟是全球经济体量最大的经济体之一。以 28 个成员国的 GDP 总和来计,2007 至 2014 年,欧盟经济体量超过美国,是世界第一大经济体。但从 2015 年开始,欧盟 GDP 均落后于美国。2019 年,欧盟经济总量为 18.32 万亿美元,比美国低 3.23 万亿美元,比中国高 4.09 万亿美元。从经济增长速度来看,2000 年至 2019 年间,欧盟经济平均增长率为 1.39%,比发达经济体低 0.23 个百分点,不到世界总体平均水平(2.9%)的一半,仅为发展中经济体(5.34%)的 1/4。总体来看,欧盟属于典型的高收入低增长经济体。金融危机引发的 2009 年大衰退成为欧盟经济增长的转折点,在 2009 年之前的两年,欧盟增长速度在发达经济体总体增速线之上,但 2009 年之后则处于发达经济体总体增速线之下,2012 年增速又出现了深度下滑。2014 年之后有所好转,经济增速均在 2% 左右,但大多数年份都低于发达经济体的总体增速。

欧盟成员国社会经济发展水平极不均衡,按人均年收入水平可以将它们简单分为三个梯队:人均年收入超过 3 万美元的高收入国家有卢森堡、爱尔兰、丹麦、荷兰、瑞典、奥地利、芬兰、德国、比利时、英国、法国、意大利等 12 国,这些国家人均年收入平均达到 5.5 万美元;人均年收入介于 2 万～3 万美元的中等收入国家有马耳他、西班牙、塞浦路斯、斯洛文尼亚、爱沙尼亚、捷克、葡萄牙七国,人均年收入平均为 2.6 万美元;第三梯队国家人均年收入低于 2 万美元,主要是后加入欧盟的中东欧国家,这些国家人均年收入平均为 1.6 万美元。人均年收入最高的国家卢森堡是最低国家保加利亚的 11.67 倍。收入差距如此之大,是欧盟在区内和国际事务中达成共识的巨大障碍。

2. 货物贸易概况

虽然欧盟区域内经济发展不平衡,但在世界市场上作为一个整体的区域集团,欧盟不仅因为新加入国家正处于经济起飞阶段而拥有更大的市场规模和市场容量,而且作为世界上最大的资本输出方和最大的商品与服务出口方,再加上其相对宽松的对外技术交流与发展政策,对世界其他地区的经济发展都起着至关重要的作用。欧盟是世界最大的贸易经济体,进出口均居世界首位。进入 21 世纪以来,随着全球贸易自由化的发展,欧盟作为整体在世界贸易中的竞争力和贡献率也在逐步加强并远超美日和中国。统计数据显示,一直以来,欧盟贸易额占世界贸易总额的比重都在 30% 以上,进出口总额超过世界三大经济体和主要贸易大国。据欧盟统计局统计,2019 年欧盟 27 国对外贸易额(不含盟内贸易)40 643 亿欧元,其中出口 21 323 亿欧元,进口 19 320 亿欧元;顺差 2 003 亿欧元。2019 年,英国"脱欧"后,美国、中国、英国分别为欧盟前三大贸易伙伴,占比分别为 15.2%、13.8%、12.6%。美国、英国、中国分别为前三大出口市场,占比分别为 18%、14.9%、9.3%。中国、美国、英国分别为前三大进口来源地,占比分别为 18.7%、12%、10%。此外,瑞士、俄罗斯、土耳其、日本、挪威也是欧盟的主要出口目的地,俄罗斯、瑞士、土耳其、挪威、日本也是欧盟的主要进口来源地。

在欧盟贸易中,内部贸易占有更重要的地位。根据欧洲统计局的数据,2019 年,欧盟内部贸易额 6.08 万亿欧元,占欧盟内、外贸总额的 60%。其中,出口 3.07 万亿欧元;进口 3.01 万亿欧元。从成员国间贸易关系看,德国在欧盟内贸中处于绝对中心地位,占欧盟内部贸易额的 22.9%,构成了欧盟内部贸易环形结构的第一层次。德国的地理位置正好处于欧洲中部,也为其发挥贸易的辐射效应奠定了地缘基础。法、荷、比、意 4 国构成了欧盟内部贸易环形结构的第二层次。法、意均属经济大国,其贸易对欧盟有举足轻重的作用。荷兰和比利时虽属小国,但其贸易在欧盟的地位亦十分重要。荷兰作为欧洲的运输中心,经济在很大程度上依赖于对外贸易,国内市场狭小,但运输发达,因此成为最开放的经济体之一。比利时对外贸易的发展很大程度上受益于其得天独厚的地理位置。上述 4 国占欧盟内部贸易额的 37.1%,加上德国的贸易份额,核心和内环国家对欧盟内部贸易的贡献度达到 60%。从地理上看,这 4 个国家都紧密围绕在德国周围,形成了一个以德国为核心,法、荷、比、意构成的内环圈,构成了欧盟内部贸易的中心。

3. 服务贸易概况

欧盟是服务贸易发达的地区,且成员国服务业和服务贸易发展比较均衡,集团内许多成员国都是服务贸易大国。按世贸组织发布的 2019 年服务贸易进出口数据,在前十位服务贸易大国中,其中有 4 位来自欧盟(英国除外),依次为德国、爱尔兰、法国、荷兰。其中德国、法国的服务出口额位居世界第三、四位。

根据欧盟统计局的数据,2018 年欧盟向域外出口服务 9 185 亿欧元,进口服务 7 284 亿欧元,当年服务贸易顺差 1 901 亿欧元。欧盟服务出口部门主要是其他商业服务(研发、商业、专业和技术服务,占欧盟对外服务出口总额的 25%),其次是运输(18%)和旅游服务(15%)。其他商业服务也是欧盟进口服务中最大的类别(占欧盟进口的 29%),超过了运输服务(18%)、旅游(15%)和知识产权使用费(15%)。2018 年欧盟贸易顺差主要来自电信、计算机和信息服务(820 亿欧元)、交通(319 亿欧元)、旅游(307 亿欧元)和金融服务(321 亿欧元)。知识产权使用费有 411 亿欧元的逆差。

从服务贸易伙伴来看,美国是欧盟最大的服务进出口伙伴,2018 年对美国的服务出口占欧盟对外服务出口的 27%。其次是瑞士(13%),而后是中国(6%)和日本(4%)。美国也是欧盟服务进口的最大来源国,2018 年自美国进口的服务占欧盟服务进口总额的 31%,其次是瑞士(8%)和中国(4%)。2018 年,除对印度有 26 亿欧元的服务贸易逆差外,欧盟与所有主要伙伴的服务贸易都是顺差,其最大顺差来源是瑞士(579 欧元),其后依次是美国(231 亿欧元)、中国(212 亿欧元)、日本(149 亿欧元)和俄罗斯(141 亿欧元)。

(三)中国与欧盟的经贸关系

自从欧洲经济共同体成立以来,中国与欧洲一直保持良好的合作关系。1983 年 11 月 1 日,中国与欧共体实现全面建交。欧盟成立后,与中国的关系更是日趋密切。据中国海关统计,2003 年中欧双边贸易额 1252.2 亿美元,首次突破千亿美元,欧盟是仅次于美国、日本的中国第三大贸易伙伴。欧盟东扩给中欧经贸合作带来了新的机遇,其市场容量和规模的进一步扩大,有利于中国优势产品扩大对欧盟的出口,带动中国国内相关产业的发展。自 2004 年,欧盟成为中国第一大贸易伙伴;发展至 2008 年,在全球经济危机的影响下,双边贸易额仍然迅猛增长,达到 4 255.8 亿美元。到 2019 年,欧盟已连续 15 年成为中国最大的贸易伙伴,而中国也是欧盟仅次于美国的第二大贸易伙伴。

欧盟统计局发布的数据显示,尽管受到新冠疫情冲击,但 2020 年欧盟与中国进出口贸易实现双增长,在欧盟前十大货物贸易伙伴中,中国是唯一实现双向增长的伙伴国。欧盟从中国进口商品 3 835 亿欧元,同比增长 5.6%;向中国出口商品 2 025 亿欧元,同比增长 2.2%。此前,美国是欧盟第一大贸易伙伴。2020 年欧盟对美国进出口双双下降。其中,欧盟自美国进口商品 2 020 亿欧元,同比下降 13.2%;对美国出口商品 3 530 亿欧元,下降 8.2%。2020 年,中国超过美国,成为欧盟的第一大贸易伙伴。中国跃升为欧盟第一大贸易伙伴,充分体现了中欧经贸合作的强劲韧性。中国已成为欧盟最重要的海外市场。欧盟国家对抗疫物资、电子产品等需求强劲,也刺激了中国相关商品对欧出口。不过在 2020 年,东盟已超过欧盟,首次成为中国最大的货物贸易伙伴,欧盟退居第二位。中国在欧盟最大的贸易伙伴是德国,其后依次是荷兰、法国、意大利。

扩展阅读 5-4
中国首次取代美国成为欧盟最大贸易伙伴

除贸易领域外,中欧在其他领域的合作也进一步加强。在投资领域,自 20 世纪 90 年代起,大量欧洲企业赴华投资,欧盟对华投资迅速增长。2018 年,欧盟对华实际投资 104.2 亿美元,占当年中国吸收外资总量的 7.7%。截至 2018 年底,欧盟对华实际投资 1 306.5 亿美元。自 2008 年以来,中国对欧投资一直保持较快增速,投资方式不断创新,行业和领域不断拓宽。2018 年,中国对欧盟投资 81.1 亿美元。截至 2018 年底,中国累计对欧盟直接投资 941.2 亿美元。其中,英国、荷兰、卢森堡、德国、瑞典和法国是中国在欧盟投资的主要国家。

在技术及设备引进方面,欧盟一直是中国累计最大的技术和设备供应方。截至 2018 年底,中国自欧技术引进合同金额累计达 2 152.9 亿美元,技术总量 56 229 项。欧盟许多大型跨国企业积极参与中国重大项目建设,代表性项目包括大亚湾核电站、上海磁悬浮列车、大众汽车、天津空客等。

中欧班列已成为联系中国和欧洲国家、推动中欧经贸合作的重要力量。自 2011 年 3 月从重庆发出第一趟开往德国的集装箱班列开行以来,截至 2018 年底,中欧班列累计开行 12 937 列。从 2011 年的 17 列,到 2018 年的 6 300 列,再到 2019 年的 8 225 列,2020 年的 12 406 列,中欧班列的运行数量逐渐增多。目前,中国生产的汽车配件、电子设备、纺织服装等产品,通过中欧班列这张国际物流网,连通中国 56 个城市,抵达欧洲 15 国 49 个城市,欧洲的红酒、燕麦等产品也通过这个通道进入中国市场。中欧班列也逐渐被欧洲企业青睐,2018 年自欧洲发往中国的回程班列数量达到去程班列的 70% 以上。

但中欧经贸关系也存在一些问题,如反倾销调查、技术壁垒、数量限制等。欧盟是最早发起对华反倾销的地区,也是外国对中国发起反倾销调查最多的地区;技术性壁垒已成为阻碍中国出口产品进入欧盟市场的首要非关税壁垒。欧盟东扩后,虽然内部市场规模扩大,但是由于中国出口商品结构与中东欧国家比较接近,因此在欧盟市场上中国与中东欧国家在制成品方面竞争加强,这不可避免地会使欧盟针对包括中国在内的非成员国设置更高的贸易壁垒。例如,2013年,欧盟对中国输欧光伏产品等提出反倾销、反补贴调查并实施临时性惩罚措施,还对中国电子通信产品等实施"双反"。我方也就欧输华葡萄酒等提出反倾销调查。最后在中方有理、有利、有节的应对下,双方以和解和共赢的方式解决了"光伏"案,为中欧贸易摩擦的有效管控和化解危机起到示范作用。

二、北美自由贸易区

北美自由贸易区(North American Free Trade Area,NAFTA)由北美地区的美国、加拿大和墨西哥三国组成,1994年1月1日正式成立。成立之初,NAFTA拥有3.6亿人口和6万亿美元的GDP。NAFTA是世界上第一个由发达国家和发展中国家联合组成的贸易集团,成员国之间经济上既有较大互补性和相互依存性,又有明显的不对称性,是垂直型区域经济一体化的代表。北美自由贸易区的建立,对北美、拉美、以至对"冷战"结束后新的世界经济格局的形成,都产生了重大而深远的影响。

(一) 北美自由贸易区建立的背景和动因

20世纪80年代以来,国际经济环境发生了剧烈变动。在这一时期,资本主义国际化趋势明显加强,世界经济格局进一步发生变化,经济集团化趋势加速发展;同时,以"关贸总协定"为核心的多边贸易体制暴露出许多缺陷,多边自由贸易谈判陷入停滞。所有这些都成为北美地区经济一体化进程开展和推进的重要国际经济背景。

就美国而言,随着欧洲、日本经济的迅速发展,美国在世界经济中作为绝对超级大国的地位发生了动摇,欧盟的日益扩大和深化也给美国带来很大的压力,以集团的力量提升自身竞争力,应对挑战,成为美国推动地区经济一体化的重要动因之一。而多边自由贸易谈判的停顿也促使美国试图通过地区的自由贸易安排来在某种程度上替代或促进多边自由贸易。从北美地区来看,美国一直以来都与加拿大在经济贸易方面有着密切的联系,在政治、军事上保持着长期的同盟关系。美国与墨西哥则有约3 200千米长的共同边界,两国在经济上有很大的互补性。此外,从战略上考虑,成功地将拉美大国墨西哥纳入自由贸易体系,无疑将为美国与其他拉美国家的经济合作打下良好的基础。

从加拿大的角度来看,加拿大进出口严重依赖美国,而对外贸易是加拿大经济的生命线,其出口贸易额占国内生产总值的1/4,1990年加拿大对美国的出口占其出口总值的75%,从美国的进口占加拿大的进口总值的64.6%。进一步和美国以区域贸易集团的形式加强联系显然符合加拿大的利益。尽管加拿大与墨西哥的经济联系不如美加那么密切,但也正是因为如此,建立北美自由贸易区将有利于加墨两国相互为对方提供更大的潜在市场,加拿大具有比较优势的产品可以进入墨西哥市场,同时也能够扩大对墨西哥的投资,利用墨西哥廉价的劳动力来降低成本、增强产品竞争力。

就墨西哥来看,作为发展中国家,同经济状况与自己有很大不同、经济影响力比自己大的发达国家构建自由贸易区,对墨西哥而言意味着巨大的挑战和风险。然而墨西哥同美国在经济关系上相当密切,墨西哥之所以积极加入北美自由贸易区,也是出于其自身利益的考虑,是为了适应国内经济形势变化而做出的战略性抉择。

总体而言,北美自由贸易区是在经济全球化浪潮中,美、加、墨三国区域内分工协作加强,要求进一步相互开放市场,实现商品、人员、资金、技术的流动,增强北美地区在国际经济中的总体竞争实力的结果。同时也突出地体现了美国为了适应全球化进程中各种区域性贸易安排加快发展的趋势,应对来自欧盟以及可能形成的东亚经济区的竞争,联合加拿大与墨西哥巩固和加强美国在世界经济发展总体格局中主导地位的要求。

(二) 北美自由贸易区的发展历程

NAFTA 的前身是美国和加拿大的自由贸易协定。早在 19 世纪末,美国就向加拿大提出进行自由贸易协定谈判的建议,但直到 20 世纪 80 年代以前并没有多大进展。到 20 世纪 80 年代,美国的国际竞争力逐步下降,全球多边贸易谈判进展也十分缓慢,因此美国开始把眼光转向双边自由贸易谈判。在美国的提议和推动下,1986 年 5 月美加自由贸易协定的谈判正式开始,1987 年 10 月 3 日,两国就自由贸易协定的主要条款达成共识。1988 年 1 月 2 日,美加自由贸易协定在两国获得签署,并于 1989 年 1 月 1 日正式生效。美加自由贸易协定的签署推动了北美地区经济一体化的谈判进程,其所确定的基本准则成为美国与墨西哥等拉美国家谈判的依据,其所包含的内容则成为美、加、墨三国进行 NAFTA 谈判的蓝本。

在美加自由贸易协定谈判开始之前,关于北美地区经济一体化的设想早就存在于美国对外经济战略和决策者的脑海中。美加自由贸易协定生效后,当时美国就想让墨西哥参加进来,但墨西哥出于美国会控制墨经济的担心,拒绝了这一提议。但随着区域经济一体化的蓬勃发展以及墨西哥自身经济改革的推进,墨西哥开始正确全面地看待与美国的关系,把与美国开展自由贸易协定谈判的问题提上了议事日程。1990 年 8 月,墨西哥时任总统萨利纳斯向美国政府提出进行自由贸易谈判的建议,美国也做出正面回应。对于墨西哥提议的北美自由贸易协定的谈判,加拿大起初并不感兴趣,但后来也意识到,若美墨结成自由贸易协定而加拿大袖手旁观,将会给加拿大造成损失,将使其在发展与美国和其他拉美国家经贸关系方面失去许多优势。在权衡利弊得失的基础上,加拿大最终出于长远的战略考虑加入了 NAFTA 的谈判。

经过一年多的艰苦谈判,1992 年 8 月 12 日,三国就建立北美自由贸易区达成协定,并于同年 12 月 17 日正式签署。1994 年 1 月 1 日,该协定正式生效,北美自由贸易区宣布成立。

(三) 北美自由贸易协定的主要内容

北美自由贸易协定是 NAFTA 建立的蓝本,其宗旨是:取消贸易壁垒,创造公平竞争的条件,增加投资机会,保护知识产权,建立执行协定和解决争端的有效机制,促进三边和多边合作。协定的具体内容包括:

(1) 逐步取消三国间的关税。该协定将用 15 年的时间,分三个阶段取消关税及其他贸易壁垒,实现商品和劳务的自由流通,在三国 90 000 多种产品中,立即取消 50% 的关税,15% 以上的产品在 5 年内取消关税,剩余的关税将在 6~15 年内取消。

(2) 开放金融市场。三国同意给所有北美金融公司以国民待遇。

(3) 放宽投资限制,增加相互投资机会。

(4) 公平招标。在政府采购商品及服务招标中,三国的公司可享受同样的待遇。

(5) 保护知识产权。三国一致同意严格遵守国际知识产权保护法,对成员国登记的药品及其他专利产品至少保护20年。

(6) 建立三边委员会,建立起解决贸易争端的有效机制。由北美自由贸易协定的内容可知,该协定不仅涉及地区内的自由贸易,而且还涉及投资、知识产权保护、政府采购等内容,比当时其他国家签订的自由贸易协定内容更为广泛。

(四) 北美自由贸易区的发展现状及其对世界经济贸易的影响

1. NAFTA 对成员国经济和贸易的影响

北美三国历来经济联系紧密,互补性较强,在生产和出口方面,美加两国主要是资本技术密集型产品,墨西哥则主要是劳动密集型产品。NAFTA 成立后,尽管各方经济矛盾仍有不同程度的表现,在区内双边贸易、投资活动中,也不断发生各种争端与摩擦,但总的说来,协定的执行基本顺利,各方也得到了实际利益。

一方面,自 NAFTA 生效后,随着贸易壁垒和非贸易壁垒的降低或取消,美、加、墨三国的贸易迅速增长。根据 UNCTAD 的数据,NAFTA 区域内出口额由 1995 年的 3 929 亿美元增长到 2019 年的 12 637.9 亿美元,在 NAFTA 总贸易额中所占比重由 46.03% 增长到 49.3%。此外,由于 NAFTA 提供了一个强大、确定且透明的投资框架,确保了长期投资所需要的信心与稳定性,因而吸引了创纪录的直接投资。2000 年,NAFTA 三国之间的 FDI 达到了 2 992 亿美元,是 1993 年 1 369 亿美元的两倍多。同时,从 NAFTA 区域外国家吸引的投资也在增长。

另一方面,NAFTA 加快了区域内发达国家和发展中国家之间的经济合作,强化了它们彼此间的产业分工和合作,使资源配置更加合理,成员国之间的经济互补性也提高了各国产业的竞争力。特别在制造业领域,墨西哥的人力资源与美国的技术资本互补,大大提高了美国制造业的竞争力,使美国将一些缺乏竞争性部门的工作转移到更有竞争性的部门,把低技术和低工资的工作转变为高技术和高工资的工作。墨西哥在加入协定后,其进口关税大幅度下降,对外国金融实行全面开放,加上拥有的大量廉价劳动力,使大量外国资本流入墨西哥。

当然,NAFTA 的建立对各成员国也产生了消极的、负面的影响。例如:对美国的技术性不强的消费品工业不利;为改善墨西哥与美国边境环境条件,美国要付出 60 亿~100 亿美元的经济和社会费用;关税削减也使得美国减少大笔收入,加重了美国的财政负担。对加拿大而言,NAFTA 使其外贸收支出现不平衡,"协定"也会导致加拿大就业机会减少。墨西哥的农业受到相当程度的冲击。在过去十年中,墨西哥大量进口美国接受高额补贴的农产品,而国内有 130 万农民破产,农民人均收入下降至城市最低收入的 30%。此外,大量外资工厂的涌入对墨西哥生态环境造成了严重破坏。

2. NAFTA 对世界经济贸易格局的影响

NAFTA 的建立预示着世界经济进入了区域经济一体化时代。在逐渐形成以经济为主导的世界新格局中,各国为增强在激烈的国际竞争中的实力,开始走联合的道路,组建自由贸易区、关税同盟和共同市场等经济一体化组织,已成为当今世界经贸发展的主要潮流。NAFTA 成立之时是世界上经济总量最大的自由贸易区,它将与日益扩大的欧盟和亚太经合组织构成世界经济格局三足鼎立的局面,从而开创一个以区域组织划分世界经济势力范围的新纪元。世界经济格局一旦形成美、欧、亚三大经济区鼎立的局面,将为解决各区内部的自由贸易创造有利条件。而各区之间的自由贸易问题将通过区对区的谈判,而不是过去的双边或多边谈判形式解决。NAFTA的主要原则是依据关税和贸易总协定的精神制定的,因此美、加、墨三国在缩小北美区域内差别的同时,并不会对区域外的国家和集团高筑关税壁垒。但是对非成员国来讲,NAFTA成员国之间由于相互减免关税,因此从区域内成员国的进口将在一定程度上取代从非成员国的进口,从而产生"贸易转移"效应,这显然对非成员国是不利的。例如美国从中国进口的劳动密集型产品,在NAFTA建立后,其中的一部分转而从墨西哥进口。此外,美、加出于利用廉价资源的考虑增加对墨西哥的投资,这无疑也会使两国对中国的投资相对减少。

3. NAFTA的南扩

在推动建立NAFTA的同时,美国又提出创建美洲经济圈即美洲自由贸易区(Free Trade Area of Americas,FTAA)的主张。1990年6月,美国总统布什在国会演说中提出反映这一主张的"开创美洲事业倡议";1994年12月,克林顿总统在由34个国家参加的美洲国家首脑会议上,正式提出成立美洲自由贸易区的建议,各国在会议上初步达成协议,要求到2005年前在扩大NAFTA的基础上实现这一目标。美国拟通过逐步扩大战略,最终组成以美国为核心和领导,以美、加两国为基础,以墨西哥为内圈,再扩大到外圈的广大拉美国家的西半球自由贸易区。其目的很明显,即力图长期控制整个美洲经济,极力阻碍欧盟和日本对美洲特别是拉美的渗透和争夺。

自从确立NAFTA南扩的目标后,从1995年到2001年,美国因自身原因以及与巴西在FTAA建立模式等方面存在的分歧,错过了NAFTA南扩的有利时机。同时受其他一些因素的影响,谈判进展缓慢,FTAA最终陷入僵局。作为替代模式,一些国家纷纷与美国展开了多、双边自由贸易谈判,如美国先后与智利、危地马拉、尼加拉瓜、萨尔瓦多、洪都拉斯和哥斯达黎加等国签署自由贸易协定。

(五)美国—墨西哥—加拿大协定的签署

2017年1月,特朗普就任美国总统后,认为NAFTA造成美国制造业岗位的流失,提议对《北美自由贸易协定》进行重新谈判,且在当年4月声称欲退出该协定,以达成重新谈判新协定的目的,为美国争取更有利的条件。2017年8月,新协定的谈判启动。到2018年11月30日,美、墨、加三国领导人签署了取代NAFTA的新协定——《美国—墨西哥—加拿大协定》(USMCA)。

相比NAFTA,新协定更有利于美国,墨西哥在汽车产业、工人时薪方面都对美国做出了让步,加拿大也不得不大幅度向美国开放其乳制品市场。新协定虽已签署,但能否生效还需要三国立法机构的批准。2019年6月19日,墨西哥参议院以压倒性多数票批准了与美国和加拿大达成新的自由贸易协定,成为三个国家中首个获得立法批准的国家。美国国会参议院也于2020年1月16日通过《美国—墨西哥—加拿大协定》。2020年7月1日,该协定正式生效。《美国—墨西哥—加拿大协定》生效后,将使美国、墨西哥及加拿大的近5亿消费者集结为单一市场,这三个经济体2019年GDP占全球GDP约27%,其相互之间的贸易额合计高达1.2万亿美元。但三国之间的一些分歧也可能令美墨加协定的执行受到影响,未来该协定能否获得成功仍待观察。

三、亚太经济合作组织

亚太经济合作组织（Asia-Pacific Economic Cooperation，APEC）成立于1989年，是目前世界上最大的区域经济合作组织，共包括21个亚太地区的成员，其人口约占世界的45%，经济总量约占世界的55%，贸易总量约占世界的50%。成立以来，APEC在诸多领域取得了显著的成果，为南北合作和南南合作提供了一个示范和创新的平台，在全球经济活动中具有举足轻重的地位。

（一）亚太经合组织成立的背景及发展进程

APEC诞生于全球冷战结束的年代。20世纪80年代末，随着冷战的结束，国际形势日趋缓和，经济全球化、贸易投资自由化和区域集团化的趋势渐成为潮流。同时，亚洲地区在世界经济中的比重也明显上升。在此背景下，1989年1月，澳大利亚总理霍克提议召开亚太地区部长级会议，讨论加强相互间经济合作的问题。1989年11月，澳大利亚、美国、日本、韩国、新西兰、加拿大及当时的东盟六国（文莱、印度尼西亚、马来西亚、缅甸、新加坡、泰国）在澳大利亚首都堪培拉举行了APEC首届部长级会议，标志着这一组织正式成立。1991年11月，APEC第三届部长级会议在韩国首都汉城（现称首尔）举行，会议通过《汉城宣言》，正式确立了这一组织的宗旨和目标，即"为本地区人民的共同利益保持经济的增长与发展；促进成员间经济的相互依存；加强开放的多边贸易体制；减少区域贸易和投资壁垒"。1991年11月，中国以主权国家身份，中国台北和香港（1997年7月1日起改为"中国香港"）以地区经济体名义正式加入APEC。1993年11月，墨西哥、巴布亚新几内亚加入；1994年智利加入；1998年11月，秘鲁、俄罗斯、越南加入。截至2010年11月，APEC共有21个成员。此外，APEC还包括三个观察员：东盟秘书处、太平洋经济合作理事会（PECC）和太平洋岛国论坛，这三个观察员可参加APEC部长级及其以下各层次的会议和活动。APEC接纳新成员需全部成员的协商一致。

APEC采取自主自愿、协商一致的合作原则，所作决定必须经各成员一致同意认可。会议文件不具法律约束力，但各成员在政治上和道义上有责任尽力予以实施。APEC于1993年初在新加坡设立秘书处，为各级活动提供支持和服务。APEC的组织机构包括领导人非正式会议、部长级会议、高官会、委员会和专题工作组等。其中，领导人非正式会议是亚太经合组织最高级别的会议。自成立以来，亚太经合组织在推动区域和全球范围的贸易投资自由化和便利化、开展经济技术合作方面不断取得进展，为加强区域经济合作、促进亚太地区经济发展和共同繁荣做出了突出贡献。

（二）亚太经合组织的特点

从APEC的宗旨来看，APEC既不同于WTO这类以全球贸易自由化为目标的国际经济组织，也不同于欧盟、北美自由贸易区等紧密型的地区贸易集团；与石油输出国组织这样的专业性国际经济组织更是迥然不同。可以说，APEC是在承认亚太地区地域广、民族众多的前提下，对国际经济组织形式与开展地区合作样式的一种创新，是本地区人们智慧碰撞的结晶。具体来讲，APEC主要有以下三个特点：

（1）APEC成立之初是一个区域性经济论坛和磋商机构，经过三十几年的发展，已逐渐演变为亚太地区重要的经济合作论坛。它是一个正式的官方组织,每年各成员的领导人、部长和高官都要与会,但同时又不是纯粹的政府组织,还有企业家领袖参与,是官商结合、以官为主的组织。这与PECC(太平洋经济合作理事会)有本质的不同,后者是由工商企业界、政府官员(以个人身份)和学术界三方人士组成的论坛性的非政府间国际组织。虽然PECC成立早于APEC,但鉴于其非官方性质,它只是APEC的"外围"组织。另外,APEC从一开始就形成了经济部长和外交部长(中国台北和中国香港除外)同时与会的"双部长会议"模式,故虽称为"经济合作"组织,但其议题不局限于经济领域。

(2) 严格地说,APEC是一个由"议程"(agenda)推动的论坛,而非结构完备的组织。行政、财务及工作组活动等日常事务性工作由秘书处负责,除此之外没有其他日常的组织架构。因此,APEC又被称为"软组织""弱组织"或"论坛"。

(3) 长期以来,APEC实行以"自主自愿,协商一致"为核心的独特的行事原则,创造了独一无二的"APEC方式",它与WTO及其他多边贸易集团所采用的谈判、强制、法律约束的原则有根本的不同。其主要内容包括:①承认成员的多样性,强调灵活性、渐进性;②相互尊重,平等互利;③协商一致,自主自愿;④协调的单边主义;⑤开放的地区主义。

(三) 亚太经合组织取得的成就

APEC作为一个区域性的国际经济组织,地跨亚洲、大洋洲、北美洲和南美洲四大洲,如此地理跨度,是任何一个其他地区性国际经济组织都无法比拟的。尽管从根本上来说,协商的结果不具有法律效力,是非约束性的,但由于首脑们作出的承诺公布于各共同宣言和联合声明中,因此受到很强的道义和国家名誉上的约束力。它在推动区域贸易投资自由化,加强成员间经济技术合作等方面发挥了不可替代的作用。

1. 推动亚太地区贸易和投资自由化与便利化

自1994年提出实现"贸易和投资自由化"的"茂物目标"以来,APEC区域经济一体化取得显著成就。成员降低关税壁垒,基本取消非关税措施或提高透明度。在服务贸易自由化方面逐步减少管制措施,同时提高投资政策的透明度,在市场准入方面实施非歧视原则。在贸易便利化方面,成员根据上海会议和河内会议提出的目标逐步降低贸易交易成本。其他便利化措施,如无纸贸易、电子商务、海关程序、海关数据库、标准和一致化等,也取得了不同程度的进展。到2020年,APEC平均关税下降了60%,享受零关税待遇的产品种类增加了1倍,贸易和投资额分别增长了5倍和12倍,通关时间缩短了15.6%和14.1%,APEC经济体参与的区域贸易一体化协定数量增长了8倍。

2. 促进区域经济联系和一体化进程

APEC成立以来,成员间的经济贸易关系更为密切。随着区域内关税不断降低,APEC内部商品贸易额已从1995年的3.42万亿美元增加到2019年的131.85万亿美元,年均增长11.4%。而且到2019年,APEC内部的商品贸易额已占APEC成员商品贸易额总和的69.3%。随着经济关系的日益密切,APEC成员之间签订的双边或多边自由贸易协定越来越多,这反映出APEC成员对区域经济一体化的强烈兴趣。2010年横滨APEC部长级会议确定将在各国之间自由贸易协定的基础上,在亚太地区建立自由贸易区,即把APEC转型为亚太自由贸易区(Free Trade Area of the Asia-Pacific,FTAAP)。

2014年11月,在北京APEC会议期间,FTAAP进程正式启动。这将把亚太区域经济一体化提升到新的更高水平,也将使太平洋两岸处于不同发展阶段的经济体广泛受益,为亚太经济增长和各成员发展注入新活力。2016年,APEC利马会议通过了《亚太自贸区利马宣言》,重申"亚太自贸区应当建立在正在开展的区域安排基础上的承诺,包括通过CPTPP和RCEP等可能路径加以实现"。早日建成亚太自由贸易区是引导经济全球化朝着更加开放、包容、普惠、平衡、共赢的方向发展。

3. 开展经济技术合作

APEC自创立之初,便将经济合作作为主要任务之一,通过合作,谋求本地区的可持续和均衡发展,缩小成员间的经济差距,改善人民福利,加强成员间的凝聚力。各成员从自身的实际情况和需要出发,在人力资源开发、产业科技合作、中小企业发展、基础设施建设、自然资源开发和环境保护等领域开展了形式多样的合作项目,并且不断根据形势的变化开拓新的合作领域。不过,由于APEC发达成员与发展中成员在经济技术合作上存有歧见,以及资金缺口较大等原因,经济技术合作一直处于薄弱状态。在各成员的共同努力下,APEC经济技术合作仍在经历一个循序渐进、不断丰富和完善的过程。

4. 其他领域中的成绩

除贸易、投资以及经济技术合作等经济领域的议题,在非经济领域,APEC也创立了"协商一致、自主自愿、非约束性"的合作原则,在反恐合作、防控禽流感、防范自然灾害、反腐败、气候变化、能源安全和清洁发展等方面,都有不同程度的合作。

(四)亚太经合组织存在的问题

随着内部和外部环境的变化,在取得诸多成就的同时,APEC自身的发展也遇到一些问题和挑战。第一,APEC自主自愿的合作原则使得集体行动缺乏长期效率,集体行动的进程实际上是由行动最慢的成员来决定。第二,发达成员出于缓解自身压力的考虑,对贸易投资自由化这一重要议题采取观望态度,APEC如何继续推进贸易投资自由化进程成为很严重的现实问题。第三,在"开放的地区主义"条件下,APEC区域内达成的贸易投资自由化成果也适用于区域外成员,这必然会引发区域外成员的"搭便车"行为。这使APEC成员将注意力更多的转向具有封闭性、排他性特征的自由贸易区和区域贸易安排。第四,APEC是一个区域经济合作论坛组织,但近年来,在发达成员的主导下,越来越多的非经济议题尤其是"反恐"等安全议题的出现,分散了成员对贸易投资自由化、经济技术合作等传统议题的关注。这一方面将挫伤发展中成员的积极性,同时也将削弱APEC在亚太区域经济合作中的引领地位。

四、南方共同市场

南方共同市场(MERCOSUR)简称南共市,是拉美地区举足轻重的区域性经济合作组织。该组织有6个正式成员国,包括阿根廷、巴西、巴拉圭、乌拉圭、玻利维亚、委内瑞拉。其中委内瑞拉由于国内局势的不稳定自2017年8月起被无限期终止成员国资格;玻利维亚的"入市"程序尚未最终完成。除正式成员国外,南共市还有智利、秘鲁、哥伦比亚、厄瓜多尔、苏里南、圭亚那等联系国。南共市是世界上第一个完全由发展中国家组成的共同市场,其宗旨是通过有效利用资源、保护环境、协调宏观经济政策、加强经济互补,促进成员国科技进步和实现经济现代化,进而改善人民生活条件并推动拉美地区经济一体化进程的发展。

(一)南方共同市场发展历程

早在 20 世纪 40 年代,阿根廷、巴西等国总统就曾提出过一体化的设想,但在当时被认为是"空想"。90 年代,面对世界经济区域化和集团化的形势,阿根廷、巴西、乌拉圭和巴拉圭四国总统决定建立南方共同市场,其目标是在四国约 1 200 万平方千米的土地上形成一个包括约 2 亿人口、国民生产总值近 8 000 亿美元的共同体。对内,共同市场成员国之间取消关税和非关税壁垒,实行商品、服务、资本和劳务的自由流动;对外,四国实行统一的共同对外关税,建立关税同盟。1991 年 3 月,四国总统在巴拉圭首都亚松森签署《亚松森条约》,宣布建立南方共同市场。该条约于当年 11 月 29 日正式生效。1995 年 1 月 1 日起南共市正式运行,关税同盟开始生效。

作为首个由发展中国家组成的共同市场和南美最重要的经济一体化组织,南共市的建立极大地促进了地区一体化发展。南共市自成立以来已经从最初的经济一体化组织逐渐发展成为一个经济、政治、军事和文化同盟。根据 WTO 的报告,仅地区内贸易已经从 1990 年的 41.27 亿美元上升至 1995 年的 144.57 亿美元;在 1997—1998 年,达到了 205 亿美元。在仅 4 年的筹建时间里,共同市场已经取得了世人瞩目的成果,成为一个发展速度较快、内容较全面、开放性的拉美一体化组织。到 2019 年,其内部贸易额达到 735.5 亿美元。然而,自建立至今,南共市仍是一个不完全的关税同盟,与最初共同市场的目标还有相当大差距。特别是南共市在 1998 年正式提出建立货币联盟的提议后,随即遭遇 1999 年巴西雷亚尔危机和 2001—2002 年阿根廷经济危机的沉重打击,阿根廷、巴西贸易保护主义抬头,两国贸易摩擦不断,而对地区内贸易依赖较大的巴拉圭和乌拉圭也遭受池鱼之殃。南共市的发展在这一时期举步维艰。到目前为止,共同关税对于南共市来说仍是一个幻想,贸易往来尽管确实增加了,但是南共市仍缺乏明确的游戏规则,缺乏一个强有力的推进一体化进程的机构。原因之一是巴西坚决反对将南共市机构化,对地区机构不信任。在 2008 年全球金融危机爆发后,成员国采取的一系列贸易保护措施,也使得南共市面临更多的挑战。

南共市成立后,其成员国数目也有所扩大。智利和玻利维亚(1996 年)、秘鲁(2003 年)、哥伦比亚和厄瓜多尔(2004 年)先后成为南共市的"联系国"。2012 年 7 月 31 日,委内瑞拉经过 6 年的努力,终于加入南共市。委内瑞拉强大的能源实力对该组织各成员国都有很强的吸引力,为了加深互利共赢,进一步扩大南美抱团的国际影响力,南共市吸纳了委内瑞拉作为第 5 个成员国。委内瑞拉加入后,南方共同市场拥有 2.7 亿人口,占南美洲人口的 70%;33 000 亿美元的国内生产总值,占南美洲生产总值的 83.2%;1 270 万平方千米的面积,占南美洲面积的 72%。此外,委内瑞拉的加入,扩大了南方共同市场的战略影响,使之从南美洲延伸到加勒比海地区。南方共同市场在可再生能源和不可再生能源方面均有巨大的发展潜力。此外,在 2013 年 6 月,厄瓜多尔正式向南共市轮值主席国乌拉圭提交申请,启动加入南共市程序。

(二)南方共同市场的对外经济关系

南共市除在集团内部加强联合外,还致力于与区域外的国家或区域贸易集团进行贸易协定的谈判,其中最引人注目的是与欧盟的合作。1995年12月南共市与欧盟签署了《区域性合作框架协议》,决定2005年建成跨洲自由贸易区。1998年7月22日,欧盟委员会决定启动与南共市四国和智利建立自由贸易区的谈判,南共市在第14次首脑会议上对欧盟提出的谈判倡议予以积极回应。到2002年11月,南共市与欧盟共进行了八轮贸易谈判,并取得了重大进展。2004年因在农产品和工业产品市场准入问题上分歧严重,南共市与欧盟中止自贸谈判,但2010年5月双方又宣布重启自贸协定谈判。谈判中,双方各自持有不同立场。南美国家希望欧盟能够开放农产品市场,同时扩大在南共市成员国的投资;而欧盟则要求南共市国家取消对欧盟产品的贸易限制。2019年6月28日,欧盟和南共市国家首脑共同签署协议,结束了历时20年之久的欧盟—南共市自贸协定的谈判。双方在货物贸易、服务贸易、双向投资和政府采购等方面达成原则性共识,并承诺在未来5~15年内逐步减少现有关税水平。双方约定欧盟—南共市自贸协定将于未来3年内正式生效。此外,2020年8月23日南共市与欧洲自由贸易联盟(由冰岛、列支敦士登、挪威和瑞士组成)完成了自由贸易协议的谈判。和与欧盟达成的协议一样,与欧洲自由贸易联盟的协议也是旨在为南共市的产品和服务开辟新的市场。

除与欧盟就自由贸易协定所做的努力外,南共市还在2003年12月与拉美的另一区域经济集团安第斯共同体(CAN)签署自由贸易协议;1996年与智利、2002年与墨西哥签署经济互补协议;2004年与印度和南部非洲关税同盟(SACU)签署贸易优惠协定,与摩洛哥签署贸易框架协议;2005年与海湾合作委员会签署经济合作框架协议;2010年12月同古巴、印度、印度尼西亚、马来西亚、韩国、埃及、摩洛哥等7国在发展中国家全球贸易优惠制度框架(SGPC)内签署关税优惠协定,同叙利亚和巴勒斯坦签署自贸框架协议;2007年与以色列、2010年与埃及、2011年与巴勒斯坦签署自贸协定。

(三)中国与南共市的经贸关系

中国对南共市这一拉美地区最大的区域贸易集团历来都十分重视。在南共市成立不久后的1996年,中方即提议建立中国——南共市对话机制,得到南共市的积极响应和支持。近年来,南共市整体对中国的贸易依存度不断提高,其主要成员国巴西与中国的贸易联系更是密切。中国与南共市的经贸合作既是中拉合作的重要组成部分,也是"南南合作"的一个重要范例。对中国而言,南共市国家拥有丰富的自然资源,这无疑能够满足中国因持续快速的经济增长所带来的对能源、原材料不断增加的需求。巴西的锰、铁、铀产量居世界前列;阿根廷耕地、牧场广阔,是世界小麦、玉米以及肉类的主要生产和出口国;乌拉圭经济以畜牧业为主,主要出口羊毛、肉类以及皮革;巴拉圭经济主要依靠农牧业和林业,肉类是主要出口产品,约占其出口总额的1/3。后来加入的委内瑞拉则拥有丰富的石油资源。

虽然中国目前几乎与所有的拉美国家和地区都有贸易往来,但主要集中在巴西、古巴、阿根廷、智利、墨西哥、秘鲁等少数国家,因此,南共市国家与中国贸易额在中拉贸易总额中占比较高,特别是在2008年全球金融危机爆发后,双边贸易额依然处于上升状态。中国同南方共同市场的贸易额(包括委内瑞拉和玻利维亚在内)从2000年的51.9亿美元增长到2019年的1 437.2亿美元。占中国与拉美国家贸易总额的比重由2000年的41.2%升至2019年的45.2%。具体来看,在南共市成员国中,巴西与中国的贸易关系发展最为迅速。其次是阿根廷。中国与阿根廷近年来采取了一系列旨在扩大双边贸易规模和范围的措施,并取得了积极成效。据阿根廷国家统计局统计,2019年阿根廷与中国双边货物进出口额为160.7亿美元,其中阿根廷对中国出口68.1亿美元,占其出口总额的10.5%;阿根廷自中国进口92.6亿美元,占其进口总额的18.9%。阿方贸易逆差24.4亿美元,下降68.9%。中国是阿根廷的第二大出口市场和第二大进口来源地,仅次于巴西。乌拉圭和巴拉圭与中国的贸易额虽然较低,但近年来保持不断增长趋势。中国是乌拉圭第一大贸易伙伴和牛肉、大豆最大出口市场。与中国的贸易在乌拉圭国民经济中占有重要地位,外贸总额超过其GDP的1/3。相比而言,巴拉圭是南共市中工业化程度最低的国家,仍属农业国,对中国的工业制成品需求较大。

近年来中国对拉美投资的兴趣和步伐明显加大。"一带一路"建设的推进使得中国与南方共同市场以及整个拉美的经贸发展获得了前所未有的发展契机。自2013年"一带一路"倡议提出后,到2019年已延伸到拉美的19个国家,其中包括4个南共市国家。中国不仅仅是拉美的一个贸易伙伴,还是拉美基础设施的建设者与为该地区提供融资信贷的最大资金来源国,"一带一路"倡议为中国与拉美的基础设施合作创造了新的机遇,拉美是中国第二大投资目的地,也是中国对外承包基础设施项目的第三大市场。2000—2019年中国在拉美共计开展了437个投资项目,2019年中国对拉美直接投资占该地区当年接收外国直接投资总额的7.57%。2000—2019年,仅阿根廷和巴西两国就占了中国在该地区直接投资总额的50.22%和所创造就业总量的56.06%。

扩展阅读5-5
"一带一路"

【思考题】

1. 分析20世纪90年代以来新一轮区域经济一体化的特点。
2. 分析各主要贸易大国纷纷致力于区域经济一体化进程的主要动因。
3. 简述欧洲联盟"扩大"和"深化"的进程。
4. 分析北美自由贸易区的成立对成员国及世界贸易的影响。
5. 分析亚太经合组织不同于其他经济合作组织的特点。
6. 分析中国与南方共同市场的经贸关系。

附录5-1
2009年至2021年2月向WTO/GATT通报且生效的区域贸易安排

第六章 发达的经贸大国

学习目的与要求

1. 了解美国、日本、德国、英国、法国五个发达国家的自然及人文地理概况;
2. 了解上述五国的世界经济地位、经济发展历程;
3. 掌握上述五国的工业、农业、服务业主要部门的发展状况;
4. 掌握上述五国的货物贸易、服务贸易的发展状况;
5. 掌握中美、中日、中德、中英、中法的经贸关系;
6. 了解上述五国的主要港口和城市。

扩展阅读 6-1
拜登时代,美国如何重返多边经济合作?

发达国家(Developed Country),又称已发展国家,是指经济发展水平较高,技术较为先进,生活水平较高的国家,又称作工业化国家、高经济开发国家(MEDC)。关于发达国家的判定标准,不同机构有不同的选择。联合国按照人类发展指数,将具有极高人类发展水平的国家视为发达国家,其余的则为发展中国家。根据 2012 年联合国人类发展报告,具有极高人类发展水平的国家共 47 个。在这 47 个因具有极高人类发展水平而被认定为发达国家的国家中,本章按照各国的贸易发展水平及其与中国贸易关系的密切程度,选择介绍美国、日本、德国、英国、法国等国家。

第一节 美 国

一、美国的地理概况

(一)地理位置、面积及行政区划

美国全称为美利坚合众国(United States of America),位于北美洲中部,南北分别与墨西哥和加拿大为邻,西邻太平洋,与亚洲遥遥相对,东临大西洋,与欧洲、非洲隔洋相望,海岸线长 22 680 千米,与各大洋都有发达的交通线。美国大部分领土位于西经 68°至西经 125°,北纬 25°至北纬 49°之间,本土全部位于北温带和亚热带,面积大且位置适中。这样的地理位置对美国经济和社会发展起了极大的促进作用。首先,东西两侧都有大洋保护,远离旧大陆,避开了欧亚大陆这一两次世界大战的主战场,本土非但未遭破坏,反而因

提供军火而大发战争财,战后一举成为世界经济强国。其次,地理上远离列强扎堆、是非不断的欧洲,使其在发展过程中几乎没有受到过欧洲列强的干涉,没有外来势力的干扰使美国可以自由发展,广大的未开发的新大陆也为美国的不断扩张提供了舞台。最后,政治地理位置优越。美国只有两个邻国,北与加拿大接壤,南与墨西哥接壤,三个国家原来都是殖民地,都是年轻的国家,没有历史积怨,虽然美国曾经侵略过墨西哥,但是没有大的边界争端。美国和古巴虽隔海相望,但相隔甚远,加拿大、墨西哥、古巴远远不是美国的对手。美国没有任何敌对邻国,其邻国反而成为美国就近取得原料、输出商品的理想场所。此外,由于地处北温带中纬度,使美国阳光、热量充足,对农业发展十分有利。

美国幅员辽阔,本土从北到南长约 2 575 千米,东西宽约 4 500 千米,面积 783 万平方千米,加上海外的阿拉斯加和夏威夷这两个州,全国总面积 937.26 万平方千米,仅次于俄罗斯、加拿大、中国,居世界第四位。

美国由 50 个州和 1 个直辖特区——首都所在地华盛顿哥伦比亚特区组成,州议员和州长都由普选产生。州以下设县或市(镇、村),共有 3 042 个县。联邦领地包括波多黎各自由联邦和北马里亚纳;海外领地包括关岛、美属萨摩亚群岛、美属维尔京群岛等。美国分为十大地区:新英格兰地区、中央地区、中大西洋地区、西南地区、阿巴拉契亚山地区、高山地区、东南地区、太平洋沿岸地区、五大湖地区、阿拉斯加和夏威夷。

(二)地形、气候和资源

美国本土的地形特征是东西两侧高,中间低,没有东西走向的山脉。本土大体上可以分为三个地形区。其一是东部的阿巴拉契亚山脉和大西洋沿岸低地。阿巴拉契亚山脉长约 3 000 千米,它与大西洋海岸间有狭窄的山麓高原和沿海平原,被称为大西洋沿岸低地。阿巴拉契亚山脉低矮,未对东西交通构成障碍。其二是西部的科迪勒拉山系,该山系纵贯美洲西部,在美国境内宽 1 700 千米,由东部的落基山脉、西部的喀斯喀特山脉、内华达山脉和太平洋沿岸的海岸山脉组成。落基山脉北起加拿大的育空高原,向南延伸到墨西哥境内。在落基山脉和喀斯喀特、内华达山脉之间,夹着哥伦比亚高原、科罗拉多高原和内陆盆地。由于落基山脉、海岸山脉形成巨大的屏障,不但对交通不利,而且使来自太平洋的、大西洋的暖湿气流不能进入内陆的高原和盆地,使内陆地区气候干燥,人口稀少。但山上林木茂密,形成天然的林场和牧场。其三是中部的大平原,位于东部的阿巴拉契亚山和西部的落基山之间,北起五大湖沿岸,南接墨西哥湾,从北到南贯穿整个美国中部,约占美国全部国土面积的 1/2。大平原地势平坦,土壤肥沃,农业发达,是美国重要的农业区。

美国幅员辽阔,地形复杂,并受不同气流的影响,因此气候也多种多样。本土位于北温带,因此大部分地区是温带和亚热带气候。西部太平洋沿岸自北向南依次为温带海洋性气候、地中海式气候和热带沙漠气候;东南部沿海地区为亚热带季风气候;中部平原地区是温带大陆性气候。阿拉斯加州位于北纬 60°~70°,属北极圈内的寒冷气候区;夏威夷州位于北回归线以南,属热带气候类型。多种多样的气候为美国发展林业、牧业、农业和亚热带水果、蔬菜种植业提供了有利条件,而雨热同季的温带大陆性气候,更适宜小麦、玉米、大豆、棉花等农作物的生长。美国气候的缺点,除西部内陆地区降水少、气候干旱,只能发展灌溉农业和畜牧业外,中部平原由于无横向山脉的阻挡,因此冬季冷空气会长驱直下,易形成"寒潮"大雪天气,夏季热空气北上,易形成"热浪"干旱天气,对经济发展不利。

美国拥有庞大而完整的水系,河流、湖泊众多,水资源丰富。主要河流有密西西比河、圣劳伦斯河、科罗拉多河、哥伦比亚河。其中,密西西比河从其最长的支流密苏里河算起,全长6 000多千米,是世界第四大河。它发源于落基山脉,贯穿整个中部平原,注入墨西哥湾,通过田纳西河、俄亥俄河等支流和人工运河与大西洋和五大湖相连,是南北水运的大动脉。位于北部的苏必利尔湖、密歇根湖、休伦湖、伊利湖、安大略湖是世界上面积最大的淡水湖群,通过圣劳伦斯河与大西洋相连,不但利于航行,而且具有丰富的水力资源。世界著名的尼亚加拉大瀑布就位于伊利湖和安大略湖之间,这里已建有大型水电站。

美国资源很丰富,森林面积达310.4万平方千米,森林覆盖率达33.9%,总林木蓄积量247.3亿立方米,居世界前列。其林区主要位于西北部。可耕地面积为15 226万公顷,仅次于印度,居世界第二位;人均耕地0.47公顷,远高于世界平均水平。石油、煤炭、天然气等能源资源居世界前列,铁矿、稀土、钼、铜、铅、锌等矿产资源储量丰富。

(三) 人口、民族和宗教

到2019年11月1日,根据美国人口普查局的数据,美国人口达到3.299亿,仅次于中国和印度,是世界第三人口大国。自20世纪以来,美国人口增长了三倍多。从1900年的7 600万增至2000年的2.81亿,每年增长1.3%。人口布局不均,主要特点是东密西疏,沿海密集内陆稀疏。其中加利福尼亚州和得克萨斯州是人口最多的地区。从趋势上来看,美国人口中心持续向西南倾斜。美国人口高度城市化,2019年城市化率约为82.7%,远高于同期世界平均水平。其中人口最多的城市是纽约。

美国是个典型的移民国家,世界各地的移民不断涌入。实际上,除了本土的印第安人外,其他美国人都是移民和移民后裔,只不过移民有先有后而已。如今的美国人基本上分为四大族裔,即白人族裔、黑人族裔、拉美族裔和亚洲族裔。白人是早期的欧洲移民的后裔,占美国人口的大多数;黑人的先辈是白人从非洲贩运来的奴隶;拉美人来自临近的墨西哥等南美诸国,从20世纪70年代大批进入美国;亚洲人移居美国较晚,主要是印度人、中国人、日本人、韩国人、菲律宾人和越南人。不同的民族,不同的肤色,不同的文化,不同的语言,不同的宗教信仰,不同的风俗习惯,不同的面部特征,决定了美国社会像多晶体一样的多元化特点。当美国人口在1915年突破1亿时,时任美国总统的伍德罗·威尔逊感慨地说:"这里是一个巨大的熔炉,在这个熔炉里,我们必须融合成一种珍贵的金属。"当然,不管这个大熔炉的成员有多少,起主导作用的始终是白人。外国移民或移民的后代主要居住在加利福尼亚州、纽约州、佛罗里达州、得克萨斯州、新泽西州和伊利诺伊州。

美国人口普查局发布的估计数据显示,非拉美裔白人约占62.1%;拉美裔约占17.4%,非洲裔约占13.2%,亚裔约占5.4%,混血约占2.5%,印第安人和阿拉斯加原住民约占1.2%,夏威夷原住民或其他太平洋岛民约占0.2%(少部分人在其他族群内被重复统计)。亚裔人口1 820万,其中华裔约400万,占美国人口的1.6%。另外,在亚裔中占比例较大的还有菲律宾裔、越南裔、印度裔、韩裔和日裔。

美国没有国教,人口中约54.6%信仰基督教,23.9%信仰天主教,1.7%信仰犹太教,1.6%信仰东正教,0.7%信仰佛教,0.6%信仰伊斯兰教,1.2%信仰其他宗教,16.1%无宗教信仰(少部分人群属于多宗教信仰被重复统计)。

（四）美国的风俗与禁忌

美国人性格外向，热情直爽，不拘礼节，他们的风俗礼仪存在着许多与众不同之处。美国是一个时间观念很强的国家，各种活动都按预定的时间开始，迟到是不礼貌的。同美国人约会联系简单，打个电话，对方会很高兴地同意在尽短的时间内见面。美国人也有礼尚往来的习惯，但他们忌讳接受过重的礼物，一则是美国人不看重礼品自身的价值，二来法律禁止送礼过重，从家乡带去的工艺品、艺术品、名酒等是美国人喜欢的礼物。除节假日外，应邀到美国人家中作客甚至吃饭一般不必送礼。

美国社会有付小费的习惯，凡是服务性项目均需付小费，旅馆门卫、客房服务等需付不低于1美元的小费，饭店吃饭在结账时收15%小费。美国人请客吃饭，属公务交往性质多安排在饭店、俱乐部进行，由所在公司支付费用，关系密切的亲朋好友才邀请到家中赴宴。美国人的食物因地区、民族不同而种类繁多，口味各异，汉堡包、"热狗"、馅饼、炸面圈以及肯德基炸鸡等都是风靡世界的食品，但美国人待客的家宴则是经济实惠、不摆阔气、不拘泥形式的。美国人在吃饭的时候是刀叉并用，而且他们的用餐方式也是很有讲究的。因此，在应邀与美国朋友一起吃饭时，应特别注意他们的用餐习惯。

到美国人办公室或住所，均应预先约定、通知，并按时抵达。如无人迎候，进门先按铃或敲门，经主人应允后方得进入。如无人应声，可稍等片刻后再次按铃或敲门（但按铃时间不要过长）。无人或未经主人允许，则不得擅自进入。尽管有时洽谈的事情所需时间很短，也应进入室内，不要站在门口进行谈话。有时，主人未邀请进入室内，则可退到门外，在室外进行谈话。

美国人喜爱白色，认为白色是纯洁的象征；偏爱黄色，认为黄色是和谐的象征；喜欢蓝色和红色，认为其是吉祥如意的象征。他们喜欢白猫，认为白猫可以给人带来运气。

美国人讨厌蝙蝠，认为它是吸血鬼和凶神的象征。忌讳数字"13"与"星期五"。忌讳问个人收入和财产情况，忌讳问妇女婚否、年龄以及服饰价格等私事。忌讳黑色，认为黑色是肃穆的象征，是丧葬用的色彩。特别忌讳赠送带有公司标志的便宜礼物，因为这有义务做广告的嫌疑。

美国人对握手时目视其他地方很反感，认为这是傲慢和不礼貌的表示。忌讳向妇女赠送香水、衣物和化妆用品。在美国千万不要把黑人称作"Negro"，最好用"Black"一词，因为Negro主要是指从非洲贩卖到美国为奴的黑人，被认为含有明显的歧视色彩。

美国的主要节日有元旦、圣诞节、感恩节、复活节、独立日等。复活节是基督教纪念耶稣复活的一个宗教节日。每年春分后的第一个月圆后的星期日就是复活节，日期年年不同，一般在3月22日至4月25日之间。美国独立日为7月4日，是一个相当热闹的节日，各地居民自发地举行庆祝游行，景象十分壮观。每年11月的第四个星期四是感恩节。感恩节是美国人民独创的一个古老节日，也是美国人合家欢聚的节日。

（五）美国人的性格特征及商务谈判风格

由于美国经济发达、实力强劲，因此美国人对本国颇感自豪，对本民族也有强烈的自尊感和荣誉感，在日常生活和对外交往中因此也表现出很强的自信心。他们喜欢在双方接触之初就阐明自己的立场、观点，推出自己的方案，目的是争取主动。美国人大多性格外向、精力充沛、直接坦率,在与人交谈时,他们语言明确肯定,计算精确。美国人的自信还表现在喜欢批评别人、指责别人,当事情的发展不能按照他们的意愿进行时,他们往往会直率的批评或抱怨。这与我们东方人在交谈时婉转暗示或迂回曲折的表达观点形成鲜明对比。

美国人注重"对立",强调"个性",思维上部分优先,即从部分到整体的思维方法。例如讲时间,美国人的顺序是秒→分→时→日→月→年,而中国人的顺序则是年→月→日→时→分→秒;在空间概念上,美国人表达的顺序是街道→市→省或州→国家;在社会关系属性上,美国人遵循的也是个体→部分→整体,如姓与名的排列顺序是名→父名→姓氏,而中国人则是姓→辈→名。美国人的思维方法还倾向于把一切事物分为两个对立面,对任何事情都做两极化的考虑。比如对事物的是非判断,是就是,非就非,很少有第三种思考问题的方式。在国际商务谈判中,美国人很自然地把这些性格特征带到了谈判桌上。

与其鲜明的个性相符,美国人的商务谈判也具有明显的个性化特征:一是干脆直爽,不兜圈子,欣赏谈判对手的直言快语。二是注重效率,珍惜时间。美国的生活节奏极快,商人特别守时,认为直截了当就是效率,同时也是尊重对方的表现。三是积极务实,重视利益。美国人做生意往往以获取利润作为唯一目的,商人间的私人交情考虑的不多。他们一旦签订了合同,就非常重视合同的法律性,履约率很高。此外,美国商人非常注重商品质量,兼重包装,不仅不遗余力地追求和提高自己商品的内在品质、外观设计和包装水平,而且对进口商品的内在品质、外观设计和包装也有十分苛刻的要求。

二、美国的经济发展历程

美国是世界上经济规模最大、实力最强的国家。美国经济史是从16—18世纪欧洲人建立殖民地开始算起。两百多年间,美国建立了一个工业化的、完整而巨大的经济体,占据了世界经济的1/4有余。这主要是由于美国拥有统一的市场、丰富的自然资源和肥沃的农耕地。政治上政府也十分支持经济的发展,再加上愿意投资物力和人力的企业精神,美国经济一直保持着较高的盈利,吸引来自各地数以百万计的移民。

(一)以农业为主时期

自1620年开始,大批清教徒移民北美洲,在美国南部种植棉花、烟草、蓝靛等作物,直到1860年以前美国一直是以农业为主的国家。1776年建国后,国会先后通过了"公有土地转让给农民""垦殖权条例"等相关法令,大大刺激了农民的积极性,促进了农业发展。据统计,1800年美国农业产值为2.2亿美元,而到1860年已增长到14.69亿美元。

(二)实现工业化时期

1812年,由于英国的入侵和禁运,促进了美国工业的发展。尤其是南北战争的结束,更清除了资本主义发展的障碍,使纺织、钢铁等现代化工业得到了迅速发展。1860年,美国工业产值第一次超过农业产值,1890年工业产值超过英、法、德,跃居世界第一位。1900年,美国钢产量已达1 035万吨,煤产量达2.45亿吨,均居世界第一位。19世纪末至20世纪初,美国已完全实现了工业现代化。

美国工业化进展如此迅速,是有其特定条件的:

(1) 农业发达,为工业发展提供了坚实的物质基础;

(2) 第二次科技革命始于19世纪70年代,而美国正是此次产业革命的发源地;

(3) 1850—1890年美国大规模地修建铁路和公路,为工业发展提供了方便的运输条件;

(4) 工业化初期美国实行了严格的贸易保护政策,提高了进口产品的关税,保护国内新兴产业;

(5) 美国资源丰富,为工业提供了充足的原料和燃料。

(三) 两次世界大战期间的美国经济

两次世界大战期间,美国经历了经济发展繁荣阶段以及危机阶段。

在"一战"期间,美国由于远离战场,参战时间较晚,因此战争损失不大,而且在战争中因出售军火与其他商品而发了战争财。战争结束后,美国的经济实力进一步增长,拥有世界黄金储备的40%,纽约成为与伦敦并存的国际金融中心,这为美国战后的经济繁荣创造了条件。据统计,1914年美国国内生产总值为386亿美元,到1918年已增长到764亿美元,几乎增长了1倍。

除战争所带来的财富以外,美国在这一时期出现经济繁荣的主要原因是新机器的使用和技术管理的进步。美国企业在战后大力推行"生产合理化"运动,广泛采取自动传送装置,革新技术,实行标准化生产。合理化运动从企业对生产的管理入手,提高了劳动生产率,降低了成本,从而提高了利润率,1923—1929年,制造业每个工人的每工时的产量提高了32%,1919—1929年,整个工业生产率提高了40%,农业提高了26%。但劳动生产率与产量提高的同时也强化了工人的劳动强度。许多工业部门在这一时期进行了技术革新,例如装配线技术在汽车制造、造船、飞机引擎及军火等部门广泛采用。钢铁工业采用连续轧钢机,效率提高40~50倍。从20世纪20年代起,许多公司建立了自己的研究机构,从事新产品的研究开发。新技术的应用对这一时期的经济繁荣起到了重要的作用。

经过20世纪20年代的发展,主要资本主义国家在世界经济中的比重与地位也随之发生变化,美国取代英国成为资本主义世界的经济第一强国,在世界经济中的比重由1913年的38%上升到1929年的44%,同期在世界贸易中的比重也由11.1%上升到14%,超过了英国的13.2%。

美国经济高度繁荣的背后也孕育着危机。美国政府实行的高利润、低税率的政策使社会财富都流入到少数垄断资本家手中,而广大工人、农民的购买力反而下降,生产的高效率和低下的购买力之间的矛盾,使生产相对过剩。各工业部门的发展也不平衡,建筑业、机器制造业、汽车业以及化工、电气等新兴工业部门发展迅速,而传统的工业部门如纺织、制鞋、航运、铁路等都处于停滞甚至衰退状态。农业更是处于慢性危机状态。此外,当时美国强大的经济实力,也使资本主义世界形成了一个以美元为中心的金融体系,但这一体系并不稳定,其中任何一个环节出现问题,都会引致整个体系的崩溃。这些问题最终导致了20世纪30年代初最严重的经济危机。1921—1929年主要工业部门的开工率只有60%~70%,开工不足再加上"生产合理化运动"排挤工人,使同期美国年平均失业者在220万以上。

面对空前严重的经济危机,1933年罗斯福总统实行新政。他顺应了历史发展的潮流,通过强化国家全面干预金融财政、工业、农业、公共工程、社会保障等领域,缓解了经济危机的严重恶果,保护了劳动生产力,避免了美国走上法西斯主义的道路,并为美国在"二战"中的胜利准备了物质条件。罗斯福新政的改良措施是有利于现代化发展的进步改革举措,它的全面强化国家干预的政策使垄断主义发展到国家垄断资本的新阶段,标志着现代资本主义发展的成熟,对于现代美国历史的发展具有多方面的深远影响。

(四)"二战"后的经济发展

"二战"后美国经济的发展,大体可以划分为四个阶段。

第一阶段(战后至1973年)是"二战"结束后的经济持续发展时期。这一阶段的经济发展主要表现出三个特点。

首先,"二战"后,美国的经济实力骤然增长,在资本主义世界经济中占有全面的优势。1955—1968年,美国的国民生产总值以每年4%的速度增长,并且曾出现连续106个月的持续增长,这一记录直至90年代出现所谓的"新经济"之后才被打破。

美国战后经济的迅速发展和优势地位的保持在很大程度上得益于联邦政府对经济的干预,也就是运用财政和金融手段干预资本主义的再生产,其主要特点是不断地依靠增加国家预算中的财政支出,依靠军事订货和对垄断组织甚至中小私营企业实行优惠税率来刺激生产,增加社会固定资本投资。虽然美国没有在战后实行工业国有化,但是,美国联邦政府在战后对许多新兴的工业部门、重大科研项目、现代化公共设施进行大量的投资,其中对发展原子能工业的投资从1945—1970年共计175亿美元;对宇航工业的投资从60年代末起每年投入50多亿美元。此外,为了维持高出口水平,美国政府一方面在"援外"项目下通过国家购买进行出口,另一方面对某些产品的出口实行补贴。

其次,战后美国经济发展的重心逐渐向西部和南部转移。美国传统的工业区在东北部,随着战后新兴工业的迅速发展,没有传统工业负担的西部和南部,由于拥有新兴工业的原料——石油而特别适宜于诸如飞机制造业、石油工业和石油化工等新兴产业的发展。与此同时,美国西部和南部的新财团也骤然兴起,在经济乃至政治上与传统的东北部财团形成激烈的竞争。例如太平洋沿岸的加利福尼亚财团控制了美国最大的银行之一——美洲银行;而南部的得克萨斯州由于战时石油开采和军事工业的扩建也形成了得克萨斯财团。

最后,现代跨国公司在美国兴起。跨国公司在20世纪上半期就已出现,但是直到"二战"前,早期的跨国公司还是以局部地区为重点,其经济实力和业务经营的多样化也没有达到现代跨国公司的水平。战后,现代跨国公司首先在美国获得空前的发展,对美国乃至世界经济的发展有着举足轻重的影响。

第二阶段是经济衰退期和调整时期。

20世纪70年代以来,世界经济的不稳定性加剧,黄金时代一去不返。作为世界第一大经济体的美国也逐渐丧失其世界经济霸权的优势,并且在经济发展中出现了高失业率与高通货膨胀率并存的滞胀危机。

战后经济的快速发展使得美国通货膨胀的压力加大,早在1957年,美国经济就出现了显著的物价上涨的现象,通货膨胀情况在1973年春天开始加剧,不管是发布日用品价格冻结的命令,还是执行略为缓和的控制措施,通货膨胀都不曾出现降低的迹象。通货膨胀的持续且不断加剧严重阻碍了经济的增长,而1973年10月之后出现的能源危机则是导致事态严重失控的重磅炸弹,这次石油危机爆发的突然性与猛烈性十分罕见,其对美国经济的打击异常沉重。到1974年秋天,通货膨胀率和失业率均已失控,传统的宏观调控措施在应对滞胀危机时难以发挥效用。在经历了1966—1969年的繁荣之后,失业率从1970年开始就已经开始进入上升周期。美国失业人口绝对数和失业率分别在1975年达到了大萧条以来的最高值,失业人口总数接近800万人。1975年3月,宏观经济跌到谷底。

从1983年开始,随着美国政府经济政策出现重大调整及政策效果逐步显现,加上20世纪80年代一些特殊因素的作用,美国经济出现复苏,并逐步走出"滞胀"的泥潭。首先消费者物价指数由80年代初的两位数下降到1983—1988年平均4%左右。其次,经济的持续增长开始出现,就业人数也有较大增加。再次,美国劳动生产率的增长率也止住了下降的趋势,并在某些领域出现较快增长。经济能够得以恢复,主要是由于现代科技的迅速发展和广泛应用以及美国开始重视并加强国际合作和政策协调,改善美国商品在国际市场上与日本、西德的竞争地位,增强在国际市场上的竞争力;最后,国际上一些客观有利因素如石油及原料价格的下跌也是美国经济摆脱滞胀的重要原因。

第三阶段是20世纪90年代以来的新经济时代。

20世纪90年代以来,美国经济在各种因素的共同作用下,获得了持续、较快的增长,以信息技术产业为代表的新经济部门是主要增长来源之一。1990—1999年,美国的信息技术产业国内总收入从3 300亿美元增长到7 290亿美元,平均每年增长10.4%,大大高于经济总量增长速度,占经济的比重由5.5%上升到8.2%。1995—1999年,美国GDP年均增长速度为3.8%,计算机、软件和电讯产业对GDP增长的贡献为0.87个百分点,约占23%。美国经济进入新经济阶段。美国诺贝尔经济学奖获得者克莱因教授指出,美国经济可以划分为三个部分,即传统经济、知识经济和新经济。传统经济指制造业,知识经济指教育、文化、科学技术研究与开发等产业,新经济指以网络、信息和通信技术为主体的新兴产业。

新经济时代以知识经济、虚拟经济和网络经济为标志,技术创新和经济全球化推动美国产业升级,而产业升级又促动美国经济持续快速增长。美国新经济表现出高增长率、高就业率、低通货膨胀率的特点。1996年以后,计算机和电信产业价格下降致使美国的通货膨胀每年减少0.4个百分点以上。由于对计算机和通信设备的投资占美国的资本投资比重已经超过40%,计算机和通信设备价格的大幅度持续下降,使得美国的投资效益大大提高,经济规模快速膨胀,在劳动生产率快速提高的情况下,就业稳步增加。同时,作为投资品的计算机和通信设备价格大幅下降,为这些技术和产品向传统产业的渗透奠定了良好的基础。最重要的是,美国在计算机和通信产品研究与开发领域的领先地位,使得美国既向全世界出口技术和服务,获得"技术租金",又出口产品获得利润。

美国经济在此期间虽然步入增长轨道,但仍存在明显的挑战和威胁:巨额的经常项目逆差和财政赤字,高涨的能源价格所带来的通货膨胀的压力以及房地产泡沫。

第四阶段是后金融危机时代。

2007年发生的美国次贷危机,到2008年发展成全面金融危机,而且向实体经济渗透,向全球蔓延,给世界经济带来严重影响。次贷危机的爆发主要是由于美国新经济时期累积的互联网泡沫、房地产泡沫引致金融市场风险高企,虚拟经济与实体经济严重脱节。此外美国的赤字财政政策、高消费政策也是危机的重要原因。

金融危机爆发后,美国经济陷入衰退,2008年和2009年的实际GDP分别收缩0.3%和2.8%。这是美国GDP年增长率自1983年以来首次出现负值。但是在奥巴马政府和美联储的强力干预下,美国经济在2009年的第二季度即触底反弹,2010之后恢复正增长,到2019年经济增长率维持在1.6%~2.9%,低于危机之前3%~4%的增长水平。

美国经济的持续复苏得益于奥巴马政府的财政、产业政策、货币政策。自2008年10月到2009年3月,美国政府连续推出四项金融和经济救助措施,并推出旨在创造就业、优化产业结构、拉动经济长期增长的"再工业化"战略,以《制造业促进法案》和"出口倍增计划"来吸引制造业回归、带动出口增长。此外,美国持续紧缩财政,联邦政府赤字率从2009年的9.8%降至2015年的2.5%。在货币政策方面,美联储在次贷危机爆发后连续下调联邦基金目标利率,几乎降至为零,美联储连续实施四轮量化宽松,使美联储的资产负债规模由危机前的不到1万亿美元增长到4.5万亿美元,其目的在于确保物价稳定,同时促进充分就业。

自2010年后,美国一直保持缓慢复苏势头,到2017年复苏态势趋于强劲,这主要得益于消费和投资的拉动,美国经济增长的内生动力趋强。2017年特朗普任职美国总统,特朗普时代的经济政策主要包括减税、放松金融监管、投资基建等,更重要的是在经贸、移民、气候变化等涉外政策上凸显保护主义与单边主义取向。2017—2019年,美国GDP增长率略高于奥巴马任职期间的增速,2019年增速有所放缓,但也领先于其他发达国家。从就业率来看,与其余七大工业国相比,美国失业率有所下降,且美国家庭收入中值从2017年开始加速增长。

三、美国的产业结构及生产分布

(一)美国产业结构的调整

按照美国的产业划分,第一产业包括农业、渔业、林业及狩猎业,第二产业包括建筑、制造业(包括耐用品制造业和非耐用品制造业)、公用设施(电、气、水)以及采矿业,第三产业包括批发零售贸易、交通运输及仓储业、信息业、金融保险与房地产租赁业、专业及商业服务业、教育医疗保健及社会救助业、艺术休闲娱乐、餐饮住宿业以及政府服务。"二战"以后,美国经济进入后工业化时期,产业结构总体上呈现出第一产业和第二产业占GDP的比重持续下降,第三产业占GDP的比重不断提高的趋势。

从"二战"后到21世纪的今天,美国的第一产业由200亿美元增加到1 000多亿美元,增长约5倍。但第一产业占GDP的比重从8%递减到不到1%。与第一产业类似,第二产业总量增加较快,但占GDP的比重呈持续下降趋势,从"二战"后至今,产值由800多亿美元增加到近30 000亿美元,增长了30多倍,但占GDP的比重由30%以上下降到20%左右(见表6-1)。有研究表明,从美国第二产业内部结构变化的情况看,第二产业占GDP比重下降的决定性因素是制造业占比的大幅度下降。建筑业和采矿业虽有下降,但相对稳定。公用设施占比则呈周期性上升趋势。再从美国制造业内部构成看,六大主要制造行业除计算机及电子制造业占比呈持续上升、化工制造业占比相对平稳外,其他四个主要行业均呈持续下降态势。占GDP比重下降最大的是金属制品制造业,其次是交通运输设备制造业,而后是机械制造业和食品制造业。由此可见,美国第二产业占GDP比重下降程度很高的行业主要是劳动密集型产业和资本密集型产业。

表6-1 美国的产业结构

年 份	1970	1980	1990	2000	2005	2010	2015	2016	2017	2018	2019
第一产业	2.37	1.99	1.52	0.96	0.98	0.97	1.00	0.89	0.90	0.87	0.82
第二产业	32.10	30.89	25.91	22.85	21.66	19.91	19.01	18.40	18.68	18.95	18.56
第三产业	65.53	67.12	72.57	76.19	77.36	79.12	79.99	80.71	80.42	80.18	80.62

数据来源:世界银行WDI数据库。

同第一产业和第二产业形成鲜明对比的是第三产业,总量和GDP占比均呈显著上升的趋势。从"二战"后至今,美国第三产业由不到1500亿美元增加到10万亿美元以上,增长约70倍。第三产业占GDP的比重由不到60%上升到80%左右。有研究显示,美国第三产业中传统服务业总体上呈周期性下降趋势,而新兴现代服务业则呈上升趋势。在美国的四大传统服务业中,批发贸易业、零售贸易业和运输仓储业占GDP的比重均呈周期性下降趋势,但第四大传统服务业——娱乐住宿餐饮业占比却呈现出短期下降后的持续上升趋势。再从四大新兴服务业看,金融租赁业(包括金融保险和房地产租赁)、专业与商业服务业、文教卫生及社会救助服务业、信息服务业占GDP的比重均呈周期性或者阶段性上升趋势。其中,金融租赁业是美国最重要的现代服务业部门,也是占GDP比重最高、上升幅度最大的第三产业部门。

(二)美国农业的主要特点及其分布

美国历来有"以农立国"的传统,农业是美国最重要的经济部门之一。美国国土辽阔,耕地丰富,土地肥沃,气候适宜,大部分地区降水丰沛,发展农业生产的自然条件十分优越。美国海拔500米以下的平原占国土面积的55%,十分有利于农业的机械化耕作和规模经营。除拥有优越的自然条件外,美国历届政府也十分重视、支持农业生产。如林肯总统早在1862年就颁布了《宅地法》,无偿分给每个农户160英亩土地,为发展农业提供了最基本的物质条件。此外,美国发达的工业为农业的现代化提供了必要的技术装备,提高了农业劳动生产率。美国历来注重农业科技的应用,又依仗其得天独厚的条件,农业一直是国家的重要经济支柱。随着工业的发展,农业在美国经济中的比重逐渐下降,但政府对农业采取了支持和保护的政策,这使美国农业在世界上依然具有强大的竞争力。

1. 美国农业的主要特点

(1)美国农业实行规模化、产业化和区域化的经营模式,现代化、机械化程度高,农业生产率在世界居于前列。早在20世纪40年代,美国就已基本实现农业机械化。美国农业生产主要依靠家庭农场,农场经营规模大,农业现代化、机械化程度高,全部实行机械标准化作业,生产效率高。2020年,美国农业从业人口为432.8万人,仅占美国全部就业人口的1.31%,每个农业经济活动人口平均耕地面积高达35.2公顷。

(2) 以高度商业化的家庭农场为基础。据美国农业部统计,2019年,美国约有202万个农场,土地面积为3.63亿公顷,平均每个农场土地面积为180公顷。美国1862年制定了《宅地法》,奠定了家庭农场的基础。销售额小于25万美元的小型家庭农场分为5类:资源有限型农场、退休休闲型农场、居住生活型农场、低销售额的耕种型农场、高销售额的耕种型农场。大型农场分3类:大型家庭农场、超大型家庭农场、非家庭农场。小型农场的数量超过90%,占整个农业资产的70%。

(3) 农业专业化程度很高。美国农业生产专业化程度高,20世纪初已基本实现种植专业化。目前,美国农业形成了专业化、区域化的布局,在行业上实行比较严格的分工,生产环节上进行细致的专业化分解,建立了各种特色鲜明的产业带。如东北部地区雨量充沛、气温较低,适宜牧草生长,形成了"牧草和乳牛带";中、北部地区地势平坦、土地肥沃,冬季寒冷漫长,非常适合小麦生长,形成了"小麦带"。此外,还有大湖区附近的"玉米带"、南方的"棉花带"、太平洋沿岸"综合农业带"等。这些产业带结合了气候、地理等条件,使美国各个地区能充分地发挥各自的比较优势,有利于降低成本,提高生产率。通畅的水陆运输网的建立更进一步促进了区域分工和专业化生产,而区域分工和专业化生产又有力地推动了附近地区相关产业的发展。

(4) 农业产销实现"从田间到餐桌"的一体化。美国的农业体系被称作"农工综合企业"(Agribusiness),在这个体系里就业的人数占全国劳动力的17%,大大高于农业本身所能吸收的劳动力。如食品的产销系统,就包括农业投入物的供应,农产品的收购和加工、批发、零售以及机关单位食堂等,形成了一个完整的体系。

(5) 科学技术在美国农业中的应用。先进的科学技术是美国农业高生产率的坚实支柱。经济实力使美国有可能吸引世界上大批优秀的科学家,以确保其农业技术在世界上的领先地位。针对现代农业发展中产生的土壤流失、地力衰竭、遗传多样性减少、能源利用率低等诸多问题,美国注重提高农业发展的科技含量,推行"低投入可持续农业"的生产方式,大力发展绿色农业、精细农业、信息农业和生态农业。在大中型农场中推广使用沼气能、风能、太阳能和地热能等可再生能源和清洁能源,减少对化石能源的依赖,并逐渐从以玉米为主的生物燃料产业向以非粮食作物为主的方向转变,利用非粮食作物发展生物燃料产业。为防止和减少农业生产对环境的污染,保护自然资源,美国充分利用农业生物技术,培育优良品种,加强对农业病虫害的研究和控制,大大提高了农作物产量。美国农业研究的基本目标可以概括为:在保护环境、提高环境质量的前提下,最有效地利用和节省资源,提高农业产量和利润率,改善农产品的品质,保持农业在国际市场上的竞争力。

(6) 配套设施和服务体系完善。在不同发展阶段,美国政府针对农业发展中存在的矛盾和问题,适时出台一系列农业保护政策,包括价格支持、财政补贴、信贷税收、对外贸易等方面,形成了完善的政策体系。如美国政府每年根据玉米、棉花、大米、小麦等主要农产品的市场需求情况,制订农产品计划,在农民自愿基础上,与之签订合同,确定一定比例的土地进行停耕、休耕和转耕,并对资源休耕的土地给予补贴。同时,成立了农产品信贷公司,直接从农业部借来资金执行价格支持计划。美国还健全了农业保险体系,通过实行农业保险制度,规避了农业生产的风险,减少了自然灾害对农业生产造成的损失,并对农业投资实行税收优惠政策,税收减免可达应缴税收的48%。

美国农业具有很高的劳动生产率,在持续稳定发展的同时,也暴露出一些值得关注的问题和不足。一是大量消耗能源,能源利用率低。美国现代化农业是典型的"能源集约农业",美国每人一年中消费的食物,大约是用1吨汽油生产的。不但大量消耗不能再生的能源,而且能源的利用率也很低。二是农业对国际市场的依赖性很大。美国的农产品约有1/5供出口。三是大量谷物用于制造乙醇将增加世界农产品供求平衡的压力。四是农业生产在品种方面缺乏多样性,加大了生物病害风险。五是农业用地和农民还在减少。由于受农业效益影响以及税收等原因,目前美国的农业用地也在减少,一些年轻人不愿意从事农业生产,农民老龄化趋势严重。

2. 美国农业的生产布局

(1) 乳畜带。包括东北部和滨湖各州。由于位置偏北,属大陆性温带针叶林气候,无霜期110～150天,年降水量800～1 000毫米,且分布均匀。土壤比较贫瘠。在这种条件下,不适宜种植谷物,但却十分有利于牧草的生长,适宜发展畜牧业。这里接近工业区,城市人口集中,是一个巨大的牛奶和乳制品的消费市场,再加上来自西欧和北欧的移民有饲养奶牛和种植牧草的传统经验和技术,因此该区域逐渐发展成为围绕着以牛奶生产为中心的牧草、乳制品专业化生产地区,主要经营不便远途运输的集约化的农畜产品的生产。目前,它拥有全国奶牛的1/3,生产全国牛奶和乳制品(干酪、黄油、奶粉等)的将近一半,几乎运销全国各地。

(2) 玉米带。玉米带位于牧草乳酪带以南,北纬40°～45°之间,主要包括艾奥瓦、伊利诺伊、印第安纳、内布拉斯加、密苏里等州。这里地势低平,肥沃的草原黑钙土土层深厚,无霜期160～200天。春夏两季气温高,湿度大,年降水量为520～650毫米。这种自然条件非常有利于玉米的生长发育,因而从20世纪40年代起,这里就成为美国玉米的主要产地。这里生产的玉米占全国玉米总产量的3/4,并且已经成为世界上著名的玉米专业化地带。除种植玉米外,还轮种牧草和麦类。近年来轮种大豆的越来越多,成为全国的大豆盛产区。玉米作为精饲料,可用以饲养猪和肉牛,形成科学的农牧结合方式。此带虽然以玉米为基础,但就全区来说,商业意义最大的是养畜业,因此又被称为玉米和肉畜带或玉米大豆带。

(3) 特种作物、混合农业区。本区位于美国东南部,东起大西洋沿岸,西至得克萨斯州东部,是美国历史上有名的老棉区,曾被称为"棉花带"。但是20世纪以来,由于技术的进步和南部土壤肥力的减退,侵蚀严重,再加上虫害的蔓延,老棉区发生了很大变化,特别是"二战"后,棉花带逐渐崩溃,已不再呈连续的带状分布,棉田已缩到少数条件好的地区(主要在密西西比河中游地区),并且向西部推进,形成一些新的灌溉棉区,主要分布在得克萨斯、新墨西哥、亚利桑那和加利福尼亚州。以上四个州的棉花产量约占全国的70%。老棉区的农业趋向多样化发展,大部分原来的棉田改种大豆、饲料谷物,开始向以畜牧业为主的多部门农业演化。如肉鸡饲养带、肉牛饲养带、高粱种植区,以及小麦、玉米、烟草等。

(4) 山地放牧和灌溉农业区。以落基山为主的美国广大的西部高原、山地,面积约占全国的1/3,土地贫瘠、气候干旱、地广人稀,因此利用天然牧场发展成为粗放的专业化放牧区。其北部是季节性放牧区,主要作物有小麦、豆类、甜菜;南部则是常年放牧区。"二战"后,这里很快发展成为高度集约化的灌溉农业区,种植棉花和其他作物。亚利桑那州灌溉区棉花单产高出全国平均水平的 1 倍左右。

(5) 太平洋沿岸南部水果、蔬菜和灌溉农业区。这里冬季温和多雨,夏季炎热干燥,属地中海式气候,因此发展了灌溉农业,大量生产蔬菜、葡萄、水果,供应全国各地。加利福尼亚州商品菜产量占全国的 1/3 以上。

(6) 亚热带作物区。位于墨西哥湾沿岸,这里气候终年高温多雨,种植有柑橘、甘蔗、水稻等亚热带作物和生鲜蔬菜,供应全国。佛罗里达州是全国第二大水果、蔬菜生产基地。

(三) 美国工业

1. 工业化历程

殖民地时代和 19 世纪初的美国仍然是一个典型的农业国。当时的非农产业基本是面向当地市场的小手工业和家庭制造业,如制鞋、织布等。美国的工业化一般认为是从 1807 年的"禁运"或 1812—1814 年英美战争结束后才开始的。1807 年,为避免卷入欧洲战争而颁布的《禁运令》,一方面使美国的进出口贸易受到重创;另一方面也刺激了国内制造业的发展。英美战争结束后的 1816 年,为了抵制英国商品的倾销,保护本国工业,美国政府颁布了《关税法》,据此连续 3 年对棉纺织品征收了 25% 的关税,结果使轻工业特别是棉纺织工业获得了较快发展。

与英国相似,美国的工业革命也是从棉纺织工业开始的。19 世纪 30—70 年代,美国制造业开始飞速发展。美国经济曾有过两次"起飞":一次是在 1815—1850 年间,以新英格兰地区的棉纺织业大发展为代表;另一次是在 1843—1870 年间,是所谓"北方工业起飞",以铁路修建、重工业发展为代表。

1860 年,美国就成为仅次于英国的世界第二大制造业国家。到 1880 年,美国工业产值超过英、德两国,成为世界第一工业强国。1894 年,美国的工业产值相当于整个欧洲工业产值的一半。1890 年,美国工业在工农业总产值中的比重达到 80%,重工业的产值已与轻工业相当。所以,一般认为,美国工业化是在 1890—1920 年间完成的。如果从 1816 年算起,美国工业化约花了 100 年的时间。进入 21 世纪之后,美国工业产值增速较慢,基本维持在 1%~3%,个别年份还会出现负增长,美国工业增加值在世界工业增加值所占比重由 21 世纪初的 20% 以上下降到 2010 年之后的 15% 左右。2011 年中国工业产值超过了美国。2018 年美国工业增加值为 3.84 万亿美元,仅次于中国,居全球第二位,占世界工业增加值的比重为 16.4%,中国的这一比重是 23.6%。

2. 工业特点

美国工业以技术先进、门类齐全、生产力强劲、生产效率高而著称于世,是世界上工业最发达的国家,很多工业产品的产量均居世界前列。20 世纪 80 年代以来,美国工业发展较快,但各部门的发展很不一样,传统工业,如纺织、食品、钢铁、造船等行业,由于受到日本、西欧和新兴工业化国家或地区的竞争而停滞下来;进入 90 年代以后,与尖端技术有关的新兴工业部门,如计算机、电脑软件、芯片、通信器材、医疗设备、宇航等高新技术产业的发展迅速,已成为带动美国经济增长的骨干产业。目前,美国的主要工业产品,如石油、天然气、电力、铜、铝、硫酸、乙烯、汽车、飞机等的产量,以及微电子工业、计算机技术、激光技术、宇航技术、生物工程技术、核能利用和新材料的研制与开发等方面,在世界上均居领先地位;然而,在小型轿车、家用电器、通讯及办公自动化设备、电子计算机芯片等技术密集型产品方面,则在近年内落到了日本、德国等国之后。

3. 工业分布

美国工业在地区分布上很不平衡,大体上分为三大地区。西起密西西比河,东至大西洋沿岸,南起俄亥俄河和波托马克河,北至密歇根湖、伊利湖和安大略湖岸以南,以及新英格兰的南部总称为东北部工业区,是美国资本主义发展最早的地区。这一工业密集的东西狭长地带,被称为美国的"制造业带"。其面积只约占全国的8%,但却集中了美国一半以上的制造业,全国的钢铁、机械、汽车、化工等传统工业大部分集中分布在这里。南部地区过去以农业为主。由于这里地价便宜,劳动力充足,环境污染较东北部小,美国工业逐渐由东北部向南部发展,形成美国新兴的石油、飞机、宇航、电子等工业基地。太平洋沿岸的狭窄平原和谷地,是西部工业的集中地带,宇航、电子、信息技术等新兴工业发展较快。20世纪70年代以来,经济和人口出现南移现象。被称为"阳光地带"的南部和西部工业发展较快,其速度大大超过东北部地区。

4. 主要工业部门

(1) 采矿业

采矿业主要包括煤炭、石油、天然气、金属和非金属矿的开采。"二战"后,美国采矿业由于资源储量下降,需求减少,成本上升,是一个衰退的部门。2011年矿业部门产值在GDP中所占比重仅为2.23%。采矿业中主要以能源开采为主,约占矿业产值的85%。

采煤工业。美国是世界上煤炭资源最丰富的国家之一,2019年年底探明储量为2 495.4亿吨,占全球总探明储量的近23.3%,居世界首位,储产比为390。此外,煤炭资源地区分布比较均衡,全美50个州中,有38个储有煤炭。战后初期煤炭年产量曾一度高达6.24亿吨,但此后由于石油的广泛开采和利用,煤炭产量不断下降,1960年只有4亿吨。70年代后又有回升,到2019年为6.4亿吨,占世界总产量的7.9%,居世界第三位。

美国按地理位置将煤炭资源分为三大地区,即东部阿巴拉契亚地区、中部地区和西部地区。美国的主要煤田有阿巴拉契亚煤田、伊利诺伊煤田、中西部煤田、尤宁堡煤田、波德河煤田、尤塔固煤田、格林河煤田、圣胡安煤田和科尔维尔高煤田,开发强度和储量最大的两个煤田是东部的阿巴拉契亚煤田和波德河煤田。

石油天然气工业。美国油气资源丰富,主要分布在墨西哥湾沿岸和加利福尼亚湾沿岸,阿拉斯加州也是重要的石油产区。勘探技术的提升以及页岩油的发现使得美国石油探明储量近年来增幅很大,由2009年的309亿桶增长到2019年689亿桶,10年间增长了一倍多。此外,美国原油产量也在不断增长,英国石油(BP)的一份统计报告显示,2008—2011年期间,美国原油和其他液态碳氢化合物的日产量增加了110万桶。同期内,其他国家(不包括欧佩克成员国以及俄罗斯等独联体国家)的日产量净减少20万桶。2013年10月美国石油产量达770万桶/天,超出进口量760万桶/天,首次摆脱自1995年2月以来产量低于进口量的局面。2019年,石油产量攀升至1 704.5万桶/天,居全球首位。与此同时,美国仍是全球最大石油消费国,但生产和消费之间的缺口已由2007年的1 335.1万桶/天缩小到2019年的235.5万桶/天,美国对国际原油市场的依赖程度明显下降。

美国炼油工业集中分布在西部和南部的墨西哥湾地区。主要是因为这两个地区有大型的海上运输基地和船道,进口原油接卸便利,同时这些地区也集中了多数美国的大都市,是比较主要的油品消费中心。

2019年美国天然气的探明储量为12.9万亿立方米,居全球第五位。美国是天然气产量最高的国家,2019年产量为9 209亿立方米,约占世界总产量的23.1%。

金属矿开采。美国金属矿产资源丰富,钼、铜、铅、锌、金、银的矿产储量在世界总储量中均占有较大比重。美国金属矿产资源主要分布在西部地区,包括内华达、犹他、亚利桑那、蒙大拿、爱达荷、加利福尼亚、阿拉斯加、科罗拉多和新墨西哥等州。铁矿资源则主要分布在苏必利尔湖区一带。

美国是世界上重要的金属矿产生产大国和消费大国。钢、铁矿石、金、银,以及主要有色金属的生产和消费均在世界占有重要地位,特别是铜、铅、锌、钼、钢材和贵金属。多年来,美国由于国内主要金属矿产资源有限,矿石和金属产量不断下降,为了满足国内日益增长的需求只能不断增加进口量。为了减少对国外矿产品的依赖,美国逐渐加强再生金属的回收利用。近几年主要原生金属产量普遍呈下降趋势,但再生金属的生产却出现持续增长的良好势头。

(2) 汽车工业

美国是现代汽车工业的发源地。自1900年到1930年,汽车工业在美国获得了快速发展,成为社会经济发展的主导产业和经济结构中的支柱产业,产量和销售量都获得了大幅增长,从1908年的6.5万辆增加到1929年的533.7万辆,占到当时世界汽车产量的90%左右,成为当时最大的汽车出口国。到20世纪20年代,汽车在美国已普及大众。

"二战"后,欧洲和日本汽车工业的发展压低了美国在世界汽车工业中的份额,其产量到1965年占世界产量的份额下降到45.5%。20世纪70年代,两次石油危机爆发后,美国车型大、耗油多、成本高的汽车无法和日本汽车相竞争,产量日趋下降。面对这一态势,美国联邦政府和企业界都积极行动,一方面由政府采取贸易保护措施,强化北美汽车市场的排他性,限制日本汽车进入美国市场;另一方面企业加大固定资本投资、改进管理方法、降低零部件采购成本、加强与其他国家汽车企业的合作,不断推出新产品,以增强自身竞争力。努力终于有了回报,美国汽车工业增强了产品质量,降低了生产成本,提高了生产效率。到1994年,三大公司——通用、福特、克莱斯勒总共销售了1 113万辆汽车,重新夺回了世界汽车工业的头把交椅。2008年全球金融危机的发生对美国汽车产业再次带来巨大冲击,产量和销售量都有较大幅度的下降。2009年,美国世界第一汽车市场的交椅已让位给中国,同时中国也成为世界第一汽车生产大国。此后直至2019年,美国的汽车产量和消费量均居世界第二位。

汽车工业在美国的分布特别集中,90%以上集中在美国东北部,主要分布在底特律、芝加哥、辛辛那提等地,其中底特律集中了美国三大汽车公司的总部,有美国"汽车城"之称。西部的洛杉矶和南部的亚特兰大也是重要汽车生产中心。

（3）钢铁工业

钢铁工业是美国的传统产业，从19世纪后半叶开始发展。1868—1880年产业革命时期，美国钢铁产量以年均40%的速度增长，生产能力庞大，产品品种齐全，质量好，生产技术也比较先进。1899年，美国粗钢产量达到了1 081万吨。1953年，突破了年产钢亿吨大关，在世界范围内长期处于遥遥领先的地位。1973年其年产钢达到13 680万吨，是目前为止美国钢铁工业历史上最高的产钢纪录。自此以后，美国粗钢产量开始滑落，再也没有恢复到这一水平。可以说，在20世纪70年代以前，钢铁工业一直是美国经济中的重要支柱产业；20世纪70年代以后，钢铁工业已演变为美国经济中的重要基础产业，一直受到美国政府的贸易保护，因此，素有美国经济的"晴雨表"之称。

美国钢铁工业在历史上之所以长期处于领先地位，主要是由于以下原因：一是有利的资源条件。美国铁矿石资源丰富，品位也非常高，原料和燃料供应充足。阿巴拉契亚山脉有丰富的炼焦煤，苏必利尔湖西部有丰富的铁矿。二是美国铁路和水上运输发达，既为钢铁工业提供了便利的交通运输条件，同时铁路修建所需的钢材也为钢铁工业提供了广阔市场。三是政府高度重视并支持钢铁工业的发展，支持钢铁企业实现技术升级、获取规模经济效益。

20世纪70年代后半期至90年代初，美国钢铁工业成为一种走下坡路的工业，主要原因在于：一方面，金融、信息、交通等服务行业逐渐成为美国经济发展的主要推动力，取代了以前大量消费钢的汽车、电机等行业所占的位置，加速了单位GDP中钢消耗所占比重的下降。低成本的进口小轿车大量涌入，导致汽车产量大减，也有不小的影响。另一方面，美国钢铁企业规模不断缩小，再加上技术革新和设备更新过迟以及传统的工资体系，使得成本过高，无法和韩国、巴西等新兴产钢国相竞争。

20世纪90年代以来，随着经济的持续增长和良好的市场环境，使得曾被称为"夕阳工业"的美国钢铁工业重新焕发出朝气。1998年产量曾达到1.07亿吨，仅次于中国。但美国钢铁产业很快呈现出设备严重老化、体制僵化、技术更新速度赶不上时代进步的特征，再加上海外钢材大量涌入，企业经营危机日渐严重，造成许多钢铁企业，特别是历史长达百年的钢铁联合企业破产或进入破产保护程序，并着手开始产业整合、并购。2019年，美国粗钢产量低于中国、印度和日本，居全球第四位。

美国钢铁工业主要分布在东北部地区的宾夕法尼亚州、印第安纳州、伊利诺伊州和密歇根州。这一布局主要是近煤、近铁的布局。美国钢铁工业在南部工业区的分布不多，因为该地区主要集中了能源、石化和宇航工业，对钢材用量不大，且缺乏煤炭和铁矿石。但是该地区对钢铁品种质量的要求非常高，因此也有为数众多的轧钢厂，生产成品钢材，特别是能源产业用的钢管。

（4）电子信息产业

20世纪80年代以来，电子信息产业因其具有技术含量高、附加值高、污染少等特点，持续高速发展，充分发挥出对国民经济各部门和社会进步的引领带动作用，年均增速是同期GDP增速的两倍以上，已成为许多国家尤其是发达国家的支柱性产业之一，占发达国家GDP的比重高达25%。

从20世纪80年代开始，信息技术就成为美国科技推动经济发展的主动力。美国商务部和统计委员会在《数字经济2000》报告中指出:"信息产业在整个经济产值中比重在2000年只有8.3%。但1995—1999年对美国经济实际增长作出了几乎1/3的贡献……信息技术革命推动了产业结构的优化和升级,增强了经济自身的稳定性,大大增强了美国经济增长的后劲,使美国经济得以持续发展。"

美国在高科技领域具有独一无二的资金、设备和人才优势。在信息技术领域,优势更为明显。信息技术主要包括电脑硬件、软件、资料传输设备和信息服务四大方面。美国的软件和集成电路行业长期占据产业的顶端,操作系统、数据库、开发工具等核心软件在全球市场上的占有率高达80%,通用处理器、高端网络芯片、高端模拟芯片和可编程逻辑芯片、半导体加工设备等集成电路产品和设备在全球市场居于领先地位。

硅谷是美国重要的电子工业基地,也是世界最为知名的电子工业集中地。择址硅谷的计算机公司已经发展到大约1 500家。其特点是以附近一些具有雄厚科研力量的斯坦福、伯克利和加州理工等世界知名大学为依托,以高技术的中小公司群为基础,并拥有思科、英特尔、惠普、朗讯、苹果等大公司,融科学、技术、生产为一体。

(5) 化学工业

美国化学工业发达,是全球最大的化学品生产国之一,化学品总产量占世界总量的比重约为1/4。化学工业是美国的基础产业之一。2012年之前,美国化工产值一直位居世界第一,其化工产品的生产能力、产品种类、研究与开发实力,以及进出口贸易量均居世界一流水平。2013年,中国超过美国,成为化学工业产值最大的国家,美国退居第二位。美国化学工业的发展过程是一个不断技术创新的过程,技术创新已经成为推动美国化学工业的力量源泉。美国化学工业在国际市场上的竞争力主要来自于作为基础学科的化学在国际上所处的领先地位。近年来,美国化学专业的四大传统研究领域——分析化学、无机化学、有机化学和物理化学——已向生物学、材料科学和物理学等学科领域不断地渗透发展。在20世纪,美国成为世界化学的研发中心,化学成果和获奖人数居全球首位。在总数108次的诺贝尔化学奖中,美国科学家共获奖40余次。

当前,美国化学工业正加速完成由传统产业向高技术产业的转变,其竞争模式以兼并重组为主。由于化学品成为人们必不可少的消费品,随着科技的不断进步以及计算机等先进设备的普及,化学品在航天、电信、新能源等行业的需求量越来越大。能源密集型化学工业取得了重大进展,化学品在提高能源效率和保护环境方面作出了新贡献。

石油化工是美国发展最快的化工部门。其布局特点是与炼油厂密切结合,建立大型石油加工与化工基地。墨西哥湾沿岸地区是美国最大的原油产地,也是石油化工最集中的地区,仅在科珀斯克里斯蒂—休斯敦—博蒙特地区就集中了全国石油化学工业的40%,休斯敦生产的合成橡胶占全国的一半。墨西哥湾地区化工产品产量虽然很大,但主要是些中间产品。东北部地区的化工产品,特别是高级化工产品仍占优势。美国知名化工公司有陶氏化学、埃克森美孚、杜邦、PPG等。

(6) 航空航天工业

美国是世界航空航天工业的发源地之一,拥有世界上产值最高、技术最先进的航空航天工业。自1908年美国陆军第一次向莱特公司订购飞机开始,美国的航空航天工业开始发展,到目前已经历了上百年的时间。"一战""二战"的爆发增加了对美国军用飞机的需求,催生了一批著名的航空工业企业,如麦克唐纳公司、诺斯罗普公司、贝尔公司等。到1944年,美国军用飞机年产量达10万架,产值上升到美国工业的第一位。但战后飞机销售额迅速下降。此后美国积极发展民用飞机,在大型喷气客机设计和制造领域处于世界领先地位,产量占世界的80%。20世纪50—60年代,航空工业机构发生重大变化,洲际导弹及人造卫星的出现使单一的航空工业转化为综合的航空航天工业。此后军用飞机产量下降,民用飞机产量上升。冷战结束后,美国航空工业销售额逐年下降,产能出现过剩的情况,生产企业开始进行兼并重组。经过数年的合并,航空工业垄断程度提高,大型民用运输机制造商只有波音公司。

美国航空航天工业的中心是西雅图、洛杉矶、圣迭戈、纽约、巴尔的摩、达拉斯和休斯敦等地。西部地区以装备整机为主,东部地区主要生产飞机的仪器仪表,南部的休斯敦、达拉斯主要以航天工业为主。休斯敦有美国"宇航城"之称。

(四)美国服务业

"二战"以来,服务业也得到空前发展。服务业的就业比重及占整个国民经济的比重都迅速增加。同时美国服务业的发展尤其是生产服务业的发展,还在很大程度上改进了美国制造业,使传统制造业获得新生,并重新在全球市场占据优势竞争地位。

从1990年开始,美国服务业增加值占国内生产总值的比重超过50%,到2011年已接近80%。从20世纪90年代中期开始,美国服务业已逐步取代钢铁、汽车、建筑等传统支柱产业,成为支撑美国经济的主要产业。目前,美国已经成为全球最大的服务贸易国和顺差国,在很大程度上缓解了因货物贸易的巨额逆差而产生的国际收支不平衡。服务业也是美国吸纳社会就业的主要渠道,从业人员占全社会就业的80%以上。

从部门结构来看,传统服务业优势地位加强,新兴服务业快速发展。从服务业内部各行业对GDP的贡献率来看,1990年最重要的服务业是专业科学技术服务、房地产、医疗和社会救助、金融保险、运输仓储;2000年服务业则集中在金融保险、房地产、保险、批发、专业技术服务、零售等方面,其中仅金融保险一项就占服务业总产值的27.5%;2010年由于受到金融危机的冲击,房地产业不但没有给服务业的增长提供支持,反而成为拖累,零售业、金融保险业、专业技术服务、医疗和社会救助、餐饮业成为美国服务业的中流砥柱。

1. 批发零售业

美国批发商主要分为独立批发商、生产商的销售部门及代理批发商三种类型。其中独立批发商是专门从事商品批发业务的商业机构,是美国批发业的中坚力量。生产商的绝大多数产品都是通过独立批发商进行经销的。生产商的销售部门属于生产商直属的经营和销售部门,主要负责本公司产品直接对外大宗批发业务,占全部批发销售额的近1/3。代理批发商规模一般较小,主要负责帮助生产商销售产品,赚取佣金。

零售业是美国最重要的服务部门之一,2010年对美国服务业增长的贡献巨大。美国也是世界上零售业最发达的国家,无论是零售业的规模、组织水平,还是零售业态的种类和零售形式的创新,长期以来都处于领先水平。其中沃尔玛是全球最大的零售商,2019年全球总收入为5 144.1亿美元。此外,克罗格、好市多、家得宝、沃尔格林、塔吉特、CVS Caremark、西尔斯都是全球排名前列的零售商。美国零售业业态多样,既包括大型购物中心、百货商店、综合超市,也包括厂家直销购物中心、仓储式商店、便利店和网络购物等。

连锁经营已成为美国现代商业零售业的主流。美国零售业销售额的绝大部分都是连锁商业创造的。连锁商业对商品采购、配送、销售、财务等业务环节实行专业化分工。完善的信用体系也保障了商业零售业的蓬勃发展。美国已建立了完备的涉及信用管理各方面的法律体系,也构建了较为完善、有效的信用管理体系。完善的信用服务体系保障了交易安全,节省了交易成本,成为保持美国经济活力的"秘密武器"。

近年来,美国电子商务发展迅速,普及度高,市场规模也在不断扩大。1998年电子批发业务只有1 670亿美元,占整个批发业务的7.72%,到2009年,即使在金融危机期间,电子批发业务也达到7 290亿美元,占整个批发业务的比重也上升到19.66%。电子零售业务发展更为迅速,从1998年的50亿美元增长到2009年内的1 450亿美元,在零售业务中的比重也由0.19%上升到3.99%。2016年美国网络零售交易额达到3 710亿美元,占美国零售总额的比例约8%。目前,80%的美国制造商拥有自己的网站,60%的小企业、80%的中型企业和90%的大型企业已经开展电子商务应用。从电子商务的品类来看,电子数码产品、服饰、汽车及配件、图书音像所占份额较高。亚马逊和eBay是美国著名的电子商务网站。许多传统线下零售企业也开始推进电子商务,如沃尔玛、塔吉特(Target)、百思买(Best Buy)等。

2. 旅游业

美国是一个旅游大国、强国,其幅员辽阔,地貌多彩多姿,气象万千,是集森林、湿地、湖泊、河流、草原、沙漠、高山、火山、峡谷、冰雪、海洋于一体的国家,风光旖旎,美不胜收,旅游资源极其丰富。美国还有现代化的大都会,现代的科学和文化,现代的生活方式,海、陆、空交通服务也快捷方便。美国的旅游收入已多年稳居世界第一。由于受"9·11"恐怖事件的袭击,美国旅游业前几年受到较大影响,但经过美国政府和旅游行业的共同努力,到2006年已全面恢复到历史最高水平。2018年,美国仍是仅次于法国的第二大国际游客接待国,同时是国际旅游收入最高的国家,达到2 144.7亿美元,远超过居第二位的西班牙(737.7亿美元)。同年,美国出境游9 256万人次,旅游支出1 865.1亿美元。因此美国在旅游方面实现279.6亿美元的顺差。

3. 交通运输业

交通运输业在美国经济中占有重要的地位,其产值在20世纪50年代以后仅次于制造业,居第二位,它与工业、农业、商业、旅游等部门休戚相关,并且对于促进人力和物力的合理流动,调节美国国内各地区之间的经济水平的平衡发展起着重要的纽带作用。此外,它还是重工业产品的主要市场,往往被视为美国国民经济的动脉。

四、美国的对外贸易

(一) 贸易地位

美国是世界重要的货物贸易大国,2013年之前货物贸易总额曾多年居于首位,此后被中国超越,成为全球第二货物贸易大国,第二货物贸易出口国,但美国仍然保持其世界第一进口大国的地位。据WTO统计,2019年,美国货物贸易额42 106.1亿美元,其中出口额16 431.6亿美元,占全球出口总额的8.68%,进口额25 674.5亿美元,占全球进口总额的13.3%。

"二战"后,美国的贸易地位起伏不定。战后初期,美国利用其他国家经济重建的有利时机,凭借自己在战争中形成的强大生产能力,大力输出其过剩产品,对外贸易额同世界各国相比一直保持着首位。1948年,美国货物贸易额出口额为126.5亿美元,约占当年世界货物贸易出口总额的21.8%;20世纪60—70年代,美国的出口额急剧增长,例如1972年的出口额为432.3亿美元,到1973年就增长到708.23亿美元,年增长幅度近64%。不过从60年代末、特别是70年代以来,美国的对外贸易,特别是出口贸易面临着日本和西德等西欧共同市场国家的日益严重的挑战。而苏联竭力同美国争夺世界市场和势力范围,更增加了美国对外贸易的困难。这集中表现在美国的出口额占世界出口总额的比重明显下降。尽管美国"二战"后都是世界第一进口贸易大国,但在出口方面,根据WTO的统计,1986—1988年,德国超过美国成为第一出口大国。1989年,美国超越德国,但1990年德国又重新夺回第一的位次;1991—2002年,美国仍是世界第一货物出口大国,而2003—2008年,德国则高居首位。自2008年至今,中国则超越美国和德国,成为世界第一货物出口大国,美国居于第二位。

贸易地位的相对下降还体现在贸易不平衡方面。1971年,美国出现了自1894年以来的第一次贸易逆差。在70年代,除1973年和1975年两年稍有贸易顺差外,其余各年几乎都呈现巨额的贸易逆差,且有逐年扩大的趋势。目前,美国货物贸易逆差已突破9 000亿美元,2019年达到9 242.84亿美元,是世界最大的逆差国。

美国之所以在战后初期在世界贸易中十分有优势,主要是因为"一战""二战"期间其他主要资本主义国家经济、贸易力量遭到削弱,使得美国出现了畸形的战争繁荣。但是20世纪70年代以来,德国、日本等国家经济逐渐恢复并发展,同时亚非拉的新兴工业化国家也开始崛起,这导致世界经济、贸易出现了多元化,致使美国对外贸易地位相对下降。这主要是因为:一方面,美国制成品的国际竞争力出现下降,其制成品出口额和德国的差距越来越大,而日本的制成品也在国际市场上争夺着美国的份额。另一方面,美国虽然在高技术产业领域占有优势,但出于垄断或对某些国家政治、经济制裁等原因,却又限制某些高技术产品的出口,因此在一定程度上也影响了出口的增长。

美国的贸易地位尤其是出口贸易地位虽然出现下降,但是其通过大量的进口为其他国家的产品提供了广阔的市场,这在很大程度上成为美国对世界经济产生重要影响的关键因素。此外,虽然美国在货物贸易方面存在巨额贸易逆差,但是服务业的竞争力非常强,形成了较高的贸易顺差。

(二)对外贸易政策的调整

美国是当代最大的发达资本主义国家,也是重要的贸易大国。美国的对外贸易政策在当代发达资本主义国家中起着先导的作用,其贸易政策倾向对整个资本主义世界有着重要的影响,对世界贸易体制的影响也是举足轻重的。在美国的战后贸易政策变化中,始终贯穿着自由贸易和贸易保护主义之间的斗争,但其基本理念均是"互惠"。战后的政策实践可以根据政策理念和贸易政策基调划分为3个阶段。

1. "二战"后到20世纪70年代中期的自由贸易时期

"二战"后至70年代中期,美国奉行的对外贸易政策以自由贸易为主线,且主要是依托多边自由贸易体系来进行。当然对社会主义阵营美国采取的是禁运等贸易保护主义手段。

在美国的主张下,全球第一个多边贸易体制——关贸总协定(GATT)建立。在美国的推动下,GATT开展了多轮大规模的多边关税减让谈判,推进了全球自由贸易的发展。同时,美国也分别与西欧、拉美、东南亚各国签署了上百项关税减让协定,其对外关税税率一直呈下降趋势。

2. 70年代中期至80年代末期的贸易政策转变时期

随着日本经济的崛起和欧洲经济的恢复以及美国贸易地位的相对下降,美国同日、欧之间的贸易冲突有所上升,贸易政策开始日趋保守,出现了自由贸易主义和以非关税措施为主的新贸易保护主义并行的特点,贸易政策由自由贸易向"公平贸易"或"管理贸易"转变。

1974年美国国会通过贸易改革法,使得贸易代表能够针对其他国家所谓不公正、不合理或歧视性的贸易做法进行反击。1978年,卡特总统提出"自由贸易也必须是公平的贸易",从而使"公平贸易"成为美国贸易政策的基调之一。1986年美国通过"综合贸易法案",强调要对实施"不正当、不合理、不公平的贸易政策或做法"的国家采取报复行动,从而进一步强化了贸易政策向公平贸易转变的趋势。

3. 80年代末期以来的公平贸易时期

在这一阶段,公平贸易全面成为美国贸易政策的主导思想,尽管仍然推行贸易自由化和开放,但开放的对等条件要求日益上升。美国强调贸易伙伴之间应互相开放市场,在下调关税和取消非关税限制方面也应当互利互惠、平等相待。在这一阶段,美国以国内法来判定贸易伙伴是否针对美国有"不公平"或"歧视性"的贸易行为,并加以制裁或报复。此外,除在多边层次上继续推动全球自由贸易外,美国还致力于在地区层次、双边层次上签署一些贸易协定,以推动其出口贸易的发展。这是美国对历史上长期单纯依赖和信奉多边主义的重大矫正。

克林顿政府执政期间,经济繁荣之下贸易逆差却逐步扩大,国内保护主义势力上升,克林顿政府开始把"公平贸易"和对等原则作为贸易政策的基调,强调贸易伙伴在进入美国市场的同时必须对等的向美国开放市场。对那些未给美国提供公平待遇的国家,美国报复的范围也有所扩大,可以因贸易顺差、政府采购、侵犯劳工权利、保护知识产权等问题而实施报复,可单方面暂时停止或终止美国对该国所给予的优惠,或对其产品课征高额进口附加关税,以及采取其他进口限制措施。

小布什上任以来,由于国内经济衰退,失业和"双赤字"问题严峻,以努力推行全球贸易的竞争自由化为目标,以"公平贸易"为借口,单边贸易保护主义更是大行其道。

4. 特朗普时代美国的贸易政策

2017年特朗普上任总统以来,美国贸易政策日趋保守,一改倡导和推动多边贸易体制的风向,强调以"美国优先"取代"全球主义"。在区域经济一体化方面,美国退出《跨太平洋伙伴关系协定》(TPP),重新谈判《北美自由贸易协定》;在双边贸易方面,美国频繁利用《1974年贸易法》的"201"条款、"301"条款以及反倾销、反补贴调查,对部分进口商品加征保护性关税。自2018年以来,美国逐渐背离了世界贸易组织的非歧视性原则,不断对其他国家实施单边关税惩罚,尤其是对来自中国的商品大幅提升关税水平。2018年美国对中国输美产品的平均关税由4.4%升至8.2%,2019年继续攀升至16.6%,甚至有可能升至2019年年底的23.3%。而同期美国对其他国家的加权平均关税稳定在2.7%左右。除提升关税外,美国还频繁动用贸易救济手段。2017年,美国共发起反倾销调查58起、反补贴调查26起,相比2016年增长了73%,其中,针对中国的反倾销和反补贴调查共计23起,2018年增加到24起。特朗普主张通过调整贸易政策,以增加就业、提升工资、支持美国制造业。

总体来看,自由贸易与保护贸易这一对矛盾始终贯穿于美国外贸政策的制定和执行过程中。当美国经济不能同他国经济进行竞争或在竞争中处于不利地位时,它就指责别国搞不公平贸易,从而举起保护主义大旗,推行"侵略性"单边主义;当它的经济在国际竞争中处于压倒性优势或相对优势地位时,它就高唱自由贸易的赞歌,极力推行多边主义或全球主义。从当前态势看,这一对矛盾仍将长期存在。对于局部产业的贸易政策而言,这种现象同样存在,在美国已成熟或有优势的产业中,美国主张自由贸易,要求其他国家开放市场;在美国不成熟或处于劣势的夕阳产业中,美国则以关税与非关税手段拼命保护。

(三)对外贸易的商品结构

一个国家的对外贸易商品结构,主要是由该国的经济发展水平、产业结构状况、自然资源状况和贸易政策决定的。美国对外贸易进出口商品结构的变化与其产业结构的调整密切相关。

美国出口商品主要是工业制成品,每年约占其出口总值的80%左右。1990年工业制成品占其出口总额的80.11%(见表6-2),2000年这一比重上升到88.35%。21世纪以来,工业制成品在美国出口总额中所占的比重有所下降,2010年为80.08%,2013年为77.65%,2019年进一步下降至76.35%。美国出口的工业制成品主要以机械和运输设备为主,这类产品在美国总出口中所占比重2000年时高达52.82%,到2019年则下降到32.53%,但仍是美国出口最多的产品。美国出口的机械设备主要以飞机、汽车、电讯器材、大规模集成电路、电子计算机为主。随着产业结构的调整,美国一些劳动密集型的产品相继退出世界市场,如服装、鞋类、玩具,等等。农产品也是美国重要的出口产品,美国是世界上最大的农产品输出国,玉米、棉花、猪肉的出口量均居世界首位,稻米、小麦、牛肉的出口量也居世界前列,是全球少有的农业部门结构比较完整的国家。但农产品在美国出口商品构成中所占比重不断下降。

"二战"后,美国的进口商品结构发生了较大的变化。在1950年,美国初级产品进口占进口总额的70.2%,工业制成品进口占进口总额的28.5%。但到1990年,前者所占比重下降为22.11%,后者则上升为77.89%,到2019年更是上升到84.28%。各类商品在进口总额中的比重变化也很大。机器及运输设备的进口在1950年占第八位,到1967年已上升到占第一位,1990年占进口总额的41.36%,到2000年上升到44.82%。美国进口的机械及运输设备主要有汽车、机器零部件、电子产品及其零部件。在进口中居第二位的大类产品是矿物燃料,1990年占比13.28%。到2019年下降到8.17%(见表6-2)。美国进口的矿物燃料主要以石油为主。此外,化工产品、贱金属及制品、纺织品及原料也是美国主要的进口商品。进口的农产品主要是一些热带经济作物,如咖啡、可可、水果等。

表 6-2 美国大类商品在出口和进口总额中所占比重   %

产品分类	出口				进口			
	1990年	2000年	2013年	2019年	1990年	2000年	2013年	2019年
初级产品	19.89	11.65	22.35	23.65	22.11	17.06	23.51	15.72
食品和活动物	7.67	5.16	6.78	6.35	4.64	3.15	4	4.75
饲料和烟草	1.83	0.87	0.46	0.46	0.96	0.77	0.94	1.12
非食用原料	6.95	3.72	5.48	4.51	3.06	1.92	1.59	1.41
矿物燃料	3.14	1.72	9.4	12.14	13.28	11.1	16.72	8.17
动植物油	0.3	0.18	0.23	0.19	0.17	0.12	0.26	0.27
工业制成品	80.11	88.35	77.65	76.35	77.89	82.94	76.49	84.28
化学产品	10.05	10.26	13.22	13.64	4.57	6.03	8.59	10.59
轻纺橡胶产品	8.58	9.23	9.18	8.36	12.21	11.2	10.55	10.49
机械和运输设备	46.47	52.82	33.76	32.53	41.36	44.82	38.78	42.38
杂项制品	10.96	11.94	9.9	10.09	16.49	16.74	14.86	16.03
未分类其他产品	4.05	4.1	11.59	11.73	3.26	4.15	3.71	4.80

数据来源：UNCOMTRADE 数据库。

（四）主要贸易伙伴

总体来看，美国最主要的贸易伙伴来自于拥有地缘优势的北美自由贸易区、具有悠久贸易传统的欧盟国家和中国。

美国过去主要的贸易伙伴是西欧和北美各国，但自 20 世纪 80 年代中期以后，其贸易方向发生了变化，海外市场的重心从西欧向亚太地区转移。20 世纪 90 年代初美国同亚洲的贸易超过西欧。1990 年，日本是美国第二大出口市场，对该国的出口额占美国出口总额的 12.4％，韩国、新加坡、中国香港以及中国内地也是美国在亚洲的主要出口市场，对这 5 个亚洲国家或地区的出口占美国总出口的 21％。到 2007 年，中国取代了日本，成为美国在亚洲最大的出口市场。到 2019 年，对中国的出口占美国当年出口总额的 6.48％，而对日本的出口占比则降至 4.54％。由于美国远离旧大陆，其陆上邻国加拿大、墨西哥在发展对美贸易方面就具有其他国家不能比拟的优势。美国对这两个国家的出口占其出口总额的比重在 1990 年为 28.33％，其中加拿大是美国最大的出口市场。1994 年，北美自由贸易协定的签署，更是强化了加、墨两国在美国对外贸易中的地位。2019 年，对加、墨两国的出口在美出口中占比增长到 33.3％，墨西哥连续数年成为仅次于加拿大的美第二大出口市场。

美国的进口贸易伙伴与其进口商品结构相适应。亚洲是美国进口工业制成品尤其是劳动密集型工业制成品的来源地。1990 年，日本是美国最大的进口来源地，占美国总进口额的 18.14％；此后，加拿大、墨西哥、中国陆续超过日本，成为美重要进口来源。2007 年，中国超过加拿大成为美最大的进口贸易伙伴，当年在美进口总额中占比 16.4％（加拿大为16.2%）。到2019年，中国的这一比重已攀升到18.4%，加拿大则降至12.72%，低于墨西哥的14.07%，降至美国第三大进口来源地。总体来看，北美自由贸易区仍是美国进口商品的最主要的来源地，加、墨两国一直都是美国重要的进口贸易伙伴，二者之和占比超过中国。此外，沙特阿拉伯、印度尼西亚、阿联酋等能源输出国也是美国重要的进口来源地。当前，随着美国成为世界第一产油大国，在能源消费中进口能源占比下降，上述重要的能源输出国在美国进口贸易中的地位下降，越南、印度、马来西亚、泰国等发展中国家在美国进口中所占比重则在提高。

美国主要贸易伙伴如表6-3所示。

表6-3 美国主要贸易伙伴

出 口				进 口			
1990年		2019年		1990年		2019年	
贸易伙伴	比重/%	贸易伙伴	比重/%	贸易伙伴	比重/%	贸易伙伴	比重/%
加拿大	21.12	加拿大	17.78	日本	18.14	中国内地	18.40
日本	12.36	墨西哥	15.59	加拿大	18.10	墨西哥	14.07
墨西哥	7.21	中国内地	6.48	墨西哥	5.95	加拿大	12.72
英国	5.98	日本	4.54	德国	5.60	日本	5.72
德国	4.75	英国	4.20	英国	4.04	德国	5.06
韩国	3.66	德国	3.64	韩国	3.73	韩国	3.11
法国	3.48	韩国	3.46	中国内地	3.14	越南	2.70
荷兰	3.31	荷兰	3.12	法国	2.63	英国	2.50
比利时—卢森堡	2.66	巴西	2.62	意大利	2.59	爱尔兰	2.41
澳大利亚	2.17	法国	2.36	沙特阿拉伯	2.07	印度	2.33
新加坡	2.04	比利时	2.11	新加坡	1.95	意大利	2.29
意大利	2.03	印度	2.09	中国香港	1.92	法国	2.28
中国香港	1.74	新加坡	1.92	委内瑞拉	1.92	瑞士	1.77
西班牙	1.33	中国香港	1.87	巴西	1.66	马来西亚	1.62
巴西	1.29	澳大利亚	1.58	尼日利亚	1.24	泰国	1.35

数据来源：UNCOMTRADE数据库。

（五）服务贸易

美国不仅是货物贸易大国，也是世界最大的服务进出口国。2019年其服务贸易出口额和进口额分别为8 758.25亿美元和5 883.59亿美元，均居世界第一位。美国的服务业发展迅速，服务贸易领域已涵盖运输、旅游、金融、保险、通讯、计算机与信息服务、专利与许可、建筑设计、娱乐、批发零售、商业服务和教育等多个行业。随着服务业的发展，美国服务贸易在经济发展中发挥着越来越重要的作用。

对美国而言,高速发展的服务贸易不仅对经济有着卓越的贡献,更对其产业结构的优化调整、促进经济发展及就业都有着深远的影响。此外,自1971年起,美国服务贸易年年保持顺差,且基本呈递增趋势,近些年来更是大幅增长,2000年实现顺差773.7亿美元,到2019年已增长至2 874.66亿美元(见图6-1)。与服务贸易顺差相对应的是货物贸易的逆差。20世纪80年代以来,除2009年货物贸易逆差大幅回落外,其他年份基本保持递增趋势。可以说美国服务贸易的顺差有效弥补了其货物贸易的逆差。

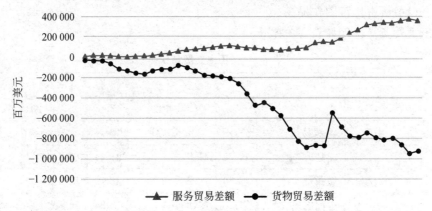

图6-1 1980—2019年美国服务贸易、货物贸易差额对比

数据来源:UNCTAD。

金融保险及其他商业服务、旅游及留学、知识产权是美国服务出口的主要部门,在2018年分别占美国服务出口总额的36%、26%和16%。美国服务出口的主要对象是英国、加拿大、中国、日本以及其他欧盟国家,其中英国是美国服务出口的最大目标市场,中国是美国旅游及留学服务的最大出口市场。美国进口的服务主要有旅游及留学、运输服务和金融保险及其他商业服务,其中旅游及留学的进口来源地主要包括墨西哥、英国和加拿大,运输服务的进口来源地是英国、日本和德国,印度则是美国电信、计算机和信息服务的第一大进口来源国。

(六)中美经贸关系

在世界经济发展过程中,尤其是21世纪以来,中美经贸关系可以说是最重要的双边关系。世界最发达的资本主义国家与世界最大的发展中社会主义国家之间的贸易往来、竞争与合作直接关系着世界经济的稳定与繁荣。中国是美国第二大贸易伙伴,第一大进口来源地和第三大出口目标市场。两国经贸关系十分紧密,但贸易却一直存在严重不平衡,互补贸易所形成的相互依赖也具有不对称性,特别是随着中国经济实力的增强,两国间的贸易摩擦也不断升级。此外,美国是全球最重要的FDI流出国,但美国对中国直接投资金额占其总流出比例很小。虽然近年来中国对美国直接投资活动迅猛增加,但所占比重却相对较小,两国间的投资空间巨大。

1. 中美货物贸易的发展

自中国改革开放40多年来,中美经贸与中国改革开放相伴而行,与中国经济同步强劲发展,从很低的起点成长为全球最重要的双边经贸关系之一。

1978—1991年,中国改革开放启动并逐步推进,中美经贸迅速开创快速增长局面。据中国海关统计,中美双边贸易额从1978年的9.9亿美元扩大到1991年的142亿美元,年均增长22.7%。

1992—2001年,中国改革开放不断扩大,中美经贸发生结构性变化并保持快速发展势头,双边贸易额从1992年的174.9亿美元增加到2001年的804.9亿美元,年均增长18.5%。

2002—2008年,中国加入世界贸易组织,快速融入世界经济体系,中美经贸关系也进入全面、高速和深入发展阶段。中美双边贸易从2001年的804.9亿美元增长到2008年的3337亿美元,年均增长24.7%,远超过前两个阶段。

到2009年,受全球金融危机的影响,中美贸易回落至2983亿美元,但是到2010年又迅速回升至3853亿美元,超过危机前的水平。2018年,中美贸易额已超过6335.2亿美元,但到2019年,受贸易摩擦的影响,贸易额回落至5415.6亿美元,这是21世纪以来,除2009年外,中美贸易唯一一次下滑,同比下降14.6%。其中,中国对美国出口4185亿美元,同比下降12.5%;进口1227亿美元,同比减少20.9%;实现贸易顺差2958亿美元,同比减少了275亿美元,降幅为8.5%。美国是中国第三大贸易伙伴,第二大出口市场和第六大进口来源地。

2. 中美货物贸易商品结构

美国和中国之间有较强的贸易互补性。两国间的贸易商品结构近年来有比较明显的变化。美国从中国进口的产品以机电类产品为主,且在美从中进口总额中的占比呈上升趋势,占比接近一半。而在20世纪90年代时,美国从中国进口最多的还是纺织品、鞋帽等劳动密集型产品。但近年来,家具、玩具、纺织品、鞋靴等产品在美国自中国进口中所占比重呈明显下降趋势,由2009年的29.5%下降到2019年的24.4%。美国对中国出口的产品中,占比最高的也是机电产品,但比重维持在25%左右。近年来,植物产品占比有明显增长,由2009年的9.1%上升到2019年的14.1%(见表6-4)。

表6-4　2009年、2019年美中贸易的商品结构的对比　　　　　　　%

美国对中国出口的主要商品			美国自中国进口的主要商品		
商品类别	2009年	2019年	商品类别	2009年	2019年
机电产品	25.5	25.7	机电产品	45.7	48.1
植物产品	9.1	14.1	家具、玩具、杂项制品	13.8	12.3
贱金属及制品	2.8	10.8	纺织品及原料	10.4	8.2
运输设备	18.4	10.8	贱金属及制品	5.2	5.3
化工产品	12.3	9.1	塑料、橡胶	3.7	4.6
塑料、橡胶	5.2	7.3	鞋靴、伞等轻工产品	5.3	3.9
光学、钟表、医疗设备	9.2	5.7	运输设备	1.9	3.4
纤维素浆;纸张	2.9	4.5	化工产品	2.6	3.3

续表

美国对中国出口的主要商品			美国自中国进口的主要商品		
商品类别	2009年	2019年	商品类别	2009年	2019年
纺织品及原料	1.3	2.4	光学、钟表、医疗设备	2.2	2.8
活动物；动物产品	2.4	2.3	陶瓷；玻璃	1.2	1.4
矿产品	4	2	纤维素浆；纸张	1.2	1.2

数据来源：中国商务部国别报告。

3. 美中贸易逆差

自中美建交以来，两国贸易就迅速发展。但是在贸易额快速增长的同时，美中贸易逆差也日益扩大。据美国官方统计，在美中贸易中，美国自1983年开始出现逆差，2012年贸易逆差达到3 150.1亿美元。根据中国海关统计，在从1979年到1992年的14年中，中国一直为逆差，自1993年转变为顺差，2012年底顺差为2 188.8亿美元（见表6-5）。不断增长的美中贸易统计逆差，不仅加剧了中国与主要贸易伙伴间的贸易摩擦，使中国与过多的国家卷入贸易纷争，而且使人民币遭受西方国家所施加的升值压力。由于巨额贸易逆差的存在，导致美中经贸关系引发许多问题，如反倾销问题、知识产权保护问题、人民币汇率问题、纺织品配额问题等。

表6-5 美中货物贸易不平衡统计的对照表　　　　　　　　　　亿美元

年份	中方统计			美方统计		
	中对美出口	中从美进口	对美顺差	美对中出口	美从中进口	对中逆差
2000	521	223.6	297.4	163.7	1 002.3	838.6
2002	699.5	272.4	427.1	223.2	1 255	1 031.8
2004	1 249.4	446.6	802.8	348.3	1 974.6	1 626.3
2006	2 034.5	592.1	1 442.4	548.1	2 892.5	2 344.4
2008	2 523.8	813.6	1 710.2	713.5	3 395.8	2 682.3
2010	2 832.9	1 021	1 811.9	930.6	3 661.3	2 730.7
2012	3 517.8	1 329	2 188.8	1 117.9	4 268	3 150.1
2013	3 684.1	1 523.4	2 160.7	1 200.2	4 404.3	3 204.1
2015	4 100.2	1 439.8	2 660.4	1 161.9	4 818.8	3 656.9
2016	3 852.7	1 344.5	2 508.2	1 157.8	4 628.1	3 470.3
2017	4 297.3	1 539.5	2 757.8	1 303.7	5 056	3 752.3
2018	4 784	1 551.2	3 232.8	1 203.4	5 395	4 191.6
2019	4 186.6	1 229	2 957.6	1 066.3	4 522.4	3 456.1

数据来源：中方数据来自中国海关统计年鉴，美方数据来自美国商务部经济分析局。

然而在贸易逆差统计方面,美中存在较大差异,美方统计的自中国进口额远大于中方统计的对美国的出口额,而对应的美国对中国出口额与中国自美国进口额则比较接近。因此美方统计出的美国对中国的贸易逆差要比中方统计出的中国对美国的贸易顺差大。以 2013 年为例,中方统计的顺差为 2 160.7 亿美元,而美方统计的逆差为 3 204.1 亿美元,相差 1 000 多亿美元,而这一差额在 1999 年还仅为 460 多亿美元。美国所统计的对中国的贸易逆差偏高,也给了美国对中方施加压力、挑起贸易争端的理由。

在美中贸易中,商品贸易逆差严重,且逆差越来越大,但服务贸易美国一直对中国保持顺差,且增长速度较快,从 2000 年第一季度的 4.8 亿美元增长到 2012 年第三季度的 50.39 亿美元,增加近 10 倍,远远超过商品贸易逆差的增加幅度。但由于中国是发展中国家,服务贸易发展落后,而美国作为服务贸易大国,却限制服务贸易对中国出口,特别是高新技术服务的出口,因此服务贸易顺差总量并不大,难以抵消商品贸易逆差带来的不良影响。与美欧和美日贸易关系相比,美中服务贸易量过低,无法与美中两国巨额货物贸易相匹配。

扩展阅读 6-2
美中贸易不平衡数据统计为何存在差异?

4. 美中贸易摩擦

中美贸易关系自从两国建立贸易关系以来就在摩擦和曲折中发展。中国加入世贸组织之前,贸易摩擦主要表现为美方对中方一年一度的最惠国待遇审议,以及与贸易有关或者无关的人权问题。中国入世之后,随着两国经贸关系的发展,贸易摩擦不但没有减少,反而有加剧的趋势,美国成为与中国发生贸易摩擦最多、最激烈的国家。近年来,美中贸易摩擦主要表现出如下特点。

首先,美国对中国立案数量增加,立案肯定性裁决占比较高。

根据 WTO 的统计,1995—2011 年,美国共启动反倾销调查 458 起,占全球反倾销调查总数的 11.4%;启动反补贴调查 109 起,占全球反补贴调查总数的 41.6%;启动保障措施调查 10 起,占全球保障措施立案总数的 4.4%。在众多的贸易救济调查对象中,中国是美国启动贸易救济调查最多的国家。以 1995—2011 年的反倾销调查为例,美国针对中国发起的反倾销调查共 107 起,占美国在这段时期内所发起的总调查案件数的 23%,占比最高。同时,中国也是美国反补贴调查最大的受害者,1995—2011 年美国启动对中国反补贴调查 29 起,约占美国反补贴总数的 26.6%。2001—2010 年,美国对中国启动了 42 起特别保障措施调查,占中国遭遇特保调查总数的 49.4%。

截至 2010 年,在美国对中国 150 起反倾销仲裁中,肯定性仲裁为 113 起,占比 75.3%,远高于美国采取最终反倾销措施的平均比例(38%);在美国对中国的 23 起反补贴仲裁中,肯定性仲裁 20 起,占比 87%。高比例肯定裁决严重影响了中国对美国的出口,如 2009 年轮胎特保案给中国造成 10 亿美元的出口损失。

其次，美国对中国的调查范围不断扩大，在传统化工、轻工和冶金的基础上，增添了对新兴产业领域的调查。化工、冶金和钢铁、纺织一直是美国对华进行贸易救济调查的主要行业领域，占比高达60%以上。近年来，部分附加值较高的新兴产业也开始引发贸易摩擦，如2011年美中之间涉及光伏电池和光伏组件所展开的贸易调查和冲突。

最后，反倾销、反补贴是美国对中国贸易制裁的主要手段，但技术性和绿色壁垒明显增多。随着经济全球化和国际贸易的迅速发展，关税、配额和许可证等传统贸易壁垒逐渐弱化，反倾销和反补贴措施承担起贸易保护的主要职责，而技术性贸易壁垒和绿色贸易壁垒正在快速发展起来。知识产权摩擦也成为中美贸易摩擦的新内容。知识产权、专利的外溢会影响到美国在对外贸易中的获益。随着中国科技实力的增强，美国在华利益涉及知识产权的份额日益增加。2005年4月，美国贸易代表办公室推出《特别301评估报告》，提出中国知识产权侵权程度达90%以上，给美国造成28亿~35亿美元的年损失，将中国列入"重点观察国家"名单。

美国总统特朗普执政后，针对中国的贸易摩擦愈演愈烈。2018年以来，美国逐步从经贸摩擦走向对中国全面打压：在贸易方面，对中国进行"特殊301调查""232调查"、双反一保调查、"337知识产权调查"以及出口管制；在高科技方面，对华为进行不遗余力的全面打压，撤销中国电信在美国的牌照，推动英国等盟友禁用华为；在金融方面，对中国进行贸易投资安全调查、汇率操纵行为调查等。中美摩擦已经不止于经济贸易方面的摩擦，而是上升到了全面摩擦。这使得中美经贸关系不断滑落，贸易关系作为刹车器、压舱石的作用在逐步减弱。

面对美国针对中国挑起贸易摩擦和变本加厉的举措，中国也采取了应对措施，包括对美国向中国出口的大豆、玉米、棉花等农产品、水产品、原油、汽车零部件加征关税，同时也对美提起反倾销、反补贴调查。中国这么做，一是按惯例回应美国的加税；二是加大与美国贸易谈判的筹码。

中美贸易摩擦的直接原因是双方之间贸易发展不平衡，美国对华贸易逆差严重。自2000年中国取代日本成为美国最大的贸易逆差来源国后，双方之间贸易差额不断扩大。在中美贸易往来日益密切的同时，中美贸易关系并不完全是以市场和利益为唯一要素，而是同时受到政治制度、意识形态和社会文化等非经济要素的影响，使得美国对华贸易政策往往带有浓厚的政治色彩。由于中美意识形态的不同，随着中国经济的发展，美国越来越感觉到中国经济增长的强大实力和雄厚的竞争力，美国的反华势力认为中国是其国家安全的潜在威胁。因此，从全球战略考虑，美国并不希望看到一个日益强大的可与之抗衡的中国出现。于是，当越来越多的"中国制造"充斥于美国市场时，美国人惊呼"中国制造"抢走了他们的饭碗时，"中国威胁论"应运而生，贸易摩擦也由此加剧。

5. 中美双边投资的发展

除货物贸易外，中美在投资领域的合作经历了从无到有、从小到大的过程，已迈出坚实步伐。美国企业在中国的投资获得了巨大商机和丰厚回报。截至2018年底，美国累计在华投资项目7.02万个，实际投资851.9亿美元，分别占中国已批外资企业的7.3%和4.2%。美国是中国第八大外资来源国。中国在美国的投资保持良好增势。据中国商务部统计，2018年当年中国对美国直接投资流量74.77亿美元。截至2018年末，中国对美国直接投资存量755.07亿美元。

美国是全球最重要的FDI流出国。2001—2011年累计对外直接投资总额达到25 934.9亿美元,到2019年底,美国累计对外直接投资5.96万亿美元。虽然美国是中国重要的引进外资的来源国,但是美国对中国的直接投资金额占其总流出的比例很小,2011年对中国实际投资额仅占美国同期FDI流出总量的0.76%。不仅如此,近十几年来,美国对中国的直接投资还出现大幅度下降:实际投资金额从2001年的44.33亿美元下降到2011年的23.69亿美元,下降幅度达46.6%。与此同时,来自美国的FDI在中国利用外资总额中所占比重也从11%下降到2%。近年来,美国对中国的直接投资有所上升,投资存量由2016年底的974.6亿美元增长到2019年底的1 162亿美元,投资存量占比由2016年的1.77%上升到2019年的1.95%。

美国对中国的投资偏重于制造业。其中,通信设备、计算机及相关电子设备、电气机械及器材业、通用设备、交通运输设备、化学原料及化工制品是美国资金流入的重点行业。不过,从发展趋势上看,美国对中国制造业的实际投资量在不断下降。服务贸易领域也出现大量美资流入,其中租赁和商务服务业、批发和零售业的实际使用金额都出现了跳跃式增长。

随着中国经济实力的不断增强,中国也跨入对外直接投资的先进国家行列。2011年中国对外投资流量为746.5亿美元,占全球当年流量的4.4%,列世界第五位;到2015年上升到1 456.7亿美元,成为仅次于美国的第二大资本输出国。随着"走出去"战略的实施,中国企业赴美投资的积极性不断提高,对美投资活动迅猛增加。美国是中国企业在北美洲地区最大的国别市场。据中方统计,2003—2011年,中国对美直接投资流量从0.7亿美元增加到18.1亿美元,9年扩大了近25倍。此后更是迅猛增长,到2015年对美投资额已达到80.3亿美元,相比2011年增长了近3.5倍,投资存量408亿美元。但近年来,美国政府推行保护主义,对外资的监管审查制度日趋严格,并不断加大对其国内产业的补贴力度,使得中国赴美企业投资领域进一步缩减。2019年,中国对美国投资流量为38.1亿美元,同比下降49.1%,占流量总额的2.8%。到2019年,中国对美投资存量为778亿美元。中国对美投资覆盖18个行业,主要包括制造业(60.9%)、信息传输/软件和信息技术服务业(18.4%)、批发零售业(17%)、建筑业(7.5%)、采矿业、科学研究和技术服务业,等等。

不过中国对美直接投资所占比重却相对较小,2011年中国对美直接投资流量仅占中国对外投资比重的2.4%,也仅占美国FDI流量总额的0.15%。2015年对美FDI占中国对外FDI总量的比重上升到5.5%,到2019年又回落至2.78%。考虑到美国单方面对中国企业赴美国投资审查日趋严格,对中国企业的制裁变本加厉,中国企业在美国投资发展面临的不确定性增强。

五、美国的主要港口和城市

1. 华盛顿(Washington D. C.)

美国首都,是美国政治和文化的中心,与哥伦比亚特区范围相同,面积174平方千米,人口约70万,主要为政府官员和雇员,服务人员占有较大比例,其中大部分为黑人。1790年被选定为首都开始兴建,20世纪以来建为现代化城市。靠近弗吉尼亚州和马里兰州,位于美国的东北部、中大西洋地区。华盛顿是由美国国会直接管辖的特别行政区划,因此不属于美国的任何一州。作为美国的政治中心,其经济色彩不浓,是大多数美国联邦政府机关与各国驻美国大使馆的所在地,也是世界银行、国际货币基金、美洲国家组织等国际组织总部的所在地,还拥有为数众多的博物馆与文化史迹。

2. 纽约(New York)

美国第一大城市,也是美国东海岸最大的港口。纽约位于美国东海岸的东北部,哈得孙河注入大西洋的河口处,由曼哈顿岛(Manhattan Island)、长岛(Long Island)、斯塔腾岛(Staten Island)以及附近的大陆组成。从行政上看,纽约可分为曼哈顿区、布鲁克林区、布朗克斯区、皇后区和斯塔腾岛等五个行政区,其中曼哈顿区是市中心。人口密度大,2018年约853.8万人口。纽约是美国工业、金融和经济的中心,云集有数千家公司的总部,世界上最大的证券交易所纽约证券交易所也位于此地。1686年建市,美国刚独立时曾将此作为临时首都(后迁到费城,1800年11月才正式迁到华盛顿)。设在纽约的著名机构、著名建筑以及著名的娱乐场所有:联合国总部、自由女神像、华尔街、百老汇、中央公园、洛克菲勒中心等。纽约同时还是许多高等学府的所在地,其中包括哥伦比亚大学、纽约大学和洛克菲勒大学。纽约交通运输业发达,港口条件优良,拥有现代化的装卸、干船坞和库藏设施。肯尼迪国际机场为世界客货流量最大的航空港之一。纽约地铁是世界上最为发达的快速交通系统之一。

3. 洛杉矶(Los Angeles)

位于加利福尼亚州的南部,美国第二大城市,太平洋沿岸最大海港,人口397.6万(2018年)。洛杉矶是美国西部工商业第一大城,石油加工、宇航、化学、机械工业相当发达,飞机制造业尤其突出,美国三大飞机制造公司中的洛克希德与道格拉斯公司设在该市。轻工业以服装、食品、印刷为主。罐头食品、女式服装与运动服生产驰名于世。在太平洋沿岸各港口中,洛杉矶远洋货轮的吞吐量占第一位,是美国最大的集装箱港口,卡车运输的大量货物都是经由洛杉矶港进入美国。2013年洛杉矶集装箱港口码头的吞吐量为780万TEU。洛杉矶也是美国西部的旅游中心,迪士尼、好莱坞闻名世界。

4. 芝加哥(Chicago)

美国第三大城市和最大的制造业中心,位于密歇根湖的西南岸、芝加哥河河口,处于美国东部工业区和西部农牧区的中心位置,人口270.5万(2018年)。它是美国最重要的航空中心和最大的铁路枢纽,也是五大湖地区重要湖港。芝加哥工业构成中以重工业为主,轻工业也很发达,是全国最大的钢铁与肉类加工基地,运输机械、石油加工、电机、印刷等也居领先地位。芝加哥也是美国重要的商业、金融中心之一,批发零售业在国内名列前茅,并有全国最大的谷物、牲畜市场。

5. 休斯敦(Houston)

美国第四大城市,南方最大城市,是世界重要的石油加工和石油化学工业中心之一,有"石油城"的称号,人口230.3万(2018年)。美国最大的炼油中心,美国的乙烯、合成橡胶等石油化工产品大部分都由这里生产。此外,它还是美国西南部的铁路枢纽和航空港。休斯敦港是人工港,其吞吐量仅次于新奥尔良和纽约,是全国最大的石油与小麦输出港,进出口贸易居全国第二位。休斯敦也是美国重要的金融中心,商业批发与零售居南方各城之首。休斯敦还是美国的宇航中心,美国国家航空和航天局在此设有宇宙航行中心。

6. 费城(Philadelphia)

全称为"费拉德尔菲亚",是宾夕法尼亚州最大的城市,为美国第五大城市,位于特拉华河和斯库尔基尔河的交汇处,人口156.8万(2018年)。1701年建市,是美国历史名城,18世纪中叶曾为美国最大城市,曾是美国首都(1790—1800年,1800年11月迁往华盛顿)。费城也是美国主要的经济、交通、文化中心之一,重化工业发达,是美国东岸主要炼油中心和钢铁、造船基地,纺织、电机、机车车辆、化工等工业也很发达。费城是美国东部地区重要金融中心,美国第一家银行与证券交易所即诞生于此。费城是世界上最大的淡水港之一,并设有面积约29公顷的自由贸易区。它还是全国重要的铁路枢纽。

7. 底特律(Detroit)

美国北部的大城市,是五大湖区仅次于芝加哥的第二大工业城市,素有"汽车城"之称。它位于密歇根州东南部,圣克莱尔湖和伊利湖之间,是美国大湖区重要港口。底特律依靠附近有铁矿砂和炼钢厂的有利条件,逐步形成庞大的汽车工业,作为"美国汽车之都",汽车产量占全国1/4。市内有福特、通用、克莱斯勒和阿美利加四家美国最大的汽车制造公司总部及所属企业。底特律有众多与汽车制造有关的研究机构与大学,从而成为世界最大的汽车工业中心。此外,钢铁、飞机、机器制造、化工、五金、医药等工业也很发达。

8. 圣弗朗西斯科(San francisco)

又名旧金山,位于加州西北部,美国西海岸中点,是美国西部金融中心和太平洋沿岸仅次于洛杉矶的第二大港口,重要的海军基地,也是美国西部人口密度最大的城市。19世纪中叶加利福尼亚发现金矿,华侨称为"金山"。后来,澳大利亚的墨尔本(Melbourne)也发现金矿,华侨也称为"金山",为区分两地,人们称美国的圣弗朗西斯科为"旧金山",而称墨尔本为"新金山"。旧金山还是一个华人和华侨较集中的城市,该市东北角的"中国城"是美国最大的华人社区。经济以服务业、商业与金融业为主,硅谷是世界著名的高技术产业中心。工业也比较发达,主要有飞机、火箭部件、金属加工、造船、仪表、电子设备、食品、石油加工、化学、印刷等部门。旧金山是美国横贯大陆铁路的终点之一。港口自然条件优越,设施优良,为美国对远东贸易的重要基地,素有"西海岸门户"之称。主要出口石油制品、食品、金属制品等,进口原油、咖啡、茶叶、羊毛、橡胶等。

9. 波士顿(Boston)

马萨诸塞州首府,美国东北海岸的大城市和最古老的海港之一。港湾优良,港口距欧洲较美国东海岸其他城市近,欧美之间长期的海上贸易促进了波士顿城市的发展。波士顿经济以银行、保险、投资管理、商业、金融为主。波士顿工业发达,主要有电子设备、造船、塑胶、化学。传统工业如纺织、皮革、制鞋、服装、食品、印刷出版等也占重要位置。它是新英格兰地区批发与零售中心,还是全国重要的羊毛贸易市场。波士顿有世界著名学府哈佛大学与麻省理工学院。

10. 匹兹堡(Pittsburgh)

美国的钢铁中心,也是重要的内河货运中心,位于美国东部宾夕法尼亚州的西部。匹兹堡附近有优质煤田,通过大湖和内河廉价运入苏必利尔的铁矿石,使其有发展钢铁工业的优越条件,其钢产量约占全美钢产量的一半。该市还是铝、钢板、炼钢设备、窗玻璃、空气制动器和安全设备的制造中心之一。匹兹堡也是许多美国大工业公司总部的所在地,著名的有美国钢铁公司、海湾石油公司、罗克韦尔国际公司、威斯汀豪斯公司等。

11. 亚特兰大(Atlanta)

美国东南部的最大城市,佐治亚州首府,位于该州西北部。它是美国东南部商业、运输业与工业中心。传统的棉纺织业和食品工业仍占重要地位,前者因它靠近棉花产区,后者以其是可口可乐总部所在地而闻名世界。重工业有飞机、汽车制造、机械、钢铁、化工等。航空工业发展很快,洛克希德飞机公司总部设于该市。亚特兰大是美国重要交通枢纽,6条州际公路穿过市区,7条铁路交会于此。也是重要的国际航空货运站。亚特兰大作为美国主要会议中心之一,拥有国内规模最大的会议设施。1996年第26届奥运会曾在亚特兰大举行。

12. 新奥尔良(New Orleans)

位于南部密西西比河畔,距入海口约180千米。美国第一大港口南路易斯安那港位于此地,年货物吞吐量达2.4亿吨以上,是西半球最大的港口。近年港口货物吞吐量中占首位的是石油,其次为谷物、杂货、煤炭等。新奥尔良是美国南方的主要工业城市,有纺织、食品、木材加工、炼油、石油化工、化学等工业部门;也是全国重要的造船和宇航工业基地;旅游业兴盛,在城市经济中的地位仅次于运输业。

13. 西雅图(Seattle)

位于华盛顿州的一座港口城市,距离美加边境约174千米,是美国对加拿大贸易的主要港口,也是美国太平洋西北区最大的城市,全市人口约68.45万(2018年)。20世纪80年代,西雅图发展为一个科技中心,软件、生物技术和互联网公司的发展使该市经济得以复兴。由于波音公司在2001年之前将其制造中心定于此地(之后迁往芝加哥),因此西雅图也有"喷气机之城"的称谓。

第二节 日 本

一、日本的地理概况

(一)国土构成、资源、气候

日本全称为日本国(Japan),意为"日出之国",位于亚洲东部的日本列岛,东临太平洋,西面日本海,西南隔黄海、东海与中国相望,是中国"一衣带水"的邻邦。

日本列岛由本州、北海道、九州、四国这4个主岛和数千个小岛组成,国土面积为37.7万平方千米,约占世界陆地面积的0.25%,约相当于中国国土面积的4%。日本国土的4/5是山地、丘陵,著名的富士山高达3 776米,是全国最高峰;其余1/5的国土多为分散的小平原,最大的关东平原的面积为1.57万平方千米。在整个国土面积中,可居住面积仅占21%,远低于美国的49%和英国的64%。耕地面积仅占国土面积的11.1%。森林覆盖率为68.5%。日本地处西太平洋火山地震带上,火山众多,地震频繁,给日本经济建设带来一定的困难。但与火山活动有关的是全国分布着18 000多处温泉,其中热泉(水温在90℃以上)有90多处,因而日本是一个地热资源丰富的国家。狭长的国土被南北走向的山脉所分割,东侧为太平洋沿岸,海岸曲折,有很多天然良港;西侧为日本海沿岸,悬崖多,良港少。太平洋沿岸集中着东京、大阪、京都、名古屋等日本有代表性的大城市;日本海沿岸是经济相对不发达的地方。

日本的国土面积虽然狭小,但其200海里经济海域的面积却达429万平方千米,相当于国土面积的约12倍。

日本气候以温带和亚热带季风气候为主,气候温和,四季分明,由于地处海洋的包围之中,终年温和湿润,冬无严寒,夏无酷暑,具有典型的海洋性特征。南北气温差异十分显著,北海道与本州的东北地区、高原地带属温带,本土大部分地区及冲绳等南方诸岛则为亚热带。降水充足,大部分地区年降水量在1 000～2 000毫米之间。日本海沿岸降水集中于冬季,太平洋沿岸集中于夏季。

日本境内河流、湖泊众多,主要分布于本州和北海道。流程普遍短小,水流湍急,落差大,多峡谷、瀑布,水能资源丰富。最长的河流是信浓川,长约367千米;最大的湖泊是琵琶湖,面积672.8平方千米。日本矿产资源贫乏,分布零散,开采条件差,目前除硫化铁、硫黄、石灰石、石青能自给外,工业生产所需的大部分重要资源必须依赖进口。

在东部太平洋一侧自南向北均被日本暖流(黑潮)环绕、东北部形成千岛寒流(亲潮),西部日本海一侧是对马暖流和里曼寒流。在寒流和暖流交汇处,鱼类资源丰富,成为天然渔场。日本列岛附近鱼类资源丰富,是世界著名的渔场之一,可食鱼类有五六百种,捕鱼量居世界前列。夏秋两季多台风,6月多梅雨。1月平均气温北部－6℃,南部16℃;7月北部17℃,南部28℃。年降水量700～3 500毫米,最高达4 000毫米以上。

(二)人口与风俗

1. 人口与民族

截至2019年,日本的人口总数约为12 626万人,居世界第十一位,是世界上人口密度最大的国家之一。日本人口已连续多年负增长。目前,少子化、老龄化已成为日本人口结构的主要特征,也是困扰日本政府及社会各阶层的社会问题。20世纪以来,由于进入工业化社会,人口生育率降低,医疗条件提高;加上日本一向对外来移民管制很严格,导致日本成为世界上人口老龄化程度最高的国家,同时也是人均寿命最长的国家。根据世界卫生组织公布的2019年世界各国人均寿命,日本以83.7岁排名第一。根据日本政府在内阁会议中确定的2011年版老龄社会白皮书内容,截至2010年10月1日,日本国内65岁以上人口占总人口23.1%,而0～14岁的人口仅占13.3%。2019年,根据世界银行的数据,日本65岁以上人口占比28%,为全球最高水平,超过居第二位的意大利5个百分点。0～14岁人口占比则下降到12.57%,处于全球最低水平。

日本是高度城市化的国家,城市化率高达91.7%。大约有8 000万人居住在本州岛太平洋侧和九州岛北部地区。东京是人口最多的城市,接近1 400万,其他如横滨、大阪、名古屋、札幌、神户、京都等也是人口集中的城市。日本的大城市面临同欧美一样的问题，如拥挤的交通、环境污染、上升的青少年犯罪等。

日本主要民族为大和族,约占全国总人口的99%。北海道地区约有2.4万阿伊努族人。主要宗教为神道教和佛教,信仰人口分别占宗教人口的49.6%和44.8%。截至2019年1月居住在日本的外国人约266.7万,占日本总人口的比例首次超过2%,以朝鲜人、韩国人、中国人和巴西人居多。其中中国人有76万,主要分布在东京、横滨、大阪、神户等城市。

日本的官方语言是日语,北海道地区有少数人会阿伊努语。英语是日本主要学习的外语。近年来,学习汉语的日本人越来越多。

2. 日本的风俗习惯

日本人非常重视个人的礼仪修养,在待人接物及日常生活中都表现得谦恭有礼,给足别人面子,不使人感到尴尬。日本人初次见面不谈工作,而只是作相互引见,进行自我介绍并互赠名片,自我介绍的话说完后大都会加一句"请多关照"。日本人见面行鞠躬礼,同时表示问候。日本人等级观念很重,上下级之间、长辈晚辈之间界限分得很清楚。在正式宴会上,若有急事会悄然离去而不作正式告别,他们认为作正式告别可能会扰乱宴会气氛,是对其他宾客的不礼貌行为。

日本人初次见面对互换名片极为重视。互赠名片时,要先行鞠躬礼,并用双手递接名片。接到对方名片后,要认真看阅,看清对方身份、职务、公司,用点头动作表示已清楚对方的身份。如果接过名片后,不加看阅就随手放入口袋,便被视为失礼。参加商业谈判会时,必须向房间里的每一个人递送名片,并接受他们的名片,不能遗漏任何一个人。

日本人无论是访亲问友或是出席宴会都要带去礼品,一个家庭每月要花费7.5%的收入用于送礼。日本人认为送一件礼物,要比说一声"谢谢"的意义大得多。送礼要掌握好"价值分寸",既不能过重,也不能过轻。若过重,会被人认为你有求于他,从而推断你的商品或服务不好;若过轻,则会认为你轻视他。去日本人家作一般性拜访,带上些包装食品是比较合适的,但不要赠花,因为有些花是人们求爱时或办丧事时使用的。日本人很重视礼品的包装,未经包装的礼品不要送出。包装要精美大方,包装纸禁用暗灰、黑白等色,因为这些色调表示悲哀,大红也不宜使用。浅色宣纸包装的礼物会令人觉得格调高雅。接受礼品的人一般都要回赠礼品。日本人不当着客人的面打开礼品。自己用不上的礼品可以转赠给别人,日本人对此并不介意。日本有许多传统的送礼时节,而不同的送礼时节,礼品价值和种类也不同。岁暮是最大的送礼时节,中元、岁暮礼品以食品为主,其他节日,非食品比例相当高。遇到送礼时节,往往是某些商品促销的好时机。

在与日本人交谈时,不要边说边指手画脚,别人讲话时切忌插话打断。在交谈中,不要打听日本人的年龄、婚姻状况、工资收入等私事。对年事高的男子和妇女不要用"年迈""老人"等字眼,年事越高的人越忌讳。日本人姓名一般是3~6个汉字,姓在前,名在后。通常对人只称姓,不呼名。

日本人对坐姿很有讲究。在公司里日本人都坐椅子,但在家里日本人保持着坐"榻榻米"的传统习惯。坐榻榻米的正确坐法叫"正座",即把双膝并拢跪地,臀部压在脚跟上。轻松的坐法有"盘腿坐"和"横坐"。"盘腿坐"即把脚交叉在前面,臀部着地,这是男性的坐法;"横坐"是双腿稍许横向一侧,身体不压住双脚,这常是女性的坐法。现在,不坐"榻榻米"的年轻一代在逐渐增多。

3. 日本人的禁忌

日本人大多数信奉神道教和佛教,他们不喜欢紫色,认为紫色是悲伤的色调;最忌讳绿色,认为绿色是不祥之色。还忌讳3人一起"合影",他们认为中间被左右两人夹着,这是不幸的预兆。日本人忌讳荷花,认为是丧花;在探望病人时忌用山茶花及淡黄色、白色的花;不愿接受有菊花或菊花图案的东西或礼物,因为它是皇室家族的标志。日本人认为狐狸和獾是贪婪、狡诈的象征,所以不宜送他们以狐狸、獾为图案的饰品;喜欢的图案是松、竹、梅、鸭子、乌龟等。

日本人有不少语言忌讳,如"苦"和"死",就连谐音的一些词语也在忌讳之列,如数词4的发音与死相同,42的发音是死的动词形,所以医院一般没有4和42的房间和病床。用户的电话也忌讳用42,监狱一般也没有4号囚室。13也是忌讳的数字,许多宾馆没有13楼层和13号房间,羽田机场也没有13号停机坪。9和苦同音,也是禁忌。在婚礼等喜庆场合,忌说去、归、返、离、破、薄、冷、浅、灭及重复、再次、破损、断绝等不吉和凶兆的语言。商店开业和新店落成时,忌说烟火、倒闭、崩溃、倾斜、流失、衰败及与火相联系的语言。交谈中忌谈人的生理缺陷,不说如大个、矮子、胖墩、秃顶、麻子、瞎聋、哑巴等字眼,而称残疾人为身体障碍者,称盲人为眼睛不自由者,称聋子为耳朵不自由者等。

通信时,信的折叠、邮票的贴法都有规矩,如寄慰问信忌用双层信封,双层被认为是祸不单行;寄给恋人信件的邮票不能倒贴,否则意味着绝交。日本人在饮食中的忌讳也很多:一般不吃肥肉和猪内脏,也有人不吃羊肉和鸭子;招待客人忌讳将饭盛过满过多,也不可一勺就盛好一碗;忌讳客人吃饭一碗就够,只吃一碗认为是象征无缘;忌讳用餐过程中整理自己的衣服或用手抚摸、整理头发,因为这是不卫生和不礼貌的举止;日本人使用筷子时忌把筷子放在碗碟上面。

4. 日本的主要节日

日本的国定节假日共有14个,另有5个重要节日。

(1) 元旦。1月1日。按照日本一般风俗,除夕(元旦前的一天)前要大扫除,并在门口挂草绳(称"注连绳"),门前摆松、竹、梅(称"门松",现已改用画片代替),取意吉利。除夕晚上阖家团聚吃过年面,半夜听"除夕钟声"守岁。元旦早上吃年糕汤(称"杂煮")。

(2) 成人节。1月15日。凡年满20岁的男女青年在这一天要身穿节日盛装参加各级政府为他们举办的成人仪式和庆祝活动。

(3) 建国纪念日。2月11日。据日本神话,神武天皇于公元前660年2月11日统一日本,建立日本国。

(4) 女孩节。日本称"雏祭",亦称"桃花节"。每年3月3日,家长为女孩过节,届时为女孩穿上鲜艳的和服,在家里摆上人偶,祝其摆脱噩运、灾难,幸福成长,并带女孩走亲戚,外出游玩。关西一带还有"流雏"习俗,将"小人偶"放入河中,让其随流而下,冲走噩运。

(5) 男孩节。又称"儿童节"和"端午节",每年5月5日。这天有儿子的家庭房前均悬挂布制大鲤鱼(称"鲤帜")。日本以5月5日作为端午节。端午节与男孩节同日,所以这天家家户户门上还摆菖蒲叶,屋内挂钟馗驱鬼图,吃糕团(称"柏饼")或粽子。

(6)盂兰盆节。7世纪由中国传入日本,先为宫廷节日活动,后广为流传民间,类似中国农历七月十五日的鬼节。日本原为每年农历七月十五日举行活动,后改为阳历7月15日,祈悼亲友亡灵、供奉祖灵、上坟扫墓,有时举办"盆舞"等悼念活动。这是日本较为普及的主要民俗节日之一,目前又成为城里人返回家乡会见亲友的节日。中元节也在七月十五日,古时是祭祀农业地神的节日,现与盂兰盆节合在一起,成为供奉祭祖之日。每至此时,即向亲友、长者、施惠之人赠送礼品,目前甚至发展为单位与单位或个人之间也相赠礼品。这种礼品被称为"中元",成为一种新式礼俗。

此外,日本还有春分、秋分、植树节、敬老节、文化节、体育节等节日。圣诞节虽然不是日本传统的民俗节日,但第二次世界大战后,在日本日益流行,特别是在城市里过圣诞节者日增,成为现代日本一种习俗。

如果去日本作商务旅行,一年中应避开的时间是12月中至次年1月中(岁暮欢度新年时节)、4月29日至5月5日(黄金周假日,日本人一般外出旅游,许多商店都停止营业)、7—8月(这期间商人们要去度假)。

二、日本的经济发展历程

从国土面积来说,日本是一个小国,但是日本却在这片并不广阔的土地上创造了举世瞩目的财富。目前,日本的GDP居世界第三位,仅次于美国和中国。从明治维新时期到当前,日本经济的发展经历了曲折的过程。

1. 明治维新前后的日本经济

明治维新之前的日本处于江户时代(即德川时代,1603—1867年),自给自足的自然经济占统治地位,不过随着生产力的发展,自然经济开始向商品经济转化,资本主义逐渐萌芽。这一时期,日本农业的发展取得较显著成就,耕地面积和农产品产量都大幅度的增长。在此基础上,商业性农业也有了很大发展,农村手工业也迅速发展起来,并逐渐同农业分离。1868年明治维新以后,经过一系列的政治变革、土地改革以及培育现代产业的经济政策的实施,日本在短短15年内改变了工业落后的面貌,初步实现了资本主义工业化,从封建的农业国初步变成一个资本主义农业工业国,经济迅速发展。1874—1890年,日本经济年均增速达到12.1%,远远超过英国的1.7%,美国的5.2%,法国的2.1%。

"二战"之前,日本从经济结构上已从农业国转变为工业国,工业结构虽然是以轻工业为中心,但钢铁、造船、机械、化学等重工业也取得了相当大的发展。1929年资本主义世界的经济危机对日本经济造成冲击,日本的工农业及金融业都遭到沉重打击。

2. "二战"后的复兴时期(1945—1955年)

"二战"期间,日本全面发动侵华战争,挑起太平洋战争,这不仅给亚洲各国带来巨大的灾难,而且使日本军事经济畸形发展,国民经济疲惫不堪。与战前相比,战后初期日本国民经济和生产能力大幅下降:实际GNP下降62%,人均实际GNP下降55%,工矿业生产仅为战前的31%,农业生产是战前的79%。此外由于战败,日本对外贸易几乎完全中断,日本靠武力掠夺来维持的原材料、能源供给以及商品销售几乎化为乌有,战后经济恢复举步维艰。但是日本经济尚有一定基础,如能够生产设备的军工产业、交通设施以及部分工程技术人员。这些基础虽然薄弱,但是为战后日本经济的高速发展提供了重要的条件。

战后的日本完全处于美国为主宰的联合国部队总司令部管制之下,在经济上实行了农地改革、解散财阀以及劳动立法等三项改革,同时实行"倾斜生产方式",即在资金和原料严重不足的情况下,集中一切力量恢复和发展煤炭生产,用生产出来的煤炭重点供应钢铁业,再用增产的钢铁加强煤炭业,目的是努力扩大煤和钢铁的再生产能力,并以此带动整个经济的恢复和发展。在此期间,日本还实施了"道奇路线",对内抑制通货膨胀、实现财政收支平衡,使日本经济与世界经济挂钩起到了积极作用。1950年朝鲜战争爆发,给日本带来了大量的军事"特需订货",极大地刺激了日本的出口贸易,这使其商业迅速恢复了生机与活力。到1950年10月,工矿业生产已达到战前水平,农业生产1952年也达战前水平的111.2%。国民生产总值1951年达152亿美元,为战前水平的119.4%。到1953年,日本基本上完成了经济的全面恢复。

3. 战后经济高速发展时期(1956—1973年)

1956年开始,日本经济进入持续高速增长时期,虽然期间经历了几次短暂的经济萧条期,但年均实际增长率高达9.3%,创造了战后高速增长的奇迹。1956年,日本制定"电力五年计划",进行以电力工业为中心的建设,并以石油取代煤炭发电,大量从国外进口原油,促进了炼油工业的发展。1958年起,日本大量生产汽车、电视及半导体收音机等家用电器,钢铁取代纺织品成为主要出口物资。与此同时,日本国民收入迅速提高,汽车、空调和彩色电视成为消费热点,拉动经济增长。到1970年,日本已成为仅次于美国和苏联的世界经济大国,工业技术和管理水平已赶超世界先进国家。

日本之所以在短短十几年内获得了经济的高速发展,主要得益于以下几方面原因:一是"二战"后持续20年的和平的国际环境以及石油、工业原材料充足的供应为日本提供了发展经济的极为有利的条件;二是日本把握住第三次科技革命的时机,积极从欧美引入先进技术,更新设备,提高劳动生产率;三是美国在资金、设备、能源、原料等方面对日本进行援助,以将日本打造成针对苏联和中国的地理性防御带;四是越南战争为日本提供了渗透东南亚、扩大对外出口的机会;五是日本确定贸易立国的政策,重视教育和科技的发展。

进入高速增长期后,由于偏重化学工业的发展,日本环境遭受了严重破坏,环境污染和公害问题日益严重。以东京、大阪、名古屋为中心的太平洋沿岸工业地带成为产业公害和城市公害的重灾区。

4. 稳定增长时期(1973—1986年)

20世纪70年代以来,战后持续20年之久的宽松的国际环境已逐步消失。一方面,石油价格的不断攀升对严重依赖进口石油的日本经济带来了很大冲击。在石油危机的影响下,日本国内投机盛行,物价暴涨。日本政府为抑制通胀采取金融紧缩政策,虽然控制了物价上涨,但却导致设备投资停止,经济增长明显减速,失业增加。另一方面,自1965年以来,日本对美贸易顺差不断增加,外汇储备急剧上升,在此背景下,日美贸易摩擦不断,美国强烈要求日本开放市场,提高日元汇率。1971年8月,美国时任总统尼克松宣布美元对黄金不挂钩,要求包括日本在内的西方各国货币升值,这对日本经济造成严重影响,被日本金融界称为"尼克松冲击"。

在石油危机和尼克松冲击的双重打击下,日本政府一方面治理通胀,另一方面加速产业结构调整,由基础材料型产业向汽车、机械、电子加工等组装型产业转移,使产业结构向节能型、技术密集型和高附加值型产业转变,尽可能减少能耗,降低对进口石油的依赖。由于产业结构的高度化和企业素质的增强而加强了应对外部冲击的抵抗力。到20世纪70年代后半期,日本经济开始迅速恢复,走上了稳定增长的道路,年经济增速维持在5%左右,虽然不能与高速增长时期相比,但是比其他发达国家依然高出一截。到80年代,日本政府提出了"技术立国"的方针,致力于加强自主的技术研发,以从模仿外国技术的时代走向自主创新的时代。

5. 泡沫经济与失去的20年(1986年至今)

20世纪80年代后期到90年代初期,日本经济出现了自60年代后期的经济高速发展之后的第二次大发展时期,这次经济浪潮主要得益于投机活动的支撑,累积了大量的泡沫,为此后日本经济陷入长期萧条埋下了隐患。

泡沫经济的形成。80年代以来,随着日本出口的增长以及贸易盈余的积累,日美贸易摩擦不断加剧。1985年9月22日,美、德、日、法、英五国签署《广场协议》,日元对美元升值,日本出口企业的国际竞争力下降,为补贴出口企业,日本政府开始实行宽松的金融政策,产生了过剩的流通资金。与此同时,日本却缺乏投资机会,也没有形成像60年代家用电器那样的消费热点,再加上人们对"地产神话"(即日本房地产价格不会下降)的深信不疑,因此过剩的资金,加上超额的外汇储备以及外来的投机资金涌入股票交易市场和房地产交易市场,推动股价和房地产价格疯狂攀升,累积起严重的泡沫。

泡沫经济的破灭及其影响。资产价格持续大幅上涨,使日本政府逐渐感受到压力。1989年5月,日本政府调整货币政策,调高利率,同时控制贷款总量,这导致股价和地价先后大幅下降,股票市场和房地产市场的资产泡沫彻底破裂。泡沫经济的破灭给日本经济带来沉重打击,企业倒闭,大批金融机构破产,国内消费不振,投资需求减少,日本经济自此陷入了长期严重的衰退。1991年到2001年,实际GDP年均增速略高于1%,名义GDP增长则不足1%。这10年的经济发展水平与之前形成了鲜明的对比,被称为"失去的10年"。进入21世纪后,日本经济仍然维持较低的发展水平,因此也有新的提法,把从1991年到2010年的经济萧条称为"失去的20年"。2019年,日本全年经济增长率为0.65%,实现了自2012年以来连续8年的持续增长,8年间的年均增长约1.1%。但影响日本经济长远稳健发展的因素仍然存在,包括少子化、高龄化带来的人口减少,劳动力人口下降;产业和企业的国际竞争力趋于下降;消费市场趋于饱和,且在"失去的20年"的宣传下,人们的萧条预期增强、消费心理受挫,全社会消费不振;劳动生产率低于西方发达国家,尤其是服务生产率仅相当于美国的不到50%。如何克服总人口的下降趋势以及解决劳动生产率不高的问题,是未来日本经济发展中着重要解决的问题。

三、日本的产业结构及生产分布

(一)产业结构的调整

日本产业结构的演变与经济发展的阶段密切相关,在每一个阶段产业结构都作出了相应的调整。

首先在经济恢复时期,日本经济面临的重要任务是尽快恢复生产,使国民经济从战争的废墟中逐步复苏,解决人们生活的需要,同时为工业的发展打下基础,因此当时的重点是建立并发展以农业、轻工业为主的劳动密集型产业结构。

20世纪50年代中期以来,经济进入高速增长时期,日本产业结构也随之发生了较大的变化。一方面,第一产业在国内生产总值中(实际GDP,下同)的比重不断下降,从1955年的16.7%下降到1970年的5.6%;另一方面,第二产业的比重从1955年的21.5%上升到1970年的45.4%;第三产业则始终保持在60%上下。第二产业在国民经济中比重上升的同时,内部结构也发生了变化,实现了重化工业化和产业结构高度化。

石油危机的爆发使日本经济遭受严重冲击,1974年日本经济出现了"二战"后的首次负增长,进入低速稳定的增长时期。为降低对进口能源的依赖,日本的重化工业所占比重明显下降,产业结构向"资源节约型""加工技术选择型"的方向发展。

20世纪80年代中期,由于泡沫经济的崩溃以及日元持续升值等因素的影响,日本面临新兴经济体的强大竞争压力,传统出口导向型经济模式受到严峻挑战,产业结构进一步调整。一方面,制造业在整个国民经济中的比重不断下降;另一方面,在通信技术水平的提升以及消费需求多样化、高度化的背景下,第三产业的比重在进入80年代以后不断扩大,尤其注重服务型产业的提升和发展,同时将低端产业向其他国家转移。到2000年,第三产业占比上升到65.8%,2019年为69.9%,而农业和工业在国民经济中所占比重进一步下降(见表6-6)。

表6-6 日本的产业结构   %

年 份	1970	1980	1990	2000	2005	2010	2015	2016	2017	2018	2019
第一产业	5.6	3.3	2.3	1.5	1.1	1.1	1.1	1.2	1.2	1.2	1.2
第二产业	45.4	40.1	39.4	32.7	30.1	28.5	29.2	29.1	29.4	29.2	28.9
第三产业	49.0	56.6	58.3	65.8	68.8	70.4	69.7	69.7	69.4	69.6	69.9

数据来源:UNCTAD。

(二)日本的产业空洞化

在日本,有观点认为,由于日本企业大举移师海外,减少了国内投资和就业机会,从而加剧了经济不景气。

产业空洞化,又称空心化,包括两方面含义。一方面是指伴随着对外直接投资和产业转移的持续进展,越来越多的企业将主要生产和经营基地从国内转移到国外,仅在国内留下一个"空壳",以致国内投资不断萎缩、就业机会大幅减少、失业问题日益严重。另一方面是指经济结构的脱工业化和服务化。即在工业化过程中,违背产业发展的客观规律,盲目实现跨越式发展,国民经济过度服务化或超工业化,从而使资本等生产要素的投入与流动日趋不合理,造成经济结构的严重失衡,使制造业逐渐丧失国际竞争力,同时也使国内物质生产的地位和作用减弱,并导致物质生产下降,形成危机。日本舆论所指的空洞化,往往是第一方面的意思。

日本产业向外转移是从20世纪80年代中后期开始的。1985年西方发达国家签订《广场协议》，日元从此大幅升值，日本形成了庞大的金融资本。日元升值使日本国内生产成本提高，职工工资大幅上涨。大批民间资本涌向海外，在海外设厂或收购当地企业。战后，日本对外直接投资虽然早在20世纪50年代初就已开始，但直到60年代末才逐渐活跃。进入70年代以后，特别是自80年代中期开始，日本的海外直接投资几次出现高涨。1980—1991年间，日本的对外直接投资量从365亿美元增加到3522亿美元，成为仅次于美国的对外直接投资大国。泡沫经济崩溃后，日本的对外直接投资流量急剧下降，从1989年的675亿美元骤降至1992年的342亿美元。但是，随着后来日本经济缓慢复苏、日元急剧升值和日本与美、欧间经济摩擦日益激化，日本的对外直接投资又重新活跃起来。老龄化和人口减少使国内市场前景对许多制造商没有吸引力，制造商认为将工厂建在海外销售市场附近也具有成本优势，还能降低汇率波动产生的风险。日本制造业衰退是一个长期的趋势，日本内阁府的一项调查显示，截至2012年度，日本有近7成的企业在国外生产，创过去最高纪录。与1992年相比，2012年日本企业到国外加工生产的比例上升了24.7个百分点，国内产业的空洞化加速比较明显。包括家用电器、汽车、电子计算机、照相机、钢铁甚至是食品、服装等产品和行业都有加速向外转移的趋势。

国际直接投资规模不断扩大，由此带动国际产业转移不断加速，是全球化时代世界经济发展的主要趋势。迄今为止，这一趋势还是以发达国家为中心和主体展开的，在对外直接投资方面尤其如此。日本作为全球经济总量排名前列的发达经济体，不可避免地要参与到这一进程中。这意味着，对外直接投资与产业转移，是世界经济日趋全球化背景下发达国家经济发展的一般趋向，而并非日本面临的特殊问题。对外直接投资和产业转移的确对日本某些产业的发展、出口贸易以及就业产生了冲击，导致在某些产业上出现了产业空洞化现象。但是向海外转移生产是任何发达经济体的必由之路。随着经济全球化和投资自由化，资本和资源必然在全球范围内寻求最佳配置。日本对中国和亚洲地区转移的多是传统工业和劳动密集型产业，这对劳动力成本高昂的日本有益无害，许多日本企业因此获得新生。与此同时，产业空洞化也可以激励日本产业结构加快调整步伐，推动新型产业培育和发展。以美国为例，美国制造企业的海外生产比例远高于日本，却没有人担忧产业的空洞化。这是因为美国自身不断进行产业技术改造和创新，同时开放市场吸纳海外的优势产品，形成了良性循环。日本也应当适应经济全球化的潮流，加快进行产业重组，将国内的夕阳产业转移海外，大力开拓朝阳产业。这才是日本产业的出路。

（三）工业

日本工业高度发达，是国民经济的支柱。整个工业已用先进的技术和设备武装起来，工业生产已实现了机械化和自动化，主要工业部门的劳动生产率已达到或超过世界先进水平，很多工业品的产量名列世界第一，质量也属一流，具有极强的竞争力。

1. 工业的布局

日本工业分布的最突出特点是临海性。工业主要集中在太平洋沿岸地区，尤其是所谓"三湾一海"地区，即东京湾、伊势湾和大阪湾以及濑户内海沿岸。东起东京湾东侧的鹿岛，向西经千叶、东京、横滨—骏河湾沿岸—名古屋—大阪、神户—濑户内海沿岸，最后直达北九州，长达1000千米，包括京滨、中京、阪神、濑户内、北九州等五大工业地带及其毗连地带,呈东西向的条带状地区,通常称之为"太平洋带状工业地带"。该地带约占全国总面积的24%,但却拥有日本全国人口和工厂数的60%,工人总数的67%以上,工业产值的75%,大型钢铁联合企业设备能力的95%,以及重化学工业产值的90%以上。特别是战后新建的大量消费原料的资源型工业,全部分布在这一带,成为临海型工业区的典型代表。太平洋带状工业地带不仅是日本、也是世界最发达的工业区之一。

日本工业高度集中在太平洋沿岸的原因主要有:第一,日本发展工业的原料、燃料大部分依靠输入,产品又大部分依靠输出,面向国外市场是战后日本工业布局的基本出发点。战后资源来源地域构成的变化,即由战前和战时主要面向日本海一侧(如中国、朝鲜等),改变为战后主要面向太平洋一侧(如东南亚、大洋洲、欧洲、北美洲、非洲、拉美等),则更是工业愈加集中于太平洋沿岸的直接原因。第二,充分发挥岛国位置条件的优越性。日本海岸线绵长,沿海又多优良港湾,尤其是太平洋沿岸,水深港阔,风平浪静,潮差不大,适宜修筑巨港和深水码头,便于大型或超级货轮停泊。目前,太平洋沿岸的各港湾地区不仅为原料进口和产品出口提供了便利条件,而且船舶结构的日益大型化又使海上运输费用降低。第三,日本沿海地带虽已十分密集,用地紧张,但是近些年来这里由于填海造陆,已使地价较为便宜,利于投资设厂。第四,沿海各大工业地带是日本工业、城市和人口最为集中的地区,因而也是国内工业品最大的消费地,使生产地接近消费地的经济原则得以实现。第五,日本在实施重点发展重、化学工业方针的进程中,在沿海地区大量投资修筑公共设施和增设交通线路,从而为布局新厂提供了各种方便条件。日本工业分布的高度集中,从整体看是很不平衡的,过于集中的布局是不合理的;但就一个企业内部来说,则布局紧凑,用地少,也便于和其他企业联系,在技术上是合理的,经济效益较高。

但是,日本工业经过多年来的发展,原有工业地带已拥挤不堪,处于饱和状态,目前已提出重新布局工业的问题。工业布局开始向其他地方分散,其总趋势是:

(1) 向原有工业地带的四周及其外围的内陆部分延伸,特别是那些技术密集型工业更是如此;

(2) 向消费地扩展;

(3) 趋向劳动力资源充足的地区;

(4) 在工业落后的地区建立地方性的工业据点。

此外,日本还大力在海外投资建厂,就地加工原料,然后将半成品运回日本。

2. 钢铁工业

钢铁产业曾经是日本经济最重要的支柱产业之一,与能源、汽车、建筑、消费品等行业紧密联系在一起。早在1901年日本就建立了拥有炼铁、炼钢和轧钢的钢铁联合企业,到1973年钢产量就达到1亿吨的水平,1993—1995年日本一直都是世界第一产钢大国,从1996年开始,这一地位被中国取代,退居第二位;到2018年,又被印度超过,退居第三位。日本钢铁行业现有公司和企业共400余家,包括新日本制铁公司、住友金属工业公司、神户制钢公司、日新制钢公司等大型钢铁联合企业,也包括一些小型的专业化生产企业。日本钢铁产业既采纳应用世界最新技术,同时也不断研发新技术,其产品质量及生产效率都处于世界领先地位。

日本钢铁工业的原料及燃料几乎完全依靠进口,铁矿石主要来自澳大利亚、巴西、印度、智利等国,废钢与焦炭主要来自美国、澳大利亚、加拿大与俄罗斯等国。生产的钢材也大量出口到国外。20世纪70年代以来,日本钢铁出口占世界总出口量的近1/3,超过美国、苏联、英国、法国钢铁出口的总和。进入21世纪以来,中国一度超过日本成为世界第一大钢材出口国,但是2009年,日本钢材出口量又攀升到全球第一位。近年来,中国再次取代日本成为最大的钢材出口国,日本居第二位。德国的出口规模在2019年也超过日本,日本退居第三位,出口额占世界钢材总出口额的6.75%,与德国相差无几。

日本钢铁工业的空间布局发生了较大的变化,最初大型钢铁联合企业的布局主要是以原料指向型为主,分布在八幡、室兰等地,后来又转移到京滨、阪神、北九州等邻近消费地的工业地带内。1973年石油危机以来,开始改变从前以规模经济为标志的大量生产体制,高能耗、低附加价值的钢铁工业发展势头骤减,而转向缩减生产成本,提高产品质量与品种。钢铁工业在空间上集中于大城市圈及其周围地区。

3. 汽车工业

汽车工业在日本国民经济中占有重要地位,尤其在战后经济恢复时期,汽车产业作为主导产业,带动多领域行业的发展,从而带动了整个国民经济。战后初期,日本汽车产业举步维艰,但在政府的引导扶持下,将引进外来技术和自主创新相结合,建立合理的产业结构,采取先进的管理模式。到20世纪50年代,日本汽车行业依靠自身力量逐步摆脱困境,形成完整的生产体系。60年代更是突飞猛进的发展:1961年汽车产量超过意大利跃居世界第五位;1965年名古屋至神户的高速公路开通,掀起了日本的汽车消费热,就在同年,日本汽车产量超过法国跃居第四;1966年超过英国升为第三;1968年追上德国,居于世界第二。70年代,两次"石油危机"让省油实用的日本小轿车大行其道,出口量剧增,丰田、三菱、日产、富士重工等公司迅速成为世界级的汽车生产商,丰田汽车公司更是在1972—1976年四年间就生产了1 000万辆汽车。到了1980年日本汽车产量达到1104万辆,超过美国成为世界第一汽车大国。

20世纪80年代,日本汽车工业进入以资本输出为主的国际化扩张阶段。由于与美欧贸易摩擦增多,加上国内消费市场的日趋饱和,1981年,日本对向欧美各国出口小轿车的数量进行限制,迫使日本各汽车厂家重新谋求全球战略,变商品输出为资本输出,直接向欧美以及发展中国家投资建厂,积极推进日本汽车工业的国际化。本田、日产、丰田、马自达、三菱等日本汽车企业以独资或合资的方式进军美国市场,1990年,日本汽车工业也以1 348.68万辆的年产量创出历史新高。进入90年代,受国内生产成本上升、日元升值以及欧美国家的市场保护加强的影响,汽车工业渐呈颓势。1997年,亚洲金融危机爆发,日本汽车工业再次遭到巨大冲击。为挽救危机,汽车企业开始加大研发投入,在混合动力、燃料电池等新型环保车开发方面走在了世界前列,再加上先进的管理技术和高效的协作分工体系,日本汽车产业逐渐复苏。到2009年,受全球金融危机影响,日本汽车产量由2008年的1 157.56万辆降至793.41万辆,此后直到2019年,产量都未超过1 000万辆。日本也由曾经的世界第一汽车生产大国退至第三汽车生产国。但丰田汽车公司仍是世界最大的汽车生产厂家。

与其他汽车生产大国相比,日本汽车在国际市场上竞争力可以体现在以下几个方面:生产规模扩大,生产技术提高(导入自动化和机器人技术),劳动成本相对低廉(与总的生产成本相比),零部件技术生产水平的提高。而日本汽车在国际上也赢得了高质量、易维护的良好声誉。同时由于日本车自身轻巧、省油的特点,在经历了两次石油危机的冲击后,大受海外市场的欢迎。

日本的汽车产业分布具有明显的空间集聚性,主要分布在太平洋沿岸工业地带,横滨以南、名古屋以北的区域集中程度更高、生产密度更大。该地区具有便利的海陆空交通网络,劳动力资源丰富,为汽车产业的发展提供了重要保障,日本80%以上的汽车制造业都聚集在这里。丰田市是日本的汽车城。

4. 造船工业

日本具有雄厚的造船实力,产品种类齐全,从各种类型的货船、客船、油船到技术复杂的液化气船等,应有尽有。日本近代造船工业始于19世纪50年代,在第一次世界大战中得到迅速发展。1915年商船产量为4.9万总吨,而在1919年时增至61万总吨,仅次于英国和美国居世界第三位。"一战"结束时,日本造船工业曾一度衰落,"二战"后,在美国的扶持下,得以恢复。1955年日本超过英国成为世界第一大造船国,迄今一直保有全球最高水平的造船技术。20世纪60年代是日本造船工业迅猛发展的时期。针对当时大型油船、兼用船、集装箱船等市场需求,日本加速了设备投资,不断扩大造船能力,造船产量一直保持世界首位,约占世界总产量的一半左右。1995年以后,韩国造船业崛起,与日本轮流争夺"世界第一大造船国"的宝座。2008年以后,中国造船业也迅速发展。中日韩三国控制着全球造船市场90%的份额,呈三足鼎立之势。2019年日本造船完工量1 621万吨,低于中韩,位列世界第三。

造船曾是日本主要换汇产业之一,状况最好时造船业出口曾占日本出口总额的98.6%。近年来,国际海运业船舶更新换代速度放缓,建造新船需求下降,造船业国际竞争日趋激烈,船舶在日本出口中的地位下降,出口额仅占日本出口总额的2%左右。

日本主要造船企业有三菱重工造船、川崎重工、日本钢管、日立造船公司。这些船厂以东京、横滨、大阪、神户和长崎为中心,主要分布在本州、四国等地区。

5. 电子工业

战后,日本电子工业发展迅速。50年代平均增长为36%,60年代平均增长为20.8%。1970—1985年,因注重研发、生产精益求精,日本电子产业进入黄金时期,国内电子产业的产值增长了5倍,出口增长迅速;但在1985—2000年,产值只增长了1.5倍,出口收入也开始减少。日本电子产品大致可以分为三类:第一类是家用电子产品,包括电视机、收音机、录音机、电唱机等;第二类是工业用投资类电子产品,包括通信设备、电子计算机等;第三类是电子元件,包括半导体等。

日本电子产业产值在2000年达到最高,约为26万亿日元,之后便急剧下降,到2013年时,降至11万亿日元,减少了一半还要多,且在2013年出现了贸易赤字。日本电子产业在电视、通信、计算机和半导体等领域,都出现"掉队"的现象。日本电子产业的颓势一方面与国际、国内大环境的变化有关,但更重要的是日本电子工业企业未能及时调整生产结构、适应互联网时代的市场需求,参与国际分工,错过了市场全球化、通信自由化和互联网浪潮下分工合作所带来的机遇。

日本的电子工业主要集中在京滨和阪神工业区,位于东京东北方向的筑波科技城有日本最强大的科技力量,也聚集了众多的高科技企业。九州是最大的集成电路生产基地,被称为日本的"硅岛"。

6. 机床产业

日本机床产业在世界上占有重要地位。从1982年起,其机床产业产值连续多年居世界首位。世界机床企业前20名中,日本占7家,主要包括山崎·马扎克、大隈、天田、森精机、Jtekt、牧野、日平福山等公司,产品以数控机床等高附加值产品为主。其机床主要出口到中国、美国等国。由于全球经济减速,导致设备投资需求大幅下降,2019年的机床订单额比2018年减少32.3%,降至1.229 7万亿日元,创2009年以来最大降幅。

7. 机器人产业

日本的机器人产业始于20世纪60年代。由于政府采取积极扶持政策,机器人产业迅速发展,到80年代中期,已跃升为"机器人王国",其机器人的产量和安装的台数在国际上均居首位。目前,日本工业机器人的装备量约占世界工业机器人装备量的50%以上。日本的FANCUC是世界上最大的机器人公司之一,安川电机公司生产的工业用机器人占全球机器人市场的24%。丰田、本田、索尼等公司也都在积极研发机器人。

(四)农业

日本曾有农业为国家之根本之说,在明治维新时期,农业的就业人数占就业人口的一半,产值占工农业总产值的1/3;一直到"二战"之前,农业仍是国民经济的主体。但战后,特别是进入60年代以来,因为日本政府采取重点发展重化工业,"牺牲农业""发展进口"的限制农业发展的政策,使农业发展迟缓,地位日趋下降,主要表现是耕地面积不断减少,农业人口不断流失。日本农林水产省(简称农水省)公布的数据显示,截至2012年7月,日本全国耕地面积为454.9万公顷,是有统计数据以来耕地面积最高时(1961年)的3/4,到2015年进一步减少到424万公顷。在耕地面积减少的同时,放弃耕种的现象也越来越严重,2000年弃耕的土地为34.3万公顷,到2010年增加到40万公顷,增幅为17%。由于农村中的青壮年劳动力大量流入城市,日本农户数已从1995年的265.1万户减少到2010年的163.1万户;农业人口从1947年1 662万人的最高值减少到2016年的不到200万人。农业生产以老人与妇女为主。在农业人口中,65岁以上的老人占50%以上。据农水省推算,2035年,农业地区的人口将会减少到仅为2005年的70%。

由于耕地少且土地瘠薄细碎,因此日本农业的经营规模小,实行专业化集约经营,以个体经济为基础,集约化程度高,注重农耕技术的研发与利用,单位面积上投入的劳动力和产值均高于欧美各国。但是近年来,经营3公顷以上的农户在增加,耕地向较大农户集中的趋势也日益明显,骨干农户的旱地大规模化尤为显著。通过农地的流动使土地集中和扩大规模是日本政府新政策的核心内容之一。日本政府非常重视保护农业,为农业提供大量补贴,形形色色的补贴项目高达约470种。为了鼓励年轻人务农,农水省2012年度创设了青年务农补贴制度,通过补贴鼓励青年人从事农业。

"二战"前,日本农业以水稻为主,畜牧业很落后。战后半个世纪以来,农林牧渔业均获得较大发展,农业生产结构发生明显变化。日本有自给生产能力的粮食和畜产品仅限于大米和鸡蛋。水稻是日本的主要粮食作物,产业化程度和机械化程度都较高。随着人们生活水平的提高,人均大米消费量在下降,由20世纪60年代的175.3公斤下降到

2011—2018年的85.2公斤,因此日本水稻种植面积和总产量也在下降,分别由2000年的177万公顷和1 186.3万吨下降到2019年的147万公顷和972.8万吨。日本水稻生产已实现现代化,达到稳产、高产,居世界前列,当前自给率达到95%以上。茶、烟叶、甜菜、油菜、甘蔗、柑橘、苹果、梨是日本的主要经济作物。大豆、蔬菜等主要依靠进口。近年来,日本对花卉的需求逐年增长,其花卉的进口也持续增长,主要来自荷兰、泰国、新西兰、新加坡、美国以及中国台湾。日本是世界第四大渔业国。在日本近海有世界四大渔场之一的太平洋北部渔场,鱼类资源丰富。日本是世界上食鱼最多的国家,水产品在日本人的饮食中占有重要地位。

(五)服务业

20世纪70年代以来,日本经济从重化工业向知识密集型产业转变,服务业已成为21世纪日本经济的核心产业。服务业的主要构成有批发零售业、旅游业、金融保险业、信息服务业和交通运输业。

1. 旅游业

日本的旅游业于20世纪50年代开始发展。日本一方面注意发展旅游基础设施,兴建旅馆及文化娱乐设施,加强交通运输建设,实行考试制度以提高服务人员的素质和服务质量;另一方面大力开发天然景观旅游资源,重视历史文化旅游资源的保护和合理利用,因此国内和国际旅游都有相当大发展。主要旅游服务设施有各种规模的日式、西式、中式餐馆、温泉旅馆等。主要旅游景点有富士山、东京、迪士尼乐园、大阪、京都、奈良、冲绳、北海道等。近年来,日本国际旅游业取得了骄人的成绩,入境游客人数由1995年的334.5万人上升到2019年的3 188.2万人,同期入境游客在日本的支出也由48.94亿美元增长到2019年的492.06亿美元。据日本央行的观测调查,在日本经济低迷时期,访日游客的消费成为刺激经济发展的主要因素。但随着入境游客数量的提升,日本旅游业也暴露出酒店房间不足、大巴紧缺等接待设施不足的问题。

2. 交通运输业

公路运输。日本已建立了比较完备的公路网,截至2019年3月公路总里程将近130万千米,其中高速公路超过1万千米。目前,日本国内货物运输总量按运输吨千米总数计算约51%由汽车运输承担,对满足日本工业生产及国民生活的需要发挥了重要作用。

铁路运输。铁路运输曾是日本国内最重要的交通方式,但是随着汽车的普及,铁路地位不断下降,特别是货物运输所占比重下降幅度更大。地铁仍是日本人日常出行的主要市内交通工具,尤其东京的地铁网络更发达。目前,日本铁路营业里程为2.01万千米。日本的新干线在国际上知名度较高,近年来政府也加大了新干线装备及技术的出口力度。

空运。日本的航空业相当发达。以东京成田和羽田机场以及大阪的关西机场为核心,形成了四通八达的空运网络。目前成田国际机场是日本第一大货运机场,货物吞吐量居全球第九位。客运量低于羽田机场之后,在日本居第二位。

水运。作为岛国,日本对外贸易主要靠海运。全国主要港口有神户、横滨、千叶、名古屋、大阪、北九州等。截至2017年12月31日,日本有各类商船5 278艘,总吨数达2 650.7万吨。由于挂靠其他国家可以降低成本,许多日本船舶都在其他国家注册。

四、日本的对外贸易

日本是典型的加工贸易型国家,素以"贸易立国"著称,对外贸易在国民经济中占有十分重要的地位。确保合理进口,推动出口发展,不断提高本国产业的国际竞争力,始终是日本对外贸易政策的支点。

(一)对外贸易发展概况

"二战"后初期,作为战败国的日本丧失了对外经济关系的主权,再加上工农业生产极端萎缩,因此对外贸易发展缓慢,1950年日本的出口额仅为战前的32%,进口额为战前的37%,贸易收支连年逆差。20世纪50年代中期以后,日本经济高速增长,工业制成品的国际竞争力迅速提高,到1973年,日本已成为世界第二经济大国,对外贸易也增长迅速,在世界贸易中的地位不断提高。1971年日本成为世界第三大出口国,1974年成为世界第三大进口国。为适应新的国内、国际经济形势,日本的对外贸易政策开始进行调整,其特点是由限制进口、替代进口逐步向扩大出口、出口导向发展。

自1981年到2010年,日本贸易连年保持顺差,且规模不断扩大,由1981年的86.29亿美元扩大到90年代初的1 000多亿美元。贸易的不平衡使得日本对外贸易摩擦空前激化,成为世界主要贸易国的众矢之的。其贸易对象国不仅要求日本削减出口,而且要求日本尽快开放国内市场,日本政府长期奉行的"贸易立国"和"加工出口"贸易政策遇到了历史性的挑战。为了扭转这种局面,日本政府采取措施扩大内需,力求实现经济结构由"出口主导型"向"内需主导型"的转变,以缓和对外贸易摩擦。

表6-7为战后日本的货物贸易额。

表6-7　战后日本的货物贸易额　　　　　　　亿美元

年份	进出口总值	出口额	进口额	贸易差额
1950	17.89	8.25	9.64	−1.39
1960	85.46	40.55	44.91	−4.36
1970	381.99	193.18	188.81	4.37
1980	2 717.37	1 304.41	1 412.96	−108.55
1990	5 229.49	2 875.81	2 353.68	522.13
1995	7 789.98	4 431.16	3 358.82	1072.34
2000	8 587.6	4 792.49	3 795.11	997.38
2005	1 1108.07	5 949.41	5 158.66	790.75
2010	14 638.33	7 697.74	6 940.59	757.15
2015	12 730.38	6 249.21	6 481.17	−231.96
2016	12 527.8	6 450.52	6 077.28	373.24
2017	13 704.25	6 983.29	6 720.96	262.33
2018	14 866.31	7 381.43	7 484.88	−103.45
2019	14 265.21	7 055.64	7 209.57	−153.93

数据来源:WTO。

进入90年代后,日本经济进入慢性衰退,增长乏力,至今仍未走出低谷。在这种压力下,日本将开展双边合作作为带动本国国内制度改革、繁荣国内经济的一个重要契机。21世纪后,日本先后与新加坡、马来西亚、泰国等15个国家和地区签署"经济伙伴关系协定"(EPA),与此同时,与海合会、哥伦比亚、加拿大、土耳其等国家和地区的EPA谈判也在进行中。2012年11月,日本与东盟、中国、韩国、印度、澳大利亚、新西兰等16国宣布启动"区域经济伙伴关系协定"(RCEP)的谈判。2013年3月,日本正式宣布加入"跨太平洋经济战略伙伴关系协定"(TPP)谈判的意向,并于2016年11月10日通过了TPP协议。2017年1月20日,在美国从TPP退出后,日本与其余10国就继续推进TPP达成一致,并将其更名为"全面与进步跨太平洋伙伴关系协定"(CPTPP)。CPTPP于2018年3月签署,并在当年的12月30日正式生效。截至2021年1月,日本签署的EPA或FTA共20个,新增缔约对象包括欧盟、英国、美国等国家和地区,同时日本也是经贸规模最大区域贸易协定RCEP的缔约国(见表6-8)。

表6-8 日本参与区域经济合作的概况

与日本签署EPA/FTA的国家或地区					
序号	国家或地区	批准生效时间	序号	国家或地区	批准生效时间
1	新加坡	2007.09	11	越南	2009.01
2	墨西哥	2007.04	12	秘鲁	2012.03
3	马来西亚	2006.07	13	印度	2011.08
4	智利	2007.09	14	澳大利亚	2015.01
5	泰国	2007.11	15	蒙古国	2016.06
6	印尼	2008.07	16	CPTPP	2018.12
7	文莱	2008.07	17	欧盟	2019.02
8	菲律宾	2008.12	18	美国	2020.01
9	东盟	2008.12	19	英国	2020.10(签署)
10	瑞士	2009.09	20	RCEP	2020.11(签署)
日本正在谈判协定					
中日韩自由贸易区		日本—哥伦比亚EPA		日本—土耳其EPA	
暂停谈判的协定					
日本—海合会自贸协定		日韩EPA		日本—加拿大EPA	

资料来源:日本外务省。资料截至2021年1月。

2008年全球金融危机爆发以来,日本的对外贸易继续增长,但是贸易顺差在逐年缩小,到2011年开始出现30年以来的首次逆差,到2014年达到1 220.05亿美元的峰值。造成日本巨额贸易逆差的原因主要有三个:一是2011年3月福岛核电站发生核泄漏以来,许多核电站停运,日本不得不大量进口石油天然气等化石燃料用于发电;大地震引致的供应链中断也使出口受到影响。二是日元持续贬值,以日元计算的国际收支逆差自然增加，同时进口成本急剧上升。三是日本长期向海外转移生产，国内产业空心化严重，海外生产的产品大量返销日本，也造成了进口猛增。

（二）进出口商品结构

日本的进出口商品结构随经济发展阶段的变化而变化。战前和战后初期，纺织品的出口曾占出口总值的近一半，金属及其制品居第二位，机械机器排名第三。随着战后经济的发展，日本产业结构由轻纺工业为主转为以重化工业为主，出口商品也转向以重化工业产品为主，机械机器在出口中的比重增加，而纺织品的比重减少。到20世纪80年代、90年代，机械机器在日本出口中的比重基本维持在70%左右。目前，日本的出口产品主要是汽车、半导体等电子零部件、钢铁、汽车零部件、塑胶、船舶、光学仪器等。2019年，机电产品是日本的主要出口产品，在出口总额中占比34%；其次是运输设备，占比23.8%；化工产品（8.7%）的出口额也较高。

进口方面，"二战"后初期，食品是日本最主要的进口产品，占比在40%以上；而后随着纺织品出口比例的不断提高，纺织原料成为日本进口的主要产品，进口比例接近40%。60—70年代，与重工业为主的产业结构相适应，金属原料、矿物性原料及机械设备在日本进口中的比重增加。2019年，矿产品、机电产品和化工产品是日本最主要的进口产品，占比分别为24.8%、23.5%和9.0%，三类产品的进口额在日本当年进口总额中占比接近60%。其中矿产品相比2018年进口额下降了9.7%。

（三）主要贸易伙伴

从区域组织来看，日本所在的亚太经合组织是日本的主要出口目标市场，2019年对该区域组织的出口额为7 055.3亿美元，占当年日本出口总额的77.9%。亚太经合组织同时也是日本最重要的进口来源地，2019年进口额达5 055.7亿美元，占比70.2%。此外，日本从石油输出国组织的进口额也较高，2019年为781.1亿美元，占比10.8%，但进口额相比2014年的1 511.6亿美元下降了一半。

从国别来看，"二战"结束后，长期以来美国一直是日本的第一大贸易伙伴，但2007年，中国超过美国，成为日本第一大贸易伙伴。当年日美贸易总额为2 150.62亿美元，而中日贸易总额为2 686.33亿美元。自此后，中国都是日本第一大贸易伙伴，不过美国仍是日本第一大出口目标市场。2019年，日本对美出口额为1 398亿美元，占比19.8%，对中国大陆的出口额与之相差不多，为1 346.9亿美元，占比19.1%。韩国、中国台湾、中国香港、泰国、新加坡这些亚太地区的国家和地区也是日本主要的出口贸易对象。德国是日本在欧盟的第一大出口贸易伙伴。中国多年来都是日本的第一大进口来源地。2019年日本自中国大陆的进口额为1 692.2亿美元，占比23.5%。美国居第二位，但日本从美国的进口额占比仅为11%，远落后于中国。澳大利亚、沙特阿拉伯、阿联酋、卡塔尔等能源、资源出口大国也是日本的主要进口贸易伙伴（见表6-9）。

（四）服务贸易

日本服务贸易在全球的地位要低于其货物贸易。2019年，日本服务贸易总额为4 022.5亿美元，位于美、中、德、英、爱尔兰、法、荷兰、新加坡之后，居全球第九位，相比2015年下降了三个位次。其中出口额为2 005.4亿美元，进口额为2 017.1亿美元，是世

表 6-9　2019 年日本主要进出口贸易伙伴　　　　　　　　　百万美元

排序	出口贸易伙伴			进口贸易伙伴		
	国家或地区	金额/百万美元	占比/%	国家或地区	金额/百万美元	占比/%
1	美国	139 798	19.8	中国大陆	169 218	23.5
2	中国大陆	134 690	19.1	美国	79 083	11.0
3	韩国	46 250	6.6	澳大利亚	45 447	6.3
4	中国台湾	43 002	6.1	韩国	29 613	4.1
5	中国香港	33 626	4.8	沙特阿拉伯	27 625	3.8
6	泰国	30 186	4.3	中国台湾	26 861	3.7
7	德国	20 227	2.9	阿联酋	26 212	3.6
8	新加坡	20 154	2.9	泰国	25 358	3.5
9	越南	16 494	2.3	德国	24 929	3.5
10	澳大利亚	14 488	2.1	越南	22 484	3.1
11	印度尼西亚	13 984	2.0	印度尼西亚	18 143	2.5
12	英国	13 878	2.0	马来西亚	17 637	2.5
13	马来西亚	13 290	1.9	俄罗斯	14 341	2.0
14	荷兰	11 903	1.7	卡塔尔	13 153	1.8
15	印度	10 974	1.6	法国	12 036	1.7

数据来源：中国商务部国别报告。

界服务贸易第十大出口国，第八大进口国。日本服务贸易的进口增速远大于出口增速，据 IMF 的统计，自 1997 年至今，日本服务贸易一直保持逆差，进入 20 世纪 90 年代后逆差水平还进一步扩大，直到近年来才有所缓解，2014 年逆差为 293.76 亿美元，2015 年为 158.26 亿美元，到 2019 年降至 11.72 亿美元。日本服务竞争力落后于世界其他发达国家，远逊于其货物贸易的竞争力。

日本服务贸易分部门发展不平衡，旅游业是重要组成部分。20 世纪 60 年代以前，日本严格限制本国公民出国旅游，1964 年这一限制取消后，日本出境游客的人数大大提高。进入 20 世纪 70 年代以后，日元升值使得赴日旅游成本提升，因此入境游客大量减少，旅游业成为日本服务贸易逆差最大的部门。但是 2006—2019 年日本旅游的出口呈增长趋势，由 84.68 亿美元增长到 452.24 亿美元，到 2014 年 4 月，由于赴日游客增加，尤其是来自中国的游客猛增，日本的旅游服务贸易自 1970 年 7 月以来时隔 44 年重现顺差，到 2019 年旅游已成为日本实现顺差额最大的服务贸易部门。

此外，其他商业服务和专有权使用费的出口也呈较快的增长趋势，其中专有权使用费已成为日本出口额最大的服务贸易部门，也是日本实现贸易顺差较大的部门。运输业曾是日本服务贸易最大的出口部门，但近年来呈明显下降趋势，由 2008 年 469.72 亿美元的峰值下降到 2019 年的 262.22 亿美元。在进口方面，信息、计算机与通信服务的进口增长较快,运输业和旅游业的进口则呈下降趋势,但运输仍是日本服务贸易进口最大的部门。

(五)中日经贸关系

中日两国地理上邻近,同属世界经济、贸易大国,经济互补性强,经贸关系在双边关系中具有重要的地位和意义。

1. 贸易关系

中日贸易源远流长。新中国建立后,1950年4月日本国会参议院通过了关于促进日中贸易的决议,同年8月,中国产品首次出口到日本。1972年两国建交时,贸易规模只有11亿美元左右。到2011年贸易额已超过3 450亿美元,增长了340倍。然而,自2012年9月日本上演"购岛"闹剧以来,中日关系陷入邦交正常化以来的最低谷,中日经贸合作因此受到严重影响。中日双边贸易额2011年达到3 450多亿美元高点后,2012—2015年已连续四年下降。此后两国经贸关系回温,自2016年至2018年均呈上升势头,2019年有所回落。据日本海关统计,2019年日本与中国双边货物进出口额为3 039.1亿美元,下降4.3%。其中,日本对中国出口1 346.9亿美元,下降6.4%;自中国进口1 692.2亿美元,下降2.5%。按日方统计,2019年日本与中国的贸易逆差为345.3亿美元,但按中国海关统计,中方对日方有284.9亿美元的逆差。

中日贸易关系主要有三个特点。首先,中国为日本第一大贸易伙伴、第二大出口目的地和第一大进口来源地。事实上,来自中国的需求对日本经济有着十分重要的意义。中国经济高速增长不仅对国际经济格局产生积极影响,对亚太地区尤其是东亚地区产业分工、产业重组都具有积极意义,对外国经济依赖很深的日本的经济拉动作用也是显而易见。其次,中日两国在经贸结构上较大的互补性。从具体的产业来看,在纺织品、汽车制造和农业等方面都有很强的互补性。从未来发展趋势看,由于日本国内人口老龄化和少子化等问题难有根本性改善,经济上对海外的依赖仍然不会减少。中国连续多年是日本最大贸易伙伴,崛起的中国对走向低迷的日本经济有很强的互补性和推动力。最后,日本仍是中国的重要贸易伙伴,但在中国对外贸易中,其地位却有所下降,21世纪初,日本曾是中国最大的贸易伙伴,但2019年按地区来排名,日本是中国第四大贸易伙伴,按国别排名,日本是中国第二大贸易伙伴。

日本对中国出口的主要产品有机电产品、贱金属及制品、化工产品、运输设备、光学、钟表、医疗设备、塑料、橡胶等。自中国进口的产品主要有机电产品、纺织品及原料、家具、玩具、贱金属及制品、化工产品等。

2. 双向投资

日本是中国重要的外国投资来源地。20世纪80年代,日本企业对中国直接投资较为有限,90年代以后开始大幅增长,1995年形成高峰,据日方统计,投资达44.7亿美元,仅次于美国,中国成为日本在亚洲最大的投资对象国。1996年以后,日本对中国直接投资大幅下滑,1997年亚洲金融危机爆发,日本对中国投资进一步下落,1999年降至谷底。2001年12月中国加入WTO以后,日本对中国直接投资迅速增加。据中方统计,2001年合同投资额为54.20亿美元,实际投资额为43.48亿美元,分别比上年增加46.8%和49.1%。此后除2002年有所回落外,直到2008年日本对中国的投资都呈持续增加态势。2019年日本对华实际投资到位金额37.2亿美元,同比减少2.0%,占中国吸引外资总额的

2.7%。截至2019年底,日本对华累计项目数52 834个,实际到位金额1 157.0亿美元,占中国吸引外资总额的5.3%,目前在中国利用外资国别(地区)中居于首位。日本对中国制造业直接投资从最初的纺织、服装等劳动密集型产业为主,逐步转向电气机器、一般机械工业投资为主。近几年,运输机器工业投资增速和规模逐渐增大。特别是汽车工业投资增速明显。2003年后,日本非制造业对华投资逐渐增多,金融保险以及零售等领域成为日本企业投资的重要选择。

作为日本最大的贸易伙伴,中国对日本投资规模相对较小,但近年来,随着中日经贸关系的发展以及中国企业实力的增强,中国企业对日本投资逐渐增加,投资领域主要在贸易、金融、零售、物流、餐饮、航空等领域。据中国商务部统计,2019年中国对日本直接投资流量6.7亿美元。截至2019年末,中国对日本直接投资存量41亿美元。

五、日本的主要港口和城市

1. 东京(Tokyo)

东京是日本的首都,第一大城市,是世界五大城市之一,据日本统计局最近一次人口普查数据(2015年),东京都人口1 351.5万人,大东京都市圈人口超过3 000万。日本最大的工业城市,工业产值居全国第一位,主要工业有钢铁、造船、机器制造、化学工业、皮革、电机、纤维、石油、出版印刷和精密仪器等。东京是日本商业、金融中心,各大银行在此几乎都设有总行。东京的股票市场和各种商品交易所也闻名于世。银座是东京的主要繁华街道。近年来,闹市区的中心逐步由银座移向新宿、池袋、涩谷。东京是日本文化中心,共有各类大学190多所,占全国大学的50%。著名的东京大学、早稻田大学、庆应大学、立教大学、明治大学、法政大学等集中于此,还设有国立博物馆、西洋美术馆、国立图书馆等。东京与邻近区域的交通运输主要靠高速列车,其次是地铁、高速公路和普通公路运输。

2. 大阪(Osaka)

历史悠久的工商业中心,人口270万人,是日本人口第三多的城市(次于东京、横滨)。大阪经济实力雄厚,仅次于东京,居全国第二位。大阪是全国水陆交通中心,综合性的现代化工业城市,以钢铁、机械制造、造船、化工、纺织和造纸工业为主,住友金属、日立造船、川崎重工等大企业均在市内设厂。工业产值居全国第二位。沿大阪湾海岸,南起和歌山,西到姬路,包括神户、京都在内,是有名的阪神工业区,周围有约30个卫星城镇。大阪也是日本西部的文化教育中心,有大学40多所,府立图书馆、朝日新闻社都集中于此。

3. 横滨(Yokohama)

日本最大的海港,位于日本关东地区南部,东临东京湾,南与横须贺等城市毗连,北接川崎市,是重要的工业城市,神奈川县的首府和政治、经济、文化、交通中心,人口371.95万。运输机械(汽车、船舶)、电机电器和食品加工是三大主要工业部门。其他工业有钢铁、炼油、化工等。

4. 名古屋(Nagoya)

日本著名的大工业城市,人口228.4万。名古屋为中京工业带(指伊势湾沿岸一带的工业区)的核心,木材加工、毛纺和陶瓷工业居全国首位,汽车、钢铁、一般机械、金属加工、精密仪器、化学工业等也很发达。三菱重工、住友轻金属工业公司等都在此设厂。该市的爱知丰田汽车销售公司和松坂屋百货公司是全国闻名的大商业企业。

5. 京都（Kyoto）

日本文化的摇篮，日本故都，也称西京，人口不到140万人。京都以国际文化游览城市著称，是日本绿色资源较为丰富的地区之一。京都还是日本的粮食基地之一，小麦、马铃薯、大豆、乳牛与牛乳产量等农牧产业居日本前列，约占日本总产量的13%，木材产量也居日本前列，占日本全国木材产量的10%左右，仅次于北海道。京都是一个绿色的大公园，森林覆盖率达到近75%，是日本乃至世界森林覆盖率最高的城市之一。耕地78%为水田，南部丘陵产茶，乳肉用养畜业发达，渔产丰富，海陆运输便利。京都工业以纺织为主，次为食品（造酒等）以及电机、运输机械、出版印刷、精密机械、化学、铜加工等。

6. 神户（Kobe）

面向大阪湾，是日本国际贸易港口城市和大工业中心，兵库县首府，人口152万。古代为交通、军事要地。阪神工业带重要中心。就生产总值来看，食品饮料、交通运输机械、化学、钢铁等产业是神户工业中的主要产业。神户是日本最早接触西洋服装的城市之一，这使得服装、制鞋、珍珠加工等时尚相关产业也在神户工业中拥有重要地位。

第三节 德　　国

一、德国的地理概况

（一）地理位置和国土面积

德国全称德意志联邦共和国（The Federal Republic of Germany），位于欧洲中部，东邻波兰、捷克，南接奥地利、瑞士，西接荷兰、比利时、卢森堡、法国，北接丹麦，濒临北海和波罗的海，是欧洲除俄罗斯外邻国最多的国家，素有"欧洲走廊"之称。边境线全长3 757千米，海岸线全长2 389千米，国土面积35.7万平方千米。德国行政区划分为联邦、州、市镇三级，共有16个州，12 229个市镇。德国首都柏林属于东1时区，比北京时间晚7小时；每年3月到10月实行夏令时，期间将时钟调快1小时，比北京时间晚6小时。

（二）地形、气候和资源

德国地势北低南高，可分为4个地形区：北德平原，平均海拔不到100米；中德山地，由东西走向的山地构成；西南部莱茵断裂谷地区，两旁是山地，谷壁陡峭；南部的巴伐利亚高原和阿尔卑斯山区，其间拜恩阿尔卑斯山脉的主峰楚格峰海拔2 963米，为全国最高峰。

德国地处大西洋和东部大陆性气候区之间，气候上属凉爽西风带，气温少有大起大落，降雨分布在一年四季。西北部靠近海洋，主要是温带海洋性气候，夏季不太热，冬季不太冷。随地势升高，德国东部、东南部和其他地区气候差异加大，大陆性气候冬冷夏热特征逐渐显著，最冷时气温可达零下10℃，最热时30℃左右。平稳温和是德国气候的总体特征，冬季平均气温在1.5℃（低地）和零下6℃（山区）。7月份平原地区平均温度为18℃，南方山谷地区为20℃。

德国是自然资源较为贫乏的国家,除硬煤、褐煤和钾盐的储量丰富之外,在原料供应和能源方面很大程度上依赖进口,2/3的初级能源需进口。至2019年底,褐煤探明储量约359亿吨;其他矿藏的探明储量为:钾盐约8亿吨,铁矿石16亿吨,石油6 055万吨(2017年底),天然气226.5亿立方米。东南部有少量铀矿。森林覆盖面积为1 074万公顷,占全国面积约30%。

德国水域面积86万公顷,占全国面积的2.4%。主要河流有莱茵河(流经境内865千米)、易北河、威悉河、奥得河、多瑙河。较大湖泊有博登湖、基姆湖、阿莫尔湖、里次湖。

(三) 人口、民族和宗教

截至2020年底,德国总人口8 320万,是欧盟人口最多的国家,也是欧洲仅次于俄罗斯的第二人口大国,每平方千米人口密度为233人,是欧洲人口最稠密的国家之一。城市人口占全国总人口的77.4%,10万人口以上的城市共计80余个。人口主要是德国人(德意志人)。据德国联邦统计局统计,截至2019年底,德国共有2 120万人有移民背景,其中65%的移民来自欧洲,其次亚洲移民占22%,非洲5%,美洲3%。华侨华人约为15万,主要分布在柏林、汉堡、法兰克福等大城市。现今德国已经成为全球第二大移民国,仅次于美国。

德国以德意志民族为主体,也有为数不多的索布人、弗里森人、丹麦人和犹太人等其他民族生活在这里。官方语言为德语,英语也较为普及。除此之外,索布人、弗里森人和丹麦人也在各自生活区域里保留了本民族语言。天主教和新教的德国福音教会是德国最有影响力的两大教会,居民中30.2%信奉罗马天主教,29.2%信奉新教。按信众人数,希腊东正教是德国第三大宗教,此外还有1.7%的人信奉伊斯兰教,26.3%的人无宗教信仰。

(四) 德国的风俗和禁忌

德国人的时间观念很强,办事认真仔细,认为守时是"帝王的礼貌",经常不准时就意味着不会安排时间。待人接物方面,德国人既严肃拘谨又诚恳真挚。朋友见面以握手为礼。交谈时很注重尊重对方和他人,不询问私事,不打听收入,不背后说别人的缺点,也不拿在场的人开玩笑。重视称呼是德国人在人际交往中的一个鲜明特点。对德国人称呼不当,通常会令对方大为不快。一般情况下,切勿直呼德国人的名字,称其全称,或仅称其姓,则大都可行。与德国人交谈时,切勿疏忽对"您"与"你"这两种人称代词的使用。在德国,称"您"表示尊重,称"你"则表示地位平等、关系密切。对于熟人、朋友、同龄者,方可以"你"相称。与德国人握手时,有必要特别注意下述两点。一是握手时务必要坦然地注视对方;二是握手的时间宜稍长一些,晃动的次数宜稍多一些,握手时所用的力量宜稍大一些。

德国人讲究清洁和整齐,随地乱扔纸屑或随地吐痰均被认为是不文明的行为。德国人多喜欢清静的生活,除特殊场合外,不喜欢大声喧闹。德国人穿戴很注意整洁,在正式场合露面时,必须穿戴得整整齐齐,衣着一般多为深色。在商务交往中,讲究男士穿三件套西装,女士穿裙式服装。德国人对发型较为重视。在德国,男士不宜剃光头免得被人当作"新纳粹"分子。德国少女的发式多为短发或披肩发,烫发的妇女大半都是已婚者。

德国人十分讲究饮食。在肉类方面,最爱吃猪肉,其次是牛肉。德国人一般胃口较大,喜食油腻之物,所以德国的胖人极多。在饮料方面,德国人最欣赏的是啤酒。

在德国,给服务业的工作人员付小费已成为习惯,小费是服务员的重要收入来源。给小费不但是对其服务的一种酬劳,同时也是对别人劳动的尊重。如餐馆就餐,顾客通常要另加5%~10%的小费;参加旅行团,通常需向司机和导游支付小费。

在德国,星期天商店一律停业休息。

德国人在所有花卉之中,对矢车菊最为推崇,并且选定其为国花。在德国,不宜随意以玫瑰或蔷薇送人,前者表示求爱,后者则专用于悼亡。白鹳是德国的国鸟。喜欢黑色、灰色,极度厌恶"13"与"星期五",对于四个人交叉握手,或在交际场合进行交叉谈话,也比较反感。德国人认定,在路上碰到烟囱清扫工,便预示着一天要交好运。向德国人赠送礼品时,不宜选择刀、剑、剪、餐刀和餐叉。以褐色、白色、黑色的包装纸和彩带包装、捆扎礼品,也是不允许的。与德国人交谈时,不宜涉及纳粹、宗教与党派之争。在公共场合窃窃私语,德国人认为是十分无礼的。

二、德国的经济发展历程

(一)经济发展的历程

德国是高度发达的工业化国家,国内生产总值和工业生产总值仅次于美国、中国、日本,居世界第四位。

德国成为一个拥有雄厚实力的世界经济大国,走过了漫长而曲折的发展道路。历史上的德国经济落后于英、法两国,19世纪末至20世纪初德国经济迅速发展,国民生产总值相继超过了英法两国。到"二战"之前,德国成为仅次于美国的资本主义世界第二经济大国,但作为两次世界大战的发起者,德国在"二战"期间经济受到严重破坏。1949年德国分裂为两个国家,先后建立了德意志联邦共和国和德意志民主共和国。其中联邦德国是战前德国垄断资本最集中、经济最发达的地区,有着强大的技术力量与劳动力队伍,再加上美国有意识地保存了联邦德国的工业生产能力,所以到1950年工业生产已基本上恢复到战前的最高水平。战后联邦德国的经济发展迅速,1951—1966年为经济高速增长阶段,国民生产总值增长了两倍,每年平均递增7.1%,创造了"经济奇迹"。国民生产总值在50年代后半期超过法国,1960年超过英国,再次成为资本主义世界第二经济大国。1966—1967年的经济危机以后,联邦德国的经济进入平稳发展阶段,国民生产总值的增长速度减慢,1973—1985年年平均增长率为2%。在主要资本主义国家战后几十年的发展历程中,西德经济的增长速度仅次于日本,年均增长率超过5%。同时西德是世界第二大对外贸易国,其外汇储备居世界之首,直到1987年被日本超过。

东德在战后初期经济形势非常严峻,德国的分裂给东德带来很大损失。战前,德国的主要工业部门集中在西部地区。如1936年,煤炭开采中,产自东德地区的仅占2.9%,生铁产量中只有1.6%,钢产量占比只有2.7%。东德成立后,制定了发展经济的"五年计划"。特别是第一个五年计划的实施,初步建立了一个完整的工农业体系,此后,又连续实施了七个五年计划,建立了以现代化工业为主体的国民经济体系。1949—1988年的40年里,东德建立了雄厚的物质生产基础,生产投资增长了19倍多。进入20世纪80年代,国内生产总值在当时经互会成员国中仅次于苏联,为东欧国家中经济发展水平最高的国家之一。

1990年10月,两德实现了统一。两德合并后,货币统一,制度调整,东德经济结构转变快速推进。受此影响,1992年、1993年德国经济增速连续下滑,分别为1.91%和-1%。与此相对照的是,西德1991年的经济增速超过5%。尽管经济增速下滑,但是统一的确提升了德国在当时的欧洲经济共同体(欧共体)中的地位:人口数量上升到欧共体的第一位,比当时意大利的人口多2 060万;统一后的德国生产了整个欧共体国民生产总值的近25%。

进入21世纪,德国经济面临一系列的问题,包括经济增速大幅下滑、传统产业陷入困境、失业率居高不下、财政赤字不断积累、出口竞争力日渐衰落,以及高福利的社会保障体制难以为继。为解决这些问题,德国进行了创新与改革,全面改革国家福利体制。这一改革尝试在德国遇到很大阻力。2005年默克尔上台后,推出以"新社会市场经济"为标签的"小步子"新政。德国经济2001—2005年的年均增速只有0.36%,2006—2008年的年均增速达到了2.58%。2009年底,受全球金融危机的影响,德国经历战后最严重的衰退。之后,德国采取稳定金融市场、加强国际贸易、改革劳动力市场等举措,成为欧盟经济最大的稳定力量。此后德国经济经历了一段近十年的黄金发展时期,2010—2018年的年均增速为2.08%。但德国经济在很大程度上依赖于向中国和美国的出口,受中美贸易冲突的影响以及英国无序脱欧的拖累,德国经济在2019年的增速回落至0.55%,黄金发展时期基本宣告结束。不过德国仍是欧盟第一大经济体,世界第四大经济体。

扩展阅读6-3
统一后"东德"与"西德"的差距

(二) 战后经济迅速发展的原因

战后德国经济的迅速增长与稳定发展,除了美国的大力扶持和处于战后世界资本主义经济大发展的时期外,还有以下原因:

(1) 十分重视教育的发展。在德国的财政支出中,教育经费一直处于优先地位,增长大大超过国民生产总值的增长。

(2) 重视科技的研究与技术的引进。德国通过科技的研究与新技术的引进,提高了劳动生产率,带动了经济的全面增长。

(3) 重视固定资本的投资。在主要资本主义国家中,德国的固定资本投资额仅次于日本居第二位,这就使工农业能不断更新机器设备,保持世界先进水平。

(4) 大力发展第三产业。1950—1986年,第三产业在德国国民生产总值中的比重从39.8%上升为58%。

(5) 大力发展对外贸易。德国从国外进口大量廉价的原料,利用本国的高技术力量进行加工,然后出口大量高附加值的工业品。由于工业品的大量出口,刺激了生产的发展,巨额的外贸盈余又为经济的大发展提供了资金。

三、德国的产业结构及生产分布

(一)产业结构的调整

德国产业结构基本朝着农业比重不断下降,工业比重也有下降,服务业比重不断上升的方向发展变化。德国三次产业结构的变化主要经历了以下几个阶段:

20世纪50—60年代。这一时期德国工业快速发展,第一产业比重不断下降,第二产业比重不断上升。由于德国资源匮乏,国土狭小,只有依靠"加工贸易"型的经济发展战略,即采用第二产业带动型的产业结构模式,才能推动经济的发展。"二战"以后,德国快速发展第二产业,1960年三次产业产值比分别为6.8%、60.7%、32.5%,第二产业在三大产业中占明显优势,这是典型的工业社会产业结构特征。到1970年,第一产业已经进一步下降到3.4%,第二产业比重53.1%,第三产业43.5%。第二产业在国内生产总值中的比重已经超过了第一产业和第三产业的比重之和。

20世纪70—80年代。进入20世纪70年代后,由于德国经济的快速发展,劳动力价格逐渐上升,成本劣势逐渐凸显,劳动密集型制造业大量向外转移,使得国内经济产业结构开始发生改变。1975年,第三产业比重达到49.4%,第二产业比重为47.7%,第三产业在国民生产总值中的比重开始超越第二产业,成为占比最高的产业。之后,第三产业比重继续上升。到1980年,德国三大产业比重分别为2.2%、44.8%、53%,第三产业比重不仅超越了第二产业,而且超越了第一产业和第二产业比重之和。

20世纪90年代至今。20世纪90年代,在东德和西德统一后,德国开始了以发展新经济产业为核心的世纪产业结构的调整,1990年三次产业结构比值为1.3∶37.6∶61.1,这一时期,德国采取了相应的产业政策,对制造业的过快下降进行了干预。2005年,德国三次产业结构比值为0.8∶29.1∶70.1,但是到了2016年,这一比例为0.8∶30.5∶68.7,第二产业比重略有上升,第三产业比重略有下降,德国的干预产业政策取得了一定成效。自此之后,三次产业结构就比较稳定,2019年各产业所占比重与2018年相比变动不大(见表6-10)。

表6-10 德国的三次产业结构　　　　　　　　　　　　　　%

年 份	1990	1995	2000	2001	2005	2010	2015	2016	2017	2018	2019
第一产业	1.3	1.1	1.1	1.2	0.8	0.9	0.8	0.8	0.9	0.7	0.8
第二产业	37.6	32.9	30.6	30.0	29.1	29.8	30.1	30.5	30.5	30.3	29.6
第三产业	61.1	66.0	68.3	68.8	70.1	69.3	69.1	68.7	68.6	69.0	69.6

数据来源:UNCTAD。

(二)农业

农业发达,机械化程度很高。德国农业高度发达,被誉为是德国的"绿色心脏"。2016年共有农业用地1 667万公顷,约占德国国土面积的一半,其中农田面积1 185万公顷。截至2017年,农林渔业就业人口54万,占国内总就业人数的1.3%。近年来,德国无论是耕地面积还是农业就业人口都呈下降的趋势,但德国仍居农业强国之列。德国是欧盟最大的农产品生产国之一,动物生产仅次于法国,居欧盟第二位,植物生产居第四位,农产品出口名列欧盟前列,特别是农业机械出口在欧洲居第一位。德国农业的战略定位是除了提供食物外,更重要的功能是保护自然资源,特别是保护物种的多样性、地下水、气候和土壤;提供良好的生活、工作和休养的场所;为工商业提供原材料,并为能源部门提供能源。

德国农业具有如下特点:

(1) 生产效率高。近年来,德国农民数量急剧减少,已由二三十年前的70万减少到35万。德国农场开始雇佣农业工人,这些农业工人大部分来自波兰和捷克。德国每个农业劳动力大约可养活150人。

(2) 农产品自给率高,80%以上的农产品能够自给。

(3) 农业组织化程度高,成立各类联合体和合作社,实现农工一体化、产销一体化。

(4) 科技含量高,在转基因技术、新品种选育和种苗技术、新的栽培技术以及病虫害防治技术等方面,不仅为德国农业生产,也为世界农业生产发展作出了重要贡献。

(5) 机械化程度高。

(6) 农民收入高。德国农业发展的一个显著特色,就是多方面的政策扶持和政府补贴,激发农民的生产热情,保障农民收入,促进农业发展。德国农业税收约占全部税收的1.7%,农业投资却占国家预算的7%。此外,还成立专门的政策性银行——德国农业养老金银行,为农业企业提供融资便利。

德国的主要农产品有小麦、大麦、土豆、甜菜、水果、牛、猪、鸡等。肥沃耕地主要种植小麦、大麦、玉米和甜菜;贫瘠土地则主要种植黑麦、燕麦、土豆和饲料甜菜。

1. 粮食种植业

小麦、大麦和黑麦是德国最主要的粮食作物。欧盟实施的价格支持导致德国粮食生产大大超过国内需求。近50%的国产小麦属于高质量品种;国产小麦的25%用于国内面粉加工业,其余则用于出口、饲料生产以及工业用途。根据德国政府统计,2018年德国粮食总产量3 795.58万吨,占世界粮食总产量的比重为1.28%。其中小麦产量最高,2018年产量达2 026.35万吨。德国以占世界1.41%的种植面积生产了世界2.76%的产量,单位产量6.67吨/公顷,是世界平均水平3.43吨/公顷的近两倍。德国粮食生产不仅完全满足国内需求,而且还出口到欧盟各国。2018年德国超过1/4的小麦用于出口,出口量达522.89万吨,占世界总出口量的2.74%,主要是满足法国、荷兰和意大利的需求。

2. 畜牧业

德国畜牧业发达,为保证畜牧业发展,德国60%的耕地用于种植玉米或小麦等农作物,为超过2亿只(头)家畜提供饲料。养牛业是德国畜牧业最重要的组成部分,牛的存栏量大约1 180万头,其中奶牛410万头。德国的牛奶产量在欧盟仅次于法国,牛肉产量也很高,2018年牛奶、牛肉的年产量分别为3 300万升和110万吨,源自牛奶和牛肉的收入约占德国农民收入的25%。德国的牛奶一半以上用于出口。除欧盟国家外,中国、瑞士、美国和韩国也是其重要出口市场。此外是养猪业和家禽养殖业。2018年德国生猪存栏量约2 600万头,猪肉产量仅次于中国和美国,是世界第三大猪肉生产国。家禽存栏量约1.74亿只,其中肉鸡是最常见的家禽,位居德国家禽养殖业首位,鸡肉年产量约160万吨。

(三) 工业

德国是发达的资本主义国家,工业在国民经济中占绝对优势,在全球也占重要地位。2019 年德国工业增加值占世界工业生产的 4.44%,位列中国、美国、日本之后,居第四位。德国拥有门类齐全、技术水平高、工艺设备先进的工业体系,机械、汽车、电器、化学、精密仪器、光学仪器、航空航天工业和信息产业等都在世界上占有重要地位;食品、纺织与服装、钢铁、采矿等也很发达。目前,传统的钢铁、造船、采煤、纺织和化工已成为夕阳产业,汽车、电子电气、机器装备制造和信息产业是德国经济的支柱产业,产值占 GDP 的 1/4 以上。德国产品在国际市场上具有较高的竞争力,尤其是汽车和机械在出口中占据主导地位。制药业、医疗器械、航空航天等发展迅速,目前已成为德国经济新的增长点。

1. 汽车和汽车配件工业

德国是世界汽车制造强国,汽车是其最重要的出口产品。2012 年、2013 年德国汽车厂商总产量分别为 1 362 万辆、1 408 万辆,其中德国国内产量分别为 539 万辆、544 万辆,海外产量分别为 823 万辆、864 万辆。2014 年德国汽车及零部件总产值约 3 855 亿欧元,国内销售 1 330 亿欧元,海外销售 2 525 亿欧元,出口 2 027 亿欧元,在出口总额中占比达 17.9%,名列出口榜首(出口榜第二和第三位分别是机械设备和化工制品)。德国汽车及其配套工业产品出口率高达 65.5%,为德国外贸顺差做出巨大贡献。2014 年,德国出口轿车 430 万辆。德国汽车产业非常重视技术水平的提升,自 2010 年以来,在汽车工业研发方面投入千亿欧元,占整个工业研发投入的 1/3。德国汽车工业拥有 3 600 多项专利,遥遥领先于其他国家。所有这些都确保了德国汽车工业在全球的技术领先优势,并凸显汽车工业在德国经济中的核心地位。德国汽车工业研发工作的重点是提高汽车质量、改善安全性能、降低能耗。德国汽车工业正着力进行新一代混合动力发动机技术、电动车和替代燃料的研究,旨在提高发动机性能、减少二氧化碳等有害气体排放及噪音污染,适应环保、节能的大趋势和要求。截至 2013 年,德国汽车行业就业人数约 75.6 万人,是其就业人数最稳定的行业。目前约有 1 000 家左右的企业从事汽车工业生产活动。

在全球中高档汽车市场上,德国汽车品牌占有重要地位,奔驰、宝马老少皆知,大众、奥迪、保时捷有口皆碑,迈巴赫、宾利更成为身份高贵的象征。安全、舒适、节能、环保、美观、耐用是德国品牌轿车的主要特点。德国主要整车制造商为奔驰集团(Daimler-Benz)、大众汽车集团公司(Volkswagen)、奥迪公司(Audi)、宝马公司(BMW)、保时捷公司(Porsche)、欧宝公司(Opel)、曼公司(MAN)。主要汽车配件企业有博世、大陆、采埃孚(ZF)、蒂森·克虏伯、西门子、巴斯夫及海拉(Hella)等。

德国的汽车生产分布很广,在不来梅、汉诺威、沃尔夫斯堡、奥斯纳布吕克、杜塞尔多夫、波鸿、莱比锡、德累斯顿、斯图加特、慕尼黑等城市都分布着不同品牌或型号的汽车的生产商。

2. 机械设备制造工业

机械设备制造业一直以来是德国就业人数最多的行业,在欧洲首屈一指,是世界第二大机械设备制造国,仅次于美国。2014 年机械制造业销售额 2 120 亿欧元,全德有超过 6 000 家企业从事机械设备制造,从业人数 101 万人。机械设备是德国当年第二大出口商品,出口额为 1 650 亿欧元,占全年出口总额的 14.6%。德国是世界第一大机械设备出口国,76%的产品销往国外,出口额约占世界机械出口总额的19%,在32个产品领域中,德国产品在18个领域是世界出口第一,在其余领域内也均处于世界前列。其中驱动技术机械和设备、建筑机械及建材设备、传输技术设备、印刷机械及造纸技术设备、机床、食品及包装机械设备、民用航空技术设备为德国出口排名前七位的机械设备产品。

3. 电子电气工业

德国拥有世界技术领先的电子电气工业。根据德国电子电气行业协会的数据,该产业国内雇员总数约为85万人,产品达10余万种,是德国第三大支柱产业。2013年该行业实现销售额1 669亿欧元,占德国工业产值的10%;增加值居各行业之首,约占产值的38%,占整个欧盟电子电气行业增加值的40%;年末总就业人数为83.8万人,其中工程师超过18万人。该产业的发展在很大程度上依赖于汽车产业的发展,汽车、数据处理、工业电子是该行业三大主要市场领地,分别占行业销售额约37%、28%、23.4%。德电子元件主要产品包括:半导体产品、电阻器、电容器、缩合器、感应器、无源及混合微电路、电子机械元件和印刷/混合电路板等。未来德国电子元件市场的发展主要依赖汽车业的发展及工业电子领域的发展。

电子电气工业每年的研发投入约占德国工业总研发投入的20%,是德国第二大研发投入领域,2014年投入超过150亿欧元。制造的电子元件一半以上用于出口,其中50%以上出口到欧洲国家。2014年,前五大出口目标市场分别是中国、美国、法国、英国、奥地利。

英飞凌公司(Infineon Technologies A.G.,1999年4月从德国西门子集团中独立出来)是德国最大的电子元件生产商,产量占德国电子元件总产量的29%,该公司还是德国最大的通信、互联网技术及移动电话用芯片提供商和汽车电子、工业电子、安全系统、智能卡及存储产品的集成电路提供商。慕尼黑、斯图加特、柏林和纽伦堡等是重要的电子工业中心。其中慕尼黑是欧洲最大的微电子工业中心,有德国"硅谷"之称,英飞凌公司的总部就设在这里。

4. 化学工业

化学工业是德国第四大支柱产业。德国是世界第四大化工生产国和最大的化工产品出口国,拥有优良基础设施、众多研究机构和高素质的劳动力。根据德国化学工业协会数据,2014年德国化工行业年销售额1 932亿欧元,其中国内销售777亿欧元,国外销售1 155亿欧元。2012年德化工行业研发投入为960亿欧元,其中企业研发投入为780亿欧元,占当年全球化工企业研发投入的7%,排在美国、日本、中国之后,居第四位。

德国化工工业的三大优势领域是基础有机化学品、初级塑料产品及药品。这三个产品领域都占到德国化工生产总量的15%~20%。特种及精细化工品、聚合物药物产品、石化及衍生物、洗涤类产品、无机基础化学品和农用化学品是德国主要的化工产品类别。

德国拥有为数众多的世界级大型化工企业,其中巴斯夫(BASF)、赢创(Evonik Industires)、科思创(Covestro)、拜尔(Bayer)均位列全球化工企业的20强,2018年化学品的销售额都在160亿美元以上。其中巴斯夫公司的销售额多年位居全球第一,但在2018年被美国的陶氏杜邦(DowDuPont)取代,退居第二位。

5. 钢铁工业

钢铁工业在德国现代国民经济体系中拥有重要地位,该产业不仅构筑了德国汽车及配件工业、机械工业和农业的基础,而且是德国外贸出口比重较大的优势产业。德国是欧盟最大产钢国,占欧盟28国(包括英国)粗钢总产量的近1/4,位居世界第七。行业企业总数近100家,员工总数约9.5万人。2013年德国粗钢总产量4 260万吨,工业销售额近500亿欧元,其中德国最大钢企蒂森克虏伯钢铁公司粗钢产量就达1 250万吨。经过长期市场整合,产业地域分布也较为集中。前5强企业的年粗钢总产量占行业全年总产量的80.8%。

德国钢铁的出口一直保持生产总量的50%左右,对欧盟国家的出口约占出口总量的3/4。对欧盟以外的出口基本保持在每年500万吨左右;同时,德国的钢铁进口规模与出口量大致持平,53%的钢需求通过进口满足,欧盟国家是其主要进口来源国,占进口的85%。近两年,钢铁产业面临产能过剩、价格下降、成本上升、经营困难等问题。

目前德国已经建成了以传统钢铁产区——鲁尔区为依托,以杜伊斯堡(Duisburg)为核心城市,覆盖北威斯特法伦州(Nordreihn-Westfalen)、巴符州(Baden-Würtenburg)和萨尔州(Saarland)的钢铁生产中心,目前该区域集中了德国钢铁工业前15强企业的大部分炼钢厂,年粗钢产量已占全德总产量的54%。

6. 航空航天工业

航空航天是德国最具创新精神和表现最出色的行业之一。2014年全行业销售额达321亿欧元,就业人数达10.57万。民用航空部门是全行业最大也是发展最好的部门,得益于全球订单和交付数量的增长,2014年该部门销售额达230亿欧元,增幅为7%。军事航空部门2014年销售额为66亿欧元,较2013年下降2.7%。德国航空航天工业有超过200家公司和相关机构,发展前景广阔,在今后20年将出产约25 000架新飞机销往全球市场。

7. 信息与通信技术产业

从销售规模、产业范围、成长潜力、研究实力和员工素质而言,德国的信息与通信技术产业在欧洲居第一位,约占20%的市场份额,在世界市场位居第四,约占5.5%。据德国联邦信息通信技术联合会数据,2014年该产业产值(包括设备及服务)1 533亿欧元,从业人员96万人。德国有84%的家庭使用互联网,国内宽带覆盖率达97%。德国拥有最优秀的通信、信息技术研究机构,未来几年将在云技术与服务、智能网络建设、电子游戏、信息安全以及移动数据服务等方面具有发展潜力。

扩展阅读6-4
"德国制造"

(四)服务业

德国在20世纪80年代末逐渐向服务型经济转型,近年来服务业发展迅速,在国民经济中的地位举足轻重,2019年服务业产值超过2.4万亿欧元,占GDP的比重约为70%。与其他国家不太相同的是,德国的服务业是在制造业基础上发展起来的。当其制造业发展到一定水平,就会对服务业产生需求进而形成服务业的外包,服务业的种类增加、质量提高。也正是因为如此,德国享誉世界的服务业主要为金融业、会展业、物流业和咨询业等与制造业有较大关联的行业。

1. 交通运输业

德国基础设施完备,陆路运输、空运、内河航运和海运都很发达。德国公路交通十分发达,城际公路网全长23.1万千米,其中高速公路超过1.3万千米。2019年公路货运周转量达37.7亿吨,居欧洲之首。德国铁路总里程3.35万千米,居欧盟国家之首,其铁路网是欧洲交通道路核心部分之一,慕尼黑、柏林、科隆等主要城市都可以通过铁路网和其他国家的主要城市相连。2019年铁路货运量3.9亿吨,客运量110.6亿人次。德国河网密布,其中35%的流域可自由通行,内河航道全长4 800千米,其中25%为人工运河。德国有100多个现代化的公用海港和河港,74个大城市及其附属地区中,有56个城市有水路连接。2019年德国内河航运货物吞吐总量2.05亿吨,海港货运量2.9亿吨。汉堡港是德国最大的海港,是欧洲集装箱货物来往中国的第一大港口。德国民航运输业发达,法兰克福机场是世界主要航空港之一。2019年航空货运吞吐量477.2万吨,运送乘客超过1.24亿人次,其中国际客运量1.01亿人次。慕尼黑机场、杜塞尔多夫机场和柏林泰格尔机场也是主要机场。

2. 旅游业

德国旅游资源相当丰富,旅游业发达,每年有大量国内外游客在德国旅游。从20世纪六七十年代起,德国开始进入工业化后期,旅游业迅速发展,成为一个非常兴盛的行业。德国是世界上游客产生地最多的国家之一,由于收入水平高且社会保障体系完善,工作时长短,因此德国人酷爱旅游。德国旅游业的发展不仅得益于国内游客,更得益于国外游客。2019年,德国接待入境外国游客3 956.3万人次,居全球第10位。德国人非常珍惜本国的旅游资源,各地古建筑绝大部分被保留下来或修复重建,博物馆、教堂和古堡被称为"德国旅游三绝"。德国国土面积不大,公路、铁路运输发达,因此自驾游和乘火车出游是德国最主要的旅游方式。

3. 会展业

会展业是展览会与博览会的总称,在德国至少已有100多年的历史。会展业是一种投入少、社会效益高、无污染、零排放的绿色产业。德国是世界展览大国,会展业处于世界领先地位,拥有26个大型展会中心。德国每年在本国举办约300场展览会,其中国际展和国内展各半。世界2/3的顶级行业展会在德国举办。在世界范围内影响较大的210个专业性国际贸易展览会中,有150多个是在德国举办的,每年吸引约18万参展商和1 000万观展者。德国的国际展会上有一半以上的参展商来自海外,其中1/3来自欧洲以外的国家,海外专业观众比例高达30%。此外,德国展会主办机构还积极从事海外展览业务的拓展,近年来每年在海外举办展会约250场左右。世界展览企业营业额前十大公司,有5家在德国,分别是法兰克福展览公司、杜塞尔多夫展览公司、慕尼黑展览公司、汉诺威展览公司、柏林展览公司。德国展览场馆集中,形成了规模效益,全球5大展览中心有3个位于德国,即汉诺威、法兰克福和科隆展览中心。中国是德国展览业最大海外市场。

据德国展览业协会的统计,2018 年德国展览公司在海外举办的 315 场展会中,中国以 84 场高居榜首,其后是印度 44、俄罗斯 32、土耳其 16、美国 16 和巴西 14。

4. 金融保险业

德国金融保险业历史悠久,发展迅速,在本国经济和世界经济中都占有重要地位。德国联邦银行是德国的中央银行,决定国家货币政策、负责货币发行并管理外汇黄金储备,其基本任务是确保币值的稳定。自欧元诞生以来,德国联邦银行对于货币政策的决定权上交欧洲中央理事会。德国金融业一直居于欧洲领先地位,法兰克福是德国的金融中心,也是欧洲乃至世界的金融中心之一。在欧洲,法兰克福作为金融中心的地位居于伦敦之后,但在英国退出欧盟后,欧洲大陆的金融中心也就是法兰克福的地位将进一步提升。

四、德国的对外贸易

(一) 货物贸易发展概况

德国是世界贸易强国,对外贸易在德国的经济生活中起着决定性作用,GDP 中大约 1/3 为出口产品所创造,大约每 3 个工作岗位中就有一个依赖出口。自"二战"以来,德国对外贸易发展迅速。1950 年,联邦德国的对外贸易总额为 46 亿美元,到 1970 年已猛涨至 646 亿美元。20 世纪 70 年代除 1973 年受石油危机的影响略有下滑外,其他绝大部分时期贸易依然保持增长态势,到 1989 年贸易总值已增至 7 203 亿美元。1986—1990 年,德国外贸总值达到世界第一位。两德合并后,除初期出现两年的负增长,并伴有逆差外,从 1993 年开始,顺差逐年增多。在进入 21 世纪后,德国进出口贸易都处于上升时期,即使在 2009 年遭遇全球金融危机时也依然保持顺差态势。2009 年之前,德国一直保持世界第一出口贸易大国的地位。此后虽然被中国超越,但是德国大多时候都保持着世界第一顺差大国的地位。2013 年,德国贸易顺差额达 2 717 亿美元,处于第二、三位的分别是中国和沙特阿拉伯。2019 年,德国货物贸易总额为 27 234.4 亿美元,其中出口额为 14 891.9 亿美元,进口额为 12 342.5 亿美元,仍是世界第三贸易大国,但世界第一顺差大国的地位自 2014 年开始就被中国取代,2014 年德国货物贸易顺差为 2 870.21 亿美元,而中国是 3 830.6 亿美元。2019 年,德国和中国的货物贸易顺差分别是 2 547 亿美元和 4 210.7 亿美元,两国之间贸易顺差的差距进一步拉大。

(二) 进出口商品结构

德国企业高度重视对出口贸易商品结构的优化。近几年来,汽车及汽车配件、机械设备以及计算机、电子和光学产品的出口额稳居德国的前三位(见表 6-11),这三类产品均属资本密集型产品。同时化学和化工产品、电气设备、药品药剂、贱金属及制品、塑料、橡胶等也是主要出口产品。德国出口的商品比较分散,每一类的比例均不超过 20%。这种分散出口产品种类的策略使德国巧妙避开了各国的贸易壁垒,确保了德国整体出口保持强劲的势头。

汽车及配件、计算机、电子和光学产品、运输设备、化工产品、能源、矿产品、药品、塑料、橡胶、食品等产品是德国的主要进口产品。德国属于外向型经济,商品进口以资本、技术密集型产品为主,其次才是劳动密集型产品以及资源类产品。德国大量出口机电产品、运输设备等的同时,也大量进口相关产品,对这些产品及零部件进行加工、组装、升级后再出口。德国自然资源贫乏,除硬煤、褐煤和钾盐的储量较丰富外,其他大部分资源都依赖进口,包括钢、铝土矿、锰、磷酸、钨和锡。

表 6-11 2019 年德国外贸商品结构

排名	产品名称	出口额/亿欧元	占比/%	产品名称	进口额/亿欧元	占比/%
1	汽车及配件	2 245.9	16.9	汽车及配件	1 284.9	11.6
2	机械和设备	1 964.1	14.8	计算机、电子和光学产品	1 186.2	10.7
3	计算机、电子和光学产品	1 188.2	8.9	机械和设备	881.6	8.0
4	化学品和化工产品	1 186.4	8.9	化学品和化工产品	867.2	7.9
5	电气设备	897.7	6.8	电气设备	668.4	6.1
6	基础药品和制剂	833.3	6.3	原油和天然气	634.6	5.7
7	其他运输设备	644.5	4.9	基础药品和制剂	588.7	5.3
8	贱金属	575.6	4.3	贱金属	568.6	5.1
9	食品	567.2	4.3	食品	497.3	4.5
10	橡塑制品	468.9	3.5	其他运输设备	392.4	3.6

数据来源:德国联邦统计局。

(三)主要贸易伙伴

从地区来看,德国的贸易伙伴主要集中在欧洲,尤以欧盟成员国为主。2019 年德国对欧盟的出口达 8 558.3 亿美元,占其出口总额的 57.5%;从欧盟的进口为 8 047.4 亿美元,占其进口总额的 65.2%。2019 年,德国的前十大贸易伙伴中,仅美国、中国、瑞士不是欧盟国家。其次是北美地区,主要是美国。再次是亚洲,主要是日本和中国。得益于 20 世纪 90 年代德国政府制定的新亚洲政策,德国积极发展与亚洲国家的贸易往来,其中,不少发展中国家,尤其是中国、东南亚地区的国家与德国之间的贸易发展十分迅速。

从国别来看,德国的贸易伙伴也相对集中,主要是西方的工业发达国家。2015 年,荷兰超过法国,成为德国最大的贸易伙伴,德荷双边进出口总额达 2 169.55 亿美元。此前法国多年保持德国第一贸易伙伴的地位。2015 年,美国超过法国成为德国第一大出口目标市场,到 2019 年德国对美国的出口已达 1 336.5 亿美元;荷兰是其最大的进口来源地,2019 年德国从荷兰的进口占其进口总额的 13.1%。中国是德国的第四大贸易伙伴,第三大出口目标市场,第二大进口来源地(见表 6-12)。

德国的主要贸易顺差来源是美、英、法、中、奥地利等国,贸易逆差来源是荷兰、比利时、爱尔兰、捷克。

表 6-12 2019 年德国的进出口贸易伙伴

排名	出口贸易伙伴			进口贸易伙伴		
	国家	金额/百万美元	占比/%	国家	金额/百万美元	占比/%
1	美国	133 648	9	荷兰	161 653	13.1
2	法国	119 466	8	中国	85 958	7
3	中国	107 766	7.2	法国	78 132	6.3
4	荷兰	92 975	6.2	波兰	71 130	5.8
5	英国	87 925	5.9	比利时	70 346	5.7
6	意大利	76 019	5.1	意大利	65 016	5.3
7	波兰	73 602	4.9	美国	60 646	4.9
8	奥地利	70 899	4.8	捷克	59 158	4.8
9	瑞士	62 897	4.2	奥地利	51 215	4.2
10	比利时	51 543	3.5	瑞士	47 736	3.9
11	捷克	49 892	3.4	英国	44 854	3.6
12	西班牙	49 577	3.3	西班牙	37 745	3.1
13	匈牙利	30 104	2	匈牙利	32 717	2.7
14	俄罗斯	29 826	2	俄罗斯	22 589	1.8
15	瑞典	27 818	1.9	斯洛伐克	19 670	1.6

数据来源：中国商务部国别报告。

德国服务业具有良好的基础,因此也带动了服务贸易的发展。德国服务贸易处于全球领先地位,服务贸易发达。2019 年,德国服务贸易的进出口总额为 6 982.22 亿美元,居全球第三位,其中出口额为 3 352.49 亿美元,位居美国、英国之后,居第三位;进口额为 3 629.73 亿美元,仅次于美国、中国,居第三位(见表 6-13)。服务贸易占对外贸易总额(货物贸易＋服务贸易)的比例高于其他发达经济体,2019 年为 20.4%。据世界银行统计数据,2002 年以来,德国服务贸易呈稳步增长趋势,贸易额占 GDP 的比重从 2002 年的 12.28% 增至 2019 年的 18.58%。

信息与通信技术是德国服务贸易中的重要出口部门,德国是欧盟最大的信息通信产品与服务的出口国。此外,国际旅游和运输、物流服务也是德国主要的服务出口部门。据德国联邦统计局公布的数字,2014 年在"运输和仓储"业从业人员为 210 万,从业人员同比增加 2.1%。德国是欧洲最大的物流中心,可为欧洲 5 亿多人口提供物流服务,其中一半人口能做到隔夜送达。

表 6-13　2019 年世界主要服务贸易大国

排名	出口国	出口额/亿美元	占比/%	进口国	进口额/亿美元	占比/%	国家	进出口总额/亿美元
1	美国	8 532.70	14.07	美国	5 642.76	9.85	美国	14 175.46
2	英国	4 117.94	6.79	中国	4 969.67	8.67	中国	7 786.18
3	德国	3 352.49	5.53	德国	3 629.73	6.33	德国	6 982.22
4	法国	2 870.84	4.73	爱尔兰	3 210.95	5.60	英国	6 909.78
5	中国	2 816.51	4.64	英国	2 791.84	4.87	爱尔兰	5 596.61
6	荷兰	2 621.39	4.32	法国	2 628.21	4.59	法国	5 499.05
7	爱尔兰	2 385.66	3.93	荷兰	2 461.45	4.30	荷兰	5 082.84
8	印度	2 137.31	3.52	日本	2 017.13	3.52	新加坡	4 033.28
9	新加坡	2 045.09	3.37	新加坡	1 988.19	3.47	日本	4 022.54
10	日本	2 005.41	3.31	印度	1 780.71	3.11	印度	3 918.02

资料来源：WTO Data。

（四）中德经贸关系

1. 中德贸易

中德1972年10月11日建交,关系发展顺利。1980年欧共体开始对中国出口的商品给予普惠制待遇,中德商品贸易出现加速发展的势头。两德统一后,中国对德国出口特别是通过中国香港向德国的转口贸易大幅度增加。此后多年来德国一直是中国在欧洲的最大贸易伙伴。2002年中国超过日本成为德国在亚洲的最大贸易伙伴。据欧盟统计局统计,2019年中德双边贸易额为1 937.2亿美元,其中,德国对中国出口1 077.7亿美元,占德国出口总额的7.2%;德国自中国进口859.6亿美元,占德国进口总额的7.0%。德中贸易中,德国处于顺差地位,2019年与中国的贸易顺差为218.1亿美元。中国为德第三大出口市场和第二大进口来源地。

机电产品一直是德国对中国出口的第一大类产品,2019年出口额为406.6亿美元,占德对中国出口总额的37.7%。运输设备是德对中国出口的第二大类商品,出口额331.5亿美元,占德对中国出口总额的30.8%。化工产品是德国对中国出口的第三大类商品,出口额94.0亿美元,占德对中国出口总额的8.7%。前三大类产品占德国对中国出口的近八成。

德国自中国进口的主要商品为机电产品、纺织品及原料和家具玩具杂项制品,2019年合计进口572.1亿美元,占德国自中国进口总额的66.6%。除上述产品外,贱金属及制品、化工产品、光学钟表医疗设备等也为德国自中国进口的主要大类商品,在其进口中所占比重均超过或接近5%。

2. 双边投资

德是对华直接投资最多的国家之一,截至2018年底,中国累计批准德国企业在华投资项目 10 272 个,德方累计投入 333.9 亿美元。德国对华投资项目主要集中在化工、汽车、金融、电子电气、制药和零售等领域。德国在华投资多为生产型项目,投资金额较大,技术含量较高。随着在华投资规模的增加,西门子公司、拜耳化工集团、巴斯夫化工集团、汉高集团、大众汽车集团和戴姆勒、德固赛(现已更名为赢创集团,Evonik)等德国企业已先后在华成立了投资性公司。

近年来,中资企业以并购、参股等形式在德实施"走出去"战略成效显著。截至 2018 年底,中国对德国直接投资存量 136.9 亿美元。在德国中资企业超过 2 000 家,集中在机械制造、运输、汽车零配件、新能源、电信和贸易等领域。中国企业投资主要分布在德国西部、南部等经济发达地区。其中贸易运输企业往往倾向于在交通便利、具备港口优势的大汉堡地区进行投资;杜塞尔多夫和科隆位于中西部的鲁尔区,人口稠密,经济发达,也是中资企业的集中地;法兰克福作为金融中心、航空运输中心,吸引了中国的银行和航空企业;高科技企业、生产型企业则集中在南部的慕尼黑、斯图加特等城市。近年来,德国东部因成本较低,且对外国投资提供优惠政策,对中资企业越来越具有吸引力。

3. 财政、技术合作

德是对华提供发展援助最多的国家之一。1985 年,两国政府签订了财政合作协定。财政合作领域主要涉及自然资源可持续利用、医疗、扶贫、轨道交通及金融等领域。2013 年 5 月李克强总理访德期间,德国中国商会、在德投资促进机构宣布成立,中德经济顾问委员会正式启动。当前,中德财政合作已逐步提升为互惠互利的合作,促进性贷款成为合作的主要资金来源。

德国是中国自欧洲引进技术最多的国家。1982 年,两国签订技术合作协定。援助形式有技术合作项目、粮食援助、紧急援助、项目外奖学金和资助研讨会。德是欧洲对华技术转让最多的国家,截至 2019 年 9 月底,中国从德国引进技术 25 166 项,合同金额 862.7 亿美元(6 141 亿人民币)。中德经济保持着互补性强、合作共赢和空间大的特点。

4. 金融合作

截至 2015 年 7 月,中国银行、工商银行、建设银行、交通银行、农业银行 5 家中资银行已在德设立 11 家分行,人民银行在德设立代表处。2014 年 3 月,人民银行与德国联邦银行签署《关于在法兰克福建立人民币清算机制的谅解备忘录》。6 月,中国银行法兰克福分行被指定为人民币法兰克福清算行。2016 年 9 月,中国央行与欧洲中央银行签署补充协议,将双边本币互换协议有效期延长 3 年至 2019 年 10 月 8 日,互换规模仍为 3 500 亿元人民币/450 亿欧元。此外,两国保险业监管机构于 2001 年 9 月签署保险监管合作备忘录。德国已有多家保险机构在华设有保险公司。2020 年 1 月,德国最大的金融集团之一安联集团在上海成立安联(中国)保险控股有限公司,这是中国第一家外资保险控股公司。

五、德国的主要港口和城市

由于德国在城镇化的过程中遵循"去中心化",避免城市人口过度集中的原则,因此即使其目前的城市化比率已达 70% 以上,但是并没有特大的城市。整体来看,德国的城市呈现出规模小、数量多、分布均衡的特点。除柏林、汉堡等少数城市稍显拥挤外,绝大多数是环境比较幽静的中小型城市。其主要城市的人口规模如表 6-14 所示。

表6-14 德国主要城市的人口分布 　　　　　　　　　　　　万人

城市名称	人口数量	城市名称	人口数量
柏林	367.0	斯图加特	61.8
汉堡	178.0	杜塞尔多夫	60.8
慕尼黑	144.0	艾森	59.3
科隆	105.4	多特蒙德	58.8
法兰克福	72.5	不来梅	55.5

资料来源：德国联邦统计局网站（更新时间2020年12月31日）。

1. 柏林（Berlin）

德国首都，也是德国最大的城市，位于德国东北部，四面被勃兰登堡州环绕。施普雷河和哈韦尔河流经该市。柏林扼东西欧交通要冲，扮演了一个欧洲大陆上航空与铁路交通枢纽的角色，北部距离波罗的海、南部距离捷克均不到200千米，是东西方的交汇点。城市面积883平方千米，其中公园、森林、湖泊和河流约占城市总面积的1/4，整个城市在森林和草地的环抱之中，宛若一个绿色大岛。柏林是德国主要工业区。工业以电机、电子、仪器、仪表最为发达，其次是机械、冶金、化工、服装、食品加工、印刷等部门。

2. 汉堡（Hamburg）

汉堡位于德国北部易北河下游，距入海口约76海里，是德国的第二大城市，仅次于柏林，是德国最大的港口，也是欧洲第三大集装箱港，被誉为"德国通往世界的大门"。始建于1189年，迄今有800多年的历史，已发展成为全球最大的自由港，在港内有面积达50万平方米的仓储城。汉堡港是欧洲最重要的中转海港，也是德国重要的铁路和航空枢纽，市区跨越易北河两岸，市内河道纵横，多桥梁，在易北河底有横越隧道相通。汉堡工商业发达，是德国的造船工业中心。

3. 慕尼黑（德文：München）

慕尼黑是德国巴伐利亚州的首府，是德国南部第一大城，德国第三大城市。慕尼黑位于德国南部阿尔卑斯山北麓的伊萨尔河畔，是德国主要的经济、文化、科技和交通中心之一，也是欧洲最繁荣的城市之一，是生物工程学、软件及服务业的中心，也是德国仅次于法兰克福的第二大金融中心。

4. 科隆（Koeln）

科隆位于德国人口最稠密的北威州，位于莱茵河畔。科隆所在的科隆经济区是德国第三大工业区，是一个拥有巨大发展潜力的销售市场。科隆拥有多种充满活力的行业，是欧洲化学工业最重要的基地之一，还是欧洲乃至日本汽车制造商云集的中心，福特、雪铁龙、达夫、马自达、尼桑、雷诺、丰田、沃尔沃等一流汽车公司都把它们在德国以及欧洲总部设在科隆。科隆的机械制造业、食品加工业、五金加工业和电器技术也都具有重要的地位。科隆市位于中欧腹地，是德国与全欧铁路网连接的核心枢纽，国际高速铁路可直达伦敦、巴黎、阿姆斯特丹、布鲁塞尔，交通十分便利。科隆位于世界上运输量最大的河流之一——莱茵河畔，是仅次于杜伊斯堡的德国第二大内河港口。

第六章　发达的经贸大国

5. 法兰克福（Frankfurt）

全名为美因河畔法兰克福（以便与位于德国东部的奥得河畔法兰克福相区别），德国重要工商业、金融和交通中心，黑森州最大城市。位于中部莱茵河的支流美因河下游两岸。德国最大航空站、铁路枢纽。德意志联邦银行、欧洲中央银行及其他大银行总行多设于此。工业以化学工业（染料、制药、化肥、人造纤维、合成橡胶）最为重要，其次为电子机械等。德国著名诗人歌德的诞生地。第二次世界大战时曾遭严重破坏，战后重建为现代化大城市。

6. 斯图加特（Stuttgart）

位于德国西南部的巴登—符腾堡州中部内卡河谷地，是该州的首府及第一大城市。斯图加特是德国的铁路枢纽、河港、国际航空站，是德国南部仅次于慕尼黑的工业城市，有电子、汽车、机械、精密仪器、纺织、食品等工业。世界著名汽车城，奔驰汽车公司所在地。也是出版业中心。高等院校、博物馆众多。附近有大矿泉，多葡萄园，是重要矿泉水、葡萄酒产地。哲学家黑格尔诞生于此。由于其在经济、文化和行政方面的重要性，是德国最知名的城市之一。

7. 杜塞尔多夫（Dusseldorf）

位于莱茵河畔，是德国北莱茵—威斯特法伦的州首府。杜塞尔多夫有鲁尔区的"办公桌"之称，位于德国鲁尔重工业区的中心，设在这里的钢材、钢管、钢铁、机械、化工和玻璃等工业企业享有世界声誉。德国汉高总部即设在这里。杜塞尔多夫也是德国的时装之都，是世界著名的时装城市，每年举行大型时装展览会和交易会。杜塞尔多夫又是有名的博览会城市，一年四季都举办各种行业的国际大型展览会。这里也是欧洲最大的日本人聚居地，市内有许多日资公司。杜塞尔多夫是19世纪德国诗人海因里希·海涅的出生地。

8. 不来梅（Bremen）

不来梅州位于德国北部威悉河入海口处，该州由两个城市——不来梅市和不来梅港组成，面积404平方千米，是德国最小的联邦州。不来梅港是德国第二大港，也是欧洲最大的渔业港之一。作为德国一个外贸中转站，不来梅港拥有先进的集装箱水陆转运设备。德国的茶叶、咖啡、烟草和棉花都由此进入，并在当地加工上市。因此，不来梅港不仅是一个快速的货物转运地，也是当地经济的发动机，它的州徽就是一把钥匙——一把"打开世界的钥匙"。除了航运和造船业外，不来梅市还拥有汽车、机械制造、电子及刚兴起的航空航天工业。

第四节 英 国

一、英国的地理概况

（一）地理位置和国土面积

英国全称大不列颠及北爱尔兰联合王国（The United Kingdom of Great Britain and Northern Ireland），本土位于欧洲大陆西北面的不列颠群岛，被北海、英吉利海峡、多佛尔海峡、凯尔特海、爱尔兰海和大西洋包围,西邻爱尔兰,横隔大西洋与美国、加拿大遥遥相对;北过大西洋可达冰岛;南穿多佛尔海峡行33千米就到法国。英国由大不列颠岛上的英格兰、威尔士和苏格兰,爱尔兰岛东北部的北爱尔兰以及一系列附属岛屿共同组成,总面积为24.41万平方千米,其中英格兰地区13.04万平方千米,苏格兰7.88万平方千米,威尔士2.08万平方千米,北爱尔兰1.41万平方千米。除本土之外,还拥有14个海外领地。

扩展阅读 6-5
英国的海外领地

(二)地形、气候与资源

英国国土经历漫长而复杂的地质发展,形成高原、低山、丘陵、平原、宽谷相间分布的地形特征。其中英格兰自西向东分为4部分:以塞文河流域为中心的米德兰平原;海拔200米左右的高地;伦敦盆地;威尔德丘陵。威尔士境内多山,地势崎岖。位于英格兰北部的奔宁山脉是英国的主要山脉,素有"英格兰的脊梁"之称。苏格兰主要以山地为主,只有中部较为低平。北爱尔兰地区湖泊较多,沿湖多为平原。

英国位于北纬50°~60°之间,虽然纬度较高,但气候温和,冬无严寒,夏无酷暑,属温和湿润的海洋性气候。1月份的平均气温约为4~7℃,7月份13~17℃。年降雨量西北部山区超过1 000毫米,东南部在六七百毫米之间。英国雾气较重,天气多变,一日之内,时晴时雨。多变的天气也为人们提供了经常的话题,在英国甚至最沉默寡言的人也喜欢谈论天气。受高纬度的影响,英国昼夜长短的变化特别明显。冬季日短夜长,夏季则日长夜短。

英国拥有丰富的油气资源,为西欧重要的油气资源国。截至2008年底英国石油探明可采储量为4.67亿吨,2019年降至3.6亿吨;天然气探明可采储量为3 429.19亿立方米,2019年降至1 869.8亿立方米。绝大部分探明的原油储量位于北海油气盆地,北大西洋也有一些较小的油田。除海上油田外,英国还拥有一些陆上油气田,包括欧洲最大的陆上油气田之一——维奇法姆(Wytch Farm)油气田。北海油田自20世纪70年代开始开采,英国石油产量逐年上升,到90年代达到高峰后,每年新发现油气储量不能弥补成熟油田储量消耗,近年来随着北海油气产量的下降,自2006年英国已成为石油净进口国。英国也是世界煤炭资源较丰富的国家之一,有较大经济价值的煤田,主要分布在苏格兰、英格兰中部和北部、威尔士南部。煤质总体较好,多炼焦煤;煤层较厚,埋藏浅,易于开采;大多煤田距海较近,便于运输。

英国的金属矿产资源较为贫乏,只有少量铁、锡、铅、金、银等矿产。铁矿床主要为沉积型,大多分布在北安普敦郡和林肯郡北面的弗拉丁罕区,但大部分铁含量低,一般为27%~30%。除能源资源和金属资源外,一些非金属矿产资源也比较丰富,如钾盐、重晶石、萤石、石膏、高岭土、球黏土、耐火黏土等。其中高岭土资源非常丰富,2018年查明资源量为35亿吨,居世界第三位。

英国水资源比较丰富,塞文河(Severn River)是英国最长的河流,长338千米,发源于威尔士中部,河道呈半圆形,流经英格兰中西部,注入布里斯托尔湾。泰晤士河是英国最大的一条河流,流域面积1.14万平方千米,多年平均流量60.0立方米/秒,多年平均径流量18.9亿立方米。森林资源也较丰富,2017年,森林覆盖面积达317万公顷,占本土面积13%。

(三)人口、宗教

根据英国统计局数据,截至2019年6月30日,英国全国人口总数6 679.7万。近年来英国人口总数持续增长,但增速放慢,截至2019年年中相比上年同期增长了0.5%,这是英国自2004年以来人口增速最慢的一年。英国人口数量的增长一方面归因于外来移民的增加,另一方面在于出生人口高于死亡人口。近年来,由于欧债危机的影响,越来越多的欧洲居民选择到英国工作,这些移民主要来自西班牙、葡萄牙等国。英国人口密度为272人/平方千米。在人口分布中,英格兰地区占84.2%,苏格兰地区占8.2%,威尔士地区占4.7%,北爱尔兰地区占2.8%。官方语言是英语,威尔士北部还通用凯尔特语,苏格兰西北部高地及北爱尔兰通用盖尔语。居民信奉基督教新教,北爱尔兰部分居民信奉天主教,还有少量居民信奉伊斯兰教、犹太教、佛教。

目前,英国有华人华侨70万人左右,主要分布在伦敦(30万人)、曼彻斯特(10万人)和伯明翰(4万人)等大中城市。华裔人口是增长幅度最快的非白人单一少数民族群体。尽管华裔人口增长迅速,但英国人口最多的少数民族群体是印度裔人口,一共有140万人,其次是巴基斯坦裔人口,约有100万人,再次是非洲裔黑人。外来移民人数增加和出生率增长给英国住房、教育以及公共医疗等方面带来巨大压力。

(四)风俗与禁忌

英国人以沉默寡言、含蓄有礼著称,在交谈时,很少涉及私人话题。因此与英国人交谈时,不能问女士年龄,不能谈及男士工资。一般而言,初次见面,选择谈论天气将是一个不会出错的话题。在英国,尊重妇女是体现绅士风度的一个重要方面,女士优先是一个人人皆知的行为准则。英国人有排队的习惯,加塞是一种令人不齿的行为。在英国购物,最忌讳的是砍价。英国人不喜欢讨价还价,认为这是很丢面子的事情。去英国人家里做客,不宜早到,晚到十分钟以内最佳。不要赠送贵重的礼物,也不要赠送涉及私生活的服饰、肥皂、香水,带有公司标志与广告的物品。鲜花、威士忌、巧克力、工艺品以及音乐会票,是送给英国人的适当之选。尽量避免在室内吸烟,如果确实想吸烟,应该先征得其他人的许可。

英国人十分忌讳被视为死亡象征的百合花和菊花,孔雀和猫头鹰在英国名声不佳,所以他们反感有这些动物的图案。若碰洒了食盐或是打碎了玻璃,英国人都是认为很倒霉的。在色彩方面,英国人偏爱蓝色、红色与白色,因为它们是英国国旗的主要色彩。反感墨绿色。英国人忌讳的数字主要是"13"与"星期五"。当二者恰巧碰在一起时,不少英国人都会产生大难临头之感。对"666",他们也十分忌讳。在交往中,注意不要把对方称为英国人(English),而应称作不列颠人(Britain),因为"英国人"的原意是英格兰人。与英国人交谈时,切勿涉及英王、王室、教会以及英国各地区之间的矛盾,特别是不要对女王、王位继承和北爱尔兰独立问题说三道四。

二、英国的经济发展历程

英国是世界上最先进行工业革命的国家,且最早建立了资本主义制度,完成了从农业国到工业强国的转型。

英国资本主义的初升时期可追溯到15世纪。当时的英国用海盗的方式,开始争夺国际市场和霸权,走上了殖民帝国主义的道路并取得了世界霸主的地位。从17世纪开始到19世纪70年代以后,英国终于建立了一个几乎遍及全球的"日不落"殖民大帝国。至1914年,大英帝国在海外的地域遍及欧、亚、美、非、澳多洲,版图总面积达3 350万平方千米,相当于本国领土的130多倍,殖民地人口近4亿,相当于本国人口的9倍,占世界人口的1/4。英国的资本主义原始积累在国内是通过暴力,进行"圈地运动"剥夺农民的土地完成的。

从18世纪60年代开始,英国兴起了一场工业革命,这场革命到19世纪三四十年代基本完成。英国抓住技术革新的机遇,大大发展了生产力,并及时调整了禁锢生产力发展的旧的生产关系,从农业国变成了强大的工业国,成为当时最先进的资本主义国家。1850年时,英国在世界工业总产值中约占2/5,铁产量约占世界的一半,煤约占1/3。在外贸方面,英国在世界贸易份额中的比重超过了20%。

19世纪最后30年,是自由资本主义向帝国主义过渡时期,也是英国逐渐丧失工业垄断地位的时期。英国患上了"英国病"。由于工业革命较早,在一些老的工业部门中装备已经陈旧,新技术未被充分利用,同时资本又大量投向国外,很少投资于改进国内的技术装备。而美国和德国等后起的资本主义国家却运用新的科学技术发展本国工业,特别是新兴工业,迅速赶超英国。20世纪初,世界列强争霸激烈。两次世界大战给英国带来了极大的损失,大大削弱了其在世界经济中的地位。到1955年,英国的国民生产总值被原西德超过,1964年被法国超过,1965年又被日本超过。此后,英国政府曾多次努力恢复当年雄风,但总难以见效,综合实力的排行顺序越来越落后,现已处在西方七国的倒数第三位。

扩展阅读6-6
什么是"英国病"

为改变经济多年不振的局面,1979年保守党上台后,撒切尔夫人实行货币主义经济政策,同时通过调整产业结构等措施刺激经济增长,并先后对货运公司、煤气公司、电信公司、石油公司等大型国营企业实行私有化。1997年工党上台后仍基本承袭了保守党的客观经济政策,保持了政策的稳定性与连续性。此后,英国走上了"第三条道路"的改革,也就是既不同于主张由国家控制、高税收、高支出和高福利的"老左派",又区别于摒弃社会和集体事业的"新右派",而是一条既保持传统价值又倡导"自由主义"的略微偏左的中间道路。

20世纪80年代以来,由于北海油田的开发和受益于加入欧共体,加上英国政府大刀阔斧的实施一系列搞活经济的政策措施,使英国GDP自1981年起,连续8年保持年增长3%的势头,在西方国家中仅次于日本。但进入90年代后,英国经济又开始出现严重衰退的趋势,连续出现负增长。但到1995年,英国经济已成功摆脱衰退,进入新的繁荣阶段。自1997年以来,英国经济增长稳定且具有活力,GDP逐年上升,人均GDP接近欧盟平均水平的120%。1997—2005年,英国GDP实现了不间断增长,创下了英国近200年来最长的持续增长纪录。此后,除2008年和2009年受全球金融危机冲击出现负增长外,其余年份均保持1.5%左右的增速。但2018年以来,"脱欧"进程对英国经济的拖累逐步显现,2020年"脱欧"叠加新冠疫情,英国经济下行压力越来越大。2018年,英国GDP为2.86万亿美元,是全球第五大经济体,但在2019年被印度超过,居全球第六位。

三、英国的产业结构及生产分布

从产业结构来看,英国以制造业为主,制造业曾经居世界首位。但进入20世纪后,以制造业为主的第二产业在英国国民经济中的地位逐渐下降,到60年代时已被第三产业超越,其产值在GDP中所占比例为47.5%,进入21世纪后,这一比例进一步下降,到2015年已降至20.7%。第一产业在英国国民经济中所占比重历来较低,目前已不足1%,因此英国早有"纯工业国"之称。第三产业所占比重逐年上升,由50年代的不到50%上升到2015年的78.6%,到2019年达到79.3%。服务业在英国国民经济中占主导地位(见表6-15)。

表6-15 英国国内生产总值的部门结构　　　　　　　　　　%

年 份	1970	1980	1990	2000	2005	2010	2015	2016	2017	2018	2019
第一产业	2.2	1.7	1.4	1.0	0.6	0.7	0.7	0.7	0.6	0.6	0.7
第二产业	38.6	37.0	30.5	25.8	22.6	21.1	20.7	20.0	20.4	20.3	20.0
第三产业	59.2	61.3	68.1	73.2	76.8	78.2	78.6	79.3	79.0	79.1	79.3

数据来源:UNCTAD。

(一)工业

"二战"以来,英国工业发展缓慢,部门之间发展不平衡。英国工业按其发展历史,可以分为传统工业和新兴工业两大类。传统工业是产业革命中在蒸汽动力基础上发展起来的,包括纺织、采煤、冶金、机械、造船等,这些部门在英国早期工业化中发挥过重要作用,"二战"后,因在国际竞争中逐渐失去竞争力而趋于衰落。新兴工业包括航空航天、汽车、石化、海上采油、电子电气等,主要是"二战"后发展起来的。这些部门得到政府的支持,垄断集中的程度高,技术先进,企业规模大,专业化协作水平高,科研力量雄厚,并与军事有着密切联系,因而发展较快,其中某些技术在世界上处于领先地位。一些新兴的高技术工业部门发展十分迅速,逐渐成为英国工业的主体。

1. 汽车产业

英国汽车工业历史悠久,1873年发明了第一辆电动汽车,1904年生产出第一辆汽车,到1911年,英国已有24家汽车生产企业,但其生产规模较小,全部年产量不足3万辆,而此时美国汽车产量已超过20万辆,进入大规模流水生产时代。英国汽车产量自1930年超过法国,居世界第二位。那时的英国汽车产业拥有宾利、劳斯莱斯、阿斯顿·马丁、MINI、路虎、捷豹、路特斯等堪称"梦之队"的品牌。在汽车发展史上,英国车一直被认为代表着汽车工艺的极致,是品位、价值、豪华、典雅的体现。

20世纪60年代,随着日本、德国等掌握了大规模、标准化汽车生产技术的国家崛起,以豪华车和运动车生产和传统手工制造为特征、产能极低的英国汽车业开始经历难熬的衰退。英国不仅没有形成像德国大众、美国通用、日本丰田那样大的汽车集团;大名鼎鼎的品牌也都已卖给国外汽车集团。2005年,英国本土最后一家大型汽车制造厂罗孚正式退出英伦舞台。保姆式的干预政策及车企自身缺乏创新,造成了英国汽车业日薄西山的窘境。

在经历了短暂的沉寂之后,英国汽车工业如今已进入复苏阶段。汽车工业的角色也已经从多年前的制造中心发展成为全球的汽车研发中心。通过尖端企业、一流大学及研发机构、世界顶级赛车产业和资助项目的互动集合,英国在汽车研发方面的优势充分体现出来。在发动机技术、动力电子设备、能源回收、空气动力学、轻量化材料、智能交通方面的投入与成就,是英国在研发优势方面的有力佐证。这也吸引了包括日产、福特、上汽、长安等诸多企业在此建立研发中心。同时,英国充分鼓励竞争的政策与高度自由公平的市场,为英国在汽车领域吸引了诸多海外投资。英国汽车制造商和贸易商协会的报告表明,2012—2013年,英国吸引了欧洲投资总量的1/3,仅在汽车行业,这两年英国就已吸引了超过100亿英镑的海外投资。对诸多海外投资者而言,英国已经是进军欧洲的门户。然而英国脱欧给其汽车产业的发展带来很大的不确定性。欧洲市场在英国汽车出口中占比达57%,而脱欧带来的关税、供应链及市场等问题将削弱国际投资者对英国的信心。

2. 航空航天业

英国是最早建立航空航天工业的国家之一,其规模居欧洲前列,同时也是欧洲航空航天技术最发达的国家之一。主要公司有:BAE系统公司(全球第五大航空航天企业)、罗尔斯·罗伊斯公司(欧洲最大的航空发动机生产企业)、GKN宇航公司(全球航空航天复合材料和金属结构件制造的领导者)、Cobham公司(主要研发和生产民用和军用通信产品,如天线、通信系统和组件等)、Meggitt公司(设计和制造应用于航空航天及防卫系统的高精度元件和系统,以及航空航天等领域所需的先进传感器件)、Ultra电子(全球航空航天产业主要的IT服务和系统集成方案供应商)等。

2018年,英国航空航天产业销售收入为220亿英镑,其中航空运输140亿英镑,包括通用航空30亿英镑,航空航天80亿英镑。英国航空业共提供50万个就业岗位,其中航空业直接提供的有23万个岗位。英国主要的民航公司直接解决8.4万人就业。英国重视加强国际合作促进其宇航工业的发展。在国际合作中英国主要承担技术性强、耗资少、风险小、收益大的项目。

3. 化学工业

化学工业是英国的传统优势基础产业,竞争力强,年产值中有55%直接出口,是英国第三大出口产业。2019年,化工产品出口额占英国出口总额的12.8%。医药是英国化学品生产市场中最大的部门,其次是肥皂、洁厕产品、基础有机品、塑料、合成纤维、涂料、清漆、印刷油墨、染料、颜料、人造纤维,等等。

英国石化工业集中于英格兰东北地区,巴斯夫(BASF)、亨斯迈(Huntsman)、宝洁(P&G)等跨国公司都落户于此。帝国化学工业集团(ICI)是英国重要的化工企业,也是全球最大的化工品生产商之一。主要生产用于个人护理产品的特种聚合物、用于电子及包装行业的胶黏剂、装饰涂料和家庭及建筑业特化产品。公司研发集中于材料科学、分子科学以及测量和模型等三大领域。特种化工企业 Johnson Matthey 专注于催化剂、贵金属和精细化学品核心技术,是全球最大的铂族金属生产商之一,在黄金和白银提纯领域和用于控制车辆废气排放的催化剂方面处于世界领先水平。

4. 制药业

英国是世界制药业强国,与美国、日本并列世界三大药品研制中心。英国是全球生物制药的重要研发和生产基地。伦敦、牛津、剑桥等地以大学科研实力为依托,形成了生物制药技术研发的"金三角"。据英国制药工业协会(ABPI)的报告,全球前100位处方药的1/5在英国研发。欧洲制药业上市公司中40%的药品来自英国。欧洲医药鉴定局总部设在伦敦。英国制药业的国际投资合作广泛,许多世界顶级的制药集团,如美国辉瑞(Pfizer)、瑞士诺华(Novartis)、美国礼来(Lilly)、美国莫克(Merck)等,均在英国设立了研发中心和生产基地。近年来,英国制药投资也开始从欧洲转移到美国、巴西、中国和印度等快速发展的经济体。

英国生物制药企业和研发中心主要集中在爱丁堡和曼彻斯特等地区,如葛兰素史克公司、阿斯利康公司,其优势领域主要包括心血管、中枢神经和消化道等领域的药物开发和生产以及克隆技术、干细胞和癌症的研究。

5. 电子工业

英国电子产业在欧洲居领先地位。据英国贸工部的报告,英国电子产品年销售额超过400亿英镑,位居世界第五,从业人数约25万人,电子类企业约1万家。英国电子产业的核心部分是其突出的研发创新能力,特别是在半导体集成电路设计、嵌入式系统芯片技术、第三代(3G)移动通信技术、射频(RF)技术、天线设计、数字无线电和混合信号设计等领域。据英贸工部报告,英国半导体设计产业的营业收入和公司总数均占全欧洲的40%。电子工业的研发中心多集中于大学校园区,英国约有70所高校参与半导体设计的研究。

电子类科技创新公司主要集中于剑桥地区、苏格兰地区、英格兰东北部和南安普敦等地区。英国最大的电子企业是位于剑桥的ARM公司,是世界著名的半导体芯片设计企业。此外,诺基亚、索尼、三星电子、日立、摩托罗拉、意法半导体、NXP(原飞利浦半导体)、爱特梅尔微电子(Atemel)、安捷伦科技(Agilent Technologies)等主要大型跨国电子类公司都在英国设有研发或制造基地。

(二) 农业

18世纪末到19世纪初,英国的农业比较发达,曾一度居欧洲领先地位,食品也基本能自给自足。但随后在重视工业、轻视农业的政策引导下,农业逐步衰退,英国在食品供应方面严重依赖世界市场。在19世纪70年代,国内生产的粮食能够供应当时全国人口的79%,但到第一次世界大战时,英国生产的粮食只能养活36%的人口。"二战"的爆发使粮食进口受阻,国内粮食供应发生困难,英国政府不得不加强对农业的干预,采取措施发展农业。战后农业衰退的局面逐渐扭转,英国逐步实现了农业现代化,机械化发展迅速。由于人多地少,英国农民早就认识到农业集约化经营的重要性。长期以来,英国农村更为重视生物技术,发展水利灌溉,在肥料、良种和土壤改良等方面大量投入,这种集约化经营的发展方式,使英国农业取得了长足进步。

不过在三次产业中,农业所处地位仍然很低。英国国家统计局公布的数据显示,包括林业、牧业和渔业在内的大农业,年产值大约80亿英镑,在整个英国国内生产总值中所占比例不足1%。目前,英国农业不能自给自足,超过40%的食品依赖进口。但从另一个角度看,英国农业却是精耕细作、高度机械化的典范,以不到2%的劳动力生产出约60%的食物需求。

在农业产业结构中,畜牧业占比最高,约为2/3,种植业仅占1/5。

1. 畜牧业

英国的畜牧业是从16世纪的"圈地运动"发展起来的,最初发展起来的养羊业是为国内纺织业提供原料,后来随着城市人口的增加,又发展了肉、奶、蛋的生产。英国畜牧业的特点是经营规模大,机械化水平高,集约经营,专业化和社会化程度高。牧场面积接近全国总面积的一半,为畜牧业服务的饲料种植面积又占了全国耕地面积的一半,大片耕地用来种植饲草、饲用甜菜和饲用芜青等。英国的畜牧业以饲养牛、猪和家禽为主。在畜牧业结构中,牛、鲜奶、奶制品的产值占牲畜和畜产品全部产值的一半以上。英国的畜牧业现正向着高度集约化和牧工商一体化、工厂化方向发展。

2. 种植业

英国种植业主要为谷类作物、园艺作物、块茎作物和饲料作物。主要农作物有大麦、小麦、马铃薯、油菜及甜菜;其余近10%为园艺业,包括蔬菜、水果和花卉等。高产值园艺作物在英国的种植业中居于重要地位。园艺作物产值约占全部种植业产值的1/3。在园艺作物产值中,蔬菜产值约占60%,其次是果树和花卉。英国有许多专门生产蔬菜的农场,大多数蔬菜农场有温室,温室由电子设备控制温度和通风。

3. 渔业

英国有漫长的海岸线,长约11 000千米,是世界上海岸线最长的国家之一,大陆架面积为48.6万平方千米。大不列颠群岛周围的海洋都是水深不到200米的大陆架,不仅适于鱼类繁衍生长,而且便于捕捞作业。目前英国的海洋渔业技术获得了迅速发展,雷达、声呐等先进的导航系统进入了海洋渔业领域,带有电子计算机的综合探鱼系统技术使英国的海洋渔业捕捞全部实现了自动化。

(三)服务业

英国产业结构由工业为主转向以服务业为主的调整经历了漫长的过程。1973年石油危机发生后,英国就已认识到以工业制造业为主的产业结构已难以为继,加快服务业的发展成为危机后的重要战略举措。但是,从石油危机引发新一轮产业结构调整到最终确立以服务业为主,前后也花了近20年。目前,服务业已是英国最主要的产业,在国民经济中占比超过70%。

英国的服务业主要包括批发与零售贸易、酒店与餐厅、运输及通信、金融中介、房地产、租赁及商业和商业活动、公共管理及防卫、教育、卫生与社会工作、其他社会、个人及私人家政服务等十大类。

1. 金融业

英国是现代金融体制的发源地,是传统的金融大国和金融强国,曾经在全球金融市场长期占有绝对大的市场份额,英国的银行和保险机构也曾经长期主导全球银行产业和保险产业,是全球最大的外汇交易中心和跨境银行业务交易中心。英国金融业已有300多年的发展历史。2018年,英国金融业对英国经济的贡献值为1 270亿英镑,占当年英国经济增值的7%。金融服务业雇用员工110万人,占英国总就业的3.2%。现在全国除了在爱丁堡、曼彻斯特、卡迪夫、利物浦、利兹和格拉斯哥有6个金融交易中心外,还在伦敦形成了欧洲最大、同时也是世界三大金融中心之一的金融城。

英国伦敦是全球最大的真正意义上的"国际"金融中心,伦敦市场主要交易的是离岸货币和以离岸货币计价的金融产品和金融衍生产品,是世界最大的黄金场外交易中心,同时也是全球第三大股票市场,排在纽约和东京之后。即使只在英国境内,英国金融机构也能够提供和从事几乎所有的离岸国际业务,交易几乎所有的国际金融产品。此外,由于历史的原因,英国的金融机构历来国际化程度高,不论规模大小,其金融机构的海外资产的比重都非常高,尤其是近几年,英国金融机构不断对外并购,冲击了全球金融产业的竞争格局,同时也扩大了英国金融机构的海外市场份额。

扩展阅读6-7
全球金融中心

2. 旅游业

英国旅游业收入居世界前列,是英国最重要的经济部门之一,从业人员约270万,占就业人口的9.1%。赴英游客由1995年的2 353.7万人次增长到2019年的4 085.7万人次,同期旅游业收入由204.87亿美元增长到502.54亿美元。来自美国的游客居海外游客之首,其他依次为法国、德国、爱尔兰、西班牙、荷兰、意大利和波兰。伦敦是外国游客必到之处,旅馆众多,但旅馆房间多为豪华型,经济型房间较为紧缺;餐馆众多,可满足不同口味的需求。主要旅游地区有:伦敦、爱丁堡、卡迪夫、布赖顿、格林尼治、斯特拉特福、牛津和剑桥等。主要观光景点有:歌剧院、博物馆、美术馆、古建筑物、主题公园和商店等。

3. 交通运输业

英国交通基础设施较齐全,公路、铁路、水路、航空运输均较发达,从业人员约140万。伦敦有十分发达的地铁网。1994年英法海底隧道贯通,将英国与欧洲大陆的铁路系统连接起来。现有的铁路总里程达1.63万千米,电气化率为33%,日均发送旅客300万人次;公路总长达39.67万千米,其中3 803千米为高速公路;内河航道共3 200千米,其中620千米用于货运,其中泰晤士河是最繁忙的内陆水运河,其次为福斯河;海运承担了95%的对外贸易运输。英国最大的机场是伦敦希思罗机场,也是世界最大最繁忙的机场之一,客流量8 013万人次;盖特威克机场是英第二大机场,客流量4 600万人次。近年来,英国推出建设高铁计划,拟投资320亿英镑修建连接伦敦和伯明翰至北英格兰的高铁网络。

四、英国的对外贸易

(一) 贸易发展概况

英国是以对外贸易立国的国家,对外贸易在国民经济中占有重要地位。19世纪中叶,英国曾是世界贸易的中心,出口贸易占世界的25%,居全球第一位。"二战"后,随着经济的衰退,其世界贸易地位也逐渐下降,2000年出口贸易额已退居全球第五位,进出口贸易总额退居全球第四位。到2019年,英国货物贸易的进出口总额为11 654.8亿美元,下降到全球第七位,其中出口额为4 696.8亿美元,进口额为6 958亿美元,货物贸易逆差为2 261.1亿美元。虽然英国货物贸易常年逆差,但是由于服务业发达,因此服务贸易长期保持顺差。2015年,英国服务贸易的进出口总额为5 527.6亿美元,居全球第三位。2016年至2019年,德国服务贸易总额超过英国,英国退居第四位。2019年,英国服务贸易进出口总额为6 909.8亿美元,其中出口额为4 117.9亿美元,居全球第二位,仅次于美国,进口额为2 791.8亿美元,居第五位,当年实现服务贸易顺差1 326.1亿美元。由于服务贸易的顺差不能弥补货物贸易的逆差,因此英国经常项目仍处于逆差。

(二) 货物贸易

1. 进出口商品结构

英国主要出口电机与电气产品、机械设备、矿物燃料、汽车及零件、药品、珠宝及贵金属、光学仪器、有机化学品、航空航天器及零件和塑料制品,其中前四大类出口产品依次为机电产品、运输设备、化工产品和贵金属及制品,2019年的出口额分别是1 017.9亿美元、713.7亿美元、602.1亿美元和423.8亿美元,占英国出口总额的21.7%、15.2%、12.8%和9.0%。英国的主要进口商品包括机械设备、电机与电器产品、汽车及其零件、矿物燃料、珠宝及贵金属、药品、光学仪器、塑料制品、航空航天器及零件和有机化学品,其中机电产品、运输设备、贵金属及制品和化工产品是前四大进口商品类别,2019年进口额分别为1 460.1亿美元、891.2亿美元、886.1亿美元和613.5亿美元,占英国进口总额的21.1%、12.9%、12.8%和8.9%。

2. 主要贸易伙伴

20世纪70年代以前,英国的主要贸易伙伴是英联邦国家,因为它们之间曾是宗主国与殖民地、半殖民地的关系,享有特惠制关税优惠及其他自由贸易安排。1973年,自英国加入欧共体(现在的欧盟)后,其主要贸易伙伴逐渐转变为欧盟成员国。2019年,英国对欧盟的出口总额为2 154.5亿美元,占英国出口总额的45.9%;从欧盟的进口达到3 482.3亿美元,占英国进口总额的50.4%。

从国别来看,2019年英国最大的出口目的地是美国,对美出口占英国出口贸易总额的15.7%,比上年提高8.6%个百分点(见表6-16),德国和法国分列二、三位,占比分别为9.9%和6.7%。在前15位出口贸易伙伴中,欧盟成员国就有8个。同年,最大的进口贸易伙伴为德国,从德国的进口占英国进口总额的12.4%。美国是英国的第二大进口来源国,占比9.7%;中国居第三位,占比9.5%。在进口贸易伙伴中,属于欧盟的国家有8个。

第六章 发达的经贸大国

表 6-16　2019 年英国的主要贸易伙伴

排名	出口贸易伙伴			进口贸易伙伴		
	国家或地区	金额/百万美元	占比/%	国家或地区	金额/百万美元	占比/%
1	美国	73 519	15.7	德国	85 718	12.4
2	德国	46 292	9.9	美国	67 087	9.7
3	法国	31 405	6.7	中国内地	65 500	9.5
4	荷兰	30 462	6.5	荷兰	53 865	7.8
5	中国内地	30 181	6.4	法国	38 916	5.6
6	爱尔兰	27 777	5.9	比利时	32 218	4.7
7	比利时	16 504	3.5	意大利	26 282	3.8
8	瑞士	15 603	3.3	瑞士	23 379	3.4
9	西班牙	13 686	2.9	西班牙	21 199	3.1
10	意大利	12 728	2.7	挪威	19 695	2.9
11	中国香港	11 305	2.4	爱尔兰	17 683	2.6
12	阿联酋	10 011	2.1	加拿大	15 914	2.3
13	日本	8 353	1.8	波兰	14 232	2.1
14	新加坡	6 922	1.5	俄罗斯	14 138	2.1
15	波兰	6 778	1.5	日本	13 034	1.9

资料来源：中国商务部网站。

德国是英国最大的贸易伙伴，同时也是其最大的逆差来源国，2019 年英国对德国的逆差达到 394.3 亿美元。美国是英国第二大贸易伙伴，英对美有 64.32 亿美元的顺差。中国是英国第二大逆差来源国，同时也是英国第三大贸易伙伴。荷兰、比利时、意大利等欧盟国家也是英国的主要贸易逆差来源国。英国最大的顺差来源国是爱尔兰，2019 年对爱尔兰的顺差为 100.94 亿美元，阿联酋、中国香港、新加坡也是英国的主要顺差来源地。

（三）服务贸易

英国是服务贸易大国，近年来服务贸易一直保持顺差，为整体贸易平衡做出了很大贡献。英国服务贸易出口中，商业及金融咨询服务业的出口占第一位，紧随其后的是旅游及交通运输业。据英国统计局公布，2018 年，金融服务出口额为 558 亿英镑，占服务贸易总出口额的 18.2%；金融服务进口额为 271 亿英镑，占服务贸易总进口额的 6.8%。第二大出口服务业是计算机编程和咨询业，2018 年出口额为 262 亿英镑，占英国当年服务出口总额的 8.6%。此外，旅游、运输也是英国重要的服务出口部门。英国最大的服务进口部门也是金融服务，2018 年进口额为 271 亿英镑，占英国服务进口总额的 18.6%；其次是计算机编程和咨询业,进口额为131亿英镑,占2018年服务进口总额的9.0%。从英国服务贸易各部门进出口差额上看,金融服务、其他商业服务、保险业、计算机和信息服务、版税和许可证费用、个人、文化和休闲服务、建筑服务常年表现为顺差,旅游服务和政府服务表现为逆差,且逆差额度逐年增加。

英国服务贸易主要伙伴国包括许多发达和发展中国家。美国是英国第一大服务贸易出口目的国,2018年对美国的出口占英国服务贸易出口总额的23.4%。英国对欧盟(27国)的服务贸易出口占其服务贸易出口总量的40%,其中最主要的出口对象是20世纪入盟的前14个国家。英国的前10大服务贸易出口对象中,还包括瑞士、日本这两个非欧盟国家。美国同时也是英国服务进口最大的来源地,2018年从美国的进口占英国服务进口总额的18.6%。瑞士、日本、印度是除欧盟国家外英国的主要服务进口来源国。

(四) 中英经贸关系

1. 贸易关系

英国曾是欧盟的重要成员国,也是中国在欧盟的重要贸易伙伴之一。早在17世纪,中英之间就开始进行茶叶、香料和丝绸的贸易。1953年,在其他西方国家对中国采取贸易封锁时,英国与新中国签署了第一个贸易协议,宣告了"48家集团"的正式成立,打开了中英贸易之门。近年来,中英经贸互补性日益明显,贸易、投资、金融多领域合作成绩斐然。目前,英国超过荷兰成为中国在欧盟内第二大贸易伙伴、第二大实际投资来源地和投资目的地,中国则是英国的第三大贸易伙伴。两国贸易额逐年上升,2019年中英双边贸易额达到956.8亿美元,同比增长4.2%,增幅位列中国与欧盟主要贸易伙伴首位,比2010年的637.5亿美元增长了50%。而同期中国与法、德、意大利、荷兰等欧盟其他主要国家的贸易均为负增长。在中英贸易规模实现大幅增长的同时,中英贸易结构持续优化,英国对中国主要出口商品包括珠宝、贵金属、矿物燃料、矿物油及其产品、车辆及零部件、核反应堆、锅炉、机械器具、药品、光学、照相、医疗等设备、电机、电气、音像设备,等等;自中国进口的主要商品包括电机、电气、音像设备、核反应堆、锅炉、机械器具、玩具、游戏或运动用品、家具、寝具、灯具、服装、鞋靴、塑料制品,等等。在双边贸易中,汽车、航空、通信、动力等高附加值产品的比重稳步提升。中国已取代德国,稳居英机电产品最大供应国宝座。

中国转型改革将为中英深化经贸合作提供重大机遇。中英双边贸易大有可为。中国转变经济增长方式,消费将成为经济增长的重要引擎。对于"脱欧"后的英国而言,增强对华贸易联系在其对外经济交往中占有十分重要的地位。2018年11月开始举办的中国国际进口博览会为中英贸易提供了巨大的机遇。在2018年的第一届进博会上,英国就是重要主宾国之一,拿下了20亿英镑的合作项目。中国已成为英国仅次于美国和欧盟的第三大出口市场。同时,中国正在转型改革,经济结构不断优化,服务业消费需求逐步成为主体。中英服务贸易占双边贸易额的比重仅为12%左右,随着中国服务消费需求的增长,中英服务贸易发展空间巨大。

2. 投资

英国对中国直接投资存量也在稳步增长,截至2015年8月底,英国在华投资项目7 992个,实际投入196.1亿美元;中国对英国直接投资存量从2010年底的13.5亿美元快速增长到2014年底的128亿美元,已有超过500家中资企业落户英国,英国已成为中国在欧洲最大的投资目的地,中英投资合作双向并行的态势已然形成。从投资领域看,中国对英投资领域不断拓宽,从汽车、金融、航运等传统领域扩展到基础设施、商业地产、品牌网络、研发中心、高端制造等,产业链条不断延伸,价值中枢持续上移。

3. 金融合作

中英金融合作进入新阶段。自2011年伦敦启动建设离岸人民币市场以来,英国在签署双边本币互换协议,获得人民币合格境外机构投资者初始额度,发行人民币计价金融产品等多个领域屡创先河。2014年,中国建设银行作为亚洲以外首家人民币清算银行落户伦敦。英政府成功发行30亿元人民币债券,成为首个发行人民币主权债的外国政府。困扰中资银行发展多年的分行牌照问题得以解决,中国工商银行和建设银行先后获批在英设立分行。目前,伦敦是全球最大的人民币离岸中心。除了是世界第一大人民币离岸外汇交易中心,伦敦还是全球第二大人民币离岸清算中心,不仅实现了人民币清算业务对亚洲、欧洲和美洲主要工作时段的覆盖,更成为中国与世界各国开展离岸人民币业务的重要平台。2015年3月,英国作为第一个西方发达国家,率先申请加入中国主导设立的亚洲基础设施投资银行。在英国带动下,一批欧洲大国纷纷申请成为亚投行创始会员国。中英金融合作另一标志性事件就是2019年6月17日正式启动的沪伦通。启动沪伦通是中国资本市场改革开放的重要探索,也是中英金融领域务实合作的重要内容,对拓宽双向跨境投融资渠道,促进中英两国资本市场共同发展,助力上海国际金融中心建设,都产生了重要和深远的影响。到2020年2月,中国已有35家大型金融机构在英国开展业务,其中8家中资银行在伦敦设立分行,以便充分利用伦敦金融城的全球地位,开拓国际业务。

4. 经贸合作方面的挑战

中英经贸合作呈现双边贸易稳定增长,双向投资持续深化,新领域合作不断拓展的积极态势。当然,在中英经贸关系迅猛发展的同时,也存在一些挑战与障碍。首先,双边贸易额和贸易结构均有待提升,英国对中国的出口占英国总出口额不到7%,中国自英国的进口仅占中国进口总额的不到1%。其次,中英进出口贸易发展不平衡,英国对华贸易逆差逐年增大。根据英国国家统计局的数据,自1998年以来,英国对华贸易一直处于逆差,2019年英国对华贸易逆差总额达到350多亿英镑。对华贸易赤字的持续扩大,不利于中英贸易的持续发展。另外,在双边贸易中,中国对英国表现为较大规模的贸易顺差,也不利于英国离岸人民币业务中心的建设。因为持续的顺差导致人民币通过贸易结算流入英国渠道不畅,离岸人民币市场流动性受到影响。再次,双方产业竞争日益增强,贸易摩擦也会增多。中国在经济转型中着力发展的精密设备、生物科技等战略新兴产业在英国都有着多年的发展历史和成熟的技术,未来几年里,一些产业可能和英国的优势领域发生重合,与英国的类似产业产生激烈的竞争,发生贸易摩擦的事件可能增多。此外,在投资和金融合作方面也将面临一些挑战。最后,中英经贸关系易受到中美经贸关系的影响。如2020年7月,英国就屈从于美国的压力在5G建设中禁用中国华为。脱欧之后,英国将会根据本国情况,对中英贸易政策做出一定调整。此外货物进出口欧盟和英国的通关手续较之前将变得更为复杂。

五、英国的主要港口和城市

1. 伦敦(London)

英国首都,位于英格兰东南部,跨泰晤士河下游两岸,距河口88千米,是英政治、经济、文化中心。由伦敦城(亦称金融城)及周围32个市镇组成,面积1 650平方千米,人口800多万。伦敦始建于两千多年以前,公元43年罗马人占领大不列颠岛时已是重要的商业中心。11世纪成为商业和政治中心,18世纪为世界最大的港口和国际贸易中心。伦敦金融城是世界最大的金融中心之一,集中了全国最大的银行、交易所和各种企业管理机构;西伦敦是王宫、议会、政府各部门所在地,也是大商店、剧院和高级住宅区;东伦敦以下至河口为伦敦港区,船坞、码头、仓库林立。希思罗机场是世界最大的航空港之一。伦敦是英国重要的旅游目的地之一,有许多著名建筑物,如议会大厦、伦敦塔、白金汉宫、西敏寺教堂、圣保罗大教堂、格林尼治天文台原址等。大英博物馆是英国最大的综合性博物馆,也是世界上著名博物馆之一。

2. 伯明翰(Birmingham)

英国第二大城市,距伦敦约160千米,人口224万,是现代冶金和机器制造工业的创始地,英国的制造业中心,同时也是全国主要铁路、公路干线和运河网的交汇点,交通十分便利。伯明翰远郊工厂林立,集中了英国重要的机械、塑料、化工、玻璃、橡胶、金银珠宝等工业。另外,体育也是伯明翰人生活中的重要组成部分,1990年伯明翰被正式命名为"欧洲体育之城"。

3. 曼彻斯特(Manchester)

位于英格兰西北部,是英国第三大城市,人口51万,英国的棉纺织业中心,重要的交通枢纽与商业、金融、文化中心。曼彻斯特是英格兰主要的工业中心和商品集散中心,是英国除伦敦以外最大的金融中心城市。

4. 诺丁汉(Nottingham)

位于英格兰中部,是英国仅次于伦敦的第二大贸易集散地,距离伦敦约200千米,处于英国的交通枢纽位置,交通非常的便利。诺丁汉教育水平高,拥有英国政府颁发的"科学之城"的美誉。

5. 利物浦(Liverpool)

是英格兰西北部的一个港口城市,人口不足50万。英国著名商业中心,也是第二大商港,对外贸易占全国的1/4,输出居英国首位,输入仅次于伦敦。利物浦也是重要的客运港,与世界各大港有定期班船联系。利物浦曾是英国著名的制造业中心,但从20世纪70年代起船坞和传统制造业急剧衰落。现在的利物浦已经发生了巨大变化,已经成为英国的一个文化、教育、娱乐和体育中心城市,被评选为欧洲的文化之都。

6. 爱丁堡(Edinburgh)

苏格兰首府,人口50多万,是一个历史悠久、风景秀丽的文化名城,依山傍水、地貌多姿,素有"北方雅典"之称。爱丁堡不仅是政治中心、文化中心,也是医疗、司法、银行保险、核能及电子研究的中心。爱丁堡交通便利,其空运、公路与铁路运输十分发达,可以通往英国各地。

7. 格拉斯哥（Glasgow）

格拉斯哥坐落在苏格兰西部，是苏格兰地区最大的城市，人口62万，有便利的公路和铁路与伦敦相连。格拉斯哥曾是世界上最大的造船业中心，但20世纪50年代以后，轮船需求锐减，导致格拉斯哥工业下滑。但今天格拉斯哥仍是英国重要的制造业中心，主要工业门类有工程建设、出版业、食品饮料业和服装业。此外，格拉斯哥还是集艺术、历史、建筑、音乐、运动、购物等于一体、融古老于现代的经典城市。

第五节 法 国

一、法国的地理概况

（一）地理位置和面积

法国全称法兰西共和国（The Republic of France），国土面积55.16万平方千米，是欧洲面积第三大、西欧面积最大的国家，与比利时、卢森堡、瑞士、德国、意大利、西班牙、安道尔、摩纳哥接壤。本土大致呈六边形，三面临海：南临地中海，西濒大西洋，西北隔英吉利海峡与英国相望。地中海上的科西嘉岛是法国最大的岛屿。此外还包括在拉美和南太平洋、印度洋的海外领地。

法国地理位置优越，与世界各地联系都较为方便，既是沟通北海和地中海的陆上桥梁，也是西欧通往南欧、北非和亚洲的交通要道。欧洲大陆各国同南北美洲之间的往来也多取道法国。

（二）地形、气候与资源

法国的地形以平原、丘陵为主。海拔250米以下的平原占国土总面积的60%，海拔500米以下的丘陵占20%，其余20%为山地。地势东南高，西北低。中南部的中央高原平均海拔700米左右，其东南为陡坡，屹立于罗讷河谷之上，向西北逐渐降低，连接北法平原。北法平原位于法国中北部，四周高，海拔在300米左右，中间低，海拔26米左右，其中心部分是著名的巴黎盆地。巴黎盆地东至洛林高原，东北靠阿登高地，西至阿摩里卡丘陵，塞纳河自东向西贯穿盆地中部。法国西部从西北至西南分别为阿摩里卡丘陵、卢瓦尔平原以及阿基坦盆地，西南边境以比利牛斯山脉与西班牙、安道尔交界。法国东北部为孚日山脉和洛林高原，高原大部在海拔300米左右，东部则为汝拉山脉和著名的阿尔卑斯山脉。阿尔卑斯山脉是著名的旅游区，其主峰勃朗峰海拔4 810米，为欧洲西部第二高峰，中央高原与阿尔卑斯山脉之间有断层形成的罗讷河谷地。

法国气候类型多样，有利于农业生产。西部和北部是温带海洋性气候，冬温夏凉，年降水量750毫米左右。自西往东，受海洋影响逐步减少，大陆性逐渐显著，年降水量仅为400~500毫米，高山地区年降水量达2 000毫米左右。南部沿海和罗讷河谷地属地中海式气候。多样性的气候为分区经营农业提供了有利条件。

法国境内河网稠密，水量丰富，各河流间有运河相连，水道四通八达，可通航河流总长度达8 500千米，形成遍布全国的水路交通网。塞纳河是法国北部大河，全长780千米，包括支流在内的流域总面积为78 700平方千米，是欧洲有历史意义的大河之一，其排水网络的运输量占法国内河航运量的大部分。罗讷河发源于瑞士,是欧洲主要河流之一,水力资源居法国五大河流之首,注入地中海。卢瓦尔河是法国最长的河流,全长 1 020 千米,发源于中央高原,注入大西洋比斯开湾。加龙河位于欧洲西南部,发源于比利牛斯山,穿越法国和西班牙,注入大西洋的比斯开湾,全长 647 千米。此外莱茵河也流经法国。

在欧盟各国中,法国矿藏资源较为丰富,种类也比较多。其中铝土矿和铀矿的储量较大,均居欧盟各国的首位,钾盐也相当丰富。铁矿分布在洛林地区,洛林铁矿储量有 77 亿吨,占全国铁矿总量的 80%,铝土矿分布在地中海沿岸,铀矿分布在卢瓦尔河流域,钾盐分布在孚日山东南侧的米卢斯地区。有色金属缺乏,有色金属原材料对外依赖严重,煤炭和石油资源也很有限。由于天然气和水力资源较为丰富,可部分弥补能源矿物的不足。

(三)人口与风俗

1. 人口

根据法国国家统计局(INSEE)公布的数据,截至 2020 年 12 月,法国人口总数达到 6741 万。人口密度较低,平均每平方千米只有 107 人。人口主要是法兰西人,此外还有布列塔尼人、巴斯克人、科西嘉人等。法国大概有 60 万华人。官方语言是法语。居民主要信奉天主教、斯兰教,也有部分居民信奉基督教、犹太教和佛教等。法国城市化率约为 80%,多中小城市,大部分城市及大工业区分布在勒阿弗尔至马赛一线以东的地区,其中大巴黎地区人口占全国的 1/6,是全国人口高度密集的地区。法国是世界上最早进入老龄化社会的国家。早在 1865 年,法国 65 岁及以上老年人口比例就超过了 7%,进入老龄化社会,现在法国的 65 岁以上的老年人口比例已超过 19%,成为"超老年型"国家。

2. 风俗与礼仪

法国人认为鲜艳的色彩很高贵,大多喜爱蓝色、白色与红色,认为蓝色是"宁静"和"忠诚"的色彩,粉红色是积极向上的色彩。他们偏爱公鸡,将其奉为国鸟,认为它既有观赏价值和经济价值,还有司晨报晓的功能,因而可以用作"光明"的象征。他们还非常喜爱鸢尾花,认为它是自己民族的骄傲,是权力的象征、国家的标志,将其敬为国花。喜欢马,认为马是勇敢的象征。

法国人忌讳黄色与墨绿色,忌讳核桃,忌用黑桃图案,商标上忌用菊花。法国人还视孔雀为恶鸟,并忌讳仙鹤、乌龟,认为杜鹃花、纸花不吉利。像许多其他西方国家一样,法国人也忌讳"13"与"星期五"。

在人际交往之中,法国人对礼物十分看重,但又有其特别的讲究,宜选具有艺术品位和纪念意义的物品,不宜以刀、剑、剪、餐具或是带有明显的广告标志的物品作为礼物。男士向一般关系的女士赠送香水,也是不合适的。在接受礼品时若不当着送礼者的面打开其包装,则是一种无礼的表现。

到法国人家里作客时别忘了带鲜花。送花时要注意,送花的支数不能是双数,男人不能送红玫瑰给已婚女子。法国人把每一种花都赋予了一定的含义,所以在送花的种类上要格外小心:菊花表示对死者的哀悼,玫瑰花表示爱情,秋海棠表示忧虑,兰花表示虔诚,郁金香表示爱慕之情,报春花表示初恋,水仙花表示冷酷无情,金盏花表示悲伤,雏菊花表示我只想见到你,百合花表示尊敬,大丽花表示感激,金合欢表示信赖,紫丁香表示我的心是属于你,白丁香表示我们相爱吧,倒挂金钟表示心里的热忱,龙头花表示自信,石竹表示幻想,牡丹表示害羞,白茶花表示你轻视我的爱情,红茶花表示我觉得你最美丽。

　　法国人在社交场合与客人见面时,一般以握手为礼,少女和妇女也常施屈膝礼。在男女之间、女士之间见面时,还常以亲面颊或贴面来代替相互间的握手。法国人还有男性互吻的习俗。两个男人见面,一般要当众在对方的面颊上分别亲一下。在法国一定的社会阶层中,"吻手礼"也颇为流行。施吻手礼时,注意嘴不要触到女士的手,也不能吻戴手套的手,不能在公共场合吻手,更不得吻少女的手。

　　法国人在餐桌上敬酒先敬女后敬男,哪怕女宾的地位比男宾低也是如此。走路、进屋、入座,都要让妇女先行。拜访告别时也是先向女主人致意和道谢,介绍两人相见时,一般职务相等时先介绍女士。按年龄先介绍年长的,按职位先介绍职位高的。若介绍客人有好几位,一般是按座位或站立的顺序依次介绍。有时介绍者一时想不起被介绍者的名字,被介绍者应主动自我介绍。注意不能称老年妇女为"老太太",否则她们将不高兴。

　　法国人还不愿意别人打听他们的政治倾向、工资待遇以及个人的私事。如果初次见面就送礼,法国人会认为你不善交际,甚至认为粗俗。法国女宾有化妆的习惯,所以一般不欢迎服务员为她们送香巾。在同客人谈话时,他们总喜欢相互站得近一点,认为这样显得更为亲近。法国人在交谈时习惯于用手势来表达或强调自己的意思,如把拇指朝下表示"坏"和"差"的意思。但他们的手势与中国的有所不同。例如中国人一般用拇指和食指分开表示"八",他们则表示"二"。

　　法国人一年到头似乎离不开酒,不过虽贪杯但不过量。一日三餐,除早餐外,顿顿离不开酒。他们习惯于饭前用开胃酒疏通肠胃,饭后借科涅克(白兰地)之类的烈性酒以消食。佐餐时,吃肉类配红葡萄酒,吃鱼虾等海味时配白葡萄酒;玫瑰红葡萄酒系通用型,既可用于吃鱼,也可用于下肉。女士都爱用玫瑰红,以显示自己的口味清淡,不嗜烈物。法国人不仅看菜下酒,什么酒用什么杯子,也很有讲究。法国人讲究虽多,但喝的并不多。三五人一桌的聚会,一瓶葡萄酒通常就足够。

　　从个性上来说,法国人爱好社交,善于交际。对于法国人来说社交是人生的重要内容,没有社交活动的生活是难以想象的。法国人诙谐幽默、天性浪漫,在人际交往中大都爽朗热情。善于雄辩高谈阔论,好开玩笑,讨厌不爱讲话的人,对愁眉苦脸者难以接受。受传统文化的影响,法国人不仅爱冒险,而且喜欢浪漫的经历。同时他们也渴求自由,纪律较差。在世界上法国人是最著名的"自由主义者"。"自由、平等、博爱"不仅被法国宪法定为本国的国家箴言,而且在国徽上明文写出。他们虽然讲究法制,但是一般纪律较差,不大喜欢集体行动,与法国人打交道,约会必须事先约定,并且准时赴约,但是也要对他们可能的姗姗来迟事先有所准备。法国人自尊心强,偏爱"国货"。法国的时装、美食和艺术是世人有口皆碑的,在此影响之下,法国人拥有极强的民族自尊心和民族自豪感,在他们看来,世间的一切都是法国最棒。与法国人交谈时,如能讲几句法语,一定会使对方热情有加。

二、法国的经济发展历程

（一）经济发展历程

法国是全球经济发达国家之一，是欧盟成员国，实行的是现代市场经济体制，产权的基本形式是私有制，市场是配置资源的主要机制，经济对外开放程度较高，奉行自由贸易政策。

第一次世界大战前，由于历史、文化和传统的原因，与其他工业发达国家相比，法国经济发展迟缓、工业水平相对落后。虽然早在18世纪末法国就已开始产业革命，但直至第一次世界大战前，农业在国内生产总值中仍占较大比重，小土地所有制导致农业经营过于分散，农业人口众多，农村既无法成为工业制成品的市场，也不能为工业提供更多的劳动力。另一方面，法国工业结构长期不合理，中小企业和手工业在工业部门中处于优势地位，工业企业规模过小，生产率低下，技术水平相对落后。工业就业人口近半数集中在食品和轻工业部门，商品输出长期以时装、化妆品、纺织品和葡萄酒为主。高利贷资本异常发达，以借贷形式的资本输出过多，导致国内生产性投资不足，抑制了本国的经济发展。直到20世纪20年代，法国才完成产业结构的转变，随着冶金、有色金属、橡胶和机械工业的兴起，工业产值在国民经济中的比重超过农业，最终完成向工业国的过渡，但这个进程与美国和德国相比落后了约30年，比英国则落后了整整一个世纪。

第二次世界大战期间，法国的工业遭到严重破坏，1944年的工业生产指数只相当于1938年的40%，而且设备老化，技术陈旧，市场物资匮乏。为了振兴经济，战后法国动用政府干预手段，成立了以经济学家让·莫奈为首的国家计划总署，制订、实施了著名的"现代化与装备计划"，开创了此后延续数十年国家经济计划的先河，为延续至今的法国经济模式打下了深深的烙印。

法国的经济计划以成熟的市场经济为前提，并且是在市场经济的条件与环境中发挥作用的。经济计划以指导性为主，规定经济发展的近期目标，对国民经济各部门轻重缓急的发展顺序作出安排，并辅以相应的政策和措施。在战后经济重建初期，经济计划带有较浓重的政府干预色彩，对计划规定了各种数量目标，政府通过税收参与国民收入再分配过程，集中巨额资金对优先发展部门给予财政支持。60年代以后，随着产业结构调整的完善，国家对经济的干预力度渐趋弱化，取消了经济计划中的数量指标，使之成为纯指导性计划。

借助政府干预，特别是得益于美国马歇尔援助计划，战后法国经济得到迅速恢复。1948年其GDP和工业生产指数已达战前1938年的水平。1949年，法国基础部门只占工业附加值的1/4，到1959年，该比重已提高到2/5以上。

20世纪50年代末至70年代初是法国经济的起飞时期，在此期间，法国共实施三个五年计划，把发展重心转移到石油化工、电子和机电、汽车、高速火车、宇航、造船、通信设备等新兴工业部门，以此为龙头带动整个工业的全面发展。由于国家实施倾斜政策，这些部门的投资大幅增加。这一期间农业投资也在增长，大大促进了农业和食品加工业，为法国现代化农业奠定了基础。经过10余年的快速发展，法国一跃成为世界先进工业国。至70年代中期，法国的水泥产量居资本主义世界第二位；轿车、石油产品、合成橡胶居第三位;钢铁、造船居第四位;飞机制造、宇航工业、海洋开发等领域的技术水平均居世界领先地位。1959—1974年期间,法国GDP年均增长速度高达5.7%,不仅高于美国、英国,而且高于德国。在经济高速增长的带动下,基本实现充分就业,在50年代末至70年代初期,失业率始终控制在2.8%以内的低水平。

20世纪70年代以后,法国经济进入缓慢增长阶段。在石油危机引发的世界性经济危机中,法国经济反复衰退,物价轮番上涨,失业人数猛增。1977年失业率终于突破5%的大关,此后一路上升,并于1985年第一次达到两位数。尽管历届政府采取各种措施,不断进行经济结构调整,先后实施了5个五年计划,但这些计划的执行情况不太理想。1973—1979年,法国的经济年均增长率下降到3.25%,1980—1990年又减少到年均2.25%,1991年和1992年进一步降至1.2%左右。到1992年下半年,法国经济进入战后最严重的经济衰退,1993年GDP甚至下降1%。从1994年起,在全球经济复苏的带动下,法国经济进入恢复性增长时期,2000年经济增长率达4.1%,创恢复期最高点。2001年,全球经济再次放慢,当年法国经济增长率为2.1%,自2004年以来,法国经济再次复苏,但增长幅度不大,且呈明显起伏状态。

2008年全球金融危机爆发后,法国经济受到严重冲击,经济内部增长发动机已陷于停滞,家庭消费和对外贸易均难以拉动增长,房地产投资则进入一个低迷周期,企业投资前景也不乐观。总体而言,法国经济运行环境有所恶化,经济持续低迷,2008—2013年,经济增速均未超过0.5%,有些年份甚至是负增长。2014年以来有所好转,2014—2019年平均增速为1.46%。2019年GDP为2.716万亿美元,居全球第七位。整体而言,法国经济依旧处于缓慢增长态势,受全球经济放缓、贸易摩擦加剧以及新冠疫情的影响,法国经济发展前景并不乐观。

(二)经济发展特征

1. 重视计划在经济发展中的作用

法国经济中,国有经济与私营经济并存,在整个经济中各占一定比重,构成了法国"计划型"混合经济的基础。强大的国有经济的存在成为法国式指示性计划得以实行的基本条件。从总体上讲,法国仍然是以生产资料的私人占有为主导的资本主义国家,但它的国有经济在国民经济中举足轻重。法国国有经济成分包括两大类:一是所有公用事业,包括煤炭、煤气、天然气和电力工业、通讯邮电、铁路及相当一部分海运及航空公司;二是国家控股的股份公司,其经营领域从石油开采与加工、汽车、飞机制造、钢铁、电器生产到银行业与保险业,如法兰西银行和四家大商业银行都实行了国有化。此外,政府还掌握了许多私人企业的部分股本。到1986年为止,国有企业占全国企业营业额的21%,附加价值的28%,出口额的30%,投资额的40%。国有企业在推动战后法国经济恢复、保证国家计划纲领顺利实施、推动产业结构调整方面都发挥着重要作用。

但是国有企业在政府的控制下有时为了实现社会目标而不得不牺牲盈利目标,由此而造成低效率和亏损等致命问题。由此而引发了80年代后半期"非国有化"政策的推行。总而言之,法国是普遍实行生产资料私有制的发达资本主义国家中国有化程度最高的国家,国有经济成分对经济增长的积极作用也最为明显。即使如此,私有制占主导地位的资本主义体制基础并没有改变,私有制仍然是法国生产资料占有的基本形式。

2. 经济结构较为合理

法国是工业、农业、服务业都发达的国家,经济结构较为合理。

第一次工业革命以来,法国是继英国、美国后第三个发动工业革命的国家,因此工业得到了迅速发展。但众所周知,法国的石油、煤炭等化石能源较稀缺,所需铁矿石大部靠进口,所需石油的99%,天然气的75%也需要靠进口。化石原料的缺乏使法国的水力资源和地热开发利用比较充分。但依靠高新技术,法国的工业依旧蓬勃发展。在新兴工业领域,法国处于世界前列,如核电设备能力、石油和石油加工技术居世界第二位,仅次于美国;航空和宇航工业仅次于美国、俄罗斯,居世界第三位。但在工业中占主导地位的仍是传统工业部门,其中钢铁、汽车和建筑为三大支柱。

随着第三产业的发展,工业在国民经济中的比重有逐步下降的趋势。而第三产业所占比重逐步上升,第三产业中的各经济部门对法国经济贡献突出,且发展迅速,均位于世界前列。如社会保险业居世界第四;电信、信息和交通部门业务量增幅明显。拥有众多美丽自然风光和浓厚人文特色使法国成为每年接待游客最多的国家。此外,法国也是目前世界上最主要的农业发达国家之一,在探索和实现农业持续、稳定和全面发展方面始终走在世界前列,逐步形成了颇具特色的农业发展模式及其体系。

3. 经济布局趋向平衡

长期以来,法国经济分布是不均衡的。法国区域经济发展的不平衡性在"二战"前后加剧,各地区发展差距不断扩大,主要表现为:

(1) 首都巴黎的超大比重及其与其他地区的巨大差距。大巴黎的面积只占法国国土面积的约2%,但却集中了全国15%以上的人口,国有公司总部的30%,银行、证券业从业人员的70%,保险业从业人员、大学生以及科研人员的比例都占到了全国的45%以上,而且居民收入也高出全国平均水平50%以上。

(2) 东西区域差距。即被称为"富裕的工业法国"的东部地区和被称为"贫穷的农业法国"的西部地区的差距。东部地区的面积大概只占法国国土面积的45%,人口却占到了全国总人口的2/3,法国主要的大城市,如巴黎、里尔、里昂、马赛等都分布在东部地区,而且东部地区人均收入也高于西部地区20%~30%。

"二战"结束后,为了科学地指导战后重建工作,解决地区发展不平衡问题,法国政府官员和各方专家学者共同推动了国土整治规划工作。20世纪50年代国土整治规划的目的就是如何把巴黎的产业比较均衡的分散到全国的其他地方,实现国家在产业方面,包括第二产业的工业企业,也包括第三产业的学校、科研院校等等的区域均衡发展。1966年法国政府决定建立8座"平衡大城市",即里昂、马赛、里尔、南锡—梅兹、南特、斯特拉斯堡、图卢兹和波尔多。"平衡大城市"的建立,一方面减轻了巴黎的发展压力,使巴黎不再是吸引人口和经济活动流向的唯一地区;另一方面促进了人口和经济活动以及服务业向地区中心城市流动,使这些城市逐步成为地区经济中心,发挥了地区首府的作用,促进了区域协调发展。国家通过设立大学、科研机构等促进地方中心城市的发展。70年代起,政府的城市发展重心从地区中心城市进一步转向地方中心城市。

目前,法国的西部、西南部和南部都建有大规模的工业区,经济布局趋向平衡。

三、法国的产业结构及生产分布

经过"二战"后数十年的发展,法国的产业结构发生了很大变化。农业和工业尽管均获得很大发展,并且现代化程度高,但在国民经济中的地位趋于下降,第三产业则不断壮大,发展迅猛。第二产业产值在 GDP 中的比重 1970 年为 32.5%,到 2018 年下降到 19%;而第三产业产值占比则由 60% 上升到 79.2%(见表 6-17)。第一产业占比则一直呈下降趋势,由 1970 年的 7.5% 下降到 2018 年的 1.8%。

表 6-17 法国产业结构的变化 %

年 份	1970	1990	2000	2005	2010	2011	2013	2015	2018
第一产业	7.5	3.5	2.3	1.9	1.8	1.8	1.6	1.8	1.8
第二产业	32.5	27.3	23.7	21.8	19.8	20.0	20.0	19.7	19.0
第三产业	60.0	69.2	74.0	76.3	78.4	78.2	78.4	78.5	79.2

数据来源:世界银行 WDI 数据库。

(一)农业的主要特点及其分布

法国是欧洲农业最发达的国家,农业生产自然环境良好,耕地分布于北纬 45°附近,雨水充沛,阳光充足,温度适宜,适合种植北欧地区和地中海地区的农作物。法国是欧盟国家中农用面积最大的国家,2009 年农业占地面积 3 214 万公顷,可耕地面积 1 833 万公顷,草场 992 万公顷,葡萄园、果园 122 万公顷。在可耕地中,谷类、油料作物用地 467 万公顷。据世界银行发布的数据,法国农业就业人员占全部人口的比重在 1991 年为 5.74%,到 2020 年已下降到 2.38%,2019 年务农人口约为 44.85 万人。法国也是欧盟农业产值最高的国家,据法国国家经济信息统计局的数据,2019 年法国农业产值约为 715 亿欧元。法国同时也是世界重要的农产品出口国,2019 年农产品出口额为 799 亿欧元。

法国农业的经营方式主要是中小农场,其中耕作面积在 80 公顷以下的农场占农场总数的 81%,它们既是法国农业生产的主力,又是农村经济结构的基础。法国在农业生产专业化和一体化方面取得了很大进展,其农业产业集群的发展享誉世界。

法国农业的机械化程度较高,几乎所有农场都实现了机械化。随着工业的加速发展和农业人口的急剧减少,法国政府果断地采取了农业机械化的政策。20 世纪 60 年代末,农民们开始更新农业机械并购买高级农机具,种植业的耕地作业、土壤加工作业、植物保护、季节性收割作业、农产品加工储存已全部完成机械化,开始向畜牧业方面的机械化迈进。20 世纪 70 年代,畜牧业也迅速实现了机械化。为满足农业机械化的发展需要,政府采取了一系列土地集中的政策措施,使得农场数目不断减少,平均规模不断扩大。到 2007 年,法国农场有 50.7 万个,比 1988 年减少了近一半。农场规模的扩大使得规模经济得到了充分利用。农业经济效益的大幅度上升,为第二、第三产业大规模的调整提供了物质基础和大量的人口资源。

法国种植业以谷物生产为主,主要粮食作物有小麦、水稻、玉米,其次为大麦、燕麦、黑麦和高粱等。经济作物主要有大豆、油菜籽、葵花籽、甜菜和葡萄等。90年代以来，法国谷物收获面积虽逐年略有减少，但由于单位面积产量显著提高，谷物总产量不但保持不减，甚至较80年代有明显增加，按人口平均的谷物产量为欧洲最高水平。此外，法国的水果、蔬菜、花卉的产量也较高。其中葡萄是法国的传统产品，虽然从70年代开始收获面积剧减，但是仍居世界前列。

由于草地面积较大、气候温和以及饲料粮供给充足，畜牧业的发展具备良好条件。畜牧业生产是法国农业的主要组成部分，其比重占50％以上。畜牧业内部结构包括养牛、养猪、养禽和养羊等生产部门，这些部门提供法国所需的大量肉、蛋、奶等动物性食品。目前法国生产的牛肉、禽肉和乳制品不仅可自给并有出口，特别是干酪的生产在世界上颇负盛名。

农业生产的专业化和一体化使得法国实现了农业分区专业化，全国共分为23个区，每个区都有自己的特色，而每种农产品又都有自己专业化的集中产区，如巴黎盆地是小麦、甜菜、玉米生产区，地中海沿岸与罗讷河下游谷地为葡萄、水果、蔬菜、花卉等专业化种植区，布列塔尼半岛、诺曼底和中央高原是畜牧业区。

（二）工业及其主要部门

自"二战"以来，法国工业生产发展比较迅速，到目前为止，工业生产的某些方面有长足进展，但在有些方面则大大落后于其他主要资本主义国家。例如在核能方面，法国中子增殖反应堆的研制居世界首位，核电设备生产能力仅次于美国，居世界第二位。石油加工、宇航和航空工业、食品加工业、精细化工、医药化工、化妆品工业的技术也都居世界前列。但在汽车工业、电子、电气工业、造船、钢铁、纺织等方面，法国则显得相对滞后，尤其在微电子、生物工程、化学等方面，大大落后于美、日等国。

"二战"以来，法国的工业部门结构也出现较大的变化。一方面，不同时期法国有不同的重点发展产业。战后初期，法国把煤炭、电力、钢铁、水泥和运输等基础工业部门的发展列入"现代化和装备计划"中，作为经济发展的重点，带动了整个国民经济的迅速恢复和发展。国民经济发展到一定阶段后，石油、汽车、宇航、电子、原子能等新兴的高科技工业取而代之成为经济发展的支柱产业。另一方面，法国工业结构进行调整后，改变了过去那种企业小型化分散化状况。从20世纪50年代中期开始，法国的工业企业出现了集中化现象，集中程度甚至超过市场远大于法国的美国。法国工业内部结构的这种变化，目的在于使其企业集团具备国际竞争力，从而带动整个工业生产高速增长。

法国的主要工业部门有：

1. 能源工业

法国是一个矿物燃料资源比较贫乏的国家，能源自给率低，对外依赖程度高。从20世纪60年代初期起，国内能源产量不断下降，从1960年的5 300万吨油当量下降到1973年的4 210万吨油当量，此后稍有上升，但一直没有达到60年代的水平。与此同时，国内能源消费量却不断增加，从1950年的5 840万吨油当量增加到1979年的18 950万吨油当量，因此能源进口量大增，造成能源自给率下降，对外依赖程度提高。

法国能源工业主要包括炼油、煤炭、电力和原子能等部门。其煤炭生产从20世纪50年代以后就一直处于降势。1958年，煤炭产量曾达到6 000万吨的峰点，到1990年已下降为1 225万吨,2001年更是降至230万吨。煤炭工业的从业人员也出现大幅下降,由鼎盛时期的30万人下降到8 000多人。法国的煤炭资源集中于三大地区:北部的北方—加来海峡地区、中南部的中央高原一带和东北部的洛林地区。自90年代以来,北方—加来海峡地区的煤矿陆续关闭,而其他两大产区的生产也在不断萎缩。法国依赖进口石油发展炼油业,目前全国有12家炼油厂。由于利润低下,目前炼油工业面临困境,数家国际石油巨头都有出售在法国的炼油厂的意向。

据法国工业部能源与原材料总局的研究,同其他电源相比,核能是法国最具竞争力的电源。法国共有58个正在运营的核反应堆。2004年,法国的核电发电量有407TW·h,占总发电量541TW·h 的75%。21世纪以来,核电历年在法国电力中所占比重均超过70%以上,大多数年份都在75%以上。日本核电危机后,德国准备停止使用核能,但与德国不同,法国能源生产仍将严重依赖核能。但法国政府也计划将全国发电量中核电所占比例降至2035年的50%。为此,法国截至2035年将关闭58个核反应堆中的14个。法国曾是世界上最大的净电力出口国,其总发电量主要输往意大利、荷兰、英国和德国,而其电力成本是欧洲最低者之一。2020年下半年,挪威超越法国,成为欧洲最大的净电力出口国。

除核工业外,近年来,法国还致力于发展新能源工业,包括风力发电、潮汐发电、太阳能等。法国政府制订提振陆上风能装机容量的计划,到2023年从2018年底的15吉瓦提高到25吉瓦。太阳能的目标则是到2023年底从2018年底的10.2吉瓦提高到30吉瓦。此外,对于几项其他清洁能源技术,如地热电力、沼气以及浮动式海上风能也有相应目标。

法国能源工业具有培育强大能源产业的特点,采取每个行业都集中于1家企业的政策,比如电力集中于法国电力(EDF),燃气是GDF Suez,石油是道达尔(Total),核能集中于阿海珐(Areva),在国家的直接干预下扶植有国际竞争力的企业。实际上,这些企业不仅在欧洲,从全球来看也非常具有影响力。

2. 汽车工业

法国是欧洲第三大汽车生产国,位于德国、西班牙之后,是全球汽车行业支柱之一。自1890年标致公司生产出法国第一辆汽车,至今法国汽车工业的历史已有上百年。据统计,涉及汽车行业的劳动人口超过250万,产值约占国民经济总产值的15%。2017年,法国汽车产量222.7万辆,其中乘用车占比最高,达174.8万辆,商用车47.9万辆。随着法国人环境保护意识的增强,污染较小的轿车越来越受到法国人的青睐。在全球35种最佳环保车中,产自法国的占14种。

汽车工业主要集中在巴黎、里昂、斯特拉斯堡、圣艾蒂安。法国拥有13家汽车制造厂商,其中包括两大本土企业:标致—雪铁龙集团和雷诺集团,以及大众、福特、菲亚特、戴姆勒—克莱斯勒、丰田、宝马和尼桑等国外厂商。法国本土汽车厂商在汽车市场占主导地位,标致是法国最大的汽车集团公司,总部位于巴黎。

3. 航空航天工业

法国是航空航天工业发达国家之一,是世界航空技术发祥地之一,曾经被推崇为"世界航空之都"。在"一战"期间,法国是世界最大的航空装备供应国,生产了5万多架飞机、9万多台发动机。"二战"中,航空工业被破坏殆尽,但战后历届政府都十分重视航空科研和工业,法国迅速走上自行研制的道路。从20世纪50年代开始自行研制探空火箭和导弹,到60年代后期法国用火箭将人造地球卫星送入太空,成为世界上第三个能用自制火箭成功发射人造地球卫星的国家。70年代以来,法国航空航天工业获得稳步发展,已经形成了一个基础比较雄厚、技术比较先进、结构比较完整的教学、科研、设计和生产基本配套的航空航天体系。2018年该行业总营业额达654亿欧元,出口总额为440亿美元,对贸易平衡起到了重要作用。法国积极推动西欧国家联合发展欧洲航天事业,是欧洲空间局的主要成员国,自20世纪60年代开始,与德国、英国等欧洲国家共同研制空中客车A300、A330、A340等干线飞机,蜚声世界。

法国航空航天工业中心位于图卢兹,这里也是欧洲航空航天工业的中心。图卢兹航空谷是空中客车全球总部所在地,聚集了完整的航空产业链,拥有55 000名工作人员和超过1 000家的从事航空航天工业的机构。

4. 钢铁工业

法国拥有丰富的铁矿资源,钢铁工业历史悠久,早在1769年洛林地区就首次采用焦炭炼钢。1869年,钢铁产量为11.1万吨,1929年达到971.7万吨,到19世纪70年代成为仅次于英国的世界第二大钢铁生产大国。此后由于世界经济危机及两次世界大战,法国钢铁工业遭到严重打击,"二战"结束时,钢产量降到166.6万吨。虽然战后钢铁工业仍是法国的重要部门,但是美国、日本、苏联、德国以及后来的中国、印度等发展中国家的钢铁工业纷纷超过法国,无论是从炼钢设备还是从产钢量来看,法国已成为二流的产钢国。

法国是钢铁净出口国。分布由资源型向临海型转移。主要钢铁生产基地一是东北部铁矿资源型的洛林钢铁基地;二是北部煤区钢铁生产基地,该基地现在则利用进口的优质铁矿和矿焦来发展钢铁生产;三是中央高原钢铁基地,位于里昂附近,以生产特种钢为主;四是临海钢铁基地,其中心是西北部的敦刻尔克和东南部的福斯,该基地利用优越的海运条件,进口焦煤和优质铁矿。

5. 化学工业

法国是全球第七大化学工业生产国,排在中国、美国、日本、德国、印度和韩国之后。化工产品是法国的重要出口产品,2019年的出口额占法国总出口额的16.3%。香料工业早在战前就享誉世界,巴黎香水驰誉全球,有"梦幻工业"之称。格拉斯、里昂、巴黎是生产香料的三大中心。有机化工业务部门主要生产石油化工产品,包括3个业务分支:基础有机化工产品的生产、基础塑料原材料的生产、合成橡胶产品的生产等。法国化工产品制造行业十分重视环境保护和技术创新,所有化工产品的生产和销售必须遵循环境优先的原则,并强调自然与人的和谐统一,每年在环境保护方面所投入的资金总额达到数千万欧元。

6. 纺织服装工业

纺织服装工业是法国传统工业部门,法国与意大利、德国同为欧盟三大纺织和服装工业大国。纺织品和服装都是法国重要的出口产品,其出口目标国主要是西班牙、意大利、比利时、德国、英国、美国、瑞士、葡萄牙以及北非部分国家。纺织和服装厂6 000多家,从业人员约14万。

与"中国制造"海量的服装产品相比,"法国制造"的服装虽然少,但可谓都是些精品,甚至是奢侈品。法国服装企业将自己定位于高档市场、专业服装市场和奢侈品市场,依靠"绝对的质量"和高附加值取胜,五大知名品牌卡地亚(Cartier)、香奈儿(Chanel)、迪奥(Dior)、法国鳄鱼(Lacoste)、路易威登(Louis Vuitton)在全球服饰市场已有极高占有率。

北部地区(纺织工业)、罗讷阿尔卑斯地区(化学纤维)、阿尔萨斯洛林地区、比利牛斯中部地区(针织)和孚日地区(棉布)是法国传统的纺织服装生产基地,但由于人工成本过高,近年来,法国纺织服装工业逐渐向中国、印度、突尼斯、摩洛哥、巴基斯坦等发展中国家转移。

(三) 服务业

服务业在法国经济中占有重要地位,涉及绝大多数经济活动领域和部门,服务业产值在 GDP 中所占比重接近 80%,是全球服务业产值比重最高的国家之一。

1. 商业

商业包括零售、批发和汽车销售、维修三个部门。2014 年,批发商和中间商所实现的商品销售总额达 7 320 亿欧元,零售商销售总额 4 920 亿欧元,汽车销售和维修行业的销售额达到 1 010 亿欧元。批发量比较大的有家用产品、食品饮料和烟草、信息和通信设备、农产品和鲜活牲畜等,零售业包括食品和非食品销售。其中非食品消费占整个零售业的接近 60%。食品零售主要以大型商场为主,包括特大超级市场和超级市场两种业态。而非食品的销售则以专业商店为主。但无论是哪种业态都受到互联网购物形式的挑战。法国零售业正在加快线上转型步伐。2016 年,法国电子商务市场规模为 720 亿欧元。2017 年法国零售业的市场价值约为 4 400 亿欧元,据 eBay 调研数据显示,法国有超过 80% 的消费者表示愿意尝试跨境网购。

目前法国有欧尚、家乐福、卡西诺等特大超市集团。其中家乐福是欧洲第一大零售商,世界第二大国际化零售连锁集团;欧尚集团是法国第二大以经营零售业为主的商业集团,全球十大零售商之一。

2. 旅游业

法国是世界上最早发展旅游业的国家之一,近年来一直保持着世界第一大旅游国的地位。法国平均每年接待外国游客 7 000 多万人次,超过该国人口总数,2018 年更是达到 8 932.2 万人次。欧洲是法国最大的旅游客源地,尤以德国为最。英国游客对法国的热情也颇高,北美地区、亚洲地区尤其是中国游客对于法国的旅游业而言也很重要。旅游产业对法国 GDP 的贡献率超过 7%,2018 年旅游业收入约为 731.25 亿美元,居全球第三位,位于美国、西班牙之后。

法国著名的旅游胜地包括"浪漫之都"巴黎、充满浓郁欧洲风情的地中海和大西洋沿岸风景区及广阔的阿尔卑斯山区。还有一些历史名城如卢瓦尔河畔的古堡群、布列塔尼和诺曼底的渔村、科西嘉岛等。首都巴黎的卢浮宫、凡尔赛宫、巴黎圣母院等历史文化遗产引人入胜。这些旅游胜地的发展除了法国自身优势以外,也得力于国家积极推行经济结构调整、大力发展旅游业。

3. 交通运输业

法国交通运输发达,水、陆、空运输均极为便利。铁路通往除科西嘉岛以外各个地方,总里程达 2.8 千米,高速铁路 2 157 千米,高铁技术居世界领先地位。公路网密度居全球前列,总里程超过 110.3 万千米,为欧盟之最,其中高速公路 1.11 万千米。内河航道总长 8 500 千米,其中可通行 1 500 吨级以上船舶的航道约 1 900 千米。巴黎是主要内河港口。主要海港有马赛港、勒阿弗尔和敦刻尔克港。2019 年,法国七大沿海港口装卸总吨位达 3.12 亿吨;集装箱装卸总吨数达 4 740 万吨;散装货物卸载量达 6 470 万吨。有航线飞往全球 134 个国家和地区的 529 个城市,主要机场有巴黎戴高乐机场和奥利机场、尼斯机场等。

四、法国的对外贸易

(一) 货物贸易

1. 概况

法国是世界贸易大国,对外贸易在国民经济中占有重要地位。根据世贸组织公布的数据,近年来,法国货物贸易总体上呈上升趋势。2014 年,其货物贸易进出口总额为 12 623.82 亿美元,居全球第五位,低于中国、美国、德国和日本,其中其出口总额为 5 831.83 亿美元,居全球第五位,进口总额为 6 791.99 亿美元,居全球第六位。2019 年,货物贸易总额为 12 252.7 亿美元,退居全球第六位。除个别年份外,货物贸易长期处于逆差,2011 年达到 1 235.6 亿美元的峰值,此后有所回落,到 2019 年下降到 823.4 亿美元。

2. 商品结构

从商品来看,机电产品、运输设备和化工产品是法国的主要出口商品,2019 年三类商品的出口额分别为 1 112.4 亿美元、1 106.4 亿美元和 928.2 亿美元,占法国出口总额的 19.5%、19.4% 和 16.3%,合计占比达 55.2%。食品、饮料、烟草是法国出口的第四大类产品,2019 年出口额为 363.9 亿美元,占比远低于前三大类出口产品,为 6.9%。航空器、航天器及零件、车辆、电机、药品、精油、香料、化妆品、酒等是法国具体的出口产品。机电产品、运输设备和化工产品也是法国进口的前三大类商品,2019 年合计进口 3 094.9 亿美元,占法国进口总额的 47.5%。第四大进口产品是矿产品,2019 年的进口额与化工产品相差无几,达到 695.3 亿美元。具体的进口产品包括核反应堆、机械器具、矿产品、电机、药品、塑料制品、服装、家具等。

3. 主要贸易伙伴

从区域组织来看,法国最大的出口目标市场是欧盟。2019 年,对欧盟的出口额为 3 285.6 亿美元,占出口总额的 57.7%。其次是亚太经合组(23.1%),第三是北美自由贸易区(9.7%)。欧盟也是法国最大的进口来源地,2019 年从欧盟的进口额为 4 438.3 亿美元,占比 68.1%。从亚太经合组织和北美自由贸易区的进口占比分别为 17.5% 和 6.3%。

从国别来看,德国是法国最大的贸易伙伴国,是法国最大的出口目的地和进口来源地,2019 年在法国的出口总额和进口总额中所占比重遥遥领先,分别为 13.8% 和 17.8%(见表 6-18)。美国是法国最大的非欧盟国家的贸易伙伴,是法国第二大出口目的地,第七大进口来源地。整体来看,法国的主要贸易伙伴集中在欧盟内部,包括意大利、比利时、西班牙、荷兰等国。近年来,法政府把促进出口作为带动经济增长的重要手段,在保持和扩大原有国际市场的同时,积极开发拉美、亚太等地区的新市场。

表 6-18　2019 年法国进出口贸易伙伴

排序	出口贸易伙伴			进口贸易伙伴		
	国家或地区	金额/百万美元	占比/%	国家或地区	金额/百万美元	占比/%
1	德国	78 649	13.8	德国	115 628	17.8
2	美国	47 062	8.3	比利时	64 091	9.8
3	意大利	42 298	7.4	意大利	53 025	8.1
4	西班牙	42 026	7.4	荷兰	52 428	8.1
5	比利时	39 047	6.9	西班牙	47 008	7.2
6	英国	37 817	6.6	中国内地	35 167	5.4
7	中国内地	23 383	4.1	美国	35 121	5.4
8	瑞士	19 904	3.5	英国	26 455	4.1
9	荷兰	19 844	3.5	瑞士	19 192	3.0
10	波兰	11 500	2.0	波兰	13 900	2.1
11	新加坡	9 709	1.7	捷克	9 685	1.5
12	日本	8 652	1.5	俄罗斯	9 151	1.4
13	葡萄牙	8 099	1.4	土耳其	8 486	1.3
14	土耳其	6 657	1.2	爱尔兰	8 289	1.3
15	中国香港	6 477	1.1	葡萄牙	7 862	1.2

资料来源:中国商务部网站。

(二)服务贸易

法国也是一个服务贸易大国。按照世贸组织的统计,2019 年,法国服务贸易的进出口总额为 5 499.1 亿美元,居全球第六位,位列美国、中国、德国、英国、爱尔兰之后。其中出口额为 2 870.8 亿美元,居全球第四位;进口额为 2 628.2 亿美元,居第六位。尽管在货物贸易中连年逆差,但法国的服务贸易保持着顺差,2019 年顺差额为 242.6 亿美元。服务贸易的顺差在个别月份甚至能够为法国实现经常账户的盈余。

其他商业服务是法国最大的服务部门,2019 年无论是出口还是进口都占比 30% 以上。在出口中,旅游和运输分居第二、三位,在法国服务贸易出口总额中所占比重分别为 22.8% 和 16.5%。在进口中,旅游和运输的进口额相差无几,在法国服务进口总额中所占比重分别为 19.1% 和 19.6%。金融服务是法国拥有最大顺差额的服务部门,最大的逆差部门则是保险部门。法国的主要国际服务贸易伙伴是工业化国家,其中以欧洲国家,特别是欧元区国家为主。

（三）中法经贸关系

1. 贸易

法国是最早和新中国建交的西方大国，自1964年建交以来，两国经贸关系发展迅速，双边贸易额由建交前的年平均3 000万美元逐年递增：60年代年均贸易额为1.1亿美元，70年代3.7亿美元，到了80年代增至14亿美元，90年代中期超过了40亿美元，到2 000年更猛增至76.6亿美元。进入21世纪以来，两国间的贸易额急速增加。据欧盟统计局数据，法国对中国的出口额由2005年的80.2亿美元增长到2019年的233.8亿美元，同期从中国的进口由179.1亿美元增长到351.7亿美元。2019年，法国与中国的贸易逆差117.8亿美元，中国是法国的第七大出口市场和第六大进口来源地。

法国对中国出口的前三大类产品依次是运输设备、机电产品、化工产品，2019年的出口额分别是69.1亿美元、50.4亿美元、39.9亿美元，在法国对中国出口总额中所占比重分别为29.6％、21.5％、14.8％。这三大类产品占法国对中国出口的近七成。法国自中国进口的主要商品为机电产品、纺织品及原料和家具、玩具、杂项制品，2019年合计进口218.3亿美元，占法国自中国进口总额的62.1％。除上述产品外，贱金属及制品、化工产品、塑料橡胶、鞋靴等轻工产品等也为法国自中国进口的主要大类商品（HS类），在其进口中所占比重均超过5％。

法国对中国有较大的贸易逆差，两国政府也一直致力于双边贸易的再平衡。中国商务部建议法方积极采取措施，推动欧盟取消对华高技术出口管制，并支持企业开拓中国市场。近年来，在贸易大单的支撑下，法国医药、农业、食品等领域对华出口增长迅速，双边经贸内容更为丰富。

2. 投资

除贸易外，中法间的投资额也在逐年增长。目前法国是中国在欧洲的第四大实际投资来源国和第二大技术引进国，投资主要集中在能源、汽车、化工、轻工、食品等领域，大部分为生产型企业。截至2019年3月底，法国在华投资项目5 753个，累计实际投资176.9亿美元。法国对华直接投资在其对外直接投资总额中所占比重较小。

在法中资企业是中法双边经贸关系的重要组成部分，也是中法双向投资合作不断向前发展的主要推动力量。据中国商务部统计，2019年中国对法国直接投资流量8 722万美元；截至2019年末，中国对法国直接投资存量59.54亿美元。法国是中国企业在欧洲第七大投资目的地，吸收了中国企业对欧投资总额的5.85％，而同期中国对英国投资占中国对欧投资总额的17.6％。近年来，中国企业通过成立地区性总部、建设研发中心、开展企业并购和设厂生产等形式开展对法投资合作的案例不断增多，业务形态逐步从低端向高端发展。中国对法投资合作从最初的金融和贸易领域快速向其他行业扩展，已涵盖电子信息、电气设备、交通仓储、环保、航空航天、核能、食品、医药、化工、建材、物流等多个领域，向新兴产业和高附加值产业发展的态势进一步明显。目前，巴黎大区是中国企业对法投资的重点区域，有超过55％的中国企业选择巴黎大区开展投资合作。除巴黎大区外，罗讷—阿尔卑斯大区、普罗旺斯—阿尔卑斯—蓝色海岸大区、下诺曼底大区也成为中国企业的投资热土，中国企业对法投资地域向纵深拓展。

第六章　发达的经贸大国

五、法国的主要港口和城市

1. 巴黎（Paris）

法国的首都，位于北部巴黎盆地的中央，横跨塞纳河两岸，法国最大城市，也是欧洲第二大城市，市区面积 105 平方千米，人口 210 多万。巴黎大区包括市区及周围的 7 个省，面积达 1.2 万平方千米，总人口近 1 000 万。巴黎是法国政治、经济、文化、商业中心，欧洲的公路、铁路交通的中心，也是世界航空运输的中心之一。巴黎集中了法国多数的大型集团公司和金融机构。建都已有 1 400 多年的历史。巴黎是极为著名的世界艺术之都之一，印象派发源地，欧洲油画中心，欧洲文化中心，欧洲启蒙思想运动中心，世界著名的时尚与浪漫之都，举世闻名的文化旅游胜地。

2. 马赛（Marseille）

位于法国南部地中海沿岸，三面环山，面积 240 平方千米，法国的第二大城市和最大海港，也是欧洲第二大港口，城市人口 163 万。马赛是普罗旺斯—阿尔卑斯—蓝色海岸大区首府和罗讷河省省会，是法国南部的行政、经济、文化和交通中心。马赛是法国最古老的城市之一，建于公元前 6 世纪，有 2 600 多年的历史。该地区资源丰富，工业和商业都很发达，是全国炼油业中心；还有制盐、铝矾土、煤炭、发电、冶金、造船、化工、直升机制造、纺织及食品加工等行业；它的海产品也很丰富，渔业发达，有现代化的罐头加工联合企业；它还是全国最大的船舶修理中心。20 世纪 70 年代以来，马赛港区进行了改造和扩建，新兴的马赛—福斯港是法国最大的现代化港口，港区长 70 千米，货物年吞吐量达 1 亿吨，180 条海运线通过 13 000 个中途站联系着 109 个国家和地区。福斯港是油船、天然气船、矿石船和集装箱等大型海运业的现代化港口，有输油管道通往阿尔萨斯、瑞士和德国的炼油厂。

3. 里昂（Lyon）

法国东南部大城市，法国罗讷—阿尔卑斯大区的首府和罗讷省的省会，法国第二大都市区，常被称为"外省首都"。法国重要的工业城市，化学纤维的主要产地；机械、电子、重型汽车、计算机等工商业实力雄厚。科研和教育事业发达，拥有 20 余所高等院校和科研机构，是除巴黎之外最重要的教育中心。位于罗讷河和索恩河汇流处和从地中海通往欧洲北部的战略走廊上，水、陆、空交通枢纽，是沟通北欧和南欧的交通要道。里昂还是文化与艺术之都，1998 年被联合国教科文组织列为世界人文遗产城市。里昂还是国际刑警总部的所在地。

4. 图卢兹（Toulouse）

法国西南部大城市，南部—比利牛斯大区上加龙省省会。面积 118 平方千米，人口 74.1 万，其中市区人口 39.95 万。上加龙省的工业、贸易和服务业主要集中在图卢兹市内及周围地区。该市是法国航空航天工业中心、电力和电子工业中心。此外，该市在微生物、医学、电子医学、化学、生物医学、生物工艺等领域在法国也处于领先地位。

5. 尼斯（Nice）

法国南部地中海沿岸城市，普罗旺斯—阿尔卑斯—蓝色海岸大区滨海阿尔卑斯省省会，是法国仅次于巴黎的第二大旅游城市，也是全欧洲最具魅力的滨海度假胜地。尼斯的经济主要是旅游业及与旅游相关的工、农业和交通运输业。工业主要有电子、机械、建筑、纺织、服装、印刷、食品、酒类和香水生产。农业有园艺和花卉种植业,生产本市旅游业需用的新鲜蔬菜和鲜花。

6. 里尔(Lille)

法国北方重要城市,北部—加莱海峡大区首府和诺尔省的省会。市区有 22.7 万人口,加上周围卫星城市共约 109 万人,人口密度居全国第二位。里尔市及其所在大区是法国重要的工业区之一,早先以冶金和纺织业为主,现已发展成综合工业基地。其铁路器材产量、电力生产、印刷业、机械制造均居全国前列。

7. 勒阿弗尔(Le Havre)

法国北部海滨城市,市区位于法国五大水系之一的塞纳河的入海口北侧,濒临英吉利海峡,是法国仅次于马赛的第二大港口,也是距离首都巴黎最近的大型港口,以其作为"巴黎外港"的重要的航运地位而著称,在法国经济中具有独特的地位。

8. 波尔多(Bordeaux)

法国西南部新阿基坦大区和纪龙德省省会所在地,是欧洲大西洋沿岸的战略要地。波尔多港是法国连接西非和美洲大陆最近的港口,是西南欧的铁路枢纽。其所在的新阿基坦大区自然条件优越,有利于农作物生长,农业生产在全国排名第三,玉米生产居欧盟第一位,鹅肝生产和加工居世界第一。波尔多的葡萄酒品种和产量在世界名列前茅,出口历史已有几个世纪。

【思考题】

1. 分析美国发展经济的有利条件。
2. 分析中美经贸关系发展中存在的问题。
3. 概述日本的工业布局并分析其形成的原因。
4. 对比分析法国、德国农业的特点。
5. 分析法国能源产业的发展特点。

第七章 金砖国家

学习目的与要求

1. 了解"金砖国家"由来及其概况；
2. 了解俄罗斯、印度、巴西、南非这四个金砖国家的地理概况；
3. 了解金砖四国的经济发展历程、经济特点、产业结构；
4. 掌握金砖四国的工业、农业、服务业发展状况及主要产业；
5. 掌握金砖四国的货物贸易、服务贸易的发展现状及彼此间的贸易关系；
6. 掌握金砖四国与中国的经贸关系。

扩展阅读 7-1
金砖国家间的合作

第一节 金砖国家概述

一、金砖国家的由来

2001 年，美国高盛公司首席经济师吉姆·奥尼尔（Jim O'Neill）首次提出"金砖四国"这一概念，起初包括巴西（Brazil）、俄罗斯（Russia）、印度（India）和中国（China）等四个新兴市场国家，其英文名称"BRIC"也来自这四个国家英文国名的首字母。2009 年 6 月，四国领导人在俄罗斯举行首次会晤，并发表《"金砖四国"领导人俄罗斯叶卡捷琳堡会晤联合声明》。2010 年 4 月，第二次"金砖四国"峰会在巴西召开。会后四国领导人发表《联合声明》，商定推动"金砖四国"合作与协调的具体措施，至此，"金砖国家"合作机制初步形成。

2010 年 12 月，中国作为"金砖国家"合作机制轮值主席国，与俄罗斯、巴西、印度一致商定，吸收南非（South Africa）作为正式成员加入"金砖国家"合作机制。南非的加入使金砖国家增加为五个国家，英文名称也变为"BRICS"，并改称为"金砖国家"。

经过几年的发展，"金砖国家"初步形成以领导人会晤为主渠道，以安全事务高级代表、外长、常驻多边组织使节会议为辅助，以智库、工商、银行等各领域合作为支撑的多层次合作架构。"金砖国家"走到一起符合国际社会共同利益。与七国集团等发达国家合作机制不同，"金砖国家"不是新的大国集团，不是政治同盟，而是发展伙伴。该机制讨论的问题集中于经济、金融等发展领域,无论发达国家还是发展中国家都普遍关心。五国虽国情各异,禀赋不同,但所处发展阶段相近,都面临保增长、保稳定、保民生的艰巨任务。在经济发展过程中,也都会遇到调结构、护环境等相似的挑战和难题。同时,"金砖国家"各有优势,经济互补性很强,既有开展广泛合作的坚实基础,也有促进共同发展的现实和战略需求。可以说,"金砖国家"是全球发展伙伴关系的积极倡导者和实践者,是南北对话与合作的一座新桥梁。

二、金砖国家概况

作为主要新兴市场国家,五个"金砖国家"国土面积占世界陆地总面积的29.2%,人口占世界总人口的41.4%(2019年数据)。2006—2016年的十年间,金砖国家对全球经济增量的贡献接近70%,而同期G7国家的贡献率仅为10%,这十年被称为金砖国家的"黄金十年"。五国国内生产总值全球占比在20世纪70年代约为6%,80年代末和90年代上升到8%~9%,2005年超过10%,2012年超过20%,2019年为24%;20世纪70至80年代,五国资本形成占比约为5%~6%,90年代末上升到近10%,2010年跃升到27.3%,2019年进一步增至33.9%。资本形成占比是金砖五国基本宏观经济变量中全球占比最高的指标。20世纪90年代货物贸易出口额占全球货物出口总额的6%左右,到2000年达到7.5%,2004年突破10%,2019年已达到18.8%。五国的进口贸易额在20世纪90年代占全球进口贸易总额的3%~6%。2006年突破10%,2019年达到16.15%。五国的服务贸易出口额占全球服务贸易总出口的比重也由2005年的7%上升到2019年的10%。服务贸易进口额占全球服务贸易进口总额的比重同期由8.5%上升到14.9%。此外,金砖国家在国际金融体制改革、气候变化等事关全球治理的重大问题上正发挥着越来越重要的作用,推动着国际秩序朝更加均衡的方向发展。随着五国经济快速增长,其国际影响力与日俱增。

从一些指标来看,金砖五国间的差距比较大。从国土面积来看,俄罗斯、中国、巴西都是国土辽阔的国家,而印度和南非相对来说就比较小。尤其是人口众多的印度,人口密度达到407人/平方千米,俄罗斯的这一数据仅为8.6人。中国、印度的人口都超过10亿,巴西、俄罗斯人口也过亿,但南非人口仅为5 900万(见表7-1)。

表7-1 2019年金砖国家基本情况

国家	国土面积 /万平方千米	首都	年中人口 /百万人	人口密度 /(人/平方千米)	货币名称
巴西	851.49	巴西利亚	210	24.7	雷亚尔(R$)
俄罗斯	1 707.54	莫斯科	147	8.6	卢布(Rub)
印度	328.7*	新德里	1 338	407.0	卢比(Rs)
中国	960.0	北京	1 398	146.0	人民币(RMB)
南非	121.9	比勒陀利亚	59	48.1	兰特(ZAR)

资料来源:金砖国家联合统计手册(2020)。

* 印度面积约298万平方千米(不包括中印边境印占区和克什米尔印度实际控制区等)。

从经济规模上来看,中国是仅次于美国的世界第二经济大国,2019 年 GDP 超过 14.36 万亿美元。印度、巴西、俄罗斯的经济总量分别居全球第 5、9、11 位,南非居第 36 位。从人均 GDP 来看,俄罗斯在五国中最高,2019 年达 11 584 美元,巴西的人均 GDP 由 2014 年的超过 1 万美元下滑至 2019 年的 8 754 美元。中国则超过 1 万美元。而印度由于人口相对于经济规模而言过大,因此人均 GDP 仅有 2 045 美元(见表 7-2)。

表 7-2　金砖国家国民经济核算状况(2000 年、2014 年、2019 年)

国家	GDP/亿美元			人均 GDP/美元			GDP 增长率(比上年增长)/%		
	2000 年	2014 年	2019 年	2000 年	2014 年	2019 年	2000 年	2014 年	2019 年
巴西	6 570	23 460	18 400	3 788	11 571	8 754	4.4	0.1	1.1
俄罗斯	2 600	18 810	17 000	1 772	12 874	11 584	10	0.6	1.3
印度	4 766	20 691	27 130	468	1 633	2 045	7.6	11.5	2.3
中国	12 053	103 610	143 630	955	7 595	10 276	8.4	7.4	6.1
南非	1 360	3 500	3 510	3 034	6 483	5 979	4.2	1.5	0.2

资料来源:金砖国家联合统计手册(2020)。

从经济增长趋势和速度上来看,五个国家中,中国基本保持较高的增速,除个别年份外,中国都是金砖国家中 GDP 增长率最高的国家。与其余四国相比领先优势较大。21 世纪之前,巴西、印度、南非的增速相差不大,而俄罗斯的波动很大。进入 21 世纪后,尤其是 2010 年以来,印度的经济增速维持在较高水平,个别年份超过中国(见图 7-1)。

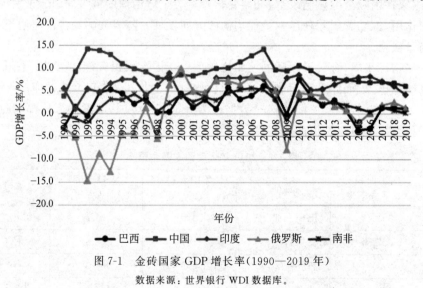

图 7-1　金砖国家 GDP 增长率(1990—2019 年)

数据来源:世界银行 WDI 数据库。

从对外经济关系来看,中国是全球最大的货物贸易国,2019 年货物贸易进出口总额达 45 778.4 亿美元。俄罗斯、印度、巴西、南非的货物进出口额分别居全球 14、17、28 和 37 位。从服务贸易来看,中国是全球第二大服务贸易国,服务贸易进出口总额 2019 年为

7 786.2亿美元,仅次于美国。印度的服务贸易进出口额为3 918亿美元,居第10位,俄罗斯为1 592亿美元,居第20位,巴西居第29位。南非服务贸易额较小,仅有296.7亿美元。从出口来看,2019年中国是第五大服务贸易出口国,位居美、英、德、法之后。印度居第8位。从经常账户的盈余来看,中国、俄罗斯都有较大的顺差,而巴西、印度、南非则处于逆差。

三、中国和其他金砖国家的经贸关系

(一)中国与其他金砖国家的贸易关系

金砖国家在应对全球经济和金融挑战,促进可持续发展,实现包容性增长,维护金融稳定,完善全球经济治理,建立国际经济新秩序等方面具有共同的利益诉求,这成为中国与金砖国家开展经贸合作的重要前提和基础。从2009年6月到2020年12月,金砖国家领导人已经举行了12次会晤,发表了《三亚宣言》《德里宣言》《德班宣言》《福塔莱萨宣言》《乌法宣言》《果阿宣言》《厦门宣言》《约翰内斯堡宣言》《巴西利亚宣言》和《莫斯科宣言》,达成了广泛的共识。金砖国家在经济、贸易、投资、金融、科技、社会、人文各领域的全面深入合作,取得了积极的成效,夯实了中国与金砖国家经贸合作的基础。

近10年来,中国与金砖国家经贸发展迅速,进出口贸易总体呈增长态势,但也存在波动。2004年,中国对其余四个金砖国家进出口贸易额为531亿美元,2019年达到3 617.4亿美元,增幅为581%。从中国对金砖国家贸易的绝对数来看,除2009年和2010年贸易总额是下降的以外,其余年份都保持了增长的态势。从增速上看,2004—2019年,中国与金砖国家进出口贸易额年均增速为38.8%,高于同期中国外贸19.8%的年均增长速度。从金砖国家占中国外贸的比重来看,2004年中国与金砖国家进出口贸易额占中国外贸进出口额的比重为4.6%,2012年达到近10年来的最高值7.8%,2013年受金砖国家经济增速放缓的影响,所占比重向下调整为7.4%,2019年又回升至7.9%。中国与金砖国家贸易额占中国对外贸易额的平均比重约为6.68%。

从具体国别来看,中国与其余四个金砖国家互为重要的贸易伙伴。俄罗斯和巴西分别是中国主要的能源和铁矿石进口来源国,该类产品的战略重要性意味着双边贸易依存度较高;而中国也是各国最大的进口来源国,主要进口产品以机械、电子、化工等产品为主,同样具有较高的不可替代性。2019年,中国是巴西、俄罗斯、南非的第一大贸易伙伴、第一大进口来源国和出口市场;是印度的第一大进口来源国、第二大贸易伙伴。2020年,中国取代美国成为印度的第一大贸易伙伴。

直接投资方面,从金砖四国在中国对外投资的占比以及中国投资占该国整体FDI比率来看,金砖国家并不是中国对外直接投资的主要目的地,但近年来伴随"一带一路"倡议的推进和金砖国家贸易合作的展开,中国对其他金砖国家的直接投资呈现快速增长态势。其中从流量来看,中国对巴西的新增直接投资规模较大,增速也较快,2019年新增投资达9.27亿美元,同比增长超100%;而对俄罗斯的投资存量在四国中占比最高,累计达128亿美元。

(二)中国与其他金砖国家合作的基础

1. 资源禀赋差异为中国与金砖国家的经贸合作奠定了基础

巴西、俄罗斯、印度、中国、南非等金砖国家资源禀赋的差异性,为开展相互之间的经贸合作奠定了基础。中国劳动力资源丰富,经过改革开放四十多年的发展,在工业制成品的生产和出口上具有明显的比较优势,为世界市场提供廉价的工业制成品,被称为"世界工厂",但在经济发展过程中对能源和自然资源的进口依赖却越来越强。巴西被称为"世界原料基地",农牧业发达,矿产资源丰富,工业体系较完整。俄罗斯被称为"世界加油站",油气资源丰富,原油、石油和天然气是主要出口商品,但出口结构较为单一。印度被称为"世界办公室",有劳动力资源优势,矿产资源丰富,并在计算机软件和信息技术上具有一定的优势。南非被称为"非洲门户",是世界上最大的非油气矿产出口国之一。

2. 中国与金砖国家贸易互补性强

中国与金砖国家参与国际分工的基础不同,经济发展模式不同,在贸易上具有较强的互补性,为开展贸易创造了有利条件。具体来说,中国参与国际分工的基础和依托是规模经济和丰富的劳动力资源,工业制成品是中国出口金砖国家的主要商品,而与中国形成互补的是,俄罗斯、巴西、南非提供了中国经济发展必不可少的能源和资源产品。中国从俄罗斯进口的是以原油、石油、天然气为代表的初级产品,向俄出口的是机电产品、纺织品等轻工商品。中国从南非进口的主要是金属矿砂、贱金属等,出口到南非的主要是机电产品、纺织品等。中国出口巴西的主要商品有机械设备、纺织品以及计算机与通信技术、仪器仪表、光电技术、液晶显示板、钢材、自动数据处理设备及其部件等,而从巴西进口的主要是矿产品、农产品等。印度在劳动密集型产品和资源密集型产品上有一定的优势,但印度对华出口的商品中矿产品和农产品占据相当比重,而中国对印度出口的产品主要为附加值较高的工业制成品,如机电设备、化工产品等,也存在一定的互补性。

3. 中国与金砖国家间的经贸合作为推动技术进步开辟新途径

长期以来,发达国家凭借技术和资本优势,牢牢占据高新技术产品和资本密集型产品的垄断地位。从贸易结构上看,发达国家从新兴经济体进口的是处于国际产业链低端的初级产品和技术含量低、附加值低的工业制成品,而向新兴经济体出口的是高附加值的高新技术产品和资本密集型产品。新兴经济体处于国际分工中的不利地位,贸易条件恶化。金砖国家通过与发达国家贸易获得技术外溢效应从而推动技术进步的实际效果并不明显。相反,金砖国家之间经济发展水平接近,市场需求相仿,中国发展与金砖国家的经贸合作,为实现规模经济,通过相互学习和借鉴推动技术进步和完成产业结构的升级开辟了新的途径。

(三)中国与金砖国家经贸合作面临的主要挑战

1. 中国与金砖国家在制成品贸易上存在摩擦,在经济发展战略上存在矛盾冲突

中国在工业制成品的生产和技术方面领先于印度和巴西等国,中国出口到印度和巴西的是附加值较高的工业制成品,印度、巴西出于对本国工业的保护,频频发起对中国产品的反倾销调查。从今后较长一段时间来看,出于对各自利益的保护,中国与金砖国家的贸易摩擦仍将继续存在。

金砖国家在经济发展战略方面的矛盾冲突主要存在于中国和印度之间。中国在2013年提出"一带一路"倡议,俄罗斯、巴西和南非均表示支持,并积极参加。但印度的态度却不明朗,甚至认为"一带一路"六大经济走廊之一的中巴经济走廊同印度发展战略存在竞争关系,因其提出的"香料之路"与"季风计划"与"一带一路"有重合之处。这种矛盾会导致金砖国家内部合作的疲弱,对彼此间的经贸关系产生不利影响。

2. 中国与金砖国家在能源和资源产品的贸易中将争夺定价权

俄罗斯是石油、天然气等能源的主要输出国,巴西和印度是铁矿石的主要输出国。随着中国经济的发展,资源约束越来越明显,对进口资源的依赖程度越来越高,中国已是世界第一大石油和天然气的进口国,世界第一大铁矿石进口国。中国与巴西、俄罗斯等国争夺资源和能源产品定价权的竞争日趋激烈。中国铁矿石约有17%来自巴西,2020年上半年,在印度的铁矿石采购也飙升至8年来的新高。为取得有利的铁矿石价格,双方展开了铁矿石定价权的激烈争夺。中国与俄罗斯在天然气贸易上围绕价格,也开展了旷日持久的谈判。为获得稳定的资源和能源供应渠道,中国加强了对巴西、南非相关行业的直接投资,又引发了巴西和南非对国家经济安全的担忧。此外,中国、印度两个能源消费大国还在全球范围内展开了争夺能源的竞争。

3. 中国与金砖国家在推进自由贸易建设过程中存在障碍

近年来,自贸区发展方兴未艾。2013年,中国已经完成了与印度的区域贸易安排联合研究。但迄今为止,中国尚未与任何一个金砖国家签订自由贸易协定。其主要的障碍存在于三个方面,一是中国与金砖国家经济发展水平接近,相互竞争是客观存在的事实,利益冲突在所难免,需要加强合作、协调利益、增进互信。二是中国在工业制成品的生产上具有明显的优势,部分金砖国家担心与中国组建自由贸易区后,来自中国的廉价工业制成品会对本国工业造成冲击。三是金砖国家发展自贸区的战略定位存在差异。印度实行的是在全球范围内推进自贸区的战略,因而在建立自贸区上态度积极,与中国建立自贸区的障碍相对较小;巴西与南非则立足于本地区,追求区域范围内的利益和影响力最大化;俄罗斯参加经济一体化进程最晚,并且将建立自贸区的重点放在独联体范围内。巴西、南非、俄罗斯等国对自由贸易区的定位和发展战略的差异,在一定程度上影响了建立自由贸易区的进程。

4. 中国与金砖国家在拓展国际市场空间上存在利益竞争

中国与其余四个金砖国家由于经济发展阶段相似,产业发展目标相近,在能源、原材料的进口市场和产品出口市场上存在一定的竞争。从进口来看,中国与印度在进口结构上有一定的相似性,如中国与印度都是能源消费大国,在能源产品的进口上存在竞争。从出口的角度上看,欧盟、美国、日本是中国与金砖国家的主要出口市场,在拓展欧、美、日市场空间上存在竞争。如中国和印度在劳动密集型产品的出口上各具有一定的优势,服装、纺织品都是中印的主要出口商品,目标市场都集中在欧、美、日。中国与巴西的制成品以及中国与南非的中等技术产品在拓展国际市场空间方面也存在竞争。

5. 中国与金砖国家在推进国际金融合作上面临外部阻力

金砖国家开展金融合作面临的阻力,既来自于外部也来自于金砖国家内部。在外部,以金砖国家为代表的新兴经济体2010年推动的国际金融机构改革,因为美国国会的阻挠至今没有取得实质性的进展,世界银行和国际货币基金组织两大国际金融机构仍处于欧美发达国家的主导下。金砖国家在《福塔莱萨宣言》中表达了对国际货币基金组织改革方案无法落实的失望和关切。本次金砖国家领导会晤成立的非发达国家主导的金砖国家开发银行,与发达国家主导的国际金融机构必然存在一定的竞争,为了维护其在国际金融体系中的霸权地位,发达国家将会对金砖国家推动的国际金融合作设置障碍。在国际金融秩序改革上,金砖国家降低对美元依赖的主张,将冲击到美元在国际金融体系中的霸权地位,也将面临来自美国的阻力。在金砖国家内部,由于各国的经济发展程度存在差异,金融体系发展不平衡,利益冲突以及对国际金融体系改革的方式存在分歧等原因阻碍了相互间在国际金融领域开展合作。

第二节 俄 罗 斯

一、俄罗斯的地理概况

(一) 地理位置、面积及行政区划

俄罗斯全称俄罗斯联邦(Russian Federation),是苏联的继承国。俄罗斯是世界上领土面积最大的国家,共1 712.5万平方千米,占地球陆地面积的11.4%,是苏联总面积的76.3%。俄罗斯地跨欧亚两大洲,位于欧亚大陆的北部,北纬41°~82°之间,横跨11个时区。领土略呈长方形,包括欧洲的东半部和亚洲的北部,从最东端白令海峡的杰日尼奥夫角到最西端加里宁格勒州的波罗的海海岸,长约1万千米。俄罗斯北部领土36%在北极圈内。

俄罗斯拥有漫长的疆界线,边界的东、北部是海疆,西、南部主要是陆界,总长度为60 932.8千米,其中海疆占2/3,海岸线长4.3万千米,北部和东部分别为北冰洋和太平洋包围,西北和西南则分别可经波罗的海和黑海通往大西洋,共与12个海相邻:北临北冰洋的巴伦支海、白海、喀拉海、拉普捷夫海、东西伯利亚海和楚科奇海,东濒太平洋的白令海、鄂霍茨克海和日本海,西滨大西洋的波罗的海、黑海和亚速海。俄罗斯的陆路边界占其疆界的1/3,共与14个国家接壤:挪威、芬兰、爱沙尼亚、拉脱维亚、立陶宛、波兰、白俄罗斯、乌克兰、格鲁吉亚、阿塞拜疆、哈萨克斯坦、蒙古、中国和朝鲜。此外,俄罗斯还与日本、美国(阿拉斯加)、加拿大、格陵兰(丹麦自治领地)、冰岛、瑞典隔海相望。

俄罗斯联邦原由8个联邦管区组成,联邦管区一般称为联邦区,是俄罗斯的最高行政区划单位。联邦区以下为联邦主体,共有85个,包括22个享有较大自由的共和国、46个州、9个边疆区、4个自治区、1个自治州(犹太自治州)、3个联邦直辖市(莫斯科、圣彼得堡及塞瓦斯托波尔)。2014年3月21日,普京签发命令决定在克里米亚半岛增设一个新的联邦管区——克里米亚联邦管区(并未获国际公认)。至此俄罗斯的联邦管区达至9个,分别为中央联邦管区、西北联邦管区、南部联邦管区、北高加索联邦管区、伏尔加联邦管区、乌拉尔联邦管区、西伯利亚联邦管区、远东联邦管区及克里米亚联邦管区。2016年7月28日,俄罗斯总统普京签署命令,将南部联邦管区和克里米亚联邦管区合并改组为新的南部联邦管区,俄罗斯仍由8个联邦管区组成。

(二) 地形、气候和资源

俄罗斯的地形东高西低,南高北低,以平原和高原为主。叶尼塞河将俄罗斯国土分为

东西两部分,西部以平原和低地为主,东部大部分是高原和山地,从西向东依次是东欧平原、乌拉尔山、西西伯利亚平原、中西伯利亚高原、北西伯利亚低地和东西伯利亚山地、太平洋沿岸山地等。西南耸立着大高加索山脉,最高峰厄尔布鲁士山海拔5 642米。

俄罗斯位于中高纬度,大部分地区处于北温带和北寒带,气候多样,以大陆性气候为主。温差普遍较大,1月平均温度为5~-50℃,7月平均温度为0~-27℃。年降水量平均为150~1 000毫米。从西到东大陆性气候逐渐加强,冬季漫长严寒;各地气候差异明显:东欧平原西部气候较温和,西伯利亚地区冬季非常寒冷,但夏季日照时间长,气温和湿度适宜,利于针叶林的生长。北冰洋沿岸属极地苔原气候,太平洋沿岸属季风气候。从北到南依次为极地荒漠、苔原、森林苔原、森林、森林草原、草原带和半荒漠带。

俄罗斯境内河湖众多,沼泽广布。欧洲部分的河流多发源于东欧平原中部丘陵地带,呈放射状流向四方,河网密布,水量丰富。主要河流有伏尔加河、第聂伯河、顿河、伯朝拉河。全长3 690千米的伏尔加河是欧洲的第一长河,流域面积138万平方千米,注入里海,享有"俄罗斯母亲河"的称誉。亚洲部分的河流发源于西伯利亚南部和东部山地,多为源远流长的大河,著名的有自南向北注入北冰洋的鄂毕河、叶尼塞河、勒拿河和自西向东注入太平洋的阿穆尔河(即中俄界河黑龙江)。俄罗斯湖泊众多,其中水面面积超过1 000平方千米的有10多个。俄罗斯与伊朗等国之间有世界上最大的咸水湖里海。位于东西伯利亚南部的贝加尔湖是世界上最深、淡水储量最大的湖,被誉为"西伯利亚的明眸"。

俄罗斯的自然资源十分丰富,总量居世界首位。俄科学院社会政治研究所2004年的报告称,俄罗斯是世界上唯一一个自然资源几乎能够完全自给的国家。作为世界资源大国,俄罗斯已经探明的资源储量约占世界资源总量的21%,高居世界首位。从类别看,俄各种资源储量几乎都位于世界前列,特别是在其他国家非常短缺的矿物、森林、土地、水等资源方面,俄罗斯的优势非常大。俄资源总储量的80%分布在亚洲部分。石油、天然气、煤炭等能源资源的储量均居世界前列,其中,石油探明储量1 072.1亿桶(2019年数据),占世界探明储量的6.6%,居第六位;天然气探明储量38万亿立方米,居全球第一位。煤炭探明储量1 621.7亿吨,居第二位。金属矿铁、锰、铜、铅、锌等的储量也非常丰富。水力资源4 270km^3/年,居世界第二位。森林覆盖面积815万平方千米,占国土面积近一半,居世界第一位。据俄罗斯联邦林业署统计,到2020年俄罗斯木材蓄积量为1 022亿立方米,主要树种包括云杉、松树、桦树、山杨、橡树、椴树和落叶松。俄罗斯森林资源主要分布在该国亚洲部分,占全俄罗斯森林资源的72%,主要集中在西伯利亚联邦区和远东联邦区。俄罗斯年可采伐木材蓄积量为6.67亿立方米,年增长蓄积量为9.94亿立方米。目前,俄罗斯木材采伐量在全球排名第四,位于美国、巴西和加拿大之后。

(三)人口、民族和宗教

截至2021年1月1日,俄罗斯人口总数约为1.462亿,相比上年同期减少了51万人,这是近15年来俄罗斯人口首次出现大幅下降,城市人口占比超过74%。由于国土面积广阔,所以俄罗斯人口密度很低,每平方千米9人(欧洲部分为每平方千米25人),是世界上人口最稀疏的国家之一,多数人口集中在都会地区。苏联解体前,俄罗斯人口达到最高点,超过1.48亿,但此后由于生育率下降及大量移民迁入他国,人口进入负增长期。据联合国人口组织推算,到2050年,俄罗斯人口的数量将减少到1.21亿。日益严重的人口危机已经不单是一个普通的社会问题,而是事关国家前途和民族命运的重大政治问题和经济问题,是俄罗斯面临的最严峻挑战之一。此外,老龄化、性别结构失衡(女多男少)也是俄罗斯人口的重要特点。

俄罗斯大部分人口集中居住于北至圣彼得堡,南至新罗西斯克,东至伊尔库茨克,以这三个城市为顶点的三角地带中。这个三角地带拥有有利的气候条件,向北则是大片的原始森林和长年冻土层,向东南延伸则是沙漠和半沙漠地带。广阔的西伯利亚虽然占据了俄罗斯大约3/4的国土,却居住了少于1/4的人口,且主要集中于西伯利亚铁路两旁,最著名的城市有新西伯利亚、鄂木斯克、克拉斯诺亚尔斯克和伊尔库茨克。

由于地域广袤且民族众多,俄罗斯公民所使用的语言和方言超过100种,分属印欧语系、阿尔泰语系、乌拉尔语系、高加索语系和古西伯利亚语言。其中最常用的是印欧语系的俄语、乌克兰语、白俄罗斯语、德语,阿尔泰语系的鞑靼语、楚瓦什语,乌拉尔语系的乌德穆尔特语、马里语;俄语是约1.1亿人的母语,约占俄罗斯人口的75%。

俄罗斯是一个多民族国家,有194年民族。其中人口占总人口超过0.5%的民族有:俄罗斯族(79.82%)、鞑靼族(3.83%)、乌克兰族(2.03%)、巴什基尔族(1.15%)、楚瓦什族(1.13%)、车臣族(0.94%)、亚美尼亚族(0.78%)、白俄罗斯族(0.56%)、阿瓦尔族(0.52%)。作为一个多民族国家,俄罗斯有世界上最主要的四种宗教:东正教(基督教的一个独立教派)、伊斯兰教、犹太教和佛教。其中东正教对俄罗斯的文化影响最为深刻。除此之外,这里还保留着各种民间风俗和信仰。俄罗斯的宗教信徒中大多数是基督教徒,其中主要是东正教徒;其次是穆斯林,主要是逊尼教徒。

(四)俄罗斯的节日、风俗与禁忌

俄罗斯节日众多且人们都很重视。新年是最隆重的节日,除12月31日至1月1日的公历新年外,还包括1月13日至14日的儒略历的新年。俄罗斯的圣诞节是东正教的圣诞节,因此不是在12月25日,而是在1月7日。按照东正教教规,圣诞节前是圣诞斋戒,在斋戒期的40天里,虔诚的教徒只食用浸泡和煮熟的小米、大米、豆类和蔬菜。2月底3月初的谢肉节是一个告别严冬的民间传统节日,节日期间要烙薄饼、烧掉象征冬天的草人。4月12日是宇航节,纪念宇航员尤里·加加林1961年完成人类历史上第一次载人航天飞行。6月12日是俄罗斯日,1991年的这一天通过了俄罗斯联邦国家主权宣言。如今很多俄罗斯人过宗教节日,而且不仅仅是东正教教徒,其他宗教如天主教、伊斯兰教、犹太教、佛教等教徒也庆祝自己的宗教节日。此外,俄罗斯还有几十个与职业有关的节日,如教师节、地质工作者节、能源工作者节、医务工作者节等。

在人际交往中,俄罗斯人素来以热情、豪放、勇敢、耿直而著称于世。在交际场合,俄罗斯人惯于和初次会面的人行握手礼。但对于熟悉的人,尤其是在久别重逢时,他们则大多要与对方热情拥抱。俄罗斯人有用面包和盐招待贵客的习俗。他们天生好酒,国酒伏特加的浓烈,与其性格如出一辙,豪爽大方、热情、爱憎分明,但俄罗斯人不劝酒,能喝多少就喝多少。到俄罗斯人家做客,送点礼物是必要的,礼物可以非常微小,但俄罗斯人把它当作友好的表示。俄罗斯人认为像美国人那样用食指和拇指勾成圆形成"OK"字样表示赞成,是不足取的,是粗俗的行为,他们用伸出大拇指来表示赞成和支持。

俄罗斯人非常崇拜盐,认为盐能驱邪除灾,所以比较忌讳把盐碰洒,认为是不祥的预兆。也很崇拜马,通常认为马会给人带来好运气,所以对马怀有特殊的感情,尤其相信马掌是表示祥瑞的物体。俄罗斯人主张"左主凶,右主吉",因此不允许以左手接触别人,或以之递送物品。遇见熟人不能伸出左手去握手问好,学生在考场不要用左手抽考签等。俄罗斯人讲究"女士优先",在公共场合里,男士往往自觉地充当"护花使者"。不尊重妇女会遭鄙视。俄罗斯人忌讳的话题有:政治矛盾、经济难题、宗教矛盾、民族纠纷、苏联解体、阿富汗战争,以及大国地位问题。俄罗斯人聚会时,常常谈论严肃沉重的话题,这些话题往往涉及政治、文学、电影等,不宜谈论饮食,很少谈论天气。俄罗斯人喜欢谈孩子,家庭事务,在谈到子女成绩时会很自豪。

俄罗斯人忌讳以黄色的蔷薇花为赠礼,认为这是断绝友谊的象征,是一种令人沮丧的花;在送花时都是单数。他们讨厌"13",认为"13"是个凶数,会给人以大祸临头的印象或给人带来灾难;而"1"和"7"通常被视为最吉祥、最幸福的数字,最受俄罗斯人的偏爱。他们忌讳黑色,尤其忌讳见到黑猫。在家人出远门时不能马上扫地。俄罗斯人视蜘蛛为吉祥动物,但对兔子的印象很坏,认为兔子是一种怯弱的动物,当兔子从自己面前跑过时是不祥的征兆,也不能带兔子(无论死活)上船。

此外,在社交礼仪上还有几点禁忌要注意,如不要提前祝贺生日,不要隔着门握手,不要提前祝贺生小孩,不要送刀,不要送手帕,不要送空钱包,不要当别人面吸烟,不要劝酒,不要做不速之客,不要拒绝跳舞,不要摸人头,妇女不戴头巾不能进教堂,等等。

(五)俄罗斯人的商务谈判风格

俄罗斯人喜欢文学,酷爱读书,在汽车上,地铁里,随处都可以看到利用分分秒秒认真读书的俄罗斯人。如果你对俄罗斯的文化和艺术作过研究,他们便会非常尊重你,这会给谈判创造出友善的气氛。俄罗斯人有"四爱",即爱喝酒、爱吸烟、爱跳舞和爱运动。俄罗斯人爱喝酒,男人们几乎没有不喝酒的,女人中喝酒的人也不少,而且大都是喝烈性酒。俄罗斯人吸烟也很普遍,而且爱吸烈性烟。跳舞是俄罗斯人的爱好,每个人都有一两个体育专长。俄罗斯人很注意仪表,爱好打扮。在公共场合比较注意举止,从不把手插在口袋或袖子里,也不轻易地脱下外衣。在商务谈判中,他们比较欣赏对方友好的仪表,如果你不修边幅来进行洽谈,会使他们反感。俄罗斯人的文明程度较高,不仅家里搞得比较整洁,而且很注意公共卫生,极少有人在公共场所乱扔果皮核,偶尔为之,不仅会受到谴责,还要被罚款。

俄罗斯人聪明智慧,富有想象力,但同时又僵化,有惰性,不善于从事实务性工作,而且随意性强,时间观念差。俄罗斯人继承了苏联官僚主义办事拖拉的作风,做事断断续续,办事效率特别低。首先表现在他们常常把许多专家带到洽谈中,诸如技术专家、经济专家或法律专家,这样不可避免地扩大了谈判队伍。由于每个专家都要在谈判中维护和争得各自的地位,因此会拖长谈判时间。其次表现为行动迟缓,据说,在俄罗斯的语言中没有一个字确切地表示紧急的意思。他们绝不可能让自己的工作节奏适应你的时间表。在谈判期间,如果你向他们发信征求他们的意见,很难收到回复。因此在同俄罗斯人做生意时,切勿急功近利,要耐心等待。俄罗斯人虽有拖拖拉拉的作风,但在谈判桌前绝对精明,准备充分。俄罗斯人不容易改变自己的看法。在价格洽谈时,无论对方的价格是多么低,他们都不会接受你的第一次报价。所以在洽谈过程中,一定要注意灵活性,可事先准备好一份价格表,每个价格都有适当溢价,以备俄罗斯人讨价还价,为后面的洽谈留下余地。

二、俄罗斯的经济发展历程及特点

俄罗斯原是苏联经济实力最强的加盟共和国,也是当今对世界政治、经济都有举足轻重的影响力的经济大国。作为"金砖国家"之一的俄罗斯,是全球最大的新兴市场国家之一。2013年,俄罗斯GDP达到2.29万亿美元历史最高点,居世界第九位,但到2016年滑落到1.28万亿美元,退居第十二位。此后俄罗斯经济维持平稳增长,到2019年GDP增长为1.7万亿美元,居全球第十一位。由于人口相对中国、印度、巴西要少,因此人均GDP达到11 584美元(2019年),高于中国、巴西、南非及印度。作为苏联的继承者,俄罗斯的经济发展深受其影响,从1991年12月苏联解体到现在,俄罗斯的经济已走过较曲折的历程。

(一)经济发展历程

1. 苏联的后期

20世纪70年代中期,苏联经济达到鼎盛时期,社会生活稳定,生产发展较快,与美国的经济实力的差距日益缩小。但此后苏联日益依赖其丰富的自然资源,不思进取,害怕改革,体制越来越僵化,社会发展陷入停滞。1985年戈尔巴乔夫任总书记后,着手推行改革,但其经济发展战略只强调增长速度,忽视经济结构的调整,没有逃脱优先发展重工业和片面增长的老路。1989年下半年,苏联经济持续恶化,高通胀、高物价,失业严重,经济面临崩溃的危险,但苏共高层仍在为不同的经济改革方案争论不休。直到苏联解体的前夕才确定推行非国有化和私有化,在私有化的基础上建设自由市场经济。在此过程中,苏联经济形势进一步恶化,到1990年开始出现"二战"以来的第一次负增长,绝大多数群众的生活变得十分艰难。

2. 休克疗法后的经济衰退期

1991年底苏联解体后,经济陷入了严重的困境。俄罗斯全盘接受了美国等西方国家推荐的经济改革药方,从1992年元旦开始在全俄罗斯实行"休克疗法",具体内容包括:一是推行自由化,尤其是价格自由化,向市场经济转轨。二是实行紧缩性的货币和财政政策,开源节流,增收节支,同时控制货币流通,从源头上遏制通货膨胀。三是实行私有化政策。私有化是俄罗斯"休克疗法"的核心内容之一,其目的是形成广泛的私有者阶层,进而建立资本主义市场经济基础。

"休克疗法"的目的在于实现国家经济制度的完全转轨,建立资本主义私有制下的市场经济体制,实现国家经济的根本性好转,提高人民的生活水平。但出发点美好的"休克疗法"在20世纪90年代给俄罗斯经济带来极为消极的影响,使得俄罗斯为此付出了极大的代价。首先,俄罗斯经济陷入更加困难的境地,出现恶性通货膨胀,物价呈"百倍或百倍以上"的上涨,本币卢布大幅贬值,生产不断滑坡,人民生活水平直线下降。其次,私有化使国家和社会的共有财富迅速流失,进入私人腰包,形成寡头集团。再次,私有化使关系俄罗斯国家核心利益的产业,诸如机械、石化、水电、交通等都由外国私人公司掌握,这令俄罗斯的国家安全受到了威胁。最后,动荡的社会和激烈的政治斗争。"休克疗法"的巨大冲击力使俄罗斯整体经济下滑,失业率上升,整个社会笼罩在一种不安的氛围中,形成了精神与信仰的危机,进而又使得犯罪率上升。俄罗斯在20世纪90年代几乎是世界上社会秩序最差的国家。

"休克疗法"的影响一直延续到1998年。1992年经济增长比上年下降18.5%,1993年下降12%,1994年下降15%,1995年下降4%,1996年下降5%,1997年出现暂时的转机,增长0.4%,但1998年又下降4.6%。

3. 经济的恢复性增长阶段

1998年,面对亚洲金融危机,俄罗斯针对"休克疗法"对经济政策进行了根本性的调整:加强国家宏观调控,主张将解决社会问题和发展生产放在首位,采取了一系列保障和发展民生的措施。此后,接任总统的普京将市场经济与俄罗斯的国情相结合,走出不同于西方国家自由放任的市场经济和计划经济体制的第三条道路,强调确保市场秩序,为市场经济的有效运行创造有利的条件,重视社会问题与社保,明晰公平与效率的重要性,同时重视企业效率,加强公司的治理,建立符合俄罗斯国情的资本市场模式。经过不懈的努力,俄罗斯经济自1999年开始复苏,2000年国内生产总值增长8%,为1991年以来之最,贸易顺差达到613亿美元,黄金储备为270亿美元。伴随着石油价格的飙升,1999—2004年,俄罗斯的GDP累增达到48%,人均GDP为4 000美元,居民收入大幅增长,卢布逐渐稳定,市场经济地位得到了西方国家的认可。经过10多年的努力,俄罗斯终于走出了"休克疗法"的低谷。

1999—2006年,俄经济年均增长约6%,经济总量增加了70%。俄罗斯人的工资和人均收入却增加了500%,扣除通胀后,人均收入实际增长超过了200%。八年间,俄罗斯的人均实际工资和人均实际收入的增长速度,比人均GDP的增长速度高出2倍,老百姓实实在在地分享到了经济增长的成果。总体来看,俄罗斯的财政收支状况改善,外汇储备大增,外债持续减少,通货膨胀也略有下降,资本外流有所减少。不过俄罗斯经济增长受国际能源市场行情的影响仍然较大,产业结构调整的任务仍然十分艰巨。

4. 后危机时期的经济发展

2008年全球金融危机爆发,持续多年高速增长的俄罗斯因为全球金融危机而陷入发展困境,2009年俄罗斯国内生产总值下跌了7.8%,创下苏联解体以来最大年率跌幅。此后,从2010年到2013年,俄罗斯经济经历了金融危机后的短暂恢复,此后直到2016年又再次陷入衰退,其主要原因是俄罗斯经济同时经受了两种外部冲击:一是国际石油价格在短期内下降到2008年危机时的水平;二是美国对俄罗斯相关部门尤其是金融部门实施制裁。这两种外部冲击导致俄罗斯本币贬值、投资和消费缩减、资本外流、通货膨胀率上升等问题。其根本原因是俄罗斯在经历了几次危机后,仍未能建立起应对外部冲击的充分准备,国内消费疲软,过于依赖资源类产品的输出。自2017年到2019年,俄罗斯经济又恢复增长,但增长率维持在2%左右,远低于危机前的水平。如何提振消费、增加固定资产投资、增强创新能力是俄罗斯亟待解决的问题。

(二) 经济特点

第一,俄罗斯的经济过于依赖其资源。俄罗斯幅员辽阔,资源非常丰富,这既是其经济发展的重要基础和优势,同时也使其经济增长过于依赖资源,尤其是石油。在经济恢复时期,俄罗斯的经济特点和面临的问题是经济靠出口,而出口靠石油。在后危机时代的2010年,俄罗斯经济情况表现良好,但这主要是由于国际能源市场行情改善和俄产乌拉尔牌石油价格的提高,使其财政预算收入增加,这是引领俄经济回升的重要支撑。但实际上,俄罗斯的投资不足、内需增长缓慢、外需增长不稳定等因素仍然存在,经济仍缺乏稳定性。尤其是人口出生率的下降将使俄罗斯面临人力资源不足的困境,对其经济的长远发展产生不利影响。

第二,经济增长主要靠外需拉动。俄罗斯经济增长70%靠外部因素。出口占俄罗斯GDP比重在2000年为44%、2013年下降到25.8%,到2018年又回升到30%以上。而在俄罗斯出口商品中原材料商品比重高,且近年有进一步增加的趋势。俄前三大类主要出口商品(原油、天然气和石油制品)2000年占出口总额的比重为41.0%,2003年达到55.8%,到2018年上升到62.7%。

第三,经济结构以能源、原材料工业为主,高新技术产业发展不足。俄罗斯从苏联继承了畸形的经济结构,轻重工业比例失衡,进出口结构不合理,国民经济军事化程度高。在向市场经济转轨进程中,以重工业为主的经济结构转向了以能源原材料工业为主的经济结构。工业结构能源、原材料化一直是俄罗斯经济多年的痼疾。2016—2018年,随着国际能源价格的逐步回升,采掘业在工业中所占比例从22.3%提高至26.9%,加工工业的比例从66.4%下降至63.5%。如将采掘业、木材加工、造纸和印刷、焦炭及石油产品生产、冶金、其他非金属矿产品生产、金属制品生产(机器和设备制造除外)、电力、燃气和蒸汽及暖气的供应业这些与能源和原材料生产相关行业进行简单加总,2016年到2018年,能源、原材料相关行业在工业中的比例从63%提高至67.5%。而轻工业和食品工业的合计比重2018年仅10.7%,化学工业仅为4.7%,计算机、汽车及其他机器设备制造合计仅为11.6%。为由此可见,俄罗斯工业结构畸形的问题仍在加剧。

第四,科研投入不足,科技人才流失和科技队伍老化现象较严重。1992—2000年,全俄科研机构的经费拨款减少了一半,由原先占国内生产总值的0.5%下降到0.24%,到2018年虽然增长至1.0%,但仍低于GDP总量更大的美国(2.84%)、中国(1.97%)、日本(3.50%)、德国(2.84%),在世界研发投入总额中仅占2.68%,而美国和中国这一指标分别为25.25%和21.68%。由于科研经费不足,俄科学院的某些重点实验室被迫关闭,科技人才大量流失。

第五,固定资产老化,经济粗放型增长。固定资产老化导致俄经济增长方式仍然以粗放型为主,主要靠人力、物力、财力、能源等生产要素的大量投入来实现。从劳动生产率来看,俄罗斯落后于发达国家。据经济合作组织统计的数据,2015年俄罗斯每工作小时创造的国内生产总值比其他国家低1/3。

三、俄罗斯的产业结构及生产分布

(一)产业结构的调整

自 20 世纪 90 年代初向市场经济转轨以来,俄开始进行大规模的产业结构调整,不仅对三次产业的比例关系进行了初步调整,而且改变了工业内部的结构。虽然由于种种因素的限制,俄产业结构调整并没有取得预期的效果,但总的来看,产业结构还是发生了一些积极变化,农业和工业所占比重大幅下降,而服务业的比重不断上升,并最终成为占比最大的产业。数据表明(见表 7-3),1992 年,第一产业在俄罗斯 GDP 中的比重为 7.0%,至 2019 年减少到 3.9%。第二产业占 GDP 的比重从 1992 年的 42.0% 下降到 2019 年的 34.1%。工业部门以机器制造和金属加工为主,占工业生产的 22%,而高科技和消费品的生产所占比重较小,轻工业(如纺织)在工业生产中的比重不到 1.5%(2007 年)。石油天然气占 GDP 比重为 20%~25%(2005 年)。1992 年俄罗斯第三产业占 GDP 的比重为 51%,自 2006 年起维持在 60% 以上,2019 年达到 62.0%。

俄罗斯的产业结构调整顺应了全球产业结构调整向第三、第二、第一产业"高服务化"转变的发展趋势,产业结构正逐步走向高级化。而且,由于俄罗斯已于 2011 年 12 月正式加入世界贸易组织,这为俄罗斯融入经济全球化和全球产业结构调整进程、促使产业结构进一步向"高服务化"转变带来了新的契机。俄罗斯"入世"后必将带来服务业的快速发展,从而为俄产业结构继续向"高服务化"和高级化转变奠定坚实的基础。表 7-3 为近年来俄罗斯的产业结构。

表 7-3 近年来俄罗斯的产业结构   %

产业\年份	1992	1997	2001	2005	2010	2014	2016	2017	2018	2019
第一产业	7.0	6.5	6.4	4.9	3.8	3.9	4.3	3.9	3.5	3.9
第二产业	42.0	40.7	37.8	38.2	34.8	32.3	32.7	33.8	35.9	34.1
(制造业)	23.6	21.5	20.2	18.5	15.0	13.2	13.3	13.5	13.8	13.5
第三产业	51.0	52.8	55.8	56.9	61.4	63.8	63.0	62.3	60.6	62.0

数据来源:UNCTAD。

(二)工业

1. 工业概况

十月革命前的俄国,工业不发达,在工农业总产值中,工业仅占 1/3,而工业部门结构中又以轻工业为主,其产值约占工业总产值的 2/3。本来就十分落后的俄国工业,由于第一次世界大战和十月革命后外国武装干涉及国内战争的破坏,濒于崩溃的边缘。国内战争结束后,在国民经济恢复基础上,苏联通过实现国家社会主义工业化的决议,明确规定工业化总路线的基础就是从重工业开始,从发展重工业的核心,即机器制造业开始。这实际上就是偏重于甲类工业,即生产资料生产。

在这个方针的影响下,经过几十年的发展,作为苏联加盟共和国之一的俄罗斯具有了完整的工业体系,具体分为八大工业部门:燃料动力工业;冶金工业;化学和石油化学工业;机器制造和金属加工工业;建筑材料工业;森林、木材加工和纸浆造纸工业;轻工业;食品工业。

工业在俄罗斯经济中起着重要的作用。俄罗斯工业的特点是:重工业发展始终占优先地位,同时随着社会分工的发展和科学技术的进步,逐渐涌现出许多新兴工业部门。工业生产集中程度很高,这是俄罗斯生产力布局政策的结果。在工业生产中,俄罗斯把工业部门分成几个综合体来进行计划和组织发展。这几种综合体是:燃料动力综合体、冶金综合体、机器制造综合体、化学森林综合体、建筑综合体、社会综合体和东部的区域性生产综合体。俄罗斯在工业结构方面,一是致力于发展航空航天、造船、信息、医疗等具有全球竞争力的高新技术领域;二是用高新技术武装能源和原料的开采;三是对所有经济领域的生产进行大规模的现代化改造,更新技术、机器和设备;四是在伏尔加河沿岸地区、乌拉尔地区、俄罗斯南部、西伯利亚和远东地区等建立起新的社会经济发展中心。

2. 主要工业部门

(1) 能源工业

能源工业是建立在俄罗斯本国资源基础上的强大工业部门,俄罗斯的煤、石油、天然气、泥炭、铀矿的储量在世界上均处于前列,是能源资源蕴藏量最丰富、生产能力最大的国家之一。2012年,俄罗斯原油日产量达1 037万桶,超过沙特的947万桶,成为全球最大石油生产国;2019年其产量1 154万桶,低于美国和沙特,居全球第三位。天然气产量仅次于美国,2019年为6 790亿立方米。煤炭产量为4.4亿吨,居世界第六位。能源工业包括石油工业、天然气工业和煤炭工业。

石油工业。石油是俄罗斯的重要能源。俄罗斯石油工业经历了150多年的发展,在苏联解体前,其石油年产量达到了历史高峰5.69亿吨(1988年),但之后受其国内经济发展的影响,产量迅速下滑,在1996—1998年降到了3.05亿~3.18亿吨的水平,2000年以来,随着国际市场油价的上涨以及俄罗斯政府制定有利的资源利用政策,促使其油气产量迅速增加,石油产量由1996年3.03亿吨的历史低点攀升至2005年的4.75亿吨,此后仍呈增长趋势,但增速放缓,到2019年增长到5.68亿吨。

俄罗斯油气资源分布广泛,大部分石油储量位于西西伯利亚、乌拉尔山脉和中西伯利亚高原之间、乌拉尔—伏尔加地区,并延伸到里海。

俄罗斯原油产量最丰富的地区位于西西伯利亚,该地区已发现500多个油气田,石油储量占俄罗斯石油储量的60%,其产量占俄罗斯原油总产量的比重约58%(2016年数据)。1988年,西西伯利亚的原油产量达到4.1亿吨的峰值,20世纪90年代以来其油田资产逐渐老化,产量开始下降,但到21世纪初,得益于生产钻井量的增加和新油田的投产,该地区产量又恢复增长。但近年来西西伯利亚的石油产量又呈下降趋势,自2010年至2016年,产量从3.08亿吨降至2.86亿吨(不包括亚马尔—涅涅茨自治区)。位于西西伯利亚的萨莫特洛尔(Samotler)油田是俄罗斯最大的油田,该油田自1969年开始生产,近年来产量开始衰减,但衰减率较低。

另外一个重要的产油区是乌拉尔—伏尔加。直到20世纪70年代末,该地区还是俄罗斯最大的产油区,但随着西西伯利亚产量的提升,乌拉尔—伏尔加退居俄罗斯的第二位,其产量占俄罗斯原油总产量的23%。罗马施金斯科耶(Romashkinskoye)是该地区的重要油田。乌拉尔—伏尔加地区的油田也出现普遍老化,但因技术革新使得油田产出效率有一定提升,因此原油产量并未出现显著下降。

随着地处西部的西西伯利亚地区和乌拉尔—伏尔加地区的油田不断老化,开发程度也不断升高,俄罗斯原油资源勘探和开发的中心开始向东转移,东西伯利亚或将成为未来俄罗斯原油增量的主要来源。位于该地区的西北部、北冰洋沿岸的万科尔(Vankor)油田,在近年俄罗斯原油增量中具有显著占比,日均产量约44万桶,是该国近25年来发现的最大油田。此外,东西伯利亚—太平洋沿岸管道(ESPO)的落成也扩大了此地的油气发展空间。此外,北高加索地区、库页岛也有潜力成为俄罗斯未来重要的石油产区。其中库页岛外资油气公司的参与度较高,壳牌集团、三井集团、印度国有石油公司在此地都有投资。北高加索地区地形相对复杂,除在岸油田外,位于里海的离岸油田也有较丰富的石油资源。这里的原油主要以供应出口为主。

与俄罗斯庞大的原油生产规模相比,其国内消费量较低,2019年,原油产量中仅有28.7%用于国内消费。因此俄罗斯是一个典型的原油输出型国家。

截至2016年1月1日,俄罗斯共有39家炼油厂,大部分集中在西部,以亚马尔半岛为起点,向南至哈萨克斯坦,以西便是俄罗斯炼油产能集中带。其中,里海以北的在岸区域炼油产能最为集中。此外,中南部接壤蒙古的地区以及东南部接壤中国的地区也有部分炼油设施。俄罗斯石油公司(Rosneft)是最大的炼油商,拥有俄罗斯9大炼油厂。此外俄罗斯重要的石油企业还包括俄罗斯天然气工业股份公司(Gazprom)、卢克石油(LUKOIL)、俄罗斯西布尔公司(SIBUR)、诺瓦泰克公司(Novatek)、俄罗斯国家石油管道运输公司(TRANSNEFT)和鞑靼石油(Tatneft)。

天然气工业。俄罗斯是世界上天然气资源最丰富、产量最多、消费量最大的国家之一,也是世界上天然气管道最长、出口量最多的国家,有"天然气王国"之誉。全俄共有17个天然气开采区。秋明州是全俄最集中最大的天然气开采地,占开采总量的92%。天然气工业相对比较稳定。储量集中在乌拉尔的奥伦堡气田和西西伯利亚的乌连戈伊、扬堡、扎波利亚尔、麦德维热5个大气田。开采工业集中程度高,85%的开采量是由3个大型企业进行的,它们的年开采量都在500亿立方米以上。

欧洲是俄罗斯重要的天然气出口地,欧洲每年所需天然气的1/4从俄罗斯进口。为保障出口,俄罗斯修建了多条通往欧洲的天然气管道,以便将其西伯利亚地区和中亚地区的天然气输往欧洲。目前,俄罗斯通往欧洲的天然气管道主要包括三条线路:第一条线路是由东至西横穿乌克兰的多条管道组成。这些管道经乌克兰后,向西通往斯洛伐克、捷克、德国和奥地利,向南通往摩尔多瓦、罗马尼亚、保加利亚。第二条线路是绕过乌克兰、由东至西穿越白俄罗斯和波兰,进入德国的"亚马尔—欧洲"管道。第三条线路是经过乌克兰东部、由北至南穿越黑海至土耳其的"蓝溪"管道。俄罗斯除依靠上述三条管线直接向所经国家输送天然气外,还通过欧洲各国天然气管道网络,将天然气输送到法国、英国、意大利等其他欧洲国家。

由于历史和地理原因,俄罗斯通往欧洲的天然气管道,除"亚马尔—欧洲"线路外,都过境乌克兰。每年俄罗斯通过乌克兰境内的管道向欧洲输送大约1 200亿立方米天然气,约占俄罗斯对欧洲出口天然气总量的80%;通过"亚马尔—欧洲"管道最大输送能力目前只能达到300亿立方米;通过"蓝溪"管道的最大输送能力为每年160亿立方米。近年来,俄罗斯和乌克兰在天然气收费和过境费问题上频频发生摩擦,使俄罗斯对一些欧洲国家的天然气供应受到影响。因此俄罗斯开始计划修建其他通往欧洲的天然气管道,包括北部穿越波罗的海抵达德国的"北溪"管道和南部穿越黑海抵达保加利亚的"南溪"管道。这些管道不仅可以使俄罗斯实现天然气出口渠道多样化,还可以免去向管道过境国交纳过境费的额外负担。2011年11月8日,首个跨海直连俄罗斯与西欧大陆的天然气管道项目"北溪"(Nord Stream)正式启用。这条铺设在波罗的海海底的天然气管道长达1224千米,从俄罗斯维堡出发,途经芬兰、瑞典、丹麦,最终到达德国东部港口城市格赖夫斯瓦尔德。通过该管道的天然气年运输量将达到550亿立方米。"北溪"管道使包括乌克兰在内的国家将因此丧失"独家中转"的地位,俄罗斯在未来的天然气谈判中将拥有更多筹码,对地区间的地缘政治格局也将产生深远影响。

煤炭工业。俄罗斯煤炭资源丰富,煤炭品种比较齐全,从长焰煤到褐煤,各类煤炭均有。俄罗斯主要煤炭基地有西西伯利亚的库兹涅茨克矿区、欧洲东北部的伯朝拉煤矿区、东西伯利亚的坎斯克—阿钦斯克矿区和莫斯科郊区矿区。大型炼焦煤基地在库兹涅茨克和伯朝拉。较大的露天煤矿基地有乌拉尔的科尔金诺、博戈斯洛斯克、沃尔昌斯克矿区;西伯利亚的坎斯克—阿钦斯克、伊尔库茨克和库兹涅茨克煤田;远东的莱奇哈、萨哈林。在煤炭工业中,大中型煤矿占优势地位。年开采量在100万吨以下的小型煤矿有6个;年产量在100万~500万吨的煤矿有14个;年产量在500万~1 000万吨的煤矿有10个;年产量超过1 000万吨的大型煤矿有9个。

俄罗斯煤炭资源的最大缺陷是地区分布极不平衡,3/4以上分布在俄罗斯的亚洲部分,煤炭产地与大量需要煤炭的工业地区相隔遥远,运输落后制约了煤炭工业的发展。煤炭工业的盈利率很低,也影响着自身的发展。20世纪60年代以后,苏联曾大力发展露天采煤。90年代以来,俄罗斯的露天采煤量占煤炭总产量的比重有所下降。欧洲部分储量地理分布如下:46.5%的储量在俄罗斯中部,即库兹巴斯煤田;23%的储量在克拉斯诺亚尔斯克边疆区,几乎都是褐煤,适于露天开采。此外还有一部分动力煤分布在科米共和国(82亿吨)、罗斯托夫州(65亿吨)和伊尔库茨克州(55亿吨)。

电力工业。俄罗斯是电力生产大国,其电力构成以火电为主,约占3/4。水电与核电并重、发展大机组、建造大电站是俄罗斯电力工业发展的主要特点。电力工业主要分布在西部地区,乌拉尔及其以西地区的发电量占全俄的70%左右,但建设中心逐渐向东转移。火电以中央区的莫斯科、西北区的圣彼得堡及乌拉尔山地区最为集中,在西伯利亚地区,则主要分布在库兹巴斯、伊尔库茨克和赤塔等工业枢纽。核电站的建设也主要集中在西部地区。水电主要分布于伏尔加河流域和安加拉—叶尼塞河流域。

(2) 冶金工业

冶金工业是俄罗斯的传统工业部门,共分为两大门类:黑色冶金和有色冶金。

黑色冶金工业即钢铁工业。俄罗斯拥有丰富的铁矿,发展钢铁工业的条件优越。铁矿石储量约650亿吨,其中有接近300亿吨是富矿,不需选矿就可以直接利用,还有150

亿吨只需简单选矿就可利用。铁矿石主要分布在乌拉尔、西伯利亚等地区，这些地区约有俄罗斯铁矿石总储量的60%。其中库尔斯克拥有世界超大储量的铁矿藏。

俄罗斯是世界重要的钢铁生产国之一。1992年，钢产量达到6 700万吨，但由于生产方式落后、生产效率低，还远称不上是钢铁生产强国。进入21世纪以来，俄罗斯国民经济逐步复苏。其钢铁工业通过国内外兼并重组、强化企业经营管理、大力实施现代化技术改造、提高企业劳动生产率和产品质量等措施，经济效益和实力大为增强。2019年俄罗斯的粗钢产量为7 190万吨，占全球总计粗钢产量的3.8%，是全球第五大产钢国。随着俄罗斯钢铁企业投资发展高炉—转炉炼钢和电炉炼钢，低效的平炉炼钢产量占比持续下降。俄罗斯钢铁企业经营业绩较好主要得益于其低生产成本优势。据经合组织（OECD）的数据，世界吨钢生产成本最高为600~650美元/吨，而俄罗斯的吨钢平均成本仅为450美元/吨。2011年高效生产的新利佩茨克钢铁公司吨钢成本只有396美元/吨。虽然俄罗斯钢铁企业拥有资源优势，但也必须提升能源利用效率。

除铁矿外，俄罗斯的有色金属矿也很丰富，锰、铜、铅、锌、镍、钴、钒、钛、铬的储量都居世界前列。只有锡、钨、汞等金属资源储量较少，不能自给。丰富的有色金属矿为发展有色冶金业提供了坚实基础。俄罗斯的有色金属工业有炼铝、镍、铅、锌、铜等工业。

俄罗斯的大型冶金中心主要分布在西北区、中央区、乌拉尔、库兹巴斯、伏尔加河沿岸和西西伯利亚。大型冶金企业有：马格尼托哥尔斯克、克里沃罗日、新利佩茨克、西西伯利亚、切列波韦茨、车里雅宾斯克等。其中马格尼托哥尔斯克钢铁基地规模最大。黑色和有色冶金部门的产品盈利率和资产盈利率均高于整个工业。有色金属冶炼企业主要包括世界最大的镍和钯生产企业诺里斯克镍业公司（Norisk Nickel's），以及世界最大的铝和氧化铝生产企业之一的俄罗斯铝业联合公司（Rusal）。

（3）化学和石油化学工业

俄罗斯化学和石油化学工业的布局也在由西部向东部地区转移。俄罗斯的东部地区，特别是西伯利亚和远东拥有极其丰富的油气资源、森林资源、食盐和磷灰石等，对发展化学工业提供了有利的资源条件。20世纪70—80年代，在西伯利亚和远东地区建立起十几座石油加工厂，年加工能力一般都在600万~1 200万吨。全俄最大的鄂木斯克石油加工厂年加工能力为2 000万~2 200万吨。俄罗斯的化学和石油化学工业主要分为4个部门：基础化学，产品主要是硫酸、纯碱、烧碱和化肥；化学纤维和纱线；合成树脂和塑料；合成橡胶和轮胎工业。重点发展化肥、新型结构材料和化学纤维。

（4）机器制造和金属加工工业

机器制造业是俄罗斯工业的核心，是科技进步的基础，它为工业本身和国民经济其他部门提供技术装备，对国民经济的技术现代化起着关键的作用。苏联长期以来一直以超越整个工业部门的速度发展机器制造和金属加工工业。俄罗斯机器制造业特点之一是生产高度集中，并且具有高度垄断性。据官方统计，在整个工业中垄断企业有420个，其中256个在机器制造业。机器制造业的另一个特点是它的生产与军事化密切相关，有80%的机器制造企业与军工生产相关。机器制造和金属加工部门的企业数目增加很快。机器制造业的分部门主要为：重型动力和运输机器制造业、电机工业、机床制造和工具工业、电子计算机和仪表制造业、汽车工业、拖拉机和农业机器制造业、家电工业。在整个机器制造业中,俄罗斯把机床制造业、电子计算机和仪表制造业、电机工业和电子工业作为科技进步的催化部门。俄罗斯最为畅销的家电产品主要有四类,即电视机、冰箱、录像机和洗衣机。

受整体经济形势的影响,俄罗斯家电工业一直处境艰难。从内部因素看,由于资金短缺,企业无力进行技术更新改造,自产家电的综合竞争力弱,在质量、性能、外观上远远落后于同类进口产品。从外部条件看,在实行外贸自由化的同时,政府未采取必要的民族工业保护措施,国外家电大量涌入俄罗斯市场,致使本国家电行业受到严重冲击。比较知名的电视机生产企业主要集中在欧洲部分,并拥有一批小有影响的国产品牌。

(5) 建筑材料工业

建筑材料工业是俄罗斯的传统工业部门之一,建筑材料工业主要分布在工业发达的中央区、伏尔加河流域和乌拉尔地区。建筑材料工业的下属分部门有:水泥工业,钢筋混凝土构件和配件工业,墙材料工业,建筑陶器工业,聚合原料制造的建筑材料、非矿物建筑材料工业和玻璃工业。

(6) 森林、木材加工和纸浆造纸工业

俄罗斯是世界上森林资源最丰富的国家,为森林、木材加工和纸浆造纸工业的发展提供了雄厚的物质资源基础。这一部门也是俄罗斯的传统工业部门。20世纪90年代以来,在私有化过程中,该部门的企业数逐年增加。这一部门在工业生产性固定资产总额中所占的比重为4.3%,仅高于轻工业。森林、木材加工和纸浆造纸工业的主要分部门有:森林采伐工业、木材加工工业和纸浆造纸工业。俄罗斯现有家具生产企业约3 500家,其中550家大型企业的产值约占整个国内家具工业产值的80%。本国家具企业面临两方面的困难。一方面,家具生产设备和国内紧缺配件的进口关税偏高,妨碍企业进行技术改造以提高产品质量。另一方面,一些国产和进口家具原材料以及国内能源价格的上涨,造成企业生产成本上升,价格接近进口产品,从而失去了市场竞争力。

(7) 轻工业

轻工业一直是一个薄弱的工业部门,发展速度缓慢,设备陈旧落后,企业多为中小企业。该部门所拥有的固定资产份额最小,在各工业部门中仅占2.5%。轻工业部门分为纺织工业,缝纫工业,制革、皮毛和制鞋工业。俄罗斯轻工业有能力在亚麻、毛、皮革、皮毛和化纤面料市场方面保持领先地位,但服装、针织面料和鞋等产品落后于国外。在国外市场,俄罗斯出口产品主要是布匹。

(8) 食品工业

食品工业主要包括:粮食食品制造业、肉类食品制造业、奶类食品制造业、鱼类制品工业、砂糖和糖果制造业、饮料制造业、制油和制盐业等。俄罗斯的面粉工业主要分布在伏尔加河流域区、北高加索区和中央黑土区等粮食主要产区,主要的面粉工业中心有萨拉托夫、车里雅宾斯克和奥伦堡等。油脂工业主要分布在北高加索区、中央黑土区、伏尔加河流域区等向日葵主要生产地区。罐头工业主要分布在中央区、中央黑土区、北高加索区等地。其中,水果蔬菜罐头工业集中在北高加索区,肉奶罐头工业集中在西北区、加里宁格勒州、中央区、西伯利亚区等地,鱼罐头工业主要集中在渔业发达的远东区、北方区和加里宁格勒州。俄罗斯除莫斯科、圣彼得堡等大城市设有专门的糖果点心加工企业外,一般的面粉、粮食加工企业也生产糖果糕点。俄罗斯的肉类制品加工工业主要分布在中央区、北高加索区、伏尔加河流域区、西西伯利亚区,这些地区约占俄罗斯肉类生产的半数以上。莫斯科、圣彼得堡是俄罗斯最大的肉类加工中心,其加工能力大大超过本地区的原料供应能力,因此不得不依靠远距离调运牲畜。俄罗斯的制糖工业主要分布在甜菜主要产地北高加索区以及中央黑土区和中央区,主要的制糖中心有沃罗涅日、图拉等。

(三) 农业

俄罗斯土地资源十分丰富,土地总面积超过17亿公顷,耕地面积约占世界耕地总面积的8%。以莫斯科为中心的黑土区、顿河流域、伏尔加河沿岸和外高加索地区是俄罗斯的主要农业区。中央黑土区还是甜菜、水果、葡萄的主要产区。西西伯利亚、中央黑土区和北高加索是牛奶和蛋类生产区。蔬菜产地主要集中在俄南部地区及一些大城市、工业中心的城郊地区。

俄罗斯的农业主要包括种植业和畜牧业。种植业主要包括小麦、燕麦等谷类作物、棉花、甜菜、向日葵、亚麻等经济作物以及土豆、蔬菜、瓜类、水果和饲料作物等生产部门。在谷物播种面积中,小麦占重要地位,产量和国家收购量在谷物中均占首位。2018年俄粮食总产量为10 984万吨,其中小麦的总产量为7 213.61万吨,占粮食总产量的65.7%。亚麻是俄罗斯的传统纺织原料之一,其种植面积一直在减少,主要原因是其收获和加工的机械化程度低,费劳力,而亚麻的种植主要分布在劳动力十分缺乏的中央黑土区,单产量也较低。向日葵籽是俄罗斯最主要的油料作物,2019年其播种面积约占全部油料作物播种面积的3/4,产量为1 460万吨,约占俄罗斯油料作物产量的70%;除此之外,油料作物还有亚麻籽、棉籽、大豆、油菜籽、大麻籽,但产量都不是太多。俄罗斯的畜牧业包括的主要部门有:养牛业、养猪业、养羊业、养禽业;此外,还包括小规模的各个部门,如养马业、养蚕业等。发展畜牧业最重要的条件是建立可靠的饲料基地,它对增加牲畜头数和提高其产品率以及增加产品产量和降低成本有直接影响。俄罗斯饲料作物以多年生牧草面积最大,此外有一年生牧草、玉米、大麦、燕麦、豌豆、饲用黑麦、粮豆作物、瓜类作物等。当前畜牧业和种植业的产值之比为57:43,随着人民生活水平的提高和饮食结构的变化,畜牧业的意义会越来越大。

虽然土地资源丰富,但是俄罗斯的农业受自然地理条件和气候影响较大,农业基础比较薄弱。其北部主要产粮区虽土壤水分充足,但热量不足,春夏季容易发生低温和干旱。南部地区的气候条件好于北部地区。但从总体上看,俄罗斯的土地条件尤其是土、热、水诸因素的结合条件较差。此外,农业生产方式粗放,土地生产率低。独立以来相当长的一段时间里,俄罗斯的粮食供给长期依靠进口。但随着经济的发展,国力的增强,政府对农业扶持力度加大,这种尴尬的局面终于在2001年被打破,当年俄粮食产量达到8 520万吨,这不仅满足了国内粮食需求,实现了自给有余,而且使俄再次成为粮食出口国。2002年,俄罗斯粮食产量更是创纪录达8 660万吨,粮食出口1 850万吨,成为当年第五大粮食出口国。虽然近年来俄农业生产有所下降,但总体保持较为平稳的发展势态,粮食出口依然保持较高水平,在国际粮食市场中的地位更加巩固。俄罗斯农业部公布的资料显示,作为俄最主要出口粮食作物的小麦,主要出口至埃及、利比亚、意大利、印度、土耳其、突尼斯等国家。

(四)服务业

俄罗斯服务业的产值占比和就业人口占比持续上升,尤其在转轨初期服务业就业人口比重迅速上升。1999年经济进入增长期以来,俄服务业的产值占比和就业人口占比仍继续保持上升趋势,只是就业人口比重上升的速度较之前大为下降,服务业增加值占总增加值的比重也持续上升,已经接近60%的水平。近年来服务业产值占比已超过60%。根据俄罗斯劳动和社会保障部的数据,在俄罗斯实体经济部门就业的人员有所减少,而在服务行业就业的人员迅速增加。自2012年到2019年,宾馆和公共餐饮业的员工数量增长最多,分别增长了20%和19.8%,而金融保险业增长10.7%,文化、体育及休闲娱乐业增长9.7%,交通运输业增长4.9%。与此同时,农业领域的员工数下降19.6%,工业下降2.5%,建筑业下降1.2%。

俄罗斯服务业最重要的部门是批发零售贸易行业,2019年增加值达到335 321亿卢布(约为4 400亿美元)。交通运输业增加值为56 691亿卢布,其中铁路运输为26 018亿卢布。电信行业的增加值为17 593亿卢布。

四、俄罗斯的对外贸易

(一)货物贸易

1. 货物贸易发展概况

俄罗斯作为世界贸易体系中的重要一环,在不同历史时期发挥着不同作用。对外贸易是俄罗斯获取经济发展资金的重要渠道。转型以来的俄罗斯在对外贸易政策方面进行了多次调整,在实践和决策层面都发生了重大的变化。

从1991年到2001年,俄罗斯的贸易发展表现为"两下两上"的曲折发展进程,发展走势呈"W"形,大体可以分为四个时期,即独立之初的衰退期、转型初始的增长期、金融危机以后的滑坡期以及普京执政以来的转折期。1991年和1992年处于衰退期,1992年贸易总额为827.76亿美元。从1993年开始,俄罗斯生产开始逐步恢复,到1997年,经济不再下跌,对外贸易也得以恢复发展。1997年贸易总额上升至1 588.78亿美元,但到1999年贸易额又骤减至1 150.88亿美元。之所以下降,一是因为亚洲金融危机引发的国内有效需求减少,进口下降;二是在国际范围内,俄罗斯与欧美等国发生严重的贸易摩擦;三是受金融危机影响,国际市场需求下降,俄罗斯出口减少。

2000年普京当选总统,采取了各种措施来促进经济的恢复增长,主要是打击走私的集团,俄罗斯较迅速地从金融危机中走了出来。2000年以来,对外贸易也开始恢复,2008年增至7 634.67亿美元的高点,除2009年受到全球金融危机的影响而出现较大幅度的下滑外,在2012年之前均保持增长趋势,贸易额由2000年的1 498.95亿美元增长到2012年的8 647.02亿美元,同期出口额由1 050.33亿美元增至5 292.56亿美元,进口额由448.62亿美元增至3 354.46亿美元。贸易顺差也逐年增长,由601.71亿美元增至1 938.1美元。

受国际油价大幅下跌以及美国对俄罗斯实施制裁的影响,2013—2016年,俄罗斯贸易持续下滑,由2013年的8 631.05亿美元下滑至2016年的4 732.03亿美元,此后开始缓慢回升,到2019年贸易额为6 744.48亿美元(见表7-4)。

表7-4 俄罗斯货物贸易数据　　　　　　　　　　　　　　　　亿美元

年份	出口额	进口额	贸易总额	贸易差额
1992	420.39	407.37	827.76	13.02
2000	1 050.33	448.62	1 498.95	601.71
2001	1 018.84	537.64	1 556.48	481.20
2002	1 073.01	609.66	1 682.67	463.35
2012	5 292.56	3 354.46	8 647.02	1 938.10
2013	5 218.36	3 412.69	8 631.05	1 805.67
2014	4 968.07	3 078.77	8 046.84	1 889.30
2015	3 414.19	1 930.19	5 344.38	1 484.00
2016	2 817.10	1 914.93	4 732.03	902.17
2017	3 529.43	2 383.84	5 913.27	1 145.59
2018	4 439.14	2 488.56	6 927.70	1 950.58
2019	4 198.50	2 545.98	6 744.48	1 652.52

数据来源:WTO。

2. 货物贸易的商品结构

俄罗斯转轨以来,其货物贸易的发展较为迅速。俄罗斯是世界贸易大国,但并不是贸易强国,因为其出口产品主要是资源密集型的产品,而且在资本、技术及创新产品方面,俄罗斯仍然是"贸易小国"。俄罗斯出口的商品货物主要是燃料、能源等附加值较低的生产原料性质的产品,而那些技术含量较高的高新技术产品在出口中占比较小。

俄主要的出口商品是燃料和矿产品(见表7-5),2000年出口额为554.88亿美元,占比为52.8%;到2018年出口额上升为2 918.04亿美元,占出口比重也上升到65.7%;而工业制成品在出口中占比远低于燃料和矿产品,并且呈现在出口中占比越来越低的趋势。2000年,化工产品、橡胶出口以及机械设备、运输工具的出口占比分别由2000年的7.2%和8.8%下降到2018年的6.1%和6.5%。

俄罗斯的进口商品结构自1990年以来变化相对稳定,机械设备和运输工具在进口商品中一直占首要地位。除1998年和2008年比重有所下降外,机械设备和运输工具在俄进口总额中所占比重一直处于上升趋势,从2000年的31.4%,到2010年的44.4%,再到2018年的47.3%,其上升幅度颇为显著。食品和农业原料原本是俄罗斯第二大类进口商品,2000年进口额占俄总进口额的21.8%,但近年来所占比重呈下降趋势,2018年为12.5%。化工产品和橡胶目前是俄罗斯的第二大类进口产品,2018年占比18.3%。其他产品的进口相对稳定(见表7-6)。

表 7-5　俄罗斯出口商品结构

产品分类	2000年		2010年		2016年		2018年	
	出口额/百万美元	比重/%	出口额/百万美元	比重/%	出口额/百万美元	比重/%	出口额/百万美元	比重%
食品和农业原料(不包括纺织品)	1 623	1.6	8 755	2.2	17 075	6	24 921	5.5
燃料和矿产品	55 488	52.8	271 888	68.5	169 145	60	291 804	65.7
化工产品、橡胶	7 392	7.2	24 528	6.2	20 819	7.3	27 416	6.1
皮革原料、毛皮	270	0.3	305	0.1	264	0.1	255	0.1
木材、纸浆和纸制品	4 460	4.3	9 574	2.4	9 807	3.4	13 911	3.1
纺织品和鞋类	817	0.8	764	0.2	918	0.3	1214	0.3
金属、宝石	22 370	21.7	50 343	12.7	37 558	13.1	53 746	11.9
机械设备、运输工具	9 071	8.8	21 257	5.4	24 548	8.6	29 146	6.5
其他	1 603	1.5	…	…	5 517	2	7 151	1.6

数据来源：俄罗斯国家统计局 2019 年国家统计年鉴。

表 7-6　俄罗斯进口商品结构

产品分类	2000年		2010年		2016年		2018年	
	进口额/百万美元	比重/%	进口额/百万美元	比重/%	进口额/百万美元	比重/%	进口额/百万美元	比重%
食品和农业原料	7 384	21.8	36 398	15.9	25 072	13.7	29 736	12.5
燃料和矿产品	2 137	6.3	5 193	2.3	3 237	1.8	5 012	2.1
化工产品、橡胶	6 080	18.0	36 969	16.1	33 814	18.5	43 593	18.3
皮革原料、毛皮	126	0.4	1 244	0.5	819	0.4	1 270	0.5
木材、纸浆和纸制品	1 293	3.8	5 893	2.6	3 385	1.9	3 919	1.6
纺织品、鞋类	1 991	5.9	14 148	6.2	10 988	6.0	14 845	6.2
金属、宝石	2 824	8.3	16 795	7.3	11 898	6.5	17 852	7.5
机械设备、运输工具	10 649	31.4	101 739	44.4	86 158	47.2	112 719	47.3
其他	1 394	4.1	…	…	7 078	4.0	9 548	4.0

数据来源：俄罗斯国家统计局 2019 年国家统计年鉴。

3. 主要贸易伙伴

从经济集团的角度来看，欧盟是俄罗斯最大的贸易伙伴，2018 年俄罗斯与欧盟的贸易总额为 2 936.6 亿美元，占当年俄罗斯贸易总额的 42.7%；其次是亚太经合组织。据俄罗斯联邦海关总署发布的数据，就国别来看，2018 年俄罗斯三个最大的贸易伙伴国分别是中国、荷兰和德国。中国已连续多年成为俄罗斯第一大贸易伙伴。2018 年中国是俄罗斯的第一大出口市场和最大的进口来源地(见表7-7)。荷兰是俄罗斯最大的顺差来源，2018年来自荷兰的顺差占其贸易顺差的18.8%，其次是土耳其。俄罗斯对中国也保有顺差。法国是俄罗斯最大的逆差来源国。

表7-7 2018年俄罗斯的主要贸易伙伴

序号	出口贸易伙伴			进口贸易伙伴		
	国家	出口额/百万美元	占比/%	国家	进口额/百万美元	占比/%
1	中国	56 076	12.5	中国	52 203	22
2	荷兰	43 516	9.7	德国	25 505	10.7
3	德国	34 097	7.6	美国	12 530	5.3
4	白俄罗斯	21 545	4.8	白俄罗斯	11 654	4.9
5	土耳其	21 445	4.8	意大利	10 572	4.5
6	韩国	17 870	4	法国	9 576	4
7	意大利	16 392	3.7	日本	8 818	3.7
8	波兰	16 291	3.6	韩国	6 972	2.9
9	哈萨克斯坦	12 710	2.8	乌克兰	5 458	2.3
10	美国	12 533	2.8	哈萨克斯坦	5 214	2.2
11	日本	12 486	2.8	波兰	5 138	2.2
12	芬兰	11 382	2.5	土耳其	4 205	1.8
13	英国	9 704	2.2	英国	4 041	1.7
14	乌克兰	9 523	2.1	捷克	3 775	1.6
15	比利时	9 210	2.1	荷兰	3 692	1.6

数据来源：中国商务部国别报告。

(二) 服务贸易

进入21世纪以来，俄罗斯积极参与国际服务贸易，服务贸易进出口规模呈逐年扩大趋势。服务贸易总额从2001年的310.4亿美元增加到2019年的1 591.97亿美元，全球排名第20位，其中出口额由112.2亿美元增长到617.14亿美元，进口额由198.2亿美元增长到974.83亿美元。

在服务贸易规模扩大的同时，俄罗斯服务贸易结构也发生了一定的变化，新型服务项目增加，其贸易额逐渐增长，在服务贸易中的地位也在上升。如金融服务出口在2005年占俄服务出口总俄的比重仅为0.85%，到2019年已上升至1.36%。但从总体上来说，传统服务项目一直占据主导地位。运输服务是俄罗斯最大的服务出口部门，在俄服务出口中的占比在30%以上，2019年为31.9%。其次是其他商业服务。旅游也是俄重要的出口部门，2019年出口额达108.62亿美元，占比17.6%。

虽然俄罗斯服务贸易近年来有所发展，但一直存在贸易逆差，且整体规模较小，竞争力较弱。2008年,服务贸易出口额占总出口额的9.7%,低于19.1%的世界平均水平。到2019年,这一比重上升到12.8%,但世界平均水平已上升至24.3%。2019年,俄罗斯服务贸易出口额在全球服务贸易出口总额中的比重为1.02%,与发达国家相比存在很大差距(如美国占14.1%,英国占6.8%,德国占5.5%),与部分发展中国家相比也有一定差距(如中国占4.6%,印度占3.5%)。1994—2019年,俄罗斯服务领域的进口额一直高于出口额,且贸易逆差不断增加,由1994年的70.1亿美元增长到2013年的566亿美元。到2016年,服务贸易的进口和出口都有较大幅度的下降,贸易逆差也下降到232.8亿美元,2019年又增长至357.7亿美元。这种情况说明,俄罗斯出口服务贸易竞争力和国内服务业总体竞争力较差。从俄罗斯服务贸易的部门结构看,只有运输服务业的贸易呈顺差,通信、计算机和信息有少量顺差,其余行业全部呈逆差。其中旅游业的逆差2019年达到252.9亿美元,是最大的逆差来源。

总体来看,俄罗斯服务贸易的总体规模偏小,国际市场占有率较低,世界排名靠后,与货物贸易的快速发展不相匹配;服务贸易行业结构不合理,地区分布不均衡;长期呈现逆差,整体竞争力指数为负值,竞争力较低;高端服务业发展严重滞后,竞争力极差。从长期来看,俄自然资源丰富、土地广袤可待开发、人力资源品质高及市场潜力大等优势将助力俄服务贸易发展,同时俄政府正大力推动经济转型,致力于摆脱过度依赖能源的经济结构,因此未来俄将在深化服务贸易体制改革、改善服务贸易出口结构、增加服务贸易自由化并吸引外资投入方面入手,以期进一步提升俄在国际市场上的服务贸易竞争力。

(三)中俄经贸关系

近年来,随着中俄两国战略伙伴关系的稳步推进以及两国经济的持续增长,双边经贸合作快速稳定发展,贸易规模不断扩大,能源、科技、通信、金融、交通等各领域的合作全面深入开展。经过双方共同努力,目前中俄已互为重要的经济技术合作伙伴。

1. 中俄货物贸易

从1992年至今,中俄经贸合作大致经历了四个阶段。1992—1993年为第一阶段,两国贸易方式以政府协定贸易和企业间易货贸易为主,1993年双边贸易额达到76.7亿美元的历史新高。1994—1996年为第二阶段,双边贸易方式逐渐向现汇贸易过渡,贸易规模有所下降,1996年为68.3亿美元。1997—1998年为第三阶段,双边贸易额持续下滑,1998年降至54.8亿美元。1999年至今为第四阶段,双边贸易恢复增长并进入快速发展轨道,且不断优化。在此期间,除2015年、2016年有较大幅度滑坡外,其余年份均呈增长趋势。据俄罗斯海关统计,到2018年中俄贸易额已突破1 000亿美元,2019年达到1 109.4亿美元,俄中贸易额占俄罗斯对外贸易总额的比重增至16.6%。

根据中国海关的统计,在2006年之前,中国对俄罗斯都是逆差,之所以长期处于逆差地位,主要是由于中国自俄罗斯进口的商品多为短缺的而又有较大需求的能源型产品。而中国出口到俄罗斯的轻工、纺织服装类商品的货值较低。但中国对俄罗斯的逆差额逐年减少,2007年之后,除个别年份外,中国对俄罗斯都有少量顺差,但2018年和2019年又转为逆差,且逆差额增长至100亿美元以上(见表7-8)。

表 7-8　中俄近年来的贸易额　　　　　　　　　　　　　　　　　亿美元

年份	进出口总额	中对俄出口额	中从俄进口额	贸易差额
2000	80.03	22.33	57.70	-35.37
2005	291.01	132.11	158.90	-26.79
2010	555.33	296.12	259.21	36.91
2011	792.74	389.04	403.70	-14.66
2012	882.11	440.56	441.55	-0.99
2013	892.59	495.91	396.68	99.23
2014	952.71	536.77	415.94	120.83
2015	680.16	347.57	332.59	14.98
2016	696.16	373.56	322.60	50.96
2017	842.21	428.31	413.90	14.41
2018	1 071.07	479.65	591.42	-111.77
2019	1 109.40	497.48	611.92	-114.44

数据来源：中国统计年鉴。

中俄海关对双边贸易的统计数据有较大差异。如据俄罗斯海关统计，2005 年，俄对中出口 111.3 亿美元，从中国进口 71.74 亿美元；2012 年中俄双边贸易额为 750.9 亿美元，其中俄对中出口 240.5 亿美元，自中国进口 510.4 亿美元，俄中贸易中，俄方逆差 269.9 亿美元。之所以出现较大差异，主要是客观原因所致。原因之一是双方使用不同的供货条件，出口时使用离岸价格，进口时使用到岸价格；其二是双方将属于同一交易的数据列入不同的时间段（跨期交货）；其三是对个别商品存在不同的分类和编码方法；其四是经第三国贸易在双方海关的统计中有差异；其五是因为俄罗斯和中国的船只或飞机加油所购燃料的核算特性。中俄双方都认为中国海关总署统计数据的超出部分，主要是由于大量进口到中国的俄罗斯商品来自第三国。此外，也有观点认为之所以在中俄之间产生贸易数据统计上的差异，是由于俄罗斯存在的灰色清关问题。"灰色清关"是指出口商为了避开复杂的通关手续，将各项与通关有关的事宜交由专门的清关公司处理的一种通关方式。由于历史原因和俄罗斯的特殊国情，20 世纪 90 年代初以来，灰色清关在中俄贸易中一直存在。据了解，此类清关的报价通常只有正规报价的 1/2～1/3，因此导致俄方统计出来的贸易额偏低。

俄罗斯和中国之间的贸易互补性大于竞争性。中国对俄罗斯的出口产品主要是电脑及其配件、通信设备、毛皮制品、鞋类、服装、家用电器、机动车辆及其零配件、钢铁产品等；俄罗斯向中国出口的产品主要是能源资源产品、原材料等初级产品（原油、成品油、煤炭、原木、铁矿石及其他金属矿产等）（见表 7-9）。2016 年，俄罗斯取代沙特成为中国最大的原油供应国。2018 年，中国进口俄罗斯石油 7 149 万吨，较 2017 年增涨近 20%。

总体来说，两国贸易结构中，高附加值产品占比仍然较低。进出口商品结构初级化，导致中俄双方的经贸合作一直处在不温不火的状态，极大地影响了双方经贸合作的深度。

表 7-9　2019 年 1—6 月俄中贸易的商品结构

俄罗斯对中国出口的主要商品			俄罗斯自中国进口的主要商品		
商品类别	出口额/百万美元	占比/%	商品类别	进口额/百万美元	占比/%
矿产品	19 852	75.6	机电产品	11 574	47.9
木及制品	1 723	6.6	贱金属及制品	2 050	8.5
机电产品	964	3.7	纺织品及原料	1 679	7
活动物；动物产品	899	3.4	化工产品	1 540	6.4
贱金属及制品	757	2.9	家具、玩具、杂项制品	1 328	5.5
化工产品	589	2.2	运输设备	1 320	5.5
纤维素浆；纸张	502	1.9	塑料、橡胶	1 196	5
塑料、橡胶	183	0.7	鞋靴、伞等轻工产品	867	3.6
动植物油脂	181	0.7	光学、钟表、医疗设备	589	2.4
植物产品	180	0.7	植物产品	482	2

资料来源：中国商务部，国别数据。

2. 中俄经贸合作

中俄既是世界大国，又互为最大的邻国。随着两国关系的不断深化，双方经贸合作前景愈加广阔。俄罗斯是"一带一路"沿线国家中最重要的经济体之一。中俄两国致力于共同推进"一带一路"建设与欧亚经济联盟对接，共建中俄蒙经济走廊。投资合作是中俄经贸合作的一项主要内容，对于扩大贸易额、优化进出口商品结构、规范贸易秩序、促进贸易稳定发展、提高贸易质量和水平具有重要的意义。

能源合作在中俄经贸合作中发挥着火车头的作用，是两国合作中分量最重、成果最多、范围最广的领域。由于中国对石油、天然气需求增加的现实和长期原油供应合约的存在，中俄的油气贸易规模将继续保持在高位。目前，中俄能源合作已扩展到上、中、下游全产业链。其中最重要的项目之一亚马尔 LNG 项目是中国提出"一带一路"倡议后在俄罗斯实施的首个特大型能源合作项目，是全球在北极地区最大型液化天然气工程，同时也是中俄在北极圈合作的首个全产业链合作项目。2014 年 5 月签约的中俄东线管道项目是中国石油与俄气公司的联合项目，包括俄罗斯境内的西伯利亚力量管道和中方境内的中俄东线天然气管道。2019 年 12 月 2 日，"西伯利亚力量"（Power of Siberia）作为首条从俄罗斯向中国输送天然气的管道投产通气，两国在能源领域建立合作伙伴关系，这条管道长约 3 000 千米，2024 年以后能够全部投产通气，届时输气能力将达到每年 380 亿立方米，相当于中国年进口量的两成左右。中俄东线天然气管道分为北、中、南三段进行建设，其中北段（黑河—长岭）和中段（长岭—永清）已在 2019 年年底投入使用。2021 年 1 月，南段沿线各省线路工程也全面进入建设阶段。如果全线投产通气，该管道每年最大的输气能力可达380亿立方米。此外，2020年年底，中国石化和俄罗斯西布尔公司合作的天然气项目也成功落地。不仅是在能源运输和建设天然气管道方面，在整个油气产业上中下游，在电力、煤炭、新能源等领域，双方都有着广阔的合作前景。除油气项目外，两国在核电站项目上也进行了务实合作。

交通运输也是中俄两国重要的合作领域，目标是新建和改造现有跨境交通基础设施，推动铁路、界河桥梁等领域标志性重大合作项目落地实施。两国历经多年的磋商、规划和建设，同江—下列宁斯科耶铁路桥、黑河—布拉戈维申斯克公路桥在2019年上半年相继完成合龙，这将使中国东北地区和俄罗斯远东地区更加紧密连接，有利于两国经贸持续发展。中俄在产能合作领域也有突破，在中国铁建承建莫斯科地铁隧道的施工过程中，使用了中国自主研发设计的盾构机，这不仅是俄罗斯首次在地铁建设中引进外国企业，也是中国技术、设备和施工团队首次挺进欧洲地铁市场，成为中俄两国开展产能合作的典范。此外，两国的金融合作也迅速发展，合作范围不断扩大，在本币结算、现钞调运、跨境融资、银联卡支付等方面取得了积极进展，人民币也进入俄罗斯储备货币篮子，中国工商银行已获准在俄境内进行人民币结算业务。

另外，中俄农业合作潜力也在进一步释放。目前，中俄农业合作正度过磨合期，进入项目投资、产业升级、快速发展的新阶段。中美贸易战为中俄农业合作提供了新的契机，俄罗斯联邦动植物卫生监督局与中国海关总署等部门签署协议和备忘录，解决俄禽肉、奶制品、大豆、菜籽油对华出口的市场准入问题。据俄罗斯大豆联合会估计，未来5年，俄罗斯对中国的大豆出口量有可能从2018年的84.6万吨提升至1 000万吨，双方将在扩大投资的基础上开展合作。在中国商务部发布的20个已通过确认考核的境外经贸合作区中，有四个位于俄罗斯，包括：俄罗斯乌苏里斯克经贸合作区、俄罗斯中俄托木斯克木材工贸合作区、中俄（滨海边疆区）农业产业合作区以及俄罗斯龙跃林业经贸合作区。在这四个经贸合作区中，有三个涉及林业、农业。

除国家层面的合作外，中俄合作还包括地方之间的合作，如中国东北与俄远东及贝加尔地区、长江中上游地区与俄伏尔加河沿岸地区等两国地方间合作正深入推进。

中俄两国的投资稳步推进。截至2019年年底，中国对俄罗斯直接投资存量为128亿美元，在欧洲国家中居第五位。但从投资流量来看，2015年以来中国对俄罗斯的直接投资呈下降趋势，由2015年的29.6亿美元下降到2019年的－3.8亿美元。能源、机械制造、不动产和创新产业一直是中俄双方稳定的投资领域。

中国对俄罗斯承包工程和劳务合作则保持较快增长，2015年新签合同额、完成营业额分别为20.8亿美元和17.1亿美元，到2019年新签合同160份，合同金额169.2亿美元，完成营业额27.7亿美元，均居欧洲国家首位。2019年中国对俄罗斯累计派出各类劳务人员3 486人，年末在俄罗斯联邦劳务人员6 694人。

五、俄罗斯的主要港口和城市

1. 莫斯科（Moscow）

俄罗斯首都，地处俄罗斯欧洲部分中部，跨莫斯科河及其支流亚乌扎河两岸，全俄最大的城市和政治、经济、文化、金融、交通中心以及最大的综合性城市,俄罗斯最大的商业和金融业办事机构都设在这里。面积约 2 510 平方千米,人口 1 245 万,平均人口密度 4 960 人/平方千米。莫斯科建城于 1147 年,迄今已有 800 余年的历史,是俄罗斯重要的工业制造业中心,工业总产值居全国首位,工业门类齐全。莫斯科是全国科技文化中心,教育设施众多。交通发达,是全国铁路、公路、河运和航空的枢纽,电气化铁路和公路通向四面八方,是俄罗斯铁路系统的中心。地铁是莫斯科客运量最大的交通工具,莫斯科地铁有着很悠久的历史,主要结构为中心向四周辐射。莫斯科河流经市区,有 3 个河港。莫斯科运河将莫斯科河与伏尔加河沟通,水上交通可达海上。

莫斯科拥有众多名胜古迹,是历史悠久的克里姆林宫所在地,城市规划优美,掩映在一片绿海之中,是世界上绿化最好的城市之一,故有"森林中的首都"之美誉。

2. 圣彼得堡(St. Petersburg)

旧称列宁格勒,位于俄罗斯西北部,波罗的海沿岸,涅瓦河口,是列宁格勒州的首府,俄罗斯第二大城市。面积 1 439 平方千米,人口为 530 多万,是俄罗斯仅次于莫斯科的政治、经济、文化中心,也是俄西北地区中心城市,又称"北方首都"。整个城市由 100 多个岛屿组成,由 700 多座桥梁连接起来,素有"北方威尼斯"之称。

圣彼得堡是俄罗斯第二大交通枢纽,有 12 条铁路干线在此交汇;也是俄罗斯的最大海港,俄罗斯国际贸易的重要中转站,港口全天 24 小时作业,港区全年通航,年吞吐量超过 1 000 万吨;是重要的国际航空港。圣彼得堡是俄罗斯通往欧洲的窗口,也是一座科学技术和工业高度发展的国际化城市。拥有众多的高等院校、科学研究机构,被称为俄罗斯的科学、文化艺术的首都。此外,圣彼得堡还是世界上少数具有白夜的城市,每年 5—8 月城市中几乎没有黑天。

3. 新西伯利亚(Novosibirsk)

新西伯利亚州的首府,也是俄罗斯整个西伯利亚地区最大的城市和经济、科技、文化中心。人口 161 万,仅次于莫斯科与圣彼得堡,是俄罗斯人口第三多的城市。新西伯利亚位于西西伯利亚平原东南部,大部分土地位于鄂毕河和额尔齐斯河之间,位于东经 82°、北纬 55°,距莫斯科 3 191 千米。新西伯利亚诞生在西伯利亚铁路大干线上,建于 1893 年,随着西伯利亚大铁路的修建而逐渐发展起来,是正好处在铁路干线和主要河流之一的鄂毕河上的一个车站,1926 年改称新西伯利亚。20 世纪 30 年代起,新西伯利亚成为西伯利亚地区的中心和乌拉尔山脉以东最大的综合性工业城市。该城境内工厂非常多,曾是苏联重要军事工业及核工业基地,设有很多科研单位,并拥有一些俄罗斯最好的大学、博物馆和剧场。

4. 符拉迪沃斯托克(Vladivostok)

原名海参崴,清朝时为中国领土,1860 年 11 月 14 日《中俄北京条约》将包括海参崴在内的乌苏里江以东地域割让给俄罗斯,俄罗斯将其命名为符拉迪沃斯托克,意为"镇东方"。1891 年西伯利亚铁路开通至此,1903 年起莫斯科至符拉迪沃斯托克直达铁路线建成后,城市开始迅速发展。符拉迪沃斯托克是俄罗斯远东第一大城市,俄罗斯东部地区经济贸易中心,远东第一港,世界知名旅游城市。城市人口约 60 万(2018 年),总面积为 700

平方千米,城市海岸线达100多千米。符拉迪沃斯托克港货物吞吐量居俄远东地区之首。由于冬季结冰期长达100~110天(12月上旬至翌年3月中下旬),需要借助破冰船才可通航。在夏秋两季多雾,其中6—8月平均有雾日一个半月,有时大雾影响航船进入港湾。工业种类有修船、机车车辆、采矿设备、电子仪器、建筑材料、食品加工等。主要输出石油、煤、谷物,输入石油制品、鱼等。

5. 摩尔曼斯克(Murmansk)

俄罗斯摩尔曼斯克州首府,北冰洋沿岸最大的港口城市,人口约30万。位于俄罗斯西北部的科拉半岛东北,临巴伦支海的科拉湾,南距圣彼得堡1 300多千米,深入北极圈内300多千米,是个地道的北极港城。该城一年中有一个半月的长夜,又有两个月的长昼。

由于受到北大西洋暖流的影响,虽然地处高纬度的北极圈内,气温很低,摩尔曼斯克的海港全年从不结冰,是俄罗斯北方唯一的"终年不冻港",一年四季可以通航。摩尔曼斯克港是一个天然良港,科拉河湾延伸数十千米,流进巴伦支海,直通北冰洋,是俄罗斯通向北极地区的重要门户。工业以鱼类加工、修船、木材加工和建筑材料为主。是俄罗斯北极地区重要科研中心,有极地研究所、海洋渔业及海洋学等研究机构。

第三节　印　　度

一、印度的地理概况

(一)国土构成、气候、资源

印度全称印度共和国(Republic of India),位于亚洲南部,大部分位于北纬10°~30°之间。印度国土面积约298万平方千米,居世界第七位,是南亚次大陆最大的国家。印度南北长约3 000千米(伸入印度洋部分约长1 600千米),东西宽约2 900千米,海岸线长6 083千米,与孟加拉国、缅甸、中国、不丹、尼泊尔和巴基斯坦等国家接壤,和马尔代夫、斯里兰卡隔海相望。印度是英联邦成员国,自称有28个邦和7个中央直辖区(包括克什米尔地区和中印边境印度非法占领的所谓"阿鲁恰纳尔邦")。主要大城市有德里、孟买、加尔各答、金奈、海得拉巴和班加罗尔等。首度新德里,人口约1 700万。

按照地形特征,印度大致可以分为5个部分:北部喜马拉雅山区、中部恒河平原区、西部塔尔沙漠区、南部德干高原区和东西海域岛屿区。北部喜马拉雅山区气候严寒,地形险要,交通不便。喜马拉雅山一方面阻挡了冬季由亚洲大陆吹来的寒风,使得印度免受寒流的侵袭;另一方面又阻挡了夏季由印度洋上吹来的季候风,使印度中部恒河平原和喜马拉雅山南坡可以得到充足的雨水。中部平原由印度河、恒河和布拉马普特拉河三大水系的平原组成,是世界上最大的冲积平原之一,也是世界上人口最稠密的地区之一。这里地势平坦、气候温和、土地肥沃、雨量充足,是印度主要农作物区和经济最发达的地区。西部的拉贾斯坦邦与巴基斯坦信德省交界地区为沙漠地带,人烟稀少、土地贫瘠,其中有的地区纯属不毛之地。南部高原地区即德干高原,也称半岛高原,与中部平原区之间有一条高

460～1200米的温迪亚山脉相隔。该地区平均海拔为300～800米,属热带气候,适合农作物生长。东西海域岛屿以拉克沙群岛及安达曼群岛和尼科巴群岛最为重要。

印度主要的河流有恒河、布拉马普特拉河、亚穆纳河、纳巴达河、戈达瓦里河、克里希纳河、默哈讷迪河、印度河等。其中恒河发源于喜马拉雅山西段南麓,东南流向,进入恒河平原后自西向东流,最后经孟加拉国注入孟加拉湾,干流全长2 527千米,是印度最长的河流,流域面积105万平方千米。印度河发源于喜马拉雅山西部中国境内的狮泉河,自东南向西北流经克什米尔后,转向西南贯穿巴基斯坦全境,在卡拉奇附近注入阿拉伯海,左侧支流的上游部分大部分在印度境内,少部分在中国境内,右侧的一些支流源于阿富汗。印度河总流域面积为103.4万平方千米,干流长约2 900千米。布拉马普特拉河发源于中国西藏自治区南部喜马拉雅山中段北麓,在中国称为雅鲁藏布江,流经印度进入孟加拉国,在孟加拉国境内与恒河汇合,形成巨大的恒河三角洲,最后注入孟加拉湾,全长为2900千米。

印度自然资源丰富,有近100种矿藏,其中云母产量世界第一。截至2019年底,煤炭储量1 059.3亿吨,占世界煤炭总储量的9.9%,2019年产量7.56亿吨。2019年重晶石产量220万吨,居世界第二位。此外,铁矿、铝土、锰矿石、铬铁矿、锌、铅、石灰石、磷酸盐、黄金、银矿的储量也较高。森林面积70.86万平方千米,覆盖率为23.8%(2016年数据)。印度还是全球耕地面积最广阔的国家,高达1.57亿公顷(2016年数据)。

(二)人口、宗教与风俗

印度是世界上仅次于中国的人口第二大国,截至2011年3月,印度人口普查委员会对全国人口进行普查的数据显示,印度人口已达到12.1亿人,2001—2011年的年均人口增长率为1.76%。截至2019年,印度人口已达13.66亿。据统计,20世纪40—60年代,印度人口增长率高达4.1%左右,1995年下降到2.9%,仍高于发展中国家的平均增长率,是世界人口自然增长率最高的国家。据联合国2019年《世界人口展望》报告,预计到2027年左右,印度人口将超过中国,成为全球人口最多的国家。2028年后,印度人口预计将继续增长,直到16亿,然后在2100年缓慢下滑到15亿。

印度人口的年龄结构偏低,据印度官方公布的数据,目前印度51%的人口年龄在25岁以下,66%的人口年龄在35岁以下,15～64岁的人口占比67%,全国平均年龄仅25岁,属典型的青壮人口国家。国际劳工组织的专家表示,印度人口年轻的优势估计会一直保持到2050年。相比美国、日本、中国等日益严重的人口老龄化问题,这无疑成为印度将来发展的一大优势。就业方面,印度劳动人口近5亿,其中农业占60%,工业占17%,服务业占23%。

此外,印度也出现城市化水平提高的现象。1950年城市化水平高于中国,为17%,2019年升至34.5%,但低于中国的60.3%。麦肯锡全球研究所(McKinsey Global Institute,MGI)的研究显示,预计到2025年,印度城市人口将新增2.15亿,占到该国总人口的38%。印度将在未来40年成为全球城市人口增长的领头羊,就业、住房、能源和基础设施供应等将面临挑战。

众多人口虽然为印度提供了丰富的劳动力,但人口总量大,人口增长率又高,在经济发展水平仍然落后的情况下,人口反而成为制约印度经济和社会发展的不利因素。第一,数量过大的人口给印度的粮食供给带来巨大的压力。据联合国世界粮食计划署与印度非政府组织最新调查报告，印度有21%的人口、超过2.3亿人处于营养不足状态，占全球饥饿人口的27%，高居世界之首。印度将近50%的儿童死亡是营养不足所致。年龄在15～49岁的成年人中有1/3的人身高体重指数小于18.5，也就是"体重过轻"。不能获得足够有营养和安全的食物，就无法供应正常的身体发展和足够体力。第二，印度的教育质量也存在问题。联合国教科文组织也报告称印度是世界上文盲人口最多的国家，成年人文盲人口达2.87亿，占全球文盲人口的37%。虽然印度的成人识字人口从1991年的48%上升到2018年的74.4%，但由于人口增长，印度的文盲人口数量没有减少。第三，庞大的人口使得印度就业压力很大。庞大的劳动力大军中仅有不到7%被正式的经济体雇佣。这意味着，在数亿劳动人口中，仅有3 500万人拥有稳定的工作，缴纳个人所得税。其他人多属于"无组织经济体"，或在家饲养牲畜，或是临时工人，或经营零售店和小摊，或做人力车夫。

印度语言复杂，多达1 600多种，主要有印欧语系、汉藏语系、南亚语系、德拉维达语系，语言复杂。目前印度的官方语言是印地语，约30%人口使用，是印度使用人口最多的语言。英语已经在1965年终止了它唯一（或与印地语相同的）官方语言的地位，但依旧保留了它"第二附加官方语言"的地位，亦是全国性的通用语言，主要在政治和商业交往场合使用。另外还有其他21种地方性的预定官方语言。

印度是世界上受宗教影响最深的国家之一，宗教的影响深入到社会与文化的每一部分，几乎在每个印度人生活中扮演着重要角色，印度人甚至认为"没有宗教就没有生活"。印度宗教众多，世界上所有的宗教几乎都能在该国找到，被称为"宗教博物馆"。其中最重要的是印度教，全印约有83%的人口信仰印度教。伊斯兰教是第二大宗教，约有13.4%的印度人信仰伊斯兰教。由于印度人口增速很快，印度已成为仅次于印度尼西亚的世界上穆斯林第二多的国家。

印度是一个政教分离的国家，坚持世俗主义。但是宗教对其政治具有巨大的影响。受宗教影响，尤其是在印度教和伊斯兰教这两大宗教的影响下，印度社会形成了不同的利益群体。作为外来宗教的伊斯兰教和本土的主要宗教印度教导致了一系列的宗教冲突，印巴分治局面也是因为印度教和伊斯兰教的矛盾造成的，在印巴分治时造成了宗教仇杀的惨剧。在现代，印度这两个主要教派依然存在深刻的矛盾。

印度是一个讲礼节的民族，又是一个东西方文化共存的国度。印度教徒见面和告别多施双手合十礼，并互相问好祝安。行礼时要弯腰触摸长者的脚。印度人在双手合十时，总是把双手举到脸前。必须注意的是，切莫在双手合十的同时点头。

进入印度教的寺庙时，身上绝不可穿以牛皮制造的东西，否则会被视为犯了禁戒，皮鞋、皮表带、皮带、手提包等牛皮制品，都不得入其寺门。印度人走进寺庙或厨房之前，先要脱鞋。他们认为，若穿鞋进去，既不礼貌，也不圣洁。不论男女老幼，统统把鞋放在门口，赤脚进去。

在印度，迎送贵宾时，主人献上花环，套在客人的颈上。现在，城市中男女见面已多实行握手，表示亲热时还要拥抱。在大多数地方，男人相见或分别时，握手较普遍。男人不要和印度妇女握手,应双手合十,轻轻鞠躬。男人不要碰女人,即使在公共场合也不要和女人单独说话,妇女很少在公共场所露面。印度妇女喜欢在前额中间点有吉祥痣,其颜色不同,形状各异,在不同情况下表示不同意思,它是喜庆、吉祥的象征。印度男女多有配戴各种装饰品的习惯。印度男性多半穿着一袭宽松的立领长衫(Tunic),搭配窄脚的长裤(Dhoti),拉贾斯坦地区男性,裤子是以一条白色布块裹成的,头上的布巾花样变化极多,色泽鲜明。印度妇女传统服饰是纱丽(Sari),纱丽是指一块长达15码以上的布料,穿着时以披裹的方式缠绕在身上。印度妇女擅长利用扎、围、绑、裹、缠、披等技巧,使得纱丽在身上产生不同的变化。

印度人的日常饮食南北方有很大差别。北方人以小麦、玉米、豆类等为主食,尤其喜欢吃一种叫作"恰巴提"的薄面饼。南方和东部沿海地区的人们以大米为主食,爱吃炒饭。而德干高原中部则以小米和杂粮为主。印度人喜欢吃带有辣味的、拌有咖喱的食物。在饮水和饮料方面,印度人和西方人一样,没有喝热水的习惯,一般喜欢喝凉水或者饮用红茶、牛奶和咖啡。印度人吃饭大多使用盘子,吃饭时,只准用右手递接食物,不用左手。与印度人接触时,切忌用左手递东西,因为他们认为左手肮脏,右手干净。吃饭用右手抓取,不但吃米饭用手抓,就连稀粥也能用手抓入口中。在印度,除上洗手间外均不使用左手。

印度人喜爱3、7、9等数字。他们认为红色表示生命、活力、朝气和热烈,蓝色表示真诚,阳光似的黄色表示光辉壮丽,绿色表示和平、希望,紫色表示心境宁静。印度人在生活和服装色彩方面喜欢红、黄、蓝、绿、橙色及其他鲜艳的颜色。黑、白和灰色被视为消极的不受欢迎的颜色。不喜欢玫瑰花,在办公室和商业机关,写字台喜欢放在东北角或西南角。

在印度初次访问公司商号或政府机关,宜穿西服,事先订约,并尽量按时赴约。印度商人善于钻营,急功近利,图方便,喜欢凭样交易,洽谈中应多出示样品,广为介绍经济实惠的品种。印度商人中,许多人在英美受过教育,商务谈判他们往往细细研究,费时较久。在谈判时,切忌在印度人面前谈论印度的赤贫、庞大的军费及外援。印度人喜欢谈论文化方面的成就、印度的传统以及外国的事和外国人的生活。

印度人身份悬殊,有等级制度,很重视身份。甲等级高于乙,甲乙就不能平起平坐,要求相当严格。印度传统上十分重男轻女,女儿结婚时,父母必须准备一笔丰富的嫁妆,否则将嫁不出去,而这对于贫穷人家而言,确实是一项庞大的负担。

印度人认为把孩子放在浴盆里洗澡是不人道的,因为不流动的水为死水,孩子浴后会遭灾、夭折的。切莫抚摸小孩的头,在印度如摸小孩的头,对方一定翻脸。最容易引人误会的是,印度人平常表示同意或肯定的动作是摇摇头,或先把头稍微歪到左边,然后立刻恢复原状,表示"Yes""知道了""好的"。

印度全国性大节日有1月1日元旦、1月26日国庆节、2—3月有"洒红节"(也叫泼水节)、8—9月有兄妹节、9—10月有烧纸人节、8月15日独立日、10月2日国父甘地诞辰纪念日、10—11月有灯节。不同宗教、不同民族又各有不同假日,各港口也有单独假日,届时绝不进行交易,因此,访问印度,务必先了解好对方的假期。

扩展阅读 7-2
印度的种姓制度

二、印度的经济发展历程

印度是世界四大文明古国之一。公元前 2500 年至 1500 年间创造了印度河文明。1526 年,蒙古族后裔建立莫卧儿帝国,成为当时世界强国之一。自 17 世纪开始,印度处于殖民统治时期,工业停滞,农业的发展也无法支持日益增长的人口。1947 年 6 月,英国公布"蒙巴顿方案",将印度分为印度和巴基斯坦两个自治领地。同年 8 月 15 日,印巴分治,印度独立。1950 年 1 月 26 日,印度共和国成立,为英联邦成员国。

1947 年印度独立后,逐步实施各项经济改革政策,其经济发展可分为三个阶段。

第一阶段从 20 世纪 50 年代初至 70 年代末。该阶段 GDP 年增长率为 3%～4%。尼赫鲁政府在农业方面推行"绿色革命",扩大粮食产量,重点发展工业和基础工业,对外实行贸易保护主义,实行进口替代,保护民族工业,严格控制外汇,限制外国资本流入。财政上实行扩张性财政政策,财政赤字激增,外债不断扩大。

第二阶段为 20 世纪 80 年代初至 90 年代初。印度政府继续推动中央主导的扩张性财政政策,但对经济政策进行了调整,放松了对私营部门的限制,鼓励出口,逐步摆脱了经济缓慢增长的局面,GDP 年增长率提高到 5.5% 左右。

在经济发展的第一阶段和第二阶段,印度实行的是一种混合经济体制基础上的计划经济体制。在印度早期的经济体制里,公私营经济并立,国营经济占有很重要的地位。长期的计划经济体制不仅束缚了印度经济的发展,阻碍了国内私营企业的生长和发展,还导致了一种经济的闭关自守状态,印度的贸易保护主义和经济民族主义使外国资金和商品很难打入印度。到目前为止,尽管印度是 WTO 成员,但它并不遵守 WTO 的规则,对外国产品和资金采取抵制的态度。总的说来,印度自独立以来,经济体制是相当保守的,市场是封闭的,经济发展缓慢。印度经济的发展虽然比较缓慢,但基本上仍保持增长的态势。然而,自 20 世纪 80 年代以来,国际形势发生了较大的变化,世界经济的发展一日千里,而印度经济就显得越来越跟不上形势,似乎被世界经济的快车抛弃了。在这种情况下,印度国内要求改革的呼声越来越高,最后导致了第三阶段中经济政策的大调整。

第三阶段为 20 世纪 90 年代至今。1991 年印度政府开始推行经济改革,向市场自由化方向转变,本币卢比实现经常项目下自由兑换,鼓励私营经济发展,逐步提高对外开放程度,取消出口补贴和进口数量限制,使国内经济同国际经济接轨,经济发展逐步步入良性发展阶段,GDP 年增长率提高到 6.5% 左右。1997 年亚洲金融危机前,为控制通货膨胀和缓解财政赤字,政府实行紧缩财政政策,亚洲金融危机后略有放松。1993—2002 年期间年均增长率达到 6%,2006—2007 年达到创纪录的 9.7%,2007—2008 年达 9.0%。受 2008 年全球金融危机的影响,印度经济增速有所回落,但仍是世界上经济发展最快的国家之一。2015 年,印度的国内生产总值达到 20 735.43 亿美元,居世界第七位,在金砖国家中居第二位,仅次于中国。

印度经济发展还存在相当多的问题。首先经济发展从地域上和产业结构上都极不平衡,国际贸易份额偏低,进出口都很少。它的预算赤字已经超过国内生产总值的10%,国内债已超过国内生产总值的100%。2010年以来,除个别年份外,中国每年吸引的外商直接投资都超过2000亿美元,而印度基本维持在250~500亿美元。它的社会贫困问题还没有解决,贫富差距仍然悬殊。按购买力计算,印度人均收入不到中国的一半,只到美国的2%,在地区和全球性大国中几乎是最低的。印度文盲率仍接近30%,有4.3亿人每天的生活费不到1美元。印度饮用水缺乏,电力不足,基础设施严重落后。除了贫困、落后之外,还有沉闷的官僚体制和腐败。另外,谈到印度的发展,决不能忽略它固有的种姓制度和国内宗教、民族矛盾,以及与邻国的紧张关系。总之,印度仍然是一个落后的发展中国家,还没有实现工业化。要步入发达国家行列,实现经济腾飞,还有许多包袱,甚至是非常困难的。

然而,虽然印度的发展存在这么多的障碍,国际社会仍有许多人看好它的未来。他们预言,印度将成为世界第三大经济实体,并成为一个世界强国。

三、印度的产业结构及生产分布

(一)印度产业结构的调整

印度农业生产技术落后,工业基础薄弱;服务业相对较发达,在国民经济中所占比重较大。由于基础设施落后和投入不足,印度选择了一条绕过制造业,依靠服务业的发展来推动经济增长的道路,在某些产业取得的成绩可圈可点。其中,印度软件和软件服务外包经过多年的扶持发展,取得了举世瞩目的成就,也成为印度国际竞争力的集中体现。

印度三次产业的演进具有跨越式发展的特点,其发展轨迹从"一、三、二"到"三、一、二"再到"三、二、一",第二产业始终没有主导过经济发展,以制造业为主的第二产业没有得到应有的发展,导致产业结构出现断层。总体来看,第一产业在印度经济中的地位逐渐下降,但占比仍然较高;第二产业在经济中的地位逐渐上升,然而比重有限;第三产业发展迅速,在印度经济中所占比重逐年上升,软件业和服务外包业的发展尤其突出。

表7-10为印度近年来的产业结构。

具体来看,在20世纪80年代中期以前,第二产业比重的提升很明显,尤其是尼赫鲁时期实行以重工业为主导的工业化战略和政府直接干预经济的策略,使第二产业得到发展,重工业基础得到加强。1970年,第二产业占GDP的比重为22.5%,1990年上升为31.2%。之后第二产业所占比重维持在30%左右,2019年为29.1%。其中制造业产值占第二产业的一半左右。

第三产业结构的变动则相反,其在国民经济中比重的提升是在20世纪80年代中期以后。1970年第三产业占GDP的比重为33.8%,1990年上升为38.2%,而从1990—2010年,这一比重快速上升到48.5%,上升了10个百分点。2019年第三产业在国民经济中所占比重为53.2%。

表 7-10　印度近年来的产业结构　　　　　　　　　　　　　　　　　　　　　%

产　　业	1970年	1980年	1990年	2000年	2010年	2015年	2017年	2018年	2019年
第一产业	43.7	37.4	30.6	24.0	18.4	17.7	18.0	17.1	17.7
第二产业	22.5	27.2	31.2	30.2	33.1	30.0	29.2	28.9	29.1
制造业	15.1	18.1	19.3	17.8	18.4	17.1	16.4	16.1	16.4
建筑业	4.9	5.0	6.1	6.6	8.9	7.9	7.7	7.8	7.8
第三产业	33.8	35.4	38.2	45.8	48.5	52.3	52.8	54.0	53.2
批发零售餐饮	5.4	7.4	8.1	9.4	10.5	11.4	11.8	12.1	11.8
交通仓储通信	3.6	3.9	5.9	7.1	6.3	6.8	6.3	6.2	6.5
其他	24.8	24.1	24.2	29.3	31.7	34.1	34.7	35.7	34.9

数据来源：UNCTAD。

第一产业是国民经济的基础产业，在金砖国家中，印度第一产业在 GDP 中所占比重是最高的，其经济对农业发展的依赖性还比较大，经济发展水平也有限。第二产业在 GDP 中所占比重则是金砖国家中最低的，且上升缓慢，其工业化进程仍处于初期水平。第三产业自 20 世纪 90 年代以来一直是印度经济发展的主要推动力。

（二）农业

1. 印度农业的特点

印度是农业大国，2018—2019 财年，印度农业总产值 29.23 万亿卢比，占印度国民经济的 17.1%。其中种植业 16.15 万亿卢比，畜牧业 8.72 万亿卢比，林业 2.23 万亿卢比，渔业和水产养殖 2.13 万亿卢比。印度拥有发展农业生产的得天独厚的自然条件，耕地十分广阔。北部主要是由恒河和布拉马普特拉河冲积形成的恒河平原，地势比较开阔低平，土层比较厚，且开垦历史悠久，是印度农业最发达、人口最稠密的地区。印度南部的德干高原是古老高原，海拔不高，起伏和缓，并且土壤为黑棉土，有利棉花种植。此外，印度的气候是热带季风气候，水热条件优越。

通过实施"土地革命""绿色革命""白色革命""蓝色革命"及"第二次绿色革命"等一系列旨在推进农业现代化的措施，印度农业得到了长足发展，农业在国民经济中占有非常重要的地位。印度是世界第三大粮食生产国，仅次于中国和美国，小麦和水稻产量都居第二位，玉米产量居第六位，具备扩大农业生产的巨大潜力。过去 10 年中，农业年均增长速度为 2%。自从 1947 年独立以来，印度的农业政策目标一直是实现粮食自给，并且以可接受价格向消费者提供基本食品。政府长期以来都致力于为农业发展提供强有力的财政支持，实施全面的控制，并且保护国内农业不受国际竞争的影响，从而大大促进农业发展，并且保持了较高的粮食自给率。20 世纪 80 年代，印度开始基本实现食用粮食自给。不过与其他国家横向比较，印度农作物单产仍较低。根据 2010 年联合国粮农组织的数据，印度的水稻单产是 3.36 吨/公顷，而中国的这一数值是 6.55 吨/公顷。此外，印度玉米和豆类的生产率也低于巴基斯坦、孟加拉国、尼泊尔、斯里兰卡等南亚邻国。

虽然自然条件优越,但是印度农业基础设施薄弱,农业对气候和雨水等自然条件的依赖性很大,抗御自然灾害的能力较差,经常遭受季风的危害而造成水旱灾害。农业生产以传统的生产工具和手工劳动为主,现代投入较少。85%的耕地依靠人畜力耕作,70%的耕地无灌溉设施,靠雨水灌溉。印度农业的社会经济结构的特点是封建的、个体的和资本主义的经济成分并存,小农经济占绝对优势,每个农户的经营规模较小。尽管独立后进行了"土地改革",但是土地所有权仍集中在少数人手里。

2. 种植业

印度农业生产结构以种植业为主,种植业又以粮食作物为主。印度主要农作物有大米、小麦、玉米、高粱、小米、大麦、油菜籽等。此外,经济作物还包括黄麻、甘蔗、咖啡、茶叶和橡胶等。

粮食种植面积约为1.23亿公顷。1951年,全国粮食总产量只有5 082万吨,2019年增长到2.52亿吨,增长4倍多。另外,根据印度统计和计划执行部中央统计局统计的2015—2016财年数据,印度各类作物产量如下:油料作物2 530.4万吨,糖类作物35 216.3万吨,棉花3 014.7万吨,茶叶123.3万吨。印度在1982年进口大米和小麦共2192万吨,但是在1996年则出口大米和小麦共156万吨,而且还储存了大量粮食,实现了粮食完全自给。所有粮食绝大多数用作食品,只有少量用于生产饲料。水稻主要分布在东北部和半岛的沿海地区,小麦则分布于德干高原西北部以及恒河上游地区。

3. 畜牧业

随着人们收入的增加,印度畜牧业不断发展。畜牧业占全国农业总产值的27%,是小型农民的主要收入来源之一,主要包括养牛业(占32%)、养羊业(占34%)、家禽业(占24%)和养猪业(占10%)。其中牛的存栏数2018年为2.99亿头,居全球第一位。印度是全球第三大鸡蛋生产国,仅次于中国和美国。在过去的30年中,印度鸡蛋产业逐渐走向集约化经营,蛋鸡饲养是印度农业中发展最快的部门。印度也是牛奶生产大国。由于20%的人口是素食者,因此印度年人均肉类消费仅为4.3千克,远低于世界平均水平。由于国内消费有限,印度每年出口牛肉约80万吨,约占国内牛肉产量的1/3,出口量排名全球前五位。

(三)工业

印度工业基础薄弱,劳动力职业技能偏低,投资不足,在国民经济中处于相对次要的地位。2002财年以前,印度工业增长率始终在5%上下徘徊。近年来,印度政府也认识到工业发展落后的弊端,认识到制造业创造就业机会的重要作用,大力发展对基础设施依赖相对较低的产业,形成了比较完整的工业体系,主要包括纺织、食品、化工、制药、钢铁、水泥、采矿、石油和机械等。其中汽车零配件制造、生物制药、化工、食品加工在国际市场上的竞争力日益凸显。2004—2009年,印度的工业增长率年均8.91%,高于同期GDP的增长。其中制造业年均增长达8%。在印度制造业的各行业中,排名前五位的是食品行业、基础金属行业、橡胶行业、石化行业、电动机械行业。2011—2019年,工业增长率年均下降到5.24%。

1. 汽车产业

印度起步较早,可追溯至20世纪40年代,但在1983年以前,由于对内管制、对外封闭,印度汽车产业发展缓慢,到1980年轿车年产量仅为30 989辆。1983年,印度政府与日本铃木公司设立合资公司,1995—2000年,韩国现代,美国福特、通用,日本本田、丰田等跨国公司先后在印度投资设厂,并开始建设服务网络。汽车产业是印度利用外资额最大的制造业部门。大多数跨国汽车巨头已经在印度投资,其独资或合资企业占据了印度整车市场的大部分份额。2000年以来,随着政府取消进口数量限制和允许外资100%持股等产业政策的出台,汽车贷款和保险业务日益成熟,印度汽车产业进入快速发展阶段。

目前,印度是全球第五大汽车生产国,是世界主要乘用车、客车、重型商用车、轻型商用车的生产大国。据印度汽车制造业协会(SIAM)统计,2019—2020财年,印度汽车总产量约为2 632.6万辆,其中乘用车产量343.4万辆,商用车75.2万辆,三轮车113.4万辆,两轮车2 103.6万辆。印度在地理区位上的优势使其容易成为区域性制造和出口中心,因此全球几乎所有汽车巨头都在印度投资。目前,印度乘用车市场主要被日系厂商主导,其中铃木的市场占有率达51%。2018—2019财年SIAM统计数据显示,印度近五年来各类汽车销量呈上升趋势,2018—2019财年,印度汽车总销量为2 626.8万辆,乘用车销量为337.7万辆,商用车销量100.7万辆,两轮车销量2 118.1万辆,三轮车销量70.1万辆。在超13亿的巨大人口基数下,印度千人汽车保有量不足30辆,仍有较大的发展空间。印度是世界上最大的两轮车生产国和出口国,2018—2019财年的出口量为328.1万辆。此外乘用车和商用车的出口量分别为67.6万辆和56.8万辆。

印度最大的汽车公司是日本铃木公司控股的马鲁提铃木,该公司成立于1981年,年总生产能力约为145万辆,在印度汽车市场的占有率超过52%。其次是现代和塔塔。三家公司的整车产量占印度整车总产量的70%。

印度在发展汽车工业方面拥有许多优势,如原材料(铁矿石)充足、工人工资和制造成本低廉、汽车零部件工业发达等,而且印度汽车生产商(如塔塔)还拥有众多自主知识产权,都使得印度成为最有发展潜力的汽车市场之一。可以预见,在未来几十年里,印度汽车业将加速发展,成为全球重要的汽车生产国和消费国之一。

2. 化工及制药产业

化工产业是印度最古老的产业之一,是工业和农业发展的中坚力量,并为下游行业提供发展基础。目前化工产业约占印度出口的13%~14%及进口的8%~9%。印度是世界第12大、亚洲第3大化工国。

印度制药产业发展迅速,医药业规模排名全球第二位,其中生物医药是印度制药业的领头羊。2011年印度国内医药零售额达122亿美元,2015年增长至272亿美元,2016年为367亿美元。现阶段,印度是世界上最大的仿制药生产国,约占全球仿制药出口总量的20%。同时,印度还是全球制药业输出增长最快的国家之一,2015—2016财年,印度的医药出口额同比增长11.4%,达到129.1亿美元。

印度制药业从业人员300多万,较大规模的研发型生物医药企业约270家。许多医药已获得专利或正在申请专利,20多家制药商得到美国FDA[①]的合格认定,100多种制剂药获得美国FDA认证。

近年来,拜耳、科莱恩、杜邦等大公司纷纷在印度投资;同时,罗门哈斯、德固赛也已经在印度建立工厂,印度将迅速成为精细化学品大国。同时,一些大型化工企业开始寻求对外投资收购。例如,2008年初,印度塔塔集团公司斥资10亿美元收购美国通用化工产品公司。由于印度人均消费量目前依然非常低,因此该市场的潜力很大。

3. 纺织业

印度纺织业在全球纺织业中占有举足轻重的位置,是全球仅次于中国的第二大纺织品生产国,也是全球第七大纺织品贸易国和第五大成衣贸易国。纺织业在印度国民经济中占有极其重要的地位,是仅次于农业的第二大创造就业的部门,共吸引就业3 500多万人。纺织业也是印度仅次于信息技术产业的第二大出口创汇行业。

印度发展纺织业的条件良好。印度地处热带,全年都能养蚕,是南亚的蚕丝生产大国,同时也是世界最大的黄麻生产国,西孟邦是驰名的黄麻产地和最大的黄麻加工基地。棉花产量仅次于中国,居全球第二位。丰富的原材料使得印度纺织业的门类齐全,包括棉纺、毛纺、麻纺、丝绸工业、手织机行业。主要产品包括棉纺品、人造纤维、毛制品、黄麻制品、手织品、地毯、手工艺品以及成衣等。其中规模最大的是棉纺业。

近年来,印度政府采取提供出口信贷资金、为出口提供优惠利率贷款、支持纺织业技术升级改造等措施来扶持促进纺织业的发展,鼓励产品出口。

4. 食品加工业

食品加工业是增长最快、发展前景最广阔的工业。近年来印度政府把该工业作为优先发展的产业之一,出台了一系列优惠政策,鼓励对农产品的深度加工开发和综合利用,最大限度减少收获前后的浪费,产生了巨大的经济效益,同时还创造了很多就业机会。食品加工主要包括啤酒及酒精类饮料、软饮料、肉类及家禽加工业、乳品业、鱼类加工业、果蔬加工业、谷物加工业。近年来,印度政府出台的优惠政策营造出了良好的投资软环境,吸引了大批的外资外商进军食品加工业,为促进印度食品工业的发展发挥了重要作用。印度食品加工业发展潜力巨大,未来几年将实现跨越式发展。目前加工食品消费只占印度食品消费总量的5%,随着人们生活水平的提高,这一比例将大幅增长,为食品加工业带来广阔市场。

5. 电子产品和家用电器产业

印度电子产品主要包括消费电子、工业电子、电脑、电信设备、战略电子和零部件六大类,其中,消费电子产品、工业电子计算机、通信及广播设备的生产增速很快,但仍不能满足市场需要,彩色电视机、DVD、机顶盒、个人电脑、手机、相机等电子产品均主要依靠进口,其最大的进口来源地是中国。印度家用电器市场基本为外国进口商品或外商投资企业所掌握。印度政府采取了一系列措施促进国内电子产品生产,尤其是智能手机、家用电

[①] FDA是美国食品药品管理局Food and Drug Administration的简称。FDA在美国乃至全球都有巨大影响,有美国人健康守护神之称。在美国等近百个国家,只有通过了FDA认可的材料、器械和技术才能进行商业化临床应用。它的信誉和专业水准深得很多专家和民众的信赖。

器、机顶盒和电视机领域。2016—2017年印度国内电子产品生产总值达495亿美元,高于430亿美元的进口支出。

6. 工业的分布

英国对印度的长期殖民统治,使印度的工业分布极不合理,工业高度集中在几个沿海的大城市。沿海地区的孟买、加尔各答、阿默达巴德所在的三个邦的工业产值占全国工业总产值的70%以上。自20世纪80年代以来,印度工业集中分布在沿海地区的状况已经有所改善,分布趋于合理。目前,印度已形成五个重要的工业区。

(1) 以加尔各答为中心的工业区。这里是全国最早形成的工业区,近几十年略有衰退。现工业产值仅占全国的10%。麻纺和机械是本区的两大工业部门。

(2) 以孟买——浦那为中心的工业区。工业产值占全国1/6,已显著领先于其他工业区。棉纺工业长期居优势地位,占全国30%。此外,机械、化工、炼油等部门在国内均有突出地位,已成为多部门的综合性工业基地。

(3) 以阿默达巴德为中心的工业区。周围是印度主要棉花和油料产地。以传统工业为主,棉纺织业和油脂工业在国内居首位,水泥、化工两部门地位突出。

(4) 以金奈(旧称马德拉斯)—班加罗尔为中心的工业区。这是发展最快的工业区,规模已接近于加尔各答区。区内集中了电力、飞机制造、造船、炼油等工业部门,以及航空、电子、电机等一系列新兴工业部门。

(5) 以那格浦尔为中心的工业区。这是20世纪50年代发展起来的重工业区,有印度的"鲁尔区"之称。它接近主要煤炭产地,煤和钢铁产量均占全国首位,电力、重型机械、化工、非金属产品等地位也很突出,是内地重要的重工业基地。

(四) 服务业

印度是新兴经济体中服务业发展水平较高的国家之一,服务业在印度国民经济中占比较高。服务业对印度经济增长、产业结构调整以及国际收支平衡的贡献显著。目前印度的产业结构已类似于发达国家。印度服务业包括贸易、宾馆、饭店、交通、仓储、通信、金融、保险、不动产与商业服务、社会、社区与个人服务等众多行业,既涵盖简单技能的服务提供,也包括诸如IT外包等高技术服务出口。

1. 软件外包业

软件外包业是印度服务业中的龙头产业,产值从2000—2001财年的3 775亿卢比增至2011—2012财年的42 421亿卢比,在国际上具有明显的比较优势。印度已成为仅次于美国的世界第二大软件大国,世界第一大外包服务接包国。印度软件外包业的发展一方面得益于全球化的浪潮,特别是美国和欧洲的产业分包,即将部分低端非核心技术的开发和服务外包出去。另一方面,由于印度基础设施建设落后,劳动密集型和技术密集型产业无法与中国、墨西哥等国抗衡,因此,印度政府采取措施推动企业发展以输出智力为主的软件和服务外包的道路,以减轻对本国资源和环境的压力。印度软件服务业的竞争力主要来自于充足的人力资源、持续的成本优势、精益求精的质量观念、世界级的信息安全环境以及鼓励软件服务业发展的政策环境。

印度软件业主要以出口为导向,软件出口和服务外包业发展迅速。2018—2019财年,印度实现软件服务业出口1 370亿美元。其出口市场主要集中于美国、欧洲等发达国家。随着软件服务业的发展,近年来,形成了班加罗尔、金奈、海得拉巴、孟买、浦那和德里等一批著名的软件服务业基地。塔塔咨询服务(Tata Consultancy Services)、威普罗公司(WiproTechnologies)和印孚瑟斯(Infosys Technologies)成为全球著名的软件服务外包企业。

2. 旅游业

印度有着十分丰富的旅游资源,拥有沙漠、野生动物、著名的河流等自然风光以及星罗棋布的庙宇、城堡等历史遗迹,自然和文化遗产的数量仅次于意大利、西班牙、中国、德国和法国,使印度成为国际游客尤其是朝圣者向往的所在。虽然起步较晚,但是在政府的推动下,20世纪80年代后,印度旅游业进入快速发展时期。目前,旅游业已成为印度仅次于建筑业的第二大服务产业,对印度扩大就业起到重要作用。入境旅游人数从1995年的212.4万人次增长到2018年的1 056万人次,2018年实现旅游外汇收入285.9亿美元。入境的外国游客主要来自孟加拉国,其次是美国、英国、斯里兰卡、加拿大、澳大利亚、马来西亚、中国、德国、俄罗斯、法国、日本、新加坡、尼泊尔和泰国。2018年,这15个国家约占印度外国游客总数的75.33%。

除观光旅游外,近年来,印度的医疗旅游业开始迅速发展,目前已成为全球重要的医疗旅游市场,许多欧美发达国家的患者纷纷前来印度求医。印度之所以成为主要的医疗旅游市场,一方面是因为印度的医疗费用远远低于西方发达国家,一般是西方国家的1/10,有时甚至是1/16,是其他亚洲国家的1/3。另一方面,印度有着各种专业的医疗服务可以满足西方患者的需要,一些私立医院所提供的专科医疗服务,并不逊色于欧美的一些大医院,同时也拥有与西方发达国家同样先进的医疗设备。此外,传统的医学以及为求医的游客所提供的配套服务也是其吸引国外游客的重要原因。

除医疗旅游外,目前印度也在开发和提供其他的特色旅游产品,包括探险旅游、生态旅游、乡村旅游、朝圣旅游、邮轮旅游、会议及展览旅游等。

尽管印度有丰富的自然和人文资源,但是其旅游基础设施落后,住宿条件、交通条件都不能满足旅游业迅速发展的需要,国内安全环境也较差,人口增长对环境也造成了不小的破坏,而且旅游业人才也很匮乏。这些都是制约印度旅游业发展的瓶颈。

3. 零售业

零售业包括向最终消费者提供商品和服务的所有经营活动,是产品供应链的最后一个环节。印度的零售业是增长最快的行业之一。其零售部门高度分散,其中大部分与食品有关。

促成印度现代零售业高速增长的因素包括国民购买力的提高、快速的全球互动和一体化、消费者需求、生活方式和态度的不断改变。有组织的大型零售部门使用先进技术和通信网络,向消费者提供多种好处,比如以较低的价格供应高品质的产品,客户有更大范围的选择,购物环境方便、宽敞等。

2012年9月印度政府放宽了外资进入零售市场的门槛,允许外资占企业投资比例最高达到51%。但印度也同时规定零售业外资需将一半的总投资额投入供应链设施建设上,禁止外资在人口少于100万的城市建设门店。2018年1月,印度进一步放松对外商投资的管制条款,规定单一品牌跨国零售商可以经由自动审批程序在印度开展零售业务,而此前外国公司只有在其持股份额不超过49%的情况下,才能不经印度政府审批开展相关业务,因此以前大部分外国公司只能与印度本地公司合作或依赖于本地分销商及特许经销企业。对跨国公司而言,拥有13亿多人口的印度零售市场也有相当的吸引力。据咨询公司普华永道2017年发布的报告显示,印度零售市场总值为6 000亿美元;到2020年,这一数字将达1万亿美元。

四、印度的对外贸易

(一)对外贸易政策

从印度独立至20世纪80年代,一直奉行的是进口替代政策,鼓励出口,限制进口,用以保护本国产业。经过多年发展,印度农业由严重缺粮到基本自给,工业逐步形成较为完整的体系,但是,极端的进口替代政策使得印度商品脱离国际竞争,其竞争力较弱,国际收支持续赤字,再加上巨额的公共部门开支,使得财政赤字不断增大,长期的两大赤字使印度发展受到很大制约。同时,印度80年代实行的扩张性财政政策,直接导致了严重的通货膨胀,不断扩大的财政赤字和国际收支失衡,以及海湾战争引起的外汇危机引发了经济危机。

迫于压力,印度开始实施真正意义上的对外开放,逐渐向出口导向型外贸政策转变,在汇率、贸易和投资等方面进行自由化改革,推行进出口自由化政策。在进出口政策上,总体关税水平大幅度下降,进出口限制也逐步放宽,实行出口促销和营销援助计划,但不提供直接出口补贴;在自由化政策上,采矿、石油和制造业部门的自由化程度得到提高,这些部门的外资引进额也逐年攀升。

然而,印度实行的仍是内向型进口替代经济发展战略,高度保护国内市场:关税保护现象依然存在且关税结构复杂,在鼓励出口时,存在着间接补贴,农业部门的自由化过程相对缓慢,进出口限制也比较多,服务部门的自由化不均衡,管制要比工业部门严格,外资参与程度较低。

随着经济的发展,印度的贸易赤字问题也日益严重。依据WTO的数据,2000年,印度贸易赤字额为91.44亿美元,2008年剧增到1 262.04亿美元。2009年在贸易规模下降到4 221.11亿美元的情况下,贸易逆差仍然高达922.94亿美元。这种情况的长期存在不仅会使印度的国际收支失衡,更会影响整个国家的宏观经济。为改变这一状况,2009年印度发布新外贸政策,总体目标是挖掘出口潜能、提升出口表现、鼓励对外贸易和促进贸易平衡。而印度政府将采取包括财政刺激、改革机构、简化程序、加强全球市场准入、出口市场多元化、完善与出口相关的基础设施建设、降低交易成本、出口间接税全额退税等方式,扭转出口下降的趋势。2011—2014年,印度出口呈增长态势,但2015年和2016年连续两年下跌,之后又开始回升。不过由于进口增速快于出口,自2016年到2018年印度贸易差额仍在扩大,2018年已增长至1 896.9亿美元,到2019年回落至1 618.1亿美元。

(二)贸易规模

自实行经济改革以来,印度对外贸易的发展速度逐渐加快,对外贸易规模迅速扩大,总额不断增加。从货物贸易来看,1990 年,印度出口贸易额为 179.69 亿美元,进口贸易额为 235.80 亿美元,货物贸易进出口总额在 GDP 中占比不到 15%;而 2000 年,出口额为 423.79 亿美元,进口额为 515.23 亿美元;到 2019 年,货物贸易总额上升到 8 103.1 亿美元,居全球第 14 位,在金砖国家中高于俄罗斯、巴西、南非,其中出口总额 3 242.5 亿美元,进口总额 4 860.6 亿美元。货物贸易进出口总额在印度 GDP 中占比重超过 28%,在国民经济发展中起到的作用越来越重要。

印度服务贸易发展势头高于货物贸易,是发展中国家中最有活力的服务出口国之一,2015 年的服务贸易额列世界第 10 位,2019 年仍保持在第 10 位。目前,印度服务贸易具有规模大、增速快、顺差可观等特点。1990 年印度的服务贸易出口额为 46.1 亿美元,到 2019 年已增至 2 137.31 亿美元,服务贸易的进口也从 1990 年的 59.43 亿美元增加到 2019 年的 1 780.71 亿美元(见表 7-11)。印度虽然对外贸易总额远远落后于美、德、日、英、法等国家,但服务贸易占对外贸易总额的比例却是遥遥领先。自 20 世纪 80 年代之后都在 20% 以上,2016 年之后超过 30%,2019 年达到 32.6%。服务出口额占总出口额的比例更高,且增速也更快,1995 年为 18%,到 2019 年上升到 39.7%。从 1980 年到 2002 年,印度服务贸易还是逆差,但是此后一直都保持顺差,且顺差额基本保持增长趋势,服务贸易实际上成为印度最大的外汇储备增加源泉。印度在服务贸易上的顺差一定程度上弥补了其货物贸易上的逆差。

表 7-11 印度近年来的贸易规模　　　　　　　　　　　　　亿美元

年份	货物贸易			服务贸易		
	出口额	进口额	贸易差额	出口额	进口额	贸易差额
1980	85.86	148.64	−62.78	28.61	29.15	−0.54
1990	179.69	235.8	−56.11	46.1	59.43	−13.33
2000	423.79	515.23	−91.44	160.31	188.98	−28.67
2002	492.5	565.17	−72.67	191.25	207.76	−16.51
2006	1 218.08	1 784.10	−566.02	694.56	582.23	112.33
2008	1 948.28	3 210.32	−1 262.04	1 067.45	878.47	188.98
2011	3 029.05	4 644.62	−1 615.57	1 381.61	1 238.89	142.72
2015	2 671.47	3 919.77	−1 248.30	1 552.88	1 222.25	330.63
2016	2 645.42	3 616.49	−971.07	1 612.34	1 328.48	283.86
2017	2 992.41	4 499.25	−1 506.84	1 846.73	1 539.60	307.13
2018	3 247.78	5 144.64	−1 896.86	2 043.23	1 749.25	293.98
2019	3 242.50	4 860.59	−1 618.09	2 137.31	1 780.71	356.60

数据来源:WTO。

（三）对外贸易的商品结构

虽然规模相对较小，但是，货物贸易在印度的对外贸易中仍占了半壁江山。出口商品过去以农副产品为主，现在则是以制成品为主。印度主要出口商品有矿产品、化工产品、贵金属及制品、机电产品、纺织品及原料。2019年，上述五大类商品的出口总额达2 071.8亿美元，合占印度出口贸易总额的64%。其他出口商品还有运输设备、塑料、橡胶、药品、粮食、原棉、针织品等。矿产品、机电产品、贵金属及制品、化工产品、贱金属及制品是印度进口的五大类商品，2019年，这五类商品的进口额合占印度进口总额的81.2%。其他主要进口商品还有钢材、动植物油、塑料制品、船舶、光学仪器设备和肥料等。

印度服务产品出口以其他商业服务、计算机和信息服务、旅游、运输为主，2015年这四类服务产品出口占印度出口总额的89.3%，由此可见印度服务产品的出口集中度较高。从单项产品来看，计算机和信息服务一直是支撑印度服务出口的主要方面，其比重基本保持在30%以上，尤其是自2012年以来，比重持续加大，2015年达到峰值，占比为37.1%，是出口的第一大类产品；2019年下降到30.4%，被其他商业服务超过，退居出口第二大部门。其他商业服务，近十年占比基本保持在30%左右，从整体来看保持平稳发展。作为传统服务业的运输和旅游在印度服务产品出口中占比均达到10%以上，运输服务出口波动较大，2019年占比跌至9.9%；旅游服务出口相对比较平稳，2019年比重为14.4%，较上年有所上升。2006年以来，印度服务贸易出口商品结构变化不明显，"印度软件"始终是出口的主要支柱产品，出口商品结构单一。

2006年以来，印度进口服务产品前三项为运输服务、其他商业服务和旅游，三项占比接近80%。其中，运输服务曾是最大的进口部门，2005年占比高达54.9%，2011—2014年期间基本都保持在45%以上，此后占比有所下跌，2019年为38%，仍是印度最大的服务进口部门。其他商业服务近年来总体保持回升，2015年占比24.5%，2019年为25.9%。旅游服务进口2011—2013年呈下降趋势，但2014年以来，旅游服务贸易进口额稳步上升，2019年占比达到了12.9%。印度服务贸易进口商品结构也同样呈现出单一化状态，而且从现有数据来看，短期内改善的可能性较小。

（四）对外贸易的地理方向

自20世纪60年代到现在，印度对外贸易的地理方向发生了较大的变化，贸易伙伴呈分散化趋势，不再像独立之初主要依赖少数国家。目前，从经济组织来看，印度的主要贸易对象包括经合组织、亚太经合组织和东盟。2019年，印度向亚太经合组织的出口占总出口额的43.7%，经合组织占到42.9%，东盟则占19.7%。而印度从三个组织进口的贸易额分别占进口总额的49.8%、32.9%和34.2%，从石油输出国组织进口占比25.7%。

从国家和地区来看，2019年印度的主要贸易伙伴如表7-12所示。除美国和阿联酋外，印度的贸易伙伴主要分布在是东亚、东南亚、南亚和欧洲。美国是印度最大的出口目标市场，中国是其最大的进口来源地。美国是印度最大的贸易伙伴，中国和阿拉伯联合酋长国分居第二、三位。[①] 此外,中国是印度最大的逆差来源地,而美国则为印度提供了最大的顺差。

表 7-12　2019 年印度进出口贸易伙伴

排序	出口贸易伙伴			进口贸易伙伴		
	国家或地区	金额/百万美元	占比/%	国家或地区	金额/百万美元	占比%
1	美国	53 866	16.6	中国内地	68 365	14.1
2	阿联酋	29 827	9.2	美国	36 241	7.5
3	中国内地	17 128	5.3	阿联酋	30 456	6.3
4	中国香港	12 116	3.7	沙特阿拉伯	27 151	5.6
5	新加坡	10 591	3.3	伊拉克	22 261	4.6
6	英国	8 805	2.7	瑞士	17 773	3.7
7	荷兰	8 779	2.7	中国香港	17 389	3.6
8	德国	8 578	2.7	韩国	16 113	3.3
9	孟加拉国	8 334	2.6	印度尼西亚	15 554	3.2
10	尼泊尔	7 292	2.3	新加坡	14 906	3.1
11	比利时	6 169	1.9	德国	13 210	2.7
12	马来西亚	6 166	1.9	日本	12 751	2.6
13	沙特阿拉伯	5 947	1.8	尼日利亚	10 619	2.2
14	越南	5 508	1.7	澳大利亚	10 576	2.2
15	法国	5 344	1.7	马来西亚	10 440	2.2

数据来源:中国商务部国别数据。

(五) 印度参与的区域贸易协定

印度重视同周边国家的区域经济合作。印度是《亚太贸易协定》(原称《曼谷协定》)的成员国。在南盟(南亚区域合作联盟)框架下,印度与阿富汗、尼泊尔、巴基斯坦、不丹、孟加拉国、斯里兰卡、马尔代夫等南亚国家分别签署了形式不一的贸易协定。1997 年,与孟加拉国、斯里兰卡、缅甸和泰国组成的孟印斯缅泰次区域经济合作组织(BISMTEC)启动。2000 年 11 月,与缅甸、泰国、老挝、柬埔寨、越南之间的次区域合作"湄公河—恒河合作计划"启动。2004 年 1 月与其他南盟 6 国(巴基斯坦、孟加拉国、斯里兰卡、尼泊尔、不丹、马尔代夫)领导人签署《南亚自由贸易协定框架条约》,协定于 2006 年 1 月 1 日生效,实际上取代了"南亚优惠贸易安排"(SAPTA)。成员国决定于 2016 年建成"南亚自由贸易区"(SAFTA)。阿富汗从 2008 年 2 月 1 日起加入该组织,成为第 8 个成员国。

[①] 印度官方数据显示,2020 年印度与中国双边贸易额达 777 亿美元。尽管低于 2019 年的 855 亿美元,但中国已成为印度最大贸易伙伴。

印度重视通过签署双边自由贸易协议来开拓海外市场。2004年1月,与南美洲的南方共同市场(MERCOSUR)签署了《优惠贸易安排》(PTA)。2004年9月,与泰国签署《自由贸易协定》。2005年6月,与新加坡签署《全面经济合作协定》(CECA)。2006年8月,与智利签署的《优惠贸易协定》(PTA)正式生效。2009年,与韩国签署《全面经济伙伴协定》(CEPA);与东盟签署自贸区货物贸易协定,并于2010年1月开启服务贸易谈判。2010年3月,与芬兰签署《经济合作协定》(ECA)。2011年2月,与日本正式签署《经济伙伴关系协定》(EPA)。目前,印度正积极推进与欧盟、印度尼西亚、澳大利亚、新西兰、毛里求斯、土耳其、南非、加拿大等国家和地区以及海合会的FTA谈判,与美国、俄罗斯的FTA谈判也有所考虑和准备。

印度自2012年11月正式宣布加入《区域全面经济伙伴关系协定》(RCEP),在谈判过程中经历了态度强硬、妥协意愿较低到积极性提高、妥协意愿显著增强再到放弃参与、妥协意愿骤减的转变。2019年11月4日印度宣布退出RCEP谈判,其主要原因是其自身产品竞争力不强,担心加入RCEP后,国内一些产业会受到冲击。

2020年12月,印度正与阿根廷和巴西商签署《特惠贸易协定》(PTA),以加强同南美地区的贸易联系。

印度已签署和正推进的贸易协定已基本覆盖各大洲的重要经济体,自2014年5月新一届政府成立以来,其立足亚洲、面向全球,获取资源、资金和技术的经贸战略得到进一步强化。依靠其快速的经济增长、庞大的内需市场、充足的矿产资源及连接东亚和中东、非洲的优越地理位置,印度市场辐射能力不断增强。根据亚洲开发银行(ADB)的数据,截至2020年9月,印度参与的FTA高达42个,仅次于ADB成员国中的中国(47个)和新加坡(43个),甚至高于韩国(41个)和日本(32个)。

(六) 中印经贸关系

1. 中印贸易关系

中印双边贸易大致可以分为两个阶段,第一个阶段为两国建交后至20世纪90年代,这一阶段两国在政治理念上相互对立、边界争端不断,因而贸易合作有限。以1989年为例,该年两国双边贸易额仅为2.7亿美元;第二阶段为90年代至今,印度于1991年大刀阔斧地进行了市场经济改革,实施以市场化、私有化和自由化为特征的资本主义市场经济改革,因而在该阶段中印双边贸易也进入了快速发展时期,印度也于1994年正式超越巴基斯坦,成为中国在南亚地区最大的贸易伙伴,2008年印度成为中国全球第十大贸易伙伴,而到2009年中国则成为印度第一大进口来源国和仅次于美国的全球第二大贸易伙伴。到2014年,中国已成为印度第一大贸易伙伴、第一大进口来源地和第四大出口目标市场。2010年双边贸易额首次突破600亿美元大关,达到610亿美元,2011年为740亿美元。此后受全球贸易形势不景气的大环境下,双边贸易额回落到650亿美元左右。2014年双边贸易额回升至716亿美元,增长8.6%,2019年双边进出口额达到854.9亿美元,下降5.3%。印度对中国的贸易逆差呈扩大趋势,到2019年扩大到512.4亿美元。

矿产品、化工产品、机电产品、纺织品及原料以及动物类产品是印度对中国出口的主要产品。其中矿产品占印度对中国出口总额的比重在2019年达28.3%,这主要是因为中国矿产品的需求量大,且处于供不应求的状态,因此会从印度进口大量矿产品。此外化工产品比重为21.5%。印度从中国进口的产品主要有机电产品、化工产品、贱金属及制品。其中机电产品多年来占印度从中国进口额的50%左右。

在双边贸易迅速发展的同时,中印贸易也出现了一些不和谐的因素。为保护印度本土企业,印度政府不断运用反倾销等贸易救济措施给中国政府和企业施压,不断推出对华进口限制措施。印度对华发起的贸易救济案远远超过中国对印度发起的贸易救济案。自1995年1月1日到2019年,印度一共发起972次反倾销调查,位居全球榜首。其中,针对中国232次,在印度反倾销调查名单上"独占鳌头",涉及的产品主要包括化工、钢铁制品、机械器具及电子产品等。印度频繁对中国产品使用贸易救济措施,主要是为保护其竞争力较低的制造业产品免受中国产品的竞争,此外印度也将反倾销调查作为政治博弈的手段。而印度的这些措施在损害中印经贸关系的同时,限制中国产品的进口转而选择其他国家成本更高的产品,无疑也将损害印度自身的利益。中国和印度是各自重要的贸易伙伴,合作比竞争更加明智。

2. 其他经济合作

除双边贸易外,中印之间还致力于发展投资和其他方式的经济合作。

自2000年以来,中国对印度的投资快速增长,2006年之后增长势头尤为迅猛,从2006年到2013年,约增长了37倍。2000年至2019年12月底,印度累计利用外资6 588.9亿美元,中国在此期间累计对印度投资23.4亿美元,占印度利用外资总量的约0.36%,在所有国家和地区中排名第18位。据中国商务部统计,2019年中国对印度直接投资流量5.3亿美元;截至2019年末,中国对印度直接投资存量36.1亿美元。目前,中国阿里巴巴、腾讯、小米、VIVO、OPPO、复星医药、上海汽车、海尔、华为、特变电工、青山钢铁、三一重工等企业在印度投资较大。主要投资领域包括电子商务、手机、电信设备、家用电器、电力设备、钢铁、工程机械等领域。

印度企业也积极拓展中国市场,对华累计投资额近10亿美元。120多家印度企业在中国从事信息技术、纺织、食品加工等领域工作。

总体而言,中国对印度投资规模仍然较小,缺乏集约式投资,投资模式和领域较为单一,与两国的经济规模和经贸合作水平不相称,这表明中国对印度的直接投资仍蕴含着巨大的潜力。中印均为经济高速增长的发展中人口大国,市场规模的迅速扩大孕育了大量投资机会。在全球生产链上,中国侧重于硬件设备的生产,而印度则致力于软件服务外包和生物制药研发。产业发展模式的互补性为扩大中印投资合作提供了充足的发展空间。具体来看,基础设施建设、IT软件及相关服务、制造业可以成为中国企业赴印度投资的三大重点领域。

此外,2016年10月,中印双方签署了产能合作协议,协议涵盖了基础设施、能源、制造业等领域。中国还在印度建立了产业园区,目前正在开展的产业园区有新疆特变电工集团开展的古吉拉特邦电力产业园区项目和北汽福田牵头开展的马哈拉施特拉邦汽车产业园项目。其中,特变电工产业园区已于2014年正式投产。

五、印度的主要港口和城市

1. 新德里(New Delhi)

印度的首都,全国政治和文化中心,也是印度铁路与航空交通中心。新德里位于恒河支流亚穆纳河畔,由新、老德里两部分组成,面积1 483平方千米,人口1 630万。德里相传有近3 000年的历史。12世纪末,征服印度的外来穆斯林开始在德里建都。17世纪中叶,莫卧儿王朝皇帝沙·贾汗迁都至此后,德里的地位日趋显著。18世纪中叶,英帝国占领了印度,把首都迁到了加尔各答。1857年印度爆发民族大起义,反对外来统治,德里成为起义的中心之一。1911年德里再次成为印度的首都。随后在德里西南开始兴建新城,即新德里。1947年印度独立后定都新德里。

新德里是印度联邦政府和议会所在地。自独立以来,新德里发展很快。不但传统的小型工业和家庭手工业有较大发展,而且陆续建起一些规模较大的现代化工业,如纺织、化工、机械、电器和电子工业等。根据城市规划,工业区均在郊外。新德里也是文化教育中心,这里有许多著名的博物馆、纪念馆、高等学府和科研机构,著名的尼赫鲁大学就位于市郊。新德里还是全国的旅游中心,名胜古迹很多,其中著名的有:圣雄甘地墓、印度门、红堡、古特伯高塔等。

2. 孟买(Mumbai,原称Bombay)

孟买是印度第一大城市和全国最大海港,全国工商、金融中心,西部铁路、航空枢纽,面积603平方千米,人口1 840万。孟买位于印度西部,濒临阿拉伯海,是个天然深水良港,承担印度超过一半的客运量,货物吞吐量相当大,被称为印度的"西部门户",也是印海军的重要基地和马哈拉施特拉邦的首府。孟买是印度的商业和娱乐业之都,拥有重要的金融机构,诸如印度储备银行、孟买证券交易所、印度国家证券交易所和许多印度公司的总部。著名的印度印地语影视业(别称"宝莱坞")也在该市。

孟买是印度纺织业的发源地,还是世界上最大的纺织品出口港之一。各种印度花布、麻纱,大多从这里输出。孟买也是印度的经济中心,工业基地。孟买的工厂数目占全印度的15%,纺织工厂占40%。该市还有亚洲最长的首饰街"黄金市场街",众多经营金银珠宝的大小商铺相连,陈列各色金银首饰。

3. 加尔各答(Kolkata)

加尔各答是西孟加拉邦首府,印度第三大城市,面积568.8平方千米,人口1 400多万,位于恒河下游支流胡格利河畔,离孟加拉湾有138千米。加尔各答是印度东部最大的港口和铁路、航空枢纽,在印度的工商业、金融、文化等方面占有重要地位。在殖民地时期,从1772年直到1911年的140年间,加尔各答一直是英属印度的首府。在这期间,该市一直是印度近代教育、科学、文化和政治的中心,迄今仍然保存有大量当时遗留的维多利亚风格建筑。但此后该市经历了长期的经济停滞,2000年后才从衰落中走出,但贫困、污染以及拥挤的交通等问题仍困扰着现在的加尔各答。

加尔各答是印度东部主要的商业和金融中心,拥有加尔各答证券交易所——印度第二大交易所。它还是一个重要的商港和军港,是该地区唯一拥有国际机场的城市。加尔各答号称世界最大的黄麻加工中心,纺织、食品、机器制造和铁路机车等都很发达。该市还是孟加拉语文化中心,著名印度诗人泰戈尔的故居就在该市。有旅印华人华侨最大的聚居地"塔坝社区",他们主要从事制革、餐饮、美容、镶牙等行业。

4. 金奈(Chennai)

原名马德拉斯(Madras),是印度第四大城市,泰米尔纳德邦首府。面积118平方千米,人口接近870万。它东临孟加拉湾,是印度最大的人工港,海、空、铁路和公路交通均很方便,被称为印度南部的门户。

金奈过去是印度纺织中心之一。印独立后,建筑工程、机械、汽车、炼油、原子能等工业逐渐发展起来。1956年周恩来总理访问印度时,参观了这里的火车车厢制造厂。

金奈是南印度的旅游中心。玛丽娜海滩被称为世界第二个最长的海滩。金奈南面59千米的马哈巴利普拉姆被称为"七寺城",以海边的岩石庙著名。在1200年前曾是南印帕那瓦王朝的主要海港和海军基地。金奈西南92千米的康契普拉姆是帕那瓦王朝的故都,为印最古老的城市之一。该城号称"千庙金城",至今仍有120多座庙宇,是南印印度教圣地,崇拜"破坏神"湿婆和"保护神"毗湿奴。金奈还是泰米尔语电影中心。

5. 班加罗尔(Bangalore)

班加罗尔位于印度南部,是印度第五大城市,卡纳塔克邦首府,人口850万,始建于16世纪。现城市分为新、旧两部分,新城为工业区,旧城为商业区。城市规划整齐,市内公园众多,风景幽雅,有"花园城市"之称。

班加罗尔是一座新兴的科技城市,高科技及信息产业发展迅速,有"科技之都""南亚硅谷"和"印度信息技术业的麦加"等美称。1940年后,印度斯坦航空公司、印度电子公司、印度电话工业公司和印度机床公司等现代化的企业都陆续在此兴建。80年代后期和90年代,印度政府积极引进外资,优先发展高技术产业,在这里兴建了软件技术园,吸引了国内外众多的企业。世界上许多著名高科技公司,如国际商用机器公司、惠普、西门子、微软等都在此设有代表处。印度科学研究院、班加罗尔大学、农业科学大学、拉曼研究所、国家宇航研究实验室和国家动力研究所等印度一流的科研机构和高等院校也聚集于此。班加罗尔已成为名不虚传的"印度硅谷"。

6. 海得拉巴(Hyderabad)

海得拉巴是特伦甘纳邦首府,面积298.5平方千米,人口725万,是印度第六大城市。位于德干高原,地处印南北交通要冲,是印伊斯兰教和印度教文化交汇点。建于1591年,当时土邦王穆·库里迁都于此。系印国防工业中心之一和空军飞行训练基地,印俄合建的米格飞机电子设备制造厂、制造反坦克导弹的巴拉特动力有限公司、重型电器厂及核燃料厂等设在该市。20世纪90年代,该市积极推进软件业开发,信息产业发展迅猛,已成为印信息产业中心之一。该市由海得拉巴和锡康达腊巴德两姐妹城组成。市内景色秀丽,古建筑融合印度、波斯及阿拉伯建筑艺术风格。

第四节 巴 西

一、巴西的地理概况

(一) 国土构成、气候、资源

巴西全称巴西联邦共和国(the Federative Republic of Brazil),位于南美洲东南部,是南美洲最大的国家。国土总面积851.49万平方千米,约占南美洲总面积的46%,仅次于俄罗斯、加拿大、中国和美国,居世界第五位。与乌拉圭、阿根廷、巴拉圭、玻利维亚、秘鲁、哥伦比亚、委内瑞拉、圭亚那、苏里南、法属圭亚那接壤。海岸线长约7 400多千米,领海宽度为12海里,领海外专属经济区188海里。巴西跨越4个时区,巴西利亚、圣保罗、里约热内卢等巴西东部地区,被称为巴西利亚时区,比格林尼治时间晚3个小时,比北京时间晚11个小时,是巴西的标准时区。

巴西地形以高原和平原为主,高原占全国面积的1/2以上。全境地形分为亚马孙平原、巴拉圭盆地、巴西高原和圭亚那高原,北部是圭亚那高原,东部为巴西高原。巴西高原是世界上最大的高原,地势北低南高,起伏平缓,地面覆盖着热带草原,地下蕴藏着丰富的矿藏。巴西高原和圭亚那高原之间是广阔的亚马孙平原,占全国面积的1/3,是世界上面积最大的冲积平原。平原西宽东窄,地势平坦,大部分地区海拔在300米以下。

巴西有亚马孙、巴拉那和圣弗朗西斯科三大河系。亚马孙河全长6 751千米,横贯巴西北部,在巴流域面积达390万平方千米;巴拉那河系包括巴拉那河和巴拉圭河,流经西南部,多激流和瀑布,有丰富的水力资源;圣弗朗西斯科河全长2 900千米,流经干旱的东北部,是该地区主要的灌溉水源。

巴西国土的80%位于热带地区,最南端属亚热带气候。北部亚马孙平原属赤道多雨气候,年平均气温27℃~29℃。中部高原属热带草原气候,分旱、雨季。南部地区年平均气温16℃~19℃。亚马孙平原降水丰沛,东北部地区略为干燥。

巴西矿产、森林、土地和水资源都很丰富。已探明铁矿砂储量333亿吨,占世界总储量的9.8%,居世界第五位;产量3.55亿吨,居世界第二位;出口量也位居世界前列。镍、锰、铝矾土、铅、锡等多种金属储量占世界总储量的10%以上。铌矿储量已探明455.9万吨。此外还有较丰富的铬矿、黄金矿和石棉矿。煤矿探明储量101亿吨,但品位很低。2007年以来,巴西在东南沿海相继发现大油田,预计石油储量将超过500亿桶,有望进入世界十大石油国之列。据巴西国家石油、天然气及生物燃料管理局(ANP)披露,巴西天然气(非石油伴生气)分布广泛,开发潜力巨大。近年来巴西在海底岩层下发现了储量丰富的深海石油资源,数量达500亿~1 500亿桶,这可能使巴西成为世界上另一个"能源超级大国"。巴西是南美地区仅次于委内瑞拉的第二大油气资源国,截至2019年底,巴西已探明的石油为127亿桶,天然气3 752亿立方米。森林覆盖率约为62%,木材储量658亿立方米。水资源丰富,拥有世界18%的淡水,人均拥有量2.9万立方米,水力蕴藏量达1.43亿千瓦/年。

（二）人口与风俗

1. 人口与种族

根据 2020 年巴西人口普查的结果，巴西人口约有 2.12 亿，居世界第五位，与其国土面积在世界各国中的排名相同。巴西的人口密度约为 25 人/平方千米，但人口分布极不均衡，西北部和东部沿海一带人口稠密。在全国 26 个州中，东南部大西洋沿岸的四个州集中了全国人口的 44%，而广阔的亚马孙平原却是世界人口密度最小的地区之一，每平方千米不到一人。巴西人口分布的另一特点是人口高度集中在少数大城市，如圣保罗人口为 1 230 万、里约热内卢 635 万、萨尔瓦多为 290 万、巴西利亚 279 万等。在圣保罗和里约的交界地带形成了以圣保罗、里约热内卢为支柱的商业地带，该地区聚集了约 23% 的巴西人口，成为人口密度最大的地区。

巴西种族和文化差异显著。南部居民多有欧洲血统，可溯源到 19 世纪初来自意大利、德国、波兰、西班牙、乌克兰和葡萄牙等国的移民。而北部和东北部的居民部分是土著，部分具有欧洲或非洲血统。东南地区是巴西民族分布最广泛的地区，该地区主要有白人（主要是葡萄牙后裔和意大利后裔）混血人、非洲巴西混血以及亚洲人和印第安人后代。巴西历史上曾有过几次大的移民浪潮，1884—1962 年迁居巴西的移民即达 497 万多人，主要来自葡萄牙、西班牙、意大利、德国、法国、波兰和阿拉伯国家。黄种人多来自日本、朝鲜和中国。巴西约有 130 万日本人，25 万华人，主要集中在圣保罗和里约热内卢。

由于历史原因，巴西人口的种族构成十分复杂。其中白种人占 53.7%，黑白混血种人占 38.5%，黑种人占 6.2%，黄种人和印第安人等占 1.6%。巴西是世界上种族融合最广泛的国家之一，被人们称为"人种的大熔炉"。

巴西官方语言为葡萄牙语，西班牙语、英语为其主要外语。

2. 风俗与禁忌

巴西人对自己的评价是 12 个字："勤劳、严肃、认真、自信、自豪、乐观"。从民族性格来讲巴西人在待人接物上所表现出来的特点主要有两方面：一是非常直率；二是活泼好动、幽默风趣、慷慨好客。

社交礼仪。巴西熟人见面，男士之间相互拥抱，互相拍打后背以示亲切，女士之间，或女士遇到熟识男士，则要亲吻面颊以示亲热。如数人相聚或社交场合包括聚餐，后到者要依次向在场的人行礼。在巴西也有握手的礼节，一般发生在初次见面和不太熟识的人之间，身份较高、年长者、主人或妇女和别人见面，一般要先伸手，否则会被认为举止不恭。巴西人与别人初次见面，先交换名片。男士在进入和离开接待室时，要同在场的所有人握手。巴西人赠送礼品时，接收礼品的人要将其当面打开，不管喜不喜欢，都要向送礼者表示谢意。

像大部分拉美人一样，巴西人对时间和工作的态度比较随便。和巴西人打交道时，如对方迟到，也应谅解；而且，对方不提工作时，不要抢先谈工作。作为惯例，巴西人没有"私人空间"的禁忌，他们能在非常近的距离下进行交谈。适于谈论的话题有足球、笑话、趣闻等。另外，巴西人特别喜爱孩子，谈话中可以夸奖他的孩子。巴西的男人喜欢开玩笑，但客人应避开涉及当地民族的玩笑，对当地政治问题最好闭口不谈。

巴西人奉行女士优先的原则，乘公共汽车女士先上，女士先坐。男士乘自己的车或出租车,主动为同行的女士开门,到达目的地后,先下车为女士开门。到别人家做客,先向女主人问候和致意。用餐时,服务员先为女士服务。在公共场合,男士如吸烟,先征求周围女士意见。在法律上也保护女性,一旦夫妻离异,男方需按时付给女方生活费和未成年子女教育费,若男方富有,女方可以要求分割其财产。

巴西人崇尚有秩序的社会,反对在公共场所排队加塞,禁止在大街上乱丢垃圾和在公共场所吸烟,蔑视偷盗、抢劫。注意在公共场所的谈吐举止,避免高谈阔论、大声喧哗,不乱丢垃圾、随地吐痰。巴西人热情奔放,乐于助人。

商务礼仪。无论访问政府机关还是私人机构,均需事先预约。和巴西商人进行商务谈判时,要准时赴约。个人介绍通常以"早上好"或者"下午好"开头,然后是握手(特别是两个男人见面时)。与其他很多国家不同的是,在初次介绍时,专业头衔有时冠在名前,对于没有专业头衔的商界人士来说,"先生"加上姓更合适。这时应该递给对方名片,此后可彼此直呼其名。名片上至少应该有一面是用葡萄牙语印制的。在谈论严肃的话题之前,通常进行一些闲聊。对巴西人来说,在商业交往中个人品行非常重要,往往比某一桩生意的细节更为重要。因此,在最后决定合同或其他安排前,都要同预期的合作伙伴或者客户见几次面。很少有通过电话或信函来完成重要交易。对于外国销售代表的短暂而稀少的来访,巴西的管理人员的反应肯定不会很热情。

巴西的谈判进度较慢,而且更多地基于私人交往。缓慢的谈判速度并不代表巴西人不了解工业技术或现代商业惯例。相反,在与巴西企业进行谈判前,应充分做好各方面的技术准备。尽管巴西的办公时间通常是早九点到晚六点,但决策者上班较晚,下班也晚。给巴西管理人员打电话的最佳时段是上午十点到中午十二点,以及下午三点到五点。不过在圣保罗并非这样,全天都可以约见。在巴西,按惯例商业会见时只喝咖啡。

禁忌。巴西人认为,8月13日是不吉利的日子。为避免晦气,巴西人在这一天有13条禁忌:起床后,先用右脚踩地板;在最近的木头上敲三次;不从梯子底下穿过;躲避各种颜色的猫;穿过十字路口,信号灯放行后不要回头看;不洗头;路过墓地时,要为逝者祈安;避免与人纠纷;吃喝有节制;不能半夜回家;把家里的所有镜子都蒙上布;在衣兜里或提包里带一只兔脚、一块玻璃、一瓣蒜,或三样东西一起带;不能将提包放在地上,否则要丢失钱财或恋人。

蝴蝶在巴西是吉祥的象征。巴西人的手语非常丰富而复杂。可以说,巴西人的个人交流主要是通过手势来完成的。但是,英美人所采用的表示"OK"的手势,在巴西人看来是非常不礼貌的。

与巴西人打交道时,不宜向其赠送手帕或刀子。还应该注意的是,在巴西紫色表示悲伤,黄色表示绝望,深咖啡色被认为会招来不幸。所以,在巴西送礼物时,应该非常慎重地避免选择禁忌颜色。

3. 主要节日

巴西节日众多,每年公民都可以享受较多的假期。全国性的节日有元旦(1月1日)、狂欢节(2月第三个星期的周末)、拔牙者纪念日(4月21日)、国际劳动节(5月1日)、圣体节(6月18日)、独立日(9月7日)、万灵节(11月2日)、共和国日(11月15日)、圣灵受孕节(12月8日)、圣诞节(12月25日)。

在巴西众多的节日中,最盛大莫过于狂欢节。里约热内卢被誉为狂欢节之都。狂欢节每年2月下旬举行,狂欢三天。在庆祝活动中,人们不分肤色,不分朝野官民、贫富贵贱,载歌载舞、欢呼雀跃、尽情宣泄。举国上下,城镇乡村都沉浸在欢乐气氛之中。狂欢节源于欧洲,出现在12世纪,葡文Carnaval直译为谢肉节。17世纪葡萄牙人将其引入巴西。1889年巴西推翻帝制、成立共和国后,桑巴舞成为狂欢节的主旋律。在巴西各地的庆祝狂欢节活动中,以里约热内卢、萨尔瓦多、累西腓最热烈。

二、巴西的经济发展历程

巴西从1822年独立以后到20世纪30年代以前,一直是一个以农业为主的单一经济体制国家,主要种植咖啡和橡胶,当时的经济被称为"咖啡经济"。30年代以后工业才得到缓慢发展。

第二次世界大战后,为了尽快实现工业化,改变畸形的产业结构和经济结构,巴西历届政府都不遗余力地推行进口替代工业化发展战略。这"一战"略的实施使巴西经济获得了迅速增长。1949—1981年的33年间,巴西经济年平均增长速度为7%,尤其是1968—1974年的7年间,实际年平均增长率都在10%以上,工业的年平均增长率则高达12%。在经济的高速增长过程中,一些新兴的工业部门从无到有、从小到大地建立起来,殖民时期遗留下来的畸形产业结构得到初步扭转,产业结构趋向合理化。巴西经济引人注目的增长及伴随快速增长而来的产业结构的合理化,引起国际经济学界的关注,被誉为"巴西奇迹"。

20世纪70年代中期,特别是步入80年代以来,由于受国际经济形势,特别是世界石油危机的影响,加之在推行进口替代发展战略过程中的失误,巴西经济在80年代备受经济衰退、通货膨胀、结构失衡和债务危机的困扰,经济增长长期处于"滞胀"状态。80年代也被称为巴西经济发展中"失去的十年"。据统计,1981—1990年的10年间,巴西的GDP年平均增长率仅为2.2%,其中工业的年平均增长率仅为1.4%。与此同时,通货膨胀却居高不下。

20世纪90年代以来,巴西加快经济结构调整和经济体制改革的步伐,实现了持续的温和增长,1994年GDP增长达到5%。进入21世纪以来,巴西经济保持快速增长的势头,2008年GDP增长仍然达到5.1%。

"二战"后,巴西经济发展主要经历了四大阶段,不同阶段取得的成就不一,路径也各不相同。

1. 工业大发展时期

1945—1964年为巴西工业大发展时期,20世纪30年代后政府开始重视工业,通过政府的支持和外资的拉动,工业得到了很大的发展。1957—1961年,巴西国内生产总值年均增长8.3%,其中工业增长10.7%,农业增长5.8%,形成了巴西经济的第一次飞跃。1961—1964年,国有企业主导下的进口替代模式导致国际收支赤字,以及通货膨胀等,进而出现了三年的经济衰退,1963年经济增长率下降到2.1%。这一时期,经济的不断增长为建成比较完善的工业体系奠定了基础,但是并不稳定;同时仍依靠农产品和初级产品的出口创汇来购买工业设备和原材料。

2. 巴西奇迹

1964—1980年,巴西军政府通过高关税保护、举借外债等经济政策推动发展,创造了"巴西奇迹"。1962—1967年经济平均增长3.7%;1968—1974年经济平均增长达到了10.1%,其中农业增长5.9%,工业增长11.9%,商业增长11.0%;1975—1980年稍有下降,平均经济增长6.7%。不过,进口替代战略为严重的赤字和通货膨胀埋下了伏笔。

3. "失去的十年"

1980—1994年,拉丁美洲各国陷入债务危机,经济萧条、发展缓慢。这时期巴西通货膨胀严重,15年里通胀率年均725%。经济增长不仅缓慢,波动幅度也比较大,经济增长率最低跌至-5%,1981年经济出现1.6%的负增长,工业出现6.8%的负增长。经济结构方面,第一产业和第二产业的比重在50%左右,第三产业比重逐渐增高。

4. 重整时代

从1994年开始巴西经济进入调整阶段,经济不断增长。90年代以前巴西经济模式主要是进口替代发展战略,虽然在过去50多年中促进了经济的长足发展,但使得国内企业缺乏全球竞争力,为了解决这一问题,同时应对严重的通货膨胀,政府实施了一系列的改革措施,较为突出的是"雷亚尔计划"和1999年实施的出口导向型发展战略,以及改革工业、农业、国有企业私有化等措施,进一步开放市场,引进外资和技术,调整产业结构,降低关税。重整带来了经济的稳定增长,2010年经济增长率高达7.5%,之后开始下降,2011年为3.9%,2015年和2016年连续两年出现超过3%的负增长。此后直到2019年经济增速维持在1.2%左右。巴西近年来的经济衰退主要是由于铁矿石等大宗商品价格的暴跌使其国际收支失衡,高负债和贫富差距扩大也导致社会整体消费下降,企业不敢投资,经济陷入恶性循环。

三、巴西的产业结构及生产分布

(一)产业结构

自"二战"以来,巴西的国民经济就以服务业为主,与发达国家的产业结构一致,是金砖国家中服务业产值占GDP比例最高的国家。1950年,第一、第二、第三产业产值占GDP的比例分别是26.7%、23.5%、49.8%。此后,随着替代进口工业化策略的实施,工业生产迅速发展,工业产值不断增加,造成农业产值相对比重急剧下降,第三产业保持相对稳定。到1980年,三次产业之比转变为10.1%:40.9%:49%。2000年后,第一产业比重进一步下降,占GDP的比重在5%左右;第二产业平均保持在27%~28%,近年来下降到不到22%;第三产业的比重升幅较大,占GDP的60%以上,21世纪以来更是接近70%,到2019年已达73.9%(见表7-13)。

(二)农业

1. 农作物的生产和分布

巴西是农牧业大国,拥有得天独厚的农业资源,土地和生物资源十分丰富,是世界农产品生产大国。农产品种类多样,主要包括大豆、甘蔗、玉米、稻谷、咖啡、棉花、木薯、柑橘、烟叶、香蕉、小麦、马铃薯、西红柿和葡萄等。巴西是南美洲最大的农产品出口国,也是世界上第三大农产品出口国,其农产品出口额仅次于美国和欧盟,农产品贸易顺

表 7-13 巴西近年来的产业结构　　　　　　　　　　　　　　　　　%

年份	1970	1980	1990	2000	2010	2012	2014	2016	2018	2019
第一产业	11.5	10.1	10.2	5.5	4.8	4.9	5.0	5.7	5.1	5.2
第二产业	35.8	40.9	36.9	26.9	27.4	26.0	23.8	21.2	21.6	20.9
（制造业）	27.4	31.3	25.5	16.2	15.0	12.6	12.0	12.5	11.3	11.0
第三产业	52.7	49.0	52.9	67.6	67.8	69.1	71.2	73.1	73.3	73.9

数据来源：UNCTAD.

差为世界第一。巴西以咖啡质优、味浓而驰名全球，是世界上最大的咖啡生产国和出口国，素有"咖啡王国"之称。咖啡是巴西国民经济的重要支柱之一，有咖啡种植园 50 万个，种植面积约 220 万公顷，从业人口达 600 多万，年产咖啡 200 万吨左右，年出口创汇近 20 亿美元。巴西 70% 耕地种大豆和玉米，其产量分居全球第二、三位。大豆是巴西农业最重要的出口产品，2019—2020 年产量达 1.245 亿吨，比亚洲的总产量还多，超过世界总产量的 20%，且生产成本比美国还低 20%。巴西畜牧业也十分发达，牛肉产量居世界第二；鸡肉产量居世界第三，是世界最大的牛肉出口国、第二大肉类产品出口国。近些年来巴西的加工农产品出口迅速增长，橘汁、糖果、烟草等出口在农产品出口总额中所占比重也在不断提高。

巴西农业内部结构多年来变化不大，种植业、畜牧业和林业渔业产值比例基本上维持在 6∶3∶1。种植业中，大豆、甘蔗、玉米的产值占很大的比重。畜牧业中，牛和家禽产值约占一半。

巴西农业的地区发展很不均衡。在经济发达的南部、东南部地区，采用现代科学技术和经营管理方法，有大量的资本投入。东北部和中西部地区是巴西的欠发达地区。特别是东北部，虽有不少河流湖泊，但是缺乏灌溉系统，由于气候干旱，农业基本上"靠天吃饭"，是全国最落后的地区。欠发达地区的小农主要依靠传统的耕作方式，有的甚至刀耕火种，对资源的破坏相当严重。

2. 农业的特点

（1）农业资源利用率较低，增产潜力很大。巴西农业资源的利用率很低，可耕地面积 1.68 亿公顷，目前仅开发 0.81 亿公顷，尚有可开发土地近 1 亿公顷。近年来，巴西的耕地面积每年递增 1.84%，但仍只占到国土面积的 6%，人均 0.39 公顷。巴西农业增产的潜力极大，甚至有专家认为，该国将是"21 世纪的世界粮仓"。巴西许多农产品产量居世界前列，多种热带作物包括咖啡、柑橘、甘蔗、木薯、香蕉、剑麻的年产量位居世界第一，可可、酒精、烟草年产量位居世界第二，其中咖啡年产量约占世界总产量的 35%，柑橘年产量约占世界总产量的 50%。

（2）农产品大量出口，但粮食尚需进口。大豆、咖啡、蔗糖等农作物是巴西的主要出口产品，为巴西赚取了大量外汇。其中大豆出口量居世界第一位，玉米出口量居世界第二位，蔗糖、咖啡、橙汁、烟草和酒精的出口量均居世界第一。但小麦、水稻等粮食作物供不应求，需要从国外进口。以小麦为例，2000—2007 年，巴西小麦产量共计 2 920 万吨，仅够满足国内需求的36%。巴西粮食的主要进口来源地包括阿根廷、美国、俄罗斯、法国等国。为降低对国际市场的依赖,近年来,巴西政府采取各种措施激励小麦、水稻、玉米等粮食的生产,目前水稻、玉米均能满足国内需求,且可出口至其他国家,而小麦仍需进口。

(3) 转基因农作物种植面积广阔,且增长迅速。2011年巴西转基因农作物种植面积达3 030万公顷,2018年达到5 130万公顷,仅次于美国,居全球第二位,占当年全球转基因作物种植总面积的27%,包括3 486万公顷的转基因大豆、1 538万公顷的转基因玉米、100万公顷的转基因棉花,并第一次种植了400公顷转基因甘蔗。巴西的转基因作物种植面积已连续多年呈现两位数的同比增幅,增长率居全球第一。对转基因食品,巴西的态度是既不能全盘接受,也不能全盘否认,而是应该以积极的态度进行大量研究和实验,对于无法确认其安全性的部分,则应长期审查,暂不允许其投入市场;对比较安全的部分大力推广,以获得更多效益。

(三) 工业

巴西工业门类比较齐全,技术实力和工艺水平均居拉丁美洲国家首位。主要工业部门有冶金、钢铁、机械设备、汽车、飞机制造、石油化工等。巴西工业结构相对均衡,轻重工业比较健全,资源产业、电子通讯、汽车制造和飞机制造行业都具有一定的国际竞争优势,微型移动通讯和数字化网络技术接近世界发达国家的水平。巴西工业平均增长率虽然低于中国和印度,但发展相对平稳,市场化程度较高,整体结构要优于俄罗斯和印度。

1. 钢铁产业

钢铁产业在巴西制造业中占有重要的地位,特殊铁矿石的资源优势和劳动力的低成本,增强了巴西钢铁业的国际竞争优势。盖尔道巴西公司、米纳斯吉拉斯钢铁公司、巴西钢铁公司、蒂森克虏伯大西洋钢铁公司是巴西重要的钢铁企业。由于巴西矿产资源丰富,其钢铁工业布局多属内陆资源指向型,钢铁生产90%多集中于巴西东南部和南部地区,东北地区的钢铁生产比较少。

巴西是拉美地区最大的产钢国。2019年,巴西粗钢产量约3 220万吨,占拉美地区产量的53.8%,世界粗钢产量的1.7%,世界排名第9位。近年来,在内需增长特别是汽车行业的强劲带动下,板材生产增速较快。巴西钢铁出口的主要国家包括中国、美国、韩国、阿根廷、西班牙、意大利和智利等,2019年出口量为1 280万吨,出口总额为73亿美元。

2. 纺织业

纺织业是巴西传统的工业之一,其工业化也是始于纺织业。巴西纺织工业分为原料产业、纺织产业和成品产业。在这三大部分中,成品加工(服装和其他成品)不论是从事加工的企业总量、就业人数还是产值,都是行业的主体。巴西纺织品生产具有相当强的国际竞争力,其中牛仔裤、内衣和泳衣在世界上享有盛誉,粗斜纹布、针织布产量和服装生产均居世界前列。据巴西纺织和服装业协会(Abit)发布的数据,2019年,巴西纺织和服装业出口9.19亿美元,主要出口目的国为阿根廷、巴拉圭、美国、乌拉圭、哥伦比亚、中国;进口53.98亿美元,主要进口来源国为中国、印度、印度尼西亚、越南、巴拉圭、孟加拉国,其中中国为第一大进口来源国。

3. 航空工业

巴西的航空工业起步于1969年,近20年来发展很快,飞机制造技术和生产能力接近欧美发达国家。目前巴西航空工业公司(简称巴航)是该国第一大出口企业,并已跻身世界三大商用飞机制造商之列,成为世界支线喷气客机的最大生产商,在生产120座以下支线飞机方面居世界领先地位,是巴西主要出口创汇企业之一。巴西制造的飞机不仅销往美国、法国和英国等飞机生产强国和大国,还销往世界其他40多个国家,占世界支线飞机近50%的市场份额。目前巴航已累计生产5 000多架飞机。

4. 汽车工业

巴西汽车工业在第二次世界大战后得到迅速发展,特别是在1956—1960年库比契克总统执政期间,出现了战后巴西经济的第一次飞跃,把建立和发展汽车工业放在重要战略地位,标志着巴西汽车工业的真正诞生。随后,汽车工业逐步发展成巴西工业的重要支柱产业,对巴西经济发展发挥了重要作用。目前,汽车工业(包括农机)生产总值占巴西GDP总值的4%,占工业产值的10%。巴西已是世界十大汽车生产国之一。

2015年,巴西汽车生产总量已经达到了242.9万辆,位居全球第九位,到2019年上升至294.5万辆,居全球第八位。巴西也是主要汽车消费市场,2019年销售量达278.8万辆,居全球第六位。巴西毋庸置疑是汽车大国,但它并不是一个汽车强国,因为其生产的汽车绝大多数是外来的品牌和外来的车型。巴西走的是一条外资依赖型的汽车发展道路,国际汽车巨头可以拥有100%的汽车股权,本国资本在不断减少,外资几乎控制了全部整车制造和零部件产业。世界著名汽车企业均在巴投资设厂,包括戴姆勒AG、大众、福特、通用、菲亚特、依维柯、本田等。长期的外资主导使巴西汽车工业在技术创新、市场定价和产业发展方向等方面无法自主把握,自主开发能力低,国内的技术吸收转化程度和实际税收也受到影响。当然,巴西也是有自主品牌的,TAC(Tecnologia Automotiva Catarinense)和Agrale两家汽车公司是其自主品牌的中流砥柱,其中以Agrale的产品线最为丰富。2012年以来,巴西政府希望加大本土汽车零配件的生产,以带动本土汽车工业的发展。政府不希望本土汽车工业由于外资占比过大,而成为一种单一的组装业务。

5. 信息产业

巴西的信息产业近年来发展迅速,产值每年以10%的幅度递增。巴西各届政府都注重发展信息产业,出台各项制度和规章,制定《信息产业法》和《信息法》,并将信息产业列入国家《促进增长计划》。2011年,全国有7.3万多家信息技术企业,信息产业产值达到370亿美元,信息技术专业人员120万。巴西信息产业公司主要集中在"波尔多数字"商贸园区。这座曾经被殖民者占有的港口区域如今成为了巴西近百家信息产业公司的聚集地。2017年巴西软件和IT行业的总销售额(包括国内销售额和出口额)为391亿美元,贡献了国内生产总值的1.8%。美国是巴西信息技术产品和服务的最大购买者。巴西的信息产业和印度的信息产业有所不同,印度注重的是软件的开发,而巴西注重的是生产应用类软件,包括各种办公和应用软件,如银行软件、行政管理软件、商业自动化软件、财务软件、人力资源管理软件,等等,其中金融业信息化和电子政务软件居世界前列。巴西的"国际通信技术和设备展览会"是拉丁美洲通信行业规模最大、覆盖面最广、最具影响力的通信展会。

(四) 服务业

服务业对巴西经济发展举足轻重,不仅是产值最高的产业,也是创造就业机会最多的行业。主要部门包括不动产、租赁、旅游业、金融、保险、信息、广告、咨询和技术服务等。

1. 旅游业

巴西旅游业有80多年的历史,为世界十大旅游创汇国之一,游客多来自拉美、欧洲和美国。其中阿根廷、美国、巴拉圭是巴西国际旅游的前三位客源国,2013年阿根廷就有171万人次进入巴西旅游。自1995年开始,巴西政府就把发展旅游业列入巴西发展战略规划,其目的在于开发旅游项目,扩大旅游收入,增加就业机会,促进社会经济的发展。据巴西旅游部门的统计,2013年旅游行业直接及间接收入为2 056亿美元,占GDP的9.2%。2018年,巴西接待外国游客人数662.1万,创历年来最高纪录,同时获得收入63.2亿美元。2019年上半年巴西共接待外国游客277万人次,同比减少5.4%,来自阿根廷的游客减少是其中重要原因之一。主要旅游景点有里约热内卢、圣保罗、萨尔瓦多、巴西利亚、伊瓜苏大瀑布、马瑙斯自由港、黑金城、巴拉那石林和潘塔纳尔大沼泽等。旅游已成为继大豆和铁矿砂出口以外的巴西第三大外汇来源。2020年3—6月间受新冠疫情影响,巴西航空、酒店等行业低迷,损失严重。据估计,巴西旅游业损失超过1 000亿雷亚尔(1美元约合5雷亚尔)。

2. 交通运输业

公路。公路运输在巴西占据着极为重要的地位,其货物运输量占全国运输总量的71%。2019年巴西公路网总里程达175万千米,其中21.9万千米为柏油路,高速公路约1万千米。

铁路。巴西目前的铁路网总长度为3 0374千米。但巴西的铁路运输效能比较低,除零星旅游线路外,大多为运输铁矿石、农产品等的货运线路。

空运。巴西境内有20多家从事客货运输的航空公司,主要有TAM和GOL两家,经营国际和绝大部分国内航线。全国通航城市有150个,国际机场18个,与世界主要地区均有定期航班。主要国际机场有圣保罗、里约热内卢、巴西利亚、累西腓和马瑙斯。圣保罗国际机场是全国航空枢纽,年运送乘客4 225万人次。圣保罗、里约热内卢有航班直飞欧洲、北美各主要城市以及南非的约翰内斯堡和阿联酋迪拜,从中国出发可经这些城市中转抵达巴西。

水运。巴西河流纵横,为水路运输创造了良好的条件,航线包括4.8万千米的内河航线和8 500千米的海岸航线。海运是巴西主要的水路运输和国际贸易的途径。全国有数十个港口,其中第一大港口为桑托斯港,也是南美地区最大的港口,年吞吐量1亿多吨,占全国1/3。第二为里约热内卢港,占11.6%;第三是格朗德港,占10%。位于亚马孙河中游的马瑙斯港为最大内河港口,可停泊万吨级货轮。据统计,内河运输的价格仅为铁路运输的1/2。由于运输成本低,提高了企业产品的竞争力,因而内河运输得到较快发展。

四、巴西的对外贸易

(一)巴西的贸易地位

对外贸易在巴西经济中占有重要地位。"二战"前,巴西就是世界上重要的出口农产品等初级产品的国家。战后,随着巴西工业化进程的加快,需要大量引进先进的技术和设备,积极发展对外贸易更成为加快经济发展的重要手段。但在20世纪60年代以前,由于经济发展内向化,对外贸易停滞不前。60年代中期后,巴西经济由内向外转型,并提出了"出口即出路"的战略口号,从而促进了对外贸易的发展。进入21世纪以来,巴西一改过去对外国投资者的疑虑,通过逐步完善国内市场经济体制,不断加快工业化发展进程,巴西经济与世界经济联系日益紧密,经济对外依存度也因此显著提升。1980年,巴西进出口总额为450.93亿美元,其中出口额为201.32亿美元,进口额249.61亿美元。到1995年,进出口总额已突破1 000亿美元,2006年突破2 000亿美元,到2013年已达到4 818.0亿美元。此后巴西贸易额就开始下降,2016年降至3 227.9亿美元的低点。到2019年,贸易额又回升至4 013.4亿美元,其中出口2 398.9亿美元,进口1 812.3亿美元,实现贸易顺差586.6亿美元。巴西的货物贸易历年来主要处于顺差地位,个别年份为逆差。如2013年,逆差额达到82.68亿美元。

以服务业为基础,巴西的服务贸易增长也很快。根据世贸组织的统计,1980年巴西服务贸易出口总额为16.72亿美元,到2014年已增长到390.47亿美元的历史最高点。2019年下降到332.91亿美元。但是自1947年建立国际收支统计制度以来,巴西的服务贸易一直呈逆差的局面,且逆差额基本呈扩大态势,由1980年的27.70亿美元增长到2014年的468.69亿美元,2019年下降至337.91亿美元。服务贸易存在的逆差是近年来巴西经常项目国际收支持续出现逆差的重要原因。

(二) 对外贸易的商品结构

巴西拥有丰富的自然资源,在大宗商品贸易中保有明显的优势。其贸易结构长期依赖初级产品出口,虽然近年来巴西制造业发展较快,但工业品出口额只在1988—2006年超过了初级产品,此后出口中仍以初级产品为主。在初级产品方面,巴西在食品及活动物产品上具有极强的竞争优势;在饮料及烟草产品上,巴西的竞争优势也在逐渐增强;同时在食用原料产品上也具有很强的国际竞争力。但是在矿物燃料上巴西处于劣势,在劳动密集型制成品上也不具备优势,其劳动密集型产品的贸易条件不断恶化,国际竞争力逐渐削弱。在资本或技术密集型制成品上,巴西也不具有比较优势。

2019年巴西主要出口产品包括大豆、铁矿砂、石油、玉米、纸浆、鸡肉、豆粕等。其中大豆出口额261.1亿美元,铁矿砂出口额240亿美元,石油出口额221.8亿美元,玉米74.2亿美元。

巴西的进口产品以机电产品、矿产品、化工产品、运输设备为主。机电产品、矿产品和化工产品是巴西进口的前三大类商品,2019年,合计进口1 070.36亿美元,占巴西进口总额的60%。近年来,随着工业化发展,加工贸易在巴西工业结构中日益重要,进口产品结构中的资本品和中间制成品占进口额的比重也在显著上升。

据WTO的数据,巴西服务贸易主要出口部门是其他商业服务、旅游和运输,占2019年巴西服务出口总额的比重分别为46.3%、17.8%和16.7%。主要进口部门也是其他商业服务、旅游和运输,2019年占巴西服务进口总额的比重分别是35.9%、26.2%和17.1%。几乎所有服务部门都处于逆差地位,其中旅游业逆差额最高,2019年为116.8亿美元。

(三) 主要贸易伙伴

从市场结构来看,欧盟、美国、中国、拉丁美洲及加勒比地区是巴西的主要出口市场。

与墨西哥相比,巴西对美国的出口依赖性相对较低。从国别来看,巴西最大出口市场是中国,对中国的出口在出口额中占比由2014年的18%上升到2019年的28.1%,同期对美国的出口占比由12%上升到13.2%,其后依次是荷兰、阿根廷、日本、智利、墨西哥等国。巴西最大的进口来源地也是中国,自中国进口占其进口总额的比重由2014年的16.3%上升到2019年的19.9%,其次是美国,同期自美国的进口占其进口总额的比重由15.3%上升到17%。其后依次是阿根廷、德国、韩国、印度等国(见表7-14)。巴西的贸易顺差主要来自中国、荷兰、新加坡;而逆差则主要来自德国、俄罗斯和印度。

表7-14 2019年巴西进出口贸易伙伴

排序	出口贸易伙伴			进口贸易伙伴		
	国家	金额/百万美元	占比/%	国家	金额/百万美元	占比/%
1	中国	62 872	28.1	中国	35 270	19.9
2	美国	29 561	13.2	美国	30 086	17
3	荷兰	10 086	4.5	阿根廷	10 552	6
4	阿根廷	9 724	4.3	德国	10 280	5.8
5	日本	5 409	2.4	韩国	4 706	2.7
6	智利	5 144	2.3	印度	4 257	2.4
7	墨西哥	4 857	2.2	墨西哥	4 197	2.4
8	德国	4 716	2.1	日本	4 094	2.3
9	西班牙	3 999	1.8	意大利	4 041	2.3
10	韩国	3 426	1.5	俄罗斯	3 680	2.1

资料来源:中国商务部国别报告。

(四)中巴经贸关系

1. 中巴双边货物贸易的发展

巴西是金砖国家中中国最大的贸易伙伴。中国和巴西早在一百多年前就开始了交往,那时主要以民间贸易为主。1974年8月15日,中国与巴西两国正式建立了外交关系。自建交以来,中巴在政治、经贸、科技、文化等领域的交流与合作日益活跃。1978年1月7日,中巴两国政府签署了《中巴政府贸易协定》,两国间贸易得到迅速发展,1979年,双边贸易额达到2.16亿美元,巴西成为中国在拉丁美洲的最重要的贸易伙伴。20世纪90年代以来,在中国与拉美各国的贸易中,巴西一直居于首位。2004年,巴西对中国出口86.84亿美元,进口36.75亿美元,双边贸易额创纪录的达到123.59亿美元,首次突破100亿美元大关。2009年,巴西与中国双边货物进出口额达到361亿美元,中国首次超过美国成为巴西第一大贸易伙伴,最大的出口目的地以及第二大进口来源国。据巴西外贸秘书处统计,2019年巴西与中国双边货物进出口额为981.4亿美元,其中巴西对中国出口628.7亿美元,巴西自中国进口352.7亿美元,巴西与中国的贸易顺差276.0亿美元。

中方对中巴贸易的统计与巴方的统计结果有较大差异。按中方统计(见表7-15),除个别年份外,中国对巴西的贸易一直处于逆差状态。2019年中方对巴方的逆差为444.24亿美元,虽然逆差额不是很大,短期内不会产生太大的问题,但是逐年增长的逆差额对双方长期经济贸易合作的发展可能造成不利影响。为使中巴经贸合作健康发展,中国如何有效开拓巴西市场,成为一个值得深入研究的问题。对于巴西这样一个拥有实力基础的拉美发展中大国,中国应当在市场开拓上多下些功夫,从而使长期对巴西贸易逆差的状况得到改善,使中巴进出口贸易趋向合理。

表7-15 中巴近年来的贸易情况　　　　　亿美元

年份	贸易总额	中国对巴出口	中国从巴进口	中国顺逆差
2000	28.45	12.24	16.21	−3.98
2002	44.69	14.66	30.03	−15.37
2004	123.47	36.74	86.73	−49.99
2006	202.90	73.80	129.10	−55.30
2008	486.70	188.07	298.63	−110.56
2010	625.86	244.61	381.25	−136.64
2012	857.49	334.20	523.29	−189.09
2014	865.43	348.90	516.53	−167.63
2016	678.34	219.79	458.55	−238.76
2017	878.08	289.51	588.57	−299.07
2018	1 112.35	336.65	775.70	−439.05
2019	1 155.02	355.39	799.63	−444.24

数据来源:中国商务部。

2. 中巴货物贸易结构

巴西从中国进口的主要商品为机器零部件、集成电路及微电子组件、自动数据处理设备、变压器、静止式变流器及电感器、有线电话、电报设备、纺织纱线及制品、仪器仪表等。中国从巴西进口的主要产品为大豆、铁矿砂及其精矿、石油原油、烧碱木浆或硫酸盐木浆、皮革、木材和豆油等。矿产品是巴西对中国出口的主力产品,2019年出口额为295.4亿美元,占巴西对中国出口总额的37%。其次是植物产品,2019年对中国的出口额为205.9亿美元,占巴西对中国出口总额的25.75%。

巴西是中国农产品的重要进口来源国,其中最重要的产品是大豆。2018年开始受中美贸易摩擦影响,中国自美国进口大豆占比下降至进口大豆总量的19%,自巴西的进口占比增加至75%。2019年中美展开贸易磋商后,中国自巴西购买的大豆有所减少,但仍达到204.52亿美元,占巴西对中国出口额的25.57%。与作为世界农产品生产大国的巴西维持长期稳定且紧密合作的经济关系,对中国保障农产品供给有重要意义。

不同于巴西对中国的出口贸易,在巴西从中国的进口中,农产品所占比重非常小,始终保持在2%以下,而制成品比重非常高,并呈增长趋势,从2003年的82.3%增长到2019年的98.4%。从两国的商品贸易结构来看,中巴两国间的贸易存在很大的互补性。

3. 中巴双边投资的发展

巴西广阔的地域、丰富的资源以及很少排外或种族歧视的特性,再加上政府对外商直接投资的鼓励政策,使其对外资有较大的吸引能力。自 20 世纪 70 年代开始巴西引进的外资持续增长,到 2011 年达到 974.2 亿美元的历史最高。此后有所下降,到 2019 年,引进外国直接投资达 719.9 亿美元。巴西是拉美国家引进外资最多的国家。

同为"金砖国家"的中国与巴西之间的双边投资也具备优越的条件。巴西资源丰富,市场消费潜力巨大,政治风险比较低,投资环境较好,投资机会多且回报率较高,是中国企业实现"走出去"战略的重要目的地之一。但是进入 21 世纪以来,两国间的双边投资起步较低,发展缓慢。2010 年,时任中国国家主席胡锦涛与时任巴西总统卢拉签订了面向 2010—2014 年的《共同行动计划》,其中提出"设立投资工作组,以期沟通双边投资信息和机会,促进两国企业在双向投资领域开展合作"。2010 年开始,巴西吸收来自中国的非金融类直接投资显著增加。中资企业在巴投资从最初的农业、采矿等领域,已扩大至电信、金融服务及电力等领域。中巴投资合作还延伸到了前沿数字经济领域,华为、阿里巴巴旗下品牌全球速卖通、腾讯、滴滴公司都对巴西进行投资。据巴西经济部发布的外国投资简报,自 2003—2019 年第三季度,中国在巴西投资额累计达 805 亿美元,超过美国的 583 亿美元,成为巴西最大投资来源国。近 10 年来,200 余家中国企业落户巴西,中国对巴西投资年均增长 30%。

巴西对中国的直接投资也在增长。早在 1973 年巴西淡水河谷公司(Vale)就已经设立上海代表处,成为新中国成立以后最早进入中国的外资企业之一。之后,巴西压缩机公司(Embraco)、巴西航空工业公司(Embraer)、巴西石油公司(Petrobras)等多家知名大型企业纷纷来华投资。截至 2019 年底,巴西在华投资 7.2 亿美元,主要有压缩机生产、煤炭、房地产、汽车零部件生产、水力发电和纺织服装等。中国实际利用巴西的外资由 2000 年的 393 万美元增长到 2015 年的 5 084 万美元,但 2019 年下跌到 340 万美元。

此外,从 1984 年开始,中巴双方之间就开始经济合作,内容涉及科技合作、工程承包和劳务合作等多方面。2001—2011 年,中巴双方的经济合作规模从 2 460 万美元增长到 14 亿美元,占中国与拉丁美洲地区经济合作的比重从 7.5% 上升到 18.2%,在中国对外经济合作中的比重也在逐步增加。2011 年 4 月,中巴两国领导人决定制定《十年合作规划》,未来双方在科技、创新、经济合作及人文交流方面的优先领域和重点项目的合作会进一步加强。中巴经济合作的主要形式是工程承包,中国企业在巴西承建了卡塞内天然气管道、坎迪奥塔火电站、港口疏浚等大型基础设施项目,扩大了双方合作的领域。2020 年中巴双方决定更新《2015 年至 2021 年共同行动计划》及《2012 年至 2021 年十年合作规划》,中国和巴西之间的合作将会进一步拓展,中国企业正在跟踪巴西特高压电输送、水电站建设、石油管道改扩建等重要项目。两国在纳米科技、气象、生物技术、农业技术、环保、气候变化、清洁和可再生能源、绿色经济、通信技术等更广阔的领域的合作将得到不断拓展。

五、巴西的主要港口和城市

1. 巴西利亚（Brasilia）

巴西的首都，现代化的新兴城市。历史上，巴西曾先后在萨尔瓦多和里约热内卢两个海滨城市建都。为开发内地，1956年库比契克总统决定迁都内地。1957年，建都工程启动。1960年，在历时三年零七个月后，一座现代化的都市——巴西利亚在巴西内地建成。同年4月21日，巴首都从里约热内卢迁至巴西利亚。巴西利亚是联邦区政府所在地，所属城区和卫星城共10个，总人口约300万。经济以服务业为主，约占联邦区产值的90%。

巴西利亚位于巴西中央高原，海拔1158米，气候宜人，全年分为雨季和旱季，年均最高温度为29.3℃，最低温度为17.1℃。年降雨量为1603毫米。巴西利亚以其独特的建筑闻名于世。其总体建设计划由建筑大师卢西奥·科斯塔完成。在灯火通明的夜晚从空中俯视，巴西利亚宛如一架驶向东方的巨型飞机。三权广场上的议会大厦、联邦最高法院、总统府和外交部水晶宫等是巴西利亚的标志性建筑。1987年12月7日，联合国教科文组织宣布巴西利亚为"人类文化遗产"。巴西利亚的发展一直受到政府严格的控制，城内各行各业均有自己的"安置区"，银行区、旅馆区、商业区、游乐区、住宅区，甚至修车都有固定的区位。为保护"飞机"形状不被破坏，城内不准建新住宅区，居民尽量分布在城外的卫星城里居住。从落成至今，它仍然是个漂亮而现代化的都市，并把繁荣带到了巴西中西部，贯通了南部与北部，带动了整个国家一起发展进步。

2. 圣保罗市（Sao Paulo）

圣保罗市于1554年建市，是南美洲最大城市，圣保罗州首府，位于该州东南部。海拔760米，面积约1500平方千米。圣保罗是巴西工商、金融中心，主要工业有机械、汽车、电器零件和轻工业。此外还有医药、塑料、烟草等以及出版印刷。全市共有各类企业22.5万家，全国50个最大企业中有30个在此。银行和分行5037家，银行职员占就业人口的10%。全市共有超市750个，现代化购物中心10余家，还有800多个集市。圣市工业就业人口占全国总数的20%。该市也是南美洲最大的外贸基地。1984年，中国在圣保罗设总领事馆。1988年，圣保罗与上海市结为友好城市。约有17万华侨华人居住于圣保罗市，多家中资公司在此设有机构。

3. 里约热内卢（Rio de Janeiro）

有时简称为里约，曾是巴西的首都（1763—1960年），面积1182平方千米，在巴西有"狂欢节之都"之称。位于里约州，在巴西东南部，东南濒临大西洋。里约热内卢属于热带草原气候，终年高温，一年中有明显的干季和湿季。里约热内卢港是世界三大天然良港之一，里约热内卢基督像是该市的标志，也是世界新七大奇迹之一。

里约热内卢不仅是巴西乃至南美洲的重要门户，同时也是巴西及南美洲经济最发达的地区之一，素以巴西重要交通枢纽和信息通讯、旅游、文化、金融和保险中心而闻名。里约州是巴西第二大工业基地。里约热内卢也是巴西第二大城市，仅次于圣保罗，又被称为巴西的第二首都，著名的国际大都市，是全国最大进口港、全国经济中心，同时也是全国重要的交通中心。工业主要有纺织、印刷、汽车等,有700多家银行和最大的股票交易所;有世界最大的马拉卡纳体育场。在里约热内卢,人们随处可见保存完好的古建筑物。海滨风景优美,为南美洲著名旅游胜地。

4. 贝洛奥里藏特(Belo Horizonte)

贝洛奥里藏特市(以下简称贝洛市)是巴西第四大城市,米纳斯吉拉斯州首府。该市位于首都巴西利亚东南部约720千米处的高原谷地中,面积355平方千米,人口约250万。贝洛市海拔830~930米,气候凉爽,年平均气温19.8℃,年均降水量1 450毫米。贝洛市曾获巴西"环境模范城市"称号,也曾被联合国人口危机委员会评为世界100大生活质量较好城市的第45位。

贝洛市农牧业发达,并盛产金、宝石、金刚石等,工业产值仅次于圣保罗和里约热内卢。工业有金属冶炼、钢铁、汽车、电力机车、石油化工、纺织、水泥、宝石和金刚石加工等。该市建有核电站,铁路、公路交通发达,设有机场。市区街道以自由广场为中心呈辐射状,多现代化建筑。设有3所大学及博物馆、艺术宫、运动场、大教堂等,素以整洁著称。

5. 萨尔瓦多(Salvador)

巴西东北部的一座滨海城市,巴伊亚州的首府。萨尔瓦多很长时间里直接被称为巴伊亚,20世纪中前期的许多书和地图中它就被标为巴伊亚,今天许多当地人依然将巴伊亚作为萨尔瓦多的称呼,而巴西其他地区的人则将该州称为巴伊亚。

萨尔瓦多位于大西洋畔的一个半岛上,离托多斯奥斯圣托斯湾很近。它是当地都市地区的中心,是巴西的第三大城市。

萨尔瓦多分上城和下城,大教堂和管理机构位于上城。市内依然有许多殖民时期的建筑,包括巴西的第一座大教堂和最老的医学院。萨尔瓦多也以其受非洲文化的影响而著称,市内大多数居民是非洲后裔。

6. 伊瓜苏市(Foz do Iguazul)

伊瓜苏市位于巴西、巴拉圭、阿根廷三国交界的巴拉那河与伊瓜苏河汇合处。"伊瓜苏"在印第安瓜拉尼语中意为"大水"。全市面积630平方千米(其中伊瓜苏国家公园占20%,伊泰普湖占30%)。市区面积85平方千米,海拔183米,人口25万。年平均温度27.7℃,每年1月气温最高,平均温度28.1℃;7月最冷,平均温度14.6℃。年降雨量1 712毫米。

伊瓜苏市是巴西第二大旅游中心,年均接待游客约700万人次,当地居民主要从事商业和旅游业。著名的伊瓜苏大瀑布距市区28千米。伊瓜苏市约有3 000华侨华人,其中大多数在位于巴拉圭一侧的东方市经商,居住在伊瓜苏。

伊泰普水电站位于巴西与巴拉圭之间的界河——巴拉那河(世界第五大河,年径流量7 250亿立方米)上,伊瓜苏市北12千米处,是西半球第一大水电站,由巴西与巴拉圭共建,发电机组和发电量由两国均分。目前共有20台发电机组(每台70万千瓦),总装机容量1 400万千瓦,年发电量900亿度。伊泰普在印第安语中意为"会唱歌的石头"。伊泰普水电站于1974年10月17日动工修建,1991年5月6日竣工。水库面积1 350平方千米(其中巴西侧750平方千米,巴拉圭侧600平方千米),容量290亿立方米。

第五节 南 非

一、南非的地理概况

(一) 自然地理概况

南非全称南非共和国(the Republic of South Africa),位于非洲大陆最南端,北邻纳米比亚、博茨瓦纳、津巴布韦、莫桑比克和斯威士兰,濒临印度洋和大西洋,海岸线长约3 000千米,拥有150万平方千米海洋专属经济区、3 900千米海岸线。另有莱索托为南非领土所包围。东面隔印度洋和澳大利亚相望,西面隔大西洋和巴西、阿根廷相望。地处两大洋间的航运要冲,其西南端的好望角航线历来是世界上最繁忙的海上通道之一,有"西方海上生命线"之称。国土面积约122万平方千米。

南非全境大部分为海拔600米以上高原。德拉肯斯山脉绵亘东南,卡斯金峰高达3 660米,为全国最高点;西北部为沙漠,是卡拉哈里盆地的一部分;北部、中部和西南部为高原,沿海是狭窄平原。奥兰治河和林波波河为两大主要河流。大部分地区属热带草原气候,东部沿海为热带季风气候,南部沿海为地中海式气候。气候分为春夏秋冬四季。12—2月为夏季,最高气温可达32℃~38℃;6—8月是冬季,最低气温为-10℃~-12℃。全年降水量由东部的1 000毫米逐渐减少到西部的60毫米,平均450毫米。

南非自然资源丰富,是世界五大矿产资源国之一,现已探明储量并开采的矿产有70余种。黄金、铂族金属、锰、铬、铝硅酸盐的储量居世界第一位,其中黄金储量占全球的29.7%以上,钒、钛、氟石、蛭石居第二位,磷酸盐居世界第三位,锑、铀居世界第四位,钻石、铅居世界第五位。南非是世界上最大的黄金生产国和出口国之一,黄金出口额占全部对外出口额的1/3,因此又被誉为"黄金之国"。南非煤炭占其一次能源总消耗的70%多。2019年南非煤炭证实储量为98.93亿吨,几乎全部为烟煤,占世界总储量的0.9%,居世界第12位。由于油气资源短缺,因此南非主要依赖煤炭,煤炭消耗较快,2019年储产比为39。南非产煤地区主要有威特班克(Witbank)、沃堡(Warburg)。

(二) 人文地理概况

到2019年年中,南非人口共5 878万,分黑人、有色人、白人和亚裔四大种族,分别占总人口的80.6%、8%、8.85%和2.55%。黑人主要有祖鲁、科萨、斯威士、茨瓦纳、北索托、南索托、聪加、文达、恩德贝莱9个部族,主要使用班图语。白人主要是荷兰血统的阿非利卡人(曾自称布尔人,约占57%)和英国血统的白人(约占39%),有色人是殖民时期白人、土著人和奴隶的混血人后裔,主要使用阿非利卡语和英语。亚裔人主要是印度人和华人。白人、大多数有色人和60%的黑人信奉基督教新教或天主教;亚裔人约60%信奉印度教,20%信奉伊斯兰教;部分黑人信奉原始宗教。

南非是世界上唯一同时拥有三个首都的国家:行政首都比勒陀利亚(Pretoria),中央政府机关所在地;立法首都开普敦(Cape Town)是南非国会所在地;司法首都布隆方丹(Bloemfontein)为全国司法机构的所在地。

南非属中等收入国家,但贫富极为悬殊,种族间收入差距明显。2/3的国民收入集中在占总人口20%的富人手中。南非政府1994年推出"重建与发展计划",计划在五年内筹措375亿兰特(南非货币),用于建造住房、水、电等设施和提供基础医疗保健服务。1997年,制定"社会保障白皮书",把扶贫和对老、残、幼的扶助列为社会福利重点。南非面临艾滋病和肺结核"双重疾病"的严重威胁,白人平均寿命约为71岁,而黑人则不到50岁。

因长期实行种族隔离的教育制度,黑人受教育机会远远低于白人。1995年1月,南非正式实施7—16岁儿童免费义务教育,并废除了种族隔离时代的教科书。政府不断加大对教育的投入,着力对教学课程设置、教育资金筹措体系和高等教育体制进行改革。2006年成人识字率82%,接受过高等教育的人口占总人口约9.1%。2013/2014财年教育预算2538亿兰特(约238亿美元),占政府财政总支出的20.3%,2018/2019财年该预算为1126.7亿兰特,约占预算总支出的8.6%。著名的大学有:金山大学、比勒陀利亚大学、南非大学、开普敦大学、斯坦陵布什大学等。为体现种族平等,南非有11种官方语言,包括阿非利卡语、英语、恩德贝勒语、北索托语、南索托语、斯威士语、聪加语、茨瓦纳语、文达语、科萨语和祖鲁语。然而,多种官方语言的存在成为南非普及教育的一大障碍。为解决这一问题,2011年起推行教育制度改革,南非在小学教育的前3年普及英语教育。2015年成人识字率94.4%。

南非社交礼仪可以概括为"黑白分明""英式为主"。也就是受到种族、宗教、习俗的制约,南非的黑人和白人所遵从的社交礼仪不同;白人的社交礼仪特别是英国式社交礼仪广泛地流行于南非社会。进行官方交往或商务交往时,最好穿样式保守、色彩偏深的套装或裙装,不然就会被对方视为失礼。黑人受到西方文化的影响,经常身着西装。但大部分黑人,特别是妇女保持着传统的服饰风格。不同部族的黑人,在着装上往往会有自己不同的特色。在南非进行商务活动,持英语名片最为方便。在商务谈判桌上,只允许使用英语对话。

在社交场合,南非人所采用的普遍见面礼节是握手礼,他们对交往对象的称呼则主要是先生、小姐或夫人。在黑人部族中,尤其是广大农村,南非黑人往往会表现出与社会主流不同的风格。比如,他们习惯以鸵鸟毛或孔雀毛赠予贵宾,客人此刻得体的做法是将这些珍贵的羽毛插在自己的帽子上或头发上。

在南非,negro 和 black 是禁句。美国的黑人对 black 一词并没有抗拒心理。可是,一听到有人称他 negro(黑人之意,尤其指原籍非洲,被贩卖到美国做奴隶的黑人及其子孙)就勃然大怒。而非洲人对 negro、black 二词不但有抗拒心理,而且不承认它的含意。强调肤色不同,在非洲是最大的禁忌。因此,称呼非洲人,最好照他们的国籍来称呼。非洲人一般说来国家意识相当强烈,因此最好直呼其国名。此外,也不要随意称呼非洲人为 African,在非洲尤其是在南非,所谓的 African 并非泛指所有非洲人,而是指特定的一群人,即南非共和国荷裔白人。因此,非洲土著十分厌恶被别称为 African。

南非当地人的主要食物是玉米、高粱和小麦,薯类、瓜类和豆类食品也在日常饮食中占很大比例。牛、羊肉是主要副食品,一般不吃猪肉和鱼类。饮料主要是牛、羊奶和土制啤酒。特别爱吃熟食和烤牛、羊肉。当地白人平日则以吃西餐为主,经常吃牛肉、鸡肉、鸡蛋和面包,爱喝咖啡与红茶。南非黑人喜欢吃牛肉、羊肉,主食是玉米、薯类、豆类,一般不喜生食,爱吃熟食。

南非文化变化无穷,多彩多姿,尤其是建筑文化,可谓是欧洲、非洲及亚洲建筑特色的大熔炉,既有壮观的英国维多利亚式建筑、典雅的荷兰开普式建筑,也有清真寺及现代房屋建筑。南非剧院、博物馆、艺术馆、土著部落及早期移民时期的欧式房屋都很具有代表性。此外,在南非也可以欣赏到欧洲音乐、歌剧、芭蕾舞,非洲土著歌舞,亚洲土著歌舞及现代爵士摇滚舞曲等精彩的艺术。

信仰基督教的南非人,忌讳数字13和星期五;南非黑人非常敬仰自己的祖先,特别忌讳外人对自己的祖先言行失敬。跟南非人交谈,有四个话题不宜涉及:一是不要为白人评功摆好;二是不要评论不同黑人部族或派别之间的关系及矛盾;三是不要非议黑人的古老习惯;四是不要为对方生了男孩表示祝贺。

二、南非的经济发展状况及产业布局

(一)经济发展概况

南非是非洲重要的经济体,2019年GDP达到3 514.3亿美元,居世界第36位,GDP占撒哈拉以南非洲生产总值的近20%,成为非洲经济最发达的"南部引擎"。人均生活水平在非洲名列前茅,属于中等收入的发展中国家。矿业、制造业、农业和服务业是南非经济的四大支柱,拥有非洲最完善的工业体系,深井采矿技术位居世界前列,矿产是南非经济主要来源。

2011年之前,南非一直是非洲经济规模最大的国家。但近年来,其GDP在2011年达到4 164.2亿美元的高峰后,连续出现了5年的下降,2017后在波动中有所反弹,但也未达到2011年的水平。而在此期间,非洲另外两个主要国家尼日利亚和埃及的GDP则呈增长趋势。2012年,尼日利亚取代了南非,成为经济体量最大的非洲国家;到2015年,埃及也超越了南非,南非GDP仅居非洲第三位。2019年南非超过埃及,重回非洲第二经济大国的地位。尼日利亚之所以上升如此之快,是因为调整了GDP的统计方法,将过去没有计算在内的电信、信息技术、网购、航空和影视等行业加入统计,从而跃居非洲第一大经济体。但从经济结构、科研水平、金融管理、基础设施等各方面来看,南非还是优于其他非洲国家。此外,南非人口仅有不到6 000多万,而尼日利亚和埃及却分别为2亿和1亿以上,因此从人均GDP来看,南非仍然更为富裕,2013年,其人均GDP接近7 000美元,而尼日利亚和埃及仅分别为2 962美元和3 263美元(见表7-16)。但三个非洲国家近年来都面临经济衰退的威胁。

1994年以前的南非白人政府凌驾于市场经济之上,出于种族主义的目的,干预国家经济的发展,虽然实现了白人社会整体经济利益的最大化,但这是以牺牲黑人利益为代价的。白人出于自身利益而进行的种族主义政府干预,不仅损害了黑人利益,还给南非经济发展带来了长期的负面影响。但在1994年消除种族隔离后的20年间,南非在宏观经济和财政等方面获得了显著进步。尤其在1994—2007年,南非经历了一段高增长、低通胀的"黄金时期",这期间平均经济增速为3.6%,平均通胀率为6.3%,而1980—1994年间的通胀率达到14%,经济增速不到1.5%。南非国内生产总值从1995年的1 554.6亿美元增至如今的3 000多亿美元。有数据显示,南非白人的平均收入在1993—2008年间增长63%,而南非黑人的收入增长了93%。在金融危机期间,南非增长速度放慢。2013年的增长率为1.9%。1994年,南非的外汇储备只有30亿美元,到2011年时已经超过500亿美元。

表7-16 南非与尼日利亚、埃及等非洲国家的经济情况对比

年份	南非		尼日利亚		埃及	
	GDP/亿美元	人均GDP/美元	GDP/亿美元	人均GDP/美元	GDP/亿美元	人均GDP/美元
1965	113.3	584.7	58.7	117.2	49.5	162.6
1975	381.1	1 512.8	277.8	438.3	116.3	301.7
1985	590.8	1 808.0	737.5	882.5	390.5	792.8
1995	1 554.6	3 751.9	440.6	408.2	601.6	965.1
2005	2 577.7	5 383.7	1 761.3	1 268.4	896.0	1 186.4
2010	3 753.5	7 328.6	3 614.6	2 280.4	2 189.8	2 646.0
2011	4 164.2	8 007.4	4 049.9	2 487.6	2 359.9	2 791.8
2012	3 963.3	7 501.5	4 555.0	2 723.8	2 791.2	3 229.7
2013	3 668.3	6 832.5	5 086.9	2 961.6	2 884.3	3 262.7
2014	3 509.0	6 433.2	5 466.8	3 099.0	3 056.0	3 379.6
2015	3 176.2	5 734.6	4 868.0	2 687.5	3 293.7	3 562.9
2016	2 963.6	5 272.9	4 046.5	2 176.0	3 324.4	3 519.9
2017	3 495.5	6 132.5	3 757.5	1 968.6	2 357.3	2 444.3
2018	3 682.9	6 374.0	3 971.9	2 027.8	2 497.1	2 537.1
2019	3 514.3	6 001.4	4 481.2	2 229.9	3 030.9	3 019.2

数据来源:世界银行WDI数据库。

但是,当今的南非经济仍面临多项挑战,遭受着严重的失业和财富分配不均等多项问题的困扰。一项数据显示,南非的基尼系数已经从1993年的0.59升至2009年的0.63,2006年时曾达到0.67,使该国成为全世界贫富差距最大的国家之一。此外,经常账户赤字过高也给南非的经济埋下了隐患。受到基础设施建设不足尤其是电力供应困难的影响,全球投资流入南非仍然较少。高失业率更是困扰南非的重要问题。高盛报告显示,截至2013年,南非有460万人找不到工作,约占总人口24.7%,其中71%是15~34岁的青年人。另有220万人已放弃寻找工作,因此失业率总计达35.6%。1 500万人生活在贫困线之下(每天生活费不足2美元)。87%南非白人处于中产或上层社会,而85%的黑人处于贫困之中。到2016年,南非的农业、矿业以及零售业仍很难扩大就业,根据南非统计局的官方数据,南非的失业率为24%,相当于有约520万人失业。

(二)工业

南非的工业增加值在2018年达到951.65亿美元,占GDP比重达到25.84%,远远高

于第一产业2.5%的比重,所以南非已经由农业国转变为一个工业国。但工业在国民经济中所占比重有所下降,由2000年的30.8%下降到2019年的29.2%(见表7-17)。制造业、建筑业、能源工业和矿业是南非工业四大部门。

表7-17 南非的产业结构   %

年份	1970	1980	1990	2000	2005	2010	2015	2016	2017	2018	2019
第一产业	7.1	6.1	4.6	3.2	2.7	2.6	2.3	2.5	2.6	2.5	2.1
第二产业	37.6	47.5	39.1	30.8	30.3	30.2	29.1	29.4	29.3	29.0	29.2
(制造业)	22.6	21.4	23.4	18.6	18.1	14.4	13.4	13.5	13.4	13.2	13.2
第三产业	55.3	46.4	56.3	66	67	67.2	68.6	68.1	68.1	68.5	68.7

数据来源：UNCTAD。

1. 制造业

制造业是南非工业最主要的部门,其产值占GDP的比重2000年为18.6%,2019年下降到13.2%。南非制造业门类齐全,技术先进。主要工业部门有：钢铁、金属制品、化工、运输设备、机器制造、食品加工、纺织、服装等。其中钢铁和机械工业是南非制造业的支柱。近年来,纺织、服装等缺乏竞争力的行业逐渐萎缩,汽车制造等新兴出口产业发展较快。

钢铁工业是汽车和机械制造业的基础。由于拥有较丰富的煤炭、铁矿石,因此南非拥有发展钢铁工业的优越的先天条件。其钢铁工业主要分布在普里托立亚区、威里尼根区和纳塔尔区,拥有六大钢铁联合公司、130多家钢铁企业。

南非位居世界汽车工业大国行列,几乎所有主要汽车品牌都在南非设有工厂。汽车制造业是南非最重要的制造业部门,近年来年产量接近90万辆,2018年占南非GDP的6.8%,约占制造业产出的29.9%,占南非出口总额的14.3%。汽车制造行业是南非自2009年经济放缓以来少有的仍然增长的几个产业之一。

2. 矿业

矿业历史悠久,是南非国民经济的支柱产业之一,具有完备的现代矿业体系和先进的开采冶炼技术。南非是世界上重要的黄金、铂族金属和铬的生产国和出口国。钻石产量约占世界的9%。南非德比尔斯(De Beers)公司是世界上最大的钻石生产和销售公司。据南非矿业商会统计,2016年南非矿业总产值占南非GDP的7.3%;矿业固定资产投资933.5亿兰特,占南非固定资产总投资的11.0%;矿产品出口3 192.3亿兰特,其中初级矿产品出口2 496.9亿兰特,占南非商品出口总额的21%。此外作为重要的就业行业,南非矿业2016年雇用了45.7万名员工,占南非非农就业人口的5.4%。矿业在促进南非经济增长、增加就业、出口创汇中发挥着举足轻重的作用。但因缺乏电力供应以及足够的铁路网络和港口基础设施,且南非矿藏越来越深,开采成本逐年提高,南非矿业的竞争力在下降。再加上新冠疫情的冲击,2020年6月南非矿产同比下降了28.2%。

3. 能源工业

能源工业产值约占南非国内总产值的15%。电力工业较发达,发电量占全非洲的

60%,其中约92%为火力发电,为世界上电费最低的国家之一。国营企业南非电力公司(ESKOM)是世界上第七大电力生产和第九大电力销售企业,拥有世界上最大的干冷发电站,供应南非95%和全非60%的用电量。由于电力生产和管理滞后等原因,全国性电力短缺现象严重。在开普敦附近建有非洲大陆唯一的核电站——库贝赫(Koebelg)核电站,发电能力184.4万千瓦。此外,南非萨索尔(SASOL)公司的煤合成燃油及天然气合成燃油技术商业化水平居世界领先地位,其生产的液体燃油约占南非燃油供应总量的1/4。

4. 建筑业

建筑业产值约占国内生产总值的3.8%。1994—1999年,南非政府共筹集投入125亿兰特建设低造价住房,以缓解黑人城镇居民住房问题。由于南非加快实施2010年世界杯场馆建设及房地产开发热,建筑业发展较快,但设备陈旧、技术工人缺乏等问题比较突出。

(三) 农业

南非的农业也较发达,产值约占国内生产总值的2%。可耕地约占土地面积的13%,但适于耕种的高产土地仅为可耕地的22%。农业、林业、渔业就业人数约占人口的6%,其产品出口收入占非矿业出口收入的15%。农业生产受气候变化影响明显。主要农作物有玉米、小麦、甘蔗、大麦等。蔗糖出口量居世界前列。农业提供13%的正式就业机会。非黄金出口收入中的30%来自农产品或农产品加工。正常年份粮食除自给外还可出口。各类罐头食品、烟、酒、咖啡和饮料质量符合国际标准,葡萄酒在国际上享有盛誉。

林木覆盖面积占全部土地的6%。畜牧业较发达,主要集中在西部2/3的国土。牲畜种类主要包括牛、绵羊、山羊、猪等,家禽主要有鸵鸟、肉鸡等。主要产品有禽蛋、牛肉、鲜奶、奶制品、羊肉、猪肉、绵羊毛等。所需肉类85%自给,15%从纳米比亚、博茨瓦纳、斯威士兰等邻国和澳大利亚、新西兰及一些欧洲国家进口。绵羊毛产量可观,是世界第4大绵羊毛出口国。

南非的渔业也比较发达。水产养殖业产量占全非洲5%,平均年产量在100万吨左右,平均年产值达3亿多美元。南非商业捕捞船队有各种船只500多艘,全国有近3万人从事海洋捕捞业。主要捕捞种类为淡菜、鳟鱼、牡蛎和开普无须鳕。每年捕捞量约58万吨,产值近20亿兰特。其中海洋渔业占绝对主导地位,包括海水养殖在内的产量占渔业总产量的99%,淡水渔业产量则不足1%。此外,南非养蜂业年产值约2 000万兰特。

(四) 服务业

从产业结构上来看,南非经济显示出发达国家的特征,其第三产业对经济发展的贡献率最高,且呈上升趋势,2000年占GDP的66%,2019年达到68.7%。这反映了南非服务业的强劲发展。服务业的主要行业如下:

1. 旅游业

南非的自然和人文旅游资源极为丰富,拥有十几个国家公园,其优美的自然风景,丰富的野生动物和宜人的气候使其成为热门旅游目的地,是非洲接待国际游客最多的国家,10年来旅游者人数翻了一番多,从1994年的300万人到2004年的670万人,到2014年进一步增长到 954.9 万人，到 2018 年已突破 1 000 万人。旅游业已经被确定为重点发展的行业，尤其是 2010 年南非主办世界杯足球赛进一步推动了旅游业的发展。旅游是当前南非发展最快的行业，是第四大行业和第三大创汇部门，现值约占 GDP 的 7%，从业人员达 120 万人。其中发展最快的是生态旅游。外国游客抵达南非主要选择公路和航空。开普敦被评为非洲最佳旅游城市。多年来南非一直是最受欧美国家游客喜爱的旅游目的地，但目前南非正受到来自非洲其他地区的竞争。

2. 银行和金融服务

南非有着监管良好、发达的银行业，既有零售银行业务也有投资银行业务。四大零售银行为 Absa、第一国家银行、标准银行和 Nedbank，它们控制着零售银行市场。过去 10 年来南非吸引了许多外国银行和投资机构来开展业务。同时，南非在电子银行系统、预付系统、税收管理和防欺诈系统等方面也处于世界领先地位。

3. 交通运输业

南非拥有现代化交通体系，有非洲最完善的交通运输系统，其运输网络不仅对本国经济发展具有重要作用，而且是周边非洲国家经济发展的生命线。

南非拥有非洲最长的公路网络，四通八达，公路网不仅覆盖全国，且与邻国相通，往来十分方便。南非公路总里程约为 75.5 万千米，其中表面硬化道路超过 7 万千米。南非铁路网与公路网相辅相成，构成完整的陆路交通体系。铁路与津巴布韦、莫桑比克、博茨瓦纳、赞比亚等国相接。南非铁路里程数在世界排名第 11 位，占非洲铁路总里程的 35%。豪登高铁是南非唯一的高速客运铁路，全长 80 千米。铁路 95% 用于货运，国家运输集团 Transnet 控制着南非的铁路货物运输，是南部非洲最大的铁路运营商。

南非航空运输业比较发达，现有十大机场，分别位于约翰内斯堡、开普敦、德班、布隆方丹、伊丽莎白港等主要城市。位于约翰内斯堡的奥坦博国际机场是非洲最大的国际机场，最大年客运量 2 400 万人次；开普敦国际机场年客运量 500 万人次。航空货运业发展潜力巨大，南非航空公司是非洲最大的商业航空公司。

南非也是世界上海洋运输业较发达的国家之一，拥有非洲最大、设施最完备、最高效的海运网络，其出口 96% 通过海运。南非主要港口分别是理查德湾、德班、东伦敦、伊丽莎白港等。其中德班港是非洲最繁忙、集装箱吞吐量最大的港口，理查德湾则是世界上最大的煤炭出口港。

三、南非的对外贸易

（一）南非对外贸易概况

南非是非洲贸易大国，贸易额居非洲之首，所占比重超过非洲总贸易额的 20%。1994 年结束种族隔离后，南非货物进出口贸易稳步增长，由 1990 年的 419.48 亿美元增长到 2011 年的 2 332.45 亿美元，增长近 4 倍。此后南非贸易有所下降，2013 年的进出口额为 2 224.83 亿美元，2016 年进一步下降到 1 679.06 亿美元的低点，之后维持在 2 000 亿美元左右。南非出口产品日趋多样化，对外贸易的商品结构日趋完善。但是除了 1999—2002 年，其他年份南非外贸都是逆差，而且贸易逆差呈现逐渐扩大的趋势，由 2003 年的 32.66 亿美元增长到 2013 年的 301.77 亿美元（见表 7-18）。其主要逆差来源是中国、沙特阿拉伯、尼日利亚、泰国、意大利等国。顺差主要来自其周边的非洲国家,如博茨瓦纳、莫桑比克、纳米比亚、赞比亚等。

相比货物贸易而言,南非的服务贸易规模并不大,但一直上升势头较快,1990年服务进出口总额为6 885万美元,到2011年达到373.8亿美元,此后有所下降,到2019年,降至296.7亿美元。服务贸易历年来都处于逆差,但逆差不大,且近年来呈缩小的趋势。

表7-18　南非贸易概况　　　　　　　　　　　　　　　　　　　　　　　　　　百万美元

年份	货物贸易				服务贸易			
	出口额	进口额	总额	差额	出口额	进口额	总额	差额
1990	23 549	18 399	41 948	5 150	32.91	35.94	68.85	−3.03
1995	27 853	30 546	58 399	−2693	44.14	57.56	101.7	−13.42
2000	29 983	29 695	59 678	288	48.88	56.57	105.45	−7.69
2005	51 626	62 304	113 930	−10 678	11 570	11 859	23 429	−289
2006	58 175	78 715	136 890	−20 540	12 757	13 803	26 560	−1046
2008	80 782	101 640	182 422	−20 858	13 588	16 552	30 140	−2964
2009	61 677	74 054	135 731	−12 377	12 836	14 980	27 816	−2 144
2010	91 347	96 835	188 182	−5 488	15 676	19 158	34 834	−3 482
2011	108 815	124 430	233 245	−15 615	16 950	20 430	37 380	−3 480
2013	96 153	126 330	222 483	−30 177	16 401	17 599	34 000	−1 198
2014	93 043	121 950	214 993	−28 907	16 450	16 625	33 075	−175
2016	76 214	91 692	167 906	−15 478	13 974	14 531	28 505	−557
2017	88 947	101 576	190 523	−12 629	15 387	15 774	31 161	−387
2018	93 970	113 972	20 7942	−20 002	15 598	16 114	31 712	−516
2019	90 016	107 539	197 555	−17 523	14 373	15 300	29 673	−927

数据来源:WTO数据库。

对外贸易在南非经济中占有十分重要的地位。过去南非执行进口替代政策,现在已经向出口促进政策转变。出口促进政策的主要内容是实施奖励办法促进出口;减少关税壁垒。通过采取这些措施调整南非的经济结构,使南非的经济结构向外向型转变。南非对其出口产品实行强制性检验标准。南非是世界贸易组织成员之一,也是1993年乌拉圭回合达成的最后文件签字国之一,实行自由贸易制度;对一般商品进口没有许可证管理,但对一些特殊商品实行许可证管理。这些特殊商品包括鱼类及鱼制品、部分乳产品、部分红茶、发酵饮料、酒类、石油及部分石化产品、放射性矿产品、部分鞋类、部分医药产品、对环境有害的产品、器材及武器废旧产品,以及所有废旧和二手商品等。除个别商品外,进口许可证一般由南非贸工部负责发放。

(二) 对外贸易商品结构

货物贸易的商品结构。由于矿产资源丰富,因此矿产品及其制品是南非的主要出口产品。2019年,矿产品、贵金属及制品以及贱金属及制品在南非出口总额中所占比重达到53.1%。此外,运输设备、机电产品占比也较高,分别是13.6%和8%。由此可见,南非的出口商品结构过于依赖矿产品,因此需要在贸易的多样性方面加大投入,逐渐改变单一原材料、矿产品依赖型的出口结构,对产品进行深加工,提高出口产品的附加值。进口方面,南非第一大类进口产品是机电产品,进口额为197.6亿美元,占南非进口总额的22.4%。其他主要进口商品包括矿产品、化工产品和运输设备,占南非进口总额比重依次是的17.2%、10.7%和9.1%。

服务贸易的部门结构。在出口方面,南非排名前三位的服务贸易部门分别是旅游、运输和金融服务。特别是旅游服务,在南非服务贸易出口总额中占比不断攀升,由2000年的53%上升到2012年的66%,2019年回落到58.4%。虽然运输服务占比不断下降,但2019年仍保持着14.7%的高位水平。此外,虽然是发展中国家,但南非金融服务贸易已经初具竞争实力,在服务出口额所占比重一直维持在6%左右的水平。进口方面,南非三大服务贸易部门与出口部门类似,分别是运输业、旅游业和其他商业服务,但运输服务贸易进口占比持续上升,由2001年的40.5%上升到2012年的45.2%,2019年为42.6%。与旅游出口占比上升的趋势不同,旅游服务进口占进口额的比重不断下降,从2001年的35.9%下降到2019年的20.5%。此外专有权使用费的进口也占有10.8%的比重。

(三) 主要贸易伙伴

南非最大的出口贸易伙伴是中国,2019年南非对中国的出口占其总出口额的10.7%,中国同时也是南非最大的进口来源地,2019年自中国的进口占其进口总额的近18.5%。南非其他出口、进口贸易伙伴见表7-19。

表7-19 2019年南非进出口贸易伙伴

排序	出口贸易伙伴			进口贸易伙伴		
	国家	金额/百万美元	占比/%	国家	金额/百万美元	占比/%
1	中国	9 614	10.7	中国	16 293	18.5
2	德国	7 446	8.3	德国	8 692	9.9
3	美国	6 186	6.9	美国	5 763	6.5
4	英国	4 702	5.2	印度	4 323	4.9
5	日本	4 304	4.8	沙特阿拉伯	3 650	4.1
6	印度	4 026	4.5	尼日利亚	3 618	4.1
7	博茨瓦纳	3 941	4.4	英国	2 937	3.3
8	莫桑比克	3 655	4.1	日本	2 807	3.2
9	纳米比亚	3 544	4	泰国	2 667	3

续表

排序	出口贸易伙伴			进口贸易伙伴		
	国家	金额/百万美元	占比/%	国家	金额/百万美元	占比/%
10	荷兰	2 913	3.2	意大利	2 233	2.5
11	比利时	2 740	3.1	阿联酋	2 195	2.5
12	赞比亚	2 111	2.4	法国	1 990	2.3
13	津巴布韦	1 977	2.2	西班牙	1 590	1.8
14	阿联酋	1 598	1.8	斯威士兰	1 288	1.5
15	韩国	1 495	1.7	巴西	1 184	1.3

数据来源：中国商务部国别报告。

（四）中国南非的经贸关系

1. 中国和南非的贸易关系

从1993年起，除个别年份被安哥拉取代外，南非都是非洲国家中中国最大的贸易伙伴，当年的贸易额虽然仅为6.6亿美元，却占中国与非洲大陆贸易额的1/4强。1998年南非与中国正式建立了外交关系。2004年6月，南非宣布承认中国市场经济地位，并代表南部非洲关税同盟与中国启动自由贸易区谈判。双方于2006年6月签署《关于深化战略伙伴关系的合作纲要》，为共同推动双边经贸合作，鼓励双方企业发掘贸易潜力和机会，支持对方企业投资起到了积极作用，从此以后两国经贸关系发展非常迅速。据南非国税局统计，2000年，双方贸易额上升为20.5亿美元，到2011年增长到258亿美元的高点。但此后中国、南非间的贸易在波动中开始下滑，到2016年降至204亿美元，但近年来又开始回升。2019年双边贸易额达到259.1亿美元。目前南非成为中国在非洲的第一大贸易伙伴，中国则取代德国跃升为南非的第一大贸易伙伴、第一大出口目的地以及第一大进口来源地。

矿产品、贱金属及制品是南非对中国出口的主要商品，2019年，南非对华出口的这两类产品总额为166.94亿美元，占南非对华出口总额的87.9%。其中矿产品出口额为70.8亿美元，占比73.6%，贱金属及制品共出口13.8亿美元，占比14.3%。此外，植物产品、纺织品及原料以及纸张、纸浆也是南非对华出口的主要产品，但是占比均在3%以下。

南非自中国进口的商品主要有机电产品、纺织品及原料以及贱金属及制品。2019年，从中国进口的三类产品的总额105.7亿美元，占南非从中国进口总额的65%。其中机电产品的进口额为77.1亿美元，占比近47.3%。近年来，中国对南机电产品出口持续增长，已成为拉动中国对南商品整体出口的主要动力。纺织品及原料在南非自中国进口总额占比近9.3%。

2. 中国和南非的投资概况

中南双边贸易的迅速发展为带动两国在投资领域的合作起到了积极的促进作用。南非是中国企业在非洲投资的重点国家之一。据中国商务部统计，2019年当年中国对南非直接投资流量3.39亿美元。截至2019年末，中国对南非直接投资存量61.47亿美元。中国企业主要分布在南非约翰内斯堡地区和各省的工业园中,投资项目涉及纺织服装、家电、机械、食品、建材、矿产开发以及金融、贸易、运输、信息通信、农业、房地产开发等多个领域。主要投资项目有中钢集团铬矿项目、金川集团铂矿项目、河北钢铁集团铜矿项目、第一黄金集团黄金项目、海信集团家电项目、北汽南非汽车工厂项目等。

近年来,中南在金融领域合作日益扩大。2008年3月,中国工商银行投入54.6亿美元购买南非标准银行20%的股份,是迄今中国在南非最大的金融投资项目,为双方金融合作迈出了实质性步伐。

南非对中国投资项目主要涉及矿业、化工、饮料等领域。目前,南非约有26家公司在中国投资,2003年1月至2019年8月期间的资本支出为880亿兰特(约58.9亿美元),主要企业有南非啤酒公司、MIH媒体集团等。

3. 中南经贸合作中的问题

(1) 贸易不平衡影响两国贸易关系的稳定发展。尽管中方统计的数据表明南非对中国有较大的贸易顺差。但是根据南非政府的统计,南非对中国的贸易存在较大的逆差,且呈增长趋势。为了保护本国的产业、降低对中国的逆差,南非政府宣布要对中国出口的纺织品采取配额管理制度,来限制中国对南非纺织品服装的出口。中南之间的贸易摩擦也随之增多。到目前为止,南非是非洲地区对中国出口商品提出反倾销诉讼最多的国家。反倾销调查大多集中在纺织品、化工产品和金属制品。由于中国许多企业对反倾销诉讼的应诉态度消极,致使相关出口商品蒙受重大经济损失,不仅阻碍了中国对南非的商品出口,也使多种商品退出当地市场。

此外,南非政府还制定了严苛的卫生与植物卫生检验检疫标准,并进一步要求出口企业建立农产品质量可追溯体系,这成为中国农产品进入南非市场的拦路虎。南非政府还采取了单独针对中国的纺织品进口配额管理措施。目前,南非贸易工业部对中国31个类别的纺织品实施进口配额管理,所涉产品包括棉织物、窗帘和针织长裤等。南非对华发起反倾销调查和征收反倾销税,严重损害了中国企业的利益,如果处置不当,会有损两国关系。中南贸易摩擦已经成为中国对南非开展经济外交的绊脚石。

(2) 中国与南非的贸易产品结构有待提高。中国是工业大国且目前正处于发展阶段,因此对南非出口产品中主要集中为纺织品、服装、鞋、玩具、轻工产品、家用电器等劳动密集型产业。而南非属于中等收入的发展中国家,中国企业输出的产品与其相关产业趋同,两国之间竞争大于互补,有资料显示大量廉价产品进口使得不少南非的服装与纺织品工厂倒闭。中国在南非投资项目技术含量也很低,中国企业到南非投资往往看中的是其丰富的矿产资源,他们在南非只进行粗加工环节,而将附加值较高的深加工环节放在国内,因此南非主要对中国出口矿石、贵金属等资源型产品,自中国进口机电、服装等成品,如此贸易结构并非南非政府所乐见。

(3) 南非社会治安状况比较差,投资贸易缺乏安全防护。据相关数据统计,南非是世界上犯罪率最高的国家之一,主要形式大多为持枪或者刀具入室抢劫私人财物、拦路抢劫往来车辆、偷窃,此外还有对妇女实施暴力等。近几年,中国的企业到南非投资,就遇到当地暴徒针对中国库房的盗窃案和拦路抢劫案,直接给中国企业以及商务人员带来巨大经济损失。

四、南非的主要港口和城市

1. 比勒陀利亚（Pretoria）

南非行政首都，中央政府机关所在地。人口约 328 万，白人居多。始建于 1855 年，1910 年建都。海拔 1 378 米，面积 6 368 平方公里。比勒陀利亚终年阳光充足，绿草成茵、繁花似锦，是一座花园式城市。该市是南非黑色冶金工业中心和公路、铁路枢纽，主要有钢铁、机械、化工、纺织、肥料、纸张、食品等工业以及金刚石、铂、金、铬、煤等采矿业；也是南非最重要的文化、教育、科研中心。拥有比勒陀利亚大学、南非大学（全球十大函授大学之一）、国家天文台和各种研究机构。有各类博物馆 35 个，世界一流的体育场馆、国家歌剧院等。比勒陀利亚国家动物园位居世界前十大动物园，有 3 500 多种动物。

2. 开普敦（Cape Town）

南非的立法首都，全国议会所在地，也是西开普省省会。是全国第二大城市和重要港口，面积 2 440 平方千米，人口约 401 万，有色人居多。面临大西洋桌湾（Table Bay），背靠桌山，风景优美，为世界著名旅游城市。始建于 1652 年，是欧洲殖民者在南部非洲第一个据点，荷、英殖民者向非洲内地扩张的基地。阿非利卡人为纪念其祖先最早来此定居，称其为"母亲城"。有大型纺织、酿酒、烟草、炼油、化工、皮革、造纸、造船等工业。地处重要的国际航道交会点，拥有天然良港，设施先进，有南半球最大的干船坞。30 余国在此设有领事机构。

3. 布隆方丹（Bloemfontein）

南非的司法首都，最高上诉法院所在地，又是自由州省省会，贸易、交通和通信中心。地处南非的心脏地带，海拔 1 390 米，是半干旱的高原性气候，有"玫瑰城"之称。中国南京市是布隆方丹的友好城市。

4. 约翰内斯堡（Johannesburg）

南非第一大城市，豪登省省会，素有"黄金城"之称。海拔 1 760 米，人口 440 多万，半数以上是黑人。始建于 1886 年。是南非最重要的工矿业中心，附近方圆 240 千米一带有 60 多处金矿。工业产值举足轻重，有大型矿山机械、钻石切割、化学、医药、纺织、电机、汽车装配、橡胶等工业。金融、商业发达，南非证券交易所、各大公司和银行总部多设于此，是南部非洲金融中心。其中杉腾地区发展最快，成为新的金融和商业区。该市是南非铁路和公路枢纽。30 余国在此设有总领馆、领馆或名誉领事。

5. 德班（Durban）

位于夸祖鲁—纳塔尔省东海岸，濒印度洋纳塔尔湾，面积 400 平方千米，人口 380 万，黑人占 50%，印度人占 30%。始建于 1824 年。南非的造船中心和最大港口，也是非洲第一大港。年处理 130 万个集装箱，总装卸量 3 000 万吨。制糖、炼油、汽车装配、机械、化工、纺织、食品等工业也较发达。拥有南非著名大学之一——纳塔尔大学。风景优美，是著名的旅游胜地。城市基础设施完备，多次举办大型国际会议。20 余国在此设总领馆、领馆或名誉领事。与中国广州市结为友好城市。

6. 伊丽莎白港（Port Elizabeth）

位于东开普省的阿尔戈阿湾。2000 年 12 月地方政府选举后更名纳尔逊曼·德拉市

(Nelson Mandela)。人口约 150 万。系南非汽车工业中心,福特、通用、大众等多家国际汽车公司在此设有装配厂,人称"南非的底特律"。此外,还有橡胶、纺织、电子、机械、建材、制药、食品、羊毛及马海毛等工业。为南非交通枢纽之一,机场、港口设施良好。风景秀丽,旅游业发达。

【思考题】

1. 对比分析金砖国家的经济概况。
2. 概述中国与其他金砖国家的经贸关系。
3. 分析俄罗斯的货物贸易结构。
4. 分析服务业及服务贸易在印度国民经济发展中的地位。
5. 对比分析印度和巴西农业发展的特点。
6. 说明对外贸易对南非经济发展的重要作用。

第八章

主要新兴市场国家和地区

学习目的与要求

1. 了解新兴市场国家和地区的界定及其所包括的主要国家和地区;
2. 了解韩国、新加坡、中国台湾、中国香港的自然、人文地理概况;
3. 了解上述四个国家或地区的经济发展历程;
4. 掌握四个国家或地区的产业结构和主要工业、服务业部门;
5. 掌握四个国家或地区的对外贸易发展概况及其与中国大陆的经贸关系;
6. 了解四个国家或地区的主要港口和城市。

扩展阅读 8-1
重新定义新兴市场

本章介绍的四个经济体是与中国大陆经贸关系密切的新兴市场国家和地区,即亚洲"四小龙"。亚洲"四小龙"是指自 20 世纪 70 年代起经济迅速发展的四个亚洲经济体:韩国、中国台湾、中国香港、新加坡。这些位于东亚和东南亚的国家或地区在 20 世纪 70 年代到 20 世纪 90 年代经济高速发展,它们利用西方发达国家向发展中国家转移劳动密集型产业的机会,吸引外国大量的资金和技术,推行出口导向型战略,重点发展劳动密集型的加工产业,在短时间内实现了经济的腾飞,一跃成为亚洲发达富裕的地区。亚洲"四小龙"一度被认为是新兴工业化国家和地区的代表。亚洲"四小龙"的称呼在其经济高速发展时期较为常见,20 世纪 90 年代后较为少用。

第一节 韩 国

韩国(Korea),全称大韩民国,位于亚洲东北部的朝鲜半岛南部(北纬 38°以南),东、南濒日本海、朝鲜海峡,西临黄海,北与朝鲜为邻。总面积 9.972 万平方千米,占整个朝鲜半岛的 45%。半岛海岸线全长 17 000 千米(包括岛屿海岸线)。济州岛是韩国最大的岛屿,是一座典型的火山岛。首都为首尔(2005 年 1 月之前称汉城)。全国现有 1 个特别市:首尔特别市;1 个特别自治市:世宗市;9 个道:京畿道、江原道、忠清北道、忠清南道、全罗北道、全罗南道、庆尚北道、庆尚南道、济州道;6 个直辖市:釜山、大邱、仁川、光州、大田、蔚山。韩国属于东 9 时区,当地时间比北京时间早 1 小时。韩国国旗为太极旗,通用语言为韩语。

一、自然与人文概况

（一）地形、水文与气候

韩国地形多以山地和丘陵为主，占国土面积的70%。地形东北高、西南低，东北多山地，地形陡峭，主要山脉有太白山脉、庆尚山脉、小白山脉等。位于济州岛中心的汉拿山海拔1 950米，是韩国的第一高峰。平原主要分布于南部和西部，海拔多在200米以下。黄海沿岸有汉江平原、湖南平原等平原，南海沿岸有金海平原、全南平原及其他小平原。

韩国主要河流是洛东江和汉江。洛东江长525千米，注入东海；汉江长514千米，注入黄海，是中部地区的重要水系，也是现代韩国人口密集的中部地区的生命线。其他河流还有：锦江、蟾津江、临津江等。韩国湖泊较少，最大的天然湖是位于济州岛汉拿山顶火山口的白鹿潭，海拔1 850米，湖面直径约300米。

韩国北部属温带季风气候，南部属亚热带气候，海洋性特征显著。韩国四季分明，冬季漫长寒冷，夏季炎热潮湿，春秋两季很短。冬季最低气温达-12℃，夏季最高气温可达40℃。年平均降水量1 500毫米左右，其中6—8月雨量较大，降雨量为全年的70%。年均降水量约为1 500毫米，降水量由南向北逐步减少。

（二）自然资源

韩国矿产资源较少，有开采利用价值的矿物有铁、无烟煤、铅、锌、钨等，但储量不大。由于自然资源匮乏，主要工业原料均依赖进口。韩国虽然森林资源较为丰富，森林面积约为760万公顷，但由于人口密度大，人均占有量少，加之战争等历史原因，幼龄林居多，森林蓄积量较小。作为一个半岛国家，韩国海岸线绵长曲折，大陆架宽广，且位于北太平洋渔场南边，其领海海域中寒暖流交汇，十分适合鱼类的生息繁殖，因此渔业资源十分丰富。

（三）人口和民族

截至2020年12月31日，韩国总人口为5 192.9万，是世界第25个人口超过5 000万的国家。人口密度较大，约为465人/平方千米，分布不均匀，其中约43%（约2 229万人）集中在首尔和京畿地区。韩国生育率很低，2020年7月联合国人口基金发布的《2020世界人口状况》报告显示，韩国的总和生育率（一个国家或地区的妇女在育龄期间平均生育子女数）在世界198个国家和地区中排名倒数第一。从2020年第一季度起，韩国总和生育率一直处于低于1的水平。有测算显示，要确保韩国人口稳定，总和生育率应达到2.1。人口危机已成为韩国经济增长的一大担忧。

韩国主要民族为朝鲜族，属黄色人种东亚类型，占全国总人口的99%，是一个单一民族的国家。据2015年人口普查统计资料显示，有宗教信仰的人有2 155万人，在15岁以上4 900万人口中，占比42%。其中信奉基督教（新教）的占总人口比重为18.9%，信奉佛教的占比15.1%，信奉天主教的占比7.7%。韩国本土宗教圆佛教与天道教也分别有不超过10万的信徒。

截至2016年3月，居住在韩国境内的外国人数超过190万，其中中国公民最多，总数达98.6万，占50.8%，大部分为朝鲜族。第二位是美国人，总数约14万，占比7.4%。之后依次是越南人、泰国人、菲律宾人。

（四）风俗与禁忌

韩国自古深受中国文化的影响,和中国有着相似的文化和传统,但同时也有很多独特的礼仪和禁忌。

韩国人见面时的传统礼节是鞠躬,晚辈、下级走路时遇到长辈或上级,应鞠躬、问候,站在一旁,让其先行,以示敬意。男人之间见面打招呼互相鞠躬并握手,握手时或用双手,或用左手托右手前臂,并只限于点一次头。鞠躬礼节一般在生意人中不使用。和韩国官员打交道一般可以握手或是轻轻点一下头。女性一般不与人握手。

在社会集体和宴会中,韩国男女分开进行社交活动,甚至在家里或在餐馆里都是如此。如受邀到韩国家庭做客或赴宴,应备好小礼品,最好挑选包装好的食品。席间敬酒时,要用右手拿酒瓶,左手托瓶底,然后鞠躬致祝词,最后再倒酒,且要一连三杯。敬酒人应把自己的酒杯举得低一些,用自己杯子的杯沿去碰对方的杯身。敬完酒后再鞠个躬才能离开。做客时,主人不会让你参观房子的全貌,不要自己到处逛。

韩国人用双手接礼物,但不会当着客人的面打开。不宜送外国香烟给韩国友人。酒是送韩国男性最好的礼品,但不能送酒给妇女,除非表明这酒是送给她丈夫的。在赠送韩国人礼品时应注意,韩国男性多喜欢名牌纺织品、领带、打火机、电动剃须刀等。女性喜欢化妆品、提包、手套、围巾类物品和厨房里用的调料。孩子则喜欢食品。如果送钱,应放在信封内。若有拜访必须预先约定。韩国人很重视交往中的接待,宴请一般在饭店或酒吧举行,夫人很少参加。

政府规定,韩国公民对国旗、国歌、国花必须敬重。不但电台定时播出国歌,而且影剧院放映演出前也放国歌,观众须起立。外国人在上述场所如表现过分怠慢,会被认为是对韩国和韩族的不敬。

韩国人禁忌颇多。逢年过节相互见面时,不能说不吉利的话,更不能生气、吵架。农历正月头三天不能倒垃圾、扫地,更不能杀鸡宰猪。寒食节忌生火。婚姻忌生肖相克,婚期忌单日。渔民吃鱼不许翻面,因忌翻船。

与年长者同坐时,坐姿要端正。由于韩国人的餐桌是矮腿小桌,放在地炕上,用餐时,宾主都应席地盘腿而坐。若是在长辈面前应跪坐在自己的脚底板上,无论是谁,绝对不能把双腿伸直或叉开,否则会被认为是不懂礼貌或侮辱人。未征得同意前,不能在上级、长辈面前抽烟,不能向其借火或接火。吃饭时不要随便发出声响,更不许交谈。进入家庭住宅或韩式饭店应脱鞋。在大街上吃东西、在人面前擤鼻涕,都被认为是粗鲁的。

在韩国人面前,切勿提"朝鲜",也不要把"首尔"说成"汉城"或"京城"。

照相在韩国受到严格限制,军事设施、机场水库、地铁、国立博物馆以及娱乐场所都是禁照对象,在空中和高层建筑拍照也都在被禁之列。

二、经济发展历程与当前经济状况

"二战"以来的韩国经济可以划分为三个阶段。

第一阶段是经济动荡与恢复时期。从"二战"结束到20世纪60年代,韩国政府虽然为恢复生产、抑制通胀作出了巨大努力,也取得一定的成绩,但是由于资源贫乏,再加上朝鲜战争的爆发,经济遭受沉重打击。1953年战争结束后,其经济主要依赖美国的无偿援助和优惠贷款。经过近三年的恢复,韩国经济于1956年在很大程度上完成重建工作,控制了恶性通货膨胀。在此期间,韩国政府实施了"有偿征用"和"有偿分配"的农村土地所有制的改革,由政府自土地所有者手中购买土地,分配给实际耕作的农民,使农业部门的生产率得到提高。1953—1962年,韩国经济年均增长3.7%,人均国民生产总值年均增长0.7%。

第二阶段是经济高速增长阶段。20世纪60年代以来,韩国开始实施以政府为主导的出口导向型发展战略,自1962年开始连续实施了6个五年经济开发计划。"一五"期间是韩国外向型经济形成时期,振兴出口、引进外资、引进技术是经济发展的主旋律。60年代,韩国GDP的增长率达到了7.6%,"二五"计划结束时的1971年,出口额由1962年的5 480万美元增至10.68亿美元。70年代是韩国实施第三、第四个经济开发五年计划,继续推进自立经济建设、解决发展不均衡时期,也是重化工业发展时期,产业结构向工业化方向前进了一大步。这一时期,韩国继续扩大出口,1971年至1979年,出口由10.68亿美元猛增至150.6亿美元,年均增长39.7%,但贸易仍然处于逆差。80年代上半期,韩国出口增长率超过进口,贸易赤字逐渐减少,1986年终于出现盈余。这一时期韩国实施了"五五"和"六五"两个五年计划,经济稳步快速发展,在两个五年计划实施期间,国内生产总值的平均增速分别为9.2%和9.3%。

第三阶段是20世纪90年代以来的调整改革发展阶段。自1992年开始,韩国实施第七个经济开发五年计划,进一步强调"科技立国"的基本国策,采取了增加科技研究与开发投资、大力培养科技人才等措施,加快发展高科技产业,以逐步建立自己的高科技体系和促进经济结构的进一步升级。1992年,韩国政府还提出了"世界化战略"方针,改革政治与经济机制,与新的国际经济秩序接轨,进一步增强国际竞争力,使国家建设的各个领域全面走向世界,迎接世界范围内科技与贸易的新挑战。"科技立国"策略的实施,使韩国经济结构进一步发生了明显的变化,经济实力明显增强。1994年,韩国实际GDP增长8.6%,1995年更是达到8.9%,人均国内生产总值突破了1万美元大关,达到10 037美元。1996年经济增长率回落为7.1%,但在这一年韩国成为了经济合作与发展组织(OECD)成员,这标志着韩国基本上进入发达国家行列。1997年韩国经济受到亚洲金融危机的严重冲击,本币贬值,陷入无法支付外债的困境,不得不向国际货币基金组织申请金融救助。1998年,金大中执政后,推行企业、金融、公共部门和用工制度四大改革,在较短时间内克服了金融危机。2001年8月,韩国提前还清IMF全部贷款,结束了IMF监管体制。2003年卢武铉执政后,提出把韩国建设成东北亚枢纽国家等政策目标,继续推动经济改革,培育新兴产业,吸引外资。但受国内外各种因素的影响,韩国经济增长速度明显放慢,2003年仅增长3.1%,GDP为6 012亿美元,人均GDP为12 646美元。

通过韩国经济发展的轨迹,可以发现促成其经济快速增长的原因主要有两个方面:其一,从世界经济发展的宏观角度来看,韩国处于后发地位,可以利用更发达国家的技术革新成果;此外,战后节约资源型技术的快速发展,使资源稀缺的韩国在经济发展过程中所遭受的资源匮乏约束大大得到缓解。其二,政府主导型经济发展战略在经济运行和发展中起到重要作用。无论是"出口主导型"经济开发战略、"重化工业化"经济开发战略还是"技术立国",虽然在一定程度上造成了金融扭曲和效率低下,但基本完成使命。

韩国GDP在2007年曾达到1.05万亿美元。但此后受美国次贷危机引发的国际金融危机和经济衰退的影响,2008年第三季度后,韩国经历了严重的经济衰退。但进入2009年第四季度,韩国经济开始反弹,实际GDP增长率回升至6.3%,到2010年达到2002年以来的最高值。但进入2011年后,韩国经济增速又开始放缓,随着美、日相继实施量化宽松的货币政策,大批外国资本进入韩国资本市场,促使韩元短期内大幅升值,对韩国经济造成更严重的打击。2012年的韩国经济再次低迷,全年经济增长率下跌至2%。此后韩国一直维持3%左右的经济增速,2012年至2019年年均增速约为2.83%。

近些年来,韩国经济表现出生产持续萎缩、中小企业经营困难、消费需求低迷等特点。韩国经济在回升过程中之所以出现波折,主要由于以下三方面原因:一是韩国家庭储蓄率低、负债率高。韩国曾是中低收入的高储蓄国家,1993年其家庭储蓄率达到23.1%,但近年来韩国家庭储蓄率迅速下降,到2010年仅为2.8%。与此同时,韩国家庭负债已达到世界之首,这不可避免的会影响到消费需求。二是全球市场的萎缩。韩国经济高度依赖出口,但进入2012年,受全球经济不景气的影响,其主要出口市场都出现了萎缩的趋势,出口对经济增长的贡献率也大大降低,这势必会对经济回升造成严重影响。三是韩元的升值。美国和日本的量化宽松政策使得美元和日元贬值,对韩元形成升值压力。韩元兑日元汇率在2012年第四季度上涨了16.5%,是15年来最大季度涨幅。在全球市场萎缩的背景下,韩元快速升值,其直接结果就是出口贸易增速的放缓甚至萎缩,并进而对经济的回升造成严重障碍。

韩国虽然国土面积狭小,资源稀缺,但从经济总量来看,已名列前茅。2014年,韩国GDP总额为1.41万亿美元,超过西班牙,位列全球第13位,排在澳大利亚之后。2019年GDP达到1.65万亿美元,超过澳大利亚,位居全球第12位。其人均GDP自2006年开始超过2万美元,2019年达到31 846美元,位居全球第33位,属于高等收入国家。

三、产业结构及生产分布

(一)产业结构调整

20世纪60年代以来,韩国根据本国经济发展的需要,不断适时地调整其产业结构,使原本经济落后的农业国发展成为新兴的工业化国家,创造了令人瞩目的"汉江奇迹"。几十年来,韩国产业结构调整经历了内向型经济发展、进口替代、出口导向、重化工业结构高度化和技术密集型产业发展的不同阶段。

1. 20世纪50年代中后期

以内向型经济发展为主。"二战"后,在韩国经济重建和恢复时期,主要依靠美国援助物资来支撑经济,因此只能发展内向型经济,即通过销售美援物资来积累资金,再大量投入电力、煤炭、水泥、运输、通讯等骨干产业部门以带动内需,进而实现经济复兴。在此期间,韩国轻工业得到迅速发展,部分进口替代产业也相继形成规模。

2. 60年代初期

从进口替代工业化转向出口导向工业化。由于韩国自身缺乏原材料、资金和技术,内向型经济发展所需原材料98%都依靠进口,再加上韩国当时出口不振,国际收支逆差巨大,只能靠外来资金弥补。为改变这一现状,韩国政府开始从"进口替代"逐步转向"出口导向"工业化,于1964年正式提出"输出立国"的方针,采取了一系列支持出口贸易的政策和支持出口的金融机制,设立了一系列促进出口的机构。1967年4月,在加入关贸总协定(GATT)初期,韩国政府充分利用国内廉价劳动力和纺织工业的优势发展出口加工业,使轻纺工业等劳动密集型产业成为出口的主力,为韩国的资本和技术积累创造了条件。

3. 70年代

大力发展资本密集型重化工业,实现产业结构高度化。70年代初期,韩国产业政策由鼓励出口转向优先发展重化工业,促进中间材料与生产资料的进口替代。在发展钢铁、机械、石油化工等产业的同时,大力推进造船、电子、有色金属等产业的发展。这一时期,韩国还重视电子机械、家用电器、汽车等高新产业的形成与发展。这些产业不但为韩国经济的高速发展奠定了坚实的基础,而且改变了韩国的工业结构,使其轻工业的比重逐步下降,而重工业的比重明显上升,进入了重工业结构高级化阶段。

4. 80年代以后

提出"科技立国",重点发展技术密集型产业。六七十年代韩国的产业政策着重于外延扩大,在技术上依赖引进,使韩国的技术开发能力较弱,很难形成自主型产业结构。为改变这一现状,首先,对那些在发达国家已属夕阳产业,但在韩国仍具有优势的产业(如纺织、水泥、石化、钢铁、家电、汽车、造船等)进行技术升级,试图提高国产化率与附加值,以形成出口主力产业。其次,对那些在发达国家正处于成长期,而在韩国尚处于引进、吸收阶段的产业(如精密化学、精密仪器、计算机、产业用电子机械、航空航天等),作为本国的"战略产业",予以重点扶持。最后,对那些在发达国家处于开发阶段,而在韩国则处于萌芽阶段的"新兴产业"(如信息、新材料、生物工程等),作为积极发展的"未来产业"。

从三次产业来看,产业结构也发生了很大的变化,20世纪50年代以农业为主,此后工业产值占比不断上升,农业产值占比不断下降,服务业产值稳步增长(见表8-1)。到2019年,韩国第三产业在国民经济中占比62.4%,工业占比35.8%,农业仅占1.8%。

表8-1 韩国产业结构的变化   %

年份	1970	1980	1990	1995	2000	2005	2010	2015	2017	2018	2019
第一产业	29.0	16.0	8.4	5.9	4.3	2.9	2.4	2.2	2.0	1.9	1.8
第二产业	27.2	36.0	40.2	40.1	38.5	37.7	37.5	37.2	38.0	37.2	35.8
第三产业	43.8	48.0	51.4	54.0	57.2	59.4	60.1	60.6	60.0	60.9	62.4

数据来源:UNCTAD。

(二)主要工业部门

自1962年韩国开展第一个五年计划以来,经过数十年的发展,韩国已从一个自给自足的农业经济国家变成一个具有现代化水平的工业国,不但建立了完整的工业体系,而且实现制造业由劳动密集型向资本技术密集型的转变。目前,韩国主要工业部门有钢铁、汽车、造船、电子、化学和纺织等。

1. 钢铁工业

韩国钢铁工业自20世纪60年代末开始发展,利用日本的贷款和技术支援,建立起浦项钢厂。由于韩国政府在发展钢铁工业中采取了计划指导和市场运作相结合的方针,克服了原燃料基本依靠进口和产品的30%以上依靠国际市场消化等不利条件,取得了飞速发展。此外韩国钢铁行业也很重视技术研发创新。1970—1995年韩国钢铁工业共增长了72倍,且品质较高;在1997—1999年的金融危机中波动较小。韩国钢铁工业为韩国经济腾飞做出了巨大贡献,向包括汽车、造船和建筑等主要用钢行业提供了基础原材料。同时韩国的城市化、工业化也推动了钢铁工业的发展。2019年,韩国粗钢产量为7 140万吨,是世界第六大产钢国。韩国钢材表观消费量居世界第五位,其人均消费粗钢1 047.2千克,居世界首位,是世界人均消费量224.5千克的近5倍。高钢材消费量反映出韩国人均工业产品产量较高。浦项钢铁公司和现代钢铁公司(唐津钢厂)是韩国两家最大的钢铁联合企业,其中浦项制铁在2019年是全球第五大钢铁公司。

2. 汽车工业

自1955年成功改装第一辆汽车开始,韩国汽车产业历经数十年,已走出了一条引进技术、消化吸收、自主创新的道路。韩国汽车正式生产始于20世纪60年代初,各汽车厂商以组装进口零部件生产整车的方式开始试制汽车。进入70年代,政府实行"汽车国产化"政策,各汽车厂商开始大规模引进国外生产技术。进入80年代,汽车工业迎来了高速发展期。随着汽车国产化的实现,政府又实施了出口导向战略。从80年代开始,汽车开始大量出口。面对国际市场的激烈竞争,韩国的汽车工业不但没有萎缩反而有了相当发展。韩国自2005年起连续11年蝉联了全球第五大汽车制造国,到2019年汽车产量为395.1万辆,在全球汽车总产量中占4.3%,被印度和墨西哥超越,退居到全球第七位。韩国主要有现代汽车、起亚汽车(上述两家企业均属于现代起亚集团)、通用大宇、双龙汽车和雷诺三星等五大汽车制造商。

3. 造船业

韩国政府在20世纪70年代初,以赚取外汇为目的,有针对性地发展造船业。随后,1975—1990年15年间,造船业规模扩大了5倍,产能从40万CGT(compensated gross ton,修正总吨)增长到180万CGT,不仅建立了一个国际性的造船业,也为韩国开拓出一个新的产业。20世纪70年代到80年代期间,韩国成为具有生产超级油轮和石油钻井平台能力的世界领先船舶生产国。2003年,韩国造船业订单总量和世界最先进船舶订单中标均超过日本,成为世界第一造船大国。自2001年开始,韩国超过日本成为世界上最大船舶出口国。2008年金融危机后,全球经济衰退、来自中国等造船大国的竞争压力以及韩国本国的劳资纠纷等原因造成了韩国造船业的相对低迷,船舶订单在2012年为2.13亿CGT,比上年下降了36.8%。中国总造船吨位已经超过韩国。2020年,中国已完工造船吨位1 082万CGT,占世界造船完工量的36.2%,韩国居第二位,占比29.5%。在新接订单量这一指标上,中国也超过韩国。为继续保持在造船业上的优势,韩国开始调整发展策略,力图转战高端市场。该国的主要造船企业有现代造船和大宇集团。

4. 电子工业

韩国电子产业的振兴发展起源于20世纪60年代末,到目前为止共经历了代工、跟随、赶超等三个阶段。70—80年代初是代工阶段,韩国成为欧美和日本的电子厂商在东亚的生产基地之一,其电子产品出口额增长迅速。80年代初期到90年代末期,韩国政府大力扶持本国的电子产业,使得本国的电子产业在技术研发及创新能力上紧紧跟在美、日之后。三星、LG电子正是借此契机迅速崛起。根据World Electronics Data资料显示,韩国在1993年已是世界第六大电子产品生产国,其产出金额达379.8亿美元。进入21世纪后,在大企业战略的指导下,在三星电子的引领下,韩国已经逐渐成为全球电子产业强国,在半导体、液晶显示、LED、OLED等众多领域都已经赶超日本处于全球领先水平,奠定了其在电子行业中的强国地位,其中发展最快的是集成电路和光电显示产业。

5. 化学工业

韩国的石油化学工业也始于20世纪60年代。化肥工业是当时韩国化工发展的重要行业。第一家化肥生产企业清州肥料公司于1961年投产。到20世纪70年代末,化肥工业就实现了自给自足。由于国内消费的迅速增长,目前化肥产量供不应求,韩国对部分化肥的需求还要靠进口满足。韩国石化产业一向以外销为导向。近几年来,其石化中下游产品外销约占65%,内销约占35%。由于所需原油基本依赖进口,因此韩国的石化工业中心集中分布在沿海地带。丽水市为韩国最大的石化工业中心,其次是蔚山、釜山。韩国知名的化工企业有韩华化学公司、湖南石化公司、LG化学公司和SK能源公司等。此外,韩国从20世纪80年代开始重视发展新能源。韩国把生物能、太阳能、垃圾能、地热能、水力和潮汐能等6个新能源和可再生能源领域列为有商业潜力的重点,并提出了相关的研究课题。

(三)农业

20世纪50年代,韩国的经济模式基本以农业为主,农业GDP占整个国家GDP的比重约为50%。20世纪60年代后经济快速发展,农林牧渔业在GDP中所占的比例快速下降,由1970年的29%下降到2000年的4.3%,2015年进一步下降到2.2%,2019年仅为1.8%,农业在国民经济中的地位不断降低。

韩国的农业生产结构中种植业特别是大米的比例较高,而畜牧业等的比重很小。种植业中粮食作物如水稻和小麦的面积有减少的趋势,而特种作物、蔬菜和水果的面积在种植业中的比重在增加。例如,水果种植面积所占比重从1970年的1.8%增加到2003年的8.4%,蔬菜的比例也相应地从7.8%上升到16.9%。

家畜饲养业是韩国仅次于水稻生产的第二大农业生产领域,主要有猪、牛、羊、鸡等。受国土狭小等因素的限制,除了鸡肉和鸡蛋基本上可以保证自给自足外,牛肉、猪肉和牛奶每年都需要大量进口来满足国内市场的需求。特别是自20世纪90年代以来,随着贸易自由化的推进,国际市场竞争引致了肉类进口的增加,自给率也在逐渐下降,到2008年韩国肉类自给率为78.6%。国内畜产品消费对进口的依赖程度较高。

韩国农产品市场的最基本特征是国内供应短缺,农产品较多依赖国外进口,是亚洲仅次于日本的第二大农产品进口国。粮食中除了大米和薯类的生产能够基本自给自足外,其他均大量依赖进口。小麦、玉米、杂粮、豆类、芝麻和油脂类国内消费量的85%需要进口;牛肉、鱼贝类的60%以上需要进口;水果、禽肉和奶的20%需要进口;土豆、蔬菜和猪肉也需要少量进口。

虽然农业在国民经济中的地位下降了,但是政府对农业重视程度反而不断提高。近年来,为应对国内农产品市场日益开放所带来的竞争压力以及农民收入增长缓慢等问题,韩国农业政策的重点转向改善农业生产条件、提高农产品的国际竞争力;加强农产品市场营销体系的建设,提高农产品产销系统的运行效率以及增加农民收入,提高农民生活质量等方面。

韩国民政部从20世纪70年代起,将工农业均衡发展、农产水产经济的开发放在经济发展首要地位,以期优化农业结构,增加农民收入。依据需求,农业结构调整压缩非口粮性粮食作物,发展优质高效的蔬菜、水果和花卉;压缩饲料回报率低的养牛业,扩大饲料回报率高的生猪和鸡的饲养规模。农业结构调整符合韩国的实际,奠定了韩国农村和农业发展的基础,有效调动了农民的积极性,帮助农民很快摆脱了贫穷,缩小了城乡收入差距。2005年韩国农民人均年收入1.35万美元,平均每个农户的收入是2 460万韩元(按当时汇率约合2.1万~2.2万美元),而且城乡收入的差距小,农民收入与城市居民收入的比例是0.84∶1,农民已经比较富裕。

此外,韩国政府也充分认识到了提高农民文化素质和技能水平对促进农村和农业发展的重要性,因此根据农业发展各不同阶段对农业劳动者素质和技术的不同要求,实施农业教育政策,采取引导诱导的方法,让农民自主学习。不仅如此,韩国综合大学的农学院和国立农业专门学校是韩国农业教育的两种形式,其农业专门学校培养的毕业生95%以上从事相关的农业生产和经营活动,为韩国农业生产第一线输送了一批高层次的专业人才,极大地推动了韩国农业的持续发展。

(四) 服务业

韩国服务业近年来发展较快,在国民经济中占有重要地位。在20世纪80年代,服务业产值在国民经济中一直占据着40%左右的比重,到90年代上升到50%以上,2018年超过60%,产业结构出现了和发达国家接近的趋势。另外,韩国服务行业吸收就业人员的数量不断增加,占就业总人数的比重从2005年的65.2%上升到2007年的66.7%,增长速度明显快于制造业(17.6%)。服务贸易在韩国经济发展中的重要地位日益凸显。

不过韩国服务业竞争力还较低,与其他发达国家相比差距仍然很大。据韩国对外经济政策研究院的研究报告分析,在电力、煤气及自来水供应,建筑,餐饮旅店,运输及仓储,金融保险,不动产等6个服务业领域,如果把韩国的劳动生产率作为100,那么美国即为242,是韩国的2倍多。此外,2019年韩国服务业出口占出口总额的比重仅为15.4%,大大低于经合组织国家的28.5%。

近年来,经济的相对低迷和不乐观的就业形势增强了韩国加快发展服务业的紧迫感。韩国经济增长和就业历来依靠出口导向型制造业的发展。自20世纪90年代后期开始,制造业在经济增长和就业中所占的比重明显停滞甚至逐步下降,牵引经济、带动就业的作用逐步弱化。近年来,经济增长率虽达5%左右,但就业却没有相应扩大,出现了所谓"无就业增长"的局面,韩国只有寻找新的发动机才能为经济增长和就业增强动力,找到出路,这个新的发动机就是服务业。为此,韩国于2014年8月发布了服务业振兴规划,规划涵盖了旅游、医疗保健、教育、金融等7大热门领域。韩国政府预计,该规划生效后有望吸引投资超过15万亿韩元(约合人民币895亿元),可创造就业岗位超过18万个。

1. 旅游业

韩国虽然地域狭小,但自然环境优美、历史文化悠久,拥有较为丰富的旅游资源。首尔、济州、庆州、釜山等地都是久负盛名的旅游胜地。首都首尔有"花园城市"之称,城中及附近地区许多景点享誉海内外。济州岛素有"东方夏威夷"之称,美丽而细软的海滩,诱人的玄武岩景观,品种繁多的亚热带植被,将其打造成旅游观光的天堂。随着国际旅游业的发展,韩国又陆续开发了一批新的旅游景区,如"三八线"附近的新景区,东海岸的旅游度假地等。为大力发展旅游业,韩国采取了一系列措施,如大力对外进行旅游宣传,邀请各国旅游决策人士到主要旅游城市进行访问,增设海外旅游机构,改善交通条件,兴建综合旅游度假村等。

2. 交通运输业

公路运输。韩国公路运输网络较为发达,截至2018年末,公路总里程达11.1万千米(包括高速公路、国道、广域市道、地方道、市道、郡道),其中高速公路4 767.3千米。首尔至各道均有高速公路相通。目前,有公路连接韩国坡州和朝鲜的开城工业园。

铁路运输。截至2019年底,韩国铁路线(不含地铁和城铁)总长达约4 100千米,截至2018年末共输送旅客量为89.96亿人次,共运输货物73.6亿吨。高速铁路是城际交通的重要手段,截至2017年底韩国共有四条高速铁路线。

航空运输。韩国主要的国际航空公司每周有1 700多次的定期直达航班往来于北美、欧洲、中东和亚洲的主要城市。韩国已同85个国家和主要国际航空公司签订了航空服务协定。两家航空公司大韩航空公司和韩亚航空公司已成为亚洲地区重要的航空公司。其中大韩航空公司目前已同世界各地的126个城市(中国28个城市)和韩国国内的12个主要城市开通了航线;韩亚航空公司目前同世界各地的74个城市(中国22个城市)开通航线。

海上运输。韩国的水运主要是海上运输,用于对外贸易。现有28个贸易港和22个沿岸港。2014年,韩国港口的年吞吐量为14.2亿吨,集装箱吞吐量2 481万TEU,居世界第六位。截至2020年,韩国船队的总吨位为8 058万载重吨,居全球第七位。主要港口有釜山、浦项、仁川、群山、木浦、济州和丽水等。釜山是韩国最大的港口,其中釜山新港2006年1月正式投入使用,到2019年釜山港集装箱吞吐量为2 191万TEU。

四、对外贸易

(一) 货物贸易

1. 货物贸易发展概况

韩国是世界上经济对外依存度最高的国家之一,对外贸易被视为其生命线。1964年,韩国提出"出口立国"战略,依靠进口工业原料、燃料、中间产品和机器设备,生产供国际市场需要的工业制成品,推行了工业化,迅速增强了国家的经济实力,推动了韩国对外贸易的快速发展。20世纪60—70年代是韩国外贸增长最快的时期,年均增长率达到近40%。20世纪80年代后,出口增长速度略有放慢,但仍居亚洲"四小龙"之首。进出口额由1962年的不到5亿美元,扩大到1997年的2 812.6亿美元。1988年韩国年度外贸总额首次突破1 000亿美元,在过去23年里增加了近10倍,表明韩国正式步入世界贸易大国行列。2011年12月,据韩国关税厅的统计,韩国进出口贸易总额超过1万亿美元,成为世界上第九个年度外贸总额突破1万亿美元的国家。据韩国海关统计,2019年韩国货物进出口额为10 455.7亿美元,其中出口5 422.3亿美元,进口5 033.4亿美元,贸易顺差388.9亿美元。韩国的顺差来源地主要有中国香港、中国内地、越南、美国等。对沙特阿拉伯、卡塔尔、科威特等石油输出国,韩国处于逆差地位。另外工业制成品出口大国日本、德国也是韩国贸易逆差的主要来源。

贸易迅猛的增长使得韩国对外贸易依存度不断攀升,2003年为70.6%,2006年突破80%,2008年首次超过100%,2011年达113.2%,创历史新高。近年韩贸易依存度高企主要是国际金融危机爆发后韩政府通过扩大对外贸易克服危机所致,目前已达危险边缘,在外部环境恶化时,韩经济遭受冲击的风险极高,不利于可持续增长。2019年,韩国对外贸易依存度下降到63.5%,但在经济体量较大的国家中仍处于较高水平。

2. 对外贸易伙伴

在外贸总额大幅增加的同时,韩国贸易对象也发生了巨大变化。

"二战"后到20世纪60年代中期,韩国严重地依赖美国的经济援助,对外经济关系也是以美国为核心。韩日邦交正常化以后,日本市场的重要性开始凸显,对美国和日本两国的贸易在1965年占到韩国对外贸易的73%。1992年中韩建交是影响韩国对外经济关系的大事。中韩建交后,韩国对中国的出口猛增。经过短短12年的发展,2004年中国成为韩国最重要的贸易伙伴和投资市场,韩国的对外经济关系呈现出多元化的格局。中国、美国、日本是韩国最重要的贸易伙伴。2005年,韩国对上述3个国家的出口占其总出口额的44.8%,从3国的进口占其总进口额的45%(见表8-2)。2019年,韩国最大的出口贸易伙伴是中国大陆,对华出口占韩国当年总出口额的25.1%。其他主要出口贸易对象依次是美国、越南、中国香港、日本、中国台湾、印度、新加坡等。其中日本由韩国第三大出口市场下降到第五位。中国大陆也是韩国最大的进口来源地,2019年自中国大陆的进口占韩国进口总额的21.3%。其他主要进口来源地包括美国、日本、沙特阿拉伯、越南、澳大利亚、德国、中国台湾等。由此可见,韩国的主要进口来源地大多都是能源、原材料的输出地。

表8-2 韩国主要对外贸易伙伴

排序	2019年出口贸易伙伴		2005年出口贸易伙伴		2019年进口贸易伙伴		2005年进口贸易伙伴	
	国家或地区	占比/%	国家或地区	占比/%	国家或地区	占比/%	国家或地区	占比/%
1	中国大陆	25.1	中国大陆	21.8	中国大陆	21.3	日本	18.5
2	美国	13.5	美国	14.5	美国	12.3	中国大陆	14.8
3	越南	8.9	日本	8.5	日本	9.5	美国	11.7
4	中国香港	5.9	中国香港	5.5	沙特阿拉伯	4.3	沙特阿拉伯	6.2
5	日本	5.2	中国台湾	3.8	越南	4.2	阿联酋	3.8
6	中国台湾	2.9	德国	3.6	澳大利亚	4.1	澳大利亚	3.8

续表

排序	2019年出口贸易伙伴		2005年出口贸易伙伴		2019年进口贸易伙伴		2005年进口贸易伙伴	
	国家或地区	占比/%	国家或地区	占比/%	国家或地区	占比/%	国家或地区	占比/%
7	印度	2.8	新加坡	2.6	德国	4	德国	3.7
8	新加坡	2.4	英国	1.9	中国台湾	3.1	印度尼西亚	3.1
9	墨西哥	2	印度尼西亚	1.8	俄罗斯	2.9	中国台湾	3.1
10	马来西亚	1.6	马来西亚	1.6	卡塔尔	2.6	马来西亚	2.3
11	德国	1.6	印度	1.6	科威特	2.1	科威特	2.3
12	菲律宾	1.5	意大利	1.5	马来西亚	1.8	卡塔尔	2.1
13	澳大利亚	1.5	俄罗斯	1.4	阿联酋	1.8	新加坡	2
14	泰国	1.4	澳大利亚	1.3	印度尼西亚	1.8	俄罗斯	1.5
15	俄罗斯	1.4	墨西哥	1.3	伊拉克	1.6	阿曼	1.4

数据来源：中国商务部国别数据。

3. 对外贸易商品结构

从发展对外贸易开始至今，韩国政府审时度势，适时对贸易结构进行调整，实现了从初级产品到工业制成品、从劳动密集型产品到资本和技术密集型产品的贸易结构转型，实现了以贸易出口为主的经济增长，韩国出口商品结构明显优化。20世纪80年代，其出口仍以劳动密集型产品为主，服装是第一大出口商品，所占比例为11.7%，其次为鞋类和人造纤维，分别占5.2%和3.2%。90年代开始，韩国的出口产品开始逐步升级。2000年以来，高附加值产品的出口成为主流。半导体芯片成为第一大出口商品，占全部出口的15.1%。计算机所占比例为8.5%，船舶和汽车所占比例分别为10.5%和7%。石化产品也成为出口大户，所占比例达到5.3%。2014年，在韩国的出口贸易额中，机电产品占比已达到35.1%，运输设备占比19.9%。到2019年，机电产品的比重进一步上升到41.4%，但运输设备逐步下降到15.6%。

尽管出口商品结构已有明显改善，但是韩国仍然感到有很大压力。这主要是因为在东亚地区，韩中日三国都是世界经济的制造基地，三国间技术差距正日趋缩小，产业结构也逐渐趋同，形成了激烈的竞争格局。例如在韩国和中国的十大出口项目中，船舶、半导体、平板显示器、无线通信设备、电子应用设备领域相互重叠，今后两国间的竞争将会更加激烈。因此韩方认为韩国亟须提高技术竞争力，不仅要尽力维持原有项目的竞争力，同时也要积极培育新增长点。

（二）服务贸易

1980年以前，韩国把货物贸易作为带动经济发展的重要支柱，对服务贸易并不十分重视，1980年其服务贸易总额仅为83.36亿美元。20世纪80年代以后，韩国积极开展对外贸易、国际经济技术合作、海外投资等活动，这在一定程度上推动了韩国服务贸易的发展。2000年，服务贸易的出口额为307.53亿美元，比1980年提高了近6.5倍。其优势主要集中在个别服务行业,如交通运输业和旅游业等。

自 2003 年以来,韩国服务贸易迅速发展,其增长率保持在两位数字,2004—2007 年,分别增长了 25.2%、13.2%、14.3% 和 23.4%,平均增长率为 19%。到目前为止,除个别年份因全球经济形式普遍低迷而出现负增长外,韩国服务贸易都保持着较快的增长。2019 年,出口额为 1 024.31 亿美元,进口额为 1 264.22 亿美元,服务贸易逆差为 239.91 亿美元(见表 8-3)。

表 8-3 20 世纪 80 年代以来韩国服务贸易进出口额   亿美元

年份	出口额	进口额	服务贸易差额	服务贸易总额
1980	47.47	35.89	11.58	83.36
1990	97.58	101.39	−3.81	198.97
2000	307.53	331.52	−23.99	639.05
2005	507.30	598.61	−91.31	1 105.91
2008	910.45	973.56	−63.11	1 884.01
2009	725.41	818.79	−93.38	1 544.20
2010	829.49	969.22	−139.73	1 798.71
2012	1 031.34	1 081.92	−50.58	2 113.26
2013	1 033.24	1 096.53	−63.29	2 129.77
2015	974.99	1 121.24	−146.25	2 096.23
2016	948.09	1 121.48	−173.39	2 069.57
2017	897.01	1 264.35	−367.34	2 161.36
2018	990.57	1 287.94	−297.37	2 278.51
2019	1 024.31	1 264.22	−239.91	2 288.53

数据来源:UNCTAD。

韩国服务出口的三大部门是运输、旅游和其他商业服务,三者服务出口占据了服务贸易出口的大部分比重,2003 年占比高达 83.5%,此后占比开始下降,2012 年为 70.1%,2019 年为 66.6%,但其领头羊的地位却未被撼动。韩国服务出口过于依赖运输服务,2003—2012 年运输出口额占韩国服务出口的比重平均高达 44.8%;2004 年运输服务的占比甚至超过了一半,达到 50.6%,2019 年这一比重下降到 25.9%。从变化趋势来看,运输、旅游的比重在逐步降低,但仍然是主要的服务出口部门,说明韩国的服务贸易出口结构并未得到有效优化,仍集中在资源密集型产品的出口上。另外,韩国的现代新兴服务业发展较快,金融、专利和许可服务在服务出口占据一定的地位。总体来看,韩国的出口主要集中在附加值较低的行业上,高附加值的知识和技术密集型行业的出口比重亟待提高。

韩国服务进口的三大部门也是其他商业服务、运输和旅游,三者占服务进口的比重在 80% 以上,其中 2003—2008 年高达 85% 以上,从 2009 年开始有所下降,但也大概占 82% 的比例,2019 年占比 75.1%,说明传统的服务部门仍是其进口的支撑产业。运输在服务进口中占据着极其重要的地位,长期以来都是第一大进口部门。从 2009 年开始,其他商业服务取代运输成为韩国第一大进口部门。旅游稳居韩国服务进口的第三大部门。

就其增长幅度而言,韩国服务贸易确实有了较大发展,但其服务贸易竞争力依然较低,其禀赋优势和产业竞争力较世界发达国家仍存在较大差距。除在 80 年代有少量顺差外,自 1990 年开始,韩国服务贸易都是逆差。2009 年的服务业贸易逆差达 93.38 亿美元,在 OECD 33 个成员国服务业贸易收支排名中居第 27 位。2017 年逆差达到 367.34 亿美元历史最高值,到 2019 年回落到 200 多亿美元。韩国服务贸易中占比较高的运输、旅游、其他商业服务都是逆差,其中旅游业是韩国服务贸易第一大逆差来源。虽然近几年,韩政府出台大量促进并完善旅游业的政策措施,但随着海外旅游供应链的进一步完善,旅游要素的愈发充裕,使得以海外留学、境外旅游为代表的旅游服务贸易逆差不断扩大,成为服务贸易第一大逆差来源,2019 年,旅游业逆差占韩服务贸易逆差比重达到近 50%。

(三) 中韩经贸关系

中韩两国的经贸往来始于 20 世纪 70 年代末 80 年代初。当时,双边贸易通过中国香港地区进行转口贸易,贸易额很小,1979 年仅 1 900 多万美元。自 1992 年建交以来,中韩两国双边贸易合作不断加深,贸易总额也不断增加。2000—2014 年间,除 2008 年受国际金融危机影响导致中国对韩国的进出口额略有下降外,其他各年份都呈现稳定增长的趋势。2010 年中韩两国贸易总额突破 2 000 亿美元,并有不断上升的趋势。2012 年,在全球经济放缓、中国国内企业生产成本不断增加的大环境下,中韩两国贸易发展仍取得了不错的成绩,贸易总额从 1992 年的 50.3 亿美元增长到 2012 年的 2 564.0 亿美元,增加了 50 倍。此后两国贸易额继续增长,到 2014 年双方贸易额达到 2 904.42 亿美元。中国是韩国最大的贸易伙伴,截至 2019 年,中国已连续 17 年成为韩国第一大出口市场,连续 13 年成为韩国第一大进口来源国。若单从国别来看(即不考虑欧盟和东盟这两个贸易集团),韩国已是中国仅次于美国和日本的第三大贸易伙伴,同时也是中国第三大出口市场。自 2013 年开始韩国就成为中国最大的进口来源国。

中韩两国产品和资源的互补性较强。韩国对中国的主要出口产品为电器和电子产品、机械设备、有机化学品、塑料及其制品、光学和医疗设备产品等。资本密集型产品仍是韩国对华出口的主要产品,在出口总额中所占比重稳定。技术含量较高的电子类产品所占比重逐年上升;初级产品及生活用品、杂货等劳动密集型产品所占比重持续下降;半导体和电脑增势迅猛。韩国从中国进口的主要商品为电器及电子产品、钢铁和机械设备等产品。电脑、半导体和钢板既是进口比重较大的商品,也是出口比重较大的商品,存在产业内贸易,交易频繁;韩中两国在矿物燃料类产品贸易上的区别表现在,韩对华出口主要是石油及从沥青矿物提取的油类及其制品,而从中国进口的主要是煤及煤类制品。2019 年,机电产品、化工产品和塑料橡胶是韩国对中国出口的主要产品,三类产品合计占韩国对中国出口总额的 74.7%。同期韩自中国进口排名前三位的商品为机电产品、贱金属及制品和化工产品,三类产品合计占韩国自中国进口总额的 71.2%。在纺织品及原料、家具、玩具这类劳动密集型产品的进口市场上,中国在韩国市场继续保持优势。在这些产品上,中国主要竞争对手是越南、印度尼西亚、日本等国家。

在中韩两国贸易迅速发展的同时,两国间的贸易不平衡也在不断加剧。自 1993 年以来,中国逐渐成为韩国贸易顺差的主要来源国,近年来韩国对中国的贸易顺差更是迅速增长,2003年为132亿美元,到2014年已达到552.6亿美元,2019年为289.7亿美元。中国是韩国最大的贸易顺差来源国。造成双边贸易失衡的原因是多方面的。原因之一是到中国投资的韩国企业严重依赖韩国国内市场提供设备、零部件和原材料,而这些企业的产成品只有一小部分返销到韩国。原因之二是由于经济发展水平不同,两国的贸易商品结构存在差异。中国从韩国进口的主要是汽车、电子产品、电动机械、电讯设备、石油化工产品等技术密集型的高附加值商品,而向韩国出口的大多是纺织品原料、廉价金属产品、矿产品、农产品和家具等劳动密集型商品,这些产品价格低廉,价格敏感性高,可替代性强。尽管有这些客观原因,但造成中韩贸易差额不断扩大的根本原因却是韩国政府对外国进口产品所设置的严重的贸易壁垒。从长远看,这种双边贸易严重失衡的局面是难以为继的,对两国经贸关系的可持续发展也是有害的。

  中韩经贸关系飞速发展的另一个重要标志是双边直接投资的高速增长。韩国对华直接投资起步于20世纪80年代末,1989年,对华投资实际项目只有7个,实际投资额6 400万美元。1992年实际项目数达到170个,实际投资金额为1.41亿美元。当时韩国对华投资主要集中在环渤海湾地区的劳动密集型中小加工产业。1992年两国建交后,韩国对华投资迅速发展,中国国家统计局的资料显示,来自韩国的直接投资占中国吸收直接投资总额的比重已从1992年的1%上升到2005年10%。累计超过4万家韩资企业在中国投资建厂,实际投入资金高达300亿美元,中国已成为韩国企业最大的投资目的国,它们在中国的生产业务领域已从纺织、服装、玩具、制鞋、皮革加工等传统的劳动密集型部门迅速扩展到机电、电子、成品油加工、信息技术、汽车、物流、工程设计与制造等资本和技术密集型部门。韩国知名的跨国企业如三星、现代、SK、POSCO和LG等纷纷在中国抢滩登陆,它们带来了巨额资金、先进的制造技术和设计理念,把韩国企业对中国的直接投资推向了新的高潮。截至2018年底,韩国累计对华投资项目数65 267个,实际投资额770.4亿美元,是中国第四大外商直接投资来源国。

  相比韩方对中方投资迅猛增长的趋势,中方对韩投资却一直增长乏力。据韩方统计,截至2018年底,中国在韩国投资累计实际到位项目为6 904个,累计到位金额60.76亿美元。按到位资金划分,中国对韩投资主要涉及金融保险、化工、运输用机械设备、不动产、批发零售等领域。

  为进一步促进和巩固双边的经贸关系,中韩双方拟建自由贸易区。中韩FTA谈判于2012年5月启动,是中国迄今为止对外商谈的覆盖领域最广、涉及国别贸易额最大的自贸区。两国在服务、投资、金融、通信等22个领域达成了协议。中国首次将金融、通信、电子商务列入FTA。到2014年11月,中韩FTA实质性谈判结束,两国在投资、金融等领域达成数十个协议。2015年6月1日,中韩FTA正式签署,并于当年12月20日正式生效。协议生效后,中国有958种产品即实行了零关税。根据中韩FTA关税减让方案,中国最终将有91%的产品对韩国取消关税,覆盖自韩国进口额的85%。同时,韩国最终将有92%的产品对中国取消关税,覆盖自中国进口额的91%。这必然为双方贸易的发展乃至经济的发展带来积极影响。2017年12月15日,中韩自贸协定第二阶段谈判正式启动,双方就服务贸易和投资展开进一步磋商,谈判取得稳步进展。

第八章　主要新兴市场国家和地区

扩展阅读 8-2
韩国 FTA 经济领土

五、主要城市和港口

1. 首尔(Seoul)

韩国的首都,同时也是最大的城市,面积 605.43 平方千米,截至 2014 年底,人口 1 037 万,是韩国的政治、经济和文化的中心。韩国统计局 2020 年 6 月发布的数据显示,首尔及其周边地区人口 2020 年预期达到 2 590 万,首次超过韩国全境其他所有地区人口总和。首尔面积占韩国国土面积的 0.6%,GDP 占韩国 GDP 的 21%。首尔前称汉城,2005 年 1 月 19 日,汉字名称正式更名为"首尔"。

首尔是世界设计之都,是一个高度数字化的城市,网速和数字机会指数[①]都排名世界第一。消费者物价指数排世界第五,在亚洲仅次于东京。该市曾于 1988 年举办第 24 届夏季奥林匹克运动会,2002 年和日本联合举办世界杯足球赛。首尔交通运输便捷,同釜山、仁川等主要城市都有高速公路相通,其中首尔—仁川线是韩国第一条现代化高速公路。首尔地铁是世界前五大载客量的铁路系统,其服务范围为首尔特别市和周边的仁川、京畿道等首都圈地区。

首尔是温带季风气候,年平均气温为 11.8℃ 左右,四季分明。春、秋季雨水少,气候温暖,适宜旅游。夏季(6—9 月中旬)连续高温多雨,月平均温度为 20℃~27℃。冬季(12—2 月)比同纬度的其他城市气温略低。首尔是朝鲜王朝五百多年间的都城,有众多古迹,如朝鲜时代的宫殿、宗庙以及其他建筑,旅游资源比较丰富。

2. 釜山港(Busan)

釜山港位于韩国东南沿海,东南濒临朝鲜海峡,西临洛东江,与日本对马岛相对,是韩国最大的港口,也是世界第六大集装箱港。该港口所在城市釜山市始建于 1876 年,在 20 世纪初由于京釜铁路的通车而迅速发展起来,人口 355.7 万,是韩国仅次于首尔的第二大城市。它是韩国海陆空交通的枢纽,又是金融和商业中心,在韩国的对外贸易中发挥重要作用。工业仅次于首尔,有纺织、汽车轮胎、石油加工、机械、化工、食品、木材加工、水产品加工、造船和汽车等,其中机械工业尤为发达,而造船、轮胎生产居韩国首位,水产品的出口在出口贸易中占有重要位置。港口距机场约 28 千米。釜山港装卸设备有各种岸吊、门吊、可移式吊、集装箱吊、浮吊、皮带输送机、装船机及滚装设施等,装卸效率很高。韩国海上进出口货物的年增长率达 20% 左右,几乎全部由釜山港进出。该港的集装箱码头起着骨干作用,码头面积达 63 万平方米,每年停靠约 2 000 艘集装箱船,码头可同时为 4 艘 5

---

① 数字机会指数是指由国际电信联盟(International Telecommunication Union)公布的,衡量一国信息通信发展程度的指标。该指数的指标共 11 项,包含互联网的普及率、收入与通信收费的比率、互联网利用率、通信基础普及、机会共享及应用等。韩国首尔多年来位列数字机会指数的第一名。

万载重吨的大型集装箱船进行装卸作业。

港口主要出口货物为工业机械、水产品、电子、石化产品、纺织品等,进口货物主要有原油、粮食、煤、焦炭、原棉、原糖、铝、原木及化学原浆等。在节假日中,如果有特殊情况可提前申请加班。该港能承接各种船舶修理,最大干船坞可容纳15万载重吨的船舶。

3. 仁川港(Inchon)

仁川港是韩国第二大外贸港口,所在的仁川市是韩国第三大城市,位于韩国西北沿海汉江出海口南岸,濒临江华湾的东侧,是韩国西海岸的最大港口。港口所在的仁川市是韩国北部进出口贸易中心。仁川港有规模广大的产业经济腹地,主要有炼钢、机械、汽车、造船、化工、电子、车辆制造、金属加工、石油及纺织等。仁川交通发达,除京仁高速公路外,还有电气化铁路等多条线路。1990年,中国至韩国的第一条海上航线——仁川到威海开通,作为对华贸易基地的仁川也由此在中韩经济交流的活动中起到更大作用。

仁川港区主要码头总长6 024米,建有大型闸门式码头,泊位33个,装卸设备齐全。在集装箱场地,一次可堆存1.5万TEU;粮谷仓筒容量达32.6万吨。主要出口货物为钢材、原油及石油产品等,进口货物主要有粮食、原木及杂货等。其对外贸易吞吐货物主要面向亚洲国家,尤其以中国为重,可以说中国经济尤其是对外贸易的高速发展,是仁川港繁荣的重要原因。由于物流仓储等基础设施功能齐备,仁川港不仅是木材、粮食的重要装卸港口,也是英国伦敦金属交易所的东北亚地区中心,交易的金属种类有铜、铝、镍和钢材等,每年交易上百万吨。仁川不但拥有国际港口,还拥有国际机场。

4. 蔚山港(Ulsan)

位于韩国东南沿海,与日本隔海相望,是距日本最近的韩国城市之一。蔚山港于1963年被批准为国际港,其所在城市蔚山现已发展成为韩国最大的重化学工业和造船业基地,港口基本为工业服务。蔚山港与东北亚海上运输的主要港口釜山港相邻,通过蔚山港,能迅速把海上货物输送到世界主要城市。蔚山港的船舶接岸能力为90艘,占全国的19.3%;年吞吐量1.5亿吨。蔚山港将发展成为国际性贸易港,成为东北亚主要货物中转港。

第二节 新 加 坡

一、自然与人文概况

新加坡全称为新加坡共和国(Republic of Singapore),古称淡马锡,别称狮城,是东南亚的一个岛国。新加坡北隔柔佛海峡与马来西亚为邻,南隔新加坡海峡与印度尼西亚相望,毗邻马六甲海峡南口。新加坡紧扼太平洋和印度洋之间的航运要道,又处于亚洲与大洋洲两大洲之间,素有"东方十字路口"之称,地理位置十分重要。

新加坡由新加坡岛及附近63个小岛组成,其中新加坡岛占全国面积的88.5%,总面积699平方千米。新加坡地势低平,其西部和中部地区由丘陵构成,大多数被树林覆盖,东部以及沿海地带都是平原。平均海拔15米,最高海拔163米。有花岗岩的长堤通向马来西亚的新山,海岸线长近200千米。

新加坡是热带雨林气候，常年气温变化不大，年均气温在24℃～32℃之间，雨量充足，年均降雨量约为2 400毫米左右，空气湿度高，海洋性特征明显。河流短小，大部分改成蓄水池为市民提供淡水。现已建成海水淡化厂，可满足60%的用水需求。新加坡自然资源贫乏，都市的发展使其不得不缩小雨林的面积。

截至2020年6月，新加坡常住总人口为569万，其中新加坡公民约352万人，永久居民(持绿卡)约52万人，持工作准证、就业准证、长期社交访问准证以及学生证等在本地逗留的非居民人口约164万。新加坡人主要是由一百多年来从欧亚地区迁移而来的移民及其后裔组成的。其移民社会的特性加上殖民统治的历史和地理位置的影响，使得新加坡呈现出多元文化的社会特色。2020年因新冠疫情冲击以及市场需求疲弱等因素的影响，新加坡非居民人口下降，导致其人口10年来首次下跌。此外，新加坡老龄化速度较快，65岁以上人口占总人口的比重超过16%。与此同时，其居民总生育率仅为1.14，预计到2030年，新加坡人口规模可能会低于690万。人口规模缩小对新加坡经济发展将产生十分不利的影响。

新加坡公民主要分为四大族群，其中华人占人口的74.3%、马来族13.5%、印度裔9%、欧亚裔/混血3.2%。大多数的新加坡华裔的祖先源自于中国南方，尤其是福建、广东和海南省，其中40%是闽南人，其次为潮汕人、广府人、莆仙人(莆田人)、海南人、福州人、客家人等。近十年来，除了华人、印度族、马来族以外的其他少数族群人数增加很快。

新加坡是一个多语言的国家，拥有4种官方语言，即是马来语、华语、英语和泰米尔语。政府支持居民使用华语。官方使用与中国大陆一致的简体汉字。新加坡实行议会共和制，总统为国家元首，由全民选举产生，任期6年。新加坡为多宗教国，有宗教信仰的新加坡人占总人口的83%。主要宗教有佛教、道教、伊斯兰教、基督教和印度教。

二、经济发展历程与经济特点

新加坡在1959年实行内部自治，成为自治邦；1963年9月16日并入马来西亚，1965年8月9日又脱离马来西亚，正式成为独立国家。五十多年来，新加坡在人民行动党的执政治理下，克服没有自然资源、国内市场需求小等不利因素带来的负面影响，经济发展取得了举世瞩目的成就，迈入工业化国家的行列，成为亚洲"四小龙"之一。

(一)经济发展历程

1965年独立之初，新加坡政府面临一连串的内忧外患，经济极为落后，经济结构单一，依赖转口贸易，工业只占国民生产总值的7.6%，失业率达15%，工业及其他行业非常薄弱。对此，新加坡政府审时度势，采取了走"工业化道路"的正确经济发展路线。其经济发展经历了由独立初期时的劳动密集型工业，逐步过渡到具有高附加价值的资本、技术密集型工业和高科技产业，进而发展到目前的信息产业等知识密集型经济。

从20世纪70年代，新加坡开始逐步摆脱了仅仅依靠转口贸易维持生计的局面，国家日益走向富裕，人民生活水平迅速上升。20世纪60年代，新加坡GDP年均增长8.7%，平均通货膨胀率仅为1.1%；70年代，GDP年均增长9.4%，平均通货膨胀率为5.1%；80年代，GDP年均增长9.6%，是世界上经济增长率最高的国家之一。在东南亚金融危机发生之前的1990—1997年，新加坡的经济进入"稳定成长期"，年均增长率为8.1%。1990

年人均GDP为13 000多美元,1998年则增长到31 900美元。经合组织决定,从1996年1月1日起把新加坡升格为发达国家。

1997年以后,受亚洲金融危机的影响,新加坡经济进入"成长波动期",GDP的增速或高或低,1997年为8.29%,1998年为-2.23%,1999年为6.09%。2000年,在外在引擎的带动下,新加坡经济迅速摆脱了金融危机带来的困境,经济增长率达到了8.9%。但是,刚进入2001年,新加坡经济就陷入衰退,企业大量裁员,失业率达3.3%,经济增长率为-0.95%。2002年,经济形势好转,经济增长率达到4.21%。2005—2010年,经济年均增长率为5.7%,超过了1995—2005年5.07%的年均增速。此间,虽然2009年受金融危机的影响,出现了0.6%的负增长,但2010年马上触底反弹,经济增速达到15.2%。但此后新加坡经济开始下滑,增长缓慢,2014—2019年年均增速仅为2.87%。

(二)经济发展的特点

1. 产业结构极不平衡

新加坡受自然禀赋的限制,从某种意义上来说,没有"三农"(农业、农村、农民)问题;为弥补先天不足,通过设立开发区,吸引外国投资者,大规模地推进工业化运动;充分利用地理优势,发展第三产业。据测算,在2005年的新加坡经济总量中,第一产业占0.1%,第二产业占32%,第三产业占67.9%。建国以来,新加坡的制造业增长速度最快,在国民经济中的地位最重要,已成为新加坡工业的核心。电子业是新加坡传统的经济支柱。服务业一直是新加坡经济增长的龙头产业,包括零售业与批发贸易、饭店旅游、交通与电讯、金融服务、商业服务等。一直以来,服务业占GDP的比重都在60%以上,2007年以后上升到70%以上,2014年为75%。

2. 经济主要由政府企业和跨国公司共同支撑

新加坡虽然在建国之初就开始实行市场经济,但是,其政府基于自然垄断、市场失灵、经济发展与经济结构升级、国家宏观调控、社会稳定和国民收入分配等方面的考虑,采取全额投资、绝对控股、相对控股和直接经营、派政府官员管理等形式,积极建立和大力发展政府企业。如新加坡电信公司、新加坡航空公司、新加坡发展银行、新加坡住屋发展局等。据了解,在20世纪80年代中期,新加坡的GDP有45%是由政府所有的企业所生产的。新加坡政府的最新统计显示,公共部门(包括财政部子公司、政联公司、政府机构和部门)提供的GDP占新加坡全国GDP总量的22%。与此同时,新加坡也充分利用自己处于印度洋与太平洋交汇处的优势,成立经济发展局,专司招商引资职能,在海外设立招商引资工作站,有针对性地引进国外的大公司、大财团到新加坡投资,成立公司进行生产经营、设置研发中心进行产品创新。据了解,目前,有来自欧、美、日等地的7 000多家跨国企业和科技伙伴在新加坡设立分支机构,其中60%的投资者在新加坡设立其区域总部。新加坡政府的最新统计表明,在新加坡的GDP中,有42%是由跨国公司创造的。

3. 从对外开放的程度看,新加坡的经济是外向型经济

新加坡由于自然资源匮乏,国民经济基础相对薄弱,经济结构需要不断发展演进,因此选择结构优化的外向型经济发展模式来促进本国经济的发展。从投资角度看,外国投资比重大。以制造业为例,外国投资者对制造业投资占当年新加坡制造业投资总额的比重,1985年为79.3%,1990年为89.2%,2000年为78.7%,2005年为75.0%,目前已超过

80%。从对外贸易看,外贸依存度也非常高。

三、主要产业部门

(一)产业发展历程

纵观五十多年来新加坡的发展历程,可以发现新加坡的经济发展总是与其产业结构的变化相伴随的。从某种程度上说,新加坡的经济奇迹是建立在产业结构不断优化和升级的基础之上。

1. 劳动密集阶段

独立初期,新加坡失业率高达10%以上,劳动力成本低廉,而当时新加坡是印尼、马来西亚两国的主要转口贸易中心和加工中心,因此新政府首先采取了发展出口导向型的劳动密集型制造业的方针,主要行业为传统手工业,如软饮料、砖土陶瓷、玻璃、印刷、木材、橡胶,之后又发展了纺织、电子零部件等产业。政府为此采取了改善基础设施、实行税收优惠、鼓励本地投资创业、提供银行与贷款服务等措施。此外还将1961年成立的经济发展局的主要职能定为"招商引资",为新加坡走出独立初期的经济困境起到了重要作用。20世纪70年代后,新加坡政府开始注重发展资本密集型制造业。为最大限度解决失业问题,实现全民就业,新加坡开始大力提倡工业自动化,加强了在造船修船业、炼油厂等方面的建设;同时开始建设工业园区和厂房,大量吸收外资,特别是来自跨国公司的投资。此外,政府还将部分私人企业无法经营的公司收为国有,如新加坡航空公司、海皇轮船公司、三巴旺造船厂、新加坡发展银行等。工业化的进步带来新加坡经济状况的全面改观。此间,新加坡经济平均增长10%,到1979年,失业率已下降到3.3%;制造业占GDP的比重上升到27%。

2. 资本密集阶段

80年代初期,随着新加坡经济基础逐步稳固,新政府开始着手重组经济结构,将制造业朝着高附加价值、更加资本密集型和技术密集型方向转化。此外,研发、设计、工程、信息科技等行业逐步兴起,吸引了以国际著名跨国公司为投资主体的电脑、电脑附件制造业以及石化制造业陆续落户新加坡。为经济顺利转型,新政府提出"自动化、机械化、电脑化"发展方针,开始重视通过教育和培训开发人力资源,政府鼓励高附加价值和技术密集型投资和发展高附加价值服务业等。1985年,受美国经济衰退的影响,新加坡经济曾一度萎缩了1.6%,但平均增长率仍高达6.8%,技术工人比率上升至22%。

3. 技术密集阶段

1986—1998年是新加坡经济高速发展的黄金鼎盛时期,特别是进入90年代后,新加坡已经完全跻身于亚洲新兴工业国的行列。新加坡已经具备整体商务开发能力,即从研发到产品设计与生产,到国际销售一条龙作业的能力。新加坡政府大力发展高新技术,电子业已成为本地制造业的龙头,到2000年其产值已占据新制造业的48%,电子产品出口占国内产品出口的55%,新加坡已是全球重要的集成电路、芯片和磁盘驱动器的生产基地。此外,西方五大石油公司完成在新加坡的投资,使得新加坡成为世界第三大炼油中心。石化和工程公司也得到了强有力的发展和壮大。鉴于新加坡在金融、交通、商业、酒店餐饮等服务业取得了同步的快速发展,被公认为东南亚地区的金融中心、运输中心和国际贸易中心,国际跨国公司落户新加坡的数量超过 5 000 家,许多具有地区总部职能。新加坡政府正式确定将制造业和服务业作为经济发展的双引擎。在大力发展国内经济的同时,新加坡政府号召商家到海外发展,寻找扩大商业空间。这一阶段,新加坡经济增长平均达到 8.5%;金融和商业服务占 GDP 的份额由 1986 年的 20% 上升到 26%;高科技产品出口 1998 年达到 620 亿新元。

4. 知识密集阶段

新加坡经济经历了 1997 年亚洲金融危机和 2001 年全球性经济衰退后,面对着中国和印度崛起带来的机遇和挑战,提出要将新加坡建设成"知识型产业枢纽",通过提升制造业价值链,把制造业从下游的产品生产环节提升到研发和设计等上游环节,成为新产品的开发者。同时,还提出要发展以知识为主导的制造业和服务业,促进科技发展,进一步发展创意产业,不断扩大经济腹地等。为此,新加坡政府一方面加强了对生物医学、信息产业等世界级科学工程的基础研究;另一方面建设了新加坡科技研究中心——纬壹科技城,同时还设立了全国科学奖学金,吸引年轻人从事科研工作。

(二) 主导产业

1. 物流业

新加坡凭借 3 000 多家国际和本地的物流公司,成为亚太地区的物流中心之一。目前,物流业对新加坡 GDP 贡献在 9.4% 左右,物流相关公司 8 000 多家,物流业从业人员达 18 万人。为在新的全球竞争中保持其制造业和商业的竞争力,吸引更多具有较高利益的企业,新加坡在加强国际空港和海港的建设之外,将物流业列为支撑新加坡发展成国际商业中心的主导产业之一。新加坡的物流园区呈东空港西海港两大格局。沿西南海岸带形成的物流区带主要与海港操作相关,其中有亚历山大、巴西班让和岌巴三大物流园区,以及 5 个主要港口终站,可提供最现代化的设施进行货物集散、仓储和区域再分配。目前新加坡拥有裕廊工业港等 6 个具有先进仓储设施和信息管理系统的现代化港口码头,有 400 多家船务公司,与 130 多个国家和地区的 700 多个港口有业务往来。在最近的几年里,按照运输的吨位和接待船只的数量,新加坡一直被美国港口协会评为最繁忙港口。每年处理标准集装箱(TEU)超过 2 500 万个,装运货物 9.7 亿吨。新加坡政府通过改变港口经营机制、拓展经营范围、提高港口营运质量和效率,促使新加坡港口由区域性大港向全球性大港作实质性转变,向以资源配置为中心的新型国际航运中心发展。物流业提供准时送达和暂时储存服务,可使跨国公司集中全力于生产和研发工作。如生产电子产品的 Sony 新加坡公司,委托专门从事流通业的 Mitsui-Soko 公司管理其后勤和送货营运中心,从而集中全力经营产品制造和市场行销,企业竞争力明显增强。

2. 电子工业

电子工业是新加坡的支柱产业。新加坡电子工业是从 1965 年组装黑白电视机开始的。20 世纪 60 年代末期,新加坡政府推行开放和支持政策,日、美、欧电子厂商纷纷到新加坡投资设厂,使其电子工业急速发展,并且很快从一般整机装配,向元器件及计算机方面发展。进入 80 年代,新加坡政府把计算机、精密仪器和半导体作为战略工业加以扶植,推动电子工业进入一个新的阶段。电子工业年产值在80年代中后期的年均增长率高达18.4%。从1986年起,新加坡电子工业越过炼油工业而成为本国第一大产业,1988年电子工业产值在GDP中所占比重已达到45%。新加坡电子企业门类比较齐全,产品种类繁多,高附加值的电子产品所占比重逐年上升,到1990年高附加值电子产品产值已占GDP的12.3%。据新加坡经济发展局的数据,2009年新加坡的电子业产值已经达到639亿新元(约460亿美元),其中来自半导体领域的贡献占了58%,消费电子、电脑与通信则位居第二,占15%,其他来自于办公自动化与电子生产服务、数据存储和电器、电子元器件等领域。新加坡的半导体业乃至整个电子产业之所以能够取得快速的发展,与大量跨国企业在新加坡投资设厂和建立分支机构是分不开的。据新加坡官方统计,全球有7 000家跨国企业在新加坡设立机构,其中60%的企业已经在新加坡设立了区域或者国际总部,而电子领域的领先企业更是对新加坡重视有加。新加坡电子工业是从外资装配厂发展起来的,所以具有明显的出口导向的特点。电子产品的出口值在电子工业产值中所占比例到80年代后期达90%以上,而且出口产品的结构也发生了显著的变化,从原来以出口消费类电子产品为主,转向以出口投资类电子产品为主。

3. 炼油业

新加坡虽然没有石油资源,但依靠其地处中东原油运往亚太地区的主要通道的区位条件,发展成为仅次于美国休斯敦和荷兰鹿特丹的世界第三大炼油中心。现在有近百家世界领先的炼油石化公司进驻新加坡,其中包括壳牌、埃克森美孚、三进化学等跨国公司。新加坡炼油产量大概为139万桶,约占全球的1.52%。炼油厂主要位于新加坡西南部的裕廊岛及其附近海域、毛广岛及其附近海域。

4. 生物制药

新加坡的生物制药包括医药品、生物工艺、医用器械、保健服务等公司,从事知识密集型产业,诸如临床研究、高技术制造业等。新加坡生物医药部门连续多年实现20%以上的增长,总产值达到240亿元新币,约占GDP的2.3%。新加坡经济发展部希望将生物医药打造成为新加坡的支柱制造业,同时将新加坡打造成为亚洲的生物医药中心,因此在生物医药业的基础设施建设方面投入了大笔资金。

5. 金融业

金融行业是推动新加坡经济的主要支柱点,2013年,新加坡金融业增加值占国民生产总值的比重达12.2%(其中,银行业增加值占金融业增加值的比重为46.7%),新加坡所管理的全球财富规模高达2.1万亿美元,仅次于纽约和瑞士,名列全球前三。为发展国际金融业,新加坡政府实行自由港政策,鼓励外资银行在新加坡设立分行,开办业务,汇率自由浮动,金融市场高度开放。1968年设立了亚洲美元市场,标志着新加坡金融市场迈向国际化。新加坡国土面积仅720平方千米,2014年就已汇集了600余家各类金融机构。其中,商业银行近120家、投资银行50余家、保险公司130余家、保险中介公司60余家、基金管理公司约100家、证券公司60余家、期货公司30余家、财务顾问50余家。金融机构的密集度和多样化足以满足新加坡经济社会发展对金融的各类需求。金融服务业已成为新加坡经济附加值最高的服务产业和国家税收来源的最大支柱。根据伦敦金融城发布的2020年全球金融中心指数,新加坡是全球第六大国际金融中心。

6. 旅游业

新加坡是名副其实的"弹丸之国",在自然资源不足的情况下,它另辟蹊径,积极发展旅游业,为其国民经济做出了极大的贡献。目前新加坡是世界旅游业最发达的国家之一,在亚太旅游大区中发挥着举足轻重的作用。新加坡自身并没有好的自然和人文旅游资源,所以它充分利用了便利的交通优势,完善基础设施,发展旅游业。"旅游经济无止境"是新加坡旅游局制定各项政策的基础,在这一思想指导下,新加坡不断扩展旅游经济的发展空间,不断创新,利用其交通中心和金融中心的有利条件,大力发展会议旅游,把新加坡定位于区域旅游的中心门户,亚洲地区会议、奖励旅游、论坛、展览和休闲的首选地点,以及世界海上旅游的主要基地。除发展观光旅游外,新加坡还积极开发旅游购物、奖励旅游、会议旅游、教育修学游、医疗保健游、游轮旅游、商务旅游等多种旅游产品,不断适应世界各地游客的需要。

四、对外贸易及中新经贸关系

（一）货物贸易

1. 货物贸易概况

新加坡是以贸易立国的国家,对外贸易在经济中占有非常重要的地位。该国是亚洲主要海运航线交点上的自由港,它实行开放的进口政策,大约95％的货物可以自由进入新加坡。20世纪60年代,该国以转口贸易为主,当时转口贸易占其出口总额的93.8％,主要从马来西亚、印度尼西亚、泰国等邻国进口锡、橡胶、咖啡、胡椒、棕油等产品,经加工转口到西方国家;同时,从欧、美、日进口机械设备和其他工业制成品,转口至东南亚国家。20世纪60年代中期以后,转口贸易地位逐步下降,本国生产的劳动密集型产品（如纺织品、服装、电子产品、金属制品、食品、塑料制品、皮革等）出口迅速上升。70年代中期,本国产品出口已占总出口量的60％。20世纪70年代末新加坡开始"第二次工业革命",致力于出口产品的升级换代,资本、技术密集的高附加值的产品出口比重迅速上升。经过30年的努力,新加坡对外贸易飞速发展,对外贸易额从1965年的20.25亿美元增加到1994年的1 938亿美元,年平均递增17.03％。70年代是新加坡对外贸易高速发展的时期,进口和出口贸易年均增长率分别达到24.6％和28.20％。进入90年代,贸易总额又以年均20％左右的速度递增。据新加坡国际企业发展局统计,2019年新加坡货物进出口额为7 494.8亿美元,其中出口3 904.2亿美元,进口3 590.6亿美元,贸易顺差313.6亿美元。目前,新加坡第一大贸易伙伴、第一大出口市场和第一大进口来源地均为中国。

新加坡自20世纪60年代以来,大力发展以出口为导向的外向型经济。实施出口导向战略的一个缺陷就是对国际市场的高度依赖。在新加坡的经济增长中,国外需求占总需求的70％,经济增长高度依赖于作为制造业出口市场的发达国家和作为服务业出口市场的东盟国家。仅考虑货物贸易,其出口依存度（出口总值占GDP的百分比）在主要发达国家（地区）和新兴经济体中仅次于中国香港,处于相当高的水平,2019年达到105.0％,而世界这一水平仅为21.6％（见表8-4）;同年,对外贸易依存达到201.6％,对外贸易是其国民经济的重要支柱。

表 8-4 2019 年主要国家和地区的贸易依存度　　　　　　　　　　亿美元

国家或地区	GDP	出口额	进口额	进出口总额	出口依存度/%	贸易依存度/%
印度	28 689.3	3 242.5	4 860.6	8 103.1	11.3	28.2
巴西	18 397.6	2 253.8	1 843.7	4097.5	12.3	22.3
中国内地	143 429.0	24 994.6	20 783.9	45 778.5	17.4	31.9
俄罗斯	16 998.8	4 198.5	2 546.0	6 744.5	24.7	39.7
南非	3 514.3	900.2	1 075.4	1 975.6	25.6	56.2
新加坡	3 720.6	3 907.6	3 592.7	7 500.3	105.0	201.6
美国	214 332.3	16 431.6	25 674.5	42 106.1	7.7	19.6
韩国	16 467.4	5 422.3	5 033.4	10 455.7	32.9	63.5
德国	38 611.2	14 891.5	12 344.5	27 236.0	38.6	70.5
法国	27 155.2	5 714.7	6 538.1	12 252.8	21.0	45.1
日本	50 817.7	7 055.6	7 209.6	14 265.2	13.9	28.1
英国	2 8291.1	4 696.8	6 958.0	11 654.8	16.6	41.2
中国香港	3 657.1	5 348.9	5 778.3	11 127.2	146.3	304.3
世界	877 985.3	189 329.5	192 632.1		21.6	

数据来源：根据世界银行 WDI 数据库和 WTO 数据库计算得出。

注：世界出口总额和进口总额不能像国别进口额、出口额那样进行加总，因为涉及重复计算的问题，且没有经济学上的意义。因此本表中不能计算世界的贸易依存度。国别贸易依存度可与世界出口依存度进行对比。

2. 进出口商品结构

新加坡主要出口机电产品、矿产品、化工产品、光学、钟表、医疗设备、贵金属及制品、塑料、橡胶等。2019 年，机电产品、矿产品和化工产品的出口额分别为 1 800 亿美元、479.9 亿美元和 407.2 亿美元，占新加坡出口总额的 46.1％、12.3％和 10.4％。机电产品中，电机和电气产品出口和机械设备是最主要的出口产品。机电产品和矿产品是新加坡的前两大类进口商品，2019 年进口额为 1 564.6 亿美元和 759.8 亿美元，占新加坡进口总额的 43.6％和 21.2％。

3. 主要贸易伙伴

新加坡一向采取被称为"门户开放"的分散贸易对象的政策，贸易伙伴遍布全球 160 多个国家和地区。2000 年，新加坡前十大贸易伙伴依次为：马来西亚、美国、日本、中国香港、中国台湾、中国大陆、泰国、韩国、德国、菲律宾。同以上十大贸易伙伴的贸易额达 2 032 亿美元，占对外贸易总额的 74％。2019 年，新加坡的主要出口国家和地区为中国大陆（占比 13.2％）、中国香港（11.4％）、马来西亚（占比 10.5％）、美国（占比 8.5％）、印度尼西亚（占比 7.0％）、日本（占比 4.5％）、中国台湾（占比 4.2％）、泰国（占比 3.9％）、韩国（3.9％）。其主要进口国家和地区分别为中国大陆（占比 13.7％）、美国（占比 12.2％）、马来西亚(占比 11.6%)、中国台湾(占比 9.0%)、日本(占比 5.4%)、韩国(占比 3.8%)、印度尼西亚(占比 4.4%)、韩国(占比 3.8%)。从区域组织来看,新加坡与亚太经合组织成员国的贸易往来最频繁,2019 年对该组织的出口额占其总出口额的 77.8%,从该组织的进口占其总进口额的 71.0%。此外,东盟、北美自由贸易区、石油输出国组织、欧盟等区域经济组织都是新加坡的重要贸易伙伴。

(二) 服务贸易

作为亚洲重要的金融商业中心和航运中心,新加坡已成为亚洲地区服务业发展水平最高的国家之一。20 世纪 80 年代,新加坡政府把服务业确立为发展本国经济的主要推动力。经过四十多年的努力,新加坡在服务业和服务贸易领域都取得了巨大的成就,其金融服务业、商业服务业、交通通讯业和批发零售业都显示出明显的优势和巨大的发展潜力,服务贸易也迅速发展。1980 年,其服务贸易出口额仅为 47.7 亿美元,到 2010 年已突破 1 000 亿美元,2014 年增至 1 504.5 亿美元,是全球第九大服务贸易出口国;2019 年出口额上升到 2 045.1 亿美元,居第十位。出口贸易发展的同时,进口贸易也在同步发展,从 1980 年的 28.9 亿美元增长到 2014 年的 1 552.5 亿美元,2019 年又上升到 1 988.2 亿美元,居全球第九位。总体来看,新加坡服务贸易总额已由 2005 年排名全球第十六位上升到 2019 年的第八位。与货物贸易保持的顺差不同,在 2017 年之前,新加坡服务贸易近十多年来(2011 年除外)都保持有少量逆差,但 2018 年和 2019 年连续两年保持少量顺差。

新加坡服务贸易出口的部门集中度高。运输服务、其他商业服务、金融服务、旅游服务是新加坡服务贸易出口最多的 4 个部门,出口额的总和 2000 年以来一直保持在新加坡服务贸易总出口的 80%～90%。2019 年,4 个部门占新加坡服务出口总额的比重依次是 28.6%、27.6%、14.4%、9.8%。运输和旅游这两个传统服务贸易部门是新加坡重要的服务出口部门,但两者近年来在新加坡服务出口中所占比重均在下降,其中运输部门由 2005 年的 42.9% 下降到 2019 年的 28.6%,旅游部门降幅较小,同期由 13.7% 下降到 9.8%。与此同时,保险、金融、专有权使用费、电信、信息服务等知识技术密集型的服务出口在新加坡服务贸易出口中所占比重在提高,自 2005 年到 2019 年 4 个部门共提升近 14 个百分点,这说明新加坡的服务贸易出口结构在优化。

运输业、其他商业服务、旅游业同时也是新加坡服务进口的重要部门,进口额占服务贸易进口总额的比重在 2005 年分别为 36.8%、19.3%、18.4%。目前,传统的运输业的主导地位已经被新兴服务产业所取代,2019 年占比下降到 28.6%,旅游业也有较大降幅,下降到 9.8%;其他商业服务对服务进口的贡献最大,占比增至 30.3%;计算机和信息服务业发展速度则紧随其后。

(三) 中新经贸关系

中新两国于 1990 年 10 月 3 日建立外交关系。建交以来,两国高层交往频繁,经贸合作发展迅速。中国为新加坡第一大贸易伙伴、第一大出口市场和第一大进口来源地。自 2013 年以来,新加坡连续多年成为中国第一大投资来源国。两国间主要合作项目有苏州工业园区、天津生态城、广州知识城、吉林食品区、川新创新科技园等。新加坡与山东、四川、浙江、辽宁、天津、江苏、广东等 7 省市分别建有经贸合作机制。

1999年10月,中新签署《经济合作和促进贸易与投资的谅解备忘录》,建立了两国经贸磋商机制。双方还签署了《促进和保护投资协定》《避免双重征税和防止漏税协定》《海运协定》《邮电和电信合作协议》《成立中新双方投资促进委员会协议》等多项经济合作协议。2008年10月两国签署中新自由贸易协定,2009年1月1日正式生效。2015年11月,中国与新加坡就自贸协定启动升级谈判,到2018年11月升级谈判结束,2019年10月《中华人民共和国政府与新加坡共和国政府关于升级〈自由贸易协定〉的议定书》生效。《升级议定书》对原产地规则、海关程序与贸易便利化等多个领域进行了升级,并新增了电子商务、竞争政策和环境等3个领域。这使得两国在广泛领域达成高水平自贸协定,树立了规模差异巨大的国家间开展互利合作的典范,在两国经贸发展史上具有里程碑意义,有助于推动双边经贸关系取得更大发展。据新加坡国际企业发展局统计,2019年,中国与新加坡双边货物进出口额为1 006.7亿美元,增长0.6%。其中,新加坡对中国出口516.3亿美元,占其出口总额的13.2%;新加坡自中国进口490.5亿美元,占其进口总额的13.7%。新加坡贸易顺差25.8亿美元。

机电产品一直是新加坡对中国出口的主力产品,2019年出口额为224.5亿美元,占新加坡对中国出口总额的43.5%。化工产品、塑料橡胶和贵金属及制品也是新加坡对中国出口的主要商品,三类产品出口额占新对中出口总额的35.1%。机电产品也是新加坡自中国进口的首位商品,2019年进口299.7亿美元,占新加坡自中国进口总额的61.1%。矿产品、贱金属及制品、化工产品、光学钟表医疗设备和纺织品及原料等也是新加坡自中国进口的主要大类商品。

五、新加坡港

新加坡港是新加坡的世界交通枢纽,位于新加坡南部沿海,西临马六甲海峡的东南侧,南临新加坡海峡的北侧,是亚太地区最大的转口港,也是世界最大的集装箱港口之一。该港扼太平洋及印度洋之间的航运要道,战略地位十分重要。它自13世纪开始便是国际贸易港口,目前已发展成为国际著名的转口港。

新加坡港自然条件优越,水域宽敞,很少风暴影响,港区面积达538万平方米,水深适宜,吃水在13米左右的船舶可顺利进港靠泊,港口设备先进完善,有各种装卸设备,同时也有输油管供装卸石油使用。另有海上泊位多个,最大可泊35万载重吨的超级油船,丹戎巴葛码头为集装箱专用码头,有9个干线泊位和3个支线泊位。同时有国际机场,可以发展多式联运。近几年来,新加坡港已成为世界上最繁忙的港口之一,共有250多条航线来往世界各地,约有80个国家和地区的130多家船公司的各种船舶日夜进出该港,平均每12分钟就有一艘船舶进出。一年之内相当于世界现有货船都在新加坡港停泊了一次,所以新加坡港有"世界利用率最高的港口"之称。新加坡港的集装箱吞吐量曾数年位居全球各港口的首位,近年来被上海港超越,居世界第二位。

新加坡港区包括丹戎帕加-凯佩尔(Tanjung Pagar & Keppel)、巴实巴让(Pasir Pan-jang)、裕廊(Jurong)、三巴旺港区(Sembawang)以及亚逸楂湾、布孔龙岛等炼油厂码头。丹戎帕加-凯佩尔是该港的主要港区,也是该港最大集装箱码头区,位于新加坡城之南;裕廊工业港位于该国西南,紧靠裕廊工业区;三巴旺港区在岛北,临柔佛海峡。

第三节 中国台湾

一、自然与人文概况

中国台湾（Taiwan, Province of China）位于中国大陆东南沿海的大陆架上，东临太平洋，东北邻琉球群岛，南界巴士海峡与菲律宾群岛相对，西隔台湾海峡与福建省相望，陆地总面积约3.6万平方千米，包括台湾岛及兰屿、绿岛、钓鱼岛等附属岛屿和澎湖列岛。其中台湾岛面积3.58万平方千米，是中国第一大岛。

2020年，台湾地区人口2 356.1万人，比2019年减少4.2万人，年减0.18%，这是台湾人口首次出现负增长。台湾人分为四大族群——闽南人、客家人、外省人、少数民族。闽南人、客家人和外省人基本上都是汉民族，约占台湾总人口的97%。闽南人、客家人大多是1945年以前移居台湾的，又被称为本省人。闽南人约占总人口的近70%，祖籍地多为福建泉州、漳州；客家人约占总人口的15%，祖籍地多为福建龙岩和广东梅县。所谓外省人，是指1945年以后特别是1949年前后跟随国民党统治集团到台湾的各省人士及其后代，约占总人口的12%。台湾少数民族包括16个支族，约占总人口2%；来自大陆的少数民族及外籍配偶，约占总人口1%。

台湾民间习俗大多是明清时期由福建、广东移民带入，因袭至今，"处处表现闽粤风尚，事事彰显中华色彩。"儒家思想体现在台湾社会生活的各个方面。台湾宗教活动非常盛行，除佛教、道教、基督教外，还有妈祖、关公、开漳圣王、开台圣王、保生大帝等民间信仰。台湾通用语言是普通话（国语），主要方言有闽南话、客家话。台湾少数民族使用自己的语言（如泰雅语、布农语、雅美语等），书写都使用汉字。常用外语为英语和日语。

台湾自古以来就是中国不可分割的一部分。台湾有文字记载的历史，可以追溯到公元230年。三国时代吴王孙权派官兵到达台湾（夷洲），吴人沈莹《临海水土志》留下了世界上关于台湾最早的记述。隋朝曾三次派兵到台湾（流求）。公元610年左右，大陆沿海居民开始迁居澎湖。12世纪中叶，南宋王朝将澎湖划归福建泉州晋江县管辖，并派兵戍守。公元1335年，元朝政府正式在澎湖设巡检司，管辖澎湖、台湾民政，隶属福建泉州同安县（今厦门）。大陆沿海居民于宋元时期开始移居台湾拓垦，明代时期逐渐增多，规模越来越大。16世纪中后期，明朝恢复一度废止的澎湖巡检司，并派兵驻防。17世纪末，大陆沿海赴台开拓者超过10万人。由于迁居台湾的闽南人居多，闽南方言称台湾为"大员""台员"等，明万历年间公文开始正式使用"台湾"称谓。16世纪，荷兰、西班牙等西方殖民势力侵占台湾，1661年郑成功率部进军台湾，次年驱逐盘踞台湾的荷兰殖民者，收复台湾。1683年，清康熙帝派兵攻取台湾，收台湾置于中央政府管辖之下，并于1684年在福建省建制内设立台湾府。1885年，清政府划台湾为单一行省，为当时中国第20个行省。1895年清政府以《马关条约》割让台湾及澎湖列岛与日本；1945年日本战败，台湾及澎湖列岛正式重入中国版图。1949年，国民党统治集团败退台湾，海峡两岸分治至今。

二、经济发展历程和发展原因

（一）经济发展历程

台湾经济是一个典型的出口导向型经济体系。多年来通过进口替代、出口扩张、结构调整与自由化改革的发展轨迹，台湾经济获得了较快发展，大致可分为经济恢复、经济发展、经济结构调整和经济自由化等四个时期。

1. 经济恢复时期（1949—1953年）

"二战"末期，台湾经济遭到严重破坏。国民党退台初期，由于政局动荡，人口剧增，物资短缺，物价上涨，经济形势严峻。为此，台湾当局采取了一系列旨在稳定社会和恢复经济的政策与措施，主要包括土地改革、币制改革、加强外汇贸易管制及优先发展电力、肥料、纺织等民生工业，使台湾经济在较短时间内得以恢复与发展。

在台湾经济恢复与发展初期，土地改革与"美援"发挥了重要作用。台湾土地改革意义重大，影响深远，其主要措施包括：减租、"公地放领"政策（即将从日本人手里接收的公有耕地承租给无地或少地的农民，承租地价分十年还清）、"耕者有其田"的改革方案等。整个土地改革历时10年，于1963年完成。这次土地改革，不仅缓和了农民与地主的关系，解放了农村生产力，农民生产积极性提高，粮食产量增加，缓解了粮食供应压力，在某种程度上解除了台湾经济危机，而且将农村资本转移至工商业，促进了工商业的发展。1950—1965年，美国向台湾提供的经济援助达15亿美元，差不多一年有1亿美元，这对早期财政困难与外汇短缺的台湾来说意义非常重大。美国还对台湾提供了30亿美元的巨额军事援助，使国民党有可能将更多的资源投入经济建设，也间接地促进了台湾经济的恢复与发展。

2. 经济发展时期（1954—1964年）

经济得以恢复后，台湾的经济基本上仍以农业为主，劳动力过剩，对外贸易和国际收支有严重的逆差，外汇极度短缺，民众因收入低而无力消费进口工业品。台湾当局以稳定中求发展为指导思想，确定了以农业培养工业，以工业发展农业的方针。土地改革促进了农业劳动生产率的提高，农产品及其加工品在总出口中的比重非常高，1957年高达71.5%，成为创汇主力。台湾当局又通过肥料换谷、强制收购等不等价交换方式，获取利润后将其转移到工业部门。在工业方面，台湾当局在经济发展上首先采取了进口替代发展战略，优先发展可增加出口、减少进口及对改善国际收支有帮助的产业，即发展投资少、技术要求不高、能增加就业及自己能够生产的民生工业，以替代进口产品，节省外汇开支。在这一政策的指导下，台湾重点发展了纺织、食品、水泥、塑胶等民生工业。

到20世纪50年代末，台湾物价已趋于平稳，物资供应日渐充足，狭小的市场开始饱和，部分工业生产能力出现过剩现象，台湾经济又面临新的挑战，开始寻找新的出路。从50年代末期开始，台湾开始实施出口导向的经济发展战略。具体措施一是将复式汇率改为单一汇率，废除不同进出口货物适用不同汇率的制度；二是放宽进口限制，降低进口原料的各种税收；三是鼓励出口，实行外销退税制度，设立外销推广基金，实施保税工厂与保税仓库制度，实行外销低利贷款与外汇提留制度等。此外还致力于改善投资环境，吸引外资流入。这些政策措施极大促进了台湾产品的外销与经济发展。1962年，工业产品出口比例达到50.5%,首次超过农产品出口额;1964年,台湾经济首次出现两位数增长;1965年,对外贸易额首次超过10亿美元,其中纺织品超过糖成为台湾最大的出口产品。

3. 经济结构调整时期(1965—1980年)

20世纪70年代初中东战争与世界石油危机的发生,对能源缺乏的台湾经济产生了前所未有的冲击。1974年台湾批发物价和城市消费物价分别上涨40.6%与47.5%,创下1952年以来的最高纪录。严重的通货膨胀导致市场混乱,出现抢购风潮,刚刚实现三年外贸顺差的局面也再度转为逆差,经济增长率由1973年的12.8%降到1974年的1.1%,创下50年代以来的最低增长率。为应对危机,台湾开始调整经济政策,主要内容包括改善工业结构,促进产业升级;强化农村建设,促进农业现代化;改善交通设施,建立现代化的运输系统;开发能源与海洋资源;拓展对外贸易。台湾经济发展也进入所谓的"第二次进口替代"与"出口扩张时期"。

1973年,台湾当局提出"十大建设计划",包括高速公路、铁路、机场、钢厂、造船厂、核电站等项目。这些项目在70年代末完工,形成了重工业与轻工业配套的较完整的工业体系,奠定了台湾经济发展的基础,同时也使其经济上了一个新台阶。到1978年,重工业产值在台湾制造业中的比重达58%,工业产品出口比例突破90%,对外贸易居世界第21位。1979年,第二次能源危机爆发,台湾经济再次受到冲击,特别是石化工业受影响更大。台湾当局不得不再次调整经济发展战略,提出发展所谓的"策略性工业",即发展技术程度高、附加价值高、能源密集度低、污染程度低、产业关联效果大、市场潜力大的所谓"两高、两低、两大"产业,对原重化工业发展项目进行了调整。为发展高科技工业,台湾于1980年正式设立新竹科学园区,并为相关企业提供一系列优惠条件。经过40年的建设,新竹科学工业园已经成为台湾高技术产业最集中的地区。

4. 经济自由化时期(1980年至今)

20世纪80年代中期,台湾经济发展环境发生了重要变化,一是新台币大幅升值,二是工资和土地价格迅速上升。在这一背景下,台湾又开始寻求新的经济发展模式与道路,其核心是开放市场,减少干预,实现经济自由化。为此,台湾进行了一系列的经济改革,主要包括解除外汇管制,逐渐实行利率自由化,在美国压力下逐步开放内部市场,大幅降低进口关税与减少非关税壁垒,推动公营企业民营化,开放民营银行的设立,等等。经过这些改革,台湾经济更加自由开放。然而,经济大环境的变化给台湾经济的发展带来了新的困难。夕阳产业或传统产业在新台币大幅升值、工资与土地等生产成本迅速上升下,生存困难,被迫外移。于是自80年代后期起,台湾传统产业迅速向大陆、东南亚转移。从此时起,对外投资成为台湾经济发展的一大趋势与特征。经济的自由化与国际化,传统产业的外移,为岛内高科技产业的发展提供了空间,产业升级速度加快,第三产业发展迅速,台湾经济也得以迅速转型。2000年后,第三产业产值已占了GDP的65%以上,成为台湾经济的主体。在制造业内部,以信息半导体产业为主的高科技产业则成为台湾支柱性产业,技术密集型产品也成为新的出口主力。

2008年是台湾经济的分水岭。在此之前,其GDP保持8%~9%的高增长,但受金融危机冲击,2008年增速仅为0.12%,2009年更是出现了2.29%的负增长。近年来,台湾地区的经济增速也仅维持在1%~2%。1991年台湾GDP相当于大陆GDP的45%左右,但目前只相当于大陆GDP的4%。2017年,台湾地区的GDP仅略高于大陆GDP排名第6的四川省。

(二) 台湾经济迅速发展的原因

台湾经济发展较快的原因概括起来有如下几点。

1. 得益于大量的美国经济援助以及战后资本主义世界经济的发展

美国从自身战略利益出发,从1950年至1965年给台湾的经济援助共计15亿美元。15年间,美援平均约占台湾投资总额的34%。美国对台湾的经济援助不仅限于资金或物资,还包括军事援助、低利贷款、直接投资、技术转让和人才支援等。美援在台湾经济发展过程中的作用非同小可。台湾学者认为,如果没有美援,"台湾经济至少要比现在落后20~30年"。此外,战后西方国家在20世纪60—70年代的经济繁荣,给台湾发展出口导向型经济提供了巨大的市场。

2. 从祖国大陆带去的财物和人才起到了不可忽视的作用

国民党统治集团败退台湾时,从上海运送黄金80万两以及大量银元、美元到台湾,由孔、宋家族将20亿美元转移至美国花旗、大众等银行,并带去了大批各类财经人才。这些资金和人才对台湾经济的发展发挥了重要作用。此外,国民党统治集团还将大量的机器设备运到台湾。

3. 台湾民众为经济发展作出了重要贡献

台湾民众勤奋节俭、吃苦耐劳,对台湾在提高储蓄率以集聚资本,以及开拓国际市场等方面作出了重要贡献。农民在工业化过程中作出了牺牲,中小企业者成为出口贸易的主角。

4. 台湾当局制定了稳定中求发展等经济政策

如在发展策略上先发展农业及劳动密集型工业,再发展资本与技术密集型工业;先发展进口替代工业,然后发展出口导向工业,较好地结合了台湾的实际情况,并有效地利用了国际经济环境变化的契机。

5. 两岸经贸关系的发展,对台湾经济发展产生了重要影响

近十年来,两岸经济交流与合作已具一定规模,互补互利的局面正在形成,祖国大陆已成为台湾经济发展的腹地。台湾每年从两岸贸易中获得巨额顺差,保证了其贸易收支的平衡,且提高了其在本岛的投资能力。大批台湾劳动密集型企业投资大陆,缓解了其在本岛发展的困难,并且有利于台湾产业的转型与升级,特别有利于其高新技术产业的成长。大陆在台湾出口份额中的比重上升,减轻了台湾外贸对美国市场的过度依赖,对其经济的稳定也有重要作用。

三、主要产业部门

(一) IT产业

20世纪60年代中期工业开始起步时,台湾仅有几家电子厂商,从事进口零件的组装与销售。70年代末期,随着产业结构的调整,IT产业被确立为"策略性工业",得到迅速发展。90年代台湾制定了电子信息产业发展的第二阶段规划,将改进设计、提高产品质量、提升国际化水平作为该产业的发展方针。经过多年的发展,台湾IT产业的竞争力已居世界前列。

目前,台湾已几乎涉足电子信息产业的全价值链。在最高端的IC(集成电路)设计环节,其营业收入已居全球第二位,有数家IC设计公司跻身于全球IC设计20强,并已进入IC设计中复杂度最高的CPU研发领域以及存储芯片的研究领域。在消费电子IC设计方面,台湾已跻身于最高端的通用技术平台研发领域,液晶平板、主板卡、显示卡等关键零部件的生产方面也有强劲的实力,组装代工更是传统优势环节。在一般零部件与计算机周边设备的设计与生产方面,台资企业均居世界前列,囊括了罗技、台电等一批从事品牌产品生产的大型企业。

2000年以后,台湾的电子信息产品制造业开始出现向大陆转移的热潮,台湾一些产品如笔记本电脑、显示器、手机等的产量已大幅度下降。以2003年为例,在当年的台湾电子产品制造业产值中,有63.3%来自台湾厂商在大陆设立的工厂。从2000年开始,台湾信息硬件产业产值被大陆超过,在国际上的排名由全球第3位退居第4位。但台湾IT产业对大陆的投资不仅延续了其代工生产模式的生命,而且企业力量的扩大和由以台湾为中心构筑的海外子生产网络的形成,为岛内IT产业摆脱单纯代工模式,向更高层次的研发、服务乃至全球运筹方向的升级奠定了强力基础。

(二)汽车工业

1954年,台湾成立第一家汽车制造公司,1957年试制推出第一辆吉普车,汽车工业开始发展。在其后半个多世纪中,台湾汽车制造厂纷纷建立,形成散、乱、杂、慢的发展态势。目前,台湾的汽车生产大部分集中在前5家汽车企业(裕隆、中华、国瑞、太子、福特六和),生产车型达70多种。5家整车厂的产量集中度在90%以上,但是没有一家企业达到垄断地位,规模远达不到最低的汽车生产经济规模。台湾汽车工业发展和日本汽车工业发展有相当密切的依附关系。零组件厂中95%以上的合作对象为日本厂商,因此对日本的依赖性极大,同时受日商技术母厂的钳制与制约也最大。台湾汽车产业的最大优势就是庞大的系统化的零部件制造业。近年来台湾各汽车零组件厂竞相赴大陆投资。

(三)石油化学工业

台湾不产石油,仅有少量天然气,但凭借20世纪七八十年代打下的基础,大量进口石油和天然气发展炼油、化工业,现已成为世界排名前列的化学生产地,并在产值、公司和雇员数量上超过其他制造部门。

(四)主要新兴产业

为了推动产业的升级转型,台湾在2009年陆续推出六大新兴产业,包括:绿色能源、生物科技、观光旅游、健康照护、精致农业及文化创意产业等,并辅导及吸引民间投资,开拓新的商机及协助产业快速升级。

四、对外贸易

(一)货物贸易

1. 贸易发展概况

台湾属于海岛型经济,岛内资源稀少,市场狭小,经济发展严重依赖对外贸易,对外贸易依存度超过100%,且基本呈上升趋势,到2011年达到121.8%,2019年回落到

101.2%。早期台湾出口以农产品（茶、糖、樟脑及稻米）为主。由于实施了出口导向战略，1965年，工业产品出口已占首位，外贸也由逆差转为顺差。此后，出口的工业品由轻工业到重工业，再到高科技产品，每年为台湾赚取大量外汇。2014年，外汇储备达到4 230亿美元，居全球第六位，位于中国大陆、日本、沙特、瑞士、俄罗斯之后。2020年10月底，台湾地区外汇储备达到5 012.41亿美元，排在中国大陆、日本、瑞士及印度之后，居第五位。来自大陆的贸易顺差是台湾外汇储备增长的重要原因。台湾关税总局统计，2019年台湾货物进出口额5 914.7亿美元，其中出口3 050.7亿美元，进口2 864.0亿美元，贸易顺差186.7亿美元。从全球的角度来看，台湾的贸易地位并不高，2019年其进出口额排名全球第18位，是亚洲"四小龙"中货物贸易额最低的经济体。

2. 进出口商品结构

台湾最主要的出口商品是机电产品，2019年出口额1 738.2亿美元，占台湾出口总额的57%。其中，电机和电气产品出口1 354.3亿美元，机械设备出口383.9亿美元。贱金属及制品、塑料橡胶和化工产品位列出口的第二至第四位，2019年出口额依次为266.9亿美元、222亿美元和174.1亿美元，占台湾出口总额的8.8%、7.3%和5.7%。台湾的进口商品以机电产品、矿产品、化工产品和贱金属及制品为主，2019年进口1 224亿美元、489亿美元、274.2亿美元和199.7亿美元，占台湾进口总额的42.7%、17.1%、9.6%和7%。在机电产品中，电机和电气产品进口792.9亿美元，机械设备进口431亿美元。

3. 主要贸易伙伴

2002年，台湾前十位出口贸易对象分别是中国香港、美国、日本、新加坡、韩国、德国、马来西亚、越南、泰国、菲律宾。其中对中国香港的出口达329.6亿美元，对美国出口额为273.65亿美元。同年，其主要进口来源地依次为日本、美国、韩国、沙特阿拉伯、德国、马来西亚、澳大利亚、印度尼西亚、新加坡、泰国。自日本的进口为273.63亿美元。从贸易对象的分布来看，台湾的贸易长期以来可以说是建立在自日本进口机械设备及零部件、在台湾加工生产、再向美国销售制成品的模式上，因而对美国市场的依赖以及对日本供应的依赖都很深。

但近年来，台湾的贸易对象发生了较大变化。2019年，其最大的出口贸易对象为中国大陆，对中国大陆的出口占其出口总额的比重高达27.4%，远超过第二位的美国（14.6%）和第三位的中国香港（12%）。其余主要出口对象包括日本、新加坡、韩国、越南、马来西亚、德国、菲律宾、泰国等。最大的进口来源地也是中国大陆，2019年自大陆的进口额达到574.7亿美元，占其进口总额的20.1%。日本已退居第二位，占15.4%。其余主要进口来源地为美国、韩国、马来西亚、澳大利亚、德国、新加坡、荷兰、沙特阿拉伯等国。大陆市场的崛起促进了台湾贸易模式的转变，由之前"日本—中国台湾—美国"的远三角循环，经过"日本—中国台湾—中国大陆—美国"的四角循环的过度转换，逐步发展到"日本—中国台湾—中国大陆"的近三角循环。这种贸易模式有助于两岸经济朝互补、互利、互惠、互存的方向发展。目前，中国大陆为台湾省最大的贸易伙伴、第一大出口目的地和第一大进口来源地。

据WTO的数据，自1976年后，台湾货物贸易一直保持顺差，且顺差规模不断扩大。2019年，台湾贸易顺差最大的来源地是中国香港，其后依次是中国大陆、新加坡、美国、越南、菲律宾、墨西哥等国;逆差主要来源是日本、澳大利亚、沙特阿拉伯、科威特等国。

(二)服务贸易

相比货物贸易而言,台湾地区的服务贸易规模并不大,2019年服务贸易总额为1 087.5亿美元,居全球第28位,其中出口额518.4亿美元,进口额569.1亿美元,存在逆差50.7亿美元。依据UNCTAD的数据,2005年之后,台湾服务贸易历年都是逆差,在2012年达到183.7亿美元的峰值后,逆差额开始回落,到2019年已经下降到不到2012年的1/3。2019年,旅游业是最大的出口部门,出口额达到144.11亿美元。其他商业服务处于第二位,出口额为115.69亿美元。2011年之前,运输业的出口额高于旅游业,但此后就被旅游业超越。2019年运输业出口额为105.22亿美元。电信部门的出口多年以来都居第四位。2019年,台湾地区的旅游业和运输业是服务贸易进口额最高的部门。旅游业是逆差最大部门,2019年达到60.89亿美元。运输业、专利商标使用服务的贸易逆差也较大,建筑服务、保险服务也有不到10亿美元的逆差。电信服务、金融服务、制造业服务的贸易顺差较大,维修服务、个人、文化娱乐服务也有少量贸易顺差。

台湾地区具有较强国际竞争力的服务行业有运输业、旅游业和其他商业服务业。国民经济三大产业的发展都与运输业发展息息相关,特别是货物贸易依托于国际运输。旅游业十年来竞争力增幅较大,台湾把旅游业作为优先发展的六大重点产业之一,因为旅游业是绿色无烟产业,它的发展能大幅带动其他相关产业的进步。大陆游客是台湾的第一大客源市场,台湾近年来不断出台对大陆游客的鼓励政策,其旅游业的出口额也由2005年的49.77亿美元增长到2014年的146.14亿美元。但此后两岸关系恶化,大陆赴台旅游人数持续减少,台湾的旅游业出口额开始下降,且由顺差转为逆差。

(三)两岸的经贸关系

两岸经贸关系到目前为止经历了三个阶段。

1. 关系和缓、恢复阶段(1979—1986年)

两岸经贸关系的恢复,始于20世纪70年代末。1979年1月1日,全国人大常委会发布《告台湾同胞书》首倡两岸"三通"主张,对台湾的政策也转向"和平统一、一国两制"。同时,大陆加快经济改革开放的步伐,于70年代末、80年代初启动对台贸易活动。例如从1979年起,大陆开始主动邀请台商参加广交会,并于1980年主动派出大型采购团赴港采购台湾产品。

2. 快速发展阶段(1987—1992年)

1987年前后,台湾方面开放民众赴大陆探亲,台商赴大陆投资逐渐化暗为明。台湾民众赴大陆人数迅速增多,其中许多民众借探亲名义赴大陆进行经商和投资活动,两岸经贸交流活动开始活跃起来。与此同时,由于在20世纪80年代中后期台湾步入新一轮经济转型期,传统以加工出口为导向的劳动密集型产业的生存环境急剧恶化,为解决"泡沫经济"问题,台湾于1987年大幅度放宽外汇管制,允许每人每年汇出外汇金额500万美元。于是台湾劳动密集型产业大量向大陆转移,赴大陆投资迅速增多。针对这一形势,大陆制定和采取了一系列新的法规和措施,给予台商较大的优惠与便利,并对台商权利提供保障,加强鼓励台商对大陆投资与开展两岸贸易活动。

3. 深化发展阶段（1992年至今）

1992年邓小平南方谈话后，大陆掀起了第二次改革开放的高潮，经济开放程度进一步提高，在引进台资政策上出台了一系列新的政策和优惠措施，对台经贸政策不断完善，并趋向法制化。与此同时，台湾经济结构调整速度进一步加快，传统劳动密集型产业加速向岛外尤其是大陆地区转移，并进而带动了中上游重化工业的大陆投资步伐。大陆已成为台商赴岛外投资的最主要地区。此外，大陆还是台湾最大的出口目标市场和最大的贸易顺差来源地。两岸经贸关系在此阶段呈现出多元化发展，除贸易、投资关系外，两岸在农业、科技、金融等领域的交流也全面展开。

2008年，受国际金融危机影响，台湾对大陆（包括香港）市场的依存度也相应下降，从之前的近40%降为2008年11月份的33.6%。台商对大陆的投资也持续呈现投资项目减少与投资金额低增长或负增长态势。2010年，国际经济形势逐步回升，台湾经济开始好转，两岸贸易也出现较高的恢复性增长。2010年，两岸经贸关系发展历程中的重中之重是协商与签署《海峡两岸经济合作框架协议》（ECFA）。ECFA的签订是两岸共同采取的具有战略意义的重大举措，是建立具有两岸特色的经济合作机制的关键性一步，是两岸经贸关系正常化、制度化、自由化的一个里程碑，是继"三通"之后两岸经贸关系发展中的又一个具有历史性转折意义的事件。尽管还存在一些干扰性的因素，但该协议的签署必然会推动两岸经贸关系的进一步发展。

在服务贸易领域，2013年6月两岸签署了《海峡两岸服务贸易协议》，这一协议是ECFA的重要组成部分，其中大陆方面有80条开放承诺，台湾方面有64条开放承诺。大陆对台湾的服务贸易开放超出当时在WTO框架下的开放承诺，且对台单向开放的项目约为19项，包括会计、审计和簿记服务等。《海峡两岸服务贸易协议》的签署为两岸提升服务业发展水平，最终实现服务贸易自由化奠定了基础，有利于台湾经济的发展。但这一明显对台湾服务业以及整个经济发展利大于弊的协议最终因台湾岛内的政治因素搁浅，而这只会压缩台湾经济的发展空间，损害台湾民众的利益。

五、主要港口

1. 高雄港（KAOHSIUNG）

高雄港位于台湾西南部的高雄市，旧称打狗港，是台湾最大的港口，属大型综合性港口，有铁路、高速公路作为货物集运与疏运手段。高雄港设在台湾海峡南口的高雄湾内。高雄湾是一个狭长的小海湾，长12千米，宽1~1.5千米，入口宽仅100米，形状酷似一只口袋，湾内港阔水深、风平浪静，是一个天然良港。港区水域面积1 276公顷，有两个入海口门，进出港航道长18千米，港区海域设有两套防波堤，航道和港区水域水深11.3~16米，可供15万吨级海轮进出港和停泊。港口内有10万吨级矿砂码头、煤码头、石油码头、天然气码头和集装箱码头，共有泊位80多个，岸线长18千米多，另有系船浮筒25组。港口设有百万吨级大型干船坞和两座25万吨级单点系泊设施。

高雄港曾位居世界集装箱吞吐量第三大港，仅次于香港与新加坡。近年来由于台湾产业转型（出口货品价值高、体积小，甚至需要空运，而低价值、体积大适于海运的产品则外移至中国大陆），加上大陆经济开放，拥有相对廉价劳工的优势，国际贸易量大幅增长，以及大陆广建深水港的影响,高雄港业务有下滑趋势。1992年,高雄港集装箱吞吐量为396万TEU,仅次于香港、新加坡、鹿特丹,居全球第四位;到2002年,吞吐量上升为849万TEU,但其排名已退居第五位;2019年,随着大陆港口及韩国釜山港的崛起,高雄港已退至第十五位,吞吐量仅为1 043万TEU,远落后于排名第一的上海港(4 331万TEU)。

2. 基隆港(KEELUNG)

基隆港旧称鸡笼港,位于台湾岛北端,是台湾北部海上门户,重要的海洋渔业基地。港口三面环山,水深达11.5米,沿海湾建有40多个泊位。港口年吞吐量3 500万～4 000万吨,以集装箱运输为主,散货为辅。基隆港是一个综合性港口,进口货物主要有煤炭、石油、矿石、粮食、杂货和集装箱等;出口货物主要有机械、化工产品、电子产品、轻工产品、纺织品、加工食品和其他杂货。由于基隆港平均每年雨日214天,号称"雨港",不利于杂货搬运装卸,采用集装箱装运就可解决雨天装卸搬运问题。基隆港建有军用码头26座,是台湾当局最重要的海军基地之一。此外,基隆港还拥有渔港和渔码头,渔船多达2 000多艘,年捕鱼量达30多万吨,占台湾地区总捕鱼量的1/5以上,为台湾地区最大的渔港。

像高雄港一样,基隆港的货运吞吐量的增幅与世界其他集装箱大港相比低很多。1992年,基隆港的集装箱吞吐量为194万TEU,是世界第九大集装箱港口;但进入21世纪后,该港已退出全球前二十位集装箱港口行列。近年来,为了提升竞争力,基隆港开始转型,港务局在2002年正式开放港区观光,让游客可以搭船游览基隆的港埠风光。另外,为了吸引国际航运业者落脚,基隆港在2003年时设立了自由贸易港区。

3. 台北港(TAIPEI)

台北港位于淡水河口西侧,临台湾海峡,南有观音山为屏障,港区南侧与游乐区八仙海岸相邻。东距基隆港34海里,南距台中港87海里,西距福建省福州港134海里,为台海要冲。台北港最初规划时称为淡水新港,是位于台北县八里乡的国际商港,于2009年3月正式投入运营。原定位为基隆港的辅助港,但其面积比基隆港还大,其中的集装箱码头未来可望取代基隆港,成为台湾北部最大集装箱码头。港区陆域面积为1 038公顷、水域面积2 064公顷,总面积3 102公顷,为基隆港的5倍。与基隆港不同的地方在于,台北港为人工港,陆地完全使用填海形成。目前港区水深为9米,将来的最大水深设计为16米。2013年台北港成为台湾的自由贸易港区。

第四节 中国香港

一、自然与人文概况

(一)地理位置、自然资源及气候

中国香港全称中华人民共和国香港特别行政区(Hong Kong Special Administrative Region of the People's Republic of China,简写:HKSAR),地处中国华南,珠江口东侧,北隔深圳河与广东深圳相接,西与澳门隔海相望,南临中国南海。由香港岛(80.7平方千米)、九龙半岛(46.9平方千米)、新界及离岛(979.1平方千米)组成,共计1 106.7平方千米,陆地面积相当于上海市的1/6,但其管辖的土地和水域总面积达2 755.3平方千米。

香港是一座高度繁荣的国际大都市,依据全球金融中心指数(GFCI),到 2019 年 9 月香港一直是仅次于纽约和伦敦的全球第三大金融中心[①],与美国纽约、英国伦敦并称"纽伦港",在世界享有极高声誉。香港也是亚洲重要的金融、服务和航运中心,以廉洁的政府、良好的治安、自由的经济体系以及完善的法制闻名于世,有"东方之珠""美食天堂"和"购物天堂"等美誉。

香港地形以丘陵为主,最高点为海拔 958 米的大帽山。平地较少,主要集中在新界北部,分别为元朗平原和粉岭低地,都是由河流自然形成的冲积平原;其次是位于九龙半岛及香港岛北部,从原来狭窄的平地向外扩张的填海土地。由于地处潮湿的亚热带环境,香港径流丰富,地表水系发达。但因面积狭小,水系作用范围有限,无大河流。除作为香港与深圳界河的深圳河外,主要有城门河、梧桐河、林村河、元朗河和锦田河等,绝大多数河流长度均不超过 5 英里。

香港属亚热带气候,全年气温较高。夏天炎热且潮湿,温度约在 27℃~33℃;冬天凉爽而干燥,但很少会降至 5℃以下。香港全年平均降雨量 2214 毫米,5—9 月间多雨,多集中在 8 月。雨量最少的是 1 月。夏秋之间,时有台风吹袭,7—9 月是香港台风较多的季节,但 5—11 月期间都有可能受不同强度的热带气旋吹袭。此外,香港市区高楼集中而密布,人口稠密,所形成的微气候容易产生热岛效应,导致市区和郊区有明显的气温差别。

除海洋资源外,香港的其他自然资源都很匮乏。因濒临南中国海,邻近大陆架,洋面广阔,渔业生产的地理环境得天独厚,有超过 150 种具有商业价值的海鱼,主要是红杉、九棍、大眼鱼、黄花鱼、黄肚和鱿鱼。矿产资源仅有少量的铁、铝、锌、钨、绿柱石、石墨,且无开采价值。

(二)人口、语言及宗教

香港人口为 750.9 万人(2020 年年中),其中常住人口 735.6 万人,人口密度为每平方千米 6 890 人(2018 年),市区人口密度平均高达每平方千米 2.1 万人。香港的人口绝大多数为华人,大部分原籍广东,比例超过香港总人口的 60%,来源地主要是珠江三角洲一带。其余人数较多的有"潮汕人""客家人"以及 1949 年解放以前从福建、上海等地来港定居的人士。根据最近一次的人口普查(2016 年),外籍人士主要是菲律宾人(2.5%)、印度尼西亚人(2.2%)、英国人(0.5%)、印度人(0.4%)、尼泊尔人(0.3%)。

香港的法定语言是中文和英文,而政府的语文政策是"两文三语",即书面上使用中文和英文,口语上使用粤语、普通话和英语。香港最普遍使用的汉字书体是繁体中文。截至 2013 年 7 月,按惯用语言划分的人口比例:汉语 93.8%(包括广东话、普通话和其他方言,其中广东话 88.9%,普通话仅 1.9%)、英语 4.3%、其他语言 1.9%。

宗教自由是香港居民享有的基本权利之一,受《基本法》和有关法律保障。香港人信奉不同的宗教。佛教、道教、孔教、基督教、天主教、伊斯兰教、印度教、锡克教和犹太教,都拥有不少信众。很多主要宗教团体除了弘扬教义之外,还兴办学校和提供卫生福利服务。

(三)风俗禁忌

香港位于东西两大文明交融与传播的枢纽位置,是东西方文化巧妙而又温馨结合起

---

① 2021 年 3 月 17 日,最新的 GFCI 报告发布,排在前 6 位的分别是:纽约、伦敦、上海、香港、新加坡和北京。

来的城市实体。即使在繁华的闹市,至今也保留着中国传统文化的民风民俗,如送礼时忌送钟(送终)、书籍(输)、毯子(压财)。赌马打麻将,忌人来借钱、取钱。做生意,第一宗必望其成交,多减些价也在所不惜,最忌客人讲价而不买。此外,港人也颇迷信,除参神求签外,风水掌相之类盛行,笃信神鬼轮回之说的也不乏其人,同时他们颇忌讳不吉利的同音字。例如港人对菜名有很多忌讳,不吉祥的名字都会改个吉祥的叫法,如猪肝叫猪润,因"肝"与"干枯"同音;丝瓜称胜瓜,因"丝"字与"输"字谐音;"舌"叫"利",因"舌"与"蚀"同音。他们对"节日快乐"之语很不愿意接受。因为"快乐"与"快落"谐音,很不吉利。他们忌讳"4"字。因为"4"与"死"谐音,故一般不说"4",送礼等也避开"4"这个数,不得已提到时常用"两双"或"两个二"来代替。香港人喜欢"3"字,原因是"3"与"升"是谐音,意味着"高升"。"8"和"6"也很受欢迎,因为在粤语中"8"是"发"的谐音,"6"与"禄"同音,有"六六顺"之意。香港人过节时,常相互祝愿"恭喜发财"。

香港人重视礼仪,在社交场合与客人相见时,一般是以握手为礼。亲朋好友相见时,也用拥抱礼和贴面式的亲吻礼。向客人表达谢意时,往往用叩指礼(即把手指弯曲,以几个指尖在桌面上轻轻叩打,以表示感谢)。香港人忌讳别人打听自己的家庭地址,他们不欢迎别人去家中作客,一般都乐于到茶楼或公共场所。忌讳询问私人信息,如工资收入、年龄等。

二、经济发展历程及主要产业

(一)香港经济的发展历程

在香港经济发展的历史中,经历了两次经济转型。1950年以前香港经济主要以转口贸易为主。从20世纪50年代起香港开始工业化,到1970年,工业出口占总出口的81%,标志着香港已从单纯的转口港转变为工业化城市,实现了香港经济的第一次转型。70年代初,香港推行经济多元化方针,金融、房地产、贸易、旅游业迅速发展,特别是从80年代始,内地因素成为推动香港经济发展的最主要的外部因素,香港的制造业大部分转移到内地,各类服务业得到全面高速发展,实现了从制造业转向服务业的第二次经济转型。

进入21世纪,香港已发展成为亚太地区的国际贸易、金融和航运中心。2000年,香港的本地生产总值达到12 717亿港元,贸易总额达到32 307亿港元,是世界第十大贸易实体,港口集装箱吞吐量达到1 810万TEU,居世界第一位;有154家银行机构,拥有外资银行数量居世界第三位;2000年末香港股市总市值达48 625亿港元,居世界第九位;外汇市场每日成交额达790亿美元,居世界第七位;外汇储备高达1 075亿美元,居世界第三位。2019年,香港GDP达3 657.1亿美元,居全球第34位;人均GDP为48 713.5美元,居全球第18位。

香港经济发展的优势在于其是国际化的城市,拥有便利的营商环境、完备的法律体制、自由的贸易政策和资信流通、公平开放的竞争,以及发达的金融网络、通信基建网络等便利因素。此外,香港还拥有庞大的财政储备和外汇储备、自由兑换的稳定货币,以及低税率的简明税制等优势条件,这些都是香港具有很强竞争力的重要因素。

20世纪70年代末,内地的改革开放为香港经济发展提供了广阔的空间,两地经济合作逐渐发展到一个新的阶段。目前香港绝大部分制造业都已转入内地发展,企业规模不断扩大;本地的则迅速增长,为两地间的投资和贸易活动提供各项服务。大量的内地企业来香港上市筹资,促进了香港金融证券业的发展。内地是香港最大的贸易伙伴,香港的转口贸易主要围绕内地进行。同样,多年来,香港充当了内地引进资金、技术、管理的重要对外窗口和中介,对改革开放以来内地经济的快速发展起了十分重要的促进作用。长期以来,两地经济在相互促进中得到了共同发展。中国的入世及不断地扩大对外开放以及进行西部大开发,都给香港经济发展带来新的契机,其桥头堡的作用会更加重要,香港作为国际金融、贸易、航运和信息中心的地位会进一步得到巩固和提高,经济一体化趋势会不断加强。

随着香港制造业向内地转移,香港的公司逐步演变成负责集资、采购、设计、推销、货物中转的生产控制中心和服务中心,香港服务业逐渐由为本地制造业服务转而为整个珠江三角洲地区的制造业服务。服务业在本地生产总值中所占比重已由1980年的67%上升至1999年的85.4%。2004年这一比重已突破90%,到2019年上升到93.4%,是全球服务业产值占GDP比重最高的经济体。香港的服务业包括批发零售、对外贸易、饮食及酒店业、运输及通信业、金融保险业、地产业,以及法律财会等专业服务行业。在各服务行业中,金融及保险业占GDP的比重最高,达21.2%;其次是社区、社会及个人服务业,占19.6%;对外贸易及批发零售业占比19.5%;楼宇物业占比11.3%;地产服务占比10.1%。

香港的制造业以中小企业为主,素以灵活应变见称。制造业目前仍以纺织业和制衣业为主,其他还包括玩具制造、电子业、印刷和出版业、机械、金属制造、塑胶以及珠宝钟表等行业。当前香港经济以服务业为主,制造业、水电燃气、建筑业等行业尚不足7%,其中制造业占比仅为1.1%。制造业自香港回归以来发展缓慢,即使在2004—2007年香港经济快速发展时期,每年增幅也仅2%左右,2007年甚至出现负增长。2008—2009年其实际增加值分别下降6.7%和8.3%,2010年才逐步恢复。在香港统计署公布的2019年一季度行业指数里,以2015年为基数(100),增长最高的是保险(159.5)和地产(150.8),最低的是电脑科技(89.7)和工业(88.9)。这意味着,在2015年占经济比重极低的制造业和科技行业,4年内又下降超过10%。而保险和地产的增长平均每年都超过10%。由于资源高度集中在金融、房地产等行业,少部分利益相关者迅速积累财富,但绝大多数香港市民无法享受发展带来的红利。

(二) 主要产业

金融、贸易及物流、专业服务和旅游是香港的四大支柱产业,也是香港经济发展的主要动力,是发展成熟的产业。四大支柱行业对本地生产总值的贡献高达59%,雇用劳动力超过170万人,占整体劳动人口的48%。

1. 金融业

香港是一个高度成熟的国际金融中心,拥有多项制度优势:资金自由流动、法制和监管健全、市场运作透明和高效、人才和金融机构高度国际化等。香港也是亚洲主要的资产管理中心、亚洲第三大银行中心(全球最大的100家银行中有73家在香港设立办事处),以及世界第六大外汇市场。在上市融资方面,香港首次公开招股集资总额在2009—2011年均占全球第一位。此外,根据国家"十二五"规划,内地支持香港发展成为离岸人民币中心以及国际资产管理中心。2004年,香港成为首个开展人民币业务的离岸市场。香港开拓了多种离岸人民币产品和服务,2011年,香港银行处理的人民币贸易结算款额达19 150亿元。截至2016年3月底,人民币存款额高达7 594亿元。香港人民币债券市场自2007年设立以来,不断扩张,吸引了亚洲、欧洲和美洲众多债券发行机构和投资者。海外金融机构着眼于亚洲的投资机遇,越来越多的国际及内地投资者选择香港作为投资平台。2002—2012年间香港金融业增长105%。

2015年广东省自贸区成立之后,香港金融业在民生等更广泛领域提供全方位金融服务,服务范围也向全国辐射,担当内地在境外主要离岸金融中心的角色。粤港澳大湾区进一步强化香港全球离岸人民币业务枢纽地位,支持香港开发更多离岸人民币、大宗商品及其他风险管理工具。粤港澳大湾区的建设有助于进一步巩固香港国际金融中心地位。

扩展阅读 8-3
粤港澳大湾区

2. 贸易及物流

香港是世界首屈一指的国际贸易和服务中心,既是全球最自由的经济体系之一,也是全球第八大贸易经济体。香港具有的独特优势之一就是以"中国香港"的名义对外签署自由贸易协定和参加有关国际贸易组织。由于地处珠江三角洲的大门,香港除了是内地的重要贸易伙伴外,也是海外商人进入内地,以及内地商家走向世界的第一站。为促进内地与香港经贸合作与发展,双方于2003年6月签署了《内地与香港关于建立更紧密经贸关系的安排》(CEPA),涵盖货物贸易、服务贸易及贸易投资便利化三个范畴内的多个领域。CEPA不但协助香港商界开拓内地市场,也帮助内地企业"走出去",加速内地与世界经济的接轨。

在物流业方面,香港拥有世界级的基础设施、高效的资讯流通系统、卓越的供应链管理、一站式物流服务和海陆空运输的多式联运系统。香港是全球最繁忙的集装箱货运港之一,同时也是国际和区域航空中心。香港国际机场多年来被旅客推选为"全球最佳机场",2018年是全球货运量最大的机场,同时其客运量也位列全球第八。内地"十二五"规划支持香港发展成为高价值货物存货管理及区域分销中心。特区政府将从兴建基础设施、提供土地和人才培训三方面着手,进一步加强香港作为区域物流枢纽的地位。2010年签订的《粤港合作框架协议》,为粤港两地订下明确发展方向,有助于香港物流业把握内地外贸和内需高速增长带来的机遇,进一步巩固香港在环球供应链的领导地位,加强贸易及物流业的优势。

香港虽然拥有发展贸易和物流业的先天优势,但在2002—2019年间,该行业的增长及创造就业岗位的能力均落后于其他支柱行业。部分原因是内地与世界经济不断接轨,逐渐削弱香港贸易中介的角色。另一原因是其海运近年受到来自珠江三角洲内邻近港口的激烈竞争,在2013年被深圳超越而失去全球第三大最繁忙集装箱港口的地位。2019年,香港港的集装箱吞吐量仅位列全球第八位,落后于内地的上海港、宁波—舟山港、深圳港、广州港、青岛港。

3. 专业服务

香港拥有企业管理及各服务行业的专业人才,专业服务一向是香港最具竞争力的行业之一,其中法律、会计、建筑和相关工程以及医疗服务优势尤其突出。香港的专业人才拥有国际认可的专业资格,丰富的国际网络和管理经验,亦熟悉国情及内地市场。自CEPA签署以来,内地和香港经贸关系协调发展的程度不断提升。不同专业服务业界一方面在内地开拓业务,为有意"走出去"的企业提供优质可靠的支援;另一方面也协助提升内地的专业服务水平,与国际接轨,增加海外投资者的信心,达到互利双赢的目标。

4. 旅游业

香港是亚洲最受欢迎的旅游胜地之一。香港是个多元共融的国际都会,既保留着传统的中国文化,又受西方的影响,具有独特的地方色彩。在积极发展高科技现代化城市的同时,香港还拥有享誉国际的美酒佳肴、富有吸引力的主题公园、风景怡人的大自然景色、独特的文化遗产等,是观光、购物、休闲、旅行的好去处。此外,作为亚洲的盛事之都,香港一年四季都有精彩的节目及盛事,从独具本土特色的节庆活动、世界级的艺术文化节日,到国际级的体育盛事,精彩纷呈。这也成为其吸引游客的重要原因之一。

旅游业是香港四大支柱行业中最小的行业,但在2002—2012年间增长速度最快,创造的新就业岗位数目也最多。旅游业经过多年的急速发展,使得香港不得不面对承受及接待旅客能力有限和过度依赖内地旅客的问题。到2018年,访港旅客总数达到6 514.8万人次的峰值。2019年,受修例风波的影响,到港游客数量下降到5 591.3万人次,降幅为14.2%。其中78.3%的游客来自内地,其余为欧美和亚洲区内的旅客。进入2020年后,受新冠疫情的冲击,香港旅游业进入"冰封期",上半年接待游客仅为349.3万人次。

三、对外贸易

(一)对外贸易发展概况

香港处于通往中国内地大门的有利位置,又位于跨越亚洲与欧洲之间的时区。这两个因素使香港成为世界重要的贸易实体。根据WTO发布的数据,2019年,香港出口贸易额为5 348.87亿美元,进口贸易额为5 594.27亿美元,出口和进口均居全球第8位,从货物贸易总额来看香港是全球第八大贸易实体。香港特别行政区具有自己独立的关境,是单独的关税地区,与内地之间的贸易也须办理进出口报关手续,并列入香港对外贸易的统计数据内。其进口额包括在香港留用的进口货物、作为转口用途的进口货物和再进口的香港产品。港产品出口是指出口产品为香港天然产品或在香港经过制造程序,使得基本材料的形状、性质、式样或效用被永久改变的产品,但这部分产品在香港出口贸易额中占比很低。转口产品是指自外地输入香港再出口的产品,而这些产品在香港未经加工改制,形状、性质、式样没有发生永久性的改变。由表8-5可知,港产品在香港整体出口中占比非常小,2011年为1.97%,2015年下降到1.3%,2019年进一步下降到1.2%。这说明转口贸易在香港对外贸易中的重要性日益上升。在进口中也可以得到同样的结论。1980年,香港进口中留存于本土供本地消费或再生产投入的产品在进口中所占比重还在70%以上,但是此后逐年下降,最低时仅有22%左右,其余产品都用于输出到其他国家和地区。

表8-5 香港货物贸易总体情况　　　　　　　　　　　　10亿港元

贸易种类	2011年	2015年	2019年
进口(到岸价)	3 764.6	4 046.4	4 415.4
港产品出口(离岸价)	65.7	46.9	47.8
港产品出口占出口比重/%	1.97	1.3	1.2
转口(离岸价)	3 271.6	3 558.4	3 940.9
转口占出口比重/%	98.03	98.7	98.8
整体出口(离岸价)	3 337.3	3 605.3	3 988.7
贸易总额	7 101.9	7 651.7	8 404.1
商品贸易差额	−427.3	−441.1	−426.7

数据来源：香港特别行政区政府统计署。

香港所具备的制度、资讯、交通运输等方面的优势，使其成为全球公认最自由和最具竞争力的经济体系，拥有一系列便利贸易的措施，成为全球最开放的市场之一，同时也是全球最重要的转口贸易港。这对推动香港对外贸易的发展、提升其贸易地位起到了十分重要的作用。

扩展阅读8-4
香港的贸易便利促进指数位列全球第二位

(二) 转口贸易

香港的转口贸易历史悠久，长期以来一直是其经济增长的重要支柱。内地的改革开放和香港得天独厚的区位优势曾一度推动了其转口贸易的高速发展。

20世纪50年代，受朝鲜战争的影响，香港转口贸易得到迅速发展。20世纪80年代以来，随着香港制造业的外移，转口贸易额迅速上升，1992年香港转口贸易收益为154亿美元，占GDP的14.8%，2005年转口贸易收益为478亿美元，占GDP的比例上升到26.8%；转口贸易额占GDP的比重从1978年的14.2%上升到2007年的149.2%。香港经济对转口贸易依赖度逐步扩大，转口贸易在很大程度上促进了香港物流、金融、咨询、展览等相关产业的发展。

任何港口转口贸易的发展都离不开腹地的支持——新加坡的转口贸易离不开南亚、东南亚经济的发展，鹿特丹的转口贸易以西北欧为依托，香港转口贸易的发展更是和内地密切相关。一方面，内地是香港转口商品最重要的来源地，自20世纪90年代以后，原产内地的商品占其转口总额的60%左右(见表8-6)，远超过临近的中国台湾、日本、韩国、马来西亚等国家和地区。随着经济的发展,内地有越来越多的商品通过香港转口出口到其他国家和地区。另一方面,内地也是香港转口商品最重要的目的地,以内地为目的地的转口贸易额在香港转出总额中所占比重有逐年增长的趋势,1980年仅为15.4%,2000年为35.1%,到2019年已上升到55.6%(见表8-7)。可以说,香港一直都在充当内地与世界各国进出口贸易的桥梁,尤其在中国内地与美国、日本、中国台湾、东南亚、欧盟等经济体的贸易中扮演重要角色。

表8-6 转口商品的主要原产国(地区)

主要来源地	1992年 价值/百万港元	占比/%	2005年 价值/百万港元	占比/%	2010年 价值/百万港元	占比/%	2019年 价值/百万港元	占比/%
中国内地	403 782	58.4	1 313 211	62.1	1 820 964	61.5	2 154 733	54.7
中国台湾	54 442	7.9	152 496	7.2	202 645	6.8	415 082	10.5
韩国	19 391	2.8	74 030	3.5	110 957	3.7	251 093	6.4
日本	84 966	12.3	186 065	8.8	216 861	7.3	198 168	5
美国	32 113	4.6	64 304	3	96 753	3.3	139 862	3.5
马来西亚	5 096	0.7	49 008	2.3	73 416	2.5	115 235	2.9
泰国	3 077	0.4	27 587	1.3	58 462	2	81 050	2.1
印度	4 252	0.6	20 582	1	57 814	2	60 743	1.5

数据来源:香港特别行政区政府统计署。

表8-7 转口商品的主要目的国(地区)

主要目的地	1980年 价值/百万港元	占比/%	1990年 价值/百万港元	占比/%	2000年 价值/百万港元	占比/%	2010年 价值/百万港元	占比/%	2019年 价值/百万港元	占比/%
中国内地	4 642	15.4	110 908	26.8	488 823	35.1	1 566 999	52.9	2190 192	55.6
美国	3 085	10.3	87 752	21.2	311 047	22.3	323 733	10.9	300 328	7.6
日本	2 201	7.3	24 376	5.9	82 050	5.9	125 615	4.2	120 115	3
印度	175	0.6	1 894	0.5	8 748	0.6	73 481	2.5	117 719	3
中国台湾	2 229	7.4	21 248	5.1	33 696	2.4	65 789	2.2	86 330	2.2
越南	140	0.5	960	0.2	3501	0.3	32 607	1.1	78 186	2
德国	661	2.2	23 406	5.7	50 599	3.6	79 776	2.7	69 216	1.8
新加坡	2 510	8.3	12 572	3	32 028	2.3	48 113	1.6	69 161	1.8

数据来源:香港特别行政区政府统计署。

自中国加入WTO后,内地贸易条件不断优化,对外贸易额每年呈两位数的增长,随着对外贸易体制改革的不断深化,政府行政审批权逐级下放,内地外向型企业可以自由地和国外公司直接进行贸易,这导致了香港转口贸易的大幅萎缩。此外,港口运营成本高昂,航运竞争力下降也是导致香港转口贸易额下降的重要原因之一。2012 年香港转口贸易额为 657 亿港元,仅为 2000 年的 36.3%。随着内地沿海港口群的现代化建设的不断推进,香港转口港的竞争优势被逐渐削弱,逐渐为离岸贸易所取代,香港离岸贸易额占外贸总额的比重已由 1988 年的 18.6% 上升至 2012 年的 65%。《香港服务贸易统计报告》数据显示,2006 年香港离岸贸易额为 23 465 亿港元,转口贸易额为 23 265 亿港元,从该年起,香港离岸贸易额均高于转口贸易额。2018 年香港离岸贸易额达 4.83 万亿港元,为同期转口贸易额的 1.12 倍。离岸贸易的发展也带动了服务贸易增长,提升了香港服务贸易国际竞争力,使其亚太贸易中心的地位得以加强。

扩展阅读 8-5
离岸贸易

(三) 货物贸易进出口商品结构

香港的贸易分为港产品出口贸易、转口贸易、进口贸易。2019 年,香港所产产品的出口总额为 478 亿港元,其中出口额最高的商品是杂项制品(主要包括首饰、金器、银器及宝石类产品),占比 25.4%。其他主要出口产品包括含金属的矿砂和金属碎料(11.1%)、医疗及药用产品(8.1%)、塑胶(8.4%)、烟草(7.1%)。2019 年香港转口贸易出口总额为 39 409 亿港元,最主要的转口产品是电动机械、器具及其零部件,占比 39.8%,其次是电讯及收录设备,占 18.7%,办公机械类产品占比 10.1%。2019 年香港进口总额为 44 154 亿港元,进口额最高的是电动机械、器具及零部件,占比 37.9%,其次是电讯及收录设备,占比 15.7%,再次是办公机械类产品,占比 8%。杂项制品、非金属矿物制品、纺织品及服装也是主要的进口产品。

(四) 主要贸易伙伴

2019 年,香港的前十大出口贸易伙伴依次为中国内地、美国、日本、印度、中国台湾、越南、新加坡、德国、荷兰、韩国等。其中对内地的出口额遥遥领先,为 22 108.5 亿港元,占比 55.4%;对美国的出口额为 3 040 亿港元,占比 7.6%;对日本的出口额为 1 210.1 亿港元,占比 3.03%;对印度出口额为 1 181.9 亿港元,占比 2.96%。

同年,香港的前十大进口来源地依次为中国内地、中国台湾、新加坡、日本、韩国、美国、马来西亚、泰国、越南、印度。其中从中国内地的进口额高达 20 580.9 亿港元,占比 46.6%;自中国台湾的进口额为 3 304.5 亿港元,占比 7.48%;自新加坡的进口额为 2 906.6 亿港元,占比 6.58%;自日本的进口额为 2 526 亿港元,占比 5.72%。此外,从韩国、美国、马来西亚的进口分别在其进口总额中占比 4.98%、4.82%、3.67%。

(五) 服务贸易

20 世纪 80 年代,香港完成了第二次经济转型后,发展成为以服务业为主导的外向型经济体,服务业产值在 GDP 中所占比重逐年升高,2003 年,香港服务业产值占当年 GDP

的89.3%,2004年,服务业就业占就业总人数的85.7%,而同期制造业产值只占3.7%,就业仅占5.4%。随着服务业的发展,服务贸易规模不断扩大,服务功能逐步多元化,形成了部门齐全的服务贸易体系,服务业成为经济发展的主要支柱,香港逐渐成为国际服务中心。20世纪90年代中后期,香港成为了仅次于美国的第二大服务贸易体系。除2009年受国际金融危机影响以外,香港对外服务贸易总额近年来保持高位稳定增长,虽增幅渐趋下降,但仍是全球服务贸易中心。据WTO的数据,2019年,香港的服务贸易出口额位列全球第17位,服务贸易进口额位列第20位,服务贸易总额排名第18位。根据香港特别行政区政府统计署的统计(见表8-8),2018年,香港服务贸易额为1.53万亿港元,其中出口8 868.83亿港元,进口6 399.47亿港元,实现贸易顺差2 469.36亿港元。

按服务部门结构,旅游是香港服务输出的最大组成部分,占2018年服务输出总额的32.6%。其次是运输(29.2%)及金融服务(19.6%)。2018年运输的净出口额为1 135.9亿港元,在整体服务贸易盈余中占比最高;此外,金融服务盈余11 254.8亿港元,旅游盈余817.4亿港元。在服务贸易进口中,旅游的进口额最高,2018年占香港服务贸易总进口额的32.4%,其次是运输(22.7%),再次是其他商业服务(15.3%)和制造业服务(14.6%)。制造业服务是贸易逆差额最大的部门,2018年该部门的逆差达931.8亿港元,知识产权使用费的逆差也较高,为98亿港元。

表8-8 近年来香港服务贸易发展状况

年份	总额/亿港元	增幅/%	出口额/亿港元	增幅/%	进口额/亿港元	增幅/%	净出口额/亿港元
2004	7 092.1	17.9	3 176.2	20.5	3 915.9	15.9	−739.7
2006	9 178.3	13.9	4 229.2	14.8	4 949.1	13.1	−719.9
2007	10 388.4	13.2	5 027.8	18.9	5 360.6	8.3	−332.8
2008	11 097.6	6.8	5 443.6	8.3	5 654	5.5	−210.4
2009	9 749.3	−12.1	5 013.03	−7.9	4 736.9	−16.2	276.13
2011	12 887.6	9.9	7 107.2	13.6	5 780.4	5.7	1 326.8
2013	13 958.6	2.8	8 126.4	6.4	5 832.2	−1.9	2 294.2
2015	13 832.93	−1.4	8 089.48	−2.4	5 743.45	0.1	2 346.03
2016	13 427.66	−2.9	7 646.6	−5.5	5 781.06	0.7	1 865.54
2017	14 172.19	5.5	8 112.95	6.1	6 059.24	4.8	2 053.71
2018	15 268.3	7.7	8 868.83	9.3	6 399.47	5.6	2 469.36

数据来源:香港特别行政区政府统计署。

中国内地及美国是香港服务输出的两个最主要目的地,分别占2018年服务输出总额的38.2%及11.1%,紧随其后的是日本(8.4%)、英国(5.8%)及新加坡(4.3%)。中国内地及美国也是香港服务输入的最主要来源地,分别占2018年服务输入总额的40.0%及14.2%,此后是英国(8.2%)、日本(4.3%)及新加坡(4.1%)。从区域来看,亚洲是香港服务输出最重要的目的地,占服务输出总额的61.1%,西欧和北美洲的占比分别是18%和15.4%。同时亚洲也是香港服务输入的最重要的来源地,占服务输入总额的64.7%。而西欧和北美洲占比分别是14.4%和13.1%。

展望未来,凭借服务业的竞争优势,香港的服务输出将会继续受惠于内地经济对外开放,以及向服务业转型所带来的庞大机遇。透过CEPA、粤港澳大湾区的建设以及其他便利营商措施,香港与内地及其他主要贸易伙伴的经济联系将会不断加强,支持香港服务贸易进一步发展。

四、香港回归以来与内地的经贸关系

香港是一个小型的开放经济体系,其经济表现与外围环境的发展有莫大的关联。改革开放以来,内地经济迅速发展和开放,为香港经济带来很多机遇和挑战。香港拥有良好基建和金融基础设施,同时地理位置优越——是连接内地与世界各地的天然门户,因而可以分享内地经济急速增长所带来的巨大利益。

1997年香港回归之后,与内地的经贸合作关系更加紧密,二者都是彼此的主要贸易伙伴、货物市场和外来投资来源。香港是内地,特别是华南一带的重要转口港,内地对外贸易持续增长,必然会促进香港转口贸易的增长,从而带动贸易和与贸易相关的服务业的互惠互利的发展。香港凭借其区位优势及雄厚的经济实力,积极参与内地珠三角、泛珠三角区域合作,在推动内地区域经济发展的同时,提升自身的经济实力,取得了很大的成就。

长期以来,香港是进出内地经商和投资的南大门。在中国的经济发展中,香港一直扮演着外资进入内地的投资平台的角色,使香港成为内地外来直接投资的最大来源地。到香港回归前的1996年,香港对内地直接投资项目超过16万个,协议投资金额为2 618亿美元,实际投资金额达993亿美元。1997年后,香港对内地投资持续增加。与此同时,内地资金也大量进入香港。据香港经济年鉴统计,到1999年底,内地对香港直接投资存量达8 148亿港元(1 045亿美元)。据有关方面不完全统计,目前每年流入香港证券市场的资金在10亿~20亿美元。

2003年6月,内地与香港签署了CEPA。CEPA协议涉及货物贸易、服务贸易、投资便利化三大领域,并规定双方自2004年1月1日起开始实施CEPA协议规定的货物贸易和服务贸易自由化的具体承诺。后来又分别于2004年10月及2005年10月签署了CEPA第二和第三阶段的补充协议,增加开放内容,为两地紧密的经贸关系不断增添新动力,加速双方经贸合作的融合。此后直至2013年8月,内地与香港共签署了十个补充协议,其中有六个补充协议都是关于"内地向香港开放服务贸易的承诺"。2014年12月,内地与香港又签署了广东协议,即关于内地在广东与香港基本实现服务贸易自由化的协议;2015年11月与2017年6月,内地与香港分别签署服务贸易协议和投资协议,2017年6月和2018年12月又分别签署经济技术合作协议和货物贸易协议。《CEPA服务贸易协议》《CEPA投资协议》《CEPA经济技术合作协议》以及《CEPA货物贸易协议》将CEPA构建成了具备"一国两制"特色,符合WTO规则,涵盖内地与香港经贸交流各领域的高水平的自由贸易协议,有利于促进内地与香港经贸交流与合作健康发展,实现两地互利共赢。

CEPA是一个"双赢"的贸易协议,它以循序渐进的方式向香港的企业逐步开放内地市场,开拓了港商在内地发展业务的空间,同时也提升了香港工业贸易的整体素质。在货物贸易方面,零关税有助于鼓励高增值产品在香港进行生产,增加了港产品在内地新兴市场的竞争力,让内地越来越讲究品质的消费者受惠,也切合香港需要发展更多高增值及品牌产品的大方向。2019年11月,在修订的《CEPA服务贸易协议》中,不少重要服务领域,例如金融、法律、建筑及相关工程、检测认证、电视、电影、旅游等都增添了开放措施,让香港服务提供者可以更容易在内地设立企业和发展业务,更多香港专业人士可在内地取得执业资格,以及更多优质的香港服务可提供予内地市场。开放措施的形式包括就企业的设立取消或放宽股权比例、资本要求、业务范围的限制;就香港专业人士提供服务放宽资质要求;以及就香港服务输出内地市场放宽数量和其他限制。这些措施可以让香港的服务企业更早进入内地市场,享受更多市场准入优惠,有利于香港企业(包括在港营商的海外投资者)到内地发展。同时,香港投资者引进的资金和人才有助于培育内地急速发展的服务业,加快内地与国际经济体系的接轨。可以说,CEPA三个阶段的总体开放措施,已惠及香港大部分的工商业,促进了香港经济的复苏,推动了香港经济转型,使香港作为双向平台的重要性与日俱增。CEPA的理念,涵盖了深港合作、粤港合作、珠三角合作到泛珠三角合作,乃至香港与整个内地经济的全面融合。CEPA在推动香港与内地经济进一步融合方面,发挥了巨大的效力,具有里程碑的意义。

【思考题】

1. 什么是新兴市场?
2. 分析近年来韩国的经济表现及其主要原因。
3. 对比分析新加坡与中国香港的经济发展特点,阐述地理位置对二者经济发展的重要性。
4. 阐述两岸经贸关系的发展,分析近年来台湾经济迅速发展的原因。
5. 分析香港转口贸易发展的现状及其发展的条件。

参 考 文 献

[1] 陈才,李文华. 世界经济地理. 北京:北京师范大学出版社,2003.
[2] 杨青山,韩杰,丁四保. 世界地理. 北京:高等教育出版社,2004.
[3] 于志达. 国际贸易地理. 北京:清华大学出版社,2010.
[4] 吕向生. 国际贸易地理. 北京:对外经济贸易大学出版社,2015.
[5] 竺仙如. 国际贸易地理. 北京:对外经济贸易大学出版社,2006.
[6] 姚新超. 国际贸易运输. 北京:对外经济贸易大学出版社,2003.
[7] 薛荣久,崔凡,杨凤鸣. 国际贸易. 北京:清华大学出版社,2015.
[8] 许明月. 国际货物运输. 北京:中国人民大学出版社,2011.
[9] 赵玉焕,张晓甦,余晓泓. 区域经济集团. 北京:对外经济贸易大学出版社,2007.
[10] 孙景超,张舒英. 冷战后的日本经济. 北京:社会科学文献出版社,1998.
[11] 浦东美国经济研究中心,武汉大学美国加拿大经济研究所. 中国美国经济学会丛书(第8辑):世界经济新格局下的中美经贸关系. 上海:上海社会科学院出版社,2014.
[12] 杨逢珉,张永安. 欧洲联盟经济学. 上海:上海人民出版社,2008.
[13] 沈开艳,许志桦. 印度经济分析:中印比较的视角. 上海:上海社会科学院出版社,2016.
[14] 陆南泉,李建民. 曲折的历程:俄罗斯经济卷. 北京:东方出版社,2015.
[15] 林跃勤,周文. 金砖国家发展报告(2015). 北京:社会科学文献出版社,2015.
[16] 杜志雄. 世界农业格局与趋势. 北京:中国社会科学出版社,2015.
[17] 工业和信息化部原材料工业司. 钢铁产业发展报告2015. 北京:冶金工业出版社,2015.
[18] 世界地图册. 北京:中国地图出版社,2015.
[19] 中国统计年鉴(历年).
[20] 国际统计年鉴(历年).
[21] BP能源统计年鉴(历年).
[22] 联合国粮农组织统计年鉴(历年).
[23] 中华人民共和国商务部国别贸易报告(历年).
[24] 世界银行WDI数据库.
[25] 联合国UNCTAD和UNCOMTRADE数据库.
[26] WTO Statistics Database数据库.
[27] World Steel Association Statistics.
[28] OICA Statistics.

教师服务

感谢您选用清华大学出版社的教材！为了更好地服务教学，我们为授课教师提供本书的教学辅助资源，以及本学科重点教材信息。请您扫码获取。

>> 教辅获取

本书教辅资源，授课教师扫码获取

>> 样书赠送

国际经济与贸易类重点教材，教师扫码获取样书

 清华大学出版社

E-mail: tupfuwu@163.com
电话：010-83470332 / 83470142
地址：北京市海淀区双清路学研大厦 B 座 509

网址：http://www.tup.com.cn/
传真：8610-83470107
邮编：100084